■2025年度高等学校受験用

国学院高等学校

収録内容一覧

★この問題集は以下の収録内容となっています。また、編集の都合上、解説、解答用紙を省略させていただいている場合もございますのでご了承ください。

（○印は収録、一印は未収録）

入試問題の収録内容			解説	解答	解答用紙
2024年度	一般第1回	英語・数学・国語	○	○	○
	一般第3回	英語・数学・社会・理科・国語	○	○	○
	推薦	英語・数学・国語	―	○	○
2023年度	一般第1回	英語・数学・国語	○	○	○
	一般第3回	英語・数学・国語	○	○	○
	推薦	英語・数学・国語	―	○	○
2022年度	一般第1回	英語・数学・国語	○	○	○
	一般第3回	英語・数学・国語	○	○	○
	推薦	英語・数学・国語	―	○	○
2021年度	一般第1回	英語・数学・国語	○	○	○
	一般第2回	英語・数学・国語	○	○	○
	推薦	英語・数学・国語	―	○	○

★当問題集のバックナンバーは在庫がございません。あらかじめご了承ください。

●凡例●

【英語】

≪解答≫

〔　〕　①別解
　②置き換え可能な語句（なお下線は置き換える箇所が2語以上の場合）
　（例）<u>I am</u>〔I'm〕glad〔happy〕to～

（　）　省略可能な言葉

≪解説≫

1，**2**…　本文の段落（ただし本文が会話文の場合は話者の１つの発言）

〔　〕　置き換え可能な語句（なお〔　〕の前の下線は置き換える箇所が２語以上の場合）

（　）　①省略が可能な言葉
　（例）「（数が）いくつかの」
　②単語・代名詞の意味
　（例）「彼（＝警察官）が叫んだ」
　③言い換え可能な言葉
　（例）「いやなにおいがするなべにはふたをするべきだ（＝くさいものにはふたをしろ）」

//　訳文と解説の区切り

cf.　比較・参照

≒　ほぼ同じ意味

【数学】

≪解答≫

〔　〕　別解

≪解説≫

（　）　補足的指示
　（例）（右図１参照）など

〔　〕　①公式の文字部分
　（例）〔長方形の面積〕＝〔縦〕×〔横〕
　②面積・体積を表す場合
　（例）〔立方体ABCDEFGH〕

∴　ゆえに

≒　約、およそ

【社会】

≪解答≫

〔　〕　別解

（　）　省略可能な語

＿＿　使用を指示された語句

≪解説≫

〔　〕　別称・略称
　（例）政府開発援助〔ODA〕

（　）　①年号
　（例）壬申の乱が起きた（672年）。
　②意味・補足的説明
　（例）資本収支（海外への投資など）

【理科】

≪解答≫

〔　〕　別解

（　）　省略可能な語

＿＿　使用を指示された語句

≪解説≫

〔　〕　公式の文字部分

（　）　①単位
　②補足的説明
　③同義・言い換え可能な言葉
　（例）カエルの子（オタマジャクシ）

≒　約、およそ

【国語】

≪解答≫

〔　〕　別解

（　）　省略してもよい言葉

＿＿　使用を指示された語句

≪解説≫

〈　〉　課題文中の空所部分（現代語訳・通釈・書き下し文）

（　）　①引用文の指示語の内容
　（例）「それ（＝過去の経験）が ～」
　②選択肢の正誤を示す場合
　（例）（ア，ウ…×）
　③現代語訳で主語などを補った部分
　（例）（女は）出てきた。

／　漢詩の書き下し文・現代語訳の改行部分

国学院高等学校

所在地	〒150-0001 東京都渋谷区神宮前2-2-3
電　話	03-3403-2331
ホームページ	https://www.kokugakuin.ed.jp
交通案内	地下鉄銀座線 外苑前駅より徒歩5分 JR総武線 千駄ヶ谷駅・信濃町駅より徒歩13分 都営地下鉄大江戸線 国立競技場駅より徒歩12分 など

普通科

男女共学

くわしい情報は
ホームページへ

応募状況

年度	募集数		受験数	合格数	倍率
2024	推　薦	150名	129名	129名	1.0倍
	一般①	250名	1,344名	600名	2.2倍
	一般②	150名	669名	250名	2.7倍
	一般③	50名	332名	92名	3.6倍
2023	推　薦	150名	136名	136名	1.0倍
	一般①	300名	1,284名	676名	1.9倍
	一般②	100名	650名	188名	3.5倍
	一般③	50名	328名	63名	5.2倍
2022	推　薦	200名	285名	285名	1.0倍
	一般①	250名	1,207名	521名	2.3倍
	一般②	120名	618名	167名	3.7倍
	一般③	30名	336名	42名	8.0倍
2021	推　薦	200名	128名	128名	1.0倍
	一般①	250名	984名	659名	1.5倍
	一般②	120名	406名	200名	2.0倍
	一般③	30名	168名	60名	2.8倍

試験科目　（参考用：2024年度入試）

［推薦］

適性検査(国語・数学・英語/各30分)，面接

［一般］

第１回・第２回：国語・数学・英語(各50分)，面接

第３回：国語・数学・英語または国語・数学・英語・社会・理科(各50分)，面接

※2025年度の入試については，必ず学校発表の募集要項でご確認ください。

本校の特色

進学指導の充実

多様化する大学入試制度に対応した指導体制をとっている。２年次から文系・理系のコースに分かれ，任意選択の科目を設けるなどして，希望大学・学部の受験に適応した科目を履修できるようにしている。また，文系２・３年生を対象に難関大学合格を目指す「チャレンジクラス」も設置。さらに，長期休暇中の集中講習や英検講習，勉強合宿なども実施している。

國學院大學への推薦入学制度

一定の学業成績基準以上であれば，学校長の推薦により，無試験で國學院大學に入学できる。

國學院大學：文学部・法学部・経済学部
神道文化学部・人間開発学部
観光まちづくり学部

施設・環境

本校は，緑の樹々豊かな明治神宮外苑のすぐ近くに位置しており，複数の最寄り駅があるアクセスの良さも魅力のひとつとなっている。

学内施設は充実していて，校舎は本館，文科館，理科館，第一・第二記念館の５つからなり，各特別教室，厚生・文化施設が完備されている。

進路状況

本校は，大学の附属校でありながら，他大学への進学実績も非常に高い。

また，國學院大學への推薦以外に，早稲田大・慶應義塾大・上智大・東京理科大など数多くの大学への指定校推薦枠がある。

◎主な大学合格状況　〔2024年４月／現役のみ〕

北海道大２名，東京外国語大１名，千葉大２名，東京都立大２名，早稲田大26名，慶應義塾大13名，上智大24名，東京理科大17名，明治大84名，青山学院大51名，立教大84名，中央大76名など。

編集部注━本書の内容は2024年5月現在のものであり，変更されている場合があります。正確な情報は，学校のホームページ等で必ずご確認ください。

出題傾向と今後への対策　英語

出題内容

	2024		2023		2022	
	1回	3回	1回	3回	1回	3回
大問数	4	4	4	5	4	5
小問数	41	42	41	25	42	22
リスニング	×	×	×	×	×	×

◎2024年度は大問４題，小問数40問程度である。出題構成は，長文読解２題，適語選択１題，整序結合１題となっている。

2024年度の出題状況

《第１回》

1 長文読解総合―物語
2 長文読解総合―説明文
3 適語(句)選択・語形変化
4 整序結合

《第３回》

1 長文読解総合―物語
2 長文読解総合―説明文
3 適語(句)選択
4 整序結合

解答形式

《第１回》　記　述／マーク／併　用

《第３回》　記　述／マーク／併　用

(Both rounds: マーク is circled.)

出題傾向

長文は基礎的な文章で組み立てられたものが多く，中学で学習する範囲を大きくはみ出すようなものはない。設問の種類や形式はさまざまであるが，正確に英文を読まなければ正答は導きにくい。書き換えは基本構文を中心に幅広く知識が問われる。整序結合は日本文が与えられ，文の構造を理解できているかが問われる。

今後への対策

基礎をしっかり固めることが重要である。教科書にある単語，熟語，構文は全て暗唱できるようにすること。音読し，実際に手で書くことをお勧めしたい。テストや問題集で間違った問題は放っておかず先生に質問するなどして疑問点は必ず解消しておこう。最後に過去問題集で出題形式や時間配分を確認しておこう。

◆◆◆◆◆ 英語出題分野一覧表 ◆◆◆◆◆

分野		年度	2022		2023		2024		2025予想※	
			1回	3回	1回	3回	1回	3回	1回	3回
音声	放送問題									
	単語の発音・アクセント									
	文の区切り・強勢・抑揚									
語彙・文法	単語の意味・綴り・関連知識									
	適語(句)選択・補充		●		●		●	●	◎	◎
	書き換え・同意文完成									
	語形変化		●		●		●		◎	
	用法選択									
	正誤問題・誤文訂正									
	その他									
作文	整序結合		■		■		■	■	◎	◎
	日本語英訳	適語(句)・適文選択								
		部分・完全記述								
	条件作文									
	テーマ作文									
会話文	適文選択					■				
	適語(句)選択・補充			■		●				
	その他									
長文読解	内容把握	主題・表題								
		内容真偽	●	●	●	●	●	●	◎	◎
		内容一致・要約文完成		■		●				◎
		文脈・要旨把握	●	●	●	●	●	●	◎	◎
		英問英答		●		●				◎
	適語(句)選択・補充		★		★		★	★	◎	◎
	適文選択・補充		■		■	●	■	■	◎	◎
	文(章)整序									
	英文・語句解釈(指示語など)		●	●	●	●			◎	◎
	その他(適所補充)									

●印：１～５問出題，■印：６～10問出題，★印：11問以上出題。
※予想欄　◎印：出題されると思われるもの。　△印：出題されるかもしれないもの。

出題傾向と今後への対策　数学

出題内容

2024年度

《第１回》

[1]は小問集合で，10問。うち，平面図形の計量題が３問。[2]は空間図形で，三角柱の内部に球が接している図を利用した問題。[3]は関数で，放物線と直線に関するもの。[4]は平面図形。[5]はつくることができる３けたの整数の個数を問うもの。

《第３回》

[1]は小問集合で，９問。[2]は方程式の応用問題。[3]は関数で，放物線と直線に関する問題。図形の知識も要する。[4]は平面図形で，正三角形と長方形でつくられた図について問うもの。[5]はさいころを利用した確率３問。

2023年度

《第１回》

[1]は小問集合で，10問。[2]は特殊・新傾向問題で，規則的に並んでいる自然数について問うもの。[3]は関数で，放物線と直線に関するもの。面積を２等分する直線について問うものもある。[4]は平面図形で，３問。[5]はさいころを利用した確率。

《第３回》

[1]は小問集合で，10問。[2]は特殊・新傾向問題。[3]は関数で，放物線と直線に関するもの。[4]は平面図形で，四角形について問うもの。相似などの理解が問われる。[5]は空間図形で，円錐を利用した問題。長さや面積の最大値が問われている。

作…作図問題　証…証明問題　グ…グラフ作成問題

解答形式

《第１回》　記　述／マーク／併　用

《第３回》　記　述／マーク／併　用

出題傾向

近年は，大問５題，総設問数20問の出題。[1]は小問集合で10問前後。[2]以降は関数，図形，場合の数・確率などからの出題となっている。各分野からまんべんなく出題されているので偏りのない学習を心がける必要がある。問題集などでよく見るパターンのものが多いのでふだんの学習の成果が試される内容である。

今後への対策

教科書の章末問題や練習問題を解いて基礎基本の確認を。基礎基本がマスターできたら，標準レベルの問題集を使って演習を積もう。できるだけ多くの問題に接するようにし，いろいろな解法や考え方を身につけていくとよい。公式や定理をしっかり活用できるように。場合の数・確率では整理してかぞえ上げることができるようにしておこう。

◆◆◆◆◆ 数学出題分野一覧表 ◆◆◆◆◆

分野	年度	2022		2023		2024		2025予想※	
		1回	3回	1回	3回	1回	3回	1回	3回
数と式	計算，因数分解	■	●	★	■	★	■	◎	◎
	数の性質，数の表し方					●	●	△	△
	文字式の利用，等式変形								
	方程式の解法，解の利用	★	●	■	■	■	■	◎	◎
	方程式の応用	■	●		●		★	△	◎
関　数	比例・反比例，一次関数	●	●		●		●	△	◎
	関数$y=ax^2$とその他の関数	★	★	★	■	★	★	◎	◎
	関数の利用，図形の移動と関数								
図　形	(平面) 計　量	★	★	★	★	★	★	◎	◎
	(平面) 証明，作図								
	(平面) その他								
	(空間) 計　量	●	■		★	■	●	◎	◎
	(空間) 頂点・辺・面，展開図								
	(空間) その他								
データの活用	場合の数，確率	★	■	★	■	★	★	◎	◎
	データの分析・活用，標本調査		●				●		△
その他	不 等 式								
	特殊・新傾向問題など		★	■	★				
	融合問題								

●印：１問出題，■印：２問出題，★印：３問以上出題。
※予想欄　◎印：出題されると思われるもの。　△印：出題されるかもしれないもの。

出題傾向と今後への対策 社会

出題内容

2024年度

地理・世界と日本の地形や気候，産業，人口に関する問題。
・地形図の読み取り問題。

歴史・古代から現代までの出来事や文化に関して，年代順や正誤を問う問題。

公民・社会保障制度，社会権に関する問題と，議院内閣制，日本の選挙に関する問題。

総合・小問集合形式の三分野総合問題。

2023年度

2022年度

解答形式

2024年度	記　述／マーク／併　用

出題傾向

2024年度から導入され，大問数は6題，小問数は30問であった。

地理は世界と日本の地形，気候，産業等に関する総合的な問題が出題された。歴史は各時代の出来事を幅広く問うものとなっている。公民は人権，政治，労働と福祉，国際社会と幅広い分野から出題された。

今後への対策

各分野とも，教科書の基本的な事項を身につけたうえで，地図帳や資料集等を用いた細かい学習をしていこう。

地理は日本の諸地域ごとに気候や産業等をまとめていく。歴史は各時代の出来事の流れを確認する。公民は憲法の内容や制度のしくみをしっかりと押さえておくことが大切である。

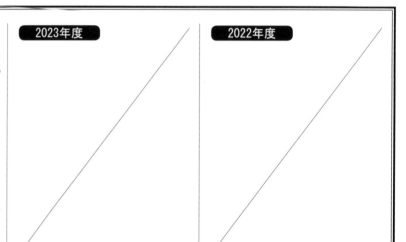

◆◆◆◆◆ 社会出題分野一覧表 ◆◆◆◆◆

分野	年度	2022	2023	2024	2025予想※
地理的分野	地形図			●	◎
	アジア			総	◎
	アフリカ			総	◎
	オセアニア				△
	ヨーロッパ・ロシア				△
	北アメリカ				△
	中・南アメリカ				△
	世界全般			総	◎
	九州・四国			総	◎
	中国・近畿				△
	中部・関東				△
	東北・北海道				△
	日本全般			総	◎
歴史的分野	旧石器～平安			●	◎
	鎌倉			●	◎
	室町～安土桃山			●	◎
	江戸			●	◎
	明治			●	◎
	大正～第二次世界大戦終結			●	◎
	第二次世界大戦後			●	◎
公民的分野	生活と文化				△
	人権と憲法			●	◎
	政治			●	◎
	経済				△
	労働と福祉			●	◎
	国際社会と環境問題			●	◎
	時事問題				

※予想欄　◎印：出題されると思われるもの。　△印：出題されるかもしれないもの。
地理的分野については，各地域ごとに出題内容を以下の記号で分類しました。
地…地形・気候・時差，　産…産業・貿易・交通，　人…人口・文化・歴史・環境，　総…総合

出題傾向と今後への対策　理科

出題内容

2024年度

1は物理分野の小問集合題。音の性質，電流と磁界，力の分解，電流と回路，運動とエネルギーについて出題された。　2は化学分野の小問集合題。化学変化と原子・分子，電池，溶解度について出題された。　3は生物分野の小問集合題。遺伝の規則性，動物の分類，植物の体のつくりとはたらきについて出題された。　4は地学分野の小問集合題。天体の動き，火成岩，地震，気象について出題された。

	2024	2023	2022
大問数	4	－	－
作図問題	0	－	－

2023年度

作 …作図・グラフ作成問題　記 …文章記述問題

解答形式

2024年度	記　述／マーク／併　用

出題傾向

大問は4題，大問1題当たり小問・枝問が8～9問あり，総小問数34問。それぞれの大問は物理・化学・生物・地学の4分野の小問集合題からなる。問題は，さまざまな単元から，基礎を中心に，応用力を問うものまで出題された。

今後への対策

まず，実験・観察の目的や手順，結果，考察についてまとめ，知識を整理すること。図や表などを自分で作成すると効果的。整理が終わったら，標準的な問題集を1冊解いて，正確な知識が身についているか確認。

確認ができたら，本校や公立高校の過去問を解いて，総合問題に慣れるとともに，できなかった問題を復習しよう。

◆◆◆◆◆ 理科出題分野一覧表 ◆◆◆◆◆

分野	年度	2022	2023	2024	2025 予想※
身近な物理現象	光と音			●	◎
	力のはたらき（力のつり合い）				◎
物質のすがた	気体の発生と性質				◎
	物質の性質と状態変化				◎
	水溶液			●	◎
電流とその利用	電流と回路			●	◎
	電流と磁界（電流の正体）			●	◎
化学変化と原子・分子	いろいろな化学変化（化学反応式）			●	◎
	化学変化と物質の質量			●	◎
運動とエネルギー	力の合成と分解（浮力・水圧）			●	◎
	物体の運動			●	◎
	仕事とエネルギー			●	◎
化学変化とイオン	水溶液とイオン（電池）			●	◎
	酸・アルカリとイオン				◎
生物の世界	植物のなかま				◎
	動物のなかま			●	◎
大地の変化	火山・地震			●	◎
	地層・大地の変動（自然の恵み）				◎
生物の体のつくりとはたらき	生物をつくる細胞				△
	植物の体のつくりとはたらき			●	◎
	動物の体のつくりとはたらき				◎
気象と天気の変化	気象観察・気圧と風（圧力）			●	◎
	天気の変化・日本の気象			●	◎
生命・自然界のつながり	生物の成長とふえ方				◎
	遺伝の規則性と遺伝子（進化）			●	◎
	生物どうしのつながり				◎
地球と宇宙	天体の動き			●	◎
	宇宙の中の地球				
自然環境・科学技術と人間					△
総合	実験の操作と実験器具の使い方			●	◎

※予想欄　◎印：出題されると思われるもの。　△印：出題されるかもしれないもの。
分野のカッコ内は主な小項目

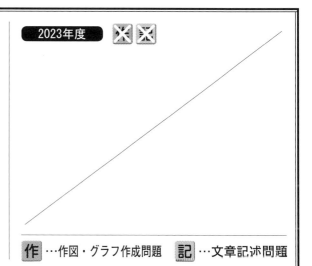

出題傾向と今後への対策 国語

出題内容

2024年度

《第１回》

一 論説文　二 小説　三 古文　四 漢字

課題文　一加藤周一『日本人とは何か』
二辻原　登『家族写真』
三『古今著聞集』

《第３回》

一 論説文　二 小説　三 古文　四 漢字

課題文　一内田　樹『疲れすぎて眠れぬ夜のために』
二浅田次郎『うらぼんえ』　三『沙石集』

2023年度

《第１回》

一 随筆　二 小説　三 古文　四 漢字

課題文　一多田道太郎『しぐさの日本文化』
二竹西寛子『兵隊宿』
三『大和物語』

《第３回》

一 論説文　二 小説　三 説明文/古文　四 漢字

課題文　一山崎正和『劇的なる日本人』
二三田誠広『いちご同盟』
三玄侑宗久『無常という力』／鴨長明『方丈記』

解答形式

《第１回》　記　述／**マーク**／併　用

《第３回》　記　述／**マーク**／併　用

出題傾向

設問は，それぞれの読解問題に５～９問，漢字に８問付されており，全体で30問程度の出題となっている。読解問題のうちの約７割が内容理解に関するものである。課題文は，現代文・古文ともに分量がやや多い。また，現代文は，比較的新しい作品からの出題が目立ち，古文は，平安・鎌倉時代の作品が選ばれることが多いようである。

今後への対策

読解問題については，課題文の分量も設問数も多めなので，文章を速く正確に読む力が必要である。こうした力を養うには，問題集をできるだけ数多くこなすことと，日頃からの読書が大切である。国語の知識については，語句関連を中心に，参考書などを使って知識を整理し，問題集で確認しておくとよい。

国語出題分野一覧表

分野		年度	2022		2023		2024		2025予想※	
			1回	3回	1回	3回	1回	3回	1回	3回
現代文	論説文 説明文	主題・要旨		●				●		◎
		文脈・接続語・指示語・段落関係	●	●		●	●	●	◎	◎
		文章内容	●	●		●	●	●	◎	◎
		表現	●	●					△	△
	随筆 日記 手紙	主題・要旨			●				△	
		文脈・接続語・指示語・段落関係			●				△	
		文章内容		●	●				△	△
		表現								
		心情								
	小説	主題・要旨								
		文脈・接続語・指示語・段落関係			●	●	●		◎	△
		文章内容	●	●	●	●	●	●	◎	◎
		表現		●			●	●	△	◎
		心情	●	●	●	●	●	●	◎	◎
		状況・情景								
韻文	詩	内容理解								
		形式・技法								
	俳句 和歌 短歌	内容理解		●	●		●		◎	△
		技法		●	●				△	△
古典	古文	古語・内容理解・現代語訳	●	●	●	●	●	●	◎	◎
		古典の知識・古典文法	●	●	●	●	●	●	◎	◎
	漢文	（漢詩を含む）								
国語の知識	漢字 語句	漢字	●	●	●	●	●	●	◎	◎
		語句・四字熟語	●		●	●	●	●	◎	◎
		慣用句・ことわざ・故事成語		●		●	●	●	△	◎
		熟語の構成・漢字の知識								
	文法	品詞								
		ことばの単位・文の組み立て								
		敬語・表現技法								
	文学史		●						△	
作文・文章の構成・資料										
その他										

※予想欄　◎印：出題されると思われるもの。　△印：出題されるかもしれないもの。

2025年度 高校受験用

国学院高等学校　4年間スーパー過去問

をご購入の皆様へ

お詫び

本書、国学院高等学校の入試問題につきまして、誠に申し訳ございませんが、以下の問題文は著作権上の問題により掲載することができません。設問と解説，解答は掲載してございますので、ご必要とされる方は原典をご参照くださいますよう、お願い申し上げます。

記

2022年度　一般第3回　国語 二 の問題文

以上

株式会社　声の教育社　編集部

2024年度 国学院高等学校（一般第1回）

【英　語】（50分）〈満点：100点〉

1　次の英文を読み，後の問に答えなさい。

"Look, I can explain about why (1)<u>I didn't meet you that night</u> but more importantly, do you still love me Helva ?"

She *hesitated.　A phone call from him after more than twenty years was a big shock although she had always known he would return once her father died.

"Yes, Callum.　Of course I do.　I never got over you.　For the past twenty years, (A)<u>(①　I　②　have　③　one　④　love　⑤　been　⑥　you　⑦　the only)</u>."　She could hear his relief and he sounded very happy when he spoke.

"[　ア　]　I'm longing to see you.　We have so much to talk about."

"Oh Callum, it is good for me to hear you say that.　I want to start again.　Let's go away together just as we planned all those years ago.　It could be a fresh start for us both.　Listen, I'll pick you up at midnight outside your hotel and don't be late, my darling."　She put the telephone receiver down.

"[　イ　]"

She looked across the room at Daniel who was stretched out on the sofa and smiled.　He was handsome, *obedient and very fun.　She was also aware that her main attraction for him was her wealth which was now even greater since her father's recent death.　However, she did not mind it because he amused her and she did not love him either.　They had (2)<u>a silent understanding</u>.

"Yes.　Amazing, isn't it ?　He thinks I want him back."

"I don't like to be *nasty, darling, but I think he must have heard about your father dying, don't you ?"

"Almost certainly.　I'm not stupid.　Don't treat me as a child, Daniel."

"[　ウ　]"

She did not answer as she was thinking of the last time she had seen Callum.　She was lying in his arms as they planned their (　1　) marriage and their escape from her father who did not want her to marry Callum.　When she first told father about her relationship with Callum, he had been so angry.

"He's just a *gold-digger Helva !　He has no job and no *prospects.　He sees you as a meal ticket and a very good one at that !"　Her father shouted when she told him that she wanted to marry Callum.

"But he loves me !"　She (　a　) her face as she cried.　He looked at his plain, *dowdy daughter and wondered silently how she could be so stupid as to believe that the handsome, charming young man could possibly want her for herself and not her money.　A few days after this, they (　b　) to run away together.　They planned to meet at 2:00 a.m. at the end of the street.　Even now, she could remember very clearly waiting in the cold December air and constantly checking the big (　2　) on her watch which very slowly moved from two to two fifteen, two-twenty, two-thirty until it was 3:00 a.m.　She called Callum many times that early morning but his phone was dead.　(B)<u>She (①　father　②　returned　③　to　④　waiting at　⑤　her　⑥　find　⑦　home) the door.</u>

"You foolish, foolish child. Did you really believe that I would stand by and watch you make the biggest (　3　) of your life ? I told him that I would not give you a penny if you married him. He did not believe me at first but I see that he did in the end. Like I told you Helva, (C) he (① as you ② not ③ think ④ as ⑤ a man ⑥ is ⑦ ideal). He is just a common gold-digger and does not love you."

She walked past her father without speaking and in fact they never spoke of this matter again. A tear rolled down her cheek. The memory still had the power to (　4　) her.

"Are you OK, Helva ?" Daniel put his arm around her shoulders.

"Yes, thank you, Daniel. Just being silly." She gave him a lonely reply.

Helva did keep the appointment but in (3) her own 'special' way. After midnight at 12:30 a.m., she asked her driver to take Daniel and herself to the airport. It was Fashion Week in Paris ; an important event in a rich woman's diary. She also asked her driver to make a *detour past the hotel Callum had said he was staying at. It was already 12:45 a.m. so maybe he would not still be there. In fact, he was, although it was difficult to recognize him. (　5　) the cheap hotel, in a bad part of town, stood a fat, *balding, middle-aged man. His shoulders were *hunched as if he was trying to keep warm as he must have been frozen on such a bitterly cold night. His coat looked thin and worn even from the (　6　) of her limousine. He looked old, *beaten and *pathetic. She asked the driver to slow down. Daniel (　c　) loudly.

"*Good grief ! Is that him Helva ? If you ask me, it was a lucky escape. He looks just *dreadful."

By chance, Callum (　d　) into the limousine and she thought for a second that their eyes met but then she remembered that the glass was *tinted so she could not be seen at all. She wondered how long he would wait in the cold before giving up and returning to his small, bare hotel room, but the thought of his misery gave her no pleasure but only sadness for the happiness that might have been.

（注）　* hesitate　口ごもる　　* obedient　従順な　　* nasty　意地の悪い
* gold-digger　金目当てで恋愛をする人　　* prospect　将来性　　* dowdy　やぼったい
* detour　回り道　　* balding　禿げた　　* hunched　すぼめて
* beaten　打ちのめされた　　* pathetic　哀れな　　* Good grief !　（驚きを表して）おや，まあ
* dreadful　みじめな　　* tinted　薄く色味がかった

問１　下線部(1)のきっかけとなった出来事として最も適切なものを次の①～⑤から１つ選び，指定された解答欄に番号をマークしなさい。

① Callumの電話が壊れていたこと。
② Helvaが既にDanielと交際していたこと。
③ CallumがHelvaの父親に結婚を妨害されたこと。
④ CallumがHelvaではない女性を好きになったこと。
⑤ Helvaの父親が亡くなったこと。

問２　下線部(A)～(C)がそれぞれ次の意味になるように（　）内の語（句）を並べ替えたとき，（　）内で３番目と５番目に来るものを選び，指定された解答欄に番号をマークしなさい。

(A) 私が愛しているのはあなただけよ
(B) 彼女は帰宅すると，彼女の父親がドアの前で待ち構えているのが分かった
(C) 彼は君が考えるほど理想の男性ではない

問３　空所［ア］～［ウ］に入れるのに最も適切なものをそれぞれ①～③から１つずつ選び，指定された

解答欄に番号をマークしなさい。

① And do you still want him back, Helva ?

② Was that him Helva ?

③ Can we meet, Helva ?

問４ 下線部(2)の内容として最も適切なものを次の①～⑤から１つ選び，指定された解答欄に番号をマークしなさい。

① Helvaの父親がDanielを認めていないこと。

② Helvaが，DanielのこともCallumのことも愛していないこと。

③ Danielは，HelvaがCallumを選ぶとは思っていないこと。

④ DanielとHelvaが，お互いを愛し合っていること。

⑤ DanielとHelvaが，お互いを愛し合っていないこと。

問５ 空所(１)～(６)に入れるのに最も適切なものをそれぞれ①～⑤から１つずつ選び，指定された解答欄に番号をマークしなさい。

(１)	① secret	② unhappy	③ second	④ remote	⑤ arranged
(２)	① face	② screen	③ strap	④ hand	⑤ alarm
(３)	① story	② money	③ mistake	④ answer	⑤ heartbreak
(４)	① enjoy	② remember	③ forget	④ hurt	⑤ encourage
(５)	① Outside	② Beyond	③ Inside	④ Under	⑤ Above
(６)	① moment	② accident	③ race	④ engineer	⑤ back seat

問６ 空所(a)～(d)に入れるのに最も適切なものをそれぞれ①～④から１つずつ選び，指定された解答欄に番号をマークしなさい。

① laughed　② looked　③ covered　④ decided

問７ 下線部(3)の内容として最も適切なものを次の①～⑤から１つ選び，指定された解答欄に番号をマークしなさい。

① 運転手にCallumを迎えに行かせること。

② 約束通り，Callumとの関係を修復すること。

③ 待ち合わせ時間に遅れて，Callumに会うこと。

④ 自分がされたことをCallumにやり返すということ。

⑤ CallumにDanielを紹介すること。

問８ 本文の内容に一致するものを次の①～⑦から２つ選び，指定された解答欄に番号をマークしなさい。解答は，１つの解答欄に２か所マークすること。

① Helva asked Callum to call her after her father died.

② It was the second time that Callum offered Helva the plan of escaping.

③ Helva's father didn't accept the marriage because he thought Callum was not a right person for Helva.

④ Even after Callum broke a promise with her, Helva asked her father to accept her marriage again and again.

⑤ Helva was not quickly able to find Callum when she was driving past his hotel.

⑥ Callum was sure that Helva told him a lie when he made eye contact with Helva.

⑦ Helva was satisfied with her revenge to make Callum wait for a long time.

2　次の英文を読み，後の問に答えなさい。

What is language?　There are many possible answers to this question, but most people agree that language is a way to communicate ideas or feelings, using signs, gestures, or marks.　Since the beginning of time, humans have needed to communicate with each other.　[　　A　　]　Signs and gestures came before speech, and we still use them to communicate today.

Many gestures are understood and used by people of different cultures.　These include signaling with an arm or hand, as a sign to come closer, *nodding the head, as a sign of *acceptance, and a smile or hug, as a sign of (　1　).　Gestures of anger or *disapproval, such as shaking the head to show *refusal, are also (　　2　　).

Nobody knows exactly how many languages there are, but experts guess that there are as many as 7,000.　These languages are grouped into families.　[　　B　　]　The Indo-European language family, for instance, includes Spanish, English, Hindi, and Russian.　When a language is no longer used, such as *Latin or *Ancient Greek, we say that it's "dead."　[　　C　　]　The word *astronaut* is an example of this.　There were no astronauts in Ancient Greece, of course, but modern people have put together the Ancient Greek word for "star" (*astron*) and "sailor" (*naut*) to (　　3　　): *astronaut*!

We use language for an important human need: to connect with each other.　The message we communicate and the way we send it might be as (　4　) as a smile to say, "I'm happy to see you," or as complex as a book on *physics.　It might even be a secret, like a message in code that's sent between *allies.　[　　D　　]　Languages are interesting.　They *evolve and change, they're born and they die, and we all use them.

（注）　* nod　うなずく　　* acceptance　同意，容認　　* disapproval　不承認，不賛成
* refusal　拒絶，拒否　　* Latin　ラテン語　　* Ancient Greek　古代ギリシア語
* physics　物理学　　* ally　同盟者，味方　　* evolve　発展する

問1　空所(1)～(4)に入れるのに最も適切なものをそれぞれ①～④から１つずつ選び，指定された解答欄に番号をマークしなさい。

(1)　①　sorrow　　②　hate　　③　welcome　　④　envy
(2)　①　not known at all　　②　widely recognized
　　　③　misunderstood easily　　④　forgotten at once
(3)　①　delete the original word　　②　separate the two words
　　　③　hide the Greek words　　④　form a brand-new word
(4)　①　simple　　②　difficult　　③　wrong　　④　careless

問2　空所[A]～[D]に入れるのに最も適切なものをそれぞれ次の①～④から１つずつ選び，指定された解答欄に番号をマークしなさい。

①　When languages have common roots, they're part of the same language family.
②　Each of these types of communication lets us tell another person what we know, how we think, or what we feel.
③　We often do this through complex systems, such as speech and writing, but not always.
④　However, even after people have stopped speaking a language, they sometimes continue to create new words from its roots.

3 各英文の(　　)内に入れるのに最も適切なものをそれぞれ①～④から１つずつ選び，指定された解答欄に番号をマークしなさい。

(1) If she (　　) sick, she could go on a field trip.
① were　② weren't　③ is　④ wouldn't

(2) Can you (　　) me your textbook ?　I left mine at home today.
① tell　② borrow　③ lend　④ lose

(3) Please turn (　　) the light.　It's a little too dark.
① down　② out　③ off　④ on

(4) I have no CDs (　　　).
① to listening　② to listen to　③ to listen　④ to listening to

(5) This large box (　　　) by the teacher yesterday.
① sent me　② sent to me　③ was sending　④ was sent to me

(6) My daughter eats (　　) meat than my son.
① many　② much　③ fewer　④ less

4 各英文がそれぞれ日本語の意味になるように(　　)内の語(句)を並べ替えたとき，指定された箇所に来るものの番号を解答欄にマークしなさい。

(1) 少し歩くと美術館に着きました。
A (① to　② the art museum　③ walk　④ me　⑤ brought　⑥ short).
A [　　] [　ア　] [　　] [　イ　] [　　] [　　].

(2) 日本で富士山より高い山はありません。
No (① is　② mountain　③ as　④ so　⑤ high　⑥ other) Mt. Fuji in Japan.
No [　ウ　] [　　] [　　] [　エ　] [　　] [　　] Mt. Fuji in Japan.

(3) 私は赤ちゃんのためにいい名前を見つけようと，１週間かけて探したんだ。
I've (① a week　② to　③ a good name　④ spent　⑤ find　⑥ trying) for a baby.
I've [　　] [　オ　] [　　] [　カ　] [　　] [　　] for a baby.

(4) 彼がどこにいるかは誰も知らないと思います。
I (① anyone　② don't　③ he　④ think　⑤ where　⑥ knows) is.
I [　　] [　キ　] [　　] [　ク　] [　　] [　　] is.

(5) 私が楽しみにしていたコンサートは雪のため延期になった。
The concert (① forward　② put off　③ because　④ was looking　⑤ I　⑥ to　⑦ was) of the snow.
The concert [　　] [　ケ　] [　　] [　　] [　　] [　コ　] [　　] of the snow.

(6) これは私が今まで観た中で，最も素晴らしい演劇の１つです。
This is one of (① watched　② plays　③ I　④ excellent　⑤ most　⑥ have ever　⑦ the).
This is one of [　　] [　　] [　サ　] [　　] [　　] [　シ　] [　　].

【数　学】（50分）〈満点：100点〉

（注意）　1．定規，コンパス，分度器，電卓は使用しないこと。

2．問題の文中の $\boxed{\text{ア}}\boxed{\text{イ}}\boxed{\text{ウ}}$ などには，特に指示がない限り，ア，イ，ウ，……の一つ一つに数字（0〜9）が一つずつ入ります。

3．分数形で解答する場合，それ以上約分できない形で答えなさい。

4．$\sqrt{}$ を含む形で解答する場合，$\sqrt{}$ の中に現れる自然数が最小となる形で答えなさい。

5．小数の形で解答する場合，必要に応じて，指定された桁まで０にマークしなさい。

1　次の□の中の「ア」から「ニ」に当てはまる数字をそれぞれ答えなさい。

(1)　$(ab^2)^3 \div \left(\dfrac{2}{3}a^2b\right)^2 \times (2\sqrt{3}a^3)^2 \div 2b^2 = \dfrac{\boxed{\text{ア}}\boxed{\text{イ}}}{\boxed{\text{ウ}}}a^{\boxed{\text{エ}}}b^{\boxed{\text{オ}}}$ である。

(2)　$(\sqrt{18}+\sqrt{12})^2 - \sqrt{\left(-\dfrac{1}{3}\right)^2} \times \sqrt{6^5} = \boxed{\text{カ}}\boxed{\text{キ}}$ である。

(3)　連立方程式 $\begin{cases} x : y = 2 : 3 \\ 5x - 4y = -6 \end{cases}$ の解は $x=\boxed{\text{ク}}$，$y=\boxed{\text{ケ}}$ である。

(4)　x の２次方程式 $x^2 - ax - 12 = 0$ の１つの解が -2 のとき，$a=\boxed{\text{コ}}$，他の解は $\boxed{\text{サ}}$ である。

(5)　$x=9.9$，$y=2.3$ のとき，$x^2-6xy+9y^2+10y=\boxed{\text{シ}}\boxed{\text{ス}}$ である。

(6)　大小２つのさいころを同時に投げ，出た目をそれぞれ a，b とするとき，$\dfrac{2a}{b}$ が整数となる確率は $\dfrac{\boxed{\text{セ}}}{\boxed{\text{ソ}}}$ である。

(7)　$\dfrac{\sqrt{35}}{2}$ の整数部分は $\boxed{\text{タ}}$ である。

(8)　図１において，正六角形ABCDEFの１辺の長さが10であるとき，おうぎ形DFBの面積は $\boxed{\text{チ}}\boxed{\text{ツ}}\pi$ である。

(9)　図２において，AB＝7，AC＝8，BC＝5 のとき，CD＝$\dfrac{\boxed{\text{テ}}}{\boxed{\text{ト}}}$ である。

(10)　図３の円Oにおいて，$\angle x=\boxed{\text{ナ}}\boxed{\text{ニ}}^\circ$ である。

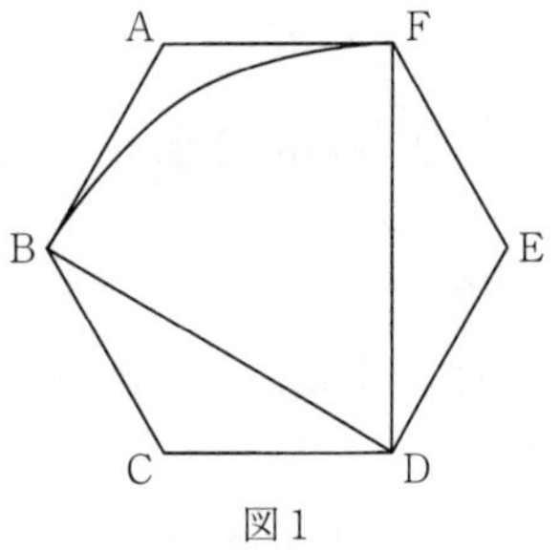

図１

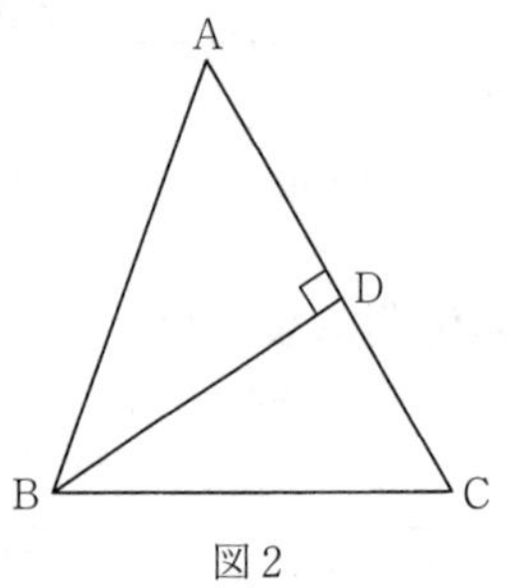

図２

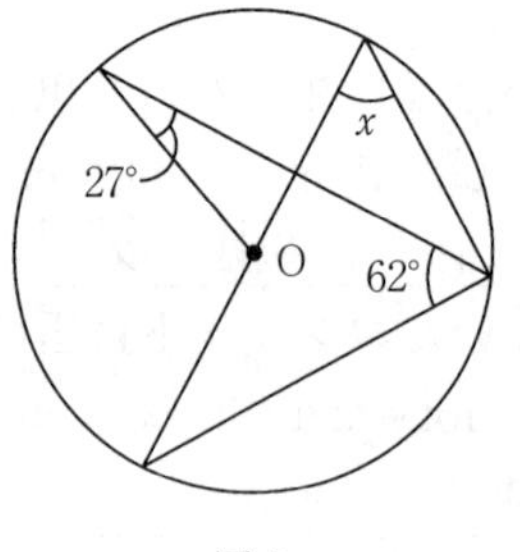

図３

2　右の図1のように，AB＝4，AC＝3，∠BAC＝90°，BE＝$2r$の三角柱ABC-DEFに半径rの球Oが内接している。また，右の図2は，図1の立体を，球Oの中心を通り底面に平行な平面で切った切り口である。このとき，次の□の中の「ア」と「イ」に当てはまる数字をそれぞれ答えなさい。

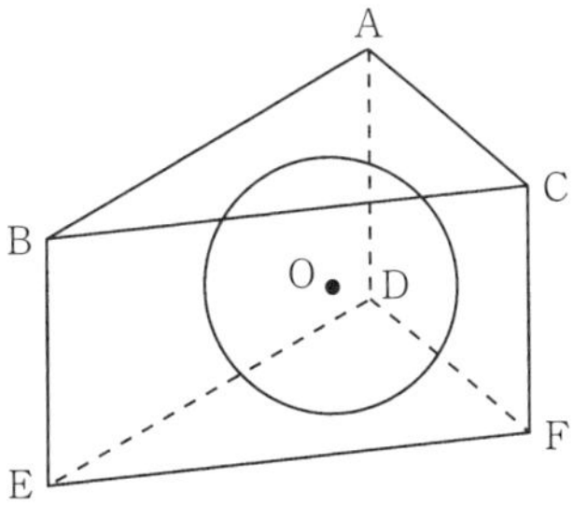

図1

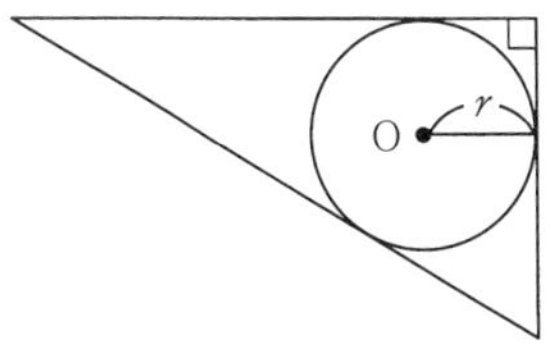

図2

(1)　r＝[ア]である。

(2)　球Oの表面積をS_1，体積をV_1とし，三角柱ABC-DEFの表面積をS_2，体積をV_2とする。このとき，$\dfrac{V_1}{S_1}-\dfrac{V_2}{S_2}$＝[イ]である。

3　右図のように，放物線$y=ax^2$…①と直線$y=\dfrac{1}{2}x+2$…②の交点をA，Bとし，直線②とx軸，y軸との交点をそれぞれP，Qとする。点Aが線分PQの中点となるとき，次の□の中の「ア」から「カ」に当てはまる数字をそれぞれ答えなさい。

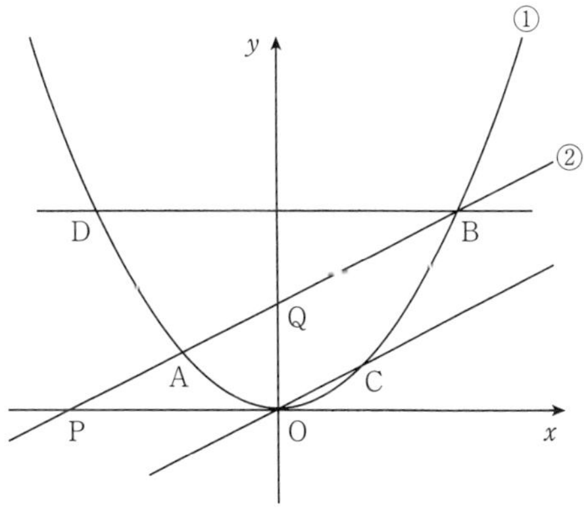

(1)　$a=\dfrac{[ア]}{[イ]}$である。

(2)　点Bの座標は([ウ]，[エ])である。

(3)　原点Oを通り直線②と平行な直線と放物線①との交点をC，点Bを通りx軸に平行な直線と放物線①との交点のうち点Bと異なる点をDとする。このとき，四角形ACBDの面積は[オカ]である。

4　右図のように，AB＝AC，BC＝1，∠ABC＝72°の二等辺三角形ABCがある。∠ABCの二等分線と辺ACの交点をDとするとき，次の□の中の「ア」から「コ」に当てはまる数字をそれぞれ答えなさい。

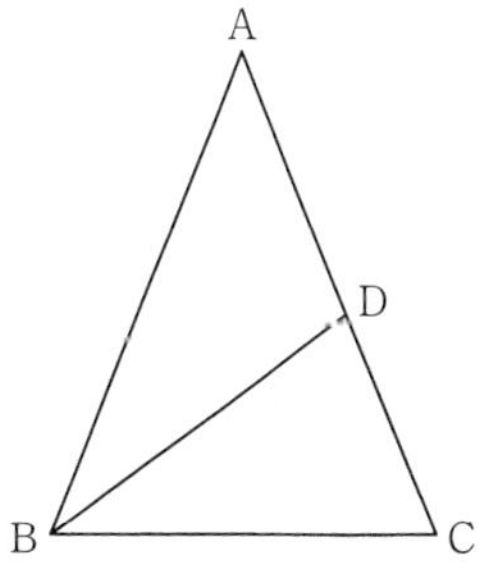

(1)　∠ADB＝[アイウ]°，AD＝[エ]である。

(2)　DC＝$\dfrac{-[オ]+\sqrt{[カ]}}{[キ]}$である。

(3)　1辺が4の正五角形の対角線の長さは[ク]＋[ケ]$\sqrt{[コ]}$である。

5　0，1，2，3，4の5つの数字の中から異なる3つの数字を選び，並べて3桁の整数をつくるとき，次の□の中の「ア」から「ウ」に当てはまる数字をそれぞれ答えなさい。

(1)　5の倍数は全部で[アイ]個できる。

(2)　各位の数の和が5となる整数は全部で[ウ]個できる。

④ 彼のヒッセキは美しい。

⑤ 優れたコウセキが認められる。

(6) 動物ギャクタイを防止する。

① 結婚式にショウタイする。

② 問題にタイショする。

③ 毎朝タイソウする。

④ 弟はニンタイ強い。

⑤ 国外にタイキョする。

(7) 新入社員をサイヨウする。

① 鮮やかなシキサイの絵だ。

② 事業のサイサンが合わない。

③ 長い道がサイゲンなく続く。

④ 経済的なキュウサイを求める。

⑤ 大学と企業がキョウサイするイベント。

(8) 論文にチュウシャクを付ける。

① 謝罪とシャクメイを行う。

② 先生のペンをハイシャクする。

③ 評価のシャクドを明確にする。

④ 友人とバンシャクを楽しむ。

⑤ 有名なハクシャクの邸宅を訪れる。

なぜこのようになったのか。その理由として最もふさわしいものを、次の選択肢の中から選び、番号をマークしなさい。

① 遠方にいる夫に別れを告げることもできないまま、この世を去ってしまったから。
② 夫がつまらない勘違いによって大切な命を失ってしまったから。
③ 夫の同僚の一方的な誤解によって、無惨にも殺されてしまったから。
④ 夫を殺した強盗を捕らえてもらおうとしてもとっくに逃げてしまっているから。
⑤ 夫の怪我は体にあったのに、輩は頭だけを妻子の元に届けたから。

問八 傍線部Ｉ「さ程の心ぎは」とはどのような心の様子か。その説明として最もふさわしいものを、次の選択肢の中から選び、番号をマークしなさい。

① 滑稽　② 責任　③ 残忍
④ 悲哀　⑤ 臆病

問九 傍線部Ｊ「かく程のふるまゐしけん愚かさ」とはどのようなことか。その説明として最もふさわしいものを、次の選択肢の中から選び、番号をマークしなさい。

① 当人の心持ちひとつで大切な命を落とす結果になってしまったこと。
② 友人に対して自らの亡骸を運ばせるという無理なお願いをすること。
③ 立派に勤めを果たしたのに、あえなく命を落としてしまったこと。
④ 当人のわがままな振る舞いによって家族を悲しませることになったこと。
⑤ 人から認められようとするあまり、友人や家族を失ってしまったこと。

四 次の傍線部と同じ漢字を含むものを、それぞれ後の選択肢の中から一つずつ選び、番号をマークしなさい。

(1) 新しい靴をハく。
① 思い出がノウリによみがえる。
② 駅までのキョリは短い。
③ エイリな刃物。
④ 期日までに契約をリコウする。
⑤ ケイリ業務を効率化する。

(2) 家業をツぐことにした。
① 彼はチョッケイの弟子だ。
② 環境保護のケイハツ活動。
③ 失敗が成長のケイキとなる。
④ ケイゾクは成功の鍵だ。
⑤ 学校と地域がレンケイする。

(3) 古新聞を紐でククる。
① 名声をカツボウする。
② 組織をトウカツする責任者。
③ 学級委員としてカツヤクする。
④ 遺産をブンカツして相続する。
⑤ エンカツに組織を運営する。

(4) キテイに従って手続きする。
① 評判のリョウテイで食事する。
② 作業コウテイを見直す。
③ エンテイの花壇の手入れをする。
④ 敵の動きをナイテイする。
⑤ 祖母はテイシュクな女性だった。

(5) ケイセキが残っている。
① 古いセキショのあとが残る。
② 大学をシュセキで合格する。
③ 自分のショクセキを全うする。

負ったのですか」
おひたりけるか」とGとふに、「しかにはあらず。このかしらの事ばかりをぞいひつる」といへば、Hいよいよかなしみ悔《くゆ》れどもかひなし。をくびやうはうたてき物なり。Iさ程の心ぎはにて、Jかく程のふるまゐしけん愚かさこそ。

（『古今著聞集』による）

問一　二重傍線部a「秋の末つかた」とあるが、旧暦(陰暦)では何月か。ふさわしいものを、次の選択肢の中から一つ選び、番号をマークしなさい。

①　七月　②　八月　③　九月
④　十月　⑤　十一月

問二　二重傍線部b「おちけるが」・c「かいさぐる」・d「なにとはしらず」・e「けしうはあらじ」・f「ただはやくびをきれ」のうち、現代仮名遣いに改めた際に表記が変わるものを一つ選び、番号をマークしなさい。

①　b「おちけるが」　②　c「かいさぐる」
③　d「なにとはしらず」　④　e「けしうはあらじ」
⑤　f「ただはやくびをきれ」

問三　傍線部A「いふ」・D「おもひ」・F「持ちて行き」・G「とふ」の主語の組み合わせとして最もふさわしいものを、次の選択肢の中から選び、番号をマークしなさい。

①　強盗—法師—輩—妻子　②　法師—輩—輩—妻子
③　法師—法師—輩—妻子　④　強盗—法師—輩—輩
⑤　法師—強盗—輩—妻子

問四　傍線部B「いづくぞ」とあるが、どのような意味か。最もふさわしいものを、次の選択肢の中から選び、番号をマークしなさい。

①　頭はどこだ　②　大丈夫か
③　怪我はどこだ　④　強盗はどこだ
⑤　怪我は痛むか

問五　傍線部C「頭を射られたるぞ」とあるが、なぜそのように思ったのか。その理由として最もふさわしいものを、次の選択肢の中から選び、番号をマークしなさい。

①　自分の頭を触ってみたところ、手が赤い血に染まっていたから。
②　柿の実を射ったはずの強盗の矢が、自分の頭を目掛けて飛んできたから。
③　側にいた輩が、法師のただならぬ様子を見て慌てふためいていたから。
④　頭がひやりとし、触ってみるとぬるぬるとしたものが手についたから。
⑤　張り詰めた状況下で、敵味方の区別もつかないほど気が動転したから。

問六　傍線部E「ひきたててゆかん」と判断したのはなぜか。その理由として最もふさわしいものを、次の選択肢の中から選び、番号をマークしなさい。

①　致命的な重傷を負っていたとしても、妻子のもとまで連れて帰ろうという強い責任を感じていたから。
②　どれほど深刻な怪我を負っていても、僧侶である法師を助けなければ、自分が罪を背負うことになるから。
③　致命的な場所に傷を負っているようだが、受け応えができている様子から、大怪我ではないと考えたから。
④　たとえこのまま死んでしまったとしても、人として最低限の情けはかけてやるべきと考えたから。
⑤　たった一人で強盗に立ち向かった勇敢な法師に対して、敬意を示さなければ失礼になると考えたから。

問七　傍線部H「いよいよかなしみ悔れどもかひなし」とあるが、

このように思ってしまう玉緒の心情の説明として最もふさわしいものを、次の選択肢の中から選び、番号をマークしなさい。

① 家族と自分が離れ離れになってしまったのは、この男のせいであると激しく恨んでいる。

② 新しい生活の中で、いつのまにか家族から心が離れていた自分に自責の念を感じている。

③ 父親の死は男が原因であると考え、この男と付き合い、家族を離れたことを後悔している。

④ 家族を捨てて、男との旅行を優先した自分に対して、強い嫌悪感と罪悪感を抱いている。

⑤ あの男が自分と家族を引き離す恐ろしい存在であると気付いて、恐怖心を抱いている。

問七 本文中の表現の特徴としてふさわしいものを、次の選択肢の中から二つ選び、番号をマークしなさい。ただし一つの解答欄に二つマークすること。

① 短い会話の連続により、家族の関係性がうまく出来ていないことが暗示的に表現されている。

② 指先の表現を用いることで、玉緒と家族のつながりが薄いということが効果的に表現されている。

③ 「雀」が家族写真を見る場面で描写されることで、その場にいない家族が暗示的に表現されている。

④ 一貫して一人の人物の視点から語られることで、物語の展開が分かりやすく伝わるよう表現されている。

⑤ ある人物に複数の呼称を使うことで、その人物が生活の中で様々な役割を担っていることが表現されている。

問八 次の文章を補うのに最もふさわしい箇所を本文中の【①】～【⑤】の中から選び、番号をマークしなさい。

《脱文》 窓の中では、玉緒の左手の先が、そっと父親の右肩にかかっている。五人の胸に、玉緒のいない淋《さび》しさが募った。

三 次の文章を読んで、後の問いに答えなさい。

ある所に強盗入りたりけるに、弓とりに法師をたてたりけるが、
ある所に強盗がよく入ったので、　弓を持っての見張り役に法師を立てたところ、
a秋の末つかたのことにて侍りけるに、門のもとに柿の木の有りけ
秋の末頃のことでありましたが、
る下にこの法師かたて矢はげて立ちたるうへより、うみ柿のbおち
弓に一本の矢をつがえて立っていたところそのうえから、熟した柿が　ぐちゃぐちゃに
けるが、この弓とりの法師がいただきにおちてつぶれてさんざんに
散った。
ちりぬ。この柿のひやひやとしてあたるをcかいさぐるに、なにと
「もはや射られてしまった」　手で探ってみると、
なくぬれぬれと有りけるを、「はや射られにけり」とおもひて臆し
かたわらの同輩に言うことには　とても助かりそうも
てけり。かたへの輩《ともがら》に云《い》ふやう「はやく痛手を負ひていかにものぶ
ないので、
べくも覚えぬに、この頸《くび》うて」とAいふ。「Bいづくぞ」と問へば、
「C頭を射られたるぞ」といふ。さぐれば、dなにとはしらずぬれ
手に赤いものがついたので、　「ほんとうに血だよ」
わたりたり。手にあかく物つきたれば、「げに血なりけり」とDお
「だからといって、大したことはなさそうだ。連れて行ってやろう」
もひて、「さらんからにeけしうはあらじ。Eひきたててゆかん」
とて、肩にかけて行くに、「いやいやいかにものぶべくもおぼえぬ
打ち落とした。
ぞ。fただはやくびをきれ」と頻《しきり》にいひければ、いふにしたがひて
うちおとしつ。

さてそのかしらをつつみて大和国へF持ちて行きて、この法師が
言いおいたことを伝えて、頸を受け取らせると、
家になげ入れて、しかじかいひつることとてとらせたりければ、妻
頸を見ると、まったく矢の傷がない。　「からだの方に手傷を
子なきかなしみて見るに、さらに矢の跡なし。「むくろに手ばし

突然、父親の声がきこえた。
　玉緒は軽く目を閉じた。その瞬間、左手の先が父親の肩に触れた。あの朝の、毛糸の手袋の先からしみてきた霜がよみがえった。涙が溢《あふ》れ出た。
「しあわせになりなさい」
　優しすぎる声で父親が娘に語りかけた。
　玉緒は、たしかに父親の肩に触れたし、その声も聞いた。死んだ人間が排除されているわけではなかったのだ。むしろ、ここからいなくなったのは父親ではなく、自分のほうなのだという思いが、玉緒の心に熱くこみあげた。
「遅くなってごめんなさい」
「いいんだ。しあわせになりなさい」
「……だめ。わたしは、B父さんの言いつけを破ってしまった。もう決してしあわせにはなれない。だって、あんなにはっきり口にしてしまったんだもの」
　それを初めて口走ったのは、小旅行で男といっしょの時だった。そっと、しかしありったけの力をこめて。それを聞いたのは、あの男ひとりだ。Cあの男が悪魔だったのかもしれない。玉緒の周辺から家族は消え、そのあとに、五、六羽の雀が強い日ざしを浴びて騒いでいた。

（辻原　登『家族写真』による）

問一　二重傍線部「いぶかしそうに」の本文中での意味として最もふさわしいものを、次の選択肢の中から選び、番号をマークしなさい。

① 不審そうに　② 興味深そうに
③ 馬鹿にするように　④ さびしそうに
⑤ もどかしそうに

問二　空欄[a]・[b]に当てはまる語の組み合わせとして最もふさわしいものを、次の選択肢の中から選び、番号をマークしなさい。

① a 顔　b 肩　② a 面　b 髪
③ a 頭　b 肩　④ a 額　b 髪
⑤ a 顔　b 胸　⑥ a 面　b 肩
⑦ a 頭　b 胸　⑧ a 額　b 胸

問三　空欄[甲]に当てはまる語句として最もふさわしいものを、次の選択肢の中から選び、番号をマークしなさい。

① ずるずる　② はらはら　③ ぐずぐず
④ じりじり　⑤ よろよろ

問四　傍線部A「谷口は、写真館が勝手に飾ってしまって、困ったことだ、と言い訳をした」とあるが、この時の父親の思いとして最もふさわしいものを、次の選択肢の中から選び、番号をマークしなさい。

① 家族の意思に反して写真が飾られてしまったことに困惑し、写真館の館主を憎んでいる。
② 家族との相談の結果、写真を飾ることとなったが、やはりやめておけばよかったと後悔している。
③ 家族の全員の同意が得られぬ間に写真が飾られてしまったので、家族に申し訳ないと反省している。
④ 家族と相談をして写真を飾ることを承諾したが、素直に認めるのは気恥ずかしくなっている。
⑤ 家族と十分話し合う時間を確保できずに写真が飾られてしまい、館主に不信感を抱いている。

問五　傍線部B「父さんの言いつけを破ってしまった」とあるが、具体的にはどういうことか。その内容として最もふさわしいものを、次の選択肢の中から選び、番号をマークしなさい。

① 自分の気持ちを偽る言葉を口にしたこと。
② 男と一緒に旅行に行くことを黙っていたこと。
③ 家族写真を撮ろうと言ってしまったこと。
④ 家を出て働きに出ると言ってしまったこと。
⑤ しあわせだと口にしてしまったこと。

問六　傍線部C「あの男が悪魔だったのかもしれない」とあるが、

しかし、収入役はどうしても仕事で町に出なくてはならなくなった。ひとりで行って、写真はみないで帰ってくるつもりだったが、家族のだれもそれを信じない。みんなには禁止しておいて、ひとりだけこっそりみてくるつもりだろうが、そんなことは許せない。父親はしかたなく、役場のマイクロバスに家族を便乗させることにした。【　②　】

写真の前に立ったとたん、三人の子供は歓声をあげた。送られてきたものより、それは三倍に引き伸ばされて窓を飾っていた。全員が、ちょうど写真と向かいあう形に並んだ。鏡に映したのと同じだ。しかし、完全な対称ではない。向かいの写真の中、父親の背後、昇の隣にいる玉緒は、こちら側にはいなかった。【　③　】

明るい、優しそうな、えくぼのある顔を玉緒はこちらに向けていた。この表情の瞬間、いま、わたしはしあわせよ、と彼女は念じたのだ。収入役は思わず、しあわせになれよ、と写真の中の娘に向かって呼びかけた。そのとき、彼女の指がそっと自分の肩に触れたように感じて、振り返った。もちろん、そこに玉緒はいなかった。そのあたりの地面で、雀《すずめ》が光を浴びて騒いでいた。【　④　】

《中略》

古田写真館は記憶通りの場所に、覚えていた通りのようすでたっていた。家族の写真はあった。玉緒が先にみていたのは、送られた手札の一枚だった。写真の中のみんなは小さくて、通りいっぺんのなつかしさしか覚えなかった。しかし、いま目の前にしているのは、その十倍もの大きさだ。みんなまるで生きているようだ。半年前手にした手札とこの大きな展示写真との間には、玉緒の新しい日々が過ぎていた。展示窓のガラスと、額縁のガラスの二枚にしっかり守られて、鮮やかな青い背景の中に昇、智、祐加、両親、そして玉緒自身がこちらに向かってほほえんでいる。あのときはみんな写真師の左の人差指をみていた。それが、いまこちらにいる者にほほえみかけているようにみえる。【　⑤　】

玉緒は、写真の中の自分とぴったり向かい合せになる位置に立った。そのとき、通りすがりの男がいぶかしげに玉緒の横顔をのぞきこんで行ったので、脇に寄り、見えなくなるとまた元の位置に戻った。そして、今、自分が立っているこちら側にも写真の配置通りに、ひとりひとりを呼び出していった。

「さあ、みんなでもう一度、写真を撮ろう。昇はわたしの左よ。祐加は右でしょ。だめよ智、そんなに前に出ちゃ。ちゃんと祐加と並びなさい。またコップを割ったりしたら承知しないわよ。まあ、お母さんったらどうしてそんなに首を曲げるの？　もっと背筋を伸ばして。ほら、わたしの左の人差指をみて！」

と左手を挙げた。

しかし、玉緒は父親の姿をどうしても呼び出すことができない。呼ぼうにも、悪い夢の中みたいにもどかしく、声にも言葉にもならないのだ。父親が坐《すわ》った椅子はかんたんに呼び出せた。玉緒の胸は灼《や》けるように苦しくなった。……もうこの世にいないということは、空想の場面からも排除されなくてはならないのだろうか。

所用で海岸の町まで出かけた収入役の乗った車が、七曲りの崖で、むこうからきた小型トラックを避けようとしてハンドルを切り損ね、三十メートル下の川に転落した。昇が松川の工場へ電話を入れると、玉緒は休暇を取って、小旅行に出かけていた。父親の死を知ったのは、その三日あと、つまりゆうべのことだ。葬式はきのう済んだ。事故の現場があの七曲りの崖だと聞いたとき、玉緒は、そこでふたりの運転手が長々と話していた光景を思い出した。口の動きだけがみえて、声が聞こえなかったもどかしい感覚がよみがえった。あれは父親の死について打ち合せをしていたのではないか。玉緒ははっとなって顔をあげた。

展示写真をみんなが五月に揃《そろ》って見物にきたことを、当時の昇からの葉書で知った。昇は普通高校への進学を諦めると書いてあった。玉緒は、いまひとりで写真と向かい合っている。あの時は、ここに彼女が欠けていた。そして、いまは父親が決定的に欠けている。

「よくきてくれた、玉緒。これでまたみんな揃ったね」

悪魔にでも聞かれてみろ……」

と父親はいった。しかし、母親にも玉緒にもはっきり聞こえなかった。繰り返すのが腹立たしげに、声をもう一度、充分通るように押し出した。

「あれをほんとうに口に出したりしたら、ふしあわせになるような気がする」

玉緒と母親は顔を見合せ、いぶかしそうにふたりで睫毛《まつげ》をふるわせた。

「わたしらはどんなふうに撮れているだろうか。たのしみで、心配だな」

ひとりごとのようにつぶやくと、父親は目を閉じた。昇は英語の暗記カードをめくっている。玉緒はガラスの曇りを指先でぬぐって、川の流れをみた。淀《よど》みの緑青色と、むこうの川原に近い白く光る浅瀬にくっきり分れている。七曲りの崖に来ると、事故の車は脇に寄せられて、バスは停らなくてもよかったが、運転手同士がまだたばこを吹かしながら静かに話していた。玉緒は、彼らがいったい何を話しているのか知りたくてたまらなかった。

翌日、玉緒は記念写真と同じ明るいグレーのスカートとブレザー姿で、下り列車に乗って発った。その夜、無事寮に落着いた、とはずんだ声で電話をかけてきた。

写真が届いた。祐加がまっさきに、胸のへんのケチャップのしみの有無をたしかめた。きれいに消えている。祐加は b をなでおろした。智は背筋を伸ばし、上を向きかげんにして館主の指先をにらんでいた。昇は笑っていた。スカイライトが、玉緒の柔らかな髪の数本を光らせる。玉緒の左手の先が父親の右肩にそっとかかっているのを、父親はいまはじめて発見した。

「みんないい顔してるよ。撮ってよかった」

夕食中も食卓の端の、味付海苔《のり》の缶にたてかけておかれ、みんなが寝る段になってやっと母親がそれをタンスの抽斗《ひきだし》にしまった。

「あれ、写真館に飾ってもらえないかなあ」

智がふとんの中で昇に囁《ささや》いた。

「むりだよ」

昇は智の野望をせせら笑った。

手札判の一枚は玉緒に送られた。古田写真館から電話がかかってきた。谷口の写真を展示したいというのだ。久しぶりに撮れた完璧な家族写真だ。谷口は即座に断ろうとしたが、これまでも何かあるとみんなと相談して決めてきたことを思い出し、考えさせてくれといって電話を切った。話をきくと、三人の子供は興奮した。母親は特に意見をいわない。電話で玉緒に問い合せると別にかまわないという。多数決で、谷口の家族写真は古田写真館の窓を飾ることになった。

子供たちは、早く町へ、自分たちの写真が飾られているところをみに行こうとせがんだが、父親は急がなかった。何かのついででよい。それを最初にみてきたのが、昇の同級生の兄で、青年団長の吉井徹だった。写真館の前を通りかかると、ふとどこかで見覚えのあるものが視野の端を横切った。暗がりで花束がたった一本の花にみえるように、六人がなじみのひとりの顔として映った。立ち止って、引き返し、それが写真館の窓の中にあることを発見した。近づくと、谷口の家族だった。

村中に知れ渡った。町に出た者は、わざわざ古田写真館まで回り道をしてみてき、みてきたことを村人に吹聴《ふいちょう》した。一カ月もたつと、村の半分以上の人間がその写真をみていた。役場で、職員や、やってきた村人にそのたび写真のことを口にされると、A谷口は、写真館が勝手に飾ってしまって、困ったことだ、と言い訳をした。

谷口の子供たちは 甲 した。何度も子供たちだけで行くという冒険計画が練られたが、思い切ることはできなかった。

収入役はできればあんなものはみないうちに展示窓から消えてほしかった。三十キロ以上も離れた町の写真館の小さな窓から、いつも自分の家族が覗《のぞ》きこまれているような気がしてならなかった。

【 ① 】

研ぎすまされている日本人の特徴がよく表れているということ。

② 自国の自然への愛を宣言する言葉には、西欧の険しい自然よりも、京都・奈良を中心とした穏やかな自然に誇りを持っている日本人の特徴がよく表れているということ。

③ 自国の自然への愛を宣言する言葉には、俳句における季題へのこだわりにみられるように、豊かな自然を魅力的に描写しようとする日本人の特徴がよく表れているということ。

④ 自国の自然への愛を宣言する言葉には、優れた芸術家たちの作品を通して、なじみ深いものとして表現された自然の魅力を享受しようとする日本人の特徴がよく表れているということ。

⑤ 自国の自然への愛を宣言する言葉には、自然を超越的宗教の神のように絶対的な存在と見なし、日頃から自然への畏敬を忘れない姿勢を持つ日本人の特徴がよく表れているということ。

二

次の文章は、辻原登《つじはらのぼる》の小説『家族写真』の一節である。玉緒は大阪に就職が決まり、出発する前日に父親から町の写真館へ記念写真を撮りに行こうと言われ、家族で写真館へ行くことになった。これを読んで、後の問いに答えなさい。

館主すなわち写真師が、カメラの暗布に頭を突っこんで何かごそごそやっていたかと思うと、カメラの前にとび出してきて、肩や顎の上げ下げ、顔全体の角度、肱《ひじ》や手の位置を細かく直してゆく。再びカメラのうしろにもどった。

「はい、お目目はこの指先をみて！」

写真師は左手を挙げた。六人はいっせいにその人差指をみた。

「だめです。そんなひきつった顔つきではだめです」

と暗布をはねのけた。

「そうだ、チーズっていえばいいんだよ」

智がいった。

「チーズなんて、うわべだけじゃだめ。これは、大事なお姉ちゃんの記念ですからね。まじめに、いい顔をしなくっちゃ。それに母さんはチーズが大嫌いだってこと、知ってるでしょ」

母親が智を振り返った。

「まだ硬いんだなあ。みなさん、いいですか」

館主が教室の先生のように説教調で呼びかけた。

「心のなかで、わたしはしあわせ、といってみてください。さあ」

みんなはためらって、互いに[a]を見合せた。

「さあ、早く」

写真師はせっついた。

「ひとこと、たったひとこと、心のなかでつぶやくだけなんですよ」

写真師の顔は笑っていなかった。声に有無を言わさない調子がある。

「そう、それでいいんです」

また暗布の中に頭を突っこんだ。左手を、さっきと同じようにさっと挙げた。

「もう一度、わたしはしあわせ。はい」

レリーズを握りつぶす。シャッターの快い音が響く。乾板を入れ替え、同じことが三度繰り返された。

外に出ると、もう何日もスタジオに閉じこめられていたもののようにみんなほっとして、背伸びとくしゃみを繰り返した。港を歩いて、漁船をみた。ブイに止ったかもめと、下の子供たちは視線を交した。

「こんにちは！」

祐加がかもめに向かって声を張りあげた。

帰りのバスの中ではみんな黙りこくってしまった。

「海のあるところって、疲れるわ」

と母親があくびをかみ殺した。智と祐加は折り重なって眠っていた。

「あんな言葉は、ほんとうに口にしたら、ろくなことがない。もし、

① 深山幽谷　② 無為自然　③ 千山万水
④ 三寒四温　⑤ 山紫水明

問五 傍線部A「ロシア語を知らない私は成程という他はなかった」とあるが、それはどういうことか。その説明として最もふさわしいものを、次の選択肢の中から選び、番号をマークしなさい。

① 詩はその国の政治の特色が反映されているため、その土地の生活や文化や政治を詳しく知らない者は、自国の言語の詩と同じ基準で比較することができず、相手の発言をただ受け流すしかできないということ。

② 詩はその土地の生活や風俗に結びついて表現されているため、その言語を詳しく知らない者は、客観的に他国語の詩と比較するのは困難であり、相手の発言をただ受け止めるしかできないということ。

③ 詩はその土地の思想が色濃く反映されているため、その土地の生活や文化を詳しく知らない者は、自国の言語の詩と同じ視点で評価できず、相手の発言を根拠なく批判するしかないということ。

④ 詩は表現する者の個性によって大きく異なるため、その言語の利用の有無に関わらず、客観的に詩と比較するのは困難であり、相手の発言を評価する立場にはないということ。

⑤ 詩は表現する者の生活環境に影響を受けるため、その土地に居住してその言語を利用している者しか詩の良さを理解することができず、相手の発言を尊重するしかないということ。

問六 傍線部B「日本人と『自然』との独特の関係」とあるが、どういう関係か。その説明として最もふさわしいものを、次の選択肢の中から選び、番号をマークしなさい。

① 日本人は自然を親しみ易い友だちとして見つつ、超越的宗教の神と同じように人間に人間らしさを与える存在となっている、という独特の関係。

② 地震などの災害が絶えない自然を敵視しつつも、自分たちに恵みをくれる親しみのある友人のような存在にもなっている、という独特の関係。

③ 自然宗教のような超越的な神道を持ちつつ、日常生活を豊かにしてくれるような身近な存在にもなっている、という独特の関係。

④ 自然に対して警戒心を持ちつつも、万葉集の時代から現在に至るまで、日常生活のいたるところに自然が身近な存在となっているという独特の関係。

⑤ 自然に対する神秘的な思想を持ちつつも、自然に内在する権威に人間らしさを支えてもらう存在でもある、という独特な関係。

問七 傍線部C「秋来ぬと眼にはさやかにみえねども」は『古今和歌集』の中の歌の一部であるが、どのような例として用いられているか。その説明として最もふさわしいものを、次の選択肢の中から選び、番号をマークしなさい。

① 「目に見えないために秋が来たのかわからない」という歌を用いて、日本人の視覚に頼りすぎる感覚を懸念している。

② 「目に映るような秋がなかなか来ない」という歌を用いて、日本人の季節の移ろいに対する嘆きを指摘している。

③ 「目に見えないが秋の訪れを感じる」という歌を用いて、日本人の季節に対する敏感な感覚を指摘している。

④ 「目に映らない程のささやかな秋がやってきた」という歌を用いて、日本の四季の美しさを見出している。

⑤ 「目に見えないさわやかな秋風を感じる」という歌を用いて、日本人の俳句と自然への理想を提示している。

問八 傍線部D「この言葉ほどよく日本人を語るものはない」とあるが、どういうことか。その説明として最もふさわしいものを、次の選択肢の中から選び、番号をマークしなさい。

① 自国の自然への愛を宣言する言葉には、自然を日頃から身近な存在に感じ、季節ごとに風俗があるほど季節に対する感覚が

いうことは、感覚的、または日常経験的世界が、唯一の世界であり、唯一の現実であるということだ。その感覚的なものの全体が「自然」であり、その経験の行われる舞台が「自然」である。すなわち日本人の「自然」は、超越的宗教の神のように、唯一にして、遍在し、それによって人間を人間たらしめる根拠だといえるだろう。人間の行為の規範は、自然に超越する権威に由来するのではなく、自然に内在する権威に由来する。本居宣長はこう書いた、

「すべて神の道は、儒仏などの道の、善悪是非をこちたくさだせるやうなる理窟《りくつ》は、露ばかりもなく、ただゆたかにおほらかに、雅《みやび》たる物にて……」（『うひ山ぶみ』、刊行会全集四巻六一四頁《ページ》）

「おほらかに、雅たる物」は自然のなかにあった。

京都・奈良を中心とした地方の、低い丘陵《きゅうりょう》にかこまれた自然は、季節の変化に富んでいる。何百年の文化がここに栄えて、詩人や画家、建築家さえもが、季節に敏感にならなかったとすれば不思議である。「C秋来ぬと眼にはさやかにみえねども」微妙な風の肌触りに秋を予感するほど、季節の感覚が研《と》ぎすまされていたのは、俳人が季題に執しはじめるよりもはるかにまえのことであった。短詩型は日本に固有のものではない。しかし秋の予感というただそれだけのことで、一篇《いっぺん》の詩を書きつけるのに充分《じゅうぶん》だと考えたのは、おそらく日本の詩人だけであったろう。画家が詩人と共に紅葉や柿一枝に敏感であったことはいうまでもない。中世から江戸時代初期にかけて京都に建築し、庭をその周囲に配した何人かの芸術家が、秋の移り易い光線の変化を、あらかじめ周到な計算のうちにとり入れていたであろうことに、ほとんど疑いの余地はない。しかし秋ばかりではなく、春には花と霞《かすみ》、夏には螢と夕立、冬には枯木と雪があり、それぞれの季節にそれぞれの風俗があった。絵巻物から浮世絵版画まで、『古今集』から天明の俳人まで、いや、さらに時代を降《くだ》って今日まで、季節に対する敏感さは、ほとんどすべての日本人を特徴づけているといってもよい。日本の自然は美しい、と日本人がいう。他の国にくらべて美しいという意味ならば、客観的判断として少しも正確な言分ではなかろう。［Z］はこの国にかぎらない。荒い自然の大きさからいえば、島国の風物は箱庭の域を出ない。しかし一度観光宣伝の立場をはなれるとすれば、第三者の立場からの比較検討ほど無意味なことはない。日本の自然が美しい、と日本人がいうのは、比較の問題ではなく自然への愛の告白である。その意味で、Dこの言葉ほどよく日本人を語るものはないのだ。

（加藤周一《かとうしゅういち》『日本人とは何か』による）

〔注〕(1) 形而上学…感覚を通してその存在を知ることができないものについて追究する学問。

問一 空欄［W］には、①～④の選択肢を並べ替えた文章が入る。これらを最もふさわしい順番に並べ替え、その二番目・四番目の番号をマークしなさい。

① すぐれて文学者でない民族は、むしろ少いと思うからだ。
② 私は日本人がすぐれて美術家であるという。
③ 固有の生活があり、風俗習慣があり、気候風土があり、文化があるところには、必ず固有の文学がある。
④ しかしすぐれて文学者であるとか、詩人であるとか、いうつもりはない。

問二 空欄［X］に当てはまる語句として最もふさわしいものを、次の選択肢の中から選び、番号をマークしなさい。

① 実践的な倫理　② 神秘的な思想
③ 形而上学的な自然観　④ 普遍的な論理
⑤ 原始的な仏教

問三 空欄［Y］に当てはまる語として最もふさわしいものを、次の選択肢の中から選び、番号をマークしなさい。

① 科学　② 日常　③ 合理
④ 超越　⑤ 現実

問四 空欄［Z］には「自然の風景が清浄で美しいこと」という意味の四字熟語が入る。その熟語として最もふさわしいものを、次の選択肢の中から選び、番号をマークしなさい。

二〇二四年度

国学院高等学校（一般第一回）

【国　語】（五〇分）〈満点：一〇〇点〉

一　次の文章を読んで、後の問いに答えなさい。

たとえば長い歴史を顧みて、日本人は音楽家であるよりむしろ美術家であったといえそうである。美術家としての日本人は、絵画・彫刻・建築・造園また各種の工芸のあらゆる領域にわたって、中国の強い影響を受けながらも、独特の境地をきりひらき、固有の様式を洗練した。もとより昔の美術を論じるときには、保存の度合を考慮に入れなければならないし、今残っている美術品が貧しくても、ただちにその国のその時代が貧しかったということはできない。しかしとにかく現在知られているかぎりにおいて、京都と奈良を中心とする日本は、世界中に類の少《すくな》い美術の国である。その質において、その量において、建築から工芸・衣裳《いしょう》に及ぶその拡《ひろが》りにおいて、また千年以上に及ぶその連続の長さにおいて。これは単に保存が比較的よく行われてきたというようなことではない。造型美術に対する感覚に民族固有の鋭さがあったとしか考えられないことであろう。

［　W　］

言葉と生活に直接にむすびついたこの自己表現の結果を、他の言葉や他の生活を前提としている他の文学と比較することは困難である。たとえばイリヤ・エーレンブルク氏がソ連の文学のなかでいちばん優れているのは詩だといったときに、Aロシア語を知らない私は成程という他はなかった。私が日本語の詩をもち出したとしても同じことになったであろう。エーレンブルク氏と私はロシア語でも日本語でもなく、フランス語で話していたからである。もし他国との比較が問題であるとすれば、詩文はあきらかに適当な領域ではない。

しかしまた、民族あるいは国民を大別して、ある種の国には(1)形《けい》而上《じじょう》学的・神秘的な思想の栄える傾向があり、他の国には経験主義的・実際的な思想の栄える傾向があるということもできるだろう。ものの考え方を中心としていえば、日本人はあきらかに第二の型に属すると思われる。外来の宗教または哲学を直接の背景としないで、この国に、形而上学的思考の発展した例や、神秘思想の育った例はない。日本思想を代表するのは、［　X　］や政治思想である。あるいは技術に結びついた美学であろう。

日本人の精神構造は、まず非［　Y　］的な原始宗教を背景として成立したにちがいない。後から来た仏教の［　Y　］的な面は、日本の人口の大部分において、その精神構造を根本的に改造するまでには到らなかったと私は考える。仏教が日本へ入って来て、変《かわ》ったのは日本人ではなく、仏教であった。もちろん宗教の問題そのものは、この小論の範囲を超えるが、日本人の思想の実際的・経験的な面に傾く強い傾向の歴史的な背景をもとめるとすれば、どうしても宗教殊《こと》に仏教の問題にゆく他はない。ここではただその要点を示唆しておきたいと思うだけである。

とにかく造型的な感覚の鋭さと、ものの考え方の日常生活に即して経験的であるという著しい傾向と、その二つの条件のもとに、たとえばB日本人と「自然」との独特の関係が生じたといえるだろう。『万葉集』の歌人から、日常生活のあらゆるところに花を飾る現在の娘たちに到るまで、「自然」との親近（または「なじみの深さ」というべきか）をこれほど広くその文化のあらゆる段階に示している国民はない。地震と台風が外国では有名であるが、少くとも日本の文化の長い歴史がつくられた地方、京都と江戸の間には、南国の沙漠の激しい太陽もなければ北国の吹雪につつまれた長い冬もない。自然は本来怖《おそ》るべき相手でもなく、闘うべき敵でもない、むしろ親しみ易《やす》い友だちであり、不都合といえば「男心」のように、（または女心のように）気まぐれだということにすぎなかった。そこに一種の自然宗教（おそらくシャーマニズム、アニミズム、また多神教に似た神道の源流）があったのだ。この宗教に超越的な面がないと

英語解答

1 問１ ③

問２ (A) ３番目…⑤ ５番目…③

(B) ３番目…③ ５番目…⑤

(C) ３番目…④ ５番目…⑤

問３ ア…③ イ…② ウ…①

問４ ⑤

問５ １…① ２…④ ３…③ ４…④

５…① ６…⑤

問６ a…③ b…④ c…① d…②

問７ ④ 問８ ③，⑤

2 問１ １…③ ２…② ３…④ ４…①

問２ A…③ B…① C…④ D…②

3 (1) ② (2) ③ (3) ④ (4) ②

(5) ④ (6) ④

4 (1) ア…③ イ…④

(2) ウ…⑥ エ…④

(3) オ…① カ…②

(4) キ…④ ク…⑥

(5) ケ…④ コ…②

(6) サ…④ シ…⑥

1〔長文読解総合―物語〕

≪全訳≫❶「いいかい，あの夜なぜ僕が君に会わなかったかについては弁明できるけれど，それより，君はまだ僕を愛しているかい，ヘルバ？」❷彼女は口ごもった。自分の父親が亡《な》くなれば彼が戻ってくるだろうということは常にわかっていたが，20年以上過ぎた後にかかってきた彼からの電話は大きな衝撃だった。❸「ええ，カラム。もちろん，愛しているわ。決してあなたを忘れなかった。過去20年間，私が愛しているのはあなただけよ」 彼女には彼の安どの声が聞こえ，彼はとてもうれしそうに話した。❹「ア僕たち会えるかな，ヘルバ？ 君に会いたいんだ。僕たちには話すことがたくさんある」❺「ああ，カラム，あなたがそう言ってくれるのを聞いてうれしいわ。もう一度やり直したい。何年も前に計画したように，一緒にどこかに行ってしまいましょう。私たち２人にとって再出発になるかもしれないわ。聞いて，午前０時にあなたのホテルの外に迎えに行くから遅れないでね，あなた」 彼女は受話器を置いた。❻「イ電話の相手は彼かい，ヘルバ？」❼彼女は部屋の向こうのソファで横になってほほ笑んでいるダニエルを見た。彼はハンサムで，従順でとてもおもしろかった。彼女は，彼にとっての自分の主な魅力は，父親が最近亡くなってからさらに増えた自分の富であることもわかっていた。それでも，彼は彼女を楽しませてくれたし，彼女も彼を愛してはいなかったので，彼女はそのことを気にしなかった。彼らには暗黙の了解があったのだ。❽「ええ。びっくりよね？ 彼は，私が彼に戻ってきてほしがっていると思っているのよ」❾「僕は意地が悪くなりたいわけではないんだよ，君，でも彼は君のお父さんが亡くなったことを聞いたに違いないと思うな，君はそうは思わない？」❿「ほぼ確実にそうよ。私はばかじゃないわ。私を子ども扱いしないで，ダニエル」⓫「ウそれで君はまだ彼に戻ってきてほしいのかい，ヘルバ？」⓬彼女はカラムに最後に会ったときのことを考えていて返事をしなかった。彼らが自分たちの秘密の結婚と，彼女にカラムと結婚してほしくなかった彼女の父親からの逃亡を計画しているとき，彼女は彼の腕の中で横になっていた。彼女が初めて父親にカラムとの関係について話したとき，父親はとても怒っていた。⓭「彼は単に金を目当てにしているだけだ，ヘルバ！ 彼には仕事も将来性もない。彼は君を収入源として，それもかなりのものとして見てるんだ！」 彼女の父親は，彼女がカラムと結婚したいと話したときにこう叫んだ。⓮「でも彼は私を愛しているわ！」 彼女は泣きながら顔を覆った。彼は自分の地味でやぼったい娘を見て，どうしたらそのハンサムで魅力的な若い男が，金ではなく彼女自身が理由で自分を求めていると信じるほど愚かになれるのだろうかと静かに思案した。この数日後，彼らは一緒に逃亡することにした。彼らは午前２時に通りの端で会う計画をした。今でも，彼女は12月の冷たい空気の中，２時から２時15分，２時20分，２時30分ととてもゆっくり進む時計の長針を，午前３時になるまで絶えず確認しながら待っていたことをとても鮮明に覚えている。彼女はその早朝に何度もカラムに電話したが，彼の電話はつながらなかった。彼女が帰宅すると，父親がドアの前で待ち構えていた。⓯「お前は愚かだ，愚かな子だ。お前は本当に私が何もしないで，お前が人生最大の過《あやま》ちを犯すのを見ていると思ったのか？　私は彼に，もしお前が彼と結婚したって，お前にはびた一文やらないと言ったんだ。彼は最初私の言っていることを信じなかったが，しまいには信じていたよ。ヘルバ，お前に言ったように，彼はお前が考えるほど理想の男ではない。彼は単によくいる金目当ての男で，お前を愛しているわけではない」⓰彼女は何も言わずに父親の前を通り過ぎ，実際彼らは二度とこの件について話すことはなかった。涙が彼女の頬を伝った。その記憶はまだ彼女を傷つける力を持っていた。⓱「大丈夫かい，ヘルバ？」　ダニエルが彼女の肩に腕を回した。⓲「ええ，ありがとう，ダニエル。ぼうっとしていただけよ」　彼女は寂しげに答えた。⓳ヘルバは確かに約束を守ったのだが，それは彼女の「特別な」やり方でだった。午前０時を回った午前０時30分に，彼女はダニエルと自分を空港に連れていってくれるよう運転手に頼んだ。裕福な女性のスケジュール帳において重要なイベントである，パリのファッションウィークだった。彼女は，回り道をして，カラムが滞在していると言っていたホテルを通り過ぎることも運転手に頼んだ。すでに午前０時45分だったので，彼はもうそこにいないだろう。だが実際には，彼はいた，彼だと認識するのは難しかったが。町のよくない地域の，安いホテルの外に，太ってはげた中年の男が立っていた。彼はそんなひどく寒い夜に凍えていたに違いなく，まるで暖をとろうとしているかのように肩をすぼめていた。彼のコートは，彼女のリムジンの後部座席からでさえ，薄くてすり切れているように見えた。彼は年老いて，打ちのめされて哀れに見えた。彼女は運転手に速度を落とすように頼んだ。ダニエルは大声で笑った。⓴「これは驚いた！　あれが彼かい，ヘルバ？　僕に言わせれば，幸運な逃亡だったね。彼はただただみじめに見える」㉑偶然，カラムがリムジンをのぞき込み，彼女は一瞬目が合ったかと思ったが，その後，窓ガラスに薄く色がついているため，外からは全く見えないことを思い出した。彼女は，彼が諦めて自分の狭くがらんとしたホテルの部屋に戻るまでに，どれだけの間この寒さの中を待つのだろうかと思案したが，彼のみじめさを思うことは，彼女に喜びではなく，あったかもしれない幸せに対する悲しみだけを感じさせるのだった。

問１＜要旨把握＞下線部は，カラムが20年以上たって昔の恋人であるヘルバに電話をかけて言ったセリフである。that night とは，第14段落第４文から語られる，カラムとヘルバが逃亡を計画していた夜のこと。これに続く第15段落で，ヘルバの父親が２人の結婚を阻止するために事前にカラムに接触していたことを明かしている。

問２＜整序結合＞(A)語群に have と been があるので，「あなたは私が愛している唯一の人であり続けている」と読み換え，'have/has＋過去分詞' の現在完了の文をつくる。「私が愛している唯一の人」は，目的格の関係代名詞を省略した '名詞＋主語＋動詞' の形で，the only one I love とまとめる。　… you have been the only one I love.　(B)過去の内容なので，主語 She に続く動詞は returned に決まる。「帰宅する」は return home で表せるので，She returned home とする。「父親がドアの前で待ち構えているのが分かった」の部分は 'find＋目的語＋現在分詞…'「～が…しているのがわかる」の形で，find her father waiting at the door とまとめ，'結果' を表す to不定詞として home の後に置く。　She returned home to find her father waiting at the door.　(C)「君が考えるほど理想の男性ではない」は，'not as＋形容詞＋a＋名詞＋as ～'「～ほど…な〈名詞〉ではない」の形にまとめる。as ideal a man のように，'a/an＋形容詞＋名詞' が as, so, too, how の後ろにくる場合 'as〔so / too / how〕＋形容詞＋a/an＋名詞' という語順になる。 … he is not as ideal a man as you think.

問3<適文選択>ア．ヘルバから自分のことをまだ愛していると聞いたカラムのセリフ。この後に続くセリフから，ヘルバに会いたがっているとわかる。 long to ～「～したい」 イ．ヘルバがカラムからの電話を切った直後の場面。空所直後で，ヘルバはダニエルという人物の方を見ていることから，空所はダニエルのセリフと推測できる。第８段落のヘルバのセリフがこれへの返答になっている。 ウ．ヘルバとダニエルが会話している場面。３つ前の第８段落で，ヘルバが「彼(カラム)は私が彼に戻ってきてほしがっていると思っているのよ」と言ったことに対して，ヘルバはどう思っているのかを尋ねるダニエルの問いかけである。

問4<要旨把握>下線部を含む文は，「彼らには暗黙の了解があった」という意味。They とはヘルバとダニエルを指し，この段落で説明されている，２人が一緒にいるのは，愛が理由ではないということが「暗黙の了解」の内容である。 ‘～ not … either’「～もまた…でない」

問5<適語(句)選択>１．marriage を修飾する形容詞が入る。直後でヘルバの父親が結婚に反対していたため２人は逃亡しようとしていたとあることから「秘密の」結婚を計画していたとわかる。remote「遠隔の」 arranged marriage「見合い結婚」 ２．ヘルバが絶えず確認していた，腕時計の上でゆっくりと進むもの。hand には「(時計の)針」という意味がある。 ３．逃亡を計画していた日にカラムに会えず帰宅したヘルバに父親が言ったセリフである。父親はカラムとの結婚を娘の人生最大の何と見なしていたのかを考える。 ４．直前でヘルバは涙をこぼしていることから，その記憶(＝カラムが逃亡の約束を裏切ったという記憶)はいまだにヘルバを「傷つける」力を持っていたと考えられる。 ５．第５段落参照。ヘルバが指定した待ち合わせ場所はホテルの「外」。 ６．ヘルバがカラムとの約束の場所を車で通り過ぎようとしている場面なので，ヘルバがカラムを見たのはリムジンの「後部座席」からである。 limousine「リムジン，大型高級乗用車」

問6<適語選択>a．直後に as she cried「泣きながら」とあることから判断できる。 cover「～を覆う」 b．decide to ～で「～することを決める」。この文以降で逃亡計画が実行に移されている。 c．この直前でダニエルはカラムのみじめな姿を目にし，直後で見下したような発言をしている。 d．look into ～「～をのぞき込む」

問7<要旨把握>下線部は，「彼女の特別なやり方で」という意味。その具体的な内容については，次の文以降で説明されている。寒い中，相手を待ち合わせ場所に待たせ，結局姿を見せなかったのは，カラムがあの夜にヘルバに対してしたことである。

問8<内容真偽>①「ヘルバは，彼女の父親が亡くなったら自分に電話するようにカラムに頼んでいた」…× このような記述はない。 ②「カラムがヘルバに逃亡する計画を提案したのは２回目だった」…× 第５段落第３文参照。２回目の計画はヘルバが提案した。また，１回目についても「カラムが提案した」ことを明示する記述はない。 ③「ヘルバの父親は，カラムはヘルバにふさわしい人物ではないと考えたため，結婚を認めなかった」…○ 第12段落第２文～第13段落および第15段落の内容に一致する。 ④「カラムがヘルバとの約束を破った後でも，彼女は父親に結婚を認めてくれるように何度も頼んだ」…× 第16段落第１文参照。以降，その件について話すことはなかった。 ⑤「ヘルバはカラムのホテルを車で通り過ぎたとき，彼をすぐには見つけられなかった」…○ 第19段落第４，６文の内容に一致する。 recognize「～を認識する」 ⑥「カラムはヘルバと目が合ったとき，ヘルバは自分にうそをついていると確信した」…× このような記述はない。 ⑦「ヘルバはカラムを長い時間待たせる復しゅうに満足した」…× 最終段落最終文参照。悲しみを感じた。

2〔長文読解総合―説明文〕

≪全訳≫❶言語とは何か。この問いには多くの答えが考えられるが，ほとんどの人は，言語とはサイン，ジェスチャー，あるいは記号を使いながら考えや感情を伝える手段であるということに同意する。太古より，人類は互いに意思を伝え合う必要があった。$_{A}$私たちは，しばしば話し言葉や書き言葉といった複雑な体系を通してこれを行っているが，常にそうしているわけではない。サインやジェスチャーは話し言葉より前にできており，私たちは今日でもまだ意思を伝えるためにそれらを使っている。❷多くのジェスチャーがさまざまな文化の人々に理解され，使われている。それらには，もっと近くにくるサインとして腕や手で合図をすることや，同意のサインとして首を縦に振ることや，歓迎のサインとしてのほほ笑みや抱擁が含まれる。拒絶を表すために首を横に振るといった怒りや不承認のジェスチャーもまた広く認知されている。❸言語がいくつあるのかは，正確には誰にもわからないが，専門家たちは7000ほどあると推定している。これらの言語は語族に分類される。$_{B}$言語が共通のルーツを持つ場合，それらは同じ語族に属している。例えば，インドヨーロッパ語族には，スペイン語，英語，ヒンディー語，ロシア語が含まれる。ラテン語や古代ギリシャ語のように，ある言語がもう使われていない場合，私たちはその言語は「死んだ」と言う。$_{C}$しかし，人々はある言語を話すことをやめた後にも，そのルーツから新しい単語をつくり続けることがある。astronaut という語がこの一例である。もちろん，古代ギリシャに宇宙飛行士はいなかったが，現代の人々が古代ギリシャ語で「星」を表す語(astron)と「船員」を表す語(naut)を合わせて astronaut という真新しい語をつくったのだ。❹私たちは互いにつながるという人類の重要な欲求のために言語を使っている。私たちが伝えるメッセージとそれを送る方法は，「あなたに会えてうれしい」と伝えるためのほほ笑みと同じくらい単純かもしれないし，物理学の本と同じくらい複雑かもしれない。それは味方どうしで送られる暗号化されたメッセージのように内密でさえあるかもしれない。$_{D}$これらのコミュニケーションの型のそれぞれにより，私たちが何をわかっているか，どのように考えているか，あるいは何を感じているかが他の人に伝わる。言語は興味深い。それらは発展し，変化し，生まれては死に，私たち皆がそれらを使っているのだ。

問１＜適語(句)選択＞１．ほほ笑みや抱擁は，「歓迎」のサインととらえられる。　sorrow「悲しみ」　hate「憎しみ」　envy「ねたみ」　２．直前に also があることから，前の内容に類する内容が入る。前の２文では，多くのジェスチャーがさまざまな文化で共通して理解されていることが示されている。　recognize「～を認識する，～を認知する」　３．コロン(:)の後の astronaut という語は，人々が，astron と naut という２つの古代ギリシャ語を合わせて「真新しい語をつくった」例である。　delete「～を削除する」　separate「～を分ける」　form「～を形成する」　brand-new「真新しい」　４．‘as＋形容詞＋as ～’「～と同じくらい…」の形。「『あなたに会えてうれしい』と伝えるためのほほ笑み」は，後方の or 以下で complex「複雑な」と表されている物理学の本とは対照的に，「単純な」ものだといえる。

問２＜適文選択＞A．③の do this が前文の communicate with each other を受けている。また，話し言葉や書き言葉が常にあったわけではないという内容が，サインやジェスチャーに焦点を当てた直後の文につながる。　B．直前に families「語族」という新しい語が登場し，空所の後にその具体例がくることから，語族の説明となる文が入る。　C．直後の文の this は空所の内容を指していると考えられる。astronaut という語は死語となった古代ギリシャ語から生み出された新語である。　D．②の these types of communication とは，前の２文で示された，笑顔や本，暗号化されたメッセージのことである。

3 〔適語(句)選択・語形変化〕

(1)If と主節にある could に着目する。‘If＋主語＋動詞の過去形～，主語＋助動詞の過去形＋動詞の原形…’「もし～なら，…だろうに」の形で，‘現在の事実と反対の仮定’を表す仮定法過去の文である。If 節の中の be動詞は，主語に関係なく原則として were が用いられる。　「もし彼女が病気でなければ，遠足に行けるのに」

(2)Can you ～? は「～してくれませんか」と相手に何かを依頼する表現。直後の文より，教科書を貸してくれるよう頼んでいるとわかる。　lend「～を貸す」⇔ borrow「～を借りる」　「私にあなたの教科書を貸してくれない？　今日自分のを家に置いてきてしまったの」

(3)turn on ～で「(電気など)をつける」という意味。　「電気をつけてください。少し暗すぎます」

(4)空所は直前の名詞 CDs を修飾する to不定詞の形容詞的用法。listen to ～で「～を聴く」という意味なので，前置詞 to がそのまま listen の後に置かれることに注意。　「私は聴くCDがない」

(5)空所の直後に by「～によって」があることから，‘be動詞＋過去分詞’の受け身形にする。　send－sent－sent　「昨日この大きな箱が先生から私に送られてきた」

(6)後方に than があることから比較級が入る。比較級である③と④のうち，meat という‘数えられない名詞’を修飾できるのは④の less。　「私の娘は息子ほど肉を食べない」

4 〔整序結合〕

(1)文頭のAと語群から，「短い歩行が私を美術館に連れていった」と読み換える。「短い歩行」は A short walk。「私を美術館へ連れていった」は‘bring＋人＋to＋場所’「〈人〉を〈場所〉に連れていく」の形で表せる。　A short walk brought me to the art museum.

(2)語群より，‘No (other)＋単数名詞＋is as〔so〕… as ～’「他のどの―も～ほど…ではない」の形にまとめる。　No other mountain is so high as Mt. Fuji in Japan.

(3)I've で始まっていることから，‘have/has＋過去分詞’の現在完了の文をつくる。語群より，‘過去分詞’に当たるのは spent のみなので(spend－spent－spent)，I've spent とし，全体を「私は赤ちゃんのためにいい名前を見つけようとすることに1週間を費やした」と読み換える。「～することに〈時間〉を費やす」は‘spend＋時間＋～ing’，「～しようとする」は try to ～で表せる。　I've spent a week trying to find a good name for a baby.

(4)日本語の「～ではないと思う」は，英語では通例「～だとは思わない」と think を否定する形で表すので，全体を「～は誰かが知っているとは思いません」と読み換えて I don't think anyone knows ～とする。「彼がどこにいるか」は‘疑問詞＋主語＋動詞…’の語順の間接疑問にまとめる。　I don't think anyone knows where he is.

(5)「～を延期する」は put off ～。主語 The concert「コンサート」は「延期された」ので，動詞部分は‘be動詞＋過去分詞’の受け身で was put off とする。また，「コンサート」を修飾する「私が楽しみにしていた」は，look forward to ～「～を楽しみにする」の過去進行形(was/were ～ing)で I was looking forward to と表し，The concert の直後に置く(concert と I の間に目的格の関係代名詞が省略されている)。「雪のため」は because of the snow。　because of ～「～が原因で」　The concert I was looking forward to was put off because of the snow.

(6)「私が今まで観た中で，最も素晴らしい演劇」の部分をつくる。「私が今まで～した中で最も…な―」は，‘the＋最上級＋名詞(＋that)＋I have ever＋過去分詞’の形で表せる。　This is one of the most excellent plays I have ever watched.

2024年度／国学院高等学校（一般第１回）

数学解答

1 (1) ア…2　イ…7　ウ…2　エ…5　オ…2
(2) カ…3　キ…0
(3) ク…6　ケ…9
(4) コ…4　サ…6
(5) シ…3　ス…2
(6) セ…5　ソ…9　(7) 2
(8) チ…5　ツ…0
(9) テ…5　ト…2
(10) ナ…5　ニ…5

2 (1) 1　(2) 0

3 (1) ア…1　イ…4
(2) ウ…4　エ…4
(3) オ…1　カ…8

4 (1) ア…1　イ…0　ウ…8　エ…1
(2) オ…1　カ…5　キ…2
(3) ク…2　ケ…2　コ…5

5 (1) ア…1　イ…2　(2) 8

1〔独立小問集合題〕

(1)＜式の計算＞与式 $=a^3b^6\div\frac{4}{9}a^4b^2\times(4\times3\times a^6)\div2b^2=a^3b^6\times\frac{9}{4a^4b^2}\times12a^6\times\frac{1}{2b^2}=\frac{a^3b^6\times9\times12a^6\times1}{4a^4b^2\times2b^2}$ $=\frac{27}{2}a^5b^2$

(2)＜数の計算＞与式 $=(18+2\sqrt{18\times12}+12)-\sqrt{\frac{1}{9}}\times\sqrt{(6\times6)^2\times6}=30+2\sqrt{6^2\times6}-\frac{1}{3}\times36\sqrt{6}=30+2$ $\times6\sqrt{6}-12\sqrt{6}=30+12\sqrt{6}-12\sqrt{6}=30$

(3)＜連立方程式＞$x:y=2:3$……①，$5x-4y=-6$……②とする。①より，$3x=2y$，$3x-2y=0$……①′　①′×2－②より，$6x-5x=0-(-6)$　$\therefore x=6$　これを①′に代入して，$18-2y=0$，$-2y=-18$　$\therefore y=9$

(4)＜二次方程式―解の利用＞二次方程式 $x^2-ax-12=0$ の解が $x=-2$ だから，解を方程式に代入して，$(-2)^2-a\times(-2)-12=0$ より，$4+2a-12=0$，$2a=8$，$a=4$ となる。これより，二次方程式は $x^2-4x-12=0$ であり，$(x+2)(x-6)=0$　$\therefore x=-2, 6$　よって，他の解は $x=6$ である。

(5)＜数の計算＞与式 $=(x-3y)^2+10y=(9.9-3\times2.3)^2+10\times2.3=(9.9-6.9)^2+23=3^2+23=9+23=32$

(6)＜確率―さいころ＞大小２個のさいころを同時に投げるとき，それぞれ６通りの目の出方があるから，目の出方は全部で $6\times6=36$（通り）あり，a，b の組は36通りある。このうち，$\frac{2a}{b}$ が整数となるのは，$a=1$ のとき，$\frac{2a}{b}=\frac{2\times1}{b}=\frac{2}{b}$ だから，$b=1$，2 の２通りある。$a=2$ のとき，$\frac{2a}{b}=\frac{2\times2}{b}$ $=\frac{4}{b}$ だから，$b=1$，2，4 の３通りある。以下同様にして，$a=3$ のとき $b=1$，2，3，6 の４通り，$a=4$ のとき $b=1$，2，4 の３通り，$a=5$ のとき $b=1$，2，5 の３通り，$a=6$ のとき $b=1$，2，3，4，6 の５通りある。よって，$\frac{2a}{b}$ が整数となるのは $2+3+4+3+3+5=20$（通り）あるから，求める確率は $\frac{20}{36}=\frac{5}{9}$ である。

(7)＜数の性質＞$\frac{\sqrt{25}}{2}<\frac{\sqrt{35}}{2}<\frac{\sqrt{36}}{2}$ より，$\frac{5}{2}<\frac{\sqrt{35}}{2}<\frac{6}{2}$，$2.5<\frac{\sqrt{35}}{2}<3$ だから，$\frac{\sqrt{35}}{2}$ の整数部分は２である。

(8)＜平面図形―面積＞六角形の内角の和は $180^\circ\times(6-2)=720^\circ$ だから，正六角形の１つの内角の大きさは $720^\circ\div6=120^\circ$ であり，次ページの図１で，$\angle BCD=\angle CDE=120^\circ$ である。$\triangle BCD$ は $BC=$

図1

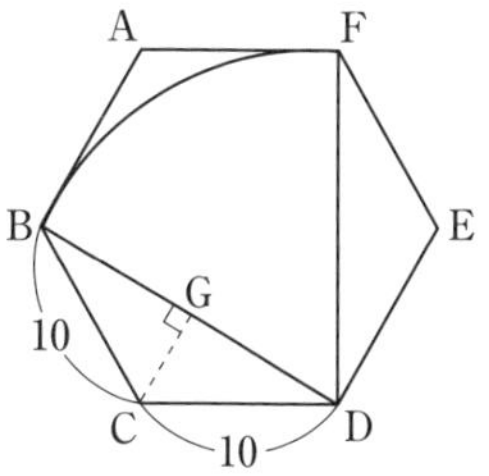

CDの二等辺三角形だから，点Cから線分BDに垂線CGを引くと，$\angle DCG=\angle BCG=\frac{1}{2}\angle BCD=\frac{1}{2}\times120^\circ=60^\circ$となり，△CDGは3辺の比が$1:2:\sqrt{3}$の直角三角形となる。よって，$DG=\frac{\sqrt{3}}{2}CD=\frac{\sqrt{3}}{2}\times10=5\sqrt{3}$となり，点Gは線分BDの中点となるから，$BD=2DG=2\times5\sqrt{3}=10\sqrt{3}$となる。また，$\angle CDG=30^\circ$であり，同様に$\angle EDF=30^\circ$だから，$\angle BDF=\angle CDE-\angle CDG-\angle EDF=120^\circ-30^\circ-30^\circ=60^\circ$となる。したがって，おうぎ形DFBの面積は$\pi\times(10\sqrt{3})^2\times\frac{60^\circ}{360^\circ}=50\pi$である。

図2

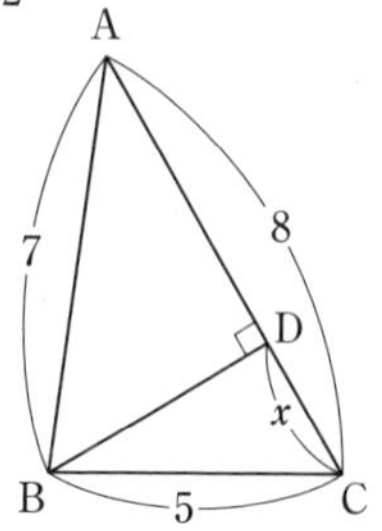

(9)＜平面図形—長さ＞右図2で，$CD=x$とおく。$BD\perp AC$なので，△BCDで三平方の定理より，$BD^2=BC^2-CD^2=5^2-x^2$となる。また，$AD=AC-CD=8-x$だから，△ABDで三平方の定理より，$BD^2=AB^2-AD^2=7^2-(8-x)^2$となる。よって，$5^2-x^2=7^2-(8-x)^2$が成り立ち，$25-x^2=49-(64-16x+x^2)$，$25-x^2=49-64+16x-x^2$，$-16x=-40$，$x=\frac{5}{2}$となるので，$CD=\frac{5}{2}$である。

図3

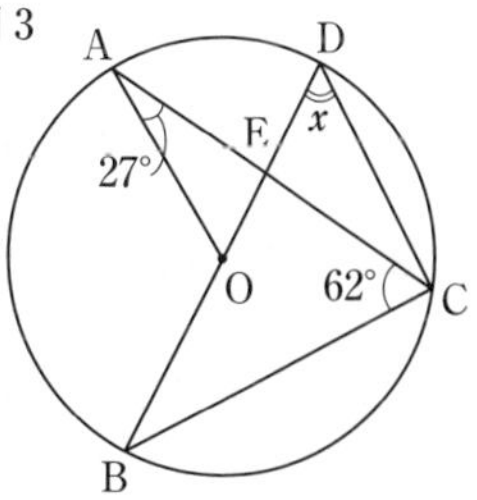

(10)＜平面図形—角度＞右図3のように，5点A～Eを定める。線分BDは円Oの直径だから，$\angle BCD=90^\circ$であり，$\angle ECD=\angle BCD-\angle ACB=90^\circ-62^\circ=28^\circ$となる。よって，$\overset{\frown}{AD}$に対する円周角と中心角の関係より，$\angle AOE=2\angle ACD=2\times28^\circ=56^\circ$となる。△AOEで内角と外角の関係より，$\angle AED=\angle OAE+\angle AOE=27^\circ+56^\circ=83^\circ$となり，△CDEで同様に，$\angle x=\angle AED-\angle ECD=83^\circ-28^\circ=55^\circ$となる。

2 〔空間図形—三角柱と球〕

図1

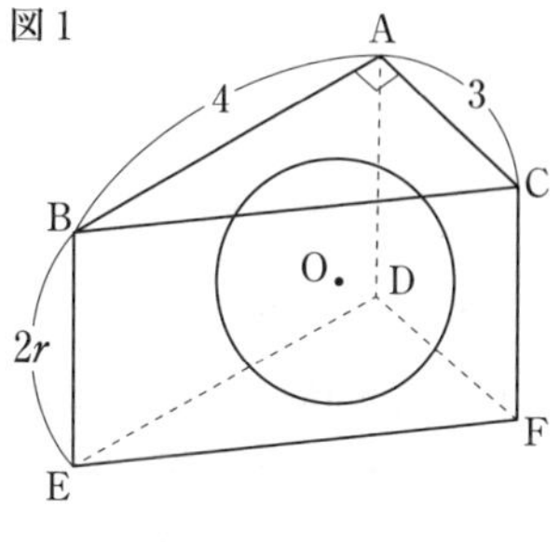

図2

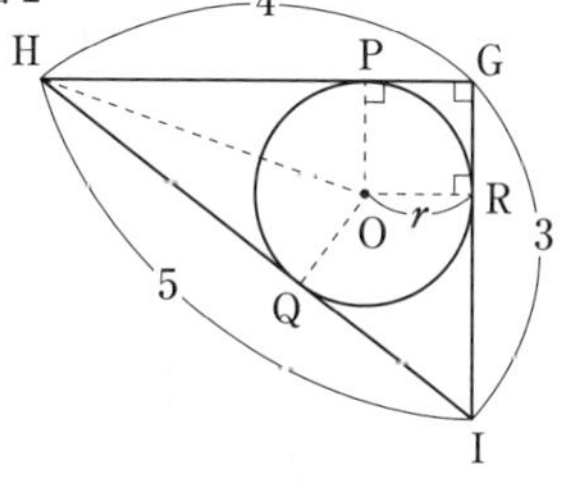

(1)＜長さ＞右図1で，$\angle BAC=90^\circ$だから，△ABCで三平方の定理より，$BC=\sqrt{AB^2+AC^2}=\sqrt{4^2+3^2}=\sqrt{25}=5$である。右下図2の切り口の三角形を△GHI，円Oと辺GH，辺HI，辺GIの接点をそれぞれP，Q，Rとする。点Oと2点P，Rをそれぞれ結ぶと，$\angle OPG=\angle ORG=\angle PGR=90^\circ$，$OP=OR$より，四角形OPGRは正方形だから，$GP=GR=OP=r$である。これより，$PH=GH-GP=4-r$，$RI=GI-GR=3-r$と表せる。次に，2点O，Hを結ぶと，$\angle OQH=\angle OPH=90^\circ$，$OH=OH$，$OQ=OP$より，$\triangle OQH\equiv\triangle OPH$となるから，$QH=PH=4-r$となる。同様に，$QI=RI=3-r$となる。$QH+QI=HI$だから，$(4-r)+(3-r)=5$が成り立ち，$-2r=-2$，$r=1$となる。

(2)＜式の値＞右上図1で，(1)より，$r=1$だから，球Oの半径は1である。これより，球Oの表面積は$S_1=4\pi\times1^2=4\pi$，体積は$V_1=\frac{4}{3}\pi\times1^3=\frac{4}{3}\pi$であり，$\frac{V_1}{S_1}=V_1\div S_1=\frac{4}{3}\pi\div4\pi=\frac{1}{3}$となる。次に，$BE=2r=2\times1=2$だから，三角柱ABC-DEFの表面積は$S_2=$△ABC＋△DEF＋〔長方形ADEB〕＋〔長方形BEFC〕＋〔長方形ADFC〕$=\frac{1}{2}\times4\times3+\frac{1}{2}\times4\times3+2\times4+2\times5+2\times3=36$，体積は$V_2=$

$\triangle DEF \times BE = \frac{1}{2} \times 4 \times 3 \times 2 = 12$ であり，$\frac{V_2}{S_2} = \frac{12}{36} = \frac{1}{3}$ となる。よって，$\frac{V_1}{S_1} - \frac{V_2}{S_2} = \frac{1}{3} - \frac{1}{3} = 0$ である。

3〔**関数―関数** $y=ax^2$ **と一次関数のグラフ**〕

≪基本方針の決定≫(3)　台形であることに気づきたい。

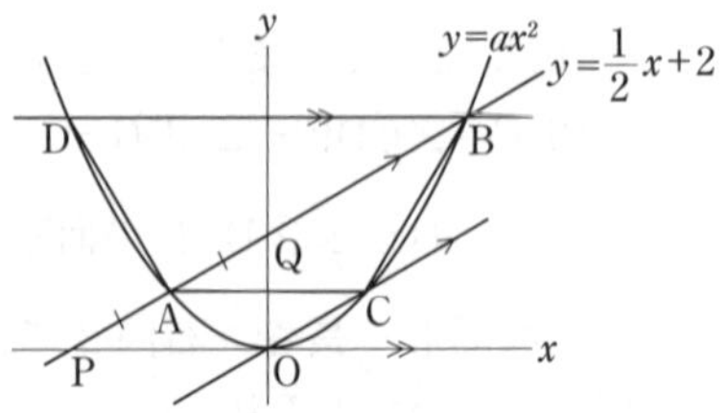

(1)<**比例定数**>右図で，点 P は，直線 $y=\frac{1}{2}x+2$ と x 軸の交点だから，$y=0$ を代入して，$0=\frac{1}{2}x+2$，$x=-4$ となり，P$(-4,\ 0)$である。また，切片が 2 より，Q$(0,\ 2)$である。点 A は線分 PQ の中点なので，x 座標は $\frac{-4+0}{2}=-2$，y 座標は $\frac{0+2}{2}=1$ であり，A$(-2,\ 1)$である。放物線 $y=ax^2$ は点 A を通るので，$1=a\times(-2)^2$ より，$a=\frac{1}{4}$ となる。

(2)<**座標**>右上図で，(1)より，点 B は放物線 $y=\frac{1}{4}x^2$ と直線 $y=\frac{1}{2}x+2$ の交点である。この 2 式より，$\frac{1}{4}x^2=\frac{1}{2}x+2$，$x^2-2x-8=0$，$(x-4)(x+2)=0$　$\therefore x=4,\ -2$　よって，点 B の x 座標は 4 であり，$y=\frac{1}{4}\times4^2=4$ となるから，B$(4,\ 4)$である。

(3)<**面積**>右上図で，直線 OC は直線 $y=\frac{1}{2}x+2$ と平行だから，傾きは $\frac{1}{2}$ であり，直線 OC の式は $y=\frac{1}{2}x$ である。点 C は放物線 $y=\frac{1}{4}x^2$ と直線 $y=\frac{1}{2}x$ の交点だから，この 2 式より，$\frac{1}{4}x^2=\frac{1}{2}x$，$x^2-2x=0$，$x(x-2)=0$　$\therefore x=0,\ 2$　よって，点 C の x 座標は 2 であり，$y=\frac{1}{2}\times2=1$ より，C$(2,\ 1)$である。(1)より，A$(-2,\ 1)$だから，辺 AC は x 軸に平行であり，辺 DB も x 軸に平行だから，四角形 ACBD は AC∥DB の台形である。$AC=2-(-2)=4$ である。2 点 B，D は y 軸について対称な点となるから，B$(4,\ 4)$より，D$(-4,\ 4)$であり，$DB=4-(-4)=8$ である。高さは，2 点 B，C の y 座標より，$4-1=3$ である。したがって，〔四角形 ACBD〕$=\frac{1}{2}\times(4+8)\times3=18$ となる。

4〔**平面図形―二等辺三角形**〕

≪基本方針の決定≫(2)　$\triangle ABC \backsim \triangle BDC$ である。　　(3)　(2)の結果が利用できる。

図 1

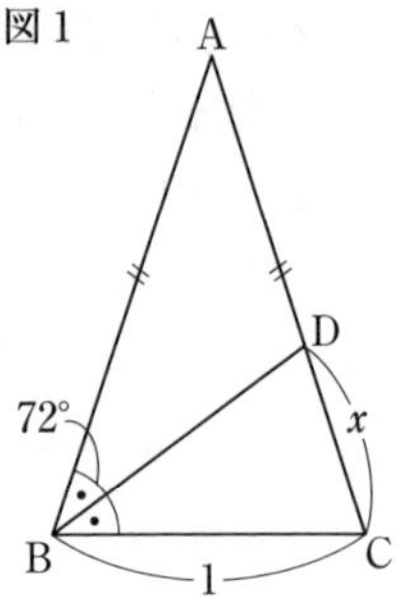

(1)<**角度，長さ**>右図 1 で，$\triangle ABC$ は AB＝AC の二等辺三角形だから，$\angle ACB=\angle ABC=72^\circ$ であり，$\angle BAC=180^\circ-\angle ABC-\angle ACB=180^\circ-72^\circ-72^\circ=36^\circ$ となる。BD は∠ABC の二等分線だから，$\angle ABD=\angle DBC=\frac{1}{2}\angle ABC=\frac{1}{2}\times72^\circ=36^\circ$ である。よって，△ABD で，$\angle ADB=180^\circ-\angle BAC-\angle ABD=180^\circ-36^\circ-36^\circ=108^\circ$ となる。また，$\angle BDC=180^\circ-\angle ADB=180^\circ-108^\circ=72^\circ$ だから，$\angle ACB=\angle BDC=72^\circ$ となり，△BCD は二等辺三角形である。これより，BD＝BC＝1 である。さらに，$\angle BAC=\angle ABD=36^\circ$ だから，△ABD も二等辺三角形であり，AD＝BD＝1 となる。

(2)<**長さ―相似**>右上図 1 で，∠ACB＝∠BCD であり，(1)より，$\angle BAC=\angle DBC=36^\circ$ だから，

$\triangle ABC \backsim \triangle BDC$ である。よって，AC：BC＝BC：DC となる。DC＝x とおくと，AC＝AD＋DC＝$1+x$ だから，$(1+x):1=1:x$ が成り立ち，$(1+x)\times x=1\times 1$ より，$x^2+x-1=0$ となる。したがって，$x=\dfrac{-1\pm\sqrt{1^2-4\times1\times(-1)}}{2\times1}=\dfrac{-1\pm\sqrt{5}}{2}$ となり，$x>0$ より，$x=\dfrac{-1+\sqrt{5}}{2}$ だから，DC＝$\dfrac{-1+\sqrt{5}}{2}$ である。

(3)**＜長さ—相似＞**右図2のように，1辺が4の正五角形の5つの頂点をE，F，G，H，Iとし，点Eと2点G，Hを結ぶ。五角形の内角の和は $180°\times(5-2)=540°$ だから，正五角形の1つの内角の大きさは $540°\div5=108°$ となり，∠FEI＝∠EFG＝108° である。△EFG は EF＝FG の二等辺三角形だから，∠FEG＝(180°－∠EFG)÷2＝(180°－108°)÷2＝36° となり，△EIH でも同様に，∠IEH＝36° となる。よって，∠GEH＝∠FEI－∠FEG－∠IEH＝108°－36°－36°＝36° となる。また，EG＝EH であるから，前ページの図1の△ABC と図2の△EGH は，∠BAC＝∠GEH＝36° であり，頂角の等しい二等辺三角形である。これより，$\triangle ABC \backsim \triangle EGH$ だから，AC：EH＝BC：GH＝1：4 である。(2)より，AC＝$1+x=1+\dfrac{-1+\sqrt{5}}{2}=\dfrac{1+\sqrt{5}}{2}$ だから，EH＝4AC＝$4\times\dfrac{1+\sqrt{5}}{2}=2+2\sqrt{5}$ となり，1辺が4の正五角形の対角線の長さは $2+2\sqrt{5}$ である。

図2

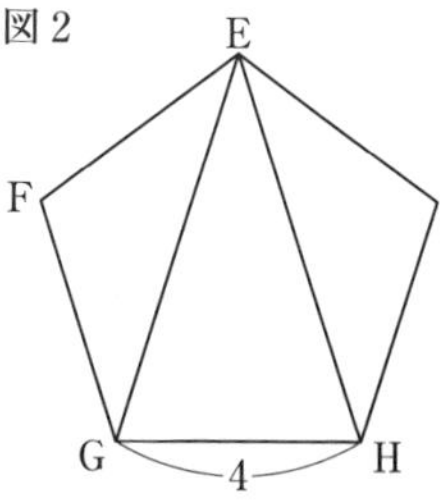

5 〔データの活用—場合の数〕

≪基本方針の決定≫(2)　和が5になる3つの数字の組を考える。

(1)**＜場合の数＞**0，1，2，3，4の5つの数字の中から異なる3つの数字を選んで3けたの整数をつくるから，5の倍数となるとき，一の位の数字は0である。このとき，百の位の数字は1，2，3，4の4通り，十の位の数字は0と百の位の数字以外の3通りの選び方があるから，5の倍数は4×3＝12(個)できる。

(2)**＜場合の数＞**各位の数の和が5となるとき，3つの数字は，0と1と4，0と2と3である。0と1と4のとき，3けたの整数は104，140，401，410の4個できる。0と2と3のときも同様に4個できる。よって，各位の数の和が5となる整数は，4＋4＝8(個)できる。

＝読者へのメッセージ＝

4の図1において，AD：AC＝1：$\dfrac{1+\sqrt{5}}{2}$＝1：1.618…となります。この比は黄金比といわれ，古くから最も美しい比率とされています。

2024年度／国学院高等学校（一般第１回）

国語解答

一 問一　二番目　④　四番目　③
問二　①　問三　④　問四　⑤
問五　②　問六　①　問七　③
問八　①

二 問一　①　問二　⑤　問三　④
問四　④　問五　⑤　問六　②
問七　③，⑤　問八　③

三 問一　③　問二　④　問三　②
問四　③　問五　④　問六　③
問七　②　問八　⑤　問九　①

四 (1)　④　(2)　④　(3)　②　(4)　②
(5)　④　(6)　①　(7)　②　(8)　①

一〔論説文の読解―文化人類学的分野―日本人〕出典：加藤周一『日本人とは何か』「日本人とは何か」。

≪本文の概要≫日本人は，音楽家であるより，むしろ美術家であった。美術家としての日本人は，独特の境地を切りひらき，固有の様式を洗練した。また，日本には，形而上学的・神秘的な思想よりは，経験主義的・実際的な思想の栄える傾向があった。造型的な感覚の鋭さと，ものの考え方が経験的であるという二つの条件の下に，日本人と「自然」の独特の関係が生じたといえるだろう。「自然」との親近を，これほど広くその文化のあらゆる段階に示している国民はない。自然は，日本人にとって親しみやすい友達であり，不都合といえば，気まぐれだということにすぎなかった。日本人の「自然」は，人間を人間たらしめる根拠であり，人間の行為の規範は，自然に内在する権威に由来する。何百年の文化が，季節の変化に富んだ奈良・京都に栄え，芸術家たちは，季節に敏感になった。季節に対する敏感さは，おそらく全ての日本人を特徴づけているといってもよい。日本の自然は美しいと日本人がいうのは，自然への愛の告白であり，この言葉ほど，日本人を語るものはない。

問一＜文脈＞日本人には，「造形美術に対する感覚に民族固有の鋭さがあったとしか考えられない」のである。したがって，「私は日本人がすぐれて美術家である」という(…②)。しかし，日本人が「すぐれて文学者であるとか，詩人であるとか，いうつもりはない」のである(…④)。なぜなら，「すぐれて文学者でない民族は，むしろ少いと思うから」である(…①)。「固有の生活があり，風俗習慣があり，気候風土があり，文化があるところには，必ず固有の文学がある」のである(…③)。「固有の文学」とは，「言葉と生活に直接にむすびついたこの自己表現の結果」である。

問二＜文章内容＞日本には，「経験主義的・実際的な思想の栄える傾向」がある。したがって，「日本思想を代表する」のは，「形而上学的思考」や「神秘思想」ではなく，「実践的な倫理」である。

問三＜文章内容＞「日本人の精神構造」は，実際的で，経験に基づいた「原始宗教を背景として成立したに」違いない(…前)。「後から来た仏教」の，理解や経験を超える面は，「日本の人口の大部分において，その精神構造を根本的に改造するまでには到らなかった」と「私」は考える(…後)。

問四＜四字熟語＞「山紫水明」は，山は紫色に見え，川は澄んで見えることで，自然の風景の美しさを形容する言葉。

問五＜文章内容＞固有の文学は，「言葉と生活に直接にむすびついた」ものであり，「他の言葉や他の生活を前提としている他の文学と比較することは困難」である。「ソ連の文学のなかでいちばん優れているのは詩だ」という発言の是非は，ロシア語ができても，難しいのである。まして，「ロシア語を知らない私」には，ただ，「成程《なるほど》という他はなかった」のである。

問六＜文章内容＞日本人にとって，自然は敵ではなく「親しみ易い友だち」である。そして，「感覚的，または日常経験的世界」の全体が「自然」であり，「自然」は日本人にとって，「唯一にして，遍在し，それによって人間を人間たらしめる根拠」だといえる。「親しみ易い友だち」でありながら「人間を人間たらしめる根拠」であるのが，「日本人と『自然』との独特の関係」なのである。

問七＜和歌の内容理解＞「秋来ぬと眼《め》にはさやかにみえねども」は，『古今和歌集』に収められた藤原敏行の和歌の上の句で，下の句は「風の音にぞおどろかれぬる」である。秋がきたことは目にははっきりと見えないが，風の音ではっと気がついた，という意味。日本人が，昔から「微妙な風の肌触りに秋を予感するほど，季節の感覚が研ぎすまされていた」ことの例として挙げられている。

問八＜文章内容＞日本人は，自然と親しい関係を結び，季節の変化に対して「敏感」であり，「それぞれの季節にそれぞれの風俗」を生み出した。「日本の自然が美しい」という日本人が自然への愛を告白する言葉には，そのような日本人の特徴がよく表れている。

二〔**小説の読解**〕出典：辻原登『家族写真』。

問一＜語句＞「いぶかしい」は，怪しく思うさま。

問二＜慣用句＞a．「顔を見合《あわ》せる」は，相手の様子や出方をうかがって，黙ってお互いの顔を見る，という意味。　b．「胸をなでおろす」は，心配がなくなって安心する，という意味。

問三＜表現＞「村の半分以上の人間」が写真館に飾られた家族写真を見ているというのに，肝心の家族は，まだ，その写真を見ることができずにいた。そのため，子どもたちは，いらだって，落ち着かなくなっていた。

問四＜心情＞古田写真館から，写真を展示したいという申し出を受けて，父親は，家族と相談した結果，その申し出を受け入れた。しかし，写真館の申し出を受け入れたことを，素直に認めるのは恥ずかしかったので，父親は，「写真館が勝手に飾って」しまったことにした。

問五＜文章内容＞写真師が「心のなかで，わたしはしあわせ，といってみてください」と言ったことに対して，父親は，腹を立てていた。父親は，「あんな言葉は，ほんとうに口にしたら，ろくなことがない」と考えており，「ほんとうに口に出したりしたら，ふしあわせになるような気がする」と言った。しかし，玉緒は，父親の考えに背いて，私は幸せだと口に出してしまったので，「もう決してしあわせにはなれない」と思った。

問六＜心情＞玉緒は，一緒に小旅行に行くような恋人ができて，その男に夢中になるあまり，幸せと「口にしたら，ろくなことがない」という父親の考えに背いてしまった。玉緒は，大阪で暮らしているうちに，自分の気持ちが家族から離れてしまったことに気づき，自分を責めた。

問七＜表現＞玉緒以外の家族が写真館に写真を見に行ったとき，そこには玉緒はいなかったが，「そのあたりの地面で，雀が光を浴びて騒いで」いた。また，父親の死後，玉緒が一人で写真館に写真を見に行ったときには，玉緒以外の家族はおらず，「五, 六羽の雀が強い日ざしを浴びて騒いで」いた。このときの「雀」は，その場にいない家族を表していると考えられる(③…○)。父親に関しては，場面によって，「父親」「谷口」「収入役」という呼称が用いられており，さまざまな役割を果たしていることが表現されている(⑤…○)。

問八＜文脈＞家族がそろって写真館に写真を見に行ったとき，「全員が，ちょうど写真と向かいあう形」に並んだ。「鏡に映したのと同じ」だったが，「完全な対称」ではなく，写真の中にいる玉緒は，その場にはいなかった。写真では，「玉緒の左手の先が，そっと父親の右肩にかかっている」のを見て，「五人の胸に，玉緒のいない淋しさが募った」のである。

三〔**古文の読解―説話**〕出典：『古今著聞集』巻第十二, 四三九。

≪現代語訳≫ある所に強盗がよく入ったので，弓を持っての見張り役に法師を立てたところ，秋の末頃のことでありましたが，門のそばに柿の木のある下にこの法師が弓に一本の矢をつがえて立っていたところその上から，熟した柿が落ちてきたのが，この弓を持った法師の頭に落ちてつぶれてぐちゃぐちゃに散った。この柿が冷たく感じられたので手で探ってみると，何となくぬれたものがあるのを，（法師は）「もはや射られてしまった」と思っておじけづいた。かたわらの同輩に言うことには「すでに重傷を負ってとても助かりそうもないので，この首を切れ」と言う。(同輩が)「どこ(を射られたの)か」と尋ねると，(法師は)「頭を射られたのだ」と言う。(同輩の法師が)探ってみると，何かはわからないが一面がぬれていた。手に赤いものがついたので，「本当に血だよ」と思って，「だからといって，大したことはなさそうだ。連れていってやろう」と言って，肩を貸して歩いたが，(法師が)「いやいやとうてい助かるとは思えない。早く首を切れ」としきりに言うので，(同輩の法師は)その言葉に従って(首を)打ち落とした。／そして(同輩の法師は)その頭を包んで大和国へ持っていって，この法師の家に(頭を)投げ入れて，これこれと(法師が)言いおいたことを伝えて首を受け取らせると，妻子は泣き悲しんで(首を)見ると，全く矢の傷がない。「体の方に手傷を負ったのですか」と問うと，(同輩の法師は)「そうではない。この頭のことばかりを言っていた」と言ったので，(妻子は)ますます悲しみ悔やんだがどうにもならなかった。臆病は情けないものである。その程度の心の様子で，これほどの振る舞いをした愚かさよ。

問一＜古典の知識＞古典では，一月～三月が春，四月～六月が夏，七月～九月が秋，十月～十二月が冬である。「秋の末つかた」は，秋の終わりの頃，つまり，九月頃のこと。

問二＜歴史的仮名遣い＞歴史的仮名遣いの「iu」は，現代仮名遣いでは「yuu」となるので，「けしうはあらじ」は，「けしゅうはあらじ」となる。

問三＜古文の内容理解＞A．法師は，とても助かりそうもないので首を切ってくれと言った。　D．同輩の法師が，法師の頭を探って見ると，手に赤いものがついたので，本当に血だと思った。　F．同輩の法師は，法師の首を包んで，法師の家がある大和国へ持っていった。　G．首には矢の跡がなかったので，法師の妻子は，体の方に手傷を負ったのかと尋ねた。

問四＜古文の内容理解＞法師が，重傷を負って助かりそうもないので首を切ってくれと言ったので，同輩の法師は，どこを射られたのかと尋ねた。

問五＜古文の内容理解＞頭に何かが当たって冷たく感じ，触ってみるとぬれていたので，法師は，てっきり頭を射られたものと思い込んだのである。

問六＜古文の内容理解＞同輩の法師も，法師が頭に傷を負ったと思い込んだが，それほどの重傷ではないだろうと考えた。そのため，法師を連れていってやろうと判断した。

問七＜古文の内容理解＞妻子は，夫の法師が死んだことも悲しかったが，その死が，頭を射られたという夫の勘違いによるものであったことがわかって，ますます悲しみ悔いた。

問八＜古文の内容理解＞「さ程の心ぎは」は，その程度の心の様子，という意味。法師は，臆病者だったので，柿が頭に落ちてきただけで，射られたと思い込み，自ら死を選んだのである。

問九＜古文の内容理解＞法師は，臆病であったために自分が射られたと勘違いし，同輩の法師に首を切ってくれと頼んで，死んでしまった。それほど臆病なのに，自ら死を選ぶことになったのは，何とも愚かなことであると，作者は考えている。

四〔漢字〕

(1)「履(く)」と書く。①は「脳裏」，②は「距離」，③は「鋭利」，④は「履行」，⑤は「経理」。　(2)「継(ぐ)」と書く。①は「直系」，②は「啓発」，③は「契機」，④は「継続」，⑤は「連携」。　(3)「括(る)」と書く。①は「渇望」，②は「統括」，③は「活躍」，④は「分割」，⑤は「円滑」。　(4)「規程」と書く。①は「料亭」，②は「工程」，③は「園庭」，④は「内偵」，⑤は「貞淑」。　(5)「形跡」と書く。①は「関所」，②は「首席」，③は「職責」，④は「筆跡」，⑤は「功績」。　(6)「虐待」と書く。①は「招待」，②は「対処」，③は「体操」，④は「忍耐」，⑤は「退去」。　(7)「採用」と書く。①は「色彩」，②は「採算」，③は「際限」，④は「救済」，⑤は「共催」。　(8)「注釈」と書く。①は「釈明」，②は「拝借」，③は「尺度」，④は「晩酌」，⑤は「伯爵」。

2024年度 国学院高等学校（一般第３回）

【英　語】（50分）〈満点：100点〉

1　次の英文を読み，後の問に答えなさい。

At dinner one night in the *boarding house where Andy Donovan lived, near Second Avenue, his *landlady introduced him to a new paying guest—Miss Conway.

"Nice to meet you, Mr Donovan," said Miss Conway quietly, and then she went back to her meal.

She was an uninteresting young woman in a boring brown dress. Andy gave her a smile, and forgot her at once.

Two weeks later, Andy was smoking a cigar outside the front door when he heard someone coming out. (1)He turned to see who it was, and was surprised.

There was Miss Conway—all in black from her head to her feet. With her bright gold hair, her grey eyes, and her sad face, she looked lovely. *Mourning clothes can make any woman look beautiful, and are sure to make any man look twice.

Andy *immediately decided (　1　) Miss Conway. He dropped his half-finished cigar on the ground and said, "It's a fine evening, Miss Conway."

"[　ア　]," she replied sadly, looking down.

"I hope there hasn't been a death in the family," he said.

"Not really in the family," she replied. "But I won't worry you with my troubles."

"Worry me ? But I'd really like to hear all about them Miss Conway. I mean, please (　a　) free to speak to a true friend in your time of need."

Miss Conway smiled sadly at this.

"I feel so (　2　) in New York," she said. "I have no friends here. But you have been kind to me, Mr Donovan. Thank you for that."

It was true. Andy sometimes passed the salt to her at the dinner table.

"You're right," he said. "It's hard when you're alone. But (A)(①　in　②　a　③　why　④　take　⑤　you　⑥　walk　⑦　don't) the park ? That'll make you feel better, I'm sure. I'll go along with you if you want."

"Thank you, Mr Donovan. I'd like that. If you're happy to be with someone like me who has a sad and heavy heart."

"He was my *fiancé," said Miss Conway after an hour in the park. "We wanted to get married. He was a real Italian *Count, with a big old house in Italy. Count Fernando Mazzini was his name, and he was a great dresser. Father didn't agree to it, of course. When we ran away together, he came after us and found us.

"In the end, (B)(①　learned　②　rich　③　was　④　how　⑤　when　⑥　Fernando　⑦　he), father agreed to a spring wedding. Fernando wanted to give me a wedding present of seven thousand dollars—for the dress, the flowers, the dinner and all. But father was proud and said 'no'. So when the Count went back to Italy to get his big old house ready for us, I got myself a job in a candy store to help pay for the wedding.

"Then three days ago, I got a letter from Italy, saying that Fernando was (　3　). It was a terrible *gondola accident that killed him they said.

“[イ]. I'll never forget Fernando, you see. And after (4) him, I'm afraid I just can't look at any other man.”

“I'm really sorry for you,” said Andy. “And I'm your true friend. I want you to know that.”

“I have his picture here in my *locket,” said Miss Conway tearfully. “[ウ].”

For some time Andy studied the photograph in the locket that Miss Conway opened for him. The man's face was young, bright and clever. It was the face of a strong man that other people are always ready to (b).

“I have a larger photograph in my room,” said Miss Conway. “I'll show you later. They're the only things that I have of Fernando now. But he'll always be in my heart.”

Andy decided to try to (c) Miss Conway's heart from the Count. He took her to have an ice cream, but her grey eyes still looked sad.

That evening, she brought down the larger photograph and showed it to Andy. He looked at it silently.

“He gave this to me the night that he left (5) Italy,” said Miss Conway.

“A fine-looking man,” said Andy. “Now would you like to come out with me again next Sunday afternoon ?”

A month later, they told the landlady and the other guests at the boarding house of their plans to get married. Miss Conway stayed in mourning.

A week after that, they were sitting in the park near the boarding house. Andy's usually smiling face was dark with worry, and (2)he was strangely silent.

“What's the matter, Andy ?” asked Miss Conway.

“Well, you've heard of Big Mike Sullivan, (6) ?” said Andy, after a while.

“No. Who is he ?”

“He's a great New York politician, and a friend of mine. I met him today, and he wants to come to our wedding. I'd really like him to come.”

“OK. So he can be our guest.”

“Right, but before we can have our wedding I need to know something. Do you still prefer Count Mazzini over me ?”

Suddenly Miss Conway started crying.

“Oh, Andy, there never was a Count. All the other girls had boyfriends—but I didn't. And you know that I look good in black. So I bought a big photograph of a man that I didn't (d) at a photograph store, and got a small one, too, for my locket. Then (3)I thought up the story of the Count's death and put on my black clothes. I'm just a big fake. And now you won't marry me because of it, I'm sure. And you're the only man that I've ever loved !”

Smiling, Andy took her in his arms.

“Do you still want to marry me after what I've done ?” she asked in surprise.

“Of course,” he replied. “You were very good to explain it all to me. Now we can forget the Count, (C)there (① us ② is ③ man ④ to stop ⑤ becoming ⑥ from ⑦ nothing) and wife.”

“Andy,” Miss Conway went on, “Did you really think that my stories about the Count were true ?”

“Not really,” he replied, taking out a cigar, “Mostly (7) that photograph in your locket is of my friend Mike Sullivan."

（注） ＊boarding house　下宿屋　＊landlady　(下宿屋の)女将，女主人
＊mourning　喪中，忌中　＊immediately　すぐに
＊fiancé　婚約中の男性，いいなずけの男　＊Count　伯爵
＊gondola　イタリア・ベニスの運河を運航する小型船　＊locket　写真入りペンダント

問１　下線部(1)で Andy が驚いた理由として最も適切なものを次の①～⑤から１つ選び，指定された解答欄に番号をマークしなさい。

① Miss Conway がとても悲しい表情をしていたから。
② Miss Conway が一度も会ったことがない人物だったから。
③ Miss Conway が同じ下宿屋に住んでいたことを知らなかったから。
④ Miss Conway が以前会ったときと比べ，美しく見えなかったから。
⑤ Miss Conway が喪服を着ると美しく見えたから。

問２　空所(１)～(７)に入れるのに最も適切なものをそれぞれ①～⑤から１つずつ選び，指定された解答欄に番号をマークしなさい。

(１) ① not forget　② to forget　③ forgetting
④ not forgetting　⑤ not to forget
(２) ① excited　② interested　③ comfortable
④ lonely　⑤ hopeful
(３) ① death　② die　③ dead　④ died　⑤ deed
(４) ① turning　② caring　③ calling
④ breaking　⑤ losing
(５) ① in　② for　③ by　④ on　⑤ at
(６) ① won't you　② are you　③ don't you
④ do you　⑤ haven't you
(７) ① because　② so　③ before
④ why　⑤ however

問３　空所[ア]～[ウ]に入れるのに最も適切なものをそれぞれ次の①～③から１つずつ選び，指定された解答欄に番号をマークしなさい。

① And because you're a true friend, Mr Donovan, I'll show it to you
② That explains my mourning, Mr Donovan
③ For people with the heart to enjoy it, Mr Donovan

問４　空所(ａ)～(ｄ)に入れるのに最も適切なものをそれぞれ次の①～④から１つずつ選び，指定された解答欄に番号をマークしなさい。

① win　② feel　③ know　④ follow

問５　下線部(A)～(C)がそれぞれ次の意味になるように(　)内の語(句)を並べ替えたとき，(　)内で３番目と５番目に来るものを選び，指定された解答欄に番号をマークしなさい。

(A) 公園を散歩してはどうですか
(B) 父親は，Fernando がどれだけ裕福かを知ると，春に結婚式を挙げることに同意した
(C) 私たちが夫婦になることを妨げるものは何もありません

問６　下線部(2)の理由として最も適切なものを次の①～⑤から１つ選び，指定された解答欄に番号をマークしなさい。

① Miss Conway が依然として喪に服していることが不満だったから。

② Mike Sullivan を結婚式に招待したくなかったから。
③ Miss Conway が本当のことを話してくれるか不安だったから。
④ 下宿屋の女主人や他のお客さんに結婚を反対されたから。
⑤ Miss Conway との結婚を取りやめようと決めていたから。

問7 下線部(3)の理由として最も適切なものを次の①～⑤から１つ選び，指定された解答欄に番号をマークしなさい。
① ニューヨークの生活に飽きていたから。
② Andy に恨みがあったから。
③ なんとかして下宿屋に住みたかったから。
④ 恋人が欲しかったから。
⑤ Count Mazzini の財産が欲しかったから。

問8 本文の内容に一致するものを次の①～⑦から２つ選び，指定された解答欄に番号をマークしなさい。解答は，１つの解答欄に２か所マークすること。
① The first time Andy saw Miss Conway, he liked her so much that he couldn't forget her.
② In Miss Conway's story, her father was too proud to accept a present from Count Mazzini to her.
③ Miss Conway had two photographs, and Andy could only see a smaller one in her locket.
④ Andy and Miss Conway didn't tell anybody that they would get married.
⑤ Miss Conway strongly disagreed with the idea of inviting Mike Sullivan to the wedding.
⑥ Miss Conway was sure that Andy still wanted to marry her even after he knew the truth.
⑦ Andy knew Miss Conway's stories were not true after he saw the photographs she had.

2 次の英文を読み，後の問に答えなさい。

Karaoke has been popular in Asia for a long time now. But times have changed. [A]

Karaoke has been around since the 1970s. Karaoke is formed from (1) a Japanese word and an English word. The Japanese word is *kara*. The word means empty. The English word is orchestra. An orchestra is a group of musicians (2). In the Japanese language, the word orchestra is pronounced "okesutora." [B] It was changed to *oke*.

The karaoke machine as we know it today came from a machine invented in Japan. The Japanese often enjoy some type of musical entertainment at their dinners or parties. Before the invention of the karaoke machine, musicians were paid to play music. People then sang along with the music which professionals play. One of these musicians was a man (3) Daisuke Inoue. Inoue's music became very popular. He had to go to a lot of parties to play for the guests. People asked him for recordings of his music so they could take them home with them. [C] He made a machine that people could put money into and sing along with his recordings. [D] Inoue made money from restaurants and hotels that used his machines. Inoue was happy because he didn't have to go to so many parties anymore.

Karaoke machines later came to be used everywhere. In fact, the cost is now (4). That means almost any home can have one. In addition, karaoke is great for people of all ages. And with the machine and a little karaoke music, anybody can be a star.

問1 空所(１)～(４)に入れるのに最も適切なものをそれぞれ①～④から１つずつ選び，指定された解答欄に番号をマークしなさい。

(１) ① both ② each ③ either ④ many

(2) ① who sing in front of people ② who play music together
③ which means box in Europe ④ which isn't known in Japan

(3) ① calling ② including ③ found ④ named

(4) ① too expensive ② very confusing
③ very low ④ increasing rapidly

問2 空所[A]～[D]に入れるのに最も適切なものをそれぞれ次の①～④から1つずつ選び，指定された解答欄に番号をマークしなさい。

① Later, the word became shorter.
② These days, people in the West are learning to love karaoke.
③ These machines were very popular.
④ That gave him an idea.

3 各英文の(　)内に入れるのに最も適切なものをそれぞれ①～④から1つずつ選び，指定された解答欄に番号をマークしなさい。

(1) I go to see a movie once (　　) month.
① a ② in ③ for ④ during

(2) I am going to Sydney (　　) March 1.
① on ② at ③ in ④ for

(3) "How (　　　) have you been to Singapore ?" "Twice."
① many hours ② many times
③ long time ④ much time

(4) Please stay in the room (　　) she comes back.
① until ② since ③ during ④ for

(5) He has (　　　) the new car.
① money enough to buying ② enough money to buy
③ enough to buy money ④ money to buy enough

(6) My father doesn't like cats, so he will not (　　) me have one.
① allow ② say ③ know ④ let

4 各英文がそれぞれ日本語の意味になるように(　)内の語(句)を並べ替えたとき，指定された箇所に来るものの番号を解答欄にマークしなさい。

(1) その部屋はあたたかくしておかなくてはなりません。
You (① room ② keep ③ have ④ the ⑤ to ⑥ warm).
You [　] [ア] [　] [イ] [　] [　].

(2) ユカはこの学校でフランス語を話すことができる唯一の生徒です。
Yuka is (① can speak ② French ③ that ④ student ⑤ the ⑥ only) in this school.
Yuka is [　] [ウ] [　] [エ] [　] [　] in this school.

(3) そのプロジェクトは地元の銀行が面倒を見てくれるだろう。
The project (① taken ② by ③ care ④ be ⑤ of ⑥ will) the local bank.
The project [　] [　] [オ] [　] [カ] [　] the local bank.

(4) 私の父はいつも自分の得意なスポーツの話しかしない。

My father is always (① about　② is good　③ the sports　④ he　⑤ at　⑥ talking).

My father is always [　　] [キ] [　　] [　　] [　　] [ク].

(5) そのレストランは特別な塩を使ったパンで人気があります。

The restaurant is (① made　② for　③ which　④ with　⑤ the bread　⑥ popular　⑦ is) special salt.

The restaurant is [　　] [ケ] [　　] [　　] [コ] [　　] [　　] special salt.

(6) 人生はやらなければならないことだらけだ。

Our lives (① need　② things　③ filled　④ we　⑤ to　⑥ with　⑦ are) do.

Our lives [　　] [　　] [サ] [　　] [シ] [　　] [　　] do.

【数　学】（50分）〈満点：100点〉

（注意）　1．定規，コンパス，分度器，電卓は使用しないこと。
2．問題の文中の $\boxed{\text{ア}}\boxed{\text{イ}}\boxed{\text{ウ}}$ などには，特に指示がない限り，ア，イ，ウ，……の一つ一つに数字（0～9）が一つずつ入ります。
3．分数形で解答する場合，それ以上約分できない形で答えなさい。
4．$\sqrt{}$ を含む形で解答する場合，$\sqrt{}$ の中に現れる自然数が最小となる形で答えなさい。
5．小数の形で解答する場合，必要に応じて，指定された桁まで0にマークしなさい。

1　次の□の中の「ア」から「ネ」に当てはまる数字をそれぞれ答えなさい。

(1)　$\dfrac{4}{3}ab^2\times\left(-\dfrac{1}{2}a^3b^2\right)^2\div\dfrac{2}{9}ab=\dfrac{\boxed{\text{ア}}}{\boxed{\text{イ}}}a^{\boxed{\text{ウ}}}b^{\boxed{\text{エ}}}$ である。

(2)　連立方程式 $\begin{cases}\dfrac{2x+3}{5}-\dfrac{y-1}{3}=0\\ 0.2x+0.05y=0.4\end{cases}$ の解は $x=\boxed{\text{オ}}$，$y=\boxed{\text{カ}}$ である。

(3)　$\sqrt{3}(\sqrt{2}+\sqrt{3})(\sqrt{2}-\sqrt{3})\times\dfrac{\sqrt{12}(\sqrt{24}-\sqrt{54})}{3}=\boxed{\text{キ}}\sqrt{\boxed{\text{ク}}}$ である。

(4)　2次方程式 $(x-2)^2=2(x+1)$ の解は $x=\boxed{\text{ケ}}\pm\sqrt{\boxed{\text{コ}}}$ である。

(5)　5個のデータ x^2，$-5x$，$-4x+6$，$x-5$，9 の平均値が -1，中央値が0のとき，$x=\boxed{\text{サ}}$ である。

(6)　n を自然数とする。$\sqrt{\dfrac{2024}{n}}$ が整数のとき，$n=\boxed{\text{シ}}\boxed{\text{ス}}\boxed{\text{セ}}$，$\boxed{\text{ソ}}\boxed{\text{タ}}\boxed{\text{チ}}\boxed{\text{ツ}}$ である。

(7)　3点 A$(-6,\ 0)$，B$(6,\ 0)$，C$(0,\ 9)$を頂点とする △ABC がある。点 D$(-3,\ 0)$を通る直線 l が △ABC の面積を2等分するとき，l と辺 BC の交点の座標は$(\boxed{\text{テ}},\ \boxed{\text{ト}})$である。

(8)　表面積が 96π で底面の半径が6の円錐の体積は $\boxed{\text{ナ}}\boxed{\text{ニ}}\pi$ である。

(9)　図1において，$\angle x=\boxed{\text{ヌ}}\boxed{\text{ネ}}^\circ$ である。

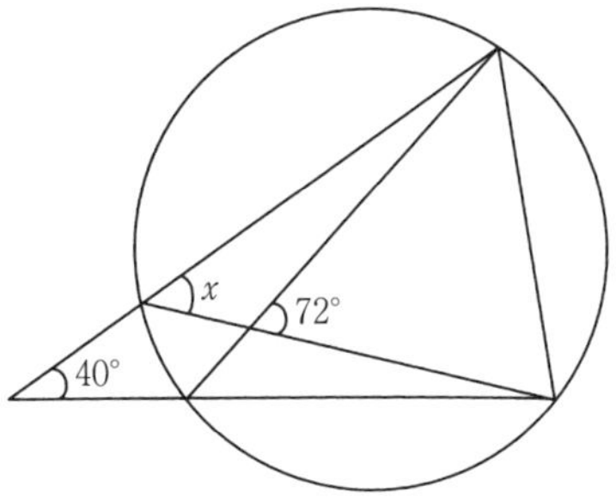

図1

2　n を自然数とする。1辺の長さが n の正方形の白いタイルの周りを囲むように，1辺の長さが1の正方形の黒いタイルを隙間なく並べる。右図は $n=5$ のときを表している。このとき，次の□の中の「ア」から「キ」に当てはまる数字をそれぞれ答えなさい。

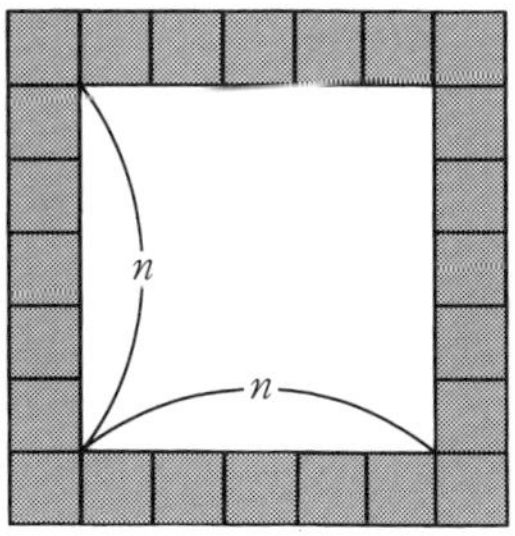

(1)　黒いタイルの枚数は $\boxed{\text{ア}}n+\boxed{\text{イ}}$ 枚である。

(2)　黒いタイルの面積の総和が2024になるのは $n=\boxed{\text{ウ}}\boxed{\text{エ}}\boxed{\text{オ}}$ のときである。

(3)　白いタイルの面積が黒いタイルの面積の総和より248だけ大きくなるのは $n=\boxed{\text{カ}}\boxed{\text{キ}}$ のときである。

3　右図のように，２つの放物線 $y=\dfrac{1}{2}x^2$ …①，$y=ax^2$ $(a<0)$…②がある。放物線①上の点Ａから x 軸に垂線 AH を引き，直線 AH と放物線②の交点をＢとする。また，線分 AO の延長と放物線②の交点をＣ，線分 BO の延長と放物線①の交点をＤとする。点Ｈの座標が(1，0)，AH：BH＝3：2のとき，次の□の中の「ア」から「カ」に当てはまる数字をそれぞれ答えなさい。

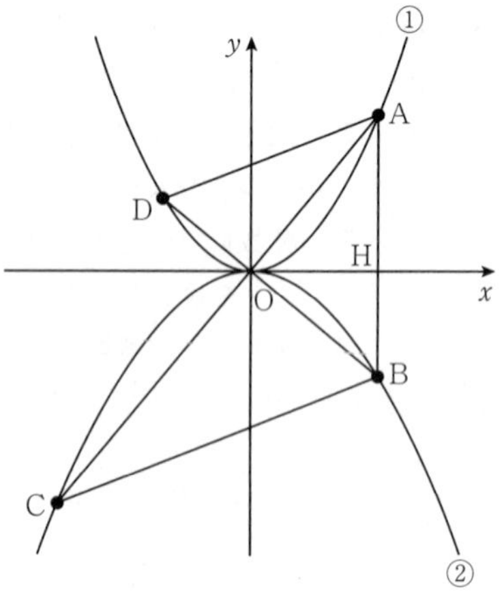

(1)　$a=-\dfrac{\boxed{ア}}{\boxed{イ}}$ である。

(2)　直線 AD の傾きは $\dfrac{\boxed{ウ}}{\boxed{エ}}$ である。

(3)　△OAD と △OCB の面積をそれぞれ S_1，S_2 とするとき，$\dfrac{S_1}{S_2}=\dfrac{\boxed{オ}}{\boxed{カ}}$ である。

4　右図のように，１辺の長さが10の正三角形 ABC がある。辺 AB，AC 上にそれぞれ点Ｐ，Ｓをとり，辺 BC 上に２点Ｑ，Ｒをとる。四角形 PQRS が長方形で ∠QPR＝60° のとき，次の□の中の「ア」から「カ」に当てはまる数字をそれぞれ答えなさい。

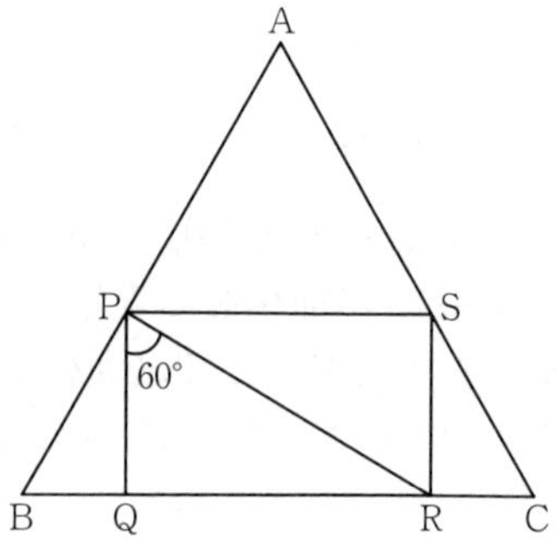

(1)　PQ＝$\boxed{ア}\sqrt{\boxed{イ}}$ である。

(2)　線分 BS と線分 PQ の交点をＴとするとき，△ABT の面積は $\dfrac{\boxed{ウ}\boxed{エ}\sqrt{\boxed{オ}}}{\boxed{カ}}$ である。

5　大小２つのさいころを同時に投げ，出た目をそれぞれ a，b とする。このとき，次の□の中の「ア」から「カ」に当てはまる数字をそれぞれ答えなさい。

(1)　$a^2+2ab+b^2$ が奇数となる確率は $\dfrac{\boxed{ア}}{\boxed{イ}}$ である。

(2)　$a(b+1)+b+1$ が３の倍数となる確率は $\dfrac{\boxed{ウ}}{\boxed{エ}}$ である。

(3)　$ab-4a-3b+12$ が自然数となる確率は $\dfrac{\boxed{オ}}{\boxed{カ}}$ である。

【社　会】（50分）〈満点：100点〉

1　次の３つの問に答えよ。

問１　次の地図Ⅰは北海道洞爺湖周辺の地形図である。地図内をＡ点→Ｂ点→Ｃ点の順に進んだ場合の傾斜を示した図として正しいものは，①～④のうちではどれか。

Ⅰ

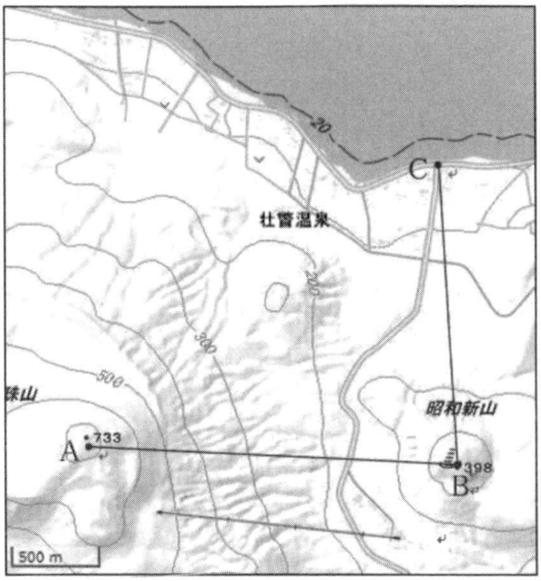

①

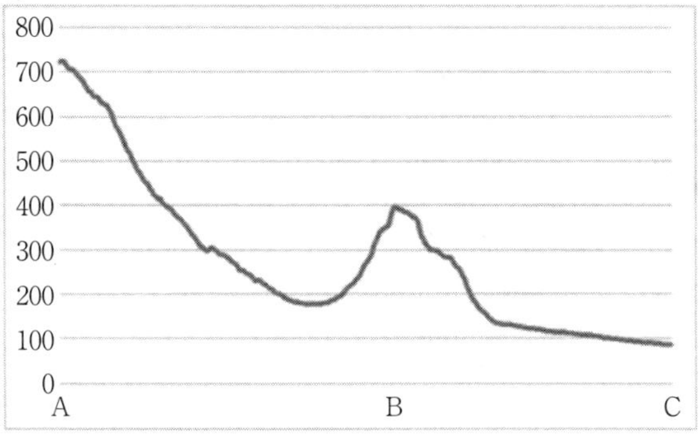

②

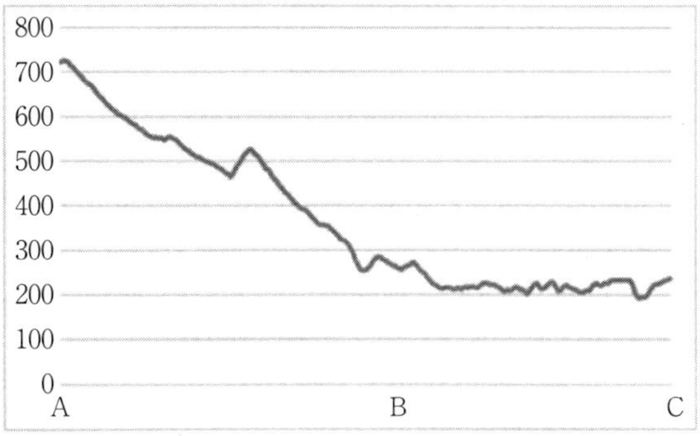

③

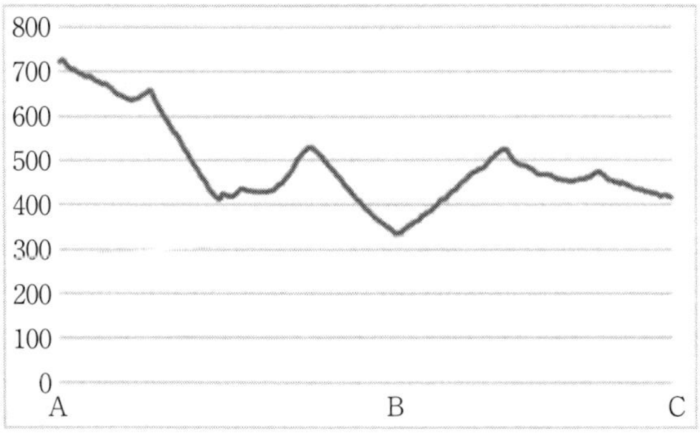

④

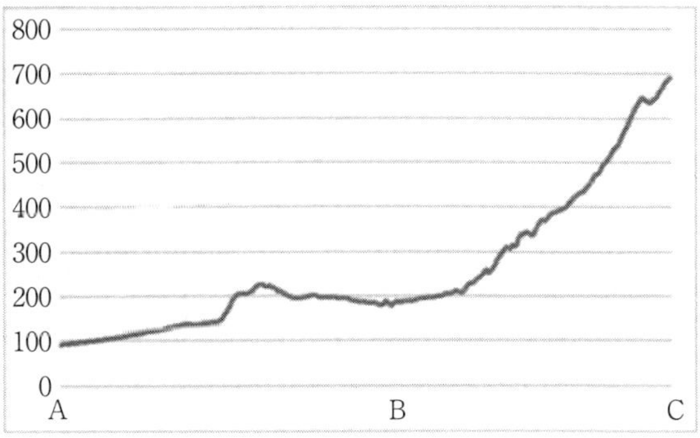

問２　次の文で述べている内容に当てはまるものは，①～④のうちではどれか。

大不況の際に，植民地を持つ国々が，植民地への輸出の際に自国製品の関税を低く設定し，他国からの輸入品に対して関税を上げ，本国と植民地の経済的な結びつきを強めた。そして自国製品が植民地内で売れやすくした。この政策は第二次世界大戦前のフランスやイギリスがとったことで有名である。

① ニューディール政策
② ブロック経済
③ ファシズム
④ 計画経済

問3 次の文で述べている内容に当てはまるものは，①～④のうちではどれか。

東南アジア地域内において，経済成長，社会・文化の発展や地域における政治・経済の安定を目的に1967年に発足した。近年ではこの組織に日本・中華人民共和国・大韓民国を加えて話し合いがおこなわれるようになり，アジア全体での協力が進められている。

① ASEAN
② APEC
③ TPP
④ BRICS

2 次の略地図を見て，後の問に答えよ。

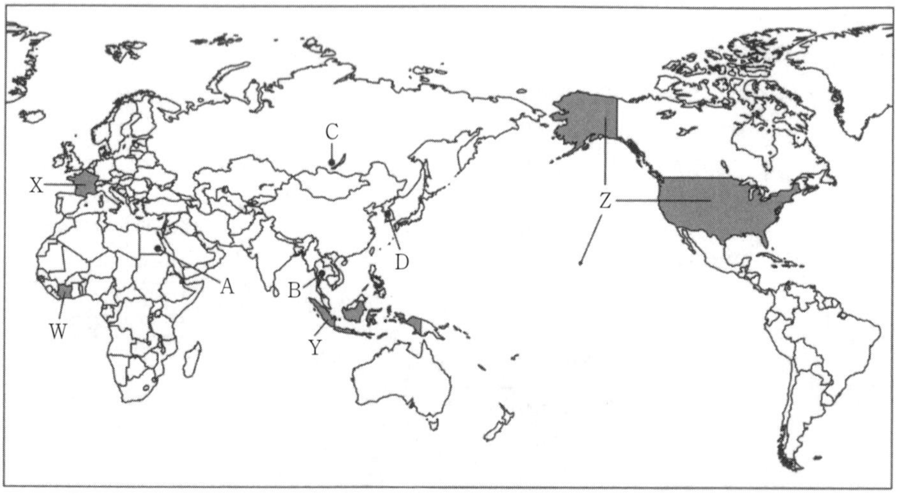

問1 次の文章Ⅰは略地図中Ａ～Ｄで示したいずれかの都市の様子についてまとめたものである。グラフⅡア～エは，略地図中の都市Ａ～Ｄの月降水量と月平均気温を示したものである。文章Ⅰで述べられている都市に当てはまるものは，略地図中Ａ～Ｄのうちではどれか。またその都市のグラフに当てはまるものは，ア～エのうちではどれか。

Ⅰ

年間を通じて雨が少なく，夏場は非常に高温となる。ナイル川の流域に位置しており，国家プロジェクトとして建設されたダムが存在する。また古代遺跡が数多く発見されており，世界遺産に登録されている神殿も現存している。

Ⅱ

ア

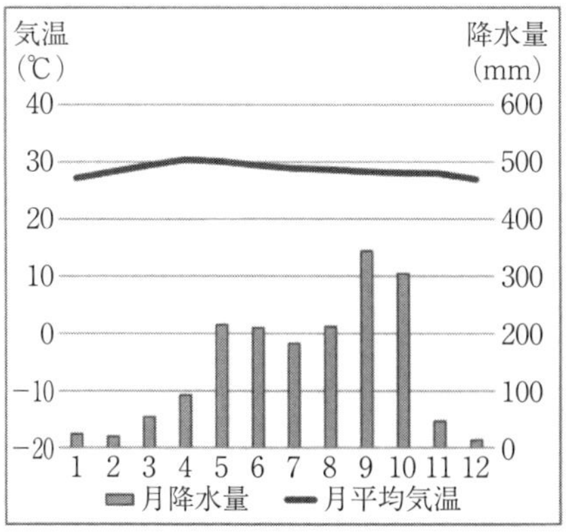

イ

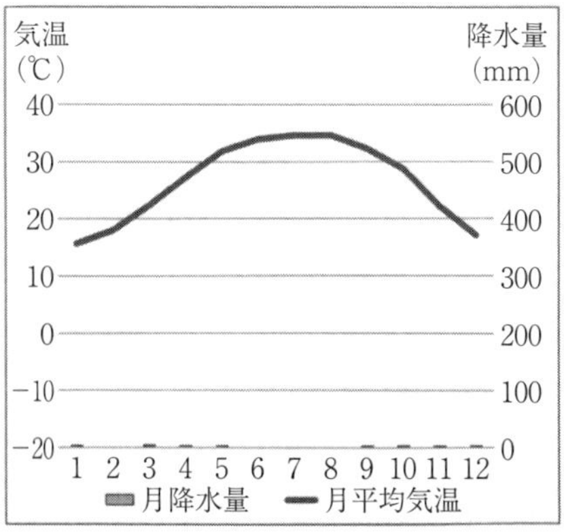

ウ

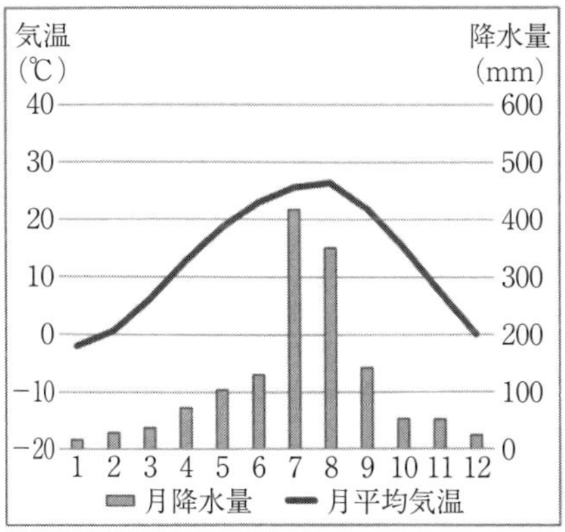

エ

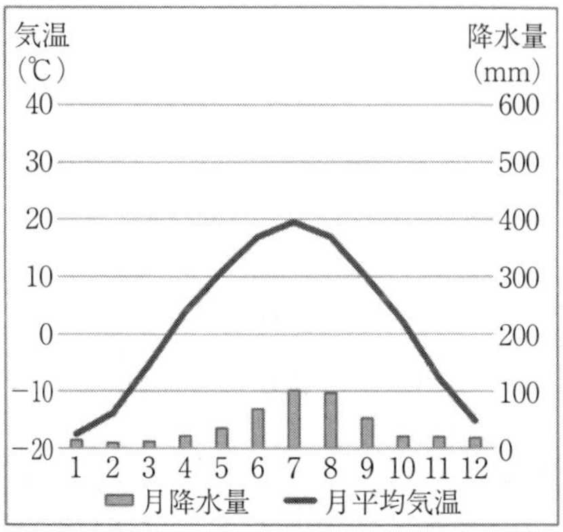

問2　次の表中①～④は略地図中に　　　で示した国W～Zいずれかの2021年の人口と国内の様子についてまとめたものである。略地図中W～Zのそれぞれに当てはまるものは，①～④のうちではどれか。

	人口(千人)	国内の様子
①	27,146	南部では熱帯雨林が，北部ではサバナが広がっており，寒暖差が非常に大きい。またプランテーション農業の影響でカカオの生産量が世界一である。
②	64,502	北部では穀作，西部では酪農がおこなわれ，南部では地中海式農業によってぶどうやワインの生産が盛んである。
③	272,890	赤道直下にあり，マングローブを利用したエビの養殖やプランテーションでのゴムの生産が活発におこなわれており，輸出品の中心となっている。
④	336,496	大規模な農場が多くなっていて企業的農業が広がっている。さらに国土が広いため適地適作による効率的な生産をおこなっている。

問3　次のグラフⅠ・Ⅱはある国の2021年度の人口ピラミッドである。文章Ⅲは，グラフⅠまたはⅡの国の説明である。文章Ⅲで述べている国とその国のグラフの組み合わせとして正しいものは，①～④のうちではどれか。

Ⅰ

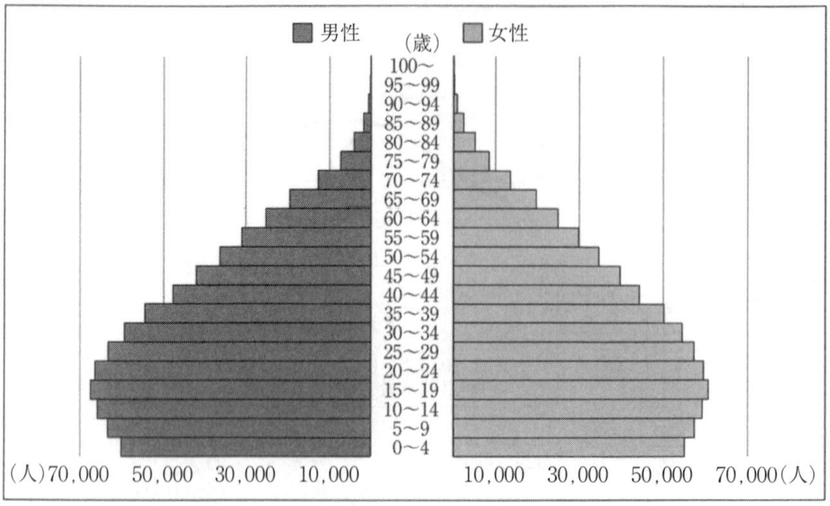

Ⅱ

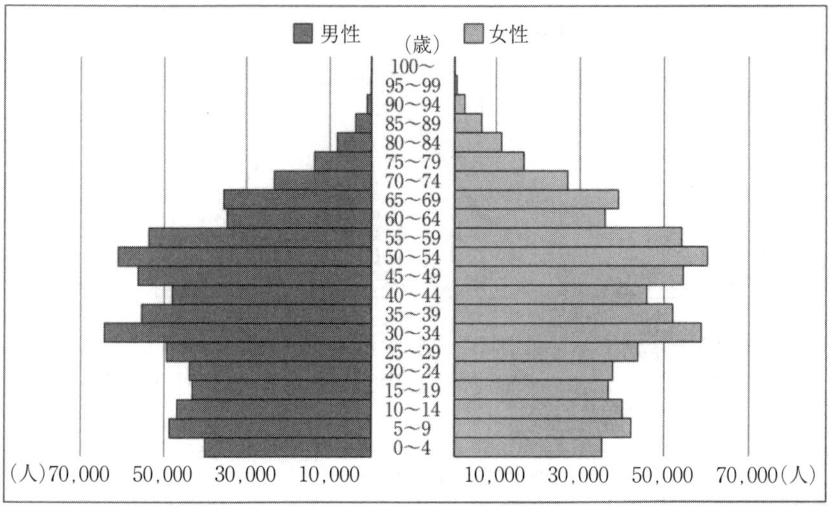

Ⅲ

この国はさまざまな工業製品を生産し，「世界の工場」とよばれている。2021年時点で世界第１位の人口を抱えており，それによって国内総生産が世界第２位となっている。1979年からの産児制限策「一人っ子政策」がおこなわれていたため，少子高齢化が進み，年齢別の人口構成がいびつとなる問題点があげられている。この政策もあり，2023年には人口が世界第２位となることが予想されている。

① Ⅰ－インド
② Ⅰ－中華人民共和国
③ Ⅱ－インド
④ Ⅱ－中華人民共和国

3　次の略地図を見て，後の問に答えよ。

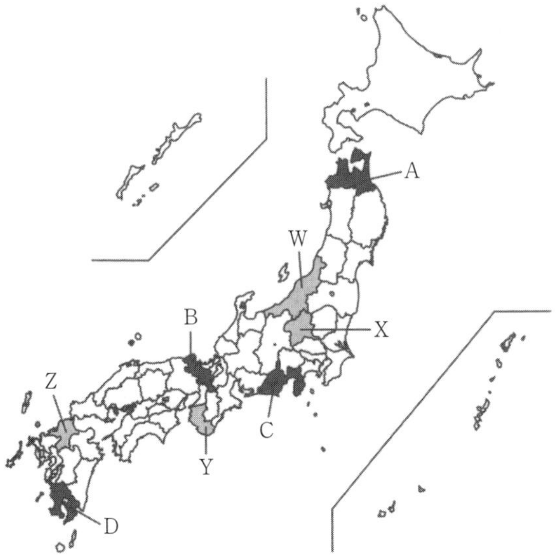

問１　次の表中①～④の文章は，略地図中に ■ で示した，都道府県Ａ～Ｄのいずれかの特徴についてまとめたものである。略地図中Ａ～Ｄのそれぞれの都道府県に当てはまるものは，①～④のうちではどれか。

	特徴
①	江戸時代まで1000年以上にわたって都が置かれ，清水寺・東寺をはじめとした神社や寺院が建立された。また歴史ある祇園祭が開催され，これは日本三大祭りの１つとされている。
②	豊かな水資源と広大な土地を利用した製紙・パルプ工業が発達し，近年では医療分野の研究も盛んにおこなわれている。また茶の生産量が全国１位で，海外へも輸出されている。
③	気候は冷涼で稲作が盛んだが，やませの影響による冷害が問題となっている。また夏季に開催されるねぶた祭は多くの観光客が訪れ，歴史と伝統を後世へと受け継いでいる。
④	頻繁に噴火を起こす桜島からの火山灰が人々の生活に大きく影響し，広がったシラス台地では水の獲得が困難であった。しかし，戦後，水源の獲得により畜産が盛んにおこなわれるようになった。

問２　次の表Ⅰ中ア～エは，略地図中の ▒ で示した都道府県Ｗ～Ｚのいずれかの2022年における人口と，米，小麦，大豆，夏秋キャベツそれぞれの収穫量を示したものである。文章Ⅱは，都道府県Ｗ～Ｚいずれかの特徴についてまとめたものである。文章Ⅱで述べている都道府県は，表Ⅰのア～エのうちではどれか。また文章Ⅱで述べている都道府県の場所は，Ｗ～Ｚのうちではどれか。

Ⅰ	人口（千人）	米（ｔ）	小麦（ｔ）	大豆（ｔ）	夏秋キャベツ（ｔ）
ア	2,153	631,000	349	7,100	4,270
イ	5,116	164,000	75,400	9,790	821
ウ	1,913	72,300	22,700	416	259,600
エ	903	31,000	7	23	13

Ⅱ

> 冬でも温暖な気候を生かして，筑紫平野では稲作が終わった後の水田を利用した二毛作がおこなわれている。一方でIC(集積回路)工場が急増し，電気機械工業が盛んにおこなわれた。

問３　右の略地図は1980年代にニュータウン開発が進められた福島県郡山市緑ヶ丘の一部を示したものである。この略地図から読み取れるニュータウンの特徴について述べた短文Ａ・Ｂの正誤の組み合わせとして正しいものは，①～④のうちではどれか。

Ａ：郊外に住宅地が新たにつくられたため，周辺は水田や畑が多い。

Ｂ：開発から30年以上が経過し，居住者の高齢化も進んだことで老人ホームが建設されている。

①　Ａ－正　Ｂ－誤　　②　Ａ－誤　Ｂ－正
③　Ａ－正　Ｂ－正　　④　Ａ－誤　Ｂ－誤

4　次の文章を読み，後の問に答えよ。

歴史的におこなわれた大規模造営では，建築工事の現場だけでなく，材木の伐り出し，瓦の製作，それらの輸送(陸運・水運)など，資材調達の作業にも多くの労働力が必要であった。仕丁や雇夫と呼ばれる労働者が全国から集められ，(1)造営工事に動員された。平安京の内裏が火災で焼失すると，後三条天皇は内裏だけでなく宮全体の復興工事を進めた。これを契機に(2)土地制度が整備され，土地を基準とした徴税がおこなわれることとなり，その税金を工事費用に充てることとしていた。近代には，戦争で得られた賠償金によって(3)八幡製鉄所が設立され，大幅に近代化・工業化が進んだ。設立場所の選定には(4)海外からの原材料入手の利便性や防衛のしやすさなどが重視された。造営事業は，その時々の歴史的背景に大きく影響を受けていることが読み取れる。

問１　(1)造営工事に動員された。とあるが，次のア～エは飛鳥時代から江戸時代にかけておこなわれた造営工事について述べたものである。時期の古いものから順に正しく記号を並べたものは，①～⑥のうちではどれか。

ア　東北地方の平泉を拠点とする奥州藤原氏によって，極楽浄土の世界を表現した中尊寺金色堂が造営された。

イ　参勤交代の制度では，大名は１年おきに江戸に滞在することに加え，江戸城の修築や河川の修復などの土木工事を任された。

ウ　聖武天皇は仏教の力による国家安寧をはかり，国ごとに国分寺と国分尼寺を造営し，都にある東大寺に金銅の大仏を造らせた。

エ　将軍足利義政が建築した慈照寺銀閣は，武家の住居に多く取り入れられた書院造が採用されている。

①　ア→イ→ウ→エ　　②　ア→ウ→イ→エ　　③　ア→エ→ウ→イ
④　ウ→イ→ア→エ　　⑤　ウ→ア→エ→イ　　⑥　ウ→エ→ア→イ

問２　(2)土地制度が整備され，とあるが，鎌倉時代の土地制度について述べた文として正しいものは，①～④のうちではどれか。

①　豊臣秀吉は各地で土地の面積や質等を調査し，収穫高を記録する太閤検地をおこない，税収を

安定させた。

② 墾田永年私財法によって開墾者に土地の私有が認められると，多くの有力者が土地を開墾し，荘園と呼ばれる私有地が拡大した。

③ 律令国家の下で，班田収授法が制定され，６歳以上の男女に口分田が与えられたが，次第に荒廃していった。

④ 元寇の後，恩賞として土地を給付されなかった御家人の不満を解消するため徳政令が出されたが，政治の混乱を招くこととなった。

問３ (3)八幡製鉄所が設立され，とあるが，次の略年表Ⅰの中で，八幡製鉄所が設立された時期に当てはまるものは，略年表Ⅰ中ア～エのうちではどれか。また八幡製鉄所の場所として正しいものは，略地図Ⅱ中Ａ～Ｄのうちではどれか。

Ⅰ

1825年	異国船打払令を発布した……	
		↕ ア
1854年	アメリカと日米和親条約を結んだ……	
		↕ イ
1875年	ロシアと樺太・千島交換条約を結んだ……	
		↕ ウ
1894年	甲午農民戦争を契機に日清戦争が勃発した……	
		↕ エ
1914年	サラエボ事件を契機に第一次世界大戦が勃発した……	

Ⅱ

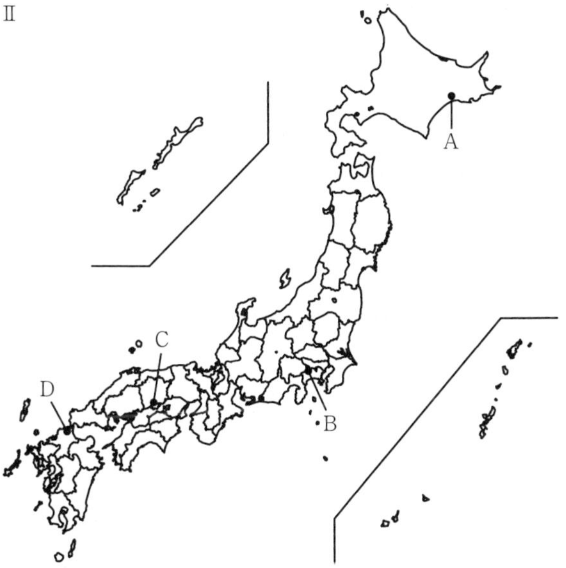

問４ (4)海外からの原材料入手の利便性や防衛のしやすさなどが重視された。とあるが，第二次世界大戦後の日本の防衛・国交について述べた文として正しいものは，①～④のうちではどれか。

① 朝鮮戦争がはじまると，GHQ の指令により警察予備隊が新設され，後に保安隊となり，さらに自衛隊へと変わった。

② 日本は日米安全保障条約を結び，社会主義陣営の一員として戦後復興を果たすこととなった。

③ 第４次中東戦争をきっかけに石油危機が起こり，日本の高度経済成長は止まったが，後の東京オリンピックによって再び好景気が訪れた。

④　沖縄本島の返還が実現し，それに伴い核兵器を「持たず，つくらず，使わず」という非核三原則が決議された。

5　次の国民の生活に関する文章を読み，後の問に答えよ。

国民が安心して生きていけるように，国が国民の生活を守るという［ A ］の考え方が生まれた。日本の［ A ］制度は，４つの柱から成り立っているが，その中でも，［ B ］は，けがや病気などで働けなくなり，収入がなくなってしまったときの備えである。また，生活に困っている人の救済である［ C ］，高齢者や子どもなど，社会的に立場が弱くなりやすい人を支援する［ D ］などは，４つの柱の１つである。

わたしたちが人間らしい生活を送るための権利を［ E ］とよぶが，［ E ］の中には，日本国憲法で「健康で文化的な最低限度の生活を営む権利」と規定されている［ F ］がある。また，その他に，使用者よりも弱い立場にある労働者を守るための［ G ］には，労働組合を作る権利である［ H ］などが含まれている。

問１　［A］・［B］の組み合わせとして正しいものは，①～④のうちではどれか。

①　［A］：社会福祉・［B］：公衆衛生　　②　［A］：社会福祉・［B］：社会保険
③　［A］：社会保障・［B］：公衆衛生　　④　［A］：社会保障・［B］：社会保険

問２　［C］・［D］の組み合わせとして正しいものは，①～④のうちではどれか。

①　［C］：公的扶助・［D］：保険医療　　②　［C］：公的扶助・［D］：社会福祉
③　［C］：公衆衛生・［D］：保険医療　　④　［C］：公衆衛生・［D］：社会福祉

問３　［E］・［F］の組み合わせとして正しいものは，①～④のうちではどれか。

①　［E］：自由権・［F］：平等権　　②　［E］：自由権・［F］：生存権
③　［E］：社会権・［F］：平等権　　④　［E］：社会権・［F］：生存権

問４　［G］・［H］の組み合わせとして正しいものは，①～④のうちではどれか。

①　［G］：勤労の権利・［H］：団結権　　②　［G］：勤労の権利・［H］：団体行動権
③　［G］：労働基本権・［H］：団結権　　④　［G］：労働基本権・［H］：団体行動権

6　次の日本の政治に関する文章を読み，後の問に答えよ。

日本は議院内閣制を採用している国である。行政権を担っている［ A ］は，国権の最高機関である［ B ］が選んだ首相を中心に組織され，［ B ］に対して連帯して責任をとる。衆議院議員選挙がおこなわれたときは，［ A ］は必ず［ C ］し，選挙結果をふまえて［ B ］によって首相が指名され，新しい［ A ］が組織される。しかし衆議院が［ A ］不信任の決議をおこない，可決された場合には，［ A ］は10日以内に，衆議院の［ D ］をおこなうか，［ C ］をしなければならない。

国会議員選出のため，今日，一定年齢に達したすべての国民に選挙権が認められており，このような選挙を［ E ］選挙とよぶ。公正な選挙をおこなう上で，１人が１票をもつ［ F ］選挙がおこなわれる。選挙制度には，各選挙区から１人を選ぶ［ G ］制，政党に投票し，各政党の得票率に応じて議席を配分する［ H ］制があり，日本の衆議院議員選挙では，［ G ］制と［ H ］制を合わせた制度が実施されている。

問１　［A］・［B］の組み合わせとして正しいものは，①～④のうちではどれか。

①　［A］：国会・［B］：内閣　　②　［A］：国会・［B］：国民
③　［A］：内閣・［B］：国会　　④　［A］：内閣・［B］：国民

問２　［C］・［D］の組み合わせとして正しいものは，①～④のうちではどれか。

① [C]：総辞職・[D]：解散　② [C]：総辞職・[D]：総選挙
③ [C]：総選挙・[D]：総辞職　④ [C]：総選挙・[D]：解散

問3 [E]・[F]の組み合わせとして正しいものは，①～④のうちではどれか。

① [E]：直接・[F]：平等　② [E]：直接・[F]：制限
③ [E]：普通・[F]：平等　④ [E]：普通・[F]：制限

問4 [G]・[H]の組み合わせとして正しいものは，①～④のうちではどれか。

① [G]：比例代表・[H]：小選挙区　② [G]：比例代表・[H]：大選挙区
③ [G]：小選挙区・[H]：大選挙区　④ [G]：小選挙区・[H]：比例代表

【理　科】（50分）〈満点：100点〉

1　**問1**　図1のようなモノコードを使って出した音の波形をオシロスコープで表示させると，図2のようになった。モノコードの弦を細いものに変えて，さらに強くはじいたときの波形としてもっとも適切なものを①～④から1つ選べ。

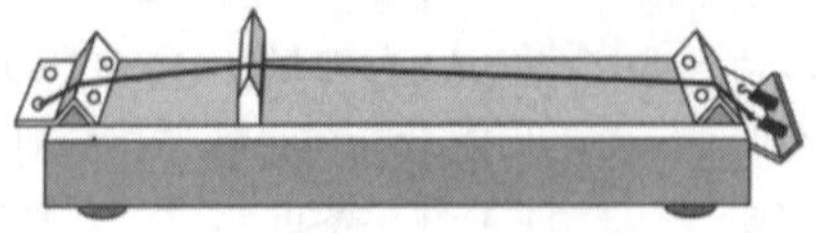

図1．モノコード

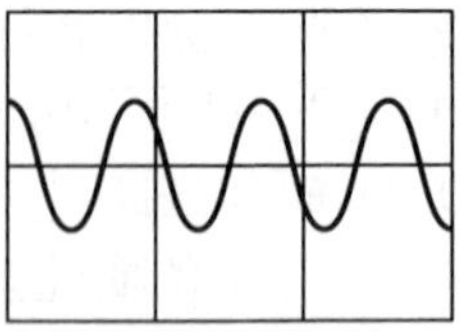

図2．オシロスコープの波形

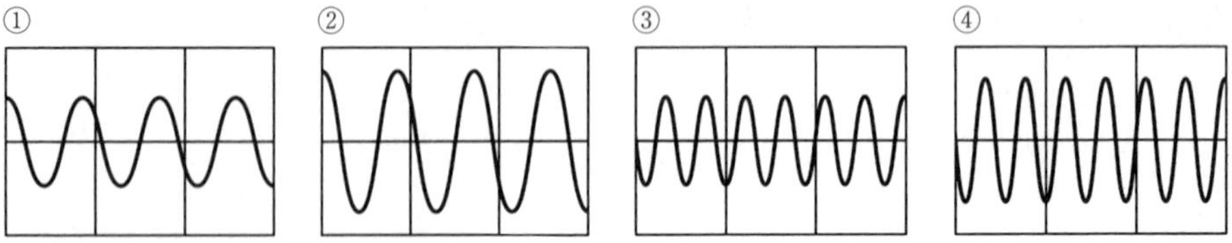

問2　図3のように導線に電流を流した。a点に置かれた方位磁針の磁針の向きとしてもっとも適切なものを①～④から1つ選べ。

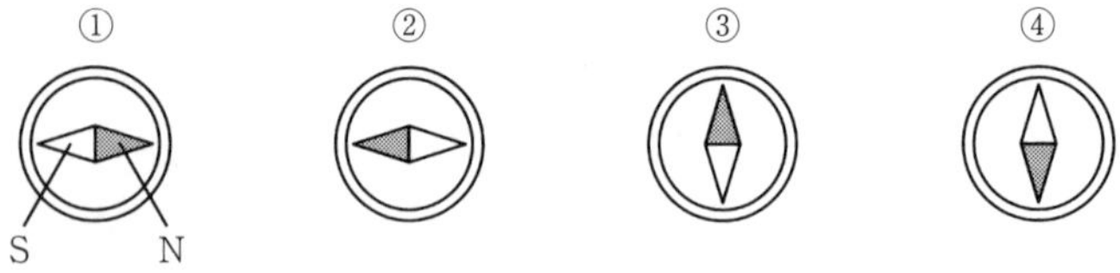

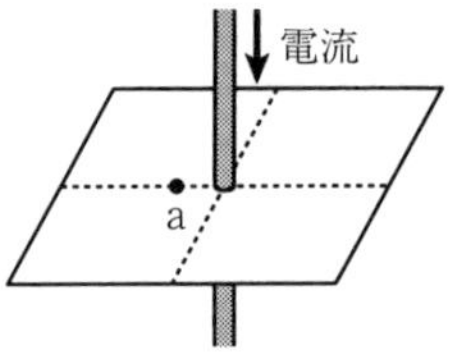

図3．導線に電流を流すようす

問3　図4のように，斜面上に質量500gの物体が静止している。重力の㋐の方向の分力の大きさ，および㋑の方向の分力の大きさの組み合わせとしてもっとも適切なものを①～④から1つ選べ。ただし，100gの物体にはたらく重力の大きさを1Nとし，図5の三角形の辺の比の関係を利用しなさい。

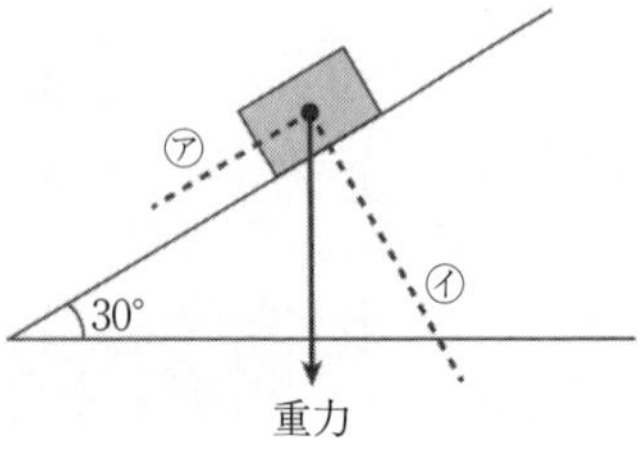

図4．斜面上の物体のようす

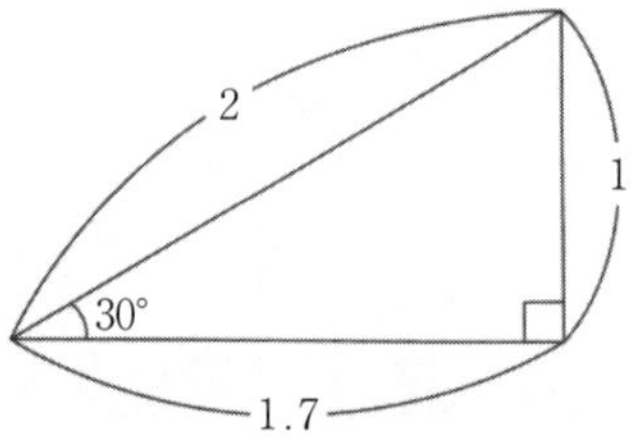

図5．1つの鋭角が30°の直角三角形の辺の比

	重力の㋐の方向の分力の大きさ	重力の㋑の方向の分力の大きさ
①	8.5N	10N
②	10N	8.5N
③	2.5N	4.3N
④	4.3N	2.5N

問4　電気回路について，次の問いに答えよ。

(1)　図6は2種類の豆電球2個を使った直列回路，図7は並列回路である。それぞれの回路において3区間の電圧の大きさをV，V_1，V_2とする。3区間の電圧の大きさの関係を式の形で表した組み合わせとしてもっとも適切なものを①～④から1つ選べ。

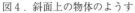

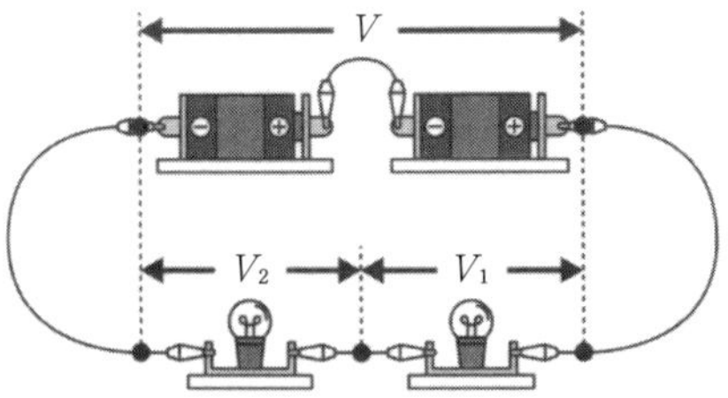

図６．豆電球２個を使った直列回路

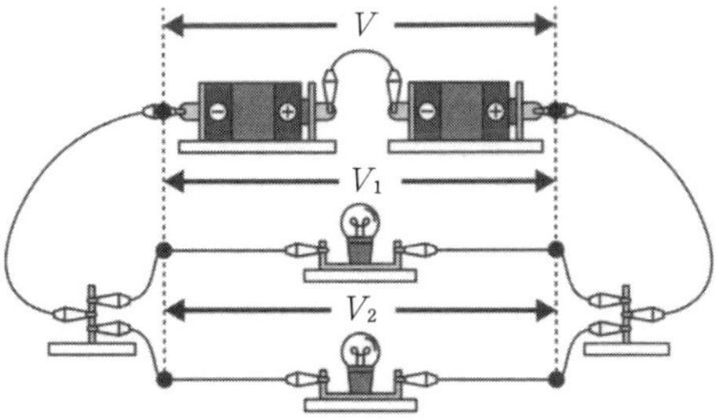

図７．豆電球２個を使った並列回路

	図６　直列回路	図７　並列回路
①	$V=V_1+V_2$	$V=V_1=V_2$
②	$V=V_1=V_2$	$V=V_1+V_2$
③	$V=V_1+V_2$	$V=V_1+V_2$
④	$V=V_1=V_2$	$V=V_1=V_2$

(2)　図８のような回路で，同じ種類の豆電球Ａ，Ｂ，Ｃを光らせた。このときの豆電球の明るさについての記述として，もっとも適切なものを①～④から１つ選べ。

①　豆電球Ａがもっとも明るい
②　豆電球Ｂがもっとも明るい
③　豆電球Ｃがもっとも明るい
④　どれも同じ明るさである

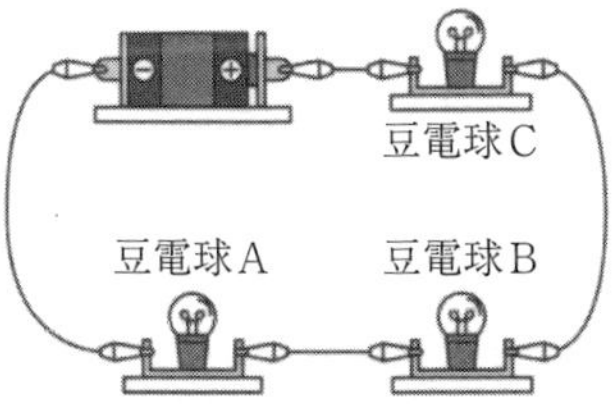

図８．豆電球３個を使った回路

問５　力と物体の運動の関係を調べる実験について，下の問いに答えよ。

<実験１>
１．図９のように，台車Ａを静止した状態からスタートさせ，斜面上をすべらせる。
２．斜面上の台車Ａの運動のようすを１秒間に50回打点する記録タイマーでテープに記録する。
３．斜面の傾きを大きくして，１，２の操作を行う。

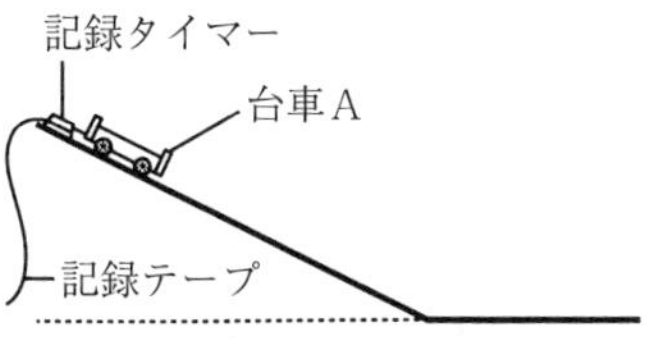

図９．<実験１>の装置

(1)　傾きが一定の斜面上を台車が下っていくとき，増加するものとしてもっとも適切なものを①～④から１つ選べ。

①　台車にはたらく斜面方向の力
②　台車がもっている位置エネルギー
③　台車がもっている運動エネルギー
④　台車がもっている力学的エネルギー

(2)　図10は，<実験１>で記録したテープを５打点(0.1秒)ごとに切り離し，順番に並べてはったものである。また，次の文は，両方の斜面の実験結果を比べて，台車の速さと台車にはたらく力について説明したものである。空欄(ａ)，(ｂ)にあてはまる言葉の組み合わせとして，もっとも適切なも

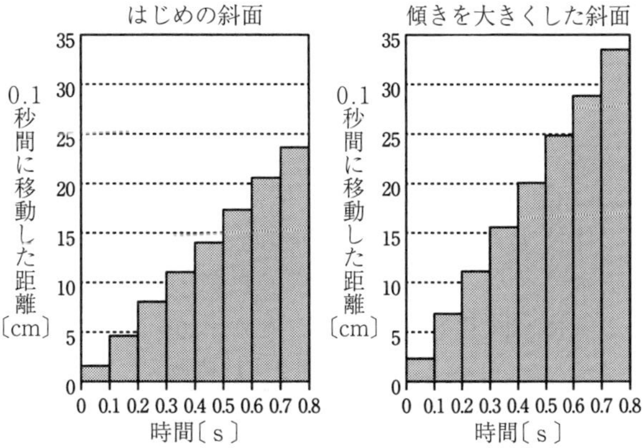

図10．<実験１>の結果

のを①～④から１つ選べ。

斜面の傾きを大きくすると，台車の速さが変化する割合は（ a ）なる。それは，（ b ）が大きくなるからである。

	空欄（a）にあてはまる言葉	空欄（b）にあてはまる言葉
①	大きく	台車にはたらく斜面方向の力
②	大きく	台車が斜面をおす力
③	小さく	台車にはたらく斜面方向の力
④	小さく	台車が斜面をおす力

＜実験２＞

１．図11のように，水平面上の途中に台車Ｂを置き，その中央に金属球をのせる。

２．台車Ａを静止した状態からスタートさせ，台車Ｂに当てる。

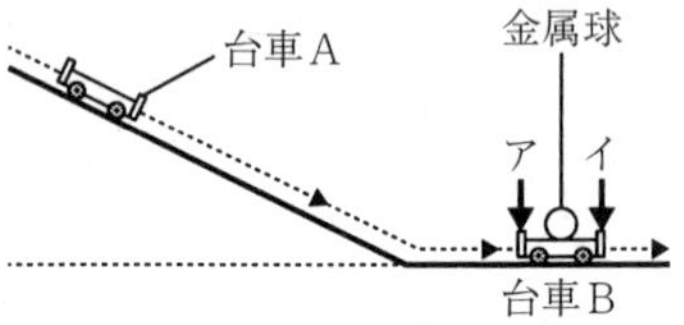

図11．＜実験２＞の装置

(3)　＜実験２＞で台車Ａが台車Ｂに当たったとき，台車Ｂは動き出し，金属球は台車Ｂの中央から移動して前後に取り付けられた板に衝突した。金属球が最初に衝突するのは図11のア，イのどちらの板か。また，金属球が台車Ｂの中央から移動したのは，物体の何という性質によるものか。問いに対する答えの組み合わせとして，もっとも適切なものを①～④から１つ選べ。

	金属球が最初に衝突する板	性質の名称
①	ア	作用・反作用
②	ア	慣性
③	イ	作用・反作用
④	イ	慣性

2　**問１**　銅2.8gを空気中で加熱したところ，質量が3.2gになった。ただし，銅と酸素は４：１の質量比で化合するものとする。

(1)　できた酸化銅の質量は何ｇか。もっとも適切なものを①～⑥から１つ選べ。

①　0.4g　②　1.6g　③　2.0g　④　2.4g　⑤　2.8g　⑥　3.2g

(2)　未反応の銅の質量は何ｇか。もっとも適切なものを①～⑥から１つ選べ。

①　0.4g　②　0.8g　③　1.0g　④　1.2g　⑤　1.4g　⑥　1.6g

問２　５つのビーカーそれぞれに，重曹やベーキングパウダーとしても利用されている炭酸水素ナトリウムＡを8.4g入れた。それぞれのビーカーに加えるうすい塩酸Ｂの体積を10cm^3，20cm^3，30cm^3，40cm^3，50cm^3と変えて混合した。混合後のビーカー内は気体が発生した。発生した気体の体積を測定した結果が下の表１である。発生する気体は無色だったが，気体のみを取り分け，石灰水に通じると石灰水が白くにごった。さらに，炭酸水素ナトリウムを直接加熱したときに発生する気体と同じものであることがわかった。

表１．問２実験結果

うすい塩酸Ｂの体積〔cm^3〕	10.0	20.0	30.0	40.0	50.0
発生した気体の体積〔cm^3〕	100	200	300	365	365

(1)　8.4gの炭酸水素ナトリウムAを溶かすためには，うすい塩酸Bは少なくとも何 cm^3 必要か。また，発生した気体の種類と性質はなにか。問いに対する答えの組み合わせとして，もっとも適切なものを①～⑧から１つ選べ。

	うすい塩酸の体積〔cm^3〕	発生した気体の種類	発生した気体の性質
①	30.0	水素	水溶液は中性
②	30.0	二酸化炭素	水溶液は酸性
③	32.5	水素	水に溶けにくい
④	32.5	二酸化炭素	水に少し溶ける
⑤	36.5	水素	空気よりも軽い
⑥	36.5	二酸化炭素	空気よりも重い
⑦	40.0	水素	炎を上げて燃焼する
⑧	40.0	二酸化炭素	不燃性

(2)　**問２**の実験で用いたうすい塩酸Bをはじめに水で希釈し，うすい塩酸Bのちょうど半分の濃度の塩酸Cを用意し，**問２**と同様に実験した。このときの塩酸Cの体積と，発生した気体の体積の関係を表したグラフとして，もっとも適切なものを①～④から１つ選べ。

①
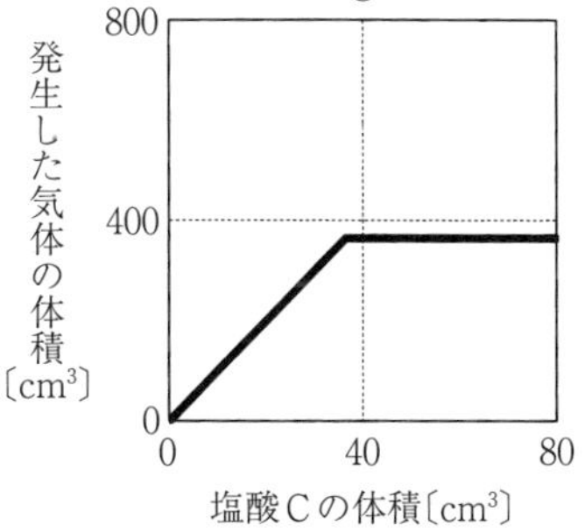

②
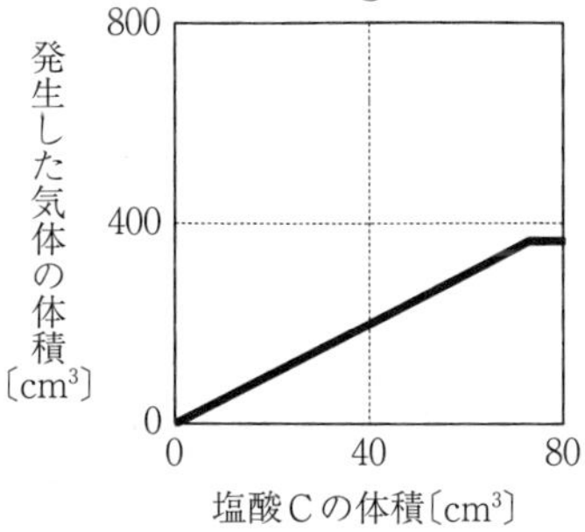

③
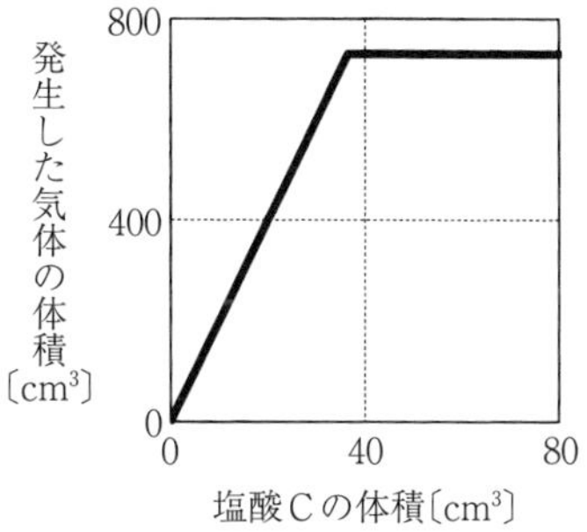

④
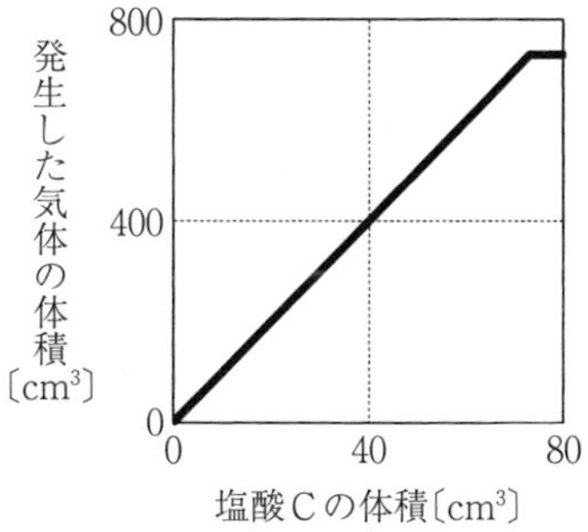

問３　国子さんは自由研究として「塩酸」を用意し，２つの実験を行った。ただし，もとの「うすい塩酸」の濃度はどれも同じである。

<実験１>　うすい塩酸に金属板A，Bを離して入れた装置を組み立てる。金属板A，Bそれぞれと電子オルゴールを導線でつなぎ，音が鳴ったことを確認した。

<実験２>　BTB溶液をひたしたろ紙の中央にうすい塩酸を２滴滴下し，そのろ紙の両端を２つのクリップでそれぞれとめ，そのクリップを導線で電源装置につないだ。電源装置に10Vの電圧を加えたところ，ろ紙の色の変化が起こり，その色が移動した。

国子さんがまとめた，これらの実験の結果の組み合わせとして，もっとも適切なものを①～⑨から１つ選べ。

	＜実験１＞		＜実験２＞	
	金属板Ａの種類	金属板Ｂの種類	変化後のろ紙の色	移動した極
①	亜鉛板	亜鉛板	黄色	陰極
②	亜鉛板	亜鉛板	黄色	陽極
③	亜鉛板	亜鉛板	青色	陰極
④	亜鉛板	銅板	黄色	陽極
⑤	亜鉛板	銅板	黄色	陰極
⑥	亜鉛板	銅板	青色	陽極
⑦	銅板	銅板	黄色	陰極
⑧	銅板	銅板	黄色	陽極
⑨	銅板	銅板	青色	陽極

問４　国男さんは，物質を水に溶かすとき，水に溶ける物質の質量と水の温度との関係を調べるため，２種類の物質Ａ・Ｂを用意し，次の実験１・２を行った。これに関して，下の問いに答えよ。ただし，表は物質Ａ・Ｂについて，100gの水に溶ける物質の限度の質量と水の温度との関係を表したものである。

＜実験１＞　物質Ａ・Ｂをそれぞれ同じ質量ずつ取り，50℃の水100gが入った２つのビーカーに別々に入れてよくかき混ぜたところ，どちらもすべて溶けた。これら２つのビーカーの水溶液を10℃まで冷やしたところ，１つのビーカーでは結晶が現れたが，もう１つのビーカーでは変化が見られなかった。

＜実験２＞　60℃の水200gが入った２つのビーカーを用意し，これらに物質Ａ・Ｂを別々に溶かして，それぞれの飽和水溶液をつくった。この２つのビーカーの水溶液を30℃まで冷やし，それぞれの水溶液から得られた結晶の質量を調べた。

表．100gの水に溶ける物質の限度の質量と水の温度との関係

水の温度〔℃〕	10	20	30	40	50	60
物質Ａ〔g〕	35.8	36.0	36.2	36.4	36.5	36.6
物質Ｂ〔g〕	8.0	11.5	16.0	23.8	35.8	56.0

(1)　＜実験１＞において，10℃まで冷やしたあとに結晶が現れた物質はどちらか。また，＜実験１＞でビーカーに入れた物質の質量はいくらか。答えの組み合わせとして，もっとも適切なものを①～⑥から１つ選べ。

	結晶が現れた物質	ビーカーに入れた物質の質量
①	物質Ａ	5.0g
②	物質Ａ	20g
③	物質Ａ	40g
④	物質Ｂ	5.0g
⑤	物質Ｂ	20g
⑥	物質Ｂ	40g

(2)　＜実験２＞において，30℃まで冷やしたときに得られた結晶を，次の図の実験器具(ア)～(ソ)から

4つ用いて，正しい操作で分離するとき，その実験器具の記号の組み合わせとして，もっとも適切なものを①～⑤から１つ選べ。

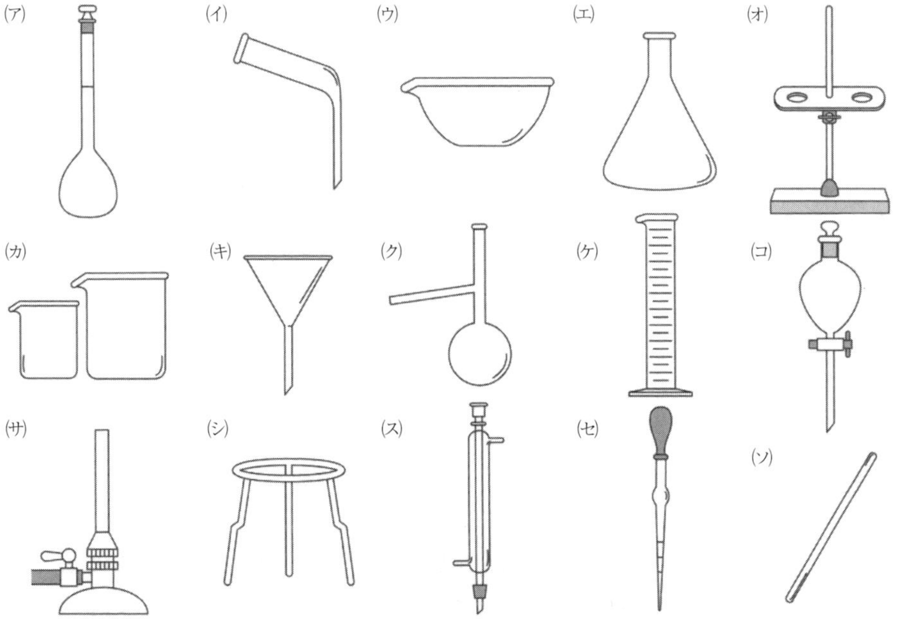

① (ア)(キ)(ケ)(セ)　② (イ)(エ)(ク)(ス)　③ (ウ)(サ)(シ)(セ)　④ (エ)(カ)(コ)(ソ)　⑤ (オ)(カ)(キ)(ソ)

(3) ＜実験２＞において，60℃の水200gに溶かした物質Ａの飽和水溶液の質量パーセント濃度と，30℃まで冷やしたときに得られた物質Ｂの結晶の質量の値として，もっとも近しいものを①～⑧から１つ選べ。

	物質Ａの飽和水溶液(60℃)の濃度	物質Ｂの結晶の質量
①	26.8%	40.0g
②	26.8%	50.0g
③	26.8%	60.0g
④	26.8%	80.0g
⑤	36.6%	40.0g
⑥	36.6%	50.0g
⑦	36.6%	60.0g
⑧	36.6%	80.0g

3　**問１**　図12はある架空の昆虫の体色の遺伝を表したものである。この昆虫には，赤い体色のものと白い体色のものがおり，この体色は対立形質である。赤い体色の純系と白い体色の純系を両親としてかけ合わせたとき，子はすべて赤い体色になった。この赤い体色の子を白い体色のものとかけ合わせて生じたすべての昆虫(A)を，それぞれ白い体色のものとさらにかけ合わせた。このとき生じるすべての昆虫(B)は，どのような体色がどのような比で現れると考えられるか。答えとして，もっとも適切なものを①～⑨から１つ選べ。

① すべて赤　② すべて白　③ 赤：白＝1：1
④ 赤：白＝1：2　⑤ 赤：白＝2：1　⑥ 赤：白＝1：3
⑦ 赤：白＝3：1　⑧ 赤：白＝1：4　⑨ 赤：白＝4：1

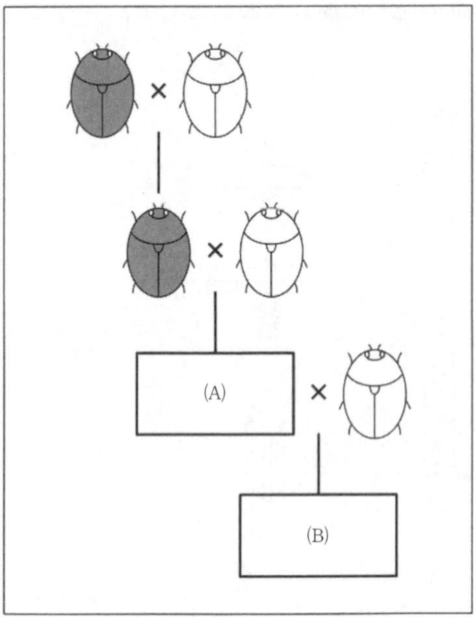

図12．ある昆虫の体色の遺伝

問2　国学院高校の生物部では，さまざまな生き物を生物実験室において飼育，観察している。ある月の生物実験室では，A～Gの生き物たちが飼育されていた。下の問いに答えよ。

【飼育されている生き物】

A　アカハライモリ　　B　ヌマエビ　　C　オオカマキリ　　D　シマドジョウ

E　ツノガエル　　F　マイマイ(カタツムリ)　　G　アカミミガメ

(1)　以下の①～⑦の特徴をもつ生き物をそれぞれ上記A～Gから選んだとき，A～Gをもっとも多く含むものは①～⑦のどれか。1つ選べ。

①　気門から空気を取り入れて呼吸する。　　②　肺だけで呼吸する。

③　恒温動物である。　　④　内臓が外とう膜で包まれる。

⑤　内骨格をもつ。　　⑥　節のある外骨格をもつ。

⑦　胎生である。

(2)　Eのツノガエルは，オタマジャクシの頃から観察してきた。オタマジャクシとツノガエル(成体)で異なる特徴はどれか。以下の①～⑦からもれなく答えよ。**※答えに適する番号を複数マークしてよい。**

①　気門から空気を取り入れて呼吸するようになる。　　②　エラ呼吸から肺呼吸になる。

③　恒温動物になる。　　④　内臓が外とう膜で包まれる。

⑤　内骨格をもつようになる。

⑥　節のある外骨格をもつようになる。

⑦　胎生になる。

(3)　1人の生物部員が，文化祭期間の2日間だけに限り，展示用に家からハムスターを連れてきた。ハムスターに該当する特徴はどれか。以下の①～⑦からもれなく答えよ。**※答えに適する番号を複数マークしてよい。**

①　気門から空気を取り入れて呼吸する。　　②　肺で呼吸する。

③　恒温動物である。　　④　内臓が外とう膜で包まれる。

⑤　内骨格をもつ。　　⑥　節のある外骨格をもつ。

⑦　胎生である。

問３　植物の体のつくりとはたらきに関する次の問いに答えよ。

(1)　以下は「植物の体を構成する細胞」に関する記述である。ア～ウの文章のうち，正しいものはどれか。①～⑧の選択肢から１つ選べ。

ア　植物細胞の細胞膜の内側には丈夫な細胞壁があり，細胞を保護し，植物の体の形を保つのに役立っている。

イ　葉緑体は植物細胞だけがもち，ミトコンドリアは動物細胞だけがもっている。

ウ　一般に液胞は，若い細胞に比べて，成長した細胞ほど大きい。

①　すべて誤り　②　ア　③　イ　④　ウ
⑤　ア・イ　⑥　イ・ウ　⑦　ア・ウ　⑧　ア・イ・ウ

(2)　以下は「光合成」に関する記述である。ア～ウの文章のうち，正しいものはどれか。①～⑧の選択肢から１つ選べ。

ア　植物は一般に，昼も夜も呼吸と光合成を行っている。

イ　植物が呼吸や光合成を行う際に，水蒸気の出口，酸素や二酸化炭素の出入り口となる気孔は，ふつう葉の裏に多い。

ウ　光合成によって葉でつくられたデンプンは，水に溶けやすい物質に変わって植物の体全体に運ばれ，成長のために使われたり，再びデンプンになって果実や種子，根や茎などに貯蔵されたりする。

①　すべて誤り　②　ア　③　イ　④　ウ
⑤　ア・イ　⑥　イ・ウ　⑦　ア・ウ　⑧　ア・イ・ウ

(3)　以下は「維管束」に関する記述である。ア～ウの文章のうち，正しいものはどれか。①～⑧の選択肢から１つ選べ。

ア　維管束に含まれる道管や師管は，茎だけでなく葉でも見られる。

イ　師管は水や水に溶けた養分などが通る管で，道管は葉でつくられた栄養分が運ばれる管である。

ウ　双子葉類の維管束は茎の中心を囲む輪のように並んでおり，単子葉類の維管束は散在している。

①　すべて誤り　②　ア　③　イ　④　ウ
⑤　ア・イ　⑥　イ・ウ　⑦　ア・ウ　⑧　ア・イ・ウ

(4)　以下は「植物の根」に関する記述である。ア～ウの文章のうち，正しいものはどれか。①～⑧の選択肢から１つ選べ。

ア　双子葉類では主根と側根が，単子葉類ではひげ根が見られる。

イ　どの根も先端近くには根毛が多く見られ，この根毛により根の表面積を大きくしている。

ウ　根の中にも維管束が見られる。

①　すべて誤り　②　ア　③　イ　④　ウ
⑤　ア・イ　⑥　イ・ウ　⑦　ア・ウ　⑧　ア・イ・ウ

4　問１　地球が丸い形をしていることは，いくつかの観察事実から知られる。地球が丸い形をしていることによって生じる現象として**誤っているもの**を次の①～④のうちから１つ選べ。

①　南や北に移動すると，同じ星の高度が変化する。

②　高いところに登るほど，遠方の景色が見える。

③　船に乗って沖合から陸地へ向かうと，最初に山の頂が，やがて麓(ふもと)が見えてくる。

④　北極星を中心にして，夜空の星は円を描くように移動している。

問２　図13において，星の見かけの動く方向はア・イのどちらか。また地球の自転の向きはウ・エのどちらか。答えの組み合わせとして，もっとも適切なものを①～④から１つ選べ。

ア　東から上る

イ　東へ沈む

ウ　時計まわり(上から見たとき)

エ　反時計まわり

	星の見かけの動く方向	地球の自転の向き
①	ア	ウ
②	ア	エ
③	イ	ウ
④	イ	エ

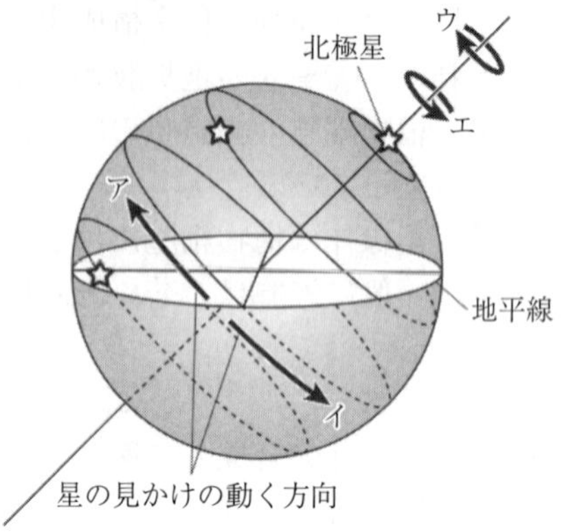

図13．天球での星の動き

問３　火成岩について述べた以下の文章のうち，正しいものを次の①～④のうちから１つ選べ。

①　マグマが地表や地表近くで急速に冷え固まったものを深成岩，地下でゆっくり冷え固まったものを火山岩という。

②　深成岩の，同じくらいの大きさの鉱物がきっちりと組み合わさってできたつくりを斑状組織という。

③　セン緑岩は火山岩の１つであり，有色鉱物のキ石やカンラン石が大量に含まれているため黒っぽい色をしている。

④　火成岩の色は，含まれている鉱物の割合によって決まっている。

問４　ある地震の震源からの距離と２つの波の到着時間を調べたところ，図14のようなグラフになった。下の問いに答えなさい。

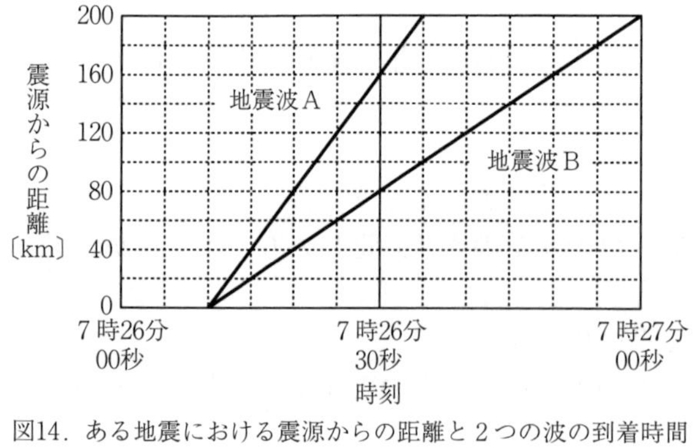

図14．ある地震における震源からの距離と２つの波の到着時間

(1)　図の地震波Ａ，Ｂについて述べたものとして，正しいものを次の①～④のうちから１つ選べ。

①　地震波Ａは初期微動を伝えるＰ波を表し，地震波Ｂの速さは地震波Ａの速さの0.5倍である。

②　地震波Ａは初期微動を伝えるＰ波を表し，地震波Ｂの速さは地震波Ａの速さの２倍である。

③　地震波Ａは初期微動を伝えるＳ波を表し，地震波Ｂの速さは地震波Ａの速さの0.5倍である。

④　地震波Ａは初期微動を伝えるＳ波を表し，地震波Ｂの速さは地震波Ａの速さの２倍である。

(2)　初期微動継続時間が20秒間だったのは，震源から何kmの地点か。もっとも適切なものを①～④から１つ選べ。

①　40km　　②　80km

③　120km　　④　160km

問５　図15は2024年１月１日の日本付近の天気図である。

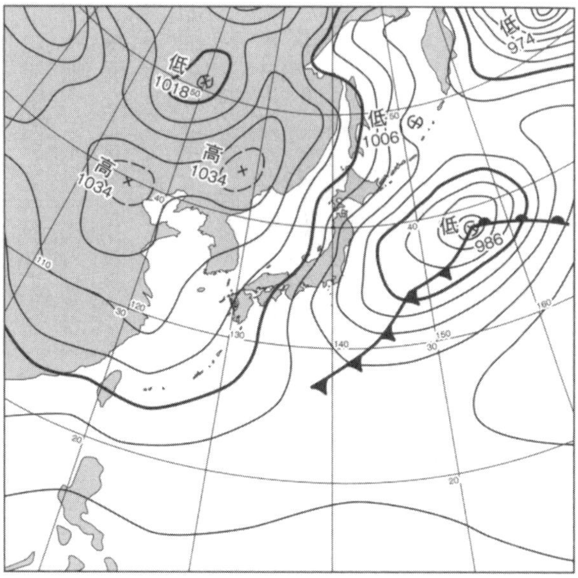

図15．2024年１月１日の天気図(気象庁ホームページより)

(1)　この天気図では，太平洋上に中心気圧が986hPa(ヘクトパスカル)の低気圧が確認できる。このような低気圧の中心付近における，空気の流れを表した模式図として適切なのは，次のうちではどれか。もっとも適切なものを①～④から１つ選べ。ただし，矢印は空気の流れの向きを表している。

①　②　③　④

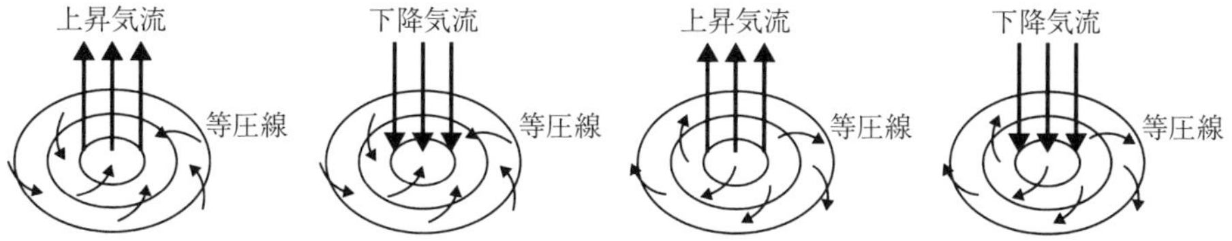

(2)　同じ日の東京のある地点における天気図記号が右のような表記であったとする(図16)。このとき，天気と風向きの組み合わせとして，もっとも適切なものを①～④から１つ選べ。

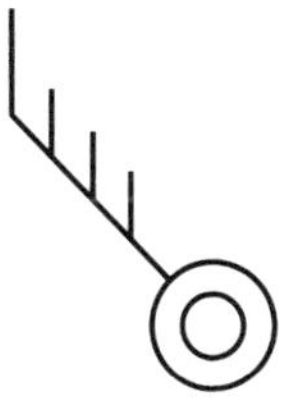

図16．東京の天気図記号

	天気	風向き
①	快晴	北西
②	快晴	南東
③	くもり	北西
④	くもり	南東

(3)　冬の日本の天気に関する記述としてもっとも適切なものを①～④から１つ選べ。

①　南からのあたたかく湿った小笠原気団と，北からの冷たく湿ったオホーツク海気団がぶつかる位置に前線が形成され，雨雲が発達しやすい。

②　冷たく乾燥したシベリア気団が発達する。

③　主に南東からの季節風がふき，多湿で晴れの日が多い。

④　偏西風の影響を受け，移動性高気圧と低気圧が交互におとずれる。

① 新機能をトウサイした時計。
② 犯罪組織をソウトウする。
③ 土地をテイトウに入れる。
④ 優秀な人材をトウヨウする。
⑤ コウトウで説明を受ける。

(6) 犯罪のケンギをかけられる。
① ケンメイな判断をする。
② 売り上げをケンチョウに伸ばす。
③ センサーが異常をケンチした。
④ 彼は彼女をケンオしている。
⑤ ケンアクな空気が漂う。

(7) ヘンレキの旅を楽しむ。
① 生物に共通のフヘン的な性質。
② ヘンケンによる差別をなくす。
③ ヘンキョウの村で生活する。
④ 組織のサイヘン計画を進める。
⑤ ガラスのハヘンを拾う。

(8) キフクの激しい山道を歩く。
① 上司の指示にフクジュウする。
② 書類のフクシャを依頼する。
③ 抵抗を諦めコウフクする。
④ 敵にホウフクを仕掛ける。
⑤ フクギョウで収入を得る。

④ 生死や会離のように功徳天と黒闇女は表裏一体のものであるから。
⑤ 不祥と災害をもたらす黒闇女は、家の主を困らせようとしたから。

問五 傍線部C「姉が詞も違はざりければ」とはどういうことか。その説明として最もふさわしいものを、次の選択肢の中から選び、番号をマークしなさい。
① 姉が黙ったまま言葉を発しなかったということ。
② 姉が功徳天であるということが間違いなかったということ。
③ 姉の弁によって妹の発言が誤りとわかったということ。
④ 姉の「吉祥・福徳のみあり」という発言が正しかったということ。
⑤ 姉の言葉が妹の話したことと全く同じ内容だったということ。

問六 傍線部E「この事」の説明として最もふさわしいものを、次の選択肢の中から選び、番号をマークしなさい。
① 前の主人の家に功徳天と黒闇女が訪れたということ。
② 功徳天を自分の家に引き入れるということ。
③ 功徳天が吉祥と福徳をもたらすということ。
④ 二人を追い出した前の主人が愚かであるということ。
⑤ 姉妹を同等に扱わなければならないということ。

問七 空欄 F ・ G に当てはまる語として最もふさわしいものを、次の選択肢の中から選び、それぞれ番号をマークしなさい。
① 主　② 姉　③ 妹　④ 凡夫　⑤ 菩薩

問八 空欄 H ・ I に当てはまる語の組み合わせとして最もふさわしいものを、次の選択肢の中から選び、番号をマークしなさい。
① H 来たる　I とどむる
② H とどむる　I 来たる
③ H 離るる　I 会ふ
④ H 会ふ　I 離るる
⑤ H 入る　I 離るる
⑥ H 離るる　I 入る

四

次の傍線部と同じ漢字を含むものを、それぞれ後の選択肢の中から一つずつ選び、番号をマークしなさい。

(1) 自由をキョウジュする。
① お寺でシャキョウする。
② 彼の考え方はヘンキョウだ。
③ 市場はカッキョウを呈している。
④ キョウラク的な生活態度。
⑤ 歯並びをキョウセイする。

(2) 生活費をカセぐ。
① 工場の機械がカドウする。
② 新しい橋をカキョウする。
③ 台風のサイカに遭う。
④ 事件のカチュウに巻き込まれる。
⑤ 彼女はカカンな決断を下した。

(3) 皇帝に財宝をミツぐ。
① 地域社会にコウケンする。
② 原稿のコウセイを依頼する。
③ 姉は心理学をセンコウしている。
④ 観光産業のシンコウを図る。
⑤ 市民の意見をコウボする。

(4) インガ関係を明らかにする。
① 地方でインキョ生活を送る。
② 古いインシュウを打破する。
③ ゴウインに意見を押し通す。
④ インシツな嫌がらせをする。
⑤ ジインでお参りする。

(5) 飛行機にトウジョウする。

三　次の文章を読んで、後の問いに答えなさい。

Aある人の家の門《かど》に、女人《にょにん》来たる（女人が来た。）。容貌美麗《ようぼうびれい》なり（美しい姿である。）。主《あるじ》、「いかなる人ぞ」と問ふに、女人答ふ、「我をば功徳天《くどくてん》と云《い》ふ。到る所には吉祥《きちじやう》・福徳のみあり」と云ふ。主、悦《よろこ》びて請《しやう》じ入る。即《すなは》ちまた女人来たる。容貌醜陋《しうろう》にして（醜い姿で、）、衣裳《いしやう》汚《けが》らはし。「いかなる人ぞ」と問ふに（と尋ねると、）、「我をば黒闇女《こくあんによ》と云ふ。到る所には不祥《ふしやう》・災害のみあり」と云ふ。主、これを聞きて、「速やかに去るべし」と云へば、女人の云はく、「汝《なんぢ》、愚痴《ぐち》なり（愚か者だ。）。先の女人は我が姉なり。時の間《ま》も離れず。B姉を愛せば我をも愛せよ。我を厭《いと》はば姉をも厭ふべし」と云ふ。主、内に入りてこの事を問ふに、C姉が詞《ことば》も違《たが》はざりければ（違わなかったので、）、二人共に追ひ出《い》だしつ。また連《つ》れて（また連れ立って、）、Dある人の家に入る。主、Eこの事を聞けども、姉を愛する故《ゆゑ》に妹をもとどむ。

この事を譬《たと》ふるに（この比喩は、）、生《しやう》と会《ゑ》とは［F］のごとし。死と離とは［G］に似たり。生死《しやうじ》の x理《ことわり》、会離《ゑり》の習ひ、必ず倶《とも》なり（必ず一緒である、）、生ずる者は必ず死し、会ふ者は必ず離る。しかれば（よって）菩薩《ぼさつ》は生の因《いん》を断ち（生という死の因になるものを断ち、）、死の苦をも放し、［H］悦びを愛せず、［I］歎《なげ》きなし。凡《ぼん》夫《ぶ》は（仏教の教えを解さない凡人は）生を愛して、死を憎み、会ふを悦びて、離るるを y憂《うれ》ふ。

（『沙石集』による）

問一　二重傍線部x「理」とあるが、本文中と同じ意味の「理」として最もふさわしいものを、次の選択肢の中から選び、番号をマークしなさい。

①　受理　②　条理　③　管理
④　理髪　⑤　整理

問二　二重傍線部y「憂ふ」の読みは、現代仮名遣いでは「うれう」となる。同様に、現代仮名遣いで傍線部の読みの表記が変わるものを、次の選択肢の中から二つ選び、番号をマークしなさい。ただし一つの解答欄に二つマークすること。

①　二三十人が中にわづかひとりふたりなり
②　そこはかとなく書きつくれば、
③　名月を取ってくれろとなく子哉
④　白河の関越えんと
⑤　山ふかみ春ともしらぬ松の戸に
⑥　うたたねに恋しき人を見てしより
⑦　夢てふ物は頼みそめてき

問三　傍線部A「ある人」・D「ある人」の説明として正しいものを、次の選択肢の中から一つ選び、番号をマークしなさい。

①　Aは、黒闇女の身を案じて速やかに家から出るように促した。
②　Aは、黒闇女の醜い姿を嫌悪し、最後まで家に入れなかった。
③　Aは、功徳天の妹の言葉を結局信じなかった。
④　Dは、女人を全て自分のものにしてしまおうとたくらんだ。
⑤　Dは、功徳天とともに黒闇女をも引き留めることにした。
⑥　Dは、黒闇女に言われるがままにふるまった。

問四　傍線部B「姉を愛せば我をも愛せよ。我を厭はば姉をも厭ふべし」とあるが、なぜこのような発言をしたのか。その理由として最もふさわしいものを、次の選択肢の中から選び、番号をマークしなさい。

①　黒闇女は片時も姉の側を離れないほど姉に執着しているから。
②　家の主が、姉のことばかり気にかけていることに嫉妬心を抱いたから。
③　功徳天と黒闇女が姉妹であることに気づけなかった家の主人を罰しようとしたから。

なさを考えると、後押しできない現状を嘆く心境。

④　ちえ子の思いを認めつつ、自分がいかに孫の将来を案じているかをわかってもらえないことがもどかしい心境。

⑤　ちえ子の一途な思いに理解を示しつつ、その思いを踏みにじる邦男に憤りを覚えずにはいられない心境。

問五　傍線部C「ちえ子の心からは、嘘のように嫉妬が消えていた」とあるが、これはなぜか。その理由として最もふさわしいものを、次の選択肢の中から選び、番号をマークしなさい。

①　今まで一人で頑張ってきたが、祖父の思いを聞いて、自分の気持ちも受け止めてもらい、邦男への執着が和らいだから。

②　ずっと心の支えとなっていた祖父との突然の再会により、邦男との辛い過去が全て吹き飛ばされたように感じたから。

③　祖父の今までの苦労を改めて知り、子どもを捨てて祖父や自分に苦労をかけた両親に怒りが湧いてきたから。

④　妻がありながら、素性の知れない女性に心を奪われてしまった邦男のことを、軽蔑する気持ちが生まれたから。

⑤　自分の心の支えであった祖父が自分の味方でないことがわかり、もう誰のことも信じられなくなったから。

問六　傍線部D「ちえ子は目をきつく閉じて、熱い茶をすすった」とあるが、この時のちえ子の心境として最もふさわしいものを、次の選択肢の中から選び、番号をマークしなさい。

①　祖父が邦男の親族に邦男の曖昧な姿勢について厳しく指摘していたことを知り、最後まで戦ってくれた祖父に対する敬意を欠いた言動をしてしまった自分に対して激しい自責の念を感じている。

②　祖父が邦男の親族に対し、はいつくばりながら邦男との関係を繋ぎとめようとしてくれていたことを知り、祖父に対して申し訳なく思うと共に、最後まで自分の味方でいてくれた祖父への感謝の念を感じている。

③　祖父が邦男の親族に対し、邦男と離婚しないように夜通し頼み込んでくれていたことを聞き、兄嫁も自分の味方をしてくれていることに気づき、自分は一人ではなく味方がいることを感じている。

④　祖父が邦男の親族とやりとりする中で、ちえ子をのけ者にするような雰囲気を感じ取ったことで、諦めるよう促したのだと知り、誰よりも味方でいてくれた祖父を傷つけてしまったことに謝罪したいと感じている。

⑤　祖父が邦男の親族に対し、離婚しないよう説得し続けてくれたことを知り、どんな時も自分の味方でいてくれた祖父の愛情を感じ、祖父を改めて尊敬すると共に再会できることを楽しみに感じている。

問七　波線部ア〜オから読み取れるものとして最もふさわしいものを、次の選択肢の中から選び、番号をマークしなさい。

①　波線部アでは、夫である邦男から酷い仕打ちを受けているにも関わらず、まだ愛しているというちえ子の頑固な性格に愛想を尽かして呆れている。

②　波線部イでは、祖父の言葉を通して今までの苦労を実感すると同時に、後戻りのできない失敗をしたような気持ちになり、祖父にやり場のない思いをぶつけている。

③　波線部ウでは、邦男の親族との話し合いを思い出し、ちえ子を苦しめた邦男を軽蔑すると共に、邦男のように古い考え方に縛られている頑固な田舎の男たちを馬鹿にしている。

④　波線部エでは、邦男の親族から酷い対応をされていたのにも関わらず、今も邦男をかばって自分を「悪い女」と言うちえ子を気の毒に思っている。

⑤　波線部オでは、自分を親族と認めてくれなかった夫の実家で、唯一家族として受け入れてくれた邦男の祖父の幸せそうな遺影を見て、今までの努力が報われたと思っている。

ら——もういちどおじいちゃんに会えるかも知れない。

前浜《さきはま》の精霊流しは、昔から続く盆の風物だった。海の涯にあるという補陀落浄土《ふだらくじょうど》をめざして、河口から押し出された無数のぼんぼりの波につらなるさまは、まるで夢のように美しいと、いつだったか夫が言っていた。

出がけに、ひとりひとりの親族に向かって、ちえ子はきちんとb暇乞《いとまご》いをした。目を合わせてくれたのは祭壇に飾られた夫の祖父の写真だけだった。おじいちゃんとはまったく対照的な、艶福《えんぷく》な笑顔を見ているうちに、オちえ子は合わせた掌で顔を被って泣いた。みじめな思いをするのはもうこれきりだと考えると、あたりの視線もはばからずに声を出して泣いた。

誰かに言われたものか、兄嫁がひとりだけ精霊流しのぼんぼりを持って、ちえ子について来た。

前浜の掛茶屋で、ちえ子と兄嫁は生ぬるいビールを飲んだ。沖合の筏《いかだ》から花火が打ち上がって、遮るもののない渚《なぎさ》の夜空を染めた。

（浅田次郎『うらぼんえ』〈『鉄道員《ぽっぽや》』所収〉による）

〔注〕(1) ここのじじい…邦男の祖父のこと。

問一 太線部a「甲斐性がなかった」・b「暇乞い」の本文中での意味として最もふさわしいものを、後の選択肢の中から選び、番号をマークしなさい。

a 「甲斐性がなかった」

① 我慢する気力がなかった
② 頼りにならなかった
③ 奉仕する心がなかった
④ 子を大事に育てられなかった
⑤ 感情を抑えきれなかった

b 「暇乞い」

① 感謝を伝えること
② 厳しく指摘すること
③ 別れを告げること
④ 引継ぎをすること
⑤ 退屈に過ごすこと

問二 空欄 X に補う語句として最もふさわしいものを、次の選択肢の中から選び、番号をマークしなさい。

① 腫《は》れ物にさわる　② 憑《つ》き物が落ちた
③ 手の平を返す　④ 後ろ髪を引かれる
⑤ 尻に火が付いた

問三 傍線部A「意外な結論に、ちえ子はぎょっと顔を上げた」とあるが、この時のちえ子の心境として最もふさわしいものを、次の選択肢の中から選び、番号をマークしなさい。

① 負けたことのない祖父が夫と親族との話し合いで言い負かされ、やすやすと引き下がる様子に失望している。
② 強情な祖父なら夫とよりを戻すことに反対すると思っていたが、すんなりと認めてくれて拍子抜けしている。
③ 祖父ならこの状況を改善してくれると頼りにしていたが、あっさりと自ら身を引くよう伝えられて動揺している。
④ 自分の窮地を救ってきた祖父なら夫を説得できると信じていたが、若い看護師に譲るように言われて落胆している。
⑤ 祖父が話し合いに負けたことを認めようとせず、「こちらから願い下げ」だと負け惜しみをする態度に憤慨している。

問四 傍線部B「祖父はちえ子をじっと見つめたまま、強情そうな大口をぶるぶると慄わせた」とあるが、この時の祖父の心境はどのようなものか。その心境として最もふさわしいものを、次の選択肢の中から選び、番号をマークしなさい。

① ちえ子の悲痛な気持ちを受け止めず、それを理解しようとしない邦男の親族に対する悲しみが込み上げている心境。
② ちえ子の気持ちを理解する一方で、二人を繋ぎ止められない無力を感じつつ、別れを促さなくてはならない辛い心境。
③ ちえ子が邦男に執着していることを知ったが、邦男のだらし

まる一日を、ちえ子はぼんやりと蔵の二階で過ごした。

考えねばならないことはいくらでもあった。慰謝料などあてにしなくとも、当面やって行けるだけのへそくりはある。荷物をまとめてとっとと出て行こうか。それともマンションだけは貰っておこうか。

薬剤師の資格は働き口に不自由はないが、離婚をしたからといって長く勤めた薬局をやめる必要はないだろう。

昨日までの絶望が、そっくり希望にすりかわっていた。まだ三十歳なのだと思った。

うらぼんえの客は、昨夜ほどではないが今日もぽつぽつと続いている。午後になると、まるで［　X　］ように、兄嫁が仕出しの弁当を持ってきた。

「ちえ子さん、あんた送り火はええでね。仕事があるんなら、もう帰ってもええよって、おとうさんが」

兄嫁は梯子《はしご》段の上り口にちょこんと座って、弁当と茶道具を置いた。

「あたしも、ここでお昼よばれてええかいね」

「ええ、どうぞ。ご一緒しましょうよ」

いかにも食欲の進まぬふうに弁当をつまみながら、兄嫁はしみじみと呟《つぶや》いた。

「ちえ子さん、あんたええ人だねえ」

「そうですか？　でも、赤ちゃんも産めなかったし、主人のこともあんまりかまってやれなかったし、やっぱり悪い女ですよ」

箸《はし》を置くと、兄嫁はハンカチで瞼《まぶた》を押さえた。

「ここの男衆はみんな頑固《いっこく》だもんで、よう頭も下げんけど、内心はあんたに詫《わ》びてるでね。こらえてやって」

「きのう、ずいぶん揉めたんですか？　うちのおじいちゃんも、とても頑固者だから」

「頑固者？――ちえ子さんのじさまが、かね」

茶を淹《い》れながら、エ兄嫁は泣き腫らした目を気怠《けだる》そうに蔵の天井に向けた。

「ええじさまだいねえ。あたし、見てて気の毒で、気の毒で」

「すごい剣幕だったんでしょう」

「いえいえ。うちの男衆の前にはいつくばってね、ちえ子に至らんところがあったらちゃんと言って聞かすで、何とか離縁はせんでくれろ、邦ちゃに一生添わせてやってくれろって、ぽろぽろ涙こぼしんさってねえ」

「おじいちゃん、が……」

「もっとも、非は誰がみたって邦ちゃにあるんだから、うちの衆は何も言えんわいね。だから余計にいっこくになっちゃって、黙りこくるばっかり。私はもう、申しわけなくってさあ。おじいちゃん、朝までそうしてらしたんよ。しまいには声上げて泣きんさって、お願いします、お願いします、わしはもう二度と再び、みなさんの前には姿を現しませんからって。一生に一度きりのお願いでございますって。あたしゃもう、うちの衆のだらしないのと冷たいのには、ほとほと愛想が尽きたわ」

Dちえ子は目をきつく閉じて、熱い茶をすすった。

「おじいちゃん、お酒飲んでました？」

「いいや、酒も飲めん体だからって。おじいさん、具合悪いんかいねえ。顔色もあんまり良くはなかったけが――ねえ、ちえ子さん。あんたほんにこれでええんかい。あんまり埋不尽じゃないかと思うんだけんど」

「いいんです。私、ずっとひとりでやってきたし、好きな人と六年も一緒に暮らせたんだから、それでいいんです」

兄嫁はしばらく黙って泣きくれてから、思いついたように言った。

「今晩、浜でおしょうろさん流すっけが、それ見てったら。花火も上げるし」

「おしょうろさん、って？」

「精霊流《しょうろうなが》しだいね。東京にはないんかいねえ」

帰りがてらに、それを見て行こうとちえ子は思った。もしかしたこった、そのさきどうこう言ったって始まるめえ。すっぱりと別れてやれ」

A意外な結論に、ちえ子はぎょっと顔を上げた。祖父は悲しい目をしていた。

「ひどいよ、そんなの。おじいちゃん、何しにきたのよ。私、何も悪いことなんかしてないもの。こっちから身を引くなんて、納得できないよ」

「身を引くんじゃあねえ。あんなもん、こっちから願い下げだ。銭もビタ一文いらねえって言ってやった。ああ、さっぱりした」

「私、さっぱりなんかしてない。そんなの、ひどすぎるよ」

母屋に取って返そうとするちえ子の腕を、祖父はしっかりと摑《つか》んだ。喪服の二の腕に触れた亡霊の手は温かかった。

B祖父はちえ子をじっと見つめたまま、強情そうな大口をぶるぶると慄《ふる》わせた。おじいちゃんが泣いている。

「どうしてよ。どうして、おじいちゃんが泣くのよ」

「おめえ、そんなことをおじいに言わせるってか。うらぼんえの幽霊に言わせるってか」

「だって、わかんないもの。おじいちゃんはいっぺんもまちがったこと言わなかったし、誰にも負けなかったし。だから私も、ずっと頑張って来られたんだよ」

「そうだ。おめえはよく頑張ったなあ」

祖父に死なれてからの日々が、魔物のようにちえ子の背にのしかかった。苦労をしたのだと、ちえ子は初めて思った。

「本当はお医者さんになりたかったんだけど……だから私……」

取り返しのつかない思いちがいから夫を愛してしまったような気がして、イちえ子は祖父の胸にすがりついた。

「すまねえなあ。じいちゃん酒ばっかくらって、a甲斐性《かいしょう》がなかったから」

「ねえ、教えてよおじいちゃん。どうして私が別れなきゃいけないの」

祖父は言いためらった。痩せた咽《のど》が、ちえ子の耳元で凩《こがらし》のように鳴った。

「親のいねえ不憫《ふびん》な子供を、作っちゃならねえ。そんなことア、じいちゃんが一番よく知ってる」

返す言葉が見つからずに、ちえ子は祖父の胸の中で泣いた。

「わかってくれろ、ちいこ。じいちゃん死んじまうときよ、そればっか考えてた。じいちゃんの一本気で、おめえひとりを不幸にしちまった」

「ううん、おじいちゃんは悪くなんかない。悪いのはおとうさんとおかあさんだよ」

祖父はちえ子の肩を起こすと、昔仕事の帰りに必ずそうしてくれたように、大きな掌《てのひら》で頭を撫《な》でてくれた。それから、深い霧に被われた茶畑の畔《くろ》を振り返った。

「いけねえ。帰りが遅いもんで出てきやがった」

霧の彼方《かなた》にぼんやりと人影が佇《たたず》んでいた。

「誰なの?」

「(1)ここのじじい。妙に律義な野郎でよ、てめえにも責任があろうがって言ったら、かわってくれた。考えてみりゃあの野郎の新盆だった。すまねえことしたな」

「よろしく言っといてね。私、とても可愛がってもらったの」

祖父はにっこりと笑って踵《きびす》を返した。ウ長屋門をくぐるとき、造作を見上げながらフンと鼻で嗤《わら》った。

「ひでえ普請だなあ。田舎大工のやりそうなこった」

やがて祖父の姿は霧に呑《の》まれた。茶畑の上をぼんやりと流れて行く二つの光の玉に向かって、ちえ子は手を振った。

その日、夫は一言も口をきかずに東京へ帰ってしまった。

たぶん祖父の写真と位牌の置いてあるマンションには戻ろうとしないだろう。だが、もうそんなことはどうでもよかった。Cちえ子の心からは、嘘のように嫉妬が消えていた。

エ　確かに、やろうと思えばできないことはないんです。

① エ→ア→イ→ウ　② イ→ウ→ア→エ
③ ア→ウ→エ→イ　④ ウ→エ→ア→イ

問六　傍線部C「愛情にも『命がある』ということを知る必要があります」について、筆者の考えとして本文に述べられていないものを、次の選択肢の中から二つ選び、番号をマークしなさい。ただし一つの解答欄に二つマークすること。

① 愛情を育てようとして相手に厳しい試練を与え続けていると、かえって愛情は失われてしまうことになる。
② 本来の愛情とは、自分が大切に育てることによって試練にも耐え得るほどの強さを持つようになるものだ。
③ 試練を相手に与え続けた結果失われてしまうならば、その愛は本物ではないと考えるのは間違っている。
④ 愛情をより強くするためには、ていねいに慈しんで育てるとともに、適度な試練を与えることが大切だ。
⑤ 愛情は大切に育てていても必ず終わりを迎えるものだということを、前もって覚悟する必要がある。

問七　本文の内容に合致するものを、次の選択肢の中から一つ選び、番号をマークしなさい。

① 自らの限界を見極めつつ適度な目標を設定して努力し続けるのが「望ましい人間」として、従来から推奨されてきた。
② 向上心を持つことはよいことであり、自分の持つ可能性が有限だと自覚しつつ一ランク上の人生を目指すべきである。
③ 不充足感を抱きながら目標を達成し続ける人生には無理が生じてしまうから、そのような人生を志向すべきではない。
④ 向上心とは、ずっと満たされない欲望を抱き続けることでもあるのだから、人生において向上心を持ってはならない。
⑤ 自らの可能性を信じるのはよいことであり、何としても叶えたい目標を達成するための努力ならば惜しむ必要はない。

二　次の文章は、浅田次郎《あさだじろう》の小説『うらぼんえ』の一節である。ちえ子は医者である夫の邦男の浮気を知り、浮気相手から子供を授かっていることを告げられる。そのような状況の中、ちえ子はお盆に邦男の実家に向かったが、そこで邦男の浮気を擁護するような親族の発言に気落ちする。そんな時に、亡くなったはずのちえ子の祖父が姿を現し、邦男の親族と話をつけることになった。本文はそれに続く場面である。これを読んで、後の問いに答えなさい。

その夜、東の空がうっすらと白みかかるまで続けられた話し合いの内容を、ちえ子は知らない。

女が泣けば話が進まねえからと、祖父はちえ子を同席させなかった。ちえ子は夜通し庭の縁台に腰を下ろして、仔犬《こいぬ》と遊んだ。雨戸を閉《た》てた座敷からは、男たちの深刻な話し声が洩《も》れていた。

ようやく話し合いをおえて、祖父が玄関から出てきたのは、茶畑に真白な霧のかかる朝だった。祖父は疲れ切っていた。

「ちいこ、じいちゃん話つけたからな。もうおめえが、四の五の言うんじゃあねえぞ」

よほど揉《も》めたのだろうか、誰も送りに出てはこなかった。

祖父は火の消えた迎え火の道を、背広の前をはだけ、ネクタイをくつろげてぶらぶらと歩いた。

「亭主もまんざら悪い男じゃねえんだがなあ。まあ、いかんせん成り行きってえか、魔が差したってえのか――ところでおめえ、まだ野郎に惚れてんのかい」

ちえ子は立ち止まって少し考えた。おじいちゃんに嘘は言えない。まだ愛していますと言葉にする前に、ア祖父は俯《うつむ》いて溜息《ためいき》をついた。

「そうかい。かわいそうになあ。だがよ、ちいこ。邦男の野郎はもうおめえに未練はねえんだと。あの、何て言ったっけか――」

「小野香織さん……」

「そう、その若え看護婦にぞっこんだ。ま、こんな田舎大尽のやるん。「育てる」ものです。

きちんと水をやって日に当てて肥料を与えて、じっくり育てるものです。

若芽のうちに、風雨にさらして、踏みつけて、それでもなお生き延びるかどうか実験するというようなことをしても、何の意味もありません。ほとんどの愛情は、そんなことをすれば、すぐに枯死してしまうでしょう。

愛情を最大化するためには、C愛情にも「命がある」ということを知る必要があります。ていねいに慈しんで、育てることによってはじめて「風雪に耐える」ほどの勁《つよ》さを持つようにもなるのです。

ぼくたちの可能性を殺すものがいるとすれば、それはほかの誰でもありません。その可能性にあまりに多くの期待を寄せるぼくたち自身なのです。

（内田《うちだ》　樹《たつる》『疲れすぎて眠れぬ夜のために』による）

問一　傍線部Ａ「いつでもすぐ次の場所へ行ける状態」とは、筆者にとってどのような状態か。その説明として最もふさわしいものを、次の選択肢の中から選び、番号をマークしなさい。

① 物欲を捨てて、切りがない不充足感から逃れることで、家具を最低限しか持たないような悟りきった状態。

② 簡単に住まいを変えられる生活をすることで新鮮さを取り戻しやすく、飽きが少ない毎日を送っていける状態。

③ 欲望の充足ラインを低めに設定することで際限ない物欲から離れ、小さくても確実な幸福を感じられる状態。

④ 多くの街を渡り歩く経験をすることで人間関係がリセットされ、いつでも新しい自分へと生まれ変われる状態。

⑤ 飽きたら移動するという暮らし方をすることで好奇心が湧き、活動的な性格を満足させることができる状態。

問二　空欄 a ・ b に補うのに最もふさわしい語を、下の選択肢の中からそれぞれ選び、番号をマークしなさい。

a　① 自画自賛　② 五里霧中　③ 疾風迅雷　④ 刻苦勉励　⑤ 換骨奪胎

b　① 荒療治　② 青写真　③ 匙《さじ》加減　④ 居丈高　⑤ 絵空事

問三　傍線部Ｂ「『向上心、持たなくていいよ』」とあるが、筆者がこのように言うのはなぜか。理由として最もふさわしいものを、次の選択肢の中から選び、番号をマークしなさい。

① 不充足感に苦しみ心身を壊すよりも、自分の限界を知っている方が可能性を伸ばしていけるから。

② 満たされない欲望に灼かれるよりも、夢を諦めた方が自分の人生にストレスを感じなくてすむから。

③ 一ランク下の自分を認めてしまった方が、かえって自分の潜在的な可能性が無限に広がるから。

④ 欲望の充足ラインを高めに設定するよりも、人生を気楽に楽しむ方が幸せになれるから。

⑤ 可能性を信じて意気込むよりも、ハードな生活設計を見直した方が自分の限界を超えられるから。

問四　空欄 X に補うのに最もふさわしいものを、次の選択肢の中から選び、番号をマークしなさい。

① 一ランク上の自分　② すぐに幸せになれる自分　③ 可能性を殺す自分　④ 今、ここにいる自分　⑤ 向上心にあふれる自分

問五　空欄 Y には次のア～エを並べ替えた文章が入る。並べ方として最もふさわしいものを、後の選択肢の中から一つ選び、番号をマークしなさい。

ア　でもそれを「一気に」達成するのは無理です。

イ　受験勉強のように「ゴール」が見えているプロセスの場合は、短期的に心身の限界を超えるような負荷を自分にかけることはできます。

ウ　でも、それを数年とか十数年にわたって続けることはできません。

可能性は無限であると信じている人がいます。たくさんいます。でも、これは勘違いですよ。

学生を見ていると、勉強して、バイトやって、クラブやって、セカンドスクールで資格を取って、エステに通って、駅前留学して、海外旅行して……とものすごくタイトでハードな生活設計をしている人がたまにいます。

一日二四時間しかないんだから、それは無理でしょ。それでは、身体が持ちません。

精神的にも体力的にも、使える資源には限界というものがあります。目標を適度に設定し、資源を分配する先に優先順位をつけないと、人間は壊れます。人間て、わりと簡単に壊れます。

若い人が分かっていないのは（あるいは分かろうとしないのは）この「人間はわりと簡単に壊れる」という事実です。

「壊れる」にはいろいろな形態があります。

典型的なのは、「自分とは違う人間、ここことは違う場所、今とは違う時間」の方に「 X 」よりも強いリアリティを感じてしまうことです。

私にはあれもできるはずだ、これもできるはずだ、といろいろな課題を抱え込んでしまう。

Y

そんなことをしたら、人間、誰だって壊れます。

人間というのは、強いけれど、弱い。がんばれるけれど、がんばればその分だけ疲れる。無理して先払いしたエネルギーは、必ず後で帳尻《ちょうじり》を合わせるために回収される。この当たり前のことを分かっていない人が多すぎると思います。

疲れたら、正直に「ああ、へばった」と言って、手を抜くということは、生きるためにはとてもたいせつなのです。疲れるのは健全であることの徴《しるし》です。病気になるのは生きている証拠です。飽きるのは活動的であることのあかしです。

でも、「一ランク上の自分」に取り憑《つ》かれた人は、身体や精神が悲鳴をあげるまで痛んでも、なかなか休みません。疲れて立ち止まると、そういう弱い自分を責めます。

それは自分の身体に対しても、精神力に対しても、酷ですよ。

向上心は確かにある方がいい。でも、あり過ぎてはいけない。

人は夢と現実を同時に生きなければなりません。この b がとても難しいのです。

なのに、若い人たちは答えを単純化したがります。

「私には無限の可能性があるのかないのか、どっちなんです？」と訊《き》いてきます。

そういうとき、ぼくはこう答えることにしています。

「君の可能性は無限だし、同時に、有限である」

自分の可能性を最大化するためには、自分の可能性には限界があるということを知っておく必要があります。自分の可能性を伸ばすためには、自分の可能性を「たいせつにする」ことが必要です。

自分の「可能性」というのは、喩《たと》えて言えば、ぼくたちを乗せた「馬車」を牽《ひ》いている「馬」のようなものです。

ときどき休ませてあげて、水を飲ませて、飼い葉をたっぷりあげて、うんと可愛がってやれば、「馬」は遠くまで歩いてくれます。でも、とにかく急がせて、少しも休ませずに鞭《むち》で殴り続けていれば、遠からず過労で死んでしまうでしょう。

自分の潜在的可能性の「限界を超える」ためには、自分の可能性には「限界がある」ということを知らなくてはいけません。

それは愛情と同じです。

愛情をずいぶん乱暴にこき使う人がいます。相手が自分のことをどれほど愛しているのか知ろうとして、愛情を「試す」人がいます。無理難題をふきかけたり、傷つけたり、裏切ったり……さまざまな「試練」を愛情に与えて、それを生き延びたら、それが「ほんとうの愛情」だ、というようなことを考える。

でも、これは間違ってますよ。愛情は「試す」ものではありませ

二〇二四年度　国学院高等学校（一般第三回）

【国　語】〈五〇分〉〈満点：一〇〇点〉

一　次の文章を読んで、後の問いに答えなさい。

よく引っ越しをします。

今まで一九回しました。リセットするのが好きなのです。トランク一つに全財産を詰め込んで、ふらっと街を出て、次の街に行く、というような暮らし方が理想です。

引っ越しをよくするのは、Aいつでもすぐ次の場所へ行ける状態に自分を置いておきたいからです。だって、引っ越しするたびにものが減りますからね。

引っ越すときに荷造りがたいへんだから、あまりものを持たない。家具は最低限のものしかないし、洋服は二シーズン袖《そで》を通さないものは棄てる。本も読み返す予定のないものは棄てる。本と服とパソコンとCDとDVDだけしかないから、家の中はがらんとしています。

所有しないのが好きなんです。

こういうことを言うと、悟り澄ました人間みたいですが、でも、物欲を満たそうと思っていると、もう切りがないでしょう。ひたすら不充足感が募ってゆくばかりで。これ、つらいです。

欲望の充足ラインを低めに設定しておけば、すぐに「ああ、なんという幸せ」という気分になれるでしょう。「小さくはあるが確固とした幸せ」(@村上春樹)を一つ一つ積み重ねてゆくこと、それが結局「幸せ」になるための最良の道だと思います。

氷雨《ひさめ》の降っている冬の朝なんかに、暖かいふとんにくるまって朝寝をしていて「あ、今日は学校ないから、ずっと寝ていていいんだ」と思うと、もうそれだけで王侯貴族のような幸せを感じることができます。安上がりですよね。

簡単に「幸せ」になれる人間というのは、なんだか薄っぺらで、バカにされそうですけれど、ぼくは「すぐに幸せになれる」というのは一種の能力だと思います。生存戦略上、この能力は明らかに有利です。

これまでは、その逆の「いくら欲しいものを手に入れても、欲望が満たされずにつねに飢えている人間」がぼくたちの生きるモデルでした。

「向上心を持つ」というのは、ある意味では「満たされない欲望に灼《や》かれる」ということですから。

「こんな生温《なまぬる》い生き方にどっぷり浸かっていてはオレはダメになる。こうしちゃいられない」と苛立《いらだ》って、「もう一ランク上の自分」を志向する人間、そういう［ a ］型の人間を家庭も学校もメディアも「望ましい人間」として推奨していました。明治維新以来ずっとそうでした。

確かに、そういう「不充足感」をバネにして生きるということも堂々たる生き方だとは思います。けれども、ぼくはもう、そういうのはやめた方がいいんじゃないかと思うんですよ。

B「向上心、持たなくていいよ」なんて言うと教育者にあるまじき暴言に聞こえるかも知れないけれど、まあいろいろ理由があるわけで。

ぼくが学生たちに向かってよく言うことは、「君たちにはほとんど無限の可能性がある。でも、可能性はそれほど無限ではない」ということです。

自分の可能性を信じるのはとてもよいことです。でも、可能性を信じすぎて、できないことをやろうとするのはよいことではありません。だって、ずっと不充足感に悩み、達成できないというストレスに苦しみ続けることになりますから。

どこかで自分の持ってる知性的な、あるいは身体的な資源の限界を知って、それを優先順位の高いものから順番にうまく配分するということも覚えなくてはいけません。

2024年度／国学院高等学校（一般第３回）

英語解答

1　問１　⑤

問２　1…⑤　2…④　3…③　4…⑤　5…②　6…⑤　7…①

問３　ア…③　イ…②　ウ…①

問４　a…②　b…④　c…①　d…③

問５　(A)　３番目…⑤　５番目…②

(B)　３番目…①　５番目…②

(C)　３番目…④　５番目…⑥

問６　③　問７　④　問８　②，⑦

2　問１　1…①　2…②　3…④　4…③

問２　A…②　B…①　C…④　D…③

3　(1)　①　(2)　①　(3)　②　(4)　①

(5)　②　(6)　④

4　(1)　ア…⑤　イ…④

(2)　ウ…⑥　エ…③

(3)　オ…①　カ…⑤

(4)　キ…①　ク…⑤

(5)　ケ…②　コ…⑦

(6)　サ…⑥　シ…④

1〔長文読解総合―物語〕

≪全訳≫❶２番街にほど近い，アンディ・ドノバンが住んでいた下宿屋でのある夜の夕食で，女主人は彼を新しい下宿人であるコンウェイさんに紹介した。❷「はじめまして，ドノバンさん」とコンウェイさんは静かに言って，それから彼女は食事へと戻った。❸彼女はつまらない茶色のドレスを着た，興味をひかない若い女性だった。アンディは彼女にほほ笑んだが，すぐに彼女を忘れた。❹２週間後，アンディが正面玄関の外でタバコを吸っていると，誰かが出てくるのが聞こえた。彼はそれが誰かを確認するために振り返ると，驚いた。❺そこにいたのはコンウェイさんで，頭から足まで黒づくめだった。明るい金髪，灰色の目，そして悲しそうな顔をした彼女は，魅力的に見えた。喪服はどんな女性も美しく見せることができ，間違いなくどんな男性をも二度見させる。❻アンディはすぐにコンウェイさんを忘れないようにしようとした。彼は半分まで吸ったタバコを地面に落として「いい夜ですね，コンウェイさん」と言った。❼「アそれを楽しむ心を持った人にとってはそうですね，ドノバンさん」と彼女はうつむきながら，悲しげに答えた。❽「ご家族に不幸があったのではなければいいのですが」と彼は言った。❾「家族にというわけではないんです」と彼女は答えた。「でも私の問題であなたにご心配はおかけしません」❿「私に心配をかけるですって？　でも，私は本当にそれらについて全て知りたいと思っています，コンウェイさん。私が言いたいのは，必要なときは遠慮せずに真の友人に話してくださいっていうことですよ」⓫これに対しコンウェイさんは悲しげにほほ笑んだ。⓬「私はニューヨークでとても孤独を感じています」と彼女は言った。「私はここに１人も友達がいないんです。でも，あなたはずっと私に優しくしてくれていますね，ドノバンさん。そのことに感謝しています」⓭それは本当だった。夕食の席でアンディはときどき彼女に塩を渡してあげていた。⓮「あなたの言うとおりです」と彼は言った。「たった１人でいるとつらいものです。でも，公園を散歩してはどうですか？　そうすればきっと気分がよくなりますよ。もしよろしければつき合いますよ」⓯「ありがとう，ドノバンさん。そうしたいです。もしあなたが私のように悲しく重い心を持った人間と一緒にいてうれしいようでしたら」⓰「彼は私の婚約者だったんです」とコンウェイさんは１時間後，公園で言った。「私たちは結婚したかったんです。彼は本当のイタリアの伯爵で，イタリアに大きな古いお屋敷も持っていました。フェルナンド・マッツィーニ伯爵というのが彼の名前で，彼はすばらしい身なりをしていました。父は当然そのことを承諾しませんでした。私たちが一緒に逃げると，彼は私たちを追ってきて見つけたのです」⓱「最終的に父は，フェルナンドがどれだけ裕福かを知ると，春に結婚式を挙げることを承諾しました。フェルナンドは私に，ドレスや花，夕食などのために7000ドルの結婚祝い金を贈りたがっていました。でも父はプライドがあって『いらない』と言ったんです。それで伯爵が私たち用に大きな古いお屋敷を準備するためにイタリアに戻ると，私は結婚式の支払いを手伝うためにお菓子屋さんで職を得ました」**18**「そして３日前，イタリアから１通の手紙を受け取ると，そこにはフェルナンドが亡《な》くなったと書かれていました。彼が亡くなったのはひどいゴンドラの事故でとのことでした」**19**「イそれが，私が喪に服している理由です，ドノバンさん。私は決してフェルナンドを忘れません。それに彼を失った後，他の男性を見ることができないのではないか不安なんです」**20**「本当にあなたをお気の毒に思います」とアンディは言った。「そして私はあなたの真の友人です。それをあなたにわかってほしいです」**21**「このロケットペンダントに彼の写真を入れてるんです」とコンウェイさんは涙ぐみながら言った。「ウそしてドノバンさん，あなたは真の友人だから，これをあなたにお見せします」**22**しばらくの間，アンディはコンウェイさんが自分のために開いてくれたロケットペンダントの写真をじっと見た。その男性の顔は若々しく，明るくて利発だった。それは他の人がいつでも喜んでついていくような，強い男性の顔だった。**23**「私の部屋にはもっと大きな写真があるんです」とコンウェイさんは言った。「後でお見せします。それらが今や私が持っている唯一のフェルナンドのものです。でも彼はいつも私の心の中にいるでしょう」**24**アンディはその伯爵からコンウェイさんの心を勝ち取ることにしようと決めた。彼はアイスクリームを食べに彼女を連れていったが，彼女の灰色の目はまだ悲しそうだった。**25**その晩，彼女は大きい方の写真を持って降りてきて，それをアンディに見せた。彼はそれを静かに見た。**26**「彼はイタリアに出発した夜にこれを私にくれたんです」とコンウェイさんは言った。**27**「かっこいい人ですね」とアンディは言った。「あの，次の日曜日の午後にまた私と出かけてくれませんか？」**28**１か月後，彼らは下宿の女主人や他の下宿人に，彼らが結婚する計画について話した。コンウェイさんは喪に服したままだった。**29**その１週間後，彼らは下宿近くの公園で座っていた。アンディのいつもは笑っている顔が不安で暗くなっており，彼は妙に静かだった。**30**「どうかしたの，アンディ？」とコンウェイさんが尋ねた。**31**「ねえ，君はビッグ・マイク・サリバンって聞いたことあるよね？」としばらくしてからアンディは言った。**32**「いいえ。それは誰？」**33**「彼は偉大なニューヨークの政治家で，僕の友達なんだ。僕は今日彼に会ってきて，彼は僕たちの結婚式に来たがっているんだ。僕は本当に彼に来てほしいんだ」**34**「いいわよ。つまり彼は私達の招待客になるかもしれないのね」**35**「そのとおり，でも僕たちが結婚式を挙げられる前に，僕はあることを知る必要がある。君は僕よりもまだマッツィーニ伯爵の方が好きかい？」**36**急にコンウェイさんは泣き始めた。**37**「ああ，アンディ，伯爵なんていなかったのよ。他の女の子たちは皆彼氏がいたけど，私にはいなかった。それに私は黒を着ると見た目がよくなるのを知っているでしょう。だから私は写真屋さんで知らない男性の大きな写真を買って，ロケットペンダント用に小さいのも手に入れたの。それから伯爵の死の話をつくり上げて黒い服を着たのよ。私はただの大うそつきよ。そして今ではそのせいできっとあなたは私と結婚しない。それでもあなたは私がこれまで愛した唯一の男性なの！」**38**ほほ笑んで，アンディは彼女を抱きしめた。**39**「私がしてしまったことの後でもあなたはまだ私と結婚したいの？」と彼女は驚いて尋ねた。**40**「もちろん」と彼は答えた。「君はよくそれを全部僕に説明してくれたよ。僕たちが伯爵を忘れられる今となっては，僕たちが夫婦になることを妨げるものは何もないよ」**41**「アンディ」とコンウェイさんは続けて，「あなたは本当に私の伯爵についての話が真実だと思った？」**42**「そうでもないよ」と彼は答えて，タバコを取り出しながら，「だって，君のロケットペンダントの中のあの写真は僕の友達のマイク・サリバンのだからね」

問１＜文脈把握＞アンディは最初コンウェイさんを地味で興味をひかない女性と思っていたが（第３段落第１文），この後の第５段落で述べられているとおり，喪服を着たコンウェイさんがその印象とは対照的な，美しい姿だったから驚いたのである。

問2＜適語(句)選択＞1．コンウェイさんの美しさを知ったアンディは，彼女を「忘れないと決めた」のである。decide は目的語に動名詞(～ing)ではなく，to不定詞をとる動詞。また，to不定詞を否定する場合，原則として to の前に not を置く。　2．この後コンウェイさんは「1人も友達がいない」と言っている。 lonely「孤独な，寂しい」　3．直前に was があるので，形容詞 dead「死んでいる」が入る。die「死ぬ」は動詞で，died はその過去形。　4．直後の him は亡くなったコンウェイさんの婚約者フェルナンドを指す。文後半の内容は彼を「失った」後のことである。　5．leave for ～で「～に向けて出発する」という意味。　6．付加疑問文。肯定文の付加疑問は‘否定の短縮形＋主語を受ける代名詞＋?’をつける。ここでは‘have/has＋過去分詞’の現在完了の文なので，否定の短縮形は haven't。　7．空所を含む文は，直前の Not really「そうでもない」に続くアンディのセリフであり，直後の that 以下の内容は，アンディがコンウェイさんの話を信じなかった理由となる。

問3＜適文選択＞ア．アンディに「いい夜ですね」と声をかけられたコンウェイさんの返答。③の it は前文のアンディのセリフにある a fine evening を指す。喪に服す自分にとっては違うが，他の多くの人にはそうだろうという意味の言葉である。　イ．この前で婚約者フェルナンドが亡くなったことを語っている。 That explains ～「それが～を説明する，～はそういうわけだ」　ウ．①の you're a true friend は，この前でアンディが言った I'm your true friend というセリフを受けてのもの。また，I'll show it to you の it は直前でコンウェイさんが説明しているロケットペンダントの中の写真を指している。

問4＜適語選択＞a．feel free to ～で「遠慮せず～する」という意味。　b．a strong man を修飾する関係詞節の一部。be ready to ～で「喜んで～する」という意味。強い男性に対して人々がしたくなることが入る。 follow ～「～についていく，～に従う」　c．‘win ～ from …’で「…から～を勝ち取る」という意味。アンディは伯爵からコンウェイさんの心を勝ち取りたかったのである。　d．前にある that は a man を先行詞とする目的格の関係代名詞。コンウェイさんは話をつくり上げるために，写真屋にあった「知らない」男性の写真を買ったのである。

問5＜整序結合＞(A)「～してはどうですか」という‘提案’は Why don't you ～? で表せる。「散歩する」は take a walk。 ... why don't you take a walk in the park?　(B)「父親は～を知ると」は，when he learned ～と表せる。‘～’に当たる「Fernando がどれだけ裕福か」は‘疑問詞＋主語＋動詞...’の間接疑問でまとめる。how は「どれほど」という‘程度’の意味の場合は直後に形容詞〔副詞〕が続くので，how rich とすることに注意。 In the end, when he learned how rich Fernando was, father agreed to a spring wedding.　(C)「何もありません」なので there is nothing とする。「私たちが夫婦になることを妨げる(もの)」は‘stop ～ from …ing’「～が…することを妨げる」の形で表す。to stop は to不定詞の形容詞的用法。「夫婦」は man and wife と表せる。 ..., there is nothing to stop us from becoming man and wife.

問6＜文脈把握＞アンディが妙に静かだった理由。最終段落より，アンディはこの時点でコンウェイさんの元婚約者の話がつくり話であることを知っていたとわかる。そのうえで，第31段落からコンウェイさんが本当のことを話してくれるきっかけになりそうな話を切り出している。

問7＜文脈把握＞コンウェイさんが伯爵の死の話をつくり上げた理由。直前の文に，‘理由’と‘結果’をつなぐ So「だから」があることに注目する。これより前の2文の内容が，So の後に続くコンウェイさんの一連の行動の理由である。

問8＜内容真偽＞①「アンディは初めてコンウェイさんに会ったとき，彼女をとても気に入ったので忘れることができなかった」…×　第3段落参照。最初は興味をひかれなかった。　②「コンウェイさんの話の中で，彼女の父親はプライドが高すぎてマッツィーニ伯爵から彼女への贈り物を受け入れられなかった」…○　第17段落第2，3文に一致する。‘too ～ to …’「…するには～すぎる，～すぎて…できない」　③「コンウェイさんは2枚の写真を持っており，アンディは彼女の写真入りペンダントの中に入っている小さい方しか見ることができなかった」…×　第25段落参照。大きい方も見ている。　④「アンディとコンウェイさんは自分たちが結婚するつもりであることを誰にも言わなかった」…×　第28段落第1文参照。下宿の女主人や他の下宿人たちに伝えた。　⑤「コンウェイさんはマイク・サリバンを結婚式に招待するという考えには強く反対した」…×　第31～34段落参照。快諾している。　⑥「コンウェイさんは，アンディが真実を知った後でもやはり彼女と結婚したがることを確信していた」…×　第37段落最後から2文目参照。真実を知ったら自分と結婚しないだろうと思っていた。　⑦「アンディは，コンウェイさんが持っていた写真を見た後，彼女の話は本当ではないと知った」…○　最終段落の内容に一致する。

2〔長文読解総合―説明文〕

≪全訳≫❶カラオケはこれまで，アジアで長い間人気があり続けてきた。しかし時代は変わった。A最近では，欧米の人々がカラオケを愛するようになっているのだ。❷カラオケは1970年代頃からある。カラオケは日本語の単語と英語の単語の両方からなっている。日本語の単語が，「カラ」である。その語は「空(から)の」という意味である。英語の単語は，orchestra だ。orchestra とは音楽を一緒に演奏する音楽家たちのグループである。日本語で，orchestra という語は「オーケストラ」と発音される。B後にその単語はより短くなった。それは，「オケ」に変わったのだ。❸私たちが今日知っているカラオケ装置は日本で発明された装置から生まれた。日本人はよく夕食やパーティーで何らかの音楽の余興を楽しむ。カラオケ装置の発明前は，音楽家たちが報酬を得て音楽を演奏していた。そして人々はプロが演奏する音楽に合わせて歌っていた。そういった音楽家の1人が，井上大佑という名前の男性である。井上の音楽はとても人気になった。彼は客に向けて演奏するために多くのパーティーに行かなければならなかった。人々は，家に持ち帰れるように彼の音楽の録音を彼に依頼した。Cそれで彼はある発想を得た。彼は人々がお金を投入して録音に合わせて歌える装置をつくった。Dこれらの装置はとても人気があった。井上は彼の装置を利用するレストランやホテルから収益を得た。井上はもうそんなに多くのパーティーに行かなくてよかったのでうれしかった。❹カラオケ装置は後に至るところで使われるようになった。実際に，その費用は現在ではとても安い。つまり，ほぼどんな家庭でもそれを所有できるということだ。加えて，カラオケはあらゆる年代の人に適している。そして，装置とちょっとしたカラオケの音楽があれば，誰でもスターになれるのだ。

問1＜適語(句)選択＞1．‘both *A* and *B*’で「*A*と*B*の両方」の意味。　2．a group of musicians を先行詞とする関係代名詞節。orchestra という語の説明であることから考える。　3．「井上大佑と名づけられた男性」という意味になると考え，過去分詞 named を選ぶ(過去分詞の形容詞的用法)。　4．直後の文で，カラオケ装置はほぼどんな家庭でも所有可能なものであると述べられている。　cost「費用」

問2＜適文選択＞A．「時代は変わった」に続く部分なので，These days と最近の状況を述べた②が入る。　the West「欧米，欧米人」　learn to ～「～するようになる」　B．直前で「オーケストラ」と発音されると述べられた語が，空所直後では「オケ」とさらに短い語に変化している。　C．④の That は前文の内容を指す。人々が井上に音楽の録音を依頼したことが，カラオケ装置のアイデアにつながったのである。　D．③の These machines は前文で井上がつくった装置のことを指している。

3〔適語(句)選択〕

⑴once a month で「月に１回」となる。ここでの a は「～につき，～ごとに」という意味。　「私は月に１回映画を見に行く」

⑵‘日付’につく前置詞は on。　「私は３月１日にシドニーに行く予定だ」

⑶Twice「２回」という返答につながるのは，‘回数’を尋ねる疑問詞の How many times。　「あなたは何回シンガポールに行ったことがありますか？」―「２回です」

⑷「彼女が戻る」と「部屋にいてください」とをつなぐのは，「～までずっと」という意味を表す接続詞 until。‘時’を表す副詞節の中では未来のことでも現在時制で表すことに注意。　「彼女が戻るまで部屋にいてください」

⑸‘enough＋名詞＋to ～’の形で「～するのに十分な〈名詞〉」という意味を表す。　「彼はその新しい車を買うのに十分なお金を持っている」

⑹‘let＋人＋動詞の原形’で「〈人〉に～させる〔～するのを許す〕」という意味を表す。なお，allow を用いる場合は‘allow＋人＋to不定詞’「〈人〉に～することを許す」の形になるので to が必要。「私の父は猫が好きではないので，私に飼わせてくれないだろう」

4〔整序結合〕

⑴「～しなくてはなりません」は have to ～で表せる。「部屋をあたたかくしておく」は「部屋をあたたかく保つ」と考え，‘keep＋目的語＋形容詞’「～を…(の状態)に保つ」の形で表す。　You have to keep the room warm.

⑵「ユカはこの学校で唯一の生徒です」→Yuka is the only student in this school. が文の骨組み。「(唯一の)生徒」を修飾する「フランス語を話すことができる」は，主格の関係代名詞として that を用いて that can speak French と表し，the student の後に置く。　Yuka is the only student that can speak French in this school.

⑶The project が主語になっているので，「そのプロジェクトは地元の銀行によって面倒を見られるだろう」という受け身の文をつくる。「面倒を見られるだろう」は助動詞 will の後に take care of ～「～の世話をする」の受け身形(‘be動詞＋過去分詞’)を続けて will be taken care of とする。この後に，「地元の銀行によって」を by the local bank とまとめて置く。このように動詞句の受け身形は，過去分詞の後ろにその動詞句を構成する語(句)をそのままの順で置く。　The project will be taken care of by the local bank.

⑷is always に続くので，現在進行形で My father is always talking about the sports とまとめる(talk about ～で「～について話す」)。残りは be good at ～「～が得意だ」を用いて he is good at とまとめ，sports を修飾する関係代名詞とする(sports と he の間に目的格の関係代名詞が省略された形)。なお，この文のように，現在進行形は always などを伴うと「いつも～ばかりしている」という‘反復的な動作’を表す。この文の直訳は「私の父はいつも自分の得意なスポーツの話ばかりしている」である。　My father is always talking about the sports he is good at.

⑸「～で人気があります」は be popular for ～で表せる。「特別な塩を使ったパン」は，「特別な塩を使ってつくられているパン」と考え，which を主格の関係代名詞として使って the bread which is made with special salt とまとめる。　The restaurant is popular for the bread which is made with special salt.

⑹「～だらけだ」は be filled with ～「～で満ちている，～でいっぱいである」で表す。「やらなければならないこと」は，語群の need から「私たちがやる必要があること」と考え，目的格の関係代名詞を省略した‘名詞＋主語＋動詞…’の形で things we need to do とする。　Our lives are filled with things we need to do.

2024年度／国学院高等学校（一般第３回）

数学解答

1 (1) ア…3　イ…2　ウ…6　エ…5
(2) オ…1　カ…4
(3) キ…2　ク…6
(4) ケ…3　コ…7　(5) 5
(6) シ…5　ス…0　セ…6　ソ…2
タ…0　チ…2　ツ…4
(7) テ…2　ト…6
(8) ナ…9　ニ…6
(9) ヌ…5　ネ…6

2 (1) ア…4　イ…4
(2) ウ…5　エ…0　オ…5
(3) カ…1　キ…8

3 (1) ア…1　イ…3
(2) ウ…1　エ…6
(3) オ…4　カ…9

4 (1) ア…2　イ…3
(2) ウ…1　エ…5　オ…3　カ…4

5 (1) ア…1　イ…2
(2) ウ…5　エ…9
(3) オ…1　カ…3

1 〔独立小問集合題〕

(1)＜式の計算＞与式 $=\frac{4}{3}ab^2\times\frac{1}{4}a^6b^4\times\frac{9}{2ab}=\frac{4ab^2\times a^6b^4\times 9}{3\times4\times2ab}=\frac{3}{2}a^6b^5$

(2)＜連立方程式＞$\frac{2x+3}{5}-\frac{y-1}{3}=0$……①，$0.2x+0.05y=0.4$……②とする。①×15より，$3(2x+3)-5(y-1)=0$，$6x+9-5y+5=0$，$6x-5y=-14$……①′　②×20より，$4x+y=8$……②′　①′＋②′×5より，$6x+20x=-14+40$，$26x=26$　$\therefore x=1$　これを②′に代入して，$4\times1+y=8$　$\therefore y=4$

(3)＜数の計算＞与式 $=\sqrt{3}\{(\sqrt{2})^2-(\sqrt{3})^2\}\times\frac{2\sqrt{3}(2\sqrt{6}-3\sqrt{6})}{3}=\sqrt{3}(2-3)\times\frac{2\sqrt{3}\times(-\sqrt{6})}{3}=\sqrt{3}\times(-1)\times\frac{2\sqrt{3}\times(-\sqrt{6})}{3}=-1\times2\times(-\sqrt{6})=2\sqrt{6}$

(4)＜二次方程式＞$x^2-4x+4=2x+2$，$x^2-6x+2=0$として，二次方程式の解の公式を用いると，$x=\frac{-(-6)\pm\sqrt{(-6)^2-4\times1\times2}}{2\times1}=\frac{6\pm\sqrt{28}}{2}=\frac{6\pm2\sqrt{7}}{2}=3\pm\sqrt{7}$である。

(5)＜データの活用―xの値＞平均値が-1だから，5個のデータの合計について，$x^2+(-5x)+(-4x+6)+(x-5)+9=-1\times5$が成り立つ。これを解いて，$x^2-8x+15=0$，$(x-3)(x-5)=0$より，$x=3$，$5$となる。また，中央値が0より，小さい方から3番目が0であり，5個のデータの中に0がある。$x^2=0$とすると$x=0$，$-5x=0$とすると$x=0$，$-4x+6=0$とすると$x=\frac{3}{2}$，$x-5=0$とすると$x=5$である。よって，平均値が-1となり，5個のデータの中に0が存在するxの値は$x=5$である。このとき，5個のデータは，$x^2=5^2=25$，$-5x=-5\times5=-25$，$-4x+6=-4\times5+6=-14$，0，9だから，小さい順に，-25，-14，0，9，25となり，中央値は0なので，適する。

(6)＜数の性質＞nが自然数で，$\sqrt{\frac{2024}{n}}=\sqrt{\frac{2^3\times11\times23}{n}}$だから，$\sqrt{\frac{2024}{n}}$が整数となるとき，$\frac{2^3\times11\times23}{n}=1$，$2^2$である。$\frac{2^3\times11\times23}{n}=1$のとき，$n=2024$であり，$\frac{2^3\times11\times23}{n}=2^2$のとき，$n=2\times11\times23$，$n=506$だから，求める自然数$n$は，$n=506$，2024である。

(7)＜関数―座標＞次ページの図1で，直線lと辺BCの交点をPとし，点Pからx軸に垂線PHを引く。A$(-6,\ 0)$，B$(6,\ 0)$，D$(-3,\ 0)$より，AB$=6-(-6)=12$，DB$=6-(-3)=9$であり，C$(0,\ 9)$より，OC$=9$である。△ABC$=\frac{1}{2}\times$AB$\times$OC$=\frac{1}{2}\times12\times9=54$だから，△PDB$=\frac{1}{2}$△ABC$=\frac{1}{2}\times$

$54=27$ となり，△PDB の面積について，$\frac{1}{2}\times\mathrm{DB}\times\mathrm{PH}=27$ より，$\frac{1}{2}\times 9\times\mathrm{PH}=27$ が成り立つ。これより，PH＝6 となるから，点 P の y 座標は 6 である。また，直線 BC は，傾きが $\frac{0-9}{6-0}=-\frac{3}{2}$，切片が 9 なので，直線 BC の式は $y=-\frac{3}{2}x+9$ である。よって，$6=-\frac{3}{2}x+9$ より，$\frac{3}{2}x=3$，$x=2$ となるから，P(2, 6)である。

図 1

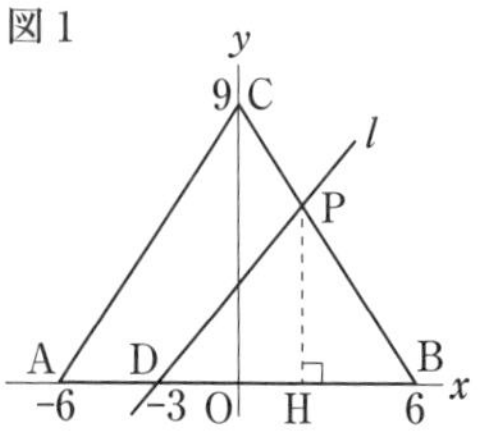

(8)<**空間図形―体積**>右図 2 で，円錐の底面の円の中心を O，頂点を A，底面の周上の点を B とする。底面の半径が OB＝6 より，底面積は $\pi\times 6^2=36\pi$ である。表面積が 96π なので，側面積は $96\pi-36\pi=60\pi$ である。よって，円錐を右図 3 のように展開すると，おうぎ形 ABB′ の面積が 60π となる。おうぎ形 ABB′ の半径を AB＝r，中心角を a とすると，$\overset{\frown}{\mathrm{BB'}}$ の長さと円 O の周の長さは等しいので，$2\pi r\times\frac{a}{360^\circ}=2\pi\times 6$ が成り立ち，$\frac{a}{360^\circ}=\frac{6}{r}$ となる。また，おうぎ形 ABB′ の面積について，$\pi r^2\times\frac{a}{360^\circ}=60\pi$ である。したがって，$\pi r^2\times\frac{6}{r}=60\pi$ となり，$6r=60$，$r=10$ となる。これより，図 2 で，AB＝10 だから，△OAB で三平方の定理より，$\mathrm{AO}=\sqrt{\mathrm{AB}^2-\mathrm{OB}^2}=\sqrt{10^2-6^2}=\sqrt{64}=8$ となり，円錐の体積は $\frac{1}{3}\times\pi\times 6^2\times 8=96\pi$ である。

図 2

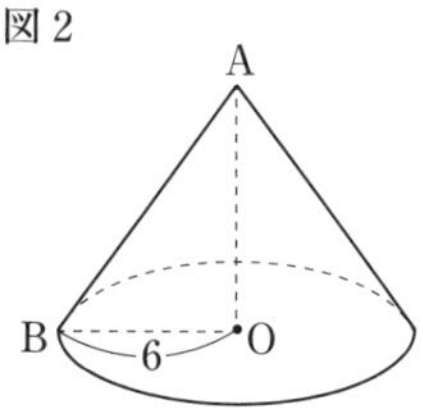

図 3

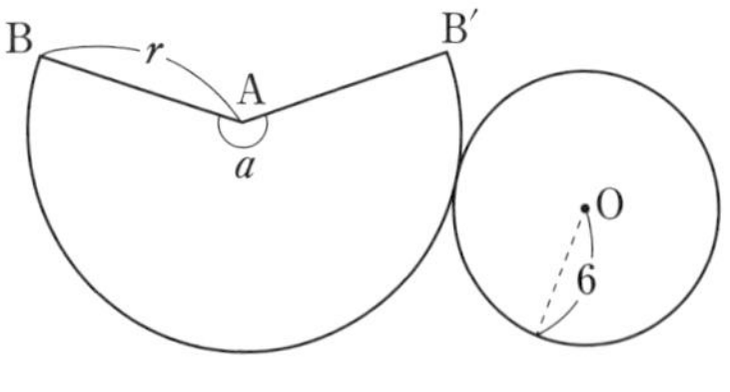

(9)<**平面図形―角度**>右図 4 のように，6 点 A～F を定める。△DEF で内角と外角の関係より，∠DEB＝∠EFC－∠EDF＝72°－∠x となるので，$\overset{\frown}{\mathrm{DB}}$ に対する円周角より，∠ACD＝∠DEB＝72°－∠x である。△ADC で内角と外角の関係より，∠DAC＋∠ACD＝∠EDC だから，40°＋(72°－∠x)＝∠x が成り立ち，2∠x＝112°，∠x＝56° となる。

図 4

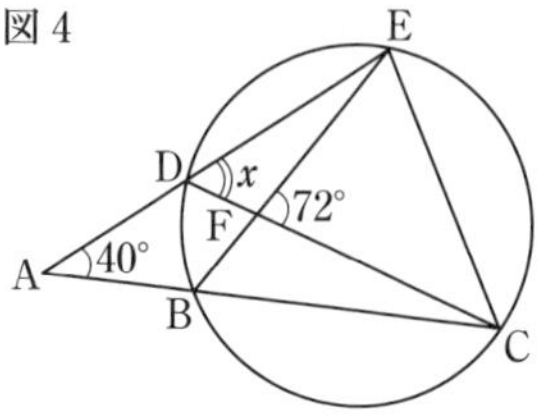

2 〔数と式―方程式の応用〕

(1)<**文字式**>正方形の白いタイルの 1 辺の長さは n，正方形の黒いタイルの 1 辺の長さは 1 だから，白いタイルのそれぞれの辺に沿って黒いタイルは，$n\div 1=n$(枚)並ぶ。また，黒いタイルは白いタイルの 4 隅にもあるので，黒いタイルの枚数は，$n\times 4+4=4n+4$(枚)となる。

(2)<**一次方程式の応用**>黒いタイル 1 枚の面積は $1\times 1=1$ だから，(1)より，黒いタイルの面積の総和は $1\times(4n+4)=4n+4$ と表せる。これが2024になるとき，$4n+4=2024$ が成り立ち，$4n=2020$，$n=505$ となる。

(3)<**二次方程式の応用**>白いタイルの面積は $n\times n=n^2$ だから，白いタイルの面積が黒いタイルの面積の総和より248大きくなるとき，$n^2=(4n+4)+248$ が成り立つ。これを解くと，$n^2-4n-252=0$ より，$(n+14)(n-18)=0$　$\therefore n=-14,\ 18$　n は自然数だから，$n=18$ である。

3 〔関数―関数 $y=ax^2$ と一次関数のグラフ〕

≪基本方針の決定≫(3)　△OAD∽△OCB であることに気づきたい。

(1)<**比例定数**>次ページの図で，点 A は放物線 $y=\frac{1}{2}x^2$ 上にあり，x 座標が 1 だから，$y=\frac{1}{2}\times 1^2=\frac{1}{2}$

より，$A\left(1,\ \frac{1}{2}\right)$である。これより，$AH=\frac{1}{2}$であり，AH：BH＝3：2だから，$BH=\frac{2}{3}AH=\frac{2}{3}\times\frac{1}{2}=\frac{1}{3}$となる。よって，点Bの$y$座標は$-\frac{1}{3}$である。$x$座標は1だから，$B\left(1,\ -\frac{1}{3}\right)$である。放物線$y=ax^2$は点Bを通るから，$-\frac{1}{3}=a\times1^2$が成り立ち，$a=-\frac{1}{3}$となる。

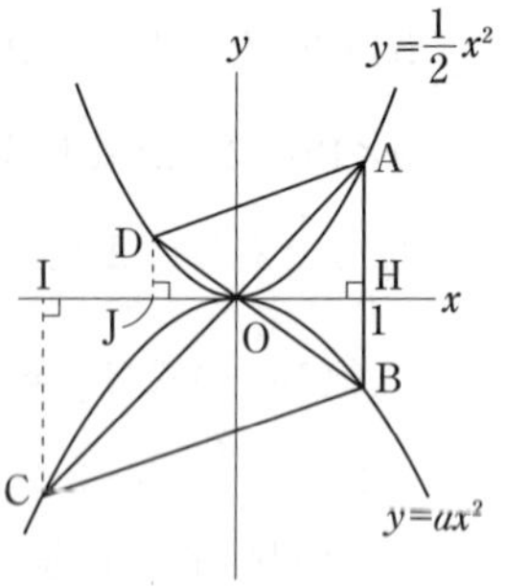

⑵＜**傾き**＞右図で，⑴より，$B\left(1,\ -\frac{1}{3}\right)$だから，直線BOの傾きは$-\frac{1}{3}\div1=-\frac{1}{3}$であり，直線BOの式は$y=-\frac{1}{3}x$である。点Dは放物線$y=\frac{1}{2}x^2$と直線$y=-\frac{1}{3}x$の交点だから，2式から$y$を消去して，$\frac{1}{2}x^2=-\frac{1}{3}x$より，$3x^2+2x=0$，$x(3x+2)=0$　$\therefore x=0,\ -\frac{2}{3}$　よって，点Dのx座標は$-\frac{2}{3}$であり，$y=-\frac{1}{3}\times\left(-\frac{2}{3}\right)=\frac{2}{9}$となるから，$D\left(-\frac{2}{3},\ \frac{2}{9}\right)$である。⑴より，$A\left(1,\ \frac{1}{2}\right)$だから，直線ADの傾きは$\left(\frac{1}{2}-\frac{2}{9}\right)\div\left\{1-\left(-\frac{2}{3}\right)\right\}=\frac{1}{6}$である。

⑶＜**面積比**＞右上図で，$A\left(1,\ \frac{1}{2}\right)$だから，直線AOの傾きは$\frac{1}{2}\div1=\frac{1}{2}$であり，直線AOの式は$y=\frac{1}{2}x$である。⑴より，点Cは放物線$y=-\frac{1}{3}x^2$と直線$y=\frac{1}{2}x$の交点となるから，2式から$y$を消去して，$-\frac{1}{3}x^2=\frac{1}{2}x$より，$2x^2+3x=0$，$x(2x+3)=0$　$\therefore x=0,\ -\frac{3}{2}$　よって，点Cのx座標は$-\frac{3}{2}$である。2点C，Dからx軸にそれぞれ垂線CI，DJを引く。2点A，Cのx座標より，OH＝1，$OI=\frac{3}{2}$であり，AB∥ICだから，$OA:OC=OH:OI=1:\frac{3}{2}=2:3$である。また，点Dの$x$座標が$-\frac{2}{3}$より，$OJ=\frac{2}{3}$であり，DJ∥ABだから，$OD:OB=OJ:OH=\frac{2}{3}:1=2:3$となる。したがって，OA：OC＝OD：OB＝2：3となり，∠AOD＝∠COBだから，△OAD∽△OCBとなる。相似比は2：3だから，$S_1:S_2=\triangle OAD:\triangle OCB=2^2:3^2=4:9$となり，$\frac{S_1}{S_2}=\frac{4}{9}$である。

4　〔平面図形—正三角形と長方形〕

≪基本方針の決定≫⑵　△ABT＝△APT＋△BPTである。

⑴＜**長さ**＞右図で，△ABCが正三角形，四角形PQRSが長方形より，∠PBQ＝60°，PQ⊥BCだから，△PBQは3辺の比が$1:2:\sqrt{3}$の直角三角形となる。これより，BQ＝xとすると，$PQ=\sqrt{3}BQ=\sqrt{3}x$となる。図形の対称性より，CR＝BQ＝xである。また，∠QPR＝60°より，△PQRも3辺の比が$1:2:\sqrt{3}$の直角三角形だから，$QR=\sqrt{3}PQ=\sqrt{3}\times\sqrt{3}x=3x$となる。よって，$BC=BQ+QR+CR=x+3x+x=5x$と表せる。BC＝10だから，$5x=10$が成り立ち，$x=2$となるから，$PQ=\sqrt{3}x=\sqrt{3}\times2=2\sqrt{3}$である。

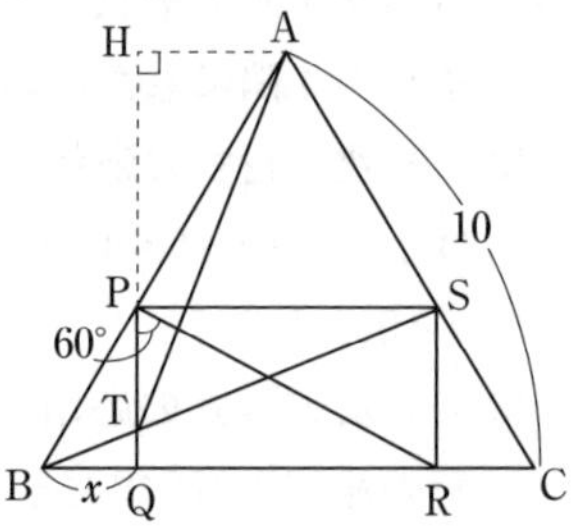

⑵＜**面積**＞右上図で，△ABT＝△APT＋△BPTである。PS∥BCより，△PTS∽△QTBだから，PT：QT＝SP：BQである。⑴より，BQ＝x＝2，SP＝QR＝$3x$＝3×2＝6だから，SP：BQ＝6：2＝3：1となり，PT：QT＝3：1である。これより，$PT=\frac{3}{3+1}PQ=\frac{3}{4}\times2\sqrt{3}=\frac{3\sqrt{3}}{2}$である。また，

△PBQ は3辺の比が $1:2:\sqrt{3}$ の直角三角形だから，$\mathrm{PB}=2\mathrm{BQ}=2\times2=4$ となり，$\mathrm{AP}=\mathrm{AB}-\mathrm{PB}=10-4=6$ である。点Aから QP の延長に垂線 AH を引くと，$\angle\mathrm{APH}=\angle\mathrm{BPQ}=30^\circ$ より，△APH も3辺の比が $1:2:\sqrt{3}$ の直角三角形となり，$\mathrm{AH}=\frac{1}{2}\mathrm{AP}=\frac{1}{2}\times6=3$ となる。よって，$\triangle\mathrm{APT}=\frac{1}{2}\times\mathrm{PT}\times\mathrm{AH}=\frac{1}{2}\times\frac{3\sqrt{3}}{2}\times3=\frac{9\sqrt{3}}{4}$，$\triangle\mathrm{BPT}=\frac{1}{2}\times\mathrm{PT}\times\mathrm{BQ}=\frac{1}{2}\times\frac{3\sqrt{3}}{2}\times2=\frac{3\sqrt{3}}{2}$ となり，$\triangle\mathrm{ABT}=\frac{9\sqrt{3}}{4}+\frac{3\sqrt{3}}{2}=\frac{15\sqrt{3}}{4}$ となる。

5 〔データの活用―確率―さいころ〕

≪基本方針の決定≫式を因数分解する。

(1)**＜確率＞**大小2つのさいころを同時に投げるとき，それぞれ6通りの目の出方があるので，目の出方は全部で $6\times6=36$(通り)あり，a，b の組も36通りある。このうち，$a^2+2ab+b^2$ が奇数となるのは，$a^2+2ab+b^2=(a+b)^2$ だから，$a+b$ が奇数のときである。つまり，a が奇数，b が偶数のときか，a が偶数，b が奇数のときである。a が奇数，b が偶数のとき，a は1，3，5の3通り，b は2，4，6の3通りだから，$3\times3=9$(通り)ある。a が偶数，b が奇数のとき，同様にして，$3\times3=9$(通り)ある。よって，$a^2+2ab+b^2$ が奇数となる場合は $9+9=18$(通り)だから，求める確率は $\frac{18}{36}=\frac{1}{2}$ である。

(2)**＜確率＞**$b+1=B$ とおくと，$a(b+1)+b+1=aB+B=(a+1)B=(a+1)(b+1)$ となるので，これが3の倍数となるのは，$a+1$，$b+1$ のうち，少なくともどちらかが3の倍数のときである。$a+1$ が3の倍数でないとき，$b+1$ は3の倍数なので，a は1，3，4，6の4通り，b は2，5の2通りであり，$4\times2=8$(通り)ある。$a+1$ が3の倍数のとき，$b+1$ はどの整数でもよいので，a は2，5の2通り，b は1，2，3，4，5，6の6通りであり，$2\times6=12$(通り)ある。よって，36通りの a，b の組のうち，$a(b+1)+b+1$ が3の倍数となる場合は $8+12=20$(通り)だから，求める確率は $\frac{20}{36}=\frac{5}{9}$ である。

(3)**＜確率＞**$ab-4a-3b+12=a(b-4)-3(b-4)$ として，$b-4=C$ とおくと，$ab-4a-3b+12=aC-3C=(a-3)C=(a-3)(b-4)$ となるから，これが自然数となるのは，$a-3$，$b-4$ がともに正の整数のときか，$a-3$，$b-4$ がともに負の整数のときである。$a-3$，$b-4$ がともに正の整数のとき，a は4，5，6の3通り，b は5，6の2通りより，$3\times2=6$(通り)ある。$a-3$，$b-4$ がともに負の整数のとき，a は1，2の2通り，b は1，2，3の3通りより，$2\times3=6$(通り)ある。よって，$ab-4a-3b+12$ が自然数となる場合は $6+6=12$(通り)だから，求める確率は $\frac{12}{36}=\frac{1}{3}$ である。

＝読者へのメッセージ＝

関数で用いる座標は，フランスの哲学者，数学者のルネ・デカルト(1596～1650)が発明しました。彼は，部屋にいるハエの位置を表すのに座標を思いついたといわれています。

2024年度／国学院高等学校（一般第３回）

社会解答

1 問１　①　　問２　②　　問３　①

2 問１　都市…Ａ　グラフ…イ

問２　W…①　X…②　Y…③　Z…④

問３　④

3 問１　A…③　B…①　C…②　D…④

問２　表Ⅰ…イ　場所…Ｚ　　問３　③

4 問１　⑤　　問２　④

問３　年表…エ　地図…Ｄ　　問４　①

5 問１　④　　問２　②　　問３　④

問４　③

6 問１　③　　問２　①　　問３　③

問４　④

1〔三分野総合―小問集合問題〕

問１＜地形図と断面図の読み取り＞Ⅰの地図中のＡ点からＢ点に向かって等高線の変化を見ていくと，標高733ｍの山頂付近に位置するＡ点から山の斜面を下っていき，200ｍ付近まで下がった後に再び斜面を上がり，標高398ｍの山頂がＢ点となる。次にＢ点からＣ点に向かって等高線の変化を見ていくと，山の斜面を200ｍ付近まで下り，その後は緩やかに標高が下がっていき，100ｍの等高線を通過した後にＣ点に到達する。以上のような起伏が描かれた断面図は①となる。

問２＜ブロック経済＞1929年に世界恐慌が始まると，フランスやイギリスは，植民地との貿易を強化して自給自足的な経済圏を形成し，それ以外の国からの輸入品には高い関税をかけて締め出した。このような政策をブロック経済という（②…○）。なお，①のニューディール政策は，世界恐慌の際にアメリカのローズベルト大統領が進めた景気回復策であり，公共事業による失業者の救済などを行った。また，③のファシズムは，国家の利益を優先し，個人の自由や民主主義を否定する全体主義的な独裁体制で，第一次世界大戦後のドイツやイタリアなどで勢力を拡大した。④の計画経済は，社会主義国における経済体制で，政府の計画に基づいて生産・流通・販売などの経済活動が行われる仕組みである。

問３＜ASEAN＞ASEAN〔東南アジア諸国連合〕は，東南アジアの安定や発展を目指して1967年に発足した国際機構であり，現在は東南アジアの10か国が加盟している。近年は，ASEANに日本・中華人民共和国〔中国〕・大韓民国〔韓国〕を加えたASEAN＋３の協力が進められており，首脳会議や外相会議などが定期的に行われている（①…○）。なお，②のAPEC〔アジア太平洋経済協力〕はアジア・太平洋地域の経済的な結びつきの強化を目指す国際組織，③のTPP〔環太平洋経済連携協定〕は太平洋地域の国々の間で貿易自由化などを目指す協定である。また，④のBRICSは，近年急速に経済成長したブラジル・ロシア・インド・中国・南アフリカ共和国の国名の頭文字をつなげた呼び方である。

2〔世界地理―世界の諸地域〕

問１＜エジプトの特色と気候＞都市．「ナイル川の流域に位置」するなどの記述から，ナイル川の流れるアフリカ大陸北東部に位置する略地図中の都市Ａが当てはまる。この都市はエジプトのアスワンであり，国家プロジェクトとして1970年に完成したアスワンハイダムの近くに位置する。ダムの建設に伴って古代エジプトの遺跡が多く水没することになったが，このうちアブシンベル神殿など一部の遺跡は別の場所に移築された。この遺跡の保護運動の高まりはユネスコ〔国連教育科学文化機関〕の世界遺産条約の締結のきっかけとなり，後にアブシンベル神殿を含む遺跡群も世界文化遺産に登録された。　**グラフ**．都市Ａを含むアフリカ大陸北部は，乾燥帯の砂漠気候に属し，年間を通して雨がほとんど降らない。したがって，イのグラフが都市Ａの気候となる。なお，都市Ｂは熱帯のサバナ気候に属し，一年中高温で雨季と乾季があるので，アのグラフが当てはまる。都市Ｃは亜寒帯〔冷帯〕気候に属し，冬の寒さが厳しく夏と冬の気温差が大きいので，エのグラフが当てはまる。都市Ｄは温帯の温暖湿潤気候に属し，気温に四季の変化があり降水量が多いので，ウのグラフが当てはまる。

問２＜世界の国々の特徴＞Ｗ．アフリカ大陸西部に位置するＷの国はコートジボワールで，ギニア湾に面した南部が熱帯雨林気候に属し，北部がサバナ気候に属する。また，カカオ豆の生産量が世界第１位で，世界の総生産量のおよそ４割を占めている(2021年)(…①)。　**Ｘ**．ヨーロッパ西部に位置するＸの国はフランスで，ヨーロッパの中でも農業が盛んな国であり，北部で大規模な栽培が行われている小麦の自給率は100％を大きく超えている。南部の地中海沿岸では，乾燥する夏にオリーブやぶどうなどを栽培し，比較的降水量の多い冬に小麦などを栽培する地中海式農業が行われており，ぶどうを加工したワインの生産も盛んである(…②)。　**Ｙ**．東南アジアの赤道直下に位置するＹの国はインドネシアで，人口が世界第４位で２億人を超えている(2021年)。エビは主要な輸出品の１つであり，マングローブ(熱帯地域で，満潮時に海水に覆われる河口付近などに育つ樹木)の林を切り開いた場所に養殖場が多くつくられている。また，プランテーションによる天然ゴムや油やしの生産も盛んである(…③)。　**Ｚ**．北アメリカ大陸に位置するＺの国はアメリカで，人口が世界第３位で３億人を超えている(2021年)。農業は，大型の機械を用いて少ない人手で広大な農地を耕作する企業的な経営の下，地域の自然環境に適した作物を集中的に栽培する適地適作が行われている(…④)。

問３＜中国の特徴と人口ピラミッド＞文章Ⅲは，「世界の工場」と呼ばれていること，2021年時点で人口が世界第１位であること，「一人っ子政策」が行われていたことなどから，中国について述べたものである。一人っ子政策は，一組の夫婦が持つ子どもの数を１人に制限する政策であり，1979年から2015年まで行われた。この政策の影響で，中国では少子高齢化が急速に進んでいる。したがって，一人っ子政策が始まる前に生まれた40歳代後半以上の世代に比べ，若い世代や子どもの人口が少ないⅡが中国の人口ピラミッドとなる。

３〔日本地理─日本の諸地域，地形図〕

問１＜都道府県の特徴＞Ａ．青森県の太平洋側の地域は，夏に北東から吹く冷涼なやませの影響により，稲などの農作物がうまく育たなくなる冷害の被害を受けることがある。青森市などでは，夏季にねぶた祭が行われ，多くの観光客が集まる(…③)。　**Ｂ**．京都府京都市には，平安時代から江戸時代まで都が置かれ，多くの寺社や歴史的な町並みが残る。戦国時代に町衆によって復興された祇園祭は，現在も毎年夏に行われている(…①)。　**Ｃ**．静岡県の富士市などでは，富士山麓の豊かな湧き水を利用した製紙・パルプ工業が発達している。静岡県は茶の生産量が全国第１位(2023年)であり，牧ノ原などの台地が主な産地となっている(…②)。　**Ｄ**．鹿児島県の桜島は，頻繁に噴火する火山であり，噴火の際には鹿児島市街に灰が降るなど生活への影響が大きい。鹿児島県を中心に広がるシラス台地は，火山噴出物が積もってできた台地で水持ちが悪いが，現在では農業用水が整備され，畑作や畜産が盛んに行われている(…④)。

問２＜都道府県の統計＞略地図中のWは新潟県，Xは群馬県，Yは和歌山県，Zは福岡県である。まず文章Ⅱは，文中に「筑紫平野」とあることから福岡県について述べたものである。次にⅠの表のうち，アは米の生産量が最も多いことから，米の生産量が全国第１位(2023年)の新潟県である。イは人口が最も多く，小麦や大豆の生産量が多いことから，福岡市や北九州市などの大都市があり，米の裏作として小麦や大豆を栽培する二毛作が行われている福岡県である。ウは夏秋キャベツの生産量が最も多いことから，嬬恋村など夏でも冷涼な高原地域でキャベツの生産が盛んな群馬県である。エは人口が最も少ないことなどから和歌山県である。

問３＜地形図の読み取り＞住宅地の周囲には田(ıı)や畑(∨)が見られる(A…正)。また，住宅地のそばに２か所の老人ホーム()が見られる(B…正)。

4〔歴史―古代～現代の日本と世界〕

問１＜年代整序＞年代の古い順に，ウ(東大寺の大仏の造立―奈良時代)，ア(中尊寺金色堂の造営―平安時代)，エ(慈照寺銀閣の造営―室町時代)，イ(参勤交代の制度化―江戸時代)となる。

問２＜鎌倉時代の土地制度＞元寇は，元の大軍が1274年(文永の役)，1281年(弘安の役)の２度にわたって九州北部に攻め寄せた出来事である。元寇では，元軍を退けたとはいえ新たな土地を得られたわけではなかったため，鎌倉幕府は御家人に恩賞となる土地を与えることができず，御家人の間に不満が高まった。また，この頃には分割相続(あと継ぎ以外の子どもにも領地を分けて相続させること)の繰り返しによって御家人の領地が小さくなり，生活に困る御家人が増えていた。このような中で，幕府は1297年に徳政令〔永仁の徳政令〕を出し，御家人が売ったり質に入れたりした土地を無償で返却することを命じたが，効果は上がらず，かえって政治の混乱を招いた(④…○)。なお，①は安土桃山時代，②は奈良時代，③は飛鳥時代から平安時代の様子を述べたものである。

問３＜八幡製鉄所＞八幡製鉄所は，日清戦争(1894～95年)で得た賠償金の一部を使って北九州に建設され，1901年に操業を開始した。したがって，設立された時期は略年表中のエ，場所は略地図中のDとなる。

問４＜第二次世界大戦後の日本の防衛・国交＞朝鮮戦争が始まった1950年にGHQ〔連合国軍最高司令官総司令部〕の指令に基づいて創設された警察予備隊は，1952年には保安隊となり，1954年には自衛隊となった(①…○)。なお，日本は，アメリカを中心とする資本主義陣営の一員となった(②…×)。第４次中東戦争をきっかけに石油危機が起こったのは1973年であり，最初の東京オリンピックが開かれたのは高度経済成長期の1964年である(③…×)。非核三原則は，核兵器を「持たず，つくらず，持ちこませず」というものである(④…×)。

5〔公民―社会保障制度と社会権〕

問１，２＜社会保障制度＞日本の社会保障制度(…A)は，社会保険，公的扶助，社会福祉，公衆衛生の４つを柱として整備されている。このうち社会保険(…B)は，毎月保険料を支払い，けがや病気で働けなくなったときなどに給付を受けることができる仕組みである。公的扶助(…C)は，収入が少なく生活に困っている人に生活費などを支給する生活保護を行う仕組みである。社会福祉(…D)は，高齢者や子どもなど社会的に立場が弱くなりやすい人を支援する仕組みである。なお，公衆衛生は，感染症予防や公害対策などを行う仕組みである。

問３＜社会権と生存権＞社会権（…Ｅ）は，人間らしい生活を送ることを保障される権利である。このうち生存権（…Ｆ）は，社会権の基本となる権利で，日本国憲法第25条に「健康で文化的な最低限度の生活を営む権利」と規定されている。

問４＜労働基本権＞社会権には，使用者よりも弱い立場にある労働者を守るための権利である労働基本権（…Ｇ）が含まれる。労働基本権は，労働組合をつくる権利である団結権（…Ｈ），労働組合が使用者と交渉する権利である団体交渉権，要求を通すためにストライキなどを行う権利である団体行動権からなる。なお，勤労の権利は人々が職業に就いて働く権利であり，これも社会権に含まれる。

6〔公民―政治〕

問１，２＜議院内閣制＞議院内閣制をとる日本では，行政権を担う内閣（…Ａ）は，国権の最高機関である国会（…Ｂ）の信任に基づいて成立し，国会に対して連帯して責任を負う。そのため，内閣の長である内閣総理大臣〔首相〕は，国会によって国会議員の中から指名される。内閣を信任できないと判断した場合，衆議院は内閣不信任決議を行うことができる。衆議院で内閣不信任決議が可決された場合，内閣は10日以内に衆議院を解散（…Ｄ）するか，総辞職（…Ｃ）しなければならない。衆議院が解散された場合には，解散の日から40日以内に衆議院議員総選挙が行われる。衆議院議員総選挙が行われた後，それまでの内閣は必ず総辞職し，国会によって指名された新たな首相のもとで新しい内閣が組織される。

問３＜選挙の基本原則＞現在の日本の選挙は，一定の年齢に達した全ての国民が選挙権を持つ普通選挙（…Ｅ），１人が１票を持つ平等選挙（…Ｆ），代表を有権者が直接選出する直接選挙，無記名で投票を行う秘密選挙の４つの基本原則に基づいて行われている。

問４＜選挙制度＞１つの選挙区から１人の議員を選ぶ選挙制度を小選挙区制（…Ｇ），１つの選挙区から２人以上の議員を選ぶ選挙制度を大選挙区制という。また，各政党の得票に応じて議席を配分する選挙制度を比例代表制（…Ｈ）という。日本の衆議院議員総選挙では，小選挙区制と比例代表制を組み合わせた小選挙区比例代表並立制がとられている。

理科解答

1　問１　④　　問２　③　　問３　③
　問４　(1)…①　(2)…④
　問５　(1)…③　(2)…①　(3)…②

2　問１　(1)…③　(2)…④
　問２　(1)…⑥　(2)…②　　問３　⑤
　問４　(1)…⑤　(2)…⑤　(3)…④

3　問１　⑥
　問２　(1)…⑤　(2)…②
　　(3)…②，③，⑤，⑦
　問３　(1)…④　(2)…⑥　(3)…⑦　(4)…⑧

4　問１　④　　問２　②　　問３　④
　問４　(1)…①　(2)…④
　問５　(1)…①　(2)…③　(3)…②

1　〔小問集合〕

問１＜音＞モノコードの弦を細いものに変えると，振動数が大きくなるため音は高くなり，強くはじくと振幅が大きくなるため音は大きくなる。このとき，波形は④のように，図２よりも波の数が多く，上下の振幅が大きくなる。

問２＜磁界＞問題の図３で，導線に電流を流すと，右図１のように，導線を中心とした同心円状の磁界ができ，磁界の向きは電流が流れる向きに対して右回りにできる。このとき，ａ点に置かれた方位磁針のＮ極が指す向きは，③のように磁界の向きと一致する。

図１

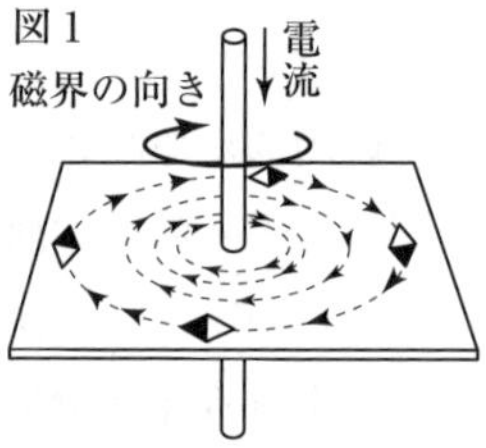

問３＜力の分解＞右下図２のように，重力を表す矢印を対角線とし，㋐，㋑の２方向を２辺とする平行四辺形をつくったとき，作用点を含む２辺がそれぞれの方向の分力となる。図２では，重力と㋐の方向の分力を２辺とする三角形と，重力と㋑の方向の分力を２辺とする三角形はともに，問題の図５のような１つの鋭角が30°の直角三角形になり，３辺の比は，1：1.7：2である。また，100gの物体にはたらく重力の大きさが１Ｎより，質量が500gの物体にはたらく重力の大きさは，$500\div100\times1=5$(N)である。よって，重力と，重力の㋐の方向の分力の大きさの比は２：１だから，㋐の方向の分力の大きさは，$5\times\frac{1}{2}=2.5$(N)となり，重力と，重力の㋑の方向の分力の大きさの比は2：1.7だから，㋑の方向の分力の大きさは，$5\div2\times1.7=4.25$より，約4.3Nとなる。

図２

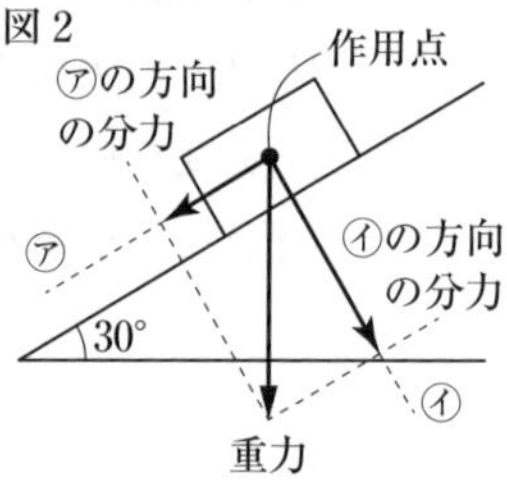

問４＜回路＞(1)図６の直列回路では，V_1とV_2の区間の電圧の和はVの区間の電源の電圧に等しくなるから，$V=V_1+V_2$の関係が成り立つ。一方，図７の並列回路では，V_1とV_2の区間の電圧はVの区間の電源の電圧に等しくなるから，$V=V_1=V_2$の関係が成り立つ。　(2)図８は，直列回路だから，同じ種類の豆電球Ａ，Ｂ，Ｃを流れる電流の大きさは等しい。よって，豆電球Ａ，Ｂ，Ｃは，どれも同じ明るさである。

問５＜物体の運動＞(1)図９で，斜面上を台車Ａが下っていくとき，速さは大きくなり，速さが大きいほど運動エネルギーは大きいので，台車が持っている運動エネルギーは増加する。なお，斜面の傾きは一定なので，台車にはたらく斜面方向の力の大きさ，つまり，重力の斜面方向の分力の大きさは一定である。また，位置エネルギーは物体の位置が高いほど大きく，斜面上を台車Ａが下っていくとき，位置エネルギーは運動エネルギーに移り変わるので，台車が持っている位置エネルギーは減少する。位置エネルギーと運動エネルギーの和を力学的エネルギーといい，その大きさは一定である。　⑵図10より，傾きを大きくした斜面の方が，0.1秒ごとに切り離したテープの長さの増え方が大きいから，台車の速さが変化する割合が大きいことがわかる。これは，斜面の傾きを大きくすると，台車にはたらく重力の斜面方向の分力が大きくなるためである。　⑶実験２で，台車Ａが台車Ｂに当たると，台車Ｂは右に動き出すが，金属球は静止の状態を保とうとするため，台車Ｂの後に取り付けられたアの板に衝突する。このとき，金属球が静止の状態を保とうとした性質を慣性という。

２〔小問集合〕

問１＜銅の酸化＞⑴空気中で銅2.8gを加熱して質量が3.2gになったので，銅と結びついた酸素の質量は，3.2－2.8＝0.4(g)である。銅と酸素は４：１の質量比で結びつくので，0.4gの酸素と結びついた銅の質量は，0.4×4＝1.6(g)である。よって，このときできた酸化銅の質量は，1.6＋0.4＝2.0(g)である。　⑵⑴より，酸素と結びついた銅の質量は1.6gだから，未反応の銅の質量は，2.8－1.6＝1.2(g)である。

問２＜炭酸水素ナトリウム＞⑴表１より，8.4gの炭酸水素ナトリウムＡに加えるうすい塩酸Ｂの体積を10.0cm^3，20.0cm^3，30.0cm^{3}と変化させると，発生した気体の体積は100cm^3，200cm^3，300cm^{3}と変化するので，発生した気体の体積は加えたうすい塩酸Ｂの体積に比例している。このとき，うすい塩酸Ｂは全て炭酸水素ナトリウムと反応している。また，加えたうすい塩酸Ｂの体積を40.0cm^3，50.0cm^{3}と変化させると，発生する気体の体積は365cm^{3}と一定になるので，このとき，8.4gの炭酸水素ナトリウムＡは全て反応している。よって，うすい塩酸10.0cm^{3}が炭酸水素ナトリウムＡと過不足なく反応すると，気体が100cm^{3}発生し，うすい塩酸Ｂと8.4gの炭酸水素ナトリウムＡが過不足なく反応すると，気体が365cm^{3}発生するから，8.4gの炭酸水素ナトリウムＡと過不足なく反応するうすい塩酸Ｂの体積をx cm^{3}とすると，10.0：x＝100：365が成り立つ。これを解くと，x×100＝10.0×365より，x＝36.5(cm^3)となる。したがって，8.4gの炭酸水素ナトリウムＡを全て溶かすためには，うすい塩酸Ｂは少なくとも36.5cm^{3}必要である。また，発生した気体は石灰水を白くにごらせたので，二酸化炭素である。二酸化炭素は空気より重く，水に少し溶けて酸性を示す。　⑵炭酸水素ナトリウムＡ8.4gに，濃度がうすい塩酸Ｂの半分の塩酸Ｃを加えるとき，発生する気体の体積は最大で365cm^{3}である。また，炭酸水素ナトリウムＡ8.4gを全て溶かすのに必要な塩酸Ｃの体積は，うすい塩酸Ｂの体積の２倍で，⑴より，36.5×2＝73.0(cm^3)となる。よって，適切なグラフは②である。

問３＜塩酸＞実験１で組み立てた装置は，電子オルゴールの音を鳴らしたので，電池としてはたらいている。電池は，うすい塩酸のような電解質の水溶液に，２種類の金属が必要なので，２枚の金属板の組み合わせは亜鉛板と銅板となる。実験２で，BTB溶液をひたしたろ紙にうすい塩酸を滴下すると，うすい塩酸は酸性なので，ろ紙の色は黄色に変化する。また，酸性の水溶液に含まれる酸性を示す原因となるイオンは，水素イオン(H^+)である。H^+は＋の電気を帯びた陽イオンなので，ろ紙に10Vの電圧を加えると陰極側に移動し，ろ紙の変化した色も陰極側に移動する。

問４＜溶解度＞⑴実験１で，50℃の水100gに物質Ａ，Ｂはどちらも全て溶け，表より，50℃の水100gに物質Ａは36.5gまで，物質Ｂは35.8gまで溶けることから，ビーカーに入れた物質の質量は

35.8gより少ない。また，10℃の水100gに物質Ａは35.8gまで，物質Ｂは8.0gまで溶けるので，10℃まで冷やすと結晶が現れるのは，溶ける限度の質量が少ない物質Ｂで，ビーカーに入れた物質の質量は8.0gより多い。よって，ビーカーに入れた物質の質量として適切なものは，20gである。
⑵実験２で得られた結晶はろ過を行って分離する。ろ過は液体と固体を分離する操作で，(オ)のろうと台に(キ)のろうとを設置し，ろうとの先の長い方を(カ)のビーカーの内壁につけ，(ソ)のガラス棒の先をろ紙の折り曲げて重なった部分に当て，ろ過する液をガラス棒に伝わらせて静かに注ぐ。　⑶表より，60℃の水200gに物質Ａは，$36.6\times\frac{200}{100}=73.2$(g)まで溶ける。よって，60℃の水200gに物質Ａを溶かしてつくった飽和水溶液の質量パーセント濃度は，〔質量パーセント濃度(%)〕=〔溶質の質量(g)〕÷(〔溶媒の質量(g)〕+〔溶質の質量(g)〕)×100より，73.2÷(200+73.2)×100=26.79…となるから，約26.8%である。また，表より，物質Ｂは，水100gに60℃のとき56.0gまで，30℃のとき16.0gまで溶ける。したがって，60℃の水200gに物質Ｂを溶かしてつくった飽和水溶液を30℃まで冷やしたときに得られた物質Ｂの結晶の質量は，56.0×2−16.0×2=80.0(g)である。

3 〔小問集合〕

問１＜遺伝の規則性＞体色を赤にする遺伝子をＲ，白にする遺伝子をＷとすると，赤い体色の純系の親が持つ遺伝子の組み合わせはRR，白い体色の純系の親が持つ遺伝子の組み合わせはWWである。これらをかけ合わせると，子は両親から遺伝子を受け継ぐので，遺伝子の組み合わせはRWになり，これが全て赤い体色になったことから，赤が顕性形質で白が潜性形質である。次に，赤い体色で遺伝子の組み合わせがRWの個体と，白い体色で遺伝子の組み合わせがWWの個体をかけ合わせると，生じた全ての昆虫の遺伝子の組み合わせと数の比は，右表１のようにRW：WW=2：2=1：1になる。これより，図12の昆虫(Ａ)の体色と数の比は，赤：白=1：1である。昆虫(Ａ)を，それぞれ白い体色の個体とさらにかけ合わせると，生じた全ての昆虫の遺伝子の組み合わせと数の比は，右表２のように，RW：WW=2：6=1：3となる。よって，図12の昆虫(Ｂ)の体色と数の比は，赤：白=1：3になる。

表１

	W	W
R	RW	RW
W	WW	WW

表２

	W	W
R	RW	RW
W	WW	WW

	W	W
W	WW	WW
W	WW	WW

問２＜動物の分類＞⑴①の特徴を持つ生き物は，Ｃオオカマキリ(昆虫類)のみである。②の特徴を持つ生き物は，Ｆマイマイ(軟体動物)とＧアカミミガメ(ハ虫類)である。Ｆは外とう膜の変化した肺で呼吸を行う。なお，Ａアカハライモリ(両生類)とＥツノガエル(両生類)の成体は，肺で呼吸するが，それだけでは不十分で皮膚でも呼吸する。また，幼生は肺で呼吸しない。そのため，主に肺で呼吸するとはいえない。③の特徴を持つ生き物は鳥類と哺乳類で，Ａ～Ｇの生き物の中にはいない。④の特徴を持つ生き物は，Ｆマイマイ(軟体動物)のみである。⑤の特徴を持つ生き物は，Ａアカハライモリ(両生類)とＤシマドジョウ(魚類)，Ｅツノガエル(両生類)，Ｇアカミミガメ(ハ虫類)である。⑥の特徴を持つ生き物は，Ｂヌマエビ(甲殻類)，Ｃオオカマキリ(昆虫類)である。⑦の特徴を持つ生き物は哺乳類で，Ａ～Ｇの生き物の中にはいない。以上より，Ａ～Ｇを最も多く含むものは⑤である。　⑵ツノガエルは両生類で，幼生のオタマジャクシはえらと皮膚で呼吸し，成体は肺と皮膚で呼吸する。そのため，該当する異なる特徴は②になる。　⑶ハムスターは哺乳類で，背骨(内骨格)を持ち，肺で呼吸を行い，胎生の恒温動物である。よって，該当する特徴は②，③，⑤，

⑦である。

問３＜植物のつくりとはたらき＞⑴ウ…正しい。　ア…誤り。細胞壁は細胞膜の外側にあるつくりである。　イ…誤り。ミトコンドリアはエネルギーをつくり出すはたらきを持ち，動物細胞も植物細胞も持っている。　⑵イ，ウ…正しい。　ア…誤り。植物は昼も夜も呼吸を行っているが，光合成は光が当たらない夜には行えない。　⑶ア，ウ…正しい。　イ…誤り。道管は根から吸収した水や水に溶けた養分が通る管で，師管は葉でつくられた栄養分が運ばれる管である。　⑷ア，イ，ウ…正しい。

4〔小問集合〕

問１＜地球＞夜空の星が，北極星を中心にして円を描くように移動して見えるのは，地球が自転しているためである。よって，誤っているものは④である。

問２＜星の日周運動＞図13で，星は，東から上り，南の空を通って西に沈むように見える。この星の見かけの動きは，地球が地軸を軸にして，北極星の側から見て反時計回りに１日に１回転しているために起こる。

問３＜火成岩＞火成岩の色は，含まれている鉱物の割合によって決まり，無色鉱物を多く含むと白っぽくなり，有色鉱物を多く含むと黒っぽくなる。よって，正しいものは④である。なお，深成岩は，マグマが地下の深い所でゆっくりと冷え固まったもので，大きな鉱物が組み合わさった等粒状組織というつくりを持つ。一方，火山岩は，マグマが地上や地表付近で短時間に冷え固まった火成岩で，細かな粒（石基）の間に比較的大きな鉱物（斑晶）が散らばった斑状組織というつくりを持つ。また，セン緑岩は深成岩の１つで，無色鉱物の長石や，有色鉱物のカクセン石とキ石を多く含む。

問４＜地震＞⑴図14で，震源からの距離が同じ場所に，先に到着する地震波Ａは初期微動を伝えるＰ波であり，後に到着する地震波Ｂは主要動を伝えるＳ波である。震源から160kmの地点に，地震波Ａは，７時26分30秒－７時26分10秒＝20（秒）で伝わり，地震波Ｂは，７時26分50秒－７時26分10秒＝40（秒）で伝わる。よって，地震波Ｂの伝わる時間は，地震波Ａの伝わる時間の，40÷20＝2（倍）なので，地震波Ｂの速さは，地震波Ａの速さの，$\frac{1}{2}=0.5$（倍）である。　⑵初期微動が始まってから主要動が始まるまでの時間が初期微動継続時間である。よって，図14より，地震波Ａと地震波Ｂの到着した時刻の差が20秒間だったのは，震源から160kmの地点である。

問５＜日本の気象＞⑴低気圧の中心付近では上昇気流が生じ，①のように風が周りから反時計回りにふき込んでいる。なお，高気圧の中心付近では下降気流が生じ，④のように風が周りに時計回りにふき出している。　⑵図16で，天気記号◎はくもりを表し，矢羽根が北西方向に伸びているので，風向きは北西である。なお，矢羽根の数が４本なので，風力は４である。　⑶冬には，大陸上に冷たく乾燥したシベリア気団が発達し，寒冷の空気が北西の季節風となって日本にふきつける。よって，最も適切なものは②である。なお，①は梅雨や秋雨の天気であり，③は夏の天気，④は春と秋の天気である。

2024年度／国学院高等学校（一般第３回）

国語解答

一 問一 ③　問二 a…④ b…③
問三 ①　問四 ④　問五 ①
問六 ④，⑤　問七 ③

二 問一 a…② b…③　問二 ①
問三 ③　問四 ②　問五 ①
問六 ②　問七 ②

三 問一 ②　問二 ①，⑦　問三 ⑤
問四 ④　問五 ⑤　問六 ⑤
問七 F…② G…③　問八 ④

四 (1) ④　(2) ①　(3) ①　(4) ②
(5) ①　(6) ④　(7) ①　(8) ③

一〔論説文の読解―哲学的分野―人生〕出典：内田樹『疲れすぎて眠れぬ夜のために』「心耳を澄ます」。

≪本文の概要≫「すぐに幸せになれる」というのは，一種の能力であり，生存戦略上，この能力は，明らかに有利である。これまではその逆の，欲望が満たされずに常に飢えている人間が，僕たちの生きるモデルだった。しかし僕は，もう，そういう生き方はやめた方がいいと思う。僕は，学生たちによく，「君たちにはほとんど無限の可能性がある。でも，可能性はそれほど無限ではない」と言う。自分の可能性を信じるのはとてもよいことだが，可能性を信じすぎて，できないことをやろうとするのは，よいことではない。精神的にも体力的にも，使える資源には限界がある。目標を適度に設定し，資源を分配する先に優先順位をつけないと，人間は壊れてしまう。自分の可能性を最大化するためには，自分の可能性には限界があることを知っておく必要がある。自分の可能性を伸ばすためには，自分の可能性を大切にすることが必要である。僕たちの可能性を殺すのは，その可能性にあまりに多くの期待を寄せる僕たち自身なのである。

問一＜文章内容＞「いつでもすぐ次の場所へ行ける状態」でいるためには，「あまりものを持たない」ことが大切である。「ぼく」は，「欲望の充足ラインを低めに設定」して，「物欲を満たそう」とすることからくる不充足感が募る状態から逃れ，ちょっとしたことで，「すぐに幸せになれる」ような状態を保っている。

問二．a＜四字熟語＞「刻苦勉励」は，非常に苦労して学問などに励むこと。　b＜語句＞「匙加減」は，ちょうどよい程度に調節すること。

問三＜文章内容＞「向上心を持つ」ことは，「ある意味では『満たされない欲望に灼かれる』ということ」であるが，自分の可能性を信じすぎて無理をすると，人間は，精神的にも身体的にも壊れてしまう。そんな生き方をするよりは，「自分の可能性には限界があるということ」を知り，「自分の可能性を『たいせつにする』」方が，「自分の可能性を伸ばす」ことができると，「ぼく」は考えている。

問四＜文章内容＞人間の壊れ方には「いろいろな形態」があるが，典型的なのは，「自分とは違う人間，ここと は違う場所，今とは違う時間」の方に，「今」という時間に「ここ」という場所にいる「自分」という人間よりも，「強いリアリティを感じてしまうこと」である。

問五＜文脈＞「可能性は無限であると信じている人」は，「私にはあれもできるはずだ，これもできるはずだ，といろいろな課題を抱え込んで」しまう。「確かに，やろうと思えばできないことはない」が(…エ)，でも，それを「『一気に』達成するのは無理」である(…ア)。「受験勉強のように『ゴール』が見えているプロセスの場合は，短期的に心身の限界を超えるような負荷を自分にかけること」はできるが(…イ)，でも，それを「数年とか十数年にわたって続けること」はできない(…ウ)。そんなことをしたら，人間は「誰だって壊れ」るのである。

問六＜文章内容＞「さまざまな『試練』を愛情に与えて，それを生き延びたら，それが『ほんとうの愛情』だ，というようなことを考える」人もいるが，これは「間違って」おり(③…○)，ほとんどの愛情は，そんなことをすれば「すぐに枯死してしまう」だろう(①…○)。愛情は，「ていねいに慈しんで，育てることによってはじめて『風雪に耐える』ほどの勁さを持つようにもなる」のである(②…○)。

問七＜要旨＞これまでは，「『いくら欲しいものを手に入れても，欲望が満たされずにつねに飢えている人間』がぼくたちの生きるモデル」であり，「『もう一ランク上の自分』を志向する人間」を「家庭も学校もメディアも『望ましい人間』として推奨して」いた。しかし，「ぼくたち」は「目標を適度に設定し，資源を分配する先に優先順位」をつけていくことを覚えるべきであり，「ずっと不充足感に悩み，達成できないというストレスに苦しみ続ける」ような人生は送るべきではない。

二〔**小説の読解**〕出典：浅田次郎『うらぼんえ』(『鉄道員』所収)。

問一＜語句＞ａ．「甲斐性」は，物事をなしとげようとする，頼もしい気性のこと。また，よく働いて，お金をかせぎ，生計を立てる能力のこと。　ｂ．「暇乞い」は，別れの挨拶をすること。

問二＜慣用句＞「腫れ物にさわるよう」は，機嫌を損ねないように，恐る恐る接するさま。

問三＜心情＞祖父は，「いっぺんもまちがったこと言わなかったし，誰にも負けなかった」ので，ちえ子は，祖父が邦男との関係を修復してくれるだろうと信じていた。それなのに，「すっぱりと別れてやれ」と言われたので，ちえ子は驚き，「納得できない」と思ったのである。

問四＜心情＞ちえ子がまだ邦男を愛しており，別れたくないと思っていることを，祖父は知った。しかし，邦男がちえ子に未練はないと言っている以上，二人の関係がもとどおりになることはない。祖父は，自分がちえ子のために何もしてやれず，別れるようにと言うことしかできないことが，情けなかったのである。

問五＜文章内容＞祖父に死なれてから，ちえ子は，ずっと苦労しながら一人で「頑張って」きた。そのことを祖父に認めてもらったことで，ちえ子は，自分が「取り返しのつかない思いちがいから夫を愛してしまったような気」がした。また，祖父は，自分がちえ子を不幸にしてしまったことを悔やみ，親のいない「不憫な子供」をつくってはいけないと思っていた。ちえ子は，祖父の気持ちを知り，さらに昔のように「頭を撫でて」もらったことで，邦男や浮気相手への嫉妬がなくなったのである。

問六＜心情＞祖父は，ちえ子には，自分から邦男との離縁を提案したように言っていたが，実際には，邦男の親族に頭を下げて，どうか離縁させないでくれと頼み込んでいた。それを聞いて，ちえ子は，祖父に対して申し訳ないと思うと同時に，自分のためにそこまでしてくれた祖父への感謝を感じて，涙があふれないように「目をきつく閉じ」たのである。

問七＜心情＞①邦男が浮気をしたにもかかわらず，ちえ子がいまだに夫を愛していることを知って，祖父は，ちえ子を「かわいそう」だと思った(…×)。　②「おめえはよく頑張ったなあ」という祖父の言葉を聞いて，ちえ子は，自分ががんばってきたことを実感するとともに，「取り返しのつかない思いちがいから夫を愛してしまったような気」がして動揺し，祖父にすがりついた(…○)。③話し合いの結果，ちえ子が落ち着いてきたので，祖父も，多少安心し，憎まれ口をたたいて帰っていった(…×)。　④ちえ子が自分の祖父を「頑固者」と言ったので，兄嫁は，意外に感じた(…×)。　⑤ちえ子は，他の親族に冷たい対応をされたために，自分をとてもかわいがってくれた邦男の祖父のことがいっそう思いやられて泣いた。ちえ子の努力は，報われてはいない(…×)。

三〔**古文の読解―説話**〕出典：無住法師『沙石集』巻第九ノ二十五。

≪現代語訳≫ある人の家の門前に，女人が来た。美しい姿である。主人が，「どういう人か」と尋ねると，女人は答えて，「私は功徳天という。(私が)行く先々にはめでたいこと・幸福と利益だけが訪れる」と言う。主人は，喜んで(女人を)招き入れる。すぐにまた女人がやってくる。醜い姿で，服装は汚らしかった。(主人が)「どういう人か」と尋ねると，「私は黒闇女という。(私が)行く先々には不吉なこと・災害だけが訪れる」と言う。主人が，これを聞いて，「すぐに立ち去ってくれ」と言うと，女人は，「お前は，愚か者だ。先ほどの女人は私の姉だ。(私は)ほんの少しの間も(姉から)離れない。姉を愛するなら私も愛しなさい。私を嫌うなら姉も嫌いなさい」と言う。主人が，家の中に入って(姉に)このことを尋ねると，姉の言葉も違わなかったので，二人一緒に追い出した。(この姉妹は)また連れ立って，他の人の家に入る。(その家の)主人は，このことを聞いたが，姉を愛したので妹もとどまらせた。／この比喩は，生きることと出会うことは〈姉〉のようである。死ぬことと別れることは〈妹〉に似ている。生と死の理，会うことと離れることの定めは，必ず一緒である，生まれた者は必ず死に，出会った者は必ず別れて離れる。よって菩薩は生という死の因になるものを断ち，死の苦しみをも手放し，〈会う〉喜びを愛さず，〈別れる〉嘆きもない。仏教の教えを解さない凡人は生を愛して，死を憎み，会うことを喜んで，別れることを嫌がるのである。

問一＜語句＞「生死の理」と「条理」の「理」は，物事の筋道，という意味。「受理」「管理」「理髪」「整理」の「理」は，収める，整える，という意味。

問二＜歴史的仮名遣い＞歴史的仮名遣いの「づ」は，現代仮名遣いでは「ず」になることが多い(…①)。歴史的仮名遣いの「eu」は，現代仮名遣いでは原則として「you」になるため，「てふ」は「ちょう」になる(…⑦)。

問三＜古文の内容理解＞黒闇女は，「姉を愛せば我をも愛せよ。我を厭はば姉をも厭ふべし」と言った。Aは，黒闇女の言葉の後半に従って功徳天と黒闇女を追い出し，Dは，前半に従って二人を家にとどめた。

問四＜古文の内容理解＞「生死」と「会離」が必ず一緒であるように，めでたいことや幸福と利益をもたらす功徳天と，不幸と災害をもたらす黒闇女は，固く結びついていて切り離すことはできない。だから，黒闇女は，姉を愛するなら私も愛し，私を嫌うなら姉も嫌いなさいと言ったのである。

問五＜古文の内容理解＞主人が姉の功徳天に確認したところ，姉も，妹の黒闇女と同じく，姉妹は常に離れないということを話したのである。

問六＜古文の内容理解＞「この事」とは，美しい功徳天を愛して，めでたいことや幸福と利益を受け取るなら，醜い黒闇女も愛して，不幸や災害も受け入れなければならない，ということである。

問七＜古文の内容理解＞人が喜ぶ生きることと出会うことは，「姉」の功徳天のようであり(…**F**)，人が嫌う死ぬことと別れることは，「妹」の黒闇女に似ているのである(…**G**)。

問八＜古文の内容理解＞出会った者とは必ず別れるのが，世の常であるので，菩薩は，別れのもととなる出会いの喜びを愛さず(…H)，別れることを嘆かない(…Ｉ)。一方，凡人は，出会うことを喜んで，別れることを嫌がる。

四〔漢字〕

(1)「享受」と書く。①は「写経」，②は「偏狭」，③は「活況」，④は「享楽」，⑤は「矯正」。　**(2)**「稼(ぐ)」と書く。①は「稼働〔動〕」，②は「架橋」，③は「災禍」，④は「渦中」，⑤は「果敢」。**(3)**「貢(ぐ)」と書く。①は「貢献」，②は「校正」，③は「専攻」，④は「振興」，⑤は「公募」。　**(4)**「因果」と書く。①は「隠居」，②は「因習」，③は「強引」，④は「陰湿」，⑤は「寺院」。　**(5)**「搭乗」と書く。①は「搭載」，②は「掃討」，③は「抵当」，④は「登用〔庸〕」，⑤は「口頭」。　**(6)**「嫌疑」と書く。①は「賢明」，②は「堅調」，③は「検知」，④は「嫌悪」，⑤は「険悪」。　**(7)**「遍歴」と書く。①は「普遍」，②は「偏見」，③は「辺境」，④は「再編」，⑤は「破片」。　**(8)**「起伏」と書く。①は「服従」，②は「複写」，③は「降伏〔服〕」，④は「報復」，⑤は「副業」。

2024年度 国学院高等学校（推薦）

【英　語】（30分）〈満点（推定）：50点〉

1　次の英文を読み，後の問に答えなさい。

Sugriva, the Monkey King, watched two young men. They walked bravely, and they had fine swords. But they wore old clothes, and they were very tired. What did they want ? And why were they in Kishkindha, the country of the monkeys ?

"Hanuman," said Sugriva to his friend. "Can you change into a man ? Go and talk to them. What do they want ?"

Hanuman changed from a monkey into a poor man (　1　) old clothes. He walked up to the two men.

"[　　A　　]" Hanuman asked. "You have fine clothes, but they are old. Are you kings or poor men ? Why are you here in Kishkindha ?"

"I am Rama," said one of the men. "And this is my younger brother Lakshmana. We are hunting the bad king Ravana. He has my wife, Sita. She is his *prisoner."

"These are good men," thought Hanuman. "And I want to help them. King Ravana is a terrible man. (あ)(① him　② because　③ are　④ the gods　⑤ afraid　⑥ of) he is a demon with ten heads and twenty arms."

"Can you help King Sugriva first ?" asked Hanuman. "Then we can help you to find your wife. I am Hanuman, and I have many powers." Hanuman was now a monkey again.

"[　　B　　]" asked Rama.

"Sugriva is fighting his brother's army," said Hanuman. "Help Sugriva first, and then you can use his army. The monkeys fight well, and they can help you."

Rama and Lakshmana fought with Sugriva's army. Then Sugriva's brother ran away.

Now Sugriva's armies could help Rama. Across the country, millions (　2　) monkeys looked for Sita. After many days they came to a great sea.

A bird flew over the sea. "Across this sea is Lanka, the country of demons," said the bird. "I saw Ravana. He took a woman to Lanka. She was very beautiful."

"The woman was Sita," said Rama.

"But (い)how do you cross the sea ?" asked the monkeys.

"My father is god of the wind," said Hanuman. "I can jump across the sea to Lanka !"

His body grew bigger and bigger, and his tail grew longer and longer. Now Hanuman was taller than a tree. He climbed to the top of a high mountain, and he jumped across the sea.

Then a terrible demon jumped up out of the water ! It took Hanuman's tail in his mouth and tried to eat him. Hanuman killed the demon. He went across the sea again, and he came to Lanka.

Hanuman saw the lights of the demons' city. He changed again. He was now a very small animal, and he looked everywhere for Sita. After many hours he found her and changed into a monkey again.

Sita was Ravana's prisoner, and she was very sad. "Why are you here, monkey ?" she asked.

"I am here for your (　3　) Rama," said Hanuman. "I have this ring from him."

"[　　C　　]" asked Sita.

"He will come in a day or two," said Hanuman.

Hanuman went outside, and he grew very big again. He started to destroy the trees and the buildings in the city. The demons fought Hanuman, but he killed them easily.

"I am Hanuman!" he shouted. "I am the son of the wind. I kill my enemies, and I fight for Rama. (う)Ravana, you must give Sita to me or I will destroy your city."

"Never," shouted Ravana. Then he said to his demons, "Kill this monkey!"

The demons started a fire on Hanuman's tail, but he laughed. He moved his tail and then the fire was on all the buildings in Lanka.

"I'll be back," he shouted to Ravana. "And you'll be (　4　)!"

Then he jumped back across the sea. He put his tail in the sea and (　5　) the fire.

"Sita is in Lanka," Hanuman told Rama. "I talked to her and she's fine. And we can fight Ravana now. I killed a lot of demons and many buildings are burning. Lanka's armies cannot fight us."

"Then we must cross the sea and find Sita!" said Rama.

"And we must destroy the terrible demon Ravana!" said Lakshmana.

The monkey army destroyed many mountains, and they pushed them down into the sea. They made a road, and they walked across the sea to Lanka with Rama and Lakshmana.

The demons were ready and the two armies started to fight.

"I'm dying!" shouted Lakshmana.

Rama ran to his brother. "We need some special herbs from a mountain for Lakshmana," he said to Hanuman.

Hanuman jumped over the two armies and found a mountain. There were many different herbs on it. "(え)(① for　② herb　③ I　④ what　⑤ do　⑥ take) Lakshmana?" thought Hanuman. "I don't know. I'll take the mountain and the herbs."

Hanuman carried the mountain to Rama. Rama found the right herb and gave it to Lakshmana. Then Hanuman hit a demon with the mountain and killed it.

Ravana and Rama fought. But Rama had a special *bow and *arrow. One of his arrows hit Ravana and killed him. Then Ravana's army stopped (　6　) and ran away.

"Thank you for your good work," said Rama to Hanuman. "[　　D　　]"

Hanuman smiled and ran. He wanted to find Sita. "Not bad for a monkey," he thought. "Not bad!"

（注）　*prisoner　囚人，捕虜　　*bow　弓　　*arrow　矢

問1　空所（ 1 ）～（ 6 ）に入れるのに最も適切なものをそれぞれ次の①～④から１つずつ選び，指定された解答欄に番号をマークしなさい。

（ 1 ）　① at　② on　③ to　④ in

（ 2 ）　① to　② of　③ in　④ with

（ 3 ）　① brother　② father　③ son　④ husband

（ 4 ）　① correct　② sorry　③ happy　④ interesting

（ 5 ）　① stopped　② set　③ caught　④ took

（ 6 ）　① to fighting　② fighting　③ fight　④ to fight

問2　[A]～[D]に入るものとして最も適切なものを次の①～④から１つずつ選び，指定された解答欄に番号をマークしなさい。

① Is Rama coming for me ?　② Can you give the good news to Sita ?
③ Who are you ?　④ What can Lakshmana and I do for you ?

問3　下線部(あ)，(え)がそれぞれ次の意味になるように(　　)内の語(句)を並べ替えたとき，(　　)内で3番目と5番目に来るものを選び，指定された解答欄に番号をマークしなさい。ただし，文頭に来る語も小文字で示されている。

(あ) 10個の頭と20本の腕を持つ悪魔だから，神々は彼を恐れている。

(え) Lakshmanaのためにどんな薬草を持っていこうか。

問4　下線部(い)の質問に対する答えとして最も適切なものを次の①～⑤から1つ選び，指定された解答欄に番号をマークしなさい。

① Sitaから借りた船に乗って，海を渡る。　② 猿の兵士たちの作った道を通る。
③ 体を大きくして，海を飛び越える。　④ 鳥の背中に乗って，海を飛び越える。
⑤ 悪魔に変身して，海を泳いで渡る。

問5　下線部(う)の意味として最も適切なものを次の①～⑤から1つ選び，指定された解答欄に番号をマークしなさい。

① Ravanaは，Sitaを私に譲ってくれるに違いない。そうすれば，私は町を破壊してやる。
② Ravanaよ，お前はSitaを引き渡すべきだ。その後私は町を発展させてやろう。
③ Ravanaよ，Sitaを私に譲りさえすれば，お前の町を破壊してやる。
④ Ravanaよ，Sitaを私に引き渡さなければ，お前の町を破壊してやる。
⑤ Ravanaは，Sitaを私に引き渡すに違いない。そうすれば，私は町を発展させてやろう。

問6　本文の内容に一致するものを次の①～⑦から2つ選び，指定された解答欄に番号をマークしなさい。解答は，1つの解答欄に2か所マークすること。

① Sugriva told Hanuman to talk to two young men.
② Hanuman changed two young men into monkeys.
③ Sugriva lost in the battle against his brother.
④ Rama killed King Ravana without weapons.
⑤ The fire set on Hanuman's tail burned King Ravana.
⑥ Rama went to get herbs but he couldn't find them.
⑦ Hanuman and Rama saved Sita from King Ravana.

2　各英文の(　　)に入れるのに最も適切なものをそれぞれ次の①～④から1つずつ選び，指定された解答欄に番号をマークしなさい。

(1) She was satisfied (　　) what I said.
① on　② in　③ with　④ to

(2) Look at the man (　　) a big hat.
① wear　② wearing　③ wore　④ worn

(3) What were you (　　) when I went to your house ?
① did　② do　③ doing　④ done

(4) I was too young (　　) read the newspaper.
① to　② from　③ of　④ for

(5) Once there lived a king (　　) name was Richard.
① which　② whose　③ whom　④ who

3 各英文がそれぞれ日本語の意味になるように(　)内の語(句)を並べ替えたとき，(　)内で３番目と５番目に来るものを選び，指定された解答欄に番号をマークしなさい。ただし，文頭に来る語も小文字で示されている。

(1) 昨日，彼は少年たちに外出しないように言った。
He (① to go　② boys　③ told　④ the　⑤ not　⑥ out) yesterday.

(2) あなたが購入した家は丘の上に建っている。
The (① which　② bought　③ on　④ house　⑤ stands　⑥ you) a hill.

(3) 少し運動すれば，ぐっすり眠れるだろう。
(① you　② exercise　③ a good sleep　④ give　⑤ a little　⑥ will).

(4) 私は昨日しなければならない仕事がたくさんあった。
I (① to　② had　③ lot　④ a　⑤ work　⑥ of) do yesterday.

(5) この本は子どもでも読めるくらいやさしい。
This book (① easy　② children　③ enough　④ for　⑤ to　⑥ is) read.

【数　学】（30分）〈満点(推定)：50点〉

（注意）　1．定規，コンパス，分度器，電卓は使用しないこと。

2．問題の文中の $\boxed{\text{ア}}\boxed{\text{イ}}\boxed{\text{ウ}}$ などには，特に指示がない限り，ア，イ，ウ，……の一つ一つに数字(0～9)が一つずつ入ります。

3．分数形で解答する場合，それ以上約分できない形で答えなさい。

4．$\sqrt{\ }$ を含む形で解答する場合，$\sqrt{\ }$ の中に現れる自然数が最小となる形で答えなさい。

5．小数の形で解答する場合，必要に応じて，指定された桁まで0にマークしなさい。

次の $\square$ の中の「ア」から「ヲ」に当てはまる数字をそれぞれ答えなさい。

(1)　$\dfrac{6}{\sqrt{3}}=\boxed{\text{ア}}\sqrt{\boxed{\text{イ}}}$ であり，$\dfrac{6}{\sqrt{3}}\div\sqrt{\dfrac{4}{18}}=\boxed{\text{ウ}}\sqrt{\boxed{\text{エ}}}$ である。

(2)　$(2x-3)^2-(x^2+105)=\boxed{\text{オ}}x^2-\boxed{\text{カ}}\boxed{\text{キ}}x-\boxed{\text{ク}}\boxed{\text{ケ}}=\boxed{\text{コ}}(x+\boxed{\text{サ}})(x-\boxed{\text{シ}})$ である。

(3)　$\dfrac{(3a^2b)^2}{a^4b}+a^5b\div 2a^4b=\dfrac{\boxed{\text{ス}}}{\boxed{\text{セ}}}a+\boxed{\text{ソ}}b$ である。

連立方程式 $\begin{cases}\dfrac{\boxed{\text{ス}}}{\boxed{\text{セ}}}a+\boxed{\text{ソ}}b=3\\ a-2b=1\end{cases}$ の解は $a=\dfrac{\boxed{\text{タ}}}{\boxed{\text{チ}}}$，$b=\dfrac{\boxed{\text{ツ}}}{\boxed{\text{テ}}}$ である。

(4)　2次方程式 $x^2-4x+2=0$ の解は $x=\boxed{\text{ト}}\pm\sqrt{\boxed{\text{ナ}}}$ であり，この2つの解の積は $\boxed{\text{ニ}}$ である。

(5)　$a>0$ とする。直線 $y=-\dfrac{1}{2}x+a$ と x 軸，y 軸で囲まれた三角形の面積を S とする。$a=3$ のとき $S=\boxed{\text{ヌ}}$ であり，$S=25$ となるのは $a=\boxed{\text{ネ}}$ のときである。

(6)　関数 $y=ax^2$ のグラフ上の x 座標が -2，1の点をそれぞれA，Bとする。x の変域が $-2\leqq x\leqq 1$ のときの y の変域が $0\leqq y\leqq 16$ であるとき，$a=\boxed{\text{ノ}}$ であり，$\mathrm{AB}=\boxed{\text{ハ}}\sqrt{\boxed{\text{ヒ}}\boxed{\text{フ}}}$ である。

(7)　大小2つのさいころを同時に投げたとき，出た目の積が偶数になる確率は $\dfrac{\boxed{\text{ヘ}}}{\boxed{\text{ホ}}}$ であり，出た目の積が4の倍数になる確率は $\dfrac{\boxed{\text{マ}}}{\boxed{\text{ミ}}\boxed{\text{ム}}}$ である。

(8)　図1の円Oにおいて，$\angle x=\boxed{\text{メ}}\boxed{\text{モ}}^\circ$，$\angle y=\boxed{\text{ヤ}}\boxed{\text{ユ}}^\circ$ である。

(9)　図2の平行四辺形ABCDにおいて，AD∥EF，AG：GC＝2：5である。三角形AEGの面積を S_1，三角形CFGの面積を S_2，四角形AGFDの面積を S_3 とするとき，$\dfrac{S_1}{S_2}=\dfrac{\boxed{\text{ヨ}}}{\boxed{\text{ラ}}\boxed{\text{リ}}}$，$\dfrac{S_1}{S_3}=\dfrac{\boxed{\text{ル}}}{\boxed{\text{レ}}}$ である。

(10)　図3において，正六角形ABCDEFが半径6の円Oに内接しているとき，おうぎ形OABのうち小さい方の面積は $\boxed{\text{ロ}}\pi$ であり，着色部の面積は $\boxed{\text{ロ}}\pi-\boxed{\text{ワ}}\sqrt{\boxed{\text{ヲ}}}$ である。

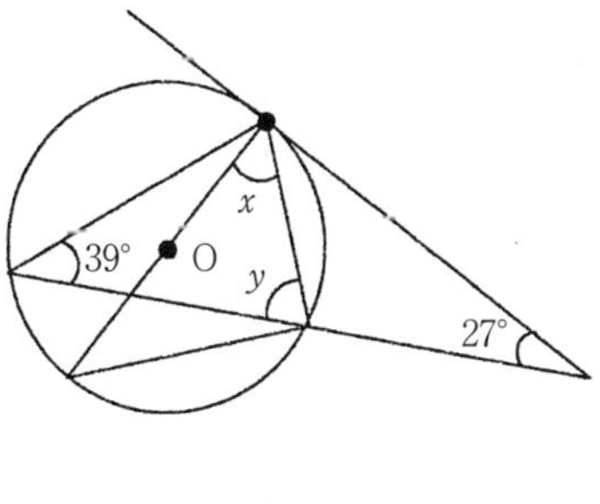

図1

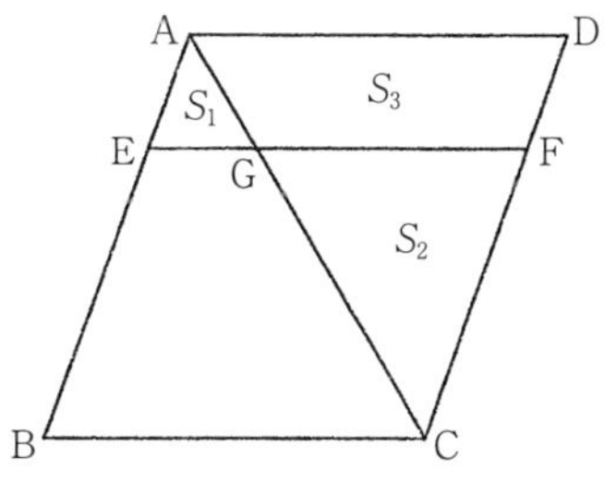

図2

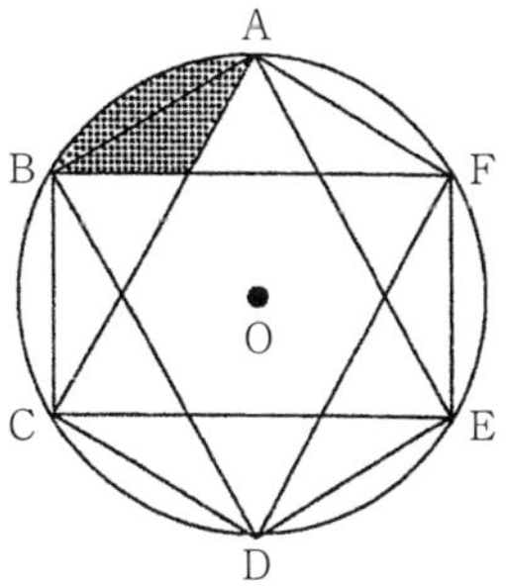

図3

できないもどかしさを感じた経験。

③ 美術史上でも名高い建造物が、町の主要な観光スポットになっていることに驚嘆した経験。

④ 歴史的な建造物の彫刻装飾のなかに、造営に携わった職人たちの遊び心を発見した経験。

⑤ 名所旧跡を訪れたとき、一枚の絵葉書がさまざまな情報を得るための貴重な資料になった経験。

問四 傍線部B「名所についての日本人の考え方」とあるが、日本人にとって「名所」とはどのような場所か。その説明として最もふさわしいものを、次の選択肢の中から選び、番号をマークしなさい。

① 高雄の紅葉や醍醐の桜のような、西洋の絵葉書では排除された季節の自然景が美しい場所。

② ある空間や建造物が、春夏秋冬の季節や年中行事のような循環する時間と一体になった場所。

③ 西欧の凱旋門や教会堂とは違って、時間の経過を越えて永続することができない場所。

④ 雪晴れの日本橋や花の飛鳥山のように、各地の自然景を春夏秋冬の季節に分類した場所。

⑤ 何ごとかを記念してその思い出を後世に伝えるため、容易に失われないよう造られた場所。

問五 空欄[甲]に補う語句として最もふさわしいものを、次の選択肢の中から選び、番号をマークしなさい。

① 自然の運行　② 空間的な場所

③ 記憶の継承　④ 都市作りのあり方

⑤ 西欧的遠近法

問六 本文の内容と合致するものを、次の選択肢の中から一つ選び、番号をマークしなさい。

① 西欧の絵葉書では、美術史上名高い建造物だけがモティーフに選ばれている。

② 観光名所の紹介を目的とする名所絵葉書は、余計な情報をできるだけ排除した方がよい。

③ 堅牢な石の建造物を造った西欧の人々とは違い、日本人は記憶の継承を必要としなかった。

④ 日本の都市においては、ランドマークとしての機能を果たしているのは自然である。

⑤ 日本では、どの街並みも親しみ深い富士山が見えるようにつくられている。

問七 次の文を補うのに最もふさわしい箇所を、本文中の【①】～【⑤】の中から選び、番号をマークしなさい。

《脱文》 日本の観光絵葉書では、お寺でもお城でも、建物だけを捉えたものは稀だからである。

然の運行と同調するものである。つまり「名所」は、単に空間的な場所であるだけではなく、時間、それも循環する時間と一つになった場所なのである。

だが西欧の凱旋門や教会堂のようなモニュメントは自然の変化や時間の経過を越えて永続するものを目指してつくられた。もともと「モニュメント」という言葉が、ラテン語の「思い出させる」という動詞に由来するものであることから明らかなように、何ごとかを記念してその思い出を長く後世に伝えるためのものである。それは記憶の継承のための装置と言ってもよい。だが思い出は当事者がいなくなれば、時の経過とともに次第に忘れ去られる。そのような忘却に対抗するために、容易に失われることのない堅牢《けんろう》な石の建造物を造ったのである。

もちろん、日本人も思い出を大切にする。だが日本人は昔から、記憶の継承を物質的な堅牢性に頼るのではなく、［甲］のなかにその保証を見出した。自然は人間と対立するものではなく、むしろ人間にとって信頼する存在なのである。

そのことは、都市作りのあり方にも表われている。凱旋門や戦勝柱、大聖堂のような西欧のモニュメントは、町のなかの目印、すなわちランドマークとしての機能も果すものである。これらの建造物がしばしば巨大なスケールを目指すのは、そのためである。だが日本においては、都市のランドマークとなるのは、京都なら東山、奈良なら生駒連山というように、ここでもやはり自然である。江戸の場合も事情は同様で《名所江戸百景》のなかに独立した建造物が目立つように描かれている例は一つもない。その代り、人々の眼を惹《ひ》きつけるランドマークとして繰り返し登場して来るのは、富士山と筑波山《つくばさん》である。歌舞伎十八番の『鞘《さや》当て』のなかのせりふに、「西に富士ヶ根、北には筑波」とあるように、江戸の人々は明け暮れこの山の姿を身近に感じて生活していた。そればかりでなく、広重の《百景》のなかの「する賀てふ(駿河《するが》町)」の図に見られるように、西欧的遠近法にしたがって手前から奥へずっとのびる町並みの上に、大きな笠《かさ》のように姿を見せる富士すら描かれている。それは、町並みの向うにたまたま富士が見えたというのではなく、富士の見える方向に町がつくられたからである。つまり富士山は、それほどまで江戸の人々にとって親しみ深い存在だったのである。

このような浮世絵も含めて、観光名所絵葉書は、東と西の自然観、そして美意識の違いをよく物語っていると言ってよいであろう。

（高階《たかしな》秀爾《しゅうじ》『日本人にとって美しさとは何か』による）

問一　二重傍線部a「愛嬌のある」・b「由緒ある」の本文中での意味として最もふさわしいものを、後の選択肢の中から選び、番号をマークしなさい。

a「愛嬌のある」

①　華やかな　②　初々しい　③　魅力的な
④　若々しい　⑤　素朴な

b「由緒ある」

①　立派な来歴をもつ　②　風変わりで珍しい
③　内容が充実した　④　完成度が高い
⑤　世間で評判の

問二　空欄［X］～［Z］に補う語の組み合わせとして最もふさわしいものを、次の選択肢の中から選び、番号をマークしなさい。

①　X　たとえば　Y　まるで　Z　つまり
②　X　たとえば　Y　つまり　Z　ところが
③　X　たとえば　Y　ところが　Z　つまり
④　X　まして　Y　まるで　Z　ところが
⑤　X　まして　Y　つまり　Z　たとえば

問三　傍線部A「同じような経験」とはどのようなものか。その説明として最もふさわしいものを、次の選択肢の中から選び、番号をマークしなさい。

①　初めての場所や名所旧跡を訪れたとき、記念の意味で絵葉書を買い求めることが癖になった経験。
②　教会堂のような巨大な建造物を訪れたとき、細部がよく観察

［Ｘ］、西も東もわからない初めての町に着いたとき、町角の土産物店に並べられている絵葉書を見れば、町の主要な観光スポットはおよそ見当がつく。絵葉書になっているのは、だいたいよく目立つ建物などだから、実際に町を歩くときの目印としても憶えやすい。また教会堂のように巨大な建造物になると、上層部の細かい装飾などはよく見えないが、絵葉書になるとよくわかる。パリのノートル・ダム大聖堂の正面部回廊を飾る有名な怪獣の姿は、下から見上げてもはっきりと見分けることはできないが、近くの土産物の店を覗《のぞ》くと、そのどこかａ愛嬌《あいきょう》のある顔がいくつも並んでいる。絵葉書の威力と言ってもよいであろう。【　①　】

　つい最近も、北イタリアのパヴィアを訪れたとき、Ａ同じような経験をした。パヴィアはミラノから車で一時間ほどのところにある人口七万ほどの小さな町だが、中世以来のｂ由緒ある歴史の思い出を、多くの教会堂や領主の城館に今も残している。なかでも特筆すべきは、町の中心部から少し離れた郊外の地に聳《そび》え立つカルトジオ会修道院教会で、その正面部いっぱいに展開される植物模様、人物像、物語表現などの彫刻装飾の華麗さは、他に類例を見ない傑作として、美術史上でも名高いものである。私が訪れたときは、ちょうど建物の南半分が修復のために覆われてしまっていたが、残りの部分だけでもその素晴しい表現は見る者を驚嘆させるに充分であった。堂内にも、壁画、浮彫り、祭壇などが豊かにちりばめられていたが、私を含めて観光客を特に喜ばせたのは、身廊部奥の壁の上部に、窓から身を乗り出して下のほうを眺めている修道士の姿を描き出してあることである。［Ｙ］一種の騙《だま》し絵だが、そこには造営に携わった職人たちの遊び心もうかがわれて、きわめて興味深い。ただ、何分にもきわめて高い壁に描かれているので、それだけに効果的ではあっても、細部がよく観察できないもどかしさは抑えきれないものがあった。［Ｚ］教会内の売店には、その部分だけをクローズアップした絵葉書も、また正面部を完全なかたちで写し出したものも並べてあったので、さっそく買い求めた次第である。

【　②　】

　このように機会あるたびに絵葉書を集めて眺めていると、その表現にある共通した特色が認められることに気づく。それは、このパヴィアの教会堂であれ、あるいはローマのコロセウムやパリの凱旋《がいせん》門《もん》であれ、西欧の名所絵葉書は、いずれも余計なものはできるだけ切り捨てて、対象そのものを正面から画面いっぱいに捉えるというやり方を採っていることである。絵葉書が観光名所の紹介を目的とするものである以上、そんなことは当り前だと言われるかもしれないが、ことはそれほど簡単な話ではない。【　③　】

　事実、例えば京都の観光絵葉書を見てみると、建物も庭も白一色に覆われた「雪の金閣寺」とか、咲き誇る桜の花を前面に配した「清水寺の春」などのように、周囲の自然と一体になった建造物をモティーフとしたものが圧倒的に多い。そこでは、西欧の絵葉書では排除されている自然が大きな役割を演じているのである。

【　④　】

　そのことは、Ｂ名所についての日本人の考え方、さらには自然観と密接に結びついているであろう。もともと日本人にとって名所とは、高雄の紅葉とか醍醐《だいご》の桜というように、自然景と一体になったものであった。写真の登場以前に今日の絵葉書と同じような役割を果していた浮世絵の名所を思い出してみれば、その間の事情は明らかである。【　⑤　】

　代表的な例としては、広重《ひろしげ》の晩年の名作《名所江戸百景》がある。これは文字通り江戸の名所を次々に版行して、全部で広重は百十八点の「名所」を残した。それを、広重の死後、版元が新たに一点と扉絵を追加して、総計百二十点の揃物《そろいもの》として売り出したのだが、その際、当初はばらばらに制作されていたものを、春夏秋冬の季節に分類して纏《まと》めたのである。それは広重の作品が、雪晴れの日本橋とか、花の飛鳥山といった具合に、いずれも季節と結びついていたからである。自然の姿ばかりでなく、五月の鯉《こい》のぼりや七夕祭り、あるいは両国の花火のような年中行事も登場して来るが、これも自

二〇二四年度　国学院高等学校（推薦）

【国　語】（三〇分）〈満点（推定）：五〇点〉

一

次の傍線部と同じ漢字を含むものを、それぞれ後の選択肢の中から一つずつ選び、番号をマークしなさい。

(1)　鳥が飛びカう。

①　パスポートがシッコウする。
②　新聞をコウドクする。
③　名刺をコウカンする。
④　小説を雑誌にキコウする。
⑤　自転車でコウドウを走る。

(2)　人の手をワズラわせる。

①　商売がハンジョウする。
②　ハンザツな説明を避ける。
③　薬局でシハンの薬を買う。
④　政策にヒハンが集まる。
⑤　彼はモハン的な学生だ。

(3)　このジャケットは高品質な化学センイを使っている。

①　ガイセンパレードが街を彩る。
②　センサイな心を傷つける。
③　ガスのモトセンを閉める。
④　ハイセン工事を完了する。
⑤　容疑者が地下にセンプクする。

(4)　公園でノウリョウ祭が開催される。

①　コウリョウとした砂漠が広がる。
②　家畜にシリョウを与える。
③　親のリョウショウを得る。
④　国境でリョウド紛争が発生する。
⑤　部下にサイリョウを委ねる。

(5)　父がカンレキを迎える。

①　忍耐と努力がカンヨウだ。
②　規制をカンワする。
③　奪われた土地をダッカンする。
④　事情をカンアンして決める。
⑤　忘年会のカンジを務める。

二

次の空欄を補うのに最もふさわしい語を、それぞれ後の選択肢の中から選び、番号をマークしなさい。ただし、同じ番号を繰り返し選んではならない。

(1)　父も（　）だめだとは言わないだろう。
(2)　全国大会に出場するには（　）努力が必要だ。
(3)　今日の雨には（　）困った。

①　いささか　②　よほどの　③　もし
④　どうぞ　⑤　よもや

三

次のことわざの意味に最も近い語を、それぞれ後の選択肢の中から選び、番号をマークしなさい。

(1)　爪に火をともす
(2)　立て板に水
(3)　河童の川流れ

①　能弁　②　油断　③　無関心
④　忍耐　⑤　倹約

四

次の文章を読んで、後の問いに答えなさい。

日本の国内でも外国の場合でも、初めての場所や名所旧跡を訪れると、必ず絵葉書を買い求めることが癖になった。記念の意味ももちろんあるが、それだけではない。一枚の絵葉書は同時にまた、さまざまな情報を伝えてくれる貴重な資料でもある。

2024年度／国学院高等学校（推薦）

英語解答

1 問1　1…④　2…②　3…④　4…②
5…①　6…②
問2　A…③　B…④　C…①　D…②
問3　(あ)　3番目…⑤　5番目…①
(え)　3番目…⑤　5番目…⑥
問4　③　問5　④　問6　①，⑦

2 (1)　③　(2)　②　(3)　③　(4)　①
(5)　②

3 (1)　3番目…②　5番目…①
(2)　3番目…⑥　5番目…⑤
(3)　3番目…⑥　5番目…①
(4)　3番目…③　5番目…⑤
(5)　3番目…③　5番目…②

数学解答

(1)　ア…2　イ…3　ウ…3　エ…6
(2)　オ…3　カ…1　キ…2　ク…9
ケ…6　コ…3　サ…4　シ…8
(3)　ス…1　セ…2　ソ…9　タ…3
チ…2　ツ…1　テ…4
(4)　ト…2　ナ…2　ニ…2
(5)　ヌ…9　ネ…5
(6)　ノ…4　ハ…3　ヒ…1　フ…7
(7)　ヘ…3　ホ…4　マ…5　ミ…1
ム…2
(8)　メ…5　モ…1　ヤ…6　ユ…6
(9)　ヨ…4　ラ…2　リ…5　ル…1
レ…6
(10)　ロ…6　ワ…6　ヲ…3

国語解答

一 (1)　③　(2)　②　(3)　②　(4)　①
(5)　③

二 (1)　⑤　(2)　②　(3)　①

三 (1)　⑤　(2)　①　(3)　②

四 問一　a…③　b…①　問二　②
問三　⑤　問四　①　問五　①
問六　④　問七　③

Memo

Memo

2023年度　国学院高等学校（一般第１回）

【英　語】（50分）〈満点：100点〉

1　次の英文を読み，後の問に答えなさい。なお，語り手はDavidという人物である。

It was a cold night, so I could not sit down to rest. *Instead, I walked up and down on the beach and tried to keep warm. There was no sound *except the crash of the waves. I felt very lonely and afraid.

In the morning I climbed a hill and looked out over the sea, but there was nothing at all on the water. [　ア　] I did not like to think what had happened to my friend Alan and the others, and I did not want to look at this *emptiness any longer. So I climbed down again, and walked *eastward. I was hoping to find a house, and there I could dry my clothes and get something to eat.

I soon *discovered that nobody lived on *Earraid. It was so far that I could not swim to *Mull, the island I could see across the water. I thought that *perhaps I could *wade across, but when I (a) it, the water was too deep, and I had to turn back. By now it had started to rain, and I felt very *miserable.

Then I remembered the piece of wood which had already saved my life once. It would (1) me to get across the sea to Mull! So I walked all the way back to the beach which I had reached. The piece of wood was in the sea, so I waded into the water to get it. But as I came closer, it moved away from me. And (A)when (① to　② me　③ was　④ the water　⑤ deep for　⑥ stand　⑦ too), the piece of wood was still several meters away. [　イ　] It was a terrible moment for me. I was feeling very tired, hungry, and thirsty, with no hope of getting away from this lonely island. For the first time since leaving *Essendean, I lay down and cried.

I do not want to remember the time that I (b) on Earraid. I had nothing with me except my uncle's gold and Alan's silver button, and because I had never lived near the sea, I did not know what to eat or how to fish. In fact, I found some shellfish among the rocks on the coast, and ate them, but I was very sick *afterward. (B)That (① the　② find　③ I　④ was　⑤ only food　⑥ could　⑦ shellfish), so I was always hungry on Earraid. All day and all night it rained heavily, but there was no roof or (2) on the island, and my clothes were cold and wet on my body.

(1)I chose to spend most of my time in the north of Earraid, on a little hill. From here I could see the old church on the island of *Iona, not far away to the west, and smoke from people's houses on Mull, to the east. I used to watch this smoke, and think of the people there, and their comfortable lives. This gave me a little hope, in my lonely life among the rocks and the rain and the cold sea.

Two days passed, and on the third day two things happened. First, I discovered that I had lost almost all my money through a hole in my pocket. I only had three of my uncle's thirty-eight *pounds left. But (2)worse was to come. While I was sitting on a rock and looking out over Iona, I suddenly noticed that a small boat was moving fast through the water. I jumped to my feet and shouted as loudly as I could. (C)The (① near　② to　③ men in the boat　④ two　⑤ enough　⑥ were　⑦ hear). They shouted back in *Gaelic, and laughed. But the boat did not turn, and sailed on, right in front of my eyes, to Iona.

I could not understand why they did not come to help me. I continued shouting wildly, although I could no longer see them. And then, I lay down and cried for the (3) time. This time I wasn't sad, but angry, because I thought that they had left me to die alone in that terrible place.

The next morning, I was surprised to see that the same men were sailing toward Earraid from Iona. (4) once I ran down to the rocky coast to meet them. The boat came near me, but stayed a few meters away in the water. [ウ] Then he stood up and spoke fast to me in Gaelic, but I could not understand the meaning. But sometimes he used an English word, and once I (c) the word "*tide." This gave me a flash of hope.

"Do you mean — that when the tide is low. . . ?" I cried, and could not finish.

"Yes, yes," he (d) back. "Tide," and laughed again.

I turned my back on the boat and ran back excitedly to the (5) of the island, and there Earraid was closest to Mull. [エ] I was able to wade through it easily, and reached Mull with a happy shout. (6) a stupid man I was! I did not *realize that it was possible to get to Mull, twice a day, at low tide! Now I felt very *grateful to the boatmen for guessing (3)<u>my problem</u>, and coming back to help me.

(注) ＊Instead その代わりに ＊except ～以外は ＊emptiness 虚しさ
＊eastward 東の方へ ＊discover ～を発見する ＊Earraid エレイド(地名)
＊Mull マル(地名) ＊perhaps たぶん ＊wade 歩いて渡る
＊miserable みじめな ＊Essendean エッセンディーン(地名) ＊afterward その後で
＊Iona アイオナ(地名) ＊pound ポンド(通貨の単位) ＊Gaelic ゲール語
＊tide 潮(しお) ＊realize ～に気づく ＊grateful 感謝している

問1 空所[ア]～[エ]に入れるのに最も適切なものをそれぞれ次の①～④から1つずつ選び，指定された解答欄に番号をマークしなさい。

① I had to leave it, and went back to the beach.
② And sure enough, there was now only a little water between the islands.
③ There was a third man in the boat, and he was talking and laughing with the others.
④ And around me on the island I could not see any houses or people.

問2 空所(a)～(d)に入れるのに最も適切なものをそれぞれ①～④から1つずつ選び，指定された解答欄に番号をマークしなさい。

① heard ② tried ③ called ④ spent

問3 空所(1)～(6)に入れるのに最も適切なものをそれぞれ①～⑤から1つずつ選び，指定された解答欄に番号をマークしなさい。

(1)	① make	② let	③ have	④ help	⑤ be
(2)	① river	② animal	③ sand	④ money	⑤ tree
(3)	① only	② first	③ second	④ many	⑤ no
(4)	① In	② At	③ For	④ By	⑤ On
(5)	① north	② south	③ west	④ east	⑤ middle
(6)	① Why	② Where	③ When	④ What	⑤ How

問4 下線部(A)～(C)がそれぞれ次の意味になるように( )内の語(句)を並べ替えたとき，( )内で3番目と5番目に来るものを選び，指定された解答欄に番号をマークしなさい。

(A) 水が深すぎて私が立っていられなかったときに
(B) その貝は私が見つけることができた唯一の食べ物だった

(C) 船の中にいる２人の男は聴こえるくらい十分に近かった。

問５ 下線部(1)の理由として最も適切なものを次の①～⑤から１つ選び，指定された解答欄に番号をマークしなさい。

① 濡れた服を乾かすことができるから。
② 教会に向かって祈ることができるから。
③ 火事にいち早く気づくことができるから。
④ 食べ物を得ることができるから。
⑤ 寂しさを紛らわせることができるから。

問６ 下線部(2)の内容として最も適切なものを次の①～⑤から１つ選び，指定された解答欄に番号をマークしなさい。

① 敵の船が攻めてきたこと。
② 近づいた船が帰ってしまったこと。
③ 自分の船を盗まれてしまったこと。
④ 足を怪我してしまったこと。
⑤ 船乗りたちに馬鹿にされたこと。

問７ 下線部(3)の内容として最も適切なものを次の①～⑤から１つ選び，指定された解答欄に番号をマークしなさい。

① 船乗りの話す英語が理解できないこと。
② 船乗りにどう助言すべきか分からないこと。
③ 今いる島から外に出られないこと。
④ 持っていたお金を落としてしまったこと。
⑤ いくら叫んでも船に気づいてもらえないこと。

問８ 本文の内容に一致するものを次の①～⑦から２つ選び，指定された解答欄に番号をマークしなさい。解答は，１つの解答欄に２か所マークすること。

① David met his friend on the island, but David did not like him.
② David found that Earraid and Iona were places on the same island.
③ David wanted to leave Mull and go back to Earraid.
④ David once lived in a house near the sea, but he did not like seafood.
⑤ David lost thirty-eight pounds and the money was given to him by his uncle.
⑥ Though David wanted to get away from the island, the boat to Iona left him there alone.
⑦ On the fourth day, the boatmen came back and told David how to leave the island.

2 次の英文を読み，後の問に答えなさい。

The very first camera was made in 1685. [A] For this reason, what we know as *photography really only started in the late 1800s. At this time, more and more people started to take photos. Better kinds of cameras were made, and *photographers started to try different ways to take photos. Photography quickly (1).

At first, most people thought that photos could only show real things. [B] Photographers quickly learned how to make a person in a photo look clear but make other parts look unclear. They learned to play with time and with (2) light goes into the camera. This made for strange and beautiful art photos.

With the help of technology, photographers today can do even more to make nice photos.

[　C　] They can make photos nicer, take out people and put them in different photos, and even make people look younger or older. Today's cameras in phones can even change photos so that everyone looks good. With some *applications, people are trying to (　3　) to make their photos look better.

Computers are also changing how people *display photos. (　4　), photographers had to make books to show their photographs to lots of people. Now, times have changed. [　D　] Even very young photographers can now create and display interesting art with people all around the world.

（注） *photography　写真　*photographer　写真家
*application　アプリケーション　*display　～を見せる

問1　空所(1)～(4)に入れるのに最も適切なものをそれぞれ①～④から1つずつ選び，指定された解答欄に番号をマークしなさい。

(1) ① went away　② lost its magic
③ looked very boring　④ became a new art

(2) ① the amount　② the distance
③ how much　④ how many

(3) ① improve their skills　② lose their friends
③ take fewer photos　④ remember the old way

(4) ① At the same time　② In the past
③ From now　④ After a while

問2　空所[A]～[D]に入れるのに最も適切なものをそれぞれ次の①～④から1つずつ選び，指定された解答欄に番号をマークしなさい。

① With the internet, photographers can share their photos with millions of people quickly and easily.
② In fact they can do much more.
③ After that, it took a long time for people to learn how to make the right kind of paper for photos.
④ They can take photos with a camera, and then change them in a computer.

3　各英文の(　)内に入れるのに最も適切なものをそれぞれ①～④から1つずつ選び，指定された解答欄に番号をマークしなさい。

(1) Kota prefers salty food (　) sweet food.
① than　② for　③ to　④ at

(2) I haven't (　) from my daughter for a month. I'm worried about her.
① got　② received　③ written　④ heard

(3) Do you mind (　) the window ? It is very hot inside.
① open　② opening　③ to open　④ opened

(4) The tennis player took (　) in the Olympics.
① role　② part　③ event　④ tour

(5) Ann got a mail from David. It (　) that he would come back next week.
① said　② entered　③ spoke　④ gave

(6) Taro (　) be a good speaker of Italian, because he has lived in Rome for fifteen years.

① have to　② mustn't　③ won't　④ must

4　各英文がそれぞれ日本語の意味になるように(　)内の語(句)を並べ替えたとき，指定された箇所に来るものを解答欄にマークしなさい。

(1)　マイクはクラスのどの生徒よりも背が高い。

Mike (① than　② student　③ other　④ any　⑤ taller　⑥ is) in his class.

Mike ［　］［　］［ア］［　］［イ］［　］ in his class.

(2)　私の父が働いている店はいつも外国からの人で混雑している。

The shop (① with　② works　③ is　④ my father　⑤ always crowded　⑥ at) people from abroad.

The shop ［　］［　］［ウ］［　］［エ］［　］ people from abroad.

(3)　このようなわくわくする小説は今まで読んだことがありません。

I (① read　② such　③ exciting　④ have　⑤ an　⑥ never) novel.

I ［　］［　］［オ］［　］［カ］［　］ novel.

(4)　ミキという名前の女の子が先週私たちのクラブにやって来た。

A (① Miki　② to　③ girl　④ our club　⑤ came　⑥ named) last week.

A ［　］［キ］［　］［ク］［　］［　］ last week.

(5)　あなたは窓を開けたままにしないように注意しなくてはいけません。

You have (① not to　② the window　③ careful　④ to　⑤ be　⑥ leave) open.

You have ［　］［ケ］［　］［コ］［　］［　］ open.

(6)　この話について彼に言うことは何もありません。

There (① him　② tell　③ is　④ about　⑤ to　⑥ nothing) this story.

There ［　］［サ］［　］［　］［シ］［　］ this story.

【数　学】（50分）〈満点：100点〉

（注意）１．定規，コンパス，分度器，電卓は使用しないこと。

２．問題の文中の $\boxed{\text{ア}}\boxed{\text{イ}}\boxed{\text{ウ}}$ などには，特に指示がない限り，ア，イ，ウ，……の一つ一つに数字（０ ～ ９）が一つずつ入ります。

３．分数形で解答する場合，それ以上約分できない形で答えなさい。

４．$\sqrt{}$ を含む形で解答する場合，$\sqrt{}$ の中に現れる自然数が最小となる形で答えなさい。

５．小数の形で解答する場合，必要に応じて，指定された桁まで０にマークしなさい。

1　次の $\boxed{}$ の中の「ア」から「ネ」に当てはまる数字をそれぞれ答えなさい。

(1)　$\dfrac{3+\sqrt{12}}{\sqrt{3}}-\sqrt{18}\div\sqrt{24}=\dfrac{\boxed{\text{ア}}+\sqrt{\boxed{\text{イ}}}}{\boxed{\text{ウ}}}$ である。

(2)　２次方程式 $2x(2-x)+2=(x-1)(x+1)$ を解くと，$x=\dfrac{\boxed{\text{エ}}\pm\sqrt{\boxed{\text{オ}}\boxed{\text{カ}}}}{\boxed{\text{キ}}}$ である。

(3)　２つの直線 $3x-2y=1$，$x+3y=15$ の交点が関数 $y=ax^2$ のグラフ上にあるとき，$a=\dfrac{\boxed{\text{ク}}}{\boxed{\text{ケ}}}$ である。

(4)　１次方程式 $\dfrac{x+2}{2}-\dfrac{2x-1}{3}=\dfrac{-x+1}{4}$ を解くと $x=-\boxed{\text{コ}}\boxed{\text{サ}}$ である。

(5)　$a=2+\sqrt{2}$，$b=2-\sqrt{2}$ のとき $a^2-b^2=\boxed{\text{シ}}\sqrt{\boxed{\text{ス}}}$ である。

(6)　A，B，C，Dの４人が数学の試験を受けた。４人の得点の平均値は74点であり，A，B，Cの３人の得点の平均値は73点，A，Dの２人の得点の平均値は77点であった。このとき，Aの得点は $\boxed{\text{セ}}\boxed{\text{ソ}}$ 点である。

(7)　０，１，２，３の中から異なる３つの数字を使い，３桁の整数を作るとき，偶数は全部で $\boxed{\text{タ}}\boxed{\text{チ}}$ 個できる。

(8)　図１において，$l /\!/ m$ のとき，$\angle x=\boxed{\text{ツ}}\boxed{\text{テ}}^\circ$ である。

(9)　図２において，$\angle \mathrm{BAC}=\angle \mathrm{BCD}$ であるとき，$x=\boxed{\text{ト}}\boxed{\text{ナ}}$，$y=\boxed{\text{ニ}}$ である。

(10)　図３において，ABは円Oの直径であり，$\angle \mathrm{BOD}=2\angle \mathrm{ODE}$ である。また，点Dを含まない方の $\overset{\frown}{\mathrm{AE}}$ は円Oの円周の $\dfrac{2}{5}$ である。このとき，$\angle \mathrm{BOD}=\boxed{\text{ヌ}}\boxed{\text{ネ}}^\circ$ である。

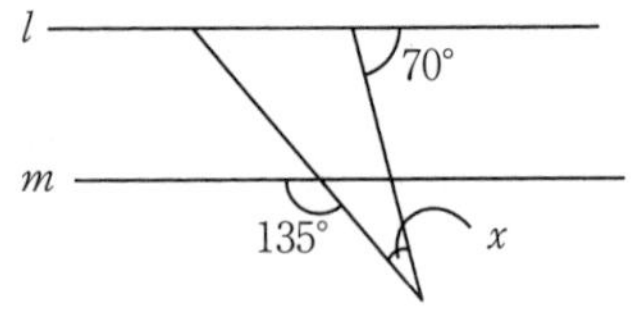

図１

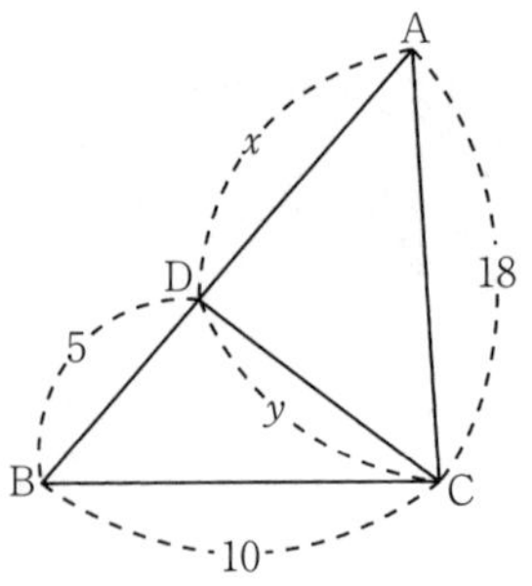

図２

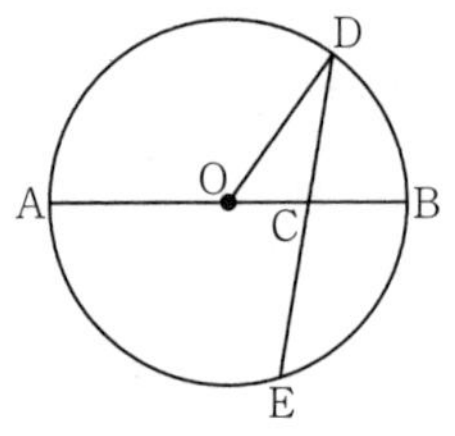

図３

2　右の表は，自然数を1から順に7つずつ左から並べたものである。このとき，次の□の中の「ア」から「エ」に当てはまる数字をそれぞれ答えなさい。

1行目	1	2	3	4	5	6	7
2行目	8	9	10	11	12	13	14
3行目	15	16	17	18	19	20	21
⋮	⋮	⋮	⋮	⋮	⋮	⋮	⋮
⋮	⋮	A	⋮	⋮	B	⋮	⋮
⋮	⋮	⋮	⋮	⋮	⋮	⋮	⋮

(1)　7行目の左から3番目の数は$\boxed{ア}\boxed{イ}$である。

(2)　表のA，Bは同じ行の左から2番目と5番目の数である。AとBの積が7654であるとき，AとBは$\boxed{ウ}\boxed{エ}$行目にある。

3　右図のように，放物線$y=x^2$上に，x座標がそれぞれ-3，1となる点A，Bをとり，x軸に関して，点Bと対称な点をCとおく。このとき，次の□の中の「ア」から「シ」に当てはまる数字をそれぞれ答えなさい。

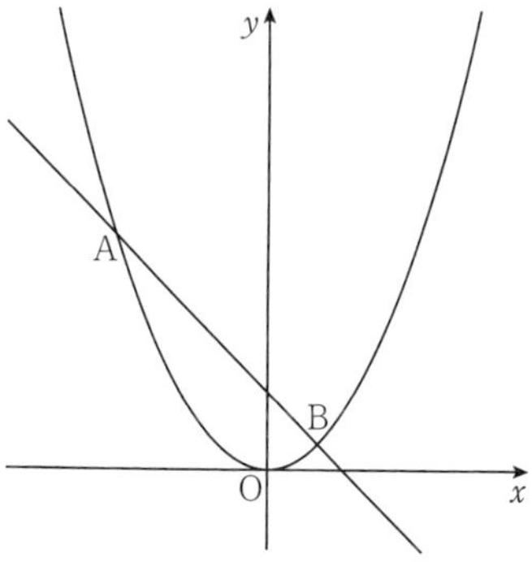

(1)　直線ACの式は$y=-\dfrac{\boxed{ア}}{\boxed{イ}}x+\dfrac{\boxed{ウ}}{\boxed{エ}}$である。

(2)　AP＋BPが最小になるようにx軸上に点Pをとる。このとき，点Pのx座標は$\dfrac{\boxed{オ}}{\boxed{カ}}$である。

(3)　(2)の点Pを通り，△PABの面積を2等分する直線の式は$y=-\dfrac{\boxed{キ}\boxed{ク}}{\boxed{ケ}}x+\dfrac{\boxed{コ}\boxed{サ}}{\boxed{シ}}$である。

4　右図のように，ともに半径が4で互いの中心を通る2つの円O_1，O_2がある。2つの円の交点をA，Bとし，直線O_1O_2と円O_1，O_2との交点のうち，O_1，O_2以外の点をそれぞれC，Dとする。このとき，次の□の中の「ア」から「コ」に当てはまる数字をそれぞれ答えなさい。

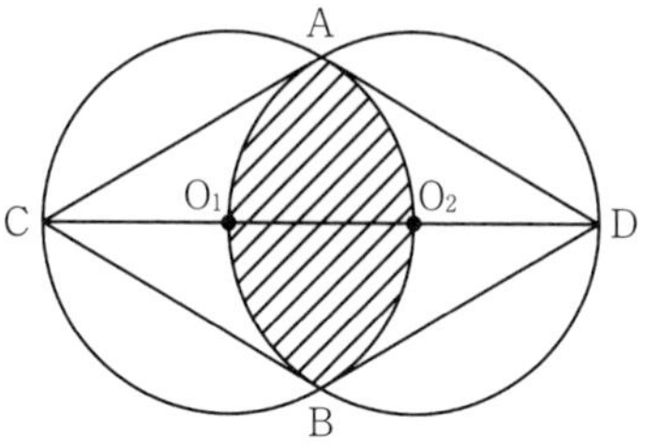

(1)　AC＝$\boxed{ア}\sqrt{\boxed{イ}}$である。

(2)　四角形ACBDの面積は$\boxed{ウ}\boxed{エ}\sqrt{\boxed{オ}}$である。

(3)　斜線部の面積は$\dfrac{\boxed{カ}\boxed{キ}}{\boxed{ク}}\pi-\boxed{ケ}\sqrt{\boxed{コ}}$である。

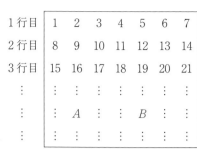

5　右図のように縦6マス横6マスのボードがある。一番左下のマスに点Aを置き，以下のルールでマスを進む。1個のさいころを投げ，偶数の目が出たらその目の数だけ上に進み，奇数の目が出たらその目の数だけ右に進むという作業を2回繰り返す。一番上のマスまで進んだらそれ以上は上には進めない。同様に，一番右のマスまで進んだらそれ以上は右には進めない。

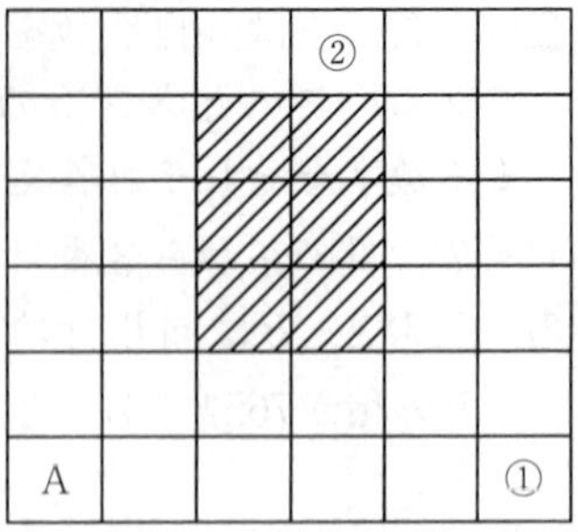

例えば，1回目に5，2回目に3が出たら図の①のマスに止まることになり，1回目に6，2回目に3が出たら図の②のマスに止まることになる。

このとき，次の□の中の「ア」から「エ」に当てはまる数字をそれぞれ答えなさい。

(1)　点Aが一番右のいずれかのマスに止まる確率は$\dfrac{\boxed{ア}}{\boxed{イ}}$である。

(2)　点Aが図の斜線部のマスに止まる確率は$\dfrac{\boxed{ウ}}{\boxed{エ}}$である。

⑤ 古い資料をハイキする。

(7) ホウテイ速度を守って運転する。

① 記念品をゾウテイする。

② 波がテイボウを乗り越える。

③ 証人としてシュッテイする。

④ 来場者がテイインを超える。

⑤ 面会のニッテイを調整する。

(8) 国際紛争にカイニュウする。

① 奪われた土地をダッカイする。

② 病人をカイホウする。

③ 失敗のベンカイをする。

④ 駅のカイサツを出る。

⑤ 抵抗勢力をカイジュウする。

② なくなりにければ
③ このとはぬ人の従者の女なむあひたりける
④ すぎにし人の悲しきに
⑤ 君さへつらくならむものとは

(2) 「思ひきや」で始まるこの和歌に用いられている修辞法として最もふさわしいものを、次の選択肢の中から選び、番号をマークしなさい。
① 枕詞　② 掛詞　③ 体言止め
④ 倒置法　⑤ 反復法

問七 傍線部K「な恨みそ」とあるが、これはどのようなことに関して言ったのか。最もふさわしいものを、次の選択肢の中から選び、番号をマークしなさい。
① 妻が家族を残して亡くなったことについて、夫が悲しみにくれること。
② 友人の死を知ってつらいのは誰もが同じであり、耐えなければならないこと。
③ 亡き人の話を、その夫にすべきでないと考え、夫のもとを訪れなかったこと。
④ 親密な間柄の人が亡くなったことへのつらさを、泣く泣く我慢すること。
⑤ 大切な人が亡くなったとき、その夫に強くなってもらうために無情を貫くこと。

四

次の傍線部と同じ漢字を含むものを、それぞれ後の選択肢の中から一つずつ選び、番号をマークしなさい。

(1) 毎年コウレイの学芸会が開かれた。
① 厚いソウコウを持った戦車。
② 舞台でコウカ音を鳴らす。
③ 大学でコウギを受ける。
④ 科学のシンコウを図る。
⑤ 太陽はコウセイの一つだ。

(2) 社会をフウシした小説。
① 古典の授業でカンシを読む。
② 先生のシジに従う。
③ メイシを交換する。
④ 福祉シセツで働く。
⑤ 古い規制をハイシする。

(3) 自分の考えをタンテキに述べる。
① タンチョウな生活が続く。
② タンパクな味の料理だ。
③ ダイタンなデザインの建物だ。
④ 大きな洞窟をタンサクする。
⑤ 事件のホッタンが明らかになる。

(4) 思い出にヒタる。
① 雨水が地下にシントウする。
② メンバーをサッシンする。
③ 膝のクッシン運動をする。
④ シンシ的な人物だ。
⑤ シンボウ強く待つ。

(5) イチゴをツむ。
① 病院でテンテキをうつ。
② 彼女は代表者にテキニンだ。
③ 巨額の脱税をテキハツする。
④ テキチに乗り込む。
⑤ 予想がテキチュウする。

(6) 地元の商店街がスタれる。
① 二酸化炭素をハイシュツする。
② たばこのハイを捨てる。
③ 決勝戦でハイボクする。
④ 部活のコウハイを指導する。

ときですから、　どうかお恨みにならないでください
ほど　Kな恨みそ

（『大和物語』による）

〔注〕（1）右馬の允…右馬寮《うめりょう》（左馬《さま》寮とともに役人の馬の飼養などを司る役所）の三等官。
（2）内の蔵人…宮中で雑多な労役に従事した女官。

問一　二重傍線部「いふ」の読みは、現代仮名遣いでは「いう」となる。同様に、傍線部の読みが現代仮名遣いでは表記が変わるものを、次の選択肢の中から三つ選び、番号をマークしなさい。一つの解答欄に三つマークすること。

① 子どもあまたいできて
② かぎりなく悲《かな》しくのみ思ひありく
③ 一条《いちでう》の君といひける人
④ あやしと思ひありくほどに
⑤ このとはぬ人の
⑥ すぎにし人の悲しきに
⑦ 君さへつらくならむものとは
⑧ 泣く泣くしのぶ

問二　傍線部B「一条の君」と同じ人物を指すものを、次の選択肢の中から一つ選び、番号をマークしなさい。

① （傍線部A）としことといふ人
② （傍線部E）このとはぬ人
③ （傍線部F）従者の女
④ （傍線部I）すぎにし人
⑤ （傍線部J）君

問三　傍線部C「かくなりにける」とあるが、これが指す内容として最もふさわしいものを、次の選択肢の中から選び、番号をマークしなさい。

① 千兼としこの間に子どもがたくさんできたこと。
② としこが亡くなったこと。
③ 千兼としこの子どもが亡くなったこと。
④ 一条の君がとしこと親しくなったこと。
⑤ 一条の君が千兼のもとを訪れなかったこと。

問四　傍線部D「あやしと思ひありく」とあるが、この説明として最もふさわしいものを、次の選択肢の中から選び、番号をマークしなさい。

① 千兼は、妻が亡くなったにもかかわらず、妻と親しくしていた一条の君が何の動きも示さないことに対し、おかしいと感じた。
② 千兼は、妻が亡くなった際、妻の友人だった一条の君が悲しく思っていながらも訪ねてくることがなかったので、変だと感じた。
③ としこの従者の女は、千兼としこの子が亡くなった際、としこと親しかった一条の君が全く動じなかったので、奇妙だと感じた。
④ としこの従者の女は、千兼が亡くなったにもかかわらず妻のとしこがひたすら冷静な態度でいたことに対し、変だと感じた。
⑤ 一条の君の従者の女は、千兼としこの子が亡くなった際、千兼がその事情を調べようとしなかったので、おかしいと感じた。

問五　傍線部G「かくなむ」について、「このように言った」の主語にあたる人物として最もふさわしいものを、次の選択肢の中から選び、番号をマークしなさい。

① 右馬の允藤原の千兼　② としこ　③ 子ども
④ 一条の君　⑤ 従者の女

問六　傍線部H「思ひきや」について、
（1）どのようなことを「思ったことがありましょうか」の意であるか。本文の該当箇所として最もふさわしいものを、次の選択肢の中から選び、番号をマークしなさい。

① 子どもあまたいできて

その理由として最もふさわしいものを、次の選択肢の中から選び、番号をマークしなさい。

① 将校達と神社に行ったことで、少しずつ将校達の心に触れるうち、彼らの乗る馬への思いがますます強いものになっていったから。

② 戦地に赴く将校達の姿を想像することで、これまで感じた馬そのものの魅力だけでなく、戦場を疾走する馬をよりリアルに感じたから。

③ 将校達と過ごし馴染《なじ》んでいくうちに、彼らの未来の深刻さを改めて感じ、そのことで初めてわき起こった自分の思いを処理できずにいたから。

④ 将校達の自分に対する特別な別れの意味をかみしめた時、将校達と馬とが重なって見え、馬を愛しく思う気持ちが初めて湧いてきたから。

⑤ 自分をあえて神社に連れて行った将校達の思いが心に染み、もう少し彼らとの時間を過ごしたかったという切なさが芽生えたから。

問七 傍線部D「にわかに湧き出してきたとりとめのないかなしみ」とあるが、それはどのような心の動きか。その説明として最もふさわしいものを、次の選択肢の中から選び、番号をマークしなさい。

① 「検閲済」のスタンプから、三人が軍によって監視されていることを知り、思い出の写真すらその中で色あせていくように思えて、戦争というものの現実を痛感している。

② 短い時間でも自分の家で過ごした三人が、自分をまるで弟のようにかわいがってくれていたことを写真を通して感じ、今は遠くに行ってしまったことを切なく思っている。

③ 兵隊として戦争に行くことが死に直結するものであることを受け止めることができず、三人に会えなくなった今、家にいる間にもっと優しくすればよかったと後悔している。

④ 神社に行き三人との距離も縮まったが、その後、出征によってもう二度と会えなくなるような別れになったことに改めて気づかされ、今その重みを実感している。

⑤ 「検閲済」のスタンプと差し障りのない文面を見て、世の中には自分の力ではどうにもならないことがあると知り、無邪気なままではいられない時勢を意識している。

問八 次の一文を補うのに最もふさわしい箇所を、本文中の【①】～【⑤】の中から選び、番号をマークしなさい。

《脱文》 ここに来るまでは予想もしなかった安堵《あんど》だった。

三 次の文章を読んで、後の問いに答えなさい。

(1)右馬《うま》の允《じょう》藤原《ふぢわら》の千兼《ちかね》といふ人の妻《め》には、Aとしこといふ人
がいた　たくさんできて、　仲良く暮らしていたが、
なむありける。子どもあまたいできて、思ひてすみけるほどに、な
くなりにければ、かぎりなく悲《かな》しくのみ思ひありくほどに、(2)内《うち》の
であった　としことたいそう　仲の良い間柄であったが、
蔵人《くらうど》にてB一条《いちでう》の君《きみ》といひける人は、としこをいとよく知れりける
このようになってしまったときにも、　おとずれがなかったので、
人なりけり、Cかくなりにけるほどにしも、とはざりければ、Dあ
と思って過ごしているうちに、　このおとずれぬ人の従者の女が　来合わせた
やしと思ひありくほどに、Eこのとはぬ人のF従者《ずさ》の女なむあひた
のを見て、　このように言った。
りけるを見て、Gかくなむ。
「こんなことを思ったことがありましょうか、　亡くなってしまった人のことが
「H思ひきや　Iすぎにし人の　悲しきに
さらにあなたまでそのように無情になられようとは　と申し上げてください」　と言ったところ、
君さへつらくならむものとは　と聞えよ」　といひければ、
次のような返事があった。
返し、
亡くなった人のことを、　あなたにお聞かせしないようにと思って、　泣く泣くがまんしている
なき人を　J君が聞かくにかけじとて　泣く泣くしのぶ

C走らせずにはいられなかった。鬣《たてがみ》だけでなく、尻尾の先まで風に靡《なび》かせた。【 ④ 】

一と月ばかり経って、ひさしの父親当てに、三人の将校の連名で封書が届いた。一枚の写真と、簡単な文面の手紙で、そこには、滞在中の世話に対する礼が述べられ、自分達は元気で軍務についていること、ご一家のご多幸を祈るという主旨のことが無駄なく書かれていた。

写真は、神社の葉桜を背景に撮ったもので、真中《まんなか》に立っているひさしの後ろから、背の高い将校がかがみ込むようにしてひさしの両肩に手をかけ、肥った将校は、軍刀の柄《つか》の上に白手袋を重ねてひさしの右に、痩せた将校はひさしの左に立って、なぜかこの人だけ、とんでもない方向に顔を仰向けている。

封筒の裏書きに、三人の居場所は明記されていない。部隊名だけが記され、その(1)気付となっていて、表には「(2)検閲済」のスタンプが捺《お》してある。ひさしは、三人の将校が、家族の中で自分だけにしてくれた別れの意味を考えようとしながら、Dにわかに湧き出してきたとりとめのないかなしみの中で、自分がこれまで知らなかった新たな感情の世界に、いま、確かに一歩入ったということを知らされた。父親にも母親にも言えないまま、じっとその思いをかみしめていた。【 ⑤ 】

（竹西寛子『兵隊宿』による）

〔注〕(1) 気付…郵便物に記載する住所を、その人の住所ではなく、立ち寄り先のものにすること。
(2) 検閲…国家の公権力が、表現物や言論を検査し、不適切と判断したものを取り締まること。

問一 空欄 X に補うのに最もふさわしい語を、次の選択肢の中から選び、番号をマークしなさい。
① 運命 ② 予定 ③ 行程
④ 勝敗 ⑤ 生活

問二 空欄 Y ・ Z に補うのに最もふさわしい語の組み合わせを、次の選択肢の中から選び、番号をマークしなさい。
① Y 首 Z 口 ② Y 頭 Z 舌
③ Y 腰 Z 目 ④ Y 首 Z 目
⑤ Y 腰 Z 口

問三 傍線部A「上気した」の本文中での意味として最もふさわしいものを、次の選択肢の中から選び、番号をマークしなさい。
① 息が上がった ② のぼせて赤らんだ
③ 疲弊した ④ 苦労した
⑤ 胸がどきどきした

問四 空欄 甲 に補うのに最もふさわしい言葉を、次の選択肢の中から選び、番号をマークしなさい。
① 言い訳をする ② きっかけを作る
③ お茶を濁す ④ 話の腰を折る
⑤ 嘘《うそ》を隠す

問五 傍線部B「将校達がその墓地に気づかないうちに早くこの境内から連れ出さなければとあせっていた」とあるが、なぜか。その理由として最もふさわしいものを、次の選択肢の中から選び、番号をマークしなさい。
① 「墓地」は縁起が悪く薄気味悪いので、出征する将校達が怖がると思ったから。
② 「墓地」が戦死者のものであることから、将校達に「死」を思わせ不吉な気がしたから。
③ 「墓地」の戦死者に気づけば、戦場に行く将校達が、戦意を喪失すると感じたから。
④ 「墓地」の戦死者と違い、これから出征する将校達は決して死なないと思いたかったから。
⑤ 「墓地」に気づけば、将校達が気を遣い、そちらにもお参りにいこうとすると思ったから。

問六 傍線部C「走らせずにはいられなかった」とあるが、なぜか。

挙手の礼を返す。ひさしは、ついて歩くだけでA上気した。

参道に入るところで川のながめが展《ひら》けた。

川に、馬はいなかった。

ひさしは、

「練兵場で演習を終わった騎兵隊の馬が、よくこの川に入って来るんだけど、早いから、今日はまだ、いない」

と、[甲]ような表情で言った。日も暮れ近くなって、一列に並んだ騎馬の兵士が、手綱を操りながら土手の斜面を静かに下って川の中に馬を進め、橙《だいだい》色に輝いて流れる水の面に、馬と一体になった自分達の影をゆらめかせて小休止をとっているのは、ひさしには幾度見ても見飽きないながめだった。人馬の動きの止まった瞬間、それがみごとな埴輪《はにわ》の列に見えることもあった。【 ② 】

四人は、馬のいない川のほとりでしばらく休んだ。

ひさしは、この近くの練兵場へは、友達とよく模型飛行機を飛ばしに来るのだと言い、練習を終わった騎馬隊の馬は、いつもどのあたりから、どのようにしてこの川のほとりに出てくるのかを細かに説明した。

「ひさし君は、よほど馬が好きなんだなあ。馬は賢いからね」

と、背の高い将校が言った。

「どれくらい賢い？」

とひさしが聞いた。

「時によっては人間よりも」

と肥《ふと》った将校が答えた。

瘠《や》せた将校は、ただ静かに笑っていた。それからしばらくたって、

「ものが言えなくても、からだでものを言うし、人の心ははっきり読む」

とひとりごとのように言った。

神社の境内は、葉桜のさかりであった。

ひさしは、ここでよく、外出を許可された陸軍病院の傷病兵が、白衣の軍靴のいでたちで、面会に来た家族らしい人たちとベンチに腰かけているのを見かけるが、午前中とあって、ここでもまだそれらしい人の姿は見られなかった。ひさしは、そのことにむしろほっとした。【 ③ 】

三人の将校は、軍帽をとると、長い間本殿に向かって頭《こうべ》を垂れていた。ひさしはその後ろから、見習って同じように頭を垂れていた。神社の裏手には、戦死者の墓地がある。ひさしは、B将校達がその墓地に気づかないうちに早くこの境内から連れ出さなければとあせっていた。参詣人はまばらであった。

陽に灼《や》けた顔でひさしが帰って来たのは、もう夕方だった。脇に、軍馬の画集のようなものを抱えている。背の高い将校は母親に、

「ありがとうございました。責任もって、ひさし君をお渡しいたします」

と言った。

ひさしは、母親からその日一日のことをたずねられても、あまり委《くわ》しいことは言わなかった。神社へ行ったあと郊外電車に乗ったということ。町中へ帰って来て食事をしてから、町でいちばん大きな本屋に入り、自分が買ってほしいとせがんだわけではないのにあの人達はこの画集を買ってくれた、その程度のことしか話さなかった。

ひさしは、将校達と、とりたてて言うほどの話をしたわけではないのに、三人に対する自分の気持が、出かけて行く時とははっきり違っていることに気づいていた。迷惑だなあ、という思いはいつのまにか消えていた。それで、母親に対する報告も、何となくはずまないのだった。

「行ってよかった？」

と母親に聞かれてうなずきはしたが、からだ全体でうなずいているわけでもなかった。

今朝、将校達が引き上げて行ってから、ひさしは勉強部屋に入って夢中で三頭の馬をかき続けた。じっとしている馬は、今朝はかきたくなかった。毎朝、三人を迎えに来た三頭の軍馬を、思いきり走らせたかった。

二　次の文章は、竹西寛子《たけにしひろこ》の小説『兵隊宿』の一節である。乗船待ちの出征軍人に一般人の家を宿として割り当て、一週間程度寝室と夜具を提供する「兵隊宿」の制度があり、中学生のひさしの家にも、三人の若い将校がやってきていた。食事も入浴もひさしの家ではしない三人であるが、馬が大好きなひさしは、三人の乗って出掛ける馬に見とれるのであった。これを読んで、後の問いに答えなさい。

三日前の夜のことである。

馬で帰ってきた将校達は、いったん座敷にくつろぐと、背の高い将校が代表格になって、ひさしの母親にこう申し出た。

「長い間、ご厄介をおかけして申し訳ありません。自分達の出発も、あと二、三日後に迫りました。ついては、出発前に、ひさし君を連れて、神社参拝をしてきたいと思います。間違いのないよう、責任をもちますから、明日一日、ひさし君を自分達に預けて下さい」

その神社というのは、ひさしが低学年の頃、学校の遠足で幾度も行っている神社で、春は境内の桜に、別の土地からも大勢の人が集まった。近くには川もある。ひさしの母親は、

「ありがとうございます。本人はきっとよろこびますでしょうが、主人が戻りましたら相談しまして、改めてご返事させていただきます」

と言って引き退《さが》った。

ひさしに、どう？　と探ると、一日中馬といられると思って、行く、行く、とはしゃいだが、たまらなくなったひさしが直接将校達に、

「明日も、馬で行くんでしょう？」

とたずねると、背の高い将校が、

「明日は電車だよ」

と答えたのにはひさしもがっかりした。

ただ、子供心にも、将校達がこの町を出発してからの X というものを漠然とながら思わずにはいられないので、自分が断わるのは気の毒だという気持《きもち》も起った。しかし半分は、ぼくを連れ出すなんて迷惑だなあ、という気持だった。あの人達は、この土地の人ではないからあの神社が珍しいのだろう。桜といっても、今は葉っぱばかり。用心しないと枝や葉から毛虫が落ちてくる。でも、やっぱり行こう。決めた。お父さんが行っていいと言うなら、ぼくが案内役だ。【　①　】

その翌《あく》る朝、冷たい麦茶を入れた水筒を母親から受け取ったひさしが、将校達と一緒に家を出たのは、九時過ぎだった。

「どうぞよろしくお願いいたします」

母親は Y を深く曲げて将校に頼んだ。

電車の中でも、道を歩いていても、彼等がほとんど Z を利かないことがひさしにはありがたかった。ひさしは、学校の帰りに、買物から帰って来る小母さんと出会ったりすると、気が重くなった。小母さんは、

「今日はどうでした？　お弁当はみんなあがりましたか？　宿題は多いんですか？」

とか、

「夕方から工場の人が見えるんだそうですよ。お風呂は、食事の前にします？　それとも後にします？」

などと言いながら、ひさしにしきりに返事を求めてくる。人中《ひとなか》で家の者に声をかけられるのは何となく恥ずかしい。また、そればかりでなく、ひさしはいつも、話すか歩くか、どっちかにしてほしいと思っていた。若いほうの手伝いの女に対しても、母親に対しても同じように思っていた。

将校達は、別に急いで歩いているふうではなかったが、歩幅が広いので、ひさしはどうしても急ぎ足になった。背の高さに関係なく三人が歩調を揃《そろ》えているので、ひさしは、訓練というのはすごいものだと感心する。途中、兵隊と出会うと、兵隊のほうは一様に歩調をとって、将校達に敬礼を送った。白手袋が、きびきびした動きで

だ」とあるが、「異国の女性」がこのように思った背景には、西洋人のどのような慣習があると筆者は述べているか。その説明として最もふさわしいものを、次の選択肢の中から選び、番号をマークしなさい。

① 「贈りもの」は他者を傷つけかねないので、滅多に行わない。
② 「贈りもの」を送る日は、あらかじめ決まっている。
③ 「贈りもの」は、相手を思いやって意識的に行う。
④ 「贈りもの」には、なるべく真新しいものを選ぶ。
⑤ 家族でない人には、「贈りもの」は贈らない。

問六 傍線部B「古代の『贈答』の心理」とはどのようなものか。その説明として最もふさわしいものを、次の選択肢の中から選び、番号をマークしなさい。

① 年間を通じて個人が獲得することを避け、神や他者と物を分けあうというもの。
② 神と罪を共有することで、罪を純粋化し、結晶して富を得るというもの。
③ 所有を否定する自己犠牲によって、罪の感覚をうすめるというもの。
④ 獲得することに罪の意識を持たず、ただ神にささげものをするというもの。
⑤ 人と喜びを分かち合うために、決められた日に贈りものをするというもの。

問七 傍線部C「贈りもののことを言ってきて、じつは私はたえず『握手』のことを頭においてきた」とあるが、筆者はなぜ「贈りもの」と「握手」を結びつけて考えているのか。その理由として最もふさわしいものを、次の選択肢から選び、番号をマークしなさい。

① 筆者は「握手」を、「ささげる姿勢」が消滅した後の新たな「結合」の姿勢と考え、重要視しているから。
② 筆者は「握手」を、身振りの中で贈答に次いで大事な位置を占めていると考え、常にその重要性を解明したいと考えているから。
③ 筆者は「握手」を、起源のはっきりしないものとしながらも、臣下の礼の発展形態として贈答とともに注目しているから。
④ 筆者は「握手」を、交易の中で生まれ、贈答と同じく神にささげることをはじまりとする慣習と考えているから。
⑤ 筆者は「握手」を、物と物を結ぶことで新しい力を生み出す、贈答に代わる文明の起動力であると考えているから。

問八 本文の内容と合致するものを、次の選択肢から一つ選び、番号をマークしなさい。

① 日本人は人に贈りものをすることをさほど美風ととらえないが、フランスではその謙虚な考え方が美しいとたたえられている。
② 「罪」は西洋文化の核心であり、このわかりにくい問題を考えて来なかったために、日本では「結びつき」というものが失われようとしている。
③ 贈りもの文化が絶滅しようとする中で「ささげる姿勢」を消滅させないために、「神」とものを共有する意識を持つことが必要である。
④ 一見無意味な握手は和平やなごみにつながるものであり、握手の慣習があることで、人は相手を「敵」とは見なさない文化を保つことができる。
⑤ 多くの若者は慣習を無意味なものと感じているが、新しい慣習の誕生には暴力が不可欠となるから、慣習を変化させるべきではない。

問九 次の文章を補うのに最もふさわしい箇所を、本文中の【①】～【⑤】の中から選び、番号をマークしなさい。

《脱文》 つまり、もともと神がいたのだ。神がいなければ交易はできなかったし、交易の、そのまた向こうにある贈答という現象、習慣もありえなかったわけだ。

人はなぜ「無意味」な握手をするのか。それが慣習というものだとオルテガは言う。無意識に——ということは慣習にしばられて、人は握手するが、そのことで、人は相手を「敵」とは見なさない文化の中にみずからを置くことができるのである。

慣習は無意味だ、多くの若い人は、世界中のどこでもそう思い、そう感じる。[a] 若いころの(8)フロベールは新年がなぜ特殊な慣習をもつのかと腹立たしげに書いていたはずだ。[b]、慣習に反して、新しい慣習を人為的に作ろうとするとき、人はしばしば法と暴力に依存する。私は(9)ヒットラー・ユーゲントの、あの片手を斜めに高々とかかげる「挨拶」のことを思いだしているのだ。あの挨拶は和平やなごみではなく、力の誇示であり、威嚇の表現である。

慣習から身をひきはなす、そのひきはなしかたに、次の社会の「結合」のありかたがかかっている。握手やお辞儀にかわって、また贈答をやめることによって、どのような結びつきを人は考えているのか。[c]、結びつき一般というものを、人は拒否しようとしているのか。

（多田道太郎《ただみちたろう》『しぐさの日本文化』による）

〔注〕
(1) ロジェ・カイヨワ…フランスの文芸批評家、社会学者、哲学者。
(2) 帰るさ…帰る時。帰る途中。
(3) オウツリとかオタメ…物をもらった返礼に、その容器に入れて返す品物。半紙・マッチの類を用いる。
(4) リベート…手数料、謝礼、賄賂。
(5) K・ボウルディング…アメリカの経済学者。
(6) オルテガ…スペインの哲学者。
(7) 額田巌…日本の工学者。
(8) フロベール…フランスの小説家。
(9) ヒットラー・ユーゲント…ナチス・ドイツの青少年団。青少年に政治・軍事的教育をすることを目的に組織された。

問一 空欄 [I] に補う語句として最もふさわしいものを、次の選択肢の中から選び、番号をマークしなさい。

① 自然石とトシダマ　② 神と交易
③ 神信心と結合　④ 慣習と現世利益
⑤ 贈答と習慣

問二 空欄 [X] ～ [Z] に補う語句の組み合わせとして最もふさわしいものを、次の選択肢の中から選び、番号をマークしなさい。

① X 「ささげる姿勢」　Y 富
　Z 富、あるいは拡張する生産
② X 「ささげる姿勢」　Y 罪
　Z 罪、あるいはつぐないの感覚
③ X 罪ほろぼし　Y 贈りもの
　Z 富、あるいは拡張する生産
④ X 罪ほろぼし　Y 富
　Z 「結合」
⑤ X 「結合」の思い出　Y 贈りもの
　Z 「結合」

問三 空欄 [a] ～ [c] に補う語の組み合わせとして最もふさわしいものを、次の選択肢の中から選び、番号をマークしなさい。

① a たとえば　b しかし　c それとも
② a たとえば　b しかも　c なおかつ
③ a だから　b なぜなら　c それとも
④ a だから　b しかし　c なおかつ

問四 二重傍線部「心もとない」の本文中での意味として最もふさわしいものを、次の選択肢の中から選び、番号をマークしなさい。

① 知るよしもない。
② さほど悪くはない。
③ 身が縮むほど恐れ多い。
④ 興味深い。
⑤ 頼りなくて不安だ。

問五 傍線部A「日本人のふしぎな慣習の一つは、贈りものの習慣うことがあった。民俗学者の報告によると、たとえば大菩薩《だいぼさつ》峠には神に見たてた、市をつかさどる自然石が立っていたそうだ。

【　③　】

西洋のクリスマス・プレゼントにあたるのは、わが国ではお年玉だろうが、もともとこれも人間が神に供えたものがトシダマである。年のあらたまるごとにタマ(生命力)のこもった賜物がある。これがトシダマである。人間の作ったものにせよ、いったん神のものになると、これは神さまからいただいたということになる。そこに、ありがたみ、新鮮な感動があったわけだ。民俗学の瀬川清子氏によると、「やったりとったり」の食物の贈答について、土地の人にその「わけ」を聞いてみると、「昔からそういうもんだ」とか「かぜをひかない、歯を病まない」という答えが返ってきたという(『日本人の衣食住』)。つまり、[　I　]がその「わけ」なのだ。

しかしまあ、こういう慣習じたい、今の都会人には古めかしいものと思われるだろうが、「昔からそういうもんだ」と思っている人にしてからが、どこまで神信心とむすびついてこういうしきたりを守っているか、心もとない。私たち都会に住む者にも、贈りものをもらうと、(3)オウツリとかオタメとかいって半紙などをお返しする習慣がのこっているが、これも「やったりとったり」のなごりであって、神によって結ばれていた、その「結合」の思い出であろう。

神にささげる姿勢は、やがて慣習となり、なごりとなり、現世利益となり、交易となり、そして富となる。古代において肝心なのは[　X　]であり、この行為の表面に付随して、人間のつくった[　Y　]があった。今日ではそれが逆転して、[　Z　]そのものが中心にあり、その表面に付随して、贈りもののなごりがある。それはもう、思い出にすぎなくなっているともいえる。「贈りもの」といわれるものがじつは(4)リベートの変名となってしまっては、思い出でさえないのかもしれない。

【　④　】

大事なことは、こうして贈りもの文化が絶滅してゆけば、「ささげる姿勢」が消滅するだろうということである。そして、この姿勢がなくなったばあい、私たちは、どのような「結合」の姿勢を次に用意しているか、ということである。もちろん、沈黙交易以前の昔に歴史を逆転することが不可能であってみれば、贈答の堕落とか、虚礼廃止とかいうまえに、次の社会の「結合」の姿勢を模索しておかねばならない。

【　⑤　】

C贈りもののことを言ってきて、じつは私はたえず「握手」のことを頭においてきたのだ。握手は人間のつきあい、身振りの中で大事な位置を占めているが、今まで、あまりその重大性はみとめられたことがない。ちかごろ、(5)K・ボウルディングが「紛争処理のテクニックの重要部分」といって握手に照明を与えているが、しかし重要部分だというだけの話である。握手そのものの解明は与えられていない(『二十世紀の意味』)。(6)オルテガも、百科事典などには握手、とくにその起源についてはいい加減なことしか書いていないと歎《なげ》いている。そう歎いたうえで、彼は握手は服従、臣下の礼の発展形態であろうとしている(『《人と人びと》について』)。しかし私は、握手は「おじぎ」の系統とはちがって、通商に付随して、生まれてきた慣習ではないかと考えている。掠奪《りゃくだつ》し、掠奪したものを神にささげるといった文化の形態から一歩進んで「敵」ではなく「人」と通商するという習慣がうまれたとき、人と人とが「結ばれる」儀礼がはじまったのではないか。「結び」というのは(7)額田巌《いわお》氏の指摘するとおり、火や言葉の発明とならぶ文明の起動力であった(『結び』)。物と物とを結ぶことによって、新しい力がうまれ出るのを、人は驚異の念をもって見つめたはずである。だからこそ、今日でも、水引を結ぶといった儀礼がのこっているわけだが、それが物と物とでなく、人と人とを「結ぶ」ということ――つまりは握手にまで転化転生したのは、大きな進歩であったにちがいない。

二〇二三年度 国学院高等学校（一般第一回）

【国 語】（五〇分）〈満点：一〇〇点〉

一　次の文章を読んで、後の問いに答えなさい。

私事になるが、(1)ロジェ・カイヨワの『遊びと人間』を翻訳することになって原著者から「日本版への序」というのをもらった。その文章中でおどろいたのは、いけばなやお茶と並んで「贈答」というのが、日本の美風としてたたえられていることだった。

現代の贈答は、さほど美風とは日本人自身、考えていないし、だいいち、異邦人の目をそれほどひくとは、意外であった。しかし、思いだすと、たとえばこんなこともあった。フランスの一女性と連れだって、私の友人宅を訪れたとき、私は、なにげなしに一升の米を携えて行ったのである。珍しくうまい江州米が手にはいったので友人に「おすそわけ」のつもりで持って行ったわけだ。ところがその(2)帰るさ、異国の女性は、女性であるだけに実に言いにくそうなためらいと共に、次のように私に言った。「あなたの気持を傷つけてはこまるが、あなたはきょう、何のために、どういう慣習的心理によって、贈りものを持って行ったのでしょうか。あなたがたA日本人のふしぎな慣習の一つは、贈りものの習慣だと私たちには思えるのです」質問されたほうがおどろいた。ほとんど無意識の行為だったからである。だいいち、「おすそわけ」という微妙な日本語がうまく異国語で言えるわけがないではないか。

しかし、もちろん外国、たとえばアメリカなどはクリスマスの贈答は地上でいちばんさかんな国である。ただ彼らのばあい、クリスマスとか誕生日とか、贈答の習慣がカレンダーできまっており、「おすそわけ」的ないろあいはほとんどなくなっている。人類学者の説によると、クリスマスの贈答は「獲得」の年間的心理を放棄して、B古代の「贈答」の心理に立ち戻り、年に一度の行事によって賠償している、のだそうである。つまり、西洋人は一年中、獲得ばかりしているので、罪ほろぼしに、一ぺんだけタダで物をくれてやっている、というわけだ。

【　①　】

今、私はなにげなく日本ふうの意味で「罪ほろぼし」といったが、じつは、ブラウンという精神分析学者などの手にかかると、贈答と罪との関係はじつに深刻である。彼は古代文化を「贈答」の文化、近代の文化を「獲得」の文化と考えるが、その間をつないでいる一線は罪の意識だというのである。つまり、古代人は罪を共有するために贈りものをした。所有を否定する自己犠牲によって超俗のよろこびを感じ、一種の力を獲得したのである。もともと、贈りものはやはり神への贈りもの、ささげものであって、神にささげ、また人にそれを分けあたえることで、罪の感覚、負債の感覚をうすめてきたといえる。近代が失ったのは、このつぐないの感覚であって、罪そのものではない。罪はむしろ純粋化し、凝縮し、結晶して富そのものとなっている。「金銭は凝縮された富であり、凝縮された富は凝縮された罪である」(N・O・ブラウン『エロスとタナトス』秋山さと子訳)

【　②　】

西洋人のいう(ブラウンはメキシコ生まれだそうだが)罪は、私たちにはほんとうにわかりにくい。しかし、これは西洋文化の核心である。ここを問題にしないといけないのだが、しかし、今は不問に付すということにして、罪から神へのささげものが出、そこから人びとへの贈りものが出、そこからさらに交易が、また富が、したがって近代の「獲得」が出てきたという推理はおもしろいし、妥当だと思われる。

世界中に「沈黙交易」というものがかつてはあり、交換するさいには、それをつかさどる神の存在がかならず意識されていたのである。わが国でも、峠の上に物を置き、沈黙のうちに交換されるとい

英語解答

1 問１　ア…④　イ…①　ウ…③　エ…②
問２　a…②　b…④　c…①　d…③
問３　１…④　２…⑤　３…③　４…②
５…④　６…④
問４　(A)　３番目…⑦　５番目…②
(B)　３番目…①　５番目…③
(C)　３番目…⑥　５番目…⑤
問５　⑤　問６　②　問７　③
問８　⑥，⑦

2 問１　１…④　２…③　３…①　４…②
問２　A…③　B…②　C…④　D…①

3 (1)　③　(2)　④　(3)　②　(4)　②
(5)　①　(6)　④

4 (1)　ア…①　イ…③
(2)　ウ…⑥　エ…⑤
(3)　オ…①　カ…⑤
(4)　キ…⑥　ク…⑤
(5)　ケ…⑤　コ…①
(6)　サ…⑥　シ…①

1〔長文読解総合―物語〕

≪全訳≫❶寒い夜だったので，座って休むことはできなかった。その代わりに，海岸を行ったり来たりして体を温かくしておこうとした。波のぶつかる音以外は何の音もなかった。とても孤独で怖かった。❷朝になると丘を登って海を見渡したが，水の上には全く何もなかった。アそして私の周りには，家も人も島には全く見えなかった。友人のアランや他の者たちに何が起きたのかは考えたくもなく，この虚《むな》しさをこれ以上見ていたくはなかった。そこでまた下りて東へ歩いた。家を見つけてそこで服を乾かし，何か食べる物を手に入れたいと願っていた。❸すぐにエレイドには誰も住んでいないことがわかった。海の向こうに見えるマル島まで泳ぐことは遠すぎてできなかった。ひょっとしたら歩いて渡れるかもしれないと思ったが，やってみると水はあまりに深く，戻らざるをえなかった。このときまでに雨が降り始めており，とてもみじめな気持ちだった。❹そのとき，すでに一度私の命を救っている流木のことを思い出した。それは私がマルまで海を渡っていくのに役立つだろう！　そこで，私が流れ着いた海岸まではるばる歩いて戻った。流木は海に浮かんでいたので，それを取るために歩いて水に入っていった。だが，近づくとそれは私から離れていった。そして水が深すぎて私が立っていられなかったときに，流木はまだ数メートル向こうにあった。イ私はそれをそのままにせざるをえず，海岸に戻った。それは私にとってつらい瞬間だった。この孤島から出られる望みはなく，とても疲れて空腹で喉が渇いていた。エッセンディーンを離れてから初めて，私は倒れ込んで泣いた。❺エレイドで過ごした時間のことを思い出したくはない。おじの金ボタンとアランの銀ボタン以外は何も持っておらず，海の近くに住んだことがなかったために何を食べればいいかもどのように魚を捕ればいいかもわからなかった。実際，海岸の岩の間にいくつか貝を見つけて食べたが，その後でとても具合が悪くなった。その貝は私が見つけることができた唯一の食べ物だったから，エレイドでは常に空腹だった。まる一昼夜雨が激しく降ったが，島には屋根も木もなく，服は冷たく体にくっついてぬれていた。❻私はほとんどの時間をエレイドの北，小さな丘の上で過ごすことにした。ここから西のそう遠く離れていないところにアイオナの島にある古い教会が，東のマルには人々の家から上る煙が見えた。この煙を見て，そこにいる人々のことや彼らの心地よい暮らしのことを思い浮かべたものだ。これは岩と雨と冷たい海に囲まれた私の孤独な生活にわずかばかりの希望をもたらした。❼２日間が過ぎ，３日目に２つのことが起きた。まず，持ち金のほぼ全てをポケットの穴から失ってしまったことに気づいた。おじの38ポンドのうちたった３ポンドしか残されていなかった。だがもっと悪いことはその後だった。岩に座ってアイオナの方を見ているとき，突然小さな船が波間を高速で動いていることに気がついた。私は飛び上がるように立ち，できるかぎり大きな声で叫んだ。船の中にいる２人の男は聴こえるくらい十分に近かった。彼らはゲール語で叫び返して笑った。だが，船は向きを変えず，私のまさに目の前をアイオナの方に向かって進み続けた。❽なぜ彼らが私を助けに来ないのか理解できなかった。もう彼らは見えなかったが，私はやみくもに叫び続けた。それから，倒れ込んで再び泣いた。今回は悲しかったのではなく腹を立てていた，彼らがあのひどい場所で私を１人で死なせるために見捨てていったと思ったからだ。❾翌朝，同じ男たちがアイオナからエレイドに向かって航行しているのを見て，私は驚いた。すぐに彼らに接触するため，岩だらけの海岸へ走り下りた。船は私の近くに来たが，海上の数メートル先にとどまっていた。ウ船には３人目の男がいて，残りの２人としゃべったり笑ったりしていた。それから彼は立ち上がり，ゲール語で私に早口で話しかけたが，私には意味がわからなかった。だが彼はときどき英単語を使い，一度「潮」という語が聞こえた。このことは私に希望の光を与えた。❿「あなたが言っているのは，干潮のとき…ということですか？」と私は大きな声で言ったが，言い終えることができなかった。⓫「そうだ，そうだよ」と彼は大きな声で返した。「潮だ」と言って，また笑った。⓬私は船に背を向け，興奮して島の東へ走って戻り，そこはエレイドがマルに最も近い場所だった。エそして確かに，そのとき２つの島の間にはほんのわずかの水しかなかった。私は容易にそこを歩いて渡ることができ，喜びの叫び声を上げてマルにたどり着いた。私はなんとばかな男だったのだろう！　１日に２回，干潮時にマルに行けることに気づかなかったのだ！　そのとき私は船乗りたちが私の問題を察して，私を助けるために戻ってきてくれたことにとても感謝していた。

問１＜適文選択＞ア．前後の内容から，「私」がいる周辺には何もないことが読み取れる。　イ．①の it が前にある the piece of wood を指すと考えられる。流木を取るのを諦めて海岸に戻ったのである。　ウ．空所の後にある he が誰かを考える。③にある a third man が該当する。　エ．第10段落に the tide is low「干潮のとき」とある。ここで「私」は潮が引いて水位が下がっていることを自分の目で確認したのである。 sure enough「確かに，実際に」

問２＜適語選択＞a．歩いて渡れると思ったが，実際に「やってみた」ら水が深すぎて渡れなかった。　b．the time を目的語にとる動詞が入る(前にある that は目的格の関係代名詞)。the time that I spent on ... で，「エレイドで過ごした時間」となる。　c．男がときどき使う英語の中に tide という言葉が「聞こえた」のである。　d．前文の I cried に対して，男は「叫び返した」のである。call には「大声で言う，叫ぶ」という意味がある。

問３＜適語選択＞１．主語の It が指すのは the piece of wood。流木は海を歩いて渡る助けになると考えられる。‘help＋人＋to 〜’「〈人〉が〜するのを助ける」の形。　２．roof「屋根」と並んで，雨よけになるものが入る。　３．デイビッドが泣いたのは，第４段落最終文に続いて２回目である。　４．at once「すぐに」　５．第６段落第２文参照。マルがあるのはエレイドの東。　６．‘What (a/an)＋形容詞＋名詞＋主語＋動詞！’の形の感嘆文。

問４＜整序結合＞(A)‘too 〜 for ― to …’「〜すぎて―は…できない」の構文をつくる。 … when the water was too deep for me to stand, …　(B)まず「その貝は唯一の食べ物だった」を That shellfish was the only food とまとめる。残りは I could find として，the only food を後ろから修飾する。the only food I could find は food の後に目的格の関係代名詞が省略された‘名詞＋主語＋(助)動詞’の形。 That shellfish was the only food I could find, …　(C)「聴こえるくらい十分に近い」は‘副詞〔形容詞〕＋enough to 〜’「〜するくらい十分…」の形で near enough to hear とまとまる。残りの語句で主語と動詞をつくる。 The two men in the boat were near enough to hear

問５＜文脈把握＞下線部(1)は，「ほとんどの時間をエレイドの北，小さな丘の上で過ごすことにした」

という意味。この段落の残りの部分がその理由になっている。丘から見える教会や人家の煙が，デイビッドの孤独な生活にわずかな希望をもたらしたからである。この内容に該当するものを選ぶ。

問6＜要旨把握＞worse「より悪い」ことの具体的な内容は，直後の文からこの段落の終わりにかけて書かれている。せっかく見えた船，しかも船乗りたちの声が聞こえるほど近くを進んでいた船が，目の前を通り過ぎただけで，助けてくれなかった。

問7＜語句解釈＞本文では，どういうわけか無人島に漂着し，干潮時に海を渡れることを知るまで，そこから出ることができずに困り果てる男の様子が描かれている。

問8＜内容真偽＞①「デイビッドは島で友人に会ったが，デイビッドは彼が好きではなかった」…×　そのような記述はない。　②「デイビッドはエレイドとアイオナが同じ島の場所だということに気づいた」…×　第6段落第1，2文参照。エレイド島の西にアイオナ島がある。　③「デイビッドはマルを離れてエレイドに戻りたかった」…×　第3段落参照。デイビッドはエレイドにいる。　④「デイビッドはかつて海の近くの家に住んでいたが，シーフードは好きではなかった」…×　第5段落第2文参照。海の近くに住んだことはなかった。また，シーフードの好き嫌いに関する記述はない。　⑤「デイビッドは38ポンドをなくし，そのお金はおじによって彼に与えられたものだった」…×　第7段落第3文参照。おじに与えられた38ポンドのうち3ポンドは残っていた。　⑥「デイビッドはその島から出たかったが，アイオナへ行く船は彼をそこに1人で残した」…○　第7段落最終文の内容に一致する。　⑦「4日目に船乗りたちが戻ってきて，デイビッドにどうやって島から離れるかを教えた」…○　第7段落第1，5文より，船乗りたちが最初に通りかかったのは3日目。第9段落第1文より，船乗りたちが戻ってきたのはその翌朝で4日目。その中の1人がデイビッドに，干潮時には隣の島まで歩いて渡れることを教えた。

2 〔長文読解総合―説明文〕

≪全訳≫❶本当に最初のカメラは1685年につくられた。Aその後，人々が写真に適した種類の紙の製造法を知るのには長い時間がかかった。このため，私たちが写真として知っているものは実際には1800年代後半に始まったにすぎない。当時，ますます多くの人が写真を撮り始めた。より良い種類のカメラがつくられ，写真家たちはさまざまな撮影法を試し始めた。写真はすぐに新しい芸術になった。❷当初，ほとんどの人は写真が写せるのはリアルなものだけだと思っていた。B実際は，カメラはずっと多くのことができる。写真家たちはすぐに，写真に写った人をはっきり見えるようにし，他の部分をぼんやりさせる方法を習得した。彼らは時間やどれだけの光をカメラに取り込むかで遊ぶことを覚えた。このことは，一風変わった美しい芸術写真をつくり出した。❸科学技術の力も手伝って，今日の写真家たちはすてきな写真をつくるためにさらに多くのことができる。Cカメラで写真を撮って，その後それらをコンピューター内で改変することができる。写真をよりきれいにしたり，人々を取り出して他の写真に入れたり，人々をより若くまたはより年を取ったように見せることさえできる。今日の携帯電話に内蔵されたカメラは，全員の見た目が良くなるように写真を改変することもできる。アプリケーションを使って，人々は写真をより良く見せるために技術を向上させようとしている。❹コンピューターもまた，人々の写真の見せ方を変化させつつある。以前は，写真家たちが多くの人に写真を見せるには，本をつくらなくてはならなかった。今では時代が変わっている。Dインターネットを使って，写真家たちは自分の写真を何百万人もの人々とすぐに簡単に共有できる。今やとても若い写真家たちでも，世界中の人々とおもしろい芸術をつくり出して見せることができるのだ。

問1＜適語句選択＞1．前文で，カメラが改良され，写真家たちがさまざまな撮影法を試すようになったことが述べられている。こうしたことによって写真は「新しい芸術になった」のである。

2．①と②は文法的に不可。間接疑問となる③か④になるが，light「光」は‘数えられない名詞’

なので how much が適切。直訳は「どれだけの光がカメラに入るか」。　**3**．空所の後の「写真をより良く見せるために」すると考えられるのは「技術を向上させる」こと。 improve「～を改善する，向上させる」　**4**．空所に続く内容は過去の話である。 in the past「昔は，以前は」

問２＜適文選択＞A．空所直後に For this reason「このため，これが原因で」とあるので，その後に続く内容の，写真の始まりが1800年代後半まで遅れたことの理由となる内容を選ぶ。 'It takes＋時間＋for … to ～'「…が～するのに〈時間〉がかかる」　**B**．前文の At first「はじめのうちは(～)」に対して，In fact「(そうではなく)実際には(～だ)」と続く流れである。また，この後に続く内容が②の much more「ずっと多くのこと」の内容になっている。　**C**．この後に続く内容が，④で述べている写真の改変を具体的に説明する内容になっている。　**D**．現在の最新の状況を示す内容が入る。

3〔**適語選択・語形変化**〕

(1)'prefer *A* to *B*'「*B*よりも*A*の方が好きだ」　「コウタは甘い食べ物よりもしょっぱい食べ物の方が好きだ」

(2)hear from ～「～から便り〔連絡〕がある」　「娘から１か月便りがない。彼女のことが心配だ」

(3)Do you mind ～ing? は「あなたは～することを嫌だと思いますか」→「～してくれませんか」という'依頼'を表す表現。　「窓を開けてくれませんか？　中はとても暑いです」

(4)take part in ～「～に参加する」　「そのテニス選手はオリンピックに参加した」

(5)say には「(手紙などに)～と書いてある」という意味がある。　「アンはデイビッドからメールを受け取った。そこには彼が来週戻ると書かれていた」

(6)because 以下の内容から判断する。　must be ～「～に違いない」　「タロウは15年間ローマに住んでいるから，イタリア語を上手に話すに違いない」

4〔**整序結合**〕

(1)「どの～よりも…」は，'比較級＋than any other＋単数名詞'の形で表せる。　Mike is taller than any other student in his class.

(2)「私の父が働いている店」は，the shop my father works at とまとめる(at の目的語となる shop が先行詞として前に出た'名詞＋主語＋動詞…'の形で，shop の後に目的格の関係代名詞が省略されている)。「～で混雑している」は，be crowded with ～。　The shop my father works at is always crowded with people from abroad.

(3)「今まで～したことがない」は，'have/has never＋過去分詞'（現在完了の'経験'用法)。「このようなわくわくする小説」は，'such (a/an)＋形容詞＋名詞'「こんなに～な…」の形で such an exciting novel とする。　I have never read such an exciting novel.

(4)「ミキという名前の女の子」→「ミキと名づけられた女の子」と考え A girl named Miki とする。　come to ～「～に来る」　A girl named Miki came to our club last week.

(5)「あなたは注意しなくてはいけません」は，You have to be careful で表せる。「窓を開けたままにする」は'leave＋名詞＋形容詞'「～を…のままにしておく」を使って leave the window open とできる。「～しないように」は not to ～。　You have to be careful not to leave the window open.

(6)「何もありません」は，There is nothing で表す。「彼に言う(こと)」は「彼に言うための(こと)」と考え，to不定詞の形容詞的用法を使って to tell him とする。「この話について」は about this story。　There is nothing to tell him about this story.

数学解答

1 ⑴　ア…4　イ…3　ウ…2
⑵　エ…2　オ…1　カ…3　キ…3
⑶　ク…4　ケ…9
⑷　コ…1　サ…3
⑸　シ…8　ス…2
⑹　セ…7　ソ…7
⑺　タ…1　チ…0
⑻　ツ…2　テ…5
⑼　ト…1　ナ…5　ニ…9
⑽　ヌ…7　ネ…2

2 ⑴　ア…4　イ…5
⑵　ウ…1　エ…3

3 ⑴　ア…5　イ…2　ウ…3　エ…2
⑵　オ…3　カ…5
⑶　キ…2　ク…5　ケ…8　コ…1
サ…5　シ…8

4 ⑴　ア…4　イ…3
⑵　ウ…2　エ…4　オ…3
⑶　カ…3　キ…2　ク…3　ケ…8
コ…3

5 ⑴　ア…1　イ…3
⑵　ウ…1　エ…9

1〔独立小問集合題〕

⑴＜数の計算＞与式$=\frac{3+\sqrt{2^2\times3}}{\sqrt{3}}-\sqrt{18\div24}=\frac{3+2\sqrt{3}}{\sqrt{3}}-\sqrt{\frac{3}{4}}=\frac{(3+2\sqrt{3})\times\sqrt{3}}{\sqrt{3}\times\sqrt{3}}-\frac{\sqrt{3}}{\sqrt{4}}=\frac{3\sqrt{3}+2\times3}{3}-\frac{\sqrt{3}}{2}=\sqrt{3}+2-\frac{\sqrt{3}}{2}=\frac{2\sqrt{3}+4-\sqrt{3}}{2}=\frac{4+\sqrt{3}}{2}$

⑵＜二次方程式＞$4x-2x^2+2=x^2-1$，$-3x^2+4x+3=0$，$3x^2-4x-3=0$となるので，解の公式を用いて，$x=\frac{-(-4)\pm\sqrt{(-4)^2-4\times3\times(-3)}}{2\times3}=\frac{4\pm\sqrt{52}}{6}=\frac{4\pm2\sqrt{13}}{6}=\frac{2\pm\sqrt{13}}{3}$となる。

⑶＜関数―比例定数＞$3x-2y=1$……①，$x+3y=15$……②とする。①－②×3より，$-2y-9y=1-45$，$-11y=-44$，$y=4$となり，これを②に代入して，$x+3\times4=15$，$x+12=15$，$x=3$となるので，2つの直線$3x-2y=1$，$x+3y=15$の交点の座標は$(3,\ 4)$である。この点が関数$y=ax^2$のグラフ上にあるので，$4=a\times3^2$より，$a=\frac{4}{9}$である。

⑷＜一次方程式＞両辺に12をかけて，$6(x+2)-4(2x-1)=3(-x+1)$，$6x+12-8x+4=-3x+3$，$6x-8x+3x=3-12-4$　$\therefore x=-13$

⑸＜数の計算＞与式$=(a+b)(a-b)=\{(2+\sqrt{2})+(2-\sqrt{2})\}\{(2+\sqrt{2})-(2-\sqrt{2})\}=(2+\sqrt{2}+2-\sqrt{2})(2+\sqrt{2}-2+\sqrt{2})=4\times2\sqrt{2}=8\sqrt{2}$

⑹＜数量の計算＞A，B，C，Dの4人の得点の合計は，平均値が74点より，74×4＝296(点)である。A，B，Cの3人の得点の合計は，平均値が73点より，73×3＝219(点)である。よって，Dの得点は，296－219＝77(点)となる。また，A，Dの2人の得点の合計は，平均値が77点より，77×2＝154(点)となる。したがって，Aの得点は，154－77＝77(点)である。

⑺＜場合の数＞0，1，2，3の中から異なる3つの数字を使い，3けたの偶数をつくるので，百の位の数字が1のとき，一の位の数字は0，2であり，102，120，130，132の4個できる。百の位の数字が2のとき，一の位の数字は0だから，210，230の2個できる。百の位の数字が3のとき，百の位の数字が1のときと同様に4個できる。よって，3けたの偶数は，4＋2＋4＝10(個)できる。

図1

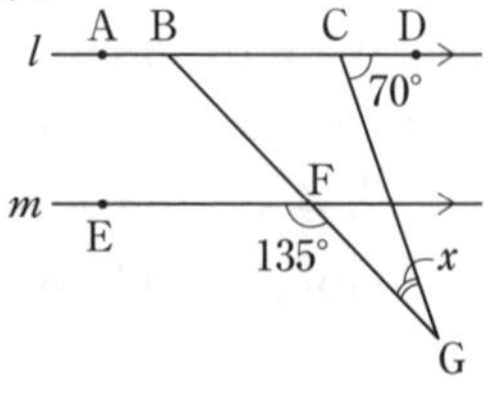

⑻＜平面図形―角度＞右図1のように，7点A～Gを定める。$l /\!/ m$より同位角は等しいので，∠ABG＝∠EFG＝135°であり，∠CBG＝180°－

$\angle ABG=180°-135°=45°$ となる。△BCG で内角と外角の関係より，$\angle x=\angle BGC=\angle DCG-\angle CBG=70°-45°=25°$ である。

⑼＜**平面図形―長さ**＞右図2で，$\angle BAC=\angle BCD$，$\angle ABC=\angle CBD$ だから，△ABC∽△CBD である。よって，AB：CB＝BC：BD より，$(x+5):10=10:5$ が成り立ち，$(x+5)\times5=10\times10$，$x+5=20$，$x=15$ である。また，AC：CD＝BC：BD より，$18:y=10:5$ が成り立ち，$y\times10=18\times5$，$y=9$ である。

図2

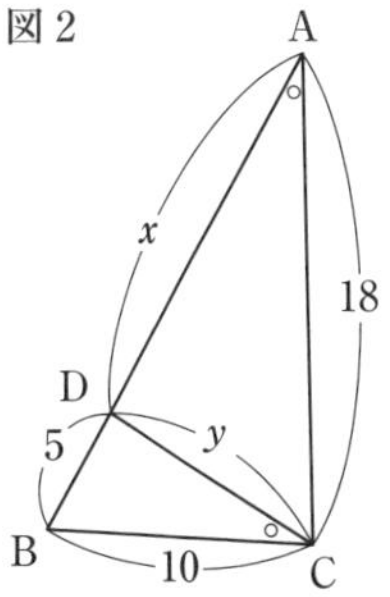

⑽＜**平面図形―角度**＞右下図3で，点Oと点E，点Bと点Eを結ぶ。$\overset{\frown}{AE}$ の長さが円Oの周の長さの $\frac{2}{5}$ だから，$\angle AOE=360°\times\frac{2}{5}=144°$ であり，$\overset{\frown}{AE}$ に対する円周角と中心角の関係より，$\angle CBE=\frac{1}{2}\angle AOE=\frac{1}{2}\times144°=72°$ である。また，$\angle BOD=2\angle ODE$ であり，$\overset{\frown}{BD}$ に対する円周角と中心角の関係より，$\angle BOD=2\angle BED$ だから，$\angle ODE=\angle BED$ である。よって，錯角が等しいので，OD∥EB であり，錯角より，$\angle BOD=\angle CBE=72°$ となる。

図3

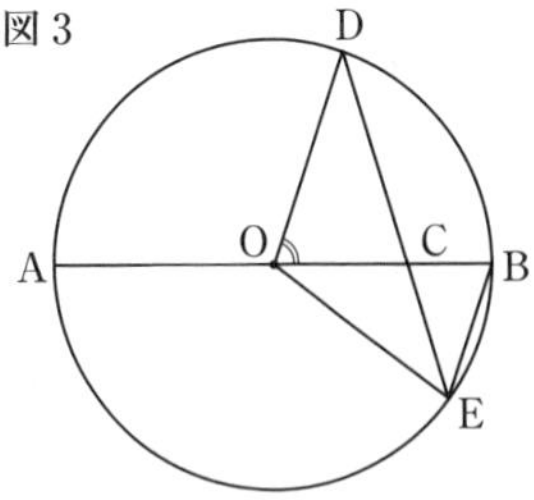

2 〔特殊・新傾向問題―規則性〕

⑴＜**7行目の左から3番目の数**＞表には，自然数が1から順に7個ずつ左から並べてあるので，6行目の一番右の数は，$7\times6=42$ である。よって，7行目は，左から，43，44，45，……となるから，7行目の左から3番目の数は45である。

⑵＜**行の番号**＞A，B のある行の1つ上の行を n 行目とすると，n 行目の一番右の数は $7n$ と表せる。これより，A，B のある行は，左から，$7n+1$，$7n+2$，$7n+3$，$7n+4$，$7n+5$，……となるから，$A=7n+2$，$B=7n+5$ と表せる。$A\times B=7654$ だから，$(7n+2)(7n+5)=7654$ が成り立ち，$49n^2+49n+10=7654$，$49n^2+49n-7644=0$，$n^2+n-156=0$，$(n+13)(n-12)=0$ より，$n=-13$，12 となる。n は自然数だから，$n=12$ であり，A と B は12行目の次の行にあるから，13行目にある。

3 〔関数―関数 $y=ax^2$ と一次関数のグラフ〕

⑴＜**直線の式**＞右図で，2点A，Bは放物線 $y=x^2$ 上にあり，x 座標がそれぞれ -3，1だから，y 座標は $y=(-3)^2=9$，$y=1^2=1$ となり，A$(-3,\ 9)$，B$(1,\ 1)$ である。2点B，Cは x 軸について対称だから，C$(1,\ -1)$ である。よって，直線ACの傾きは，$\frac{-1-9}{1-(-3)}=-\frac{5}{2}$ だから，その式は $y=-\frac{5}{2}x+b$ とおける。点Cを通るので，$-1=-\frac{5}{2}\times1+b$ より，$b=\frac{3}{2}$ となり，直線ACの式は $y=-\frac{5}{2}x+\frac{3}{2}$ である。

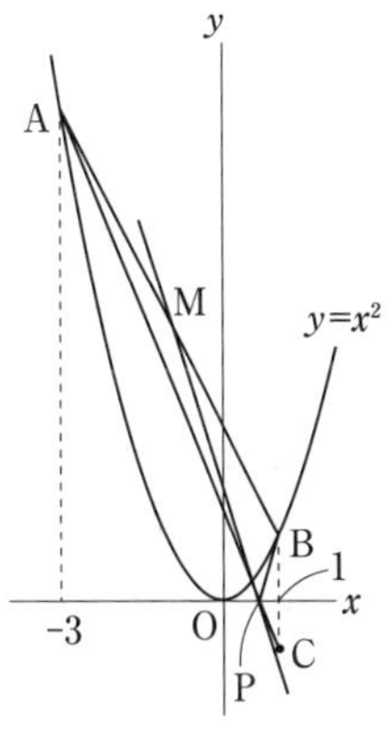

⑵＜**x 座標**＞右図で，点Pは x 軸上にあり，2点B，Cは x 軸について対称だから，BP＝CP となり，AP＋BP＝AP＋CP となる。これより，AP＋BP が最小になるのは，AP＋CP が最小になるときであり，このとき，3点A，P，Cは一直線上にある。よって，点Pは直線ACと x 軸の交点である。⑴より直線ACの式は $y=-\frac{5}{2}x+\frac{3}{2}$ だから，$y=0$ を代入して，$0=-\frac{5}{2}x+\frac{3}{2}$，$\frac{5}{2}x=\frac{3}{2}$，$x=\frac{3}{5}$ となり，点Pの x 座標は $\frac{3}{5}$ である。

⑶＜**直線の式**＞右上図で，P$\left(\frac{3}{5},\ 0\right)$ を通り△PABの面積を2等分する直線とABの交点をMとす

ると，△PAM＝△PBM より，AM＝BM となり，点 M は線分 AB の中点である。A$(-3,\ 9)$，B$(1,\ 1)$だから，点 M の x 座標は $\frac{-3+1}{2}=-1$，y 座標は $\frac{9+1}{2}=5$ となり，M$(-1,\ 5)$である。直線 PM の傾きは，$(0-5)\div\left\{\frac{3}{5}-(-1)\right\}=-\frac{25}{8}$ だから，その式は $y=-\frac{25}{8}x+c$ とおける。点 P を通るので，$0=-\frac{25}{8}\times\frac{3}{5}+c$，$c=\frac{15}{8}$ となり，求める直線の式は $y=-\frac{25}{8}x+\frac{15}{8}$ である。

4〔平面図形―円〕

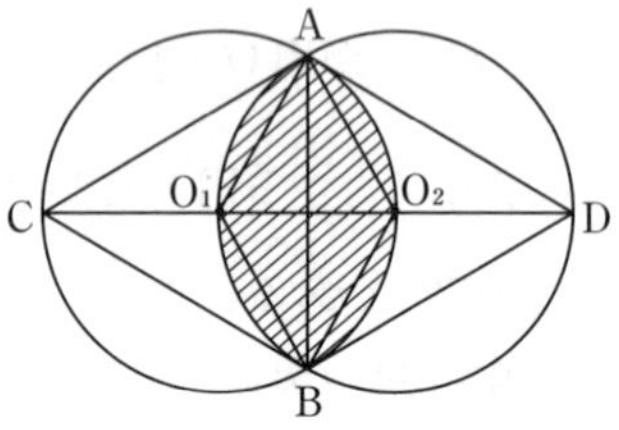

(1)＜長さ＞右図で，点 A と 2 点 O_1，O_2 をそれぞれ結ぶ。線分 CO_2 は円 O_1 の直径より，$\angle CAO_2=90^\circ$ である。また，$AO_1=AO_2=O_1O_2=4$ より，$\triangle AO_1O_2$ は正三角形となり，$\angle AO_2O_1=60^\circ$ である。よって，$\triangle ACO_2$ は 3 辺の比が $1:2:\sqrt{3}$ の直角三角形となり，$AC=\sqrt{3}AO_2=\sqrt{3}\times4=4\sqrt{3}$ である。

(2)＜面積＞右図で，(1)と同様にして，$AD=BC=BD=4\sqrt{3}$ となるから，$AC=AD=BC=BD$ となり，四角形 ACBD はひし形である。また，2 点 A，B を結ぶと，$\angle BCO_2=\angle ACO_2=30^\circ$ より，$\angle ACB=2\angle ACO_2=2\times30^\circ=60^\circ$ となるから，△ACB は正三角形となり，$AB=AC=4\sqrt{3}$ である。さらに，$CD=CO_1+O_1O_2+O_2D=4+4+4=12$ だから，四角形 ACBD の面積は，$\frac{1}{2}\times AB\times CD=\frac{1}{2}\times4\sqrt{3}\times12=24\sqrt{3}$ である。

(3)＜面積＞右上図で，点 B と 2 点 O_1，O_2 をそれぞれ結ぶと，(1)より，$\triangle AO_1O_2$ が正三角形だから，$\triangle BO_1O_2$ も正三角形となり，四角形 AO_1BO_2 はひし形となる。よって，〔ひし形 AO_1BO_2〕$=\frac{1}{2}\times AB\times O_1O_2=\frac{1}{2}\times4\sqrt{3}\times4=8\sqrt{3}$ となる。また，$\angle BO_2O_1=\angle AO_2O_1=60^\circ$ より，$\angle AO_2B=2\angle AO_2O_1=2\times60^\circ=120^\circ$ だから，$\overset{\frown}{AO_1}$ と線分 AO_1 で囲まれた部分の面積と $\overset{\frown}{BO_1}$ と線分 BO_1 で囲まれた部分の面積の和は，〔おうぎ形 O_2AB〕－〔ひし形 AO_1BO_2〕$=\pi\times4^2\times\frac{120^\circ}{360^\circ}-8\sqrt{3}=\frac{16}{3}\pi-8\sqrt{3}$ となる。同様にして，$\overset{\frown}{AO_2}$ と線分 AO_2 で囲まれた部分の面積と $\overset{\frown}{BO_2}$ と線分 BO_2 で囲まれた部分の面積の和も $\frac{16}{3}\pi-8\sqrt{3}$ である。よって，斜線部の面積は，$8\sqrt{3}+\left(\frac{16}{3}\pi-8\sqrt{3}\right)\times2=\frac{32}{3}\pi-8\sqrt{3}$ である。

5〔データの活用―確率―さいころ〕

(1)＜確率＞さいころの目の出方は 6 通りだから，さいころを 2 回投げるときの目の出方は，全部で，$6\times6=36$(通り)ある。このうち，点 A が一番右のいずれかのマスに止まるのは，2 回とも奇数の目が出てその和が 5 以上になるときか，偶数の目と 5 の目が出るときである。2 回とも奇数の目が出てその和が 5 以上になるときは，(1 回目，2 回目)＝(1，5)，(3，3)，(3，5)，(5，1)，(5，3)，(5，5)の 6 通りある。偶数の目と 5 の目が出るときは，(1 回目，2 回目)＝(2，5)，(4，5)，(5，2)，(5，4)，(5，6)，(6，5)の 6 通りある。よって，一番右のいずれかのマスに止まる場合は $6+6=12$(通り)あるので，求める確率は $\frac{12}{36}=\frac{1}{3}$ である。

(2)＜確率＞36通りの目の出方のうち，点 A が斜線部のマスに止まるのは，偶数の 2，4 のどちらかの目と，奇数の 3 の目が出るときだから，(1 回目，2 回目)＝(2，3)，(3，2)，(3，4)，(4，3)の 4 通りある。よって，求める確率は $\frac{4}{36}=\frac{1}{9}$ である。

国語解答

一　問一　④　問二　①　問三　①
問四　⑤　問五　②　問六　③
問七　①　問八　④　問九　③

二　問一　①　問二　⑤　問三　②
問四　①　問五　②　問六　③
問七　④　問八　③

三　問一　③，⑤，⑦　問二　②
問三　②　問四　①　問五　①
問六　(1)…⑤　(2)…④　問七　③

四　(1)　⑤　(2)　③　(3)　⑤　(4)　①
(5)　③　(6)　⑤　(7)　④　(8)　②

一〔随筆の読解―文化人類学的分野―日本文化〕出典；多田道太郎『しぐさの日本文化』「握手」。

≪本文の概要≫ブラウンは，古代文化を「贈答」の文化，近代の文化を「獲得」の文化と考えるが，その間をつなぐ一線は罪の意識だという。もともと贈り物は神への贈り物であって，神にささげ，また，人にそれを分け与えることで，人は，罪の感覚を薄めてきたといえる。近代が失ったのは，このつぐないの感覚であって，罪そのものではない。我が国には，贈答の慣習が残っているが，これは，神によって結ばれていた「結合」の思い出であろう。このまま贈り物文化が絶滅していけば，「ささげる姿勢」が消滅するだろう。この姿勢がなくなった場合，我々は，どのような「結合」を用意しているだろうか。握手は，通商に付随して，生まれてきた慣習であろう。人と通商するという習慣が生まれたとき，人と人とが「結ばれる」儀礼が始まったのではないか。慣習から身を引き離すそのやり方に，次の社会の「結合」のあり方がかかってくる。握手やお辞儀にかわって，また贈答をやめることによって，どのような結びつきを人は考えているのだろうか。

問一＜文章内容＞瀬川氏によると，「やったりとったり」の食物の贈答について，「土地の人にその『わけ』を聞いてみると，『昔からそういうもんだ』とか『かぜをひかない，歯を病まない』という答えが返ってきた」という。「土地の人」は，食物の贈答を行う「わけ」について，昔からのしきたりであるとか，現実的な利益が得られるからだと答えたのである。

問二＜文章内容＞X．古代人は「罪を共有するために贈りものをした」のであり，「贈りものはやはり神への贈りもの，ささげもの」であって，神にささげたり人に分け与えたりすることで，人は罪の感覚を薄めてきたといえる。「古代において肝心」なのは，贈り物を「神にささげる姿勢」なのである。　Y．贈り物の本質は，物を「神にささげる」という行為にあり，最終的な「富」は，その「行為の表面に付随」したものにすぎない。　Z．今日では，古代とは逆に，富や，さらに富を獲得しようとする試みが中心にあり，「その表面に付随して，贈りもののなごり」がある。

問三＜接続語＞a，b．世界中のどこでも，「多くの若い人」が「慣習は無意味だ」と思い，感じることの例として，「若いころのフロベール」が，「新年がなぜ特殊な慣習をもつのかと腹立たしげに書いていた」ことが挙げられている（…a）。だが，「慣習に反して，新しい慣習を人為的に作ろうとするとき，人はしばしば法と暴力に依存する」のである（…b）。　c．「握手やお辞儀にかわって，また贈答をやめることによって，どのような結びつきを人は考えているのか」，あるいは，「結びつき一般というものを，人は拒否しようとしている」のだろうか。

問四＜語句＞「心もとない」は，信頼できる条件を満たしていないため，落ち着かないさま。

問五＜文章内容＞西洋では，「クリスマスとか誕生日とか，贈答の習慣がカレンダーできまって」いる。そのため，この「異国の女性」は，特に何もない日であるにもかかわらず，「私」が「おすそわけ」のつもりで友人宅に米を持っていったのを，不思議に思ったのである。

問六＜文章内容＞古代人は，「所有を否定する自己犠牲によって超俗のよろこびを感じ，一種の力を獲得」した。古代人にとって，贈り物は「神への贈りもの，ささげものであって，神にささげ，また人にそれを分けあたえることで，罪の感覚，負債の感覚をうすめてきた」のである。このように，「罪を共有するために贈りもの」をするというのが，「古代の『贈答』の心理」である。

問七＜文章内容＞「私」は，握手は「通商に付随して，生まれてきた慣習」であり，「掠奪し，掠奪したものを神にささげるといった文化の形態から一歩進んで『敵』ではなく『人』と通商するという習慣がうまれたとき，人と人とが『結ばれる』儀礼がはじまったのではないか」と考えている。「ささげる姿勢」が消滅した場合，我々は「次の社会の『結合』の姿勢を模索」しておく必要があるが，「私」は，「握手」が「次の社会の『結合』の姿勢」になりうるとして注目しているのである。

問八＜要旨＞フランス人のロジェ・カイヨワは，「贈答」を「日本の美風」としてたたえているが，日本人は，「現代の贈答は，さほど美風とは」考えていない(①…×)。罪は「西洋文化の核心」であるが，「私」はそれを「今は不問に付す」ことにして，罪から神へのささげ物が出て，近代の「獲得」へつながるというのは，おもしろいと思っている(②…×)。「贈りもの文化が絶滅してゆけば，『ささげる姿勢』が消滅する」だろうが，今となっては神と物を共有する意識を持つように「歴史を逆転すること」は不可能である(③…×)。「『敵』ではなく『人』と通商するという習慣がうまれた」とき，握手という「人と人とが『結ばれる』儀礼がはじまったのではないか」と考えられ，「握手をする」ことで，「人は相手を『敵』とは見なさない文化の中にみずからを置くことができる」のである(④…○)。慣習は，時代とともに自然に移り変わっていくが，「新しい慣習を人為的に作ろうとするとき，人はしばしば法と暴力に依存する」のである(⑤…×)。

問九＜文脈＞「沈黙交易」では，「交換するさいには，それをつかさどる神の存在がかならず意識されて」いた。「わが国でも，峠の上に物を置き，沈黙のうちに交換される」ということがあり，「たとえば大菩薩峠には神に見たてた，市をつかさどる自然石が立っていたそう」である。このように，「もともと神がいた」のであり，「神がいなければ交易はできなかったし，交易の，そのまた向こうにある贈答という現象，習慣もありえなかったわけ」である。

二〔**小説の読解**〕出典；竹西寛子『兵隊宿』。

問一＜文章内容＞将校たちは，「この町を出発して」から戦地へと向かうので，ひさしは，将校たちが戦死するかもしれないと考え，彼らの今後を「漠然とながら思わずにはいられ」なかった。

問二＜語句＞Y.「腰を曲げる」は，深々とお辞儀をする姿を表す。　Z.「口を利く」は，話をする，ものを言う，という意味。

問三＜語句＞「上気する」は，顔に血が上がってのぼせる，のぼせて顔が赤くなる，という意味。

問四＜文章内容＞ひさしは，「案内役」として，将校たちに馬を見せたかったが，「川に，馬はいなかった」ので，「早いから，今日はまだ，いない」と，弁解するような表情で言った。

問五＜心情＞「戦死者の墓地」を見ると，将校たちが自分たちも戦死するのだろうかと不吉に感じるかもしれないと，ひさしは心配した。そのため，ひさしは，将校たちがその墓地に気づかないうちに彼らを「この境内から連れ出さなければとあせっていた」のである。

問六＜心情＞ひさしの将校たちに対する気持ちは，神社へ行く前と後とでは「はっきり違って」いた。ひさしは，戦地で彼らを待ち受けている運命を思うと，じっとしてはいられないような気持ちになり，その気持ちを抑えられず，絵の中で三頭の軍馬を「走らせずにはいられなかった」のである。

問七＜心情＞ひさしは，自分の家で過ごした将校たちと一緒に神社に行ったことで，彼らを身近に感じるようになっていた。その三人から届いた手紙には，「居場所は明記されて」おらず，「検閲済」のスタンプが押されていた。それを見て，ひさしは，戦争が彼らと自分を引き離してしまい，もう会えないかもしれないと感じて，悲しくなったのである。

問八＜文脈＞神社の境内には，よく，「陸軍病院の傷病兵が，白衣の軍靴のいでたちで，面会に来た家族らしい人たちとベンチに腰かけて」いた。ひさしと将校たちが神社に来たとき，「それらしい人の姿は見られなかった」ので，ひさしは，「ほっと」した。それは，「ここに来るまでは予想もしなかった安堵だった」のである。

三〔**古文の読解―物語**〕出典；『大和物語』十三。

≪現代語訳≫右馬の允藤原の千兼という人の妻には，としこという人がいた。子どもがたくさんできて，仲よく暮らしていたが，亡《な》くなったので，(千兼は)このうえもなく悲しくばかり思って過ごしていたが，内の蔵人であった一条の君という人は，としことたいそう仲のよい間柄であったが，このようになってしまったときにも，(弔問の)訪れがなかったので，(千兼は，)おかしいと思って過ごしているうちに，この訪れぬ人の従者の女が来合わせたのを見て，このように言った。／「こんなことを思ったことがありましょうか，亡くなってしまった人のことが悲しいのに，さらにあなたまでそのように無情になられようとは／と申し上げてください」と言ったところ，次のような返事があった。／亡くなった人のことを，あなたにお聞かせしないようにと思って，泣く泣く我慢しているときですから，どうかお恨みにならないでください

問一＜歴史的仮名遣い＞歴史的仮名遣いの「eu」は，現代仮名遣いでは「you」に，「ぢ」は「じ」になるので，「いちでう」は「いちじょう」になる。また，歴史的仮名遣いの語頭以外のハ行は，原則として，現代仮名遣いでは「わいうえお」になるので，「とはぬ」は「とわぬ」，「さへ」は「さえ」になる。

問二＜古文の内容理解＞一条の君は，としこが亡くなった後も，千兼の家を弔問に訪れなかった。「とはぬ人」は，訪れない人，という意味。

問三＜古文の内容理解＞一条の君は，としことたいそう仲がよかったのに，としこが亡くなってしまったときにも，としこの夫である千兼の家を訪れなかったのである。

問四＜古文の内容理解＞妻のとしこが亡くなったというのに，としこと仲がよかった一条の君が，自分を訪ねてこないので，千兼は，おかしいと思ったのである。

問五＜古文の内容理解＞一条の君の従者の女と偶然出会ったので，千兼は，この女にこのように言って，一条の君への伝言を頼んだ。

問六(1)＜和歌の内容理解＞亡くなってしまった妻のことが悲しいのに，さらにあなたまでそのように無情になられると思ったことがありましょうか，いいえ，思いもよらないことでした，という意味。　**(2)＜和歌の技法＞**普通なら，「すぎにし人の悲しきに君さへつらくならむものとは思ひきや」となる。普通とは語順を逆にする修辞技法を，「倒置法」という。

問七＜古文の内容理解＞一条の君は，千兼の家を訪れてとしこの話をすると，千兼が悲しい思いをするだろうと思って，弔問するのを我慢していたので，恨まないでほしいと，和歌で伝えた。

四〔**漢字**〕

(1)「恒例」と書く。①は「装甲」，②は「効果」，③は「講義」，④は「振興」，⑤は「恒星」。　(2)「風刺」と書く。①は「漢詩」，②は「指示」，③は「名刺」，④は「施設」，⑤は「廃止」。　(3)「端的」と書く。①は「単調」，②は「淡白」または「淡泊」，③は「大胆」，④は「探索」，⑤は「発端」。　(4)「浸(る)」と書く。①は「浸透」，②は「刷新」，③は「屈伸」，④は「紳士」，⑤は「辛抱」。　(5)「摘(む)」と書く。①は「点滴」，②は「適任」，③は「摘発」，④は「敵地」，⑤は「的中」。　(6)「廃(れる)」と書く。①は「排出」，②は「灰」，③は「敗北」，④は「後輩」，⑤は「廃棄」。　(7)「法定」と書く。①は「贈呈」，②は「堤防」，③は「出廷」，④は「定員」，⑤は「日程」。　(8)「介入」と書く。①は「奪回」，②は「介抱」，③は「弁解」，④は「改札」，⑤は「懐柔」。

2023年度 国学院高等学校（一般第３回）

【英　語】（50分）〈満点：100点〉

1　中学生のMikiは母とKokugaku High Schoolのパンフレットを見ながら，入学後に海外語学研修のどのコースに参加するか話し合っている。下の表はそのパンフレットの一部である。表と英文を読み，空所（Ａ）～（Ｅ）に入る最も適切なものをそれぞれ後の①～④から１つずつ選び，指定された解答欄に番号をマークしなさい。

Summer overseas language programs

Country	Australia	Canada	UK	Philippines
City	Melbourne	Vancouver	London	Cebu
Flight hours	6	8	12	4
Length of stay	21 days	14 days	6 days	10 days
Price (yen)	210,000	350,000	420,000	150,000
Stay type	Homestay	Hotel	Hotel	Homestay
Activities	Museum tour Sports day	Nature tour Beach walk	History tour Oxford visit	Diving Rock climbing

Mother : Hey, look.　Kokugaku High School has a lot of language training programs.

Miki　 : Oh, that's true.　I wonder where to go.　Look, there's a tour to London.　It is a city I have always wanted to visit.

Mother : But you've never even boarded an airplane before.　I'm afraid you'll be tired because the flight time is long.　Also (　　Ａ　　).

Miki　 : That's a good point.　I think I need to give up the trip to England.　How about Australia ?

Mother : I studied in Australia when I was young.　I'm sure it is a good place for you to improve your English.

Miki　 : But (　　Ｂ　　) that I can't do other activities in Japan like shopping with friends in Shibuya or doing club activities during the summer vacation.　I'd like to join the mountaineering club when I enter Kokugaku High School.　Let me see . . . what do you think of Canada ?

Mother : I think Canada is a nice option for you.　Vancouver (　　Ｃ　　) and offers a variety of activities throughout the year.　For example, Stanley Park for cycling and picnics, and beautiful beaches for watching sunsets.　There are many popular tourist spots that attract young people from all over the world.

Miki　 : That sounds fun.　I'll be able to fully enjoy studying and other activities there, but I am interested in doing a homestay.　Which do you think is better, staying with a host family or in a hotel ?

Mother : It is a difficult question.　Each has its good points.　If you stay at a hotel, you will always feel safe.　Unfortunately, there are many Japanese students who have trouble with their host families during their homestay. But (D). It gives you a valuable experience of doing everything yourself without the help of your parents.

Miki : Sounds exciting. I'm thinking of trying a lot of new things when I become a high school student, so I'll try doing a homestay as well.

Mother : Then a trip to (E) is the best option for you. The cost is not so high and the period is not so long. You may also be able to enjoy rock climbing during the trip. I also heard that the local people are friendly.

Miki : It's perfect for me.

(A) ① it will be a journey of more than a week
② the cost of the trip is the highest
③ you can enjoy marine sports there
④ you have to pass the history test

(B) ① the city has so many museums ② the city is so far
③ the course isn't so safe ④ the trip is so long

(C) ① is becoming less and less popular
② is the cheapest
③ is rich in nature
④ is the nearest city to Japan

(D) ① I would rather stay in Japan than study abroad
② doing a homestay will help you to become an adult
③ some students get homesick and return to their home countries
④ you will not be able to do other activities during your homestay

(E) ① Melbourne ② Vancouver ③ London ④ Cebu

2 Mikiは海外でホームステイをしている。ホストマザーであるLindaと今後の予定について話し合っている。下の表は学校から配布された最後の１週間の予定表である。表と英文を読み，空所（A）～（D）に入る最も適切なものをそれぞれ後の①～④から１つずつ選び，指定された解答欄に番号をマークしなさい。

	8:30～10:00	10:30～12:00	13:00～14:00
Mon	English Lesson —Make a group and learn English communication.	Music —Enjoy singing songs with friends.	Recreation☆ —Enjoy some games using English.
Tue	English Lesson —Make a group and learn English grammar.	Cooking —Cook dishes from various countries.	Recreation —Enjoy some games using English.
Wed	No classes (National holiday)		
Thu	English Lesson —Learn English with movies or science experiments.	Sports —Enjoy various sports outdoors. ▲	Recreation —Enjoy some games using English.
Fri	English Lesson —Make a group and learn English grammar.	Speech contest —Make a speech about what you learned.	Recreation —Enjoy some games using English.
Sat	Farewell Ceremony	Go to the airport Go back to Japan	

☆ Recreation classes are held every afternoon.

▲ If it rains, the basketball competition will be held in the gym.

Linda : How was your first week at school ?

Miki : It was great ! My classes are really interesting.

Linda : Tell me about your schedule for next week.

Miki : During the morning classes, we will learn English grammar and useful expressions for communication. I greatly enjoy talking to people from various countries. (A). I'm required to prepare for that class.

Linda : That shouldn't be a problem because your English is getting better day by day.

Miki : Yes, I think I'm going to enjoy speaking in front of my classmates.

Linda : How about your social life ?

Miki : I've already made some new friends during recreation classes. In the classes (B). I'm always the winner. Look ! I have a Sports class on Thursday. It will give me a good chance to make new friends.

Linda : But it's the rainy season, and I'm afraid it's going to rain on that day.

Miki : (C)

Linda : So you're OK then.

Miki : Hey, Linda. Do you think I could go rock climbing with my new friend Janet ?

Linda : I'm not sure. It sounds very dangerous. Where will you be going ?

Miki ： We're going to go to *Mt. Manunggal. It's one hour from here. It has lots of *cliffs and I hear it's a wonderful place to climb.

Linda： If you go there after school, I think it'll be dangerous because it will get dark soon.

Miki ： You're right. So I'm thinking of climbing the mountain this（ Ｄ ）.

Linda： That's a good idea. You can spend a whole day enjoying it. I hope it will be the best memory of your trip.

（注） *Mt. Manunggal マヌンガル山 *cliff がけ

（Ａ） ① On Monday I play the guitar
② On Tuesday I have lunch with only Japanese friends
③ On Thursday I learn the history of movies
④ On Friday I have a speech contest

（Ｂ） ① I enjoy singing Japanese songs with friends
② I have to prepare for science experiments
③ I play many kinds of games with other students
④ I study English grammar by myself

（Ｃ） ① No kidding. It should be rainy.
② No problem. We will play basketball inside.
③ Not bad. How are you doing this morning？
④ Terrible. We play sports outside even in the rain.

（Ｄ） ① Wednesday ② Thursday ③ Friday ④ Saturday

3 次の英文を読み，内容に一致するものを後の①～④から１つ選び，指定された解答欄に番号をマークしなさい。

What would it be like if you had to go a whole day without using wheels？

About five thousand years ago, before the wheel was invented, people *relied on animals to *transport many things. But if they wanted to pull really heavy things, the animals weren't strong enough, so transportation was a big problem. Most things were moved using wooden rollers, like *logs, but that was hard work.

A clever person from *Sumer found out that you could *attach a wheel to both ends of a roller. That made an *axle！ And on top of the axle, you could put a sheet of wood. The axle kept the wheels *in place, and the wheels *rotated just the same way that rollers did. You could also get animals to pull it, but even more importantly, you could carry a lot of things, and even people. Without realizing it, the Sumerian had invented the world's first *vehicle.

Early wheels were made out of flat *disks of wood, which were heavy and difficult to rotate. The *Egyptians found a way to make a wheel that looked like a ring instead of a disk, making it much lighter. They attached *support rods to the center of the wheel, and then they added an *iron rim. All these improvements gave the wheel better *traction and made it stronger.

The wheel didn't just change the way people got from place to place. Ancient man learned how to use the power of running water to turn large *mill wheels. Small wheels called gears connected the mill wheel to a *grinding machine. When the gears rotated, power was moved from one to the other. This meant that people could make bread because they were able to grind *wheat and make it into *flour. The same idea of wheels and gears was used in the invention of a huge number of machines.

And even now, five thousand years after its invention, the wheel is still giving us ideas for new technology. Wheels will always be a central part of life, and the need for them will grow *as long as humans think, invent, and change.

(注) * rely on　～に頼る　* transport　～を運ぶ，輸送する　* log　丸太
* Sumer　シュメール(古代バビロニアの地名)　* attach　～を取り付ける
* axle　心棒，車軸　* in place　定位置に　* rotate　回転する
* vehicle　乗り物　* disk　円盤　* Egyptian　エジプト人
* support rod　支持棒　* iron rim　鉄の縁，フレーム　* traction　引くこと
* mill　製粉場，水車場　* grind　(粉を)ひく　* wheat　小麦
* flour　小麦粉　* as long as　～する限り

① Wooden rollers began to be used instead of wheels because it was difficult to use wheels for carrying things.

② The world's first vehicle was made when somebody attached wheels to a roller and put a sheet of wood on top.

③ When support rods and an iron rim are attached, ring-shaped wheels become heavy and bad for movement.

④ The power will be weaker when the gears rotate, so the gears can only be used for small machines.

4 次の対話文を読み，後の問に答えなさい。

Nanami is a Japanese student. She is staying in Australia to learn English. She is looking for a product in a shop.

Nanami：Excuse me, can you help me ?

Clerk　：Certainly, what can I do for you ?

Nanami：I'm looking for macadamia nuts, but I don't see them on your shelves.

Clerk　：Oh, yes, we usually carry them, but recently (あ)they've been flying off the shelves. I think they're currently out of *stock.

Nanami：Oh, no. I made a special trip here to buy them. They're recommended in this guidebook.

Clerk　：They're in your guidebook ? (い)That must be why all the Japanese who come here buy them. Well, (　う　) We have many different kinds of nuts here.

Nanami：No, I was really hoping for the macadamia nuts. Macadamia nuts here are famous for being the most delicious nuts in the world. Is it possible to order some more ?

Clerk　：I believe we did order more, but they won't be arriving until the beginning of next week.

Nanami：But I'm leaving the day after tomorrow. I can't change the schedule. (え)What should I do ?

Clerk　：If you want, we'd be happy to ship them to you once they arrive. Or, I can call around to our other stores to see if anyone else still has them.

Nanami：I see. Well, if those are my only two options, I think I'll just order a few macadamia nuts and have you ship them to me. How much is the shipping fee to Japan ?

Clerk　：We ask $20 for overseas shipping.

Nanami：Oh. That's quite a lot. Isn't there any other way ?

Clerk　：　Actually, we also sell the nuts on the Internet.　(お)Why don't you order them that way ? They're so popular that I'm sure that we will always have enough stock.　And if you order more than $30 worth, the shipping fee will be *discounted to $10.

Nanami：　That's a good idea.　Thanks for the advice.

Clerk　：　No problem.　They're very popular nuts and I'm sure you'll like them.

（注）　＊stock　在庫，商品　　＊discount　～を値引きする

問１　(あ)they've been flying off the shelvesの意味として最も近いものを①～④から１つ選び，指定された解答欄に番号をマークしなさい。

①　the nuts are on the plane

②　the nuts are selling very well

③　the nuts can no longer be made

④　the shelves are broken

問２　(い)Thatの内容として，最も適切なものを①～④から１つ選び，指定された解答欄に番号をマークしなさい。

①　The guidebook suggests buying the nuts.

②　Nanami visits the shop to buy the nuts.

③　The clerk in the shop can speak Japanese.

④　Visitors from Japan are free to buy the nuts.

問３　空所（う）に入るものとして，最も適切なものを①～④から１つ選び，指定された解答欄に番号をマークしなさい。

①　is there anything else you would like to try ?

②　I'd like to ask you another question about your country.

③　can you tell me which kinds of food you like ?

④　let me tell you how to buy the nuts.

問４　(え)What should I do ?とあるが，Nanamiがこのように言った理由を次のように書き表すとすれば，（　）の中に，次のどれを入れるのが良いか。最も適切なものを①～④から１つ選び，指定された解答欄に番号をマークしなさい。

Because Nanami wants to know (　　　　　).

①　how to get back to Japan

②　what she can do to change her schedule

③　what to do to buy the macadamia nuts

④　when she can visit the store again

問５　(お)Why don't you order them that way ?の意味として最も近いものを①～④から１つ選び，指定された解答欄に番号をマークしなさい。

①　Don't look for products from other stores online.

②　How about ordering the macadamia nuts online ?

③　Let's buy tickets to Japan together on the Internet.

④　Will you go to another store and order the macadamia nuts ?

問６　本文の内容と合うものを①～④から１つ選び，指定された解答欄に番号をマークしなさい。

①　Nanami leaves the shop because she doesn't know how to buy macadamia nuts.

②　Nanami really wants the macadamia nuts, so she changes the day she returns to Japan.

③　The clerk gives Nanami the last macadamia nuts that the shop has.

④　The macadamia nuts are popular but can almost always be bought on the Internet.

問7　次の文章は，Nanamiからthe macadamia nutsの注文があった直後に，ClerkがNanamiに送ったメールの一部である。空所（A）と（B）に入る最も適切なものをそれぞれ①～④から1つずつ選び，指定された解答欄に番号をマークしなさい。

> Thank you for *purchasing our macadamia nuts from our online store and thank you for visiting our store the other day. *Nevertheless, I'm sorry I couldn't (　A　). Thanks to everyone, especially our Japanese customers, the nuts are very popular. However, that means they have been difficult to purchase in our stores. We will continue to make efforts so that many customers can purchase the nuts in stores.
>
> You have purchased two $20 items. The total amount you will pay, including shipping costs, will be (B). We hope you enjoy our macadamia nuts.

（注）　*purchase　～を購入する　　*nevertheless　それにもかかわらず

（A）　①　ask the store manager to discount the items
　　　②　sell the items on the spot
　　　③　show you various kinds of nuts
　　　④　understand what was written in the guidebook

（B）　①　$30　　②　$40　　③　$50　　④　$60

5　次の英文を読み，後の問に答えなさい。

For all his life, my grandfather has lived in the Valley of Koi. Our land begins at the end of Eagle Mountain. It ends at the banks of the river that *bisects the valley, dividing it in two. The mountain and river keep our cows and sheep safe from wolves. The *soil is so rich that our crops seem to grow by themselves, and even the precious fire flowers can be found by those who know where to look.

Although life in the valley was good, my grandfather feared for his people. The mountain and river kept danger out, but they also kept us in, *isolated from the world. "We must find a way to communicate with other villages," Grandfather said, "to trade, exchange stories, and make friendships. If we do not, Koi will one day *fade away."

"But it is too dangerous to journey over the mountain," people said. "And the river is too wild to cross." My grandfather knew that was true. He spent many hours walking through the valley, thinking. One day, he saw a pink *earthworm *wriggle out of the soil. Grandfather bent down to look more closely and saw a spider building a web between two *blades of grass. Suddenly, Grandfather knew <u>what the people of Koi must do</u>.

Many villagers were *skeptical. "What comes easily to the earthworm and spider is not so simple for humans," they *insisted. "We cannot move under the earth or through the air. And *what if strangers learned where the fire flowers grew ?"

"If I were a fire flower, I would rather be picked from the earth and *admired than left alone and unseen," Grandfather said. Some of the villagers began to *nod. Soon they gathered around to study the plans Grandfather drew.

After that, the strongest men and women of Koi began to dig into the *base of Eagle Mountain.

Each year they dug, the opening of the tunnel reached farther. Across the valley, other villagers *labored at the river. It took many months just to fix one rope across the water. From that single piece of rope, the people worked to make an *arch of boards and rope. Finally, there was exciting news. The bridge was finished! Some of the villagers were scared. “What if enemies come across the bridge?” they asked.

My grandfather was not *discouraged. “I will be the first to cross,” he said. Grandfather’s blue eyes were bright when he walked across the bridge. On the far bank of the river, we could see a small *figure in the grass. When at last Grandfather reached the other side, the figure slowly moved toward him. Grandfather was the first Koi villager ever to stand on the far bank of the river, and a stranger had come to *greet him.

When my grandfather returned, the stranger came with him. His hair was white like my grandfather’s, but his clothing and the way he looked were strange to us. He wore a broad hat and carried a flag of red, yellow, and orange. His face shone with kindness as he looked at each of us.

“For a long time, I have hoped to cross the river and touch Eagle Mountain with my own hand”, the stranger said. Some of the villagers looked *suspicious, as the stranger spoke of the place where the fire flowers grew.

“We must send the stranger away,” one of the villagers said.

But Grandfather insisted that the stranger come to our home to share a meal. He came *gratefully. When we sat down to eat, the stranger said, “I have brought a gift to share with you.” On the table, he placed a very beautiful white flower, like none we had ever seen. “This is an ice flower,” he said. “It is the most precious flower that grows on my side of the valley.”

Our village is still small and quiet, but we are no longer shut away from the world. By winter, the villagers will be finishing the tunnel. Next spring, I’m going to be walking through the mountain, *departing from our village for the first time. I would like to meet a stranger and share a fire flower of Koi.

（注）＊bisect　～を二分する，両断する　＊soil　土，土壌　＊isolated　孤立した
＊fade　消えていく　＊earthworm　ミミズ　＊wriggle　くねくね進む
＊blade　葉　＊skeptical　疑い深い　＊insist　～と主張する
＊what if　～したらどうなるだろうか　＊admire　～を賞賛する　＊nod　うなずく
＊base　ふもと　＊labor　働く　＊arch　アーチ
＊discouraged　落胆した　＊figure　人影　＊greet　～に挨拶する
＊suspicious　疑い深い　＊gratefully　感謝して　＊depart　出発する

問１　下線部what the people of Koi must doの内容を表すものとして，最も適切なものを次の①～④から１つ選び，指定された解答欄に番号をマークしなさい。

① to make a tunnel and a bridge to look for other villages
② to find a lot of fire flowers before someone picks them up
③ to keep the beautiful nature and insects of Koi
④ to bring some people to work in the valley of Koi

問２　次の(1)～(3)の文を，本文の内容と合うように完成させるには，［　　］の中に，それぞれ以下のどれを入れるのが良いか。次のページの①～④から１つずつ選び，指定された解答欄に番号をマークしなさい。

(1) About the Grandfather’s plan, it is true that ［　　　　］.

① the villagers asked him to make a tunnel and a bridge
② he got the idea by watching an earthworm and a spider
③ everyone agreed to his plan as soon as they heard it
④ villagers worried that many people would leave the valley and go to other places

(2) Grandfather said, "If I were a fire flower, I would rather be picked from the earth and admired than left alone and unseen," because he wanted to [　　　　].
① protect fire flowers and keep them only in the valley
② get much money by selling fire flowers
③ have the villagers notice that they live an isolated life like fire flowers
④ exchange fire flowers to precious ice flowers

(3) One of the villagers tried to send the stranger away because [　　　　].
① he thought that the stranger would bring enemies to the village
② the stranger didn't want to give an ice flower at first
③ the way the stranger looked was totally different from the Koi people
④ he worried that the stranger would take fire flowers away

問3　次の(1), (2)の質問の答えとして最も適切なものを，それぞれ下の①～④から1つずつ選び，指定された解答欄に番号をマークしなさい。

(1) What was Grandfather's worry about the Koi village and the people there ?
① Many people knew the place of the fire flowers and there were only a few flowers left.
② The valley was not good for making crops and keeping animals, so they were very poor.
③ They often disagreed with others' opinions and couldn't cooperate with each other.
④ They didn't communicate with people outside of the valley and their lives were isolated.

(2) What does the writer think about the future in the end ?
① He thinks it is better to shut the village away from other areas like it was before.
② He will communicate with people in other areas because they are kinder than Koi people.
③ He hopes to one day go outside of the Koi village and see a new world by himself.
④ He decides to go out from the Valley of Koi and never go back to the village.

問4　次の(ア)～(エ)の文を起こった順番に並べ替えたとき，最も適切なものを後の①～⑥から1つ選び，指定された解答欄に番号をマークしなさい。

(ア) An ice flower was given to the village of Koi by the stranger.
(イ) The Koi people were scared that enemies would come to the village when they saw the bridge.
(ウ) Grandfather worried about the future of Koi and wanted to reach out to other villages.
(エ) The villagers were suspicious of the stranger and one of them didn't want him to come into the village.

① (ア)⇒(エ)⇒(ウ)⇒(イ)　② (イ)⇒(ア)⇒(エ)⇒(ウ)
③ (イ)⇒(エ)⇒(ア)⇒(ウ)　④ (ウ)⇒(イ)⇒(エ)⇒(ア)
⑤ (ウ)⇒(エ)⇒(ア)⇒(イ)　⑥ (エ)⇒(イ)⇒(ウ)⇒(ア)

【数　学】（50分）〈満点：100点〉

（注意）１．定規，コンパス，分度器，電卓は使用しないこと。

２．問題の文中の $\boxed{\text{ア}}\boxed{\text{イ}}\boxed{\text{ウ}}$ などには，特に指示がない限り，ア，イ，ウ，……の一つ一つに数字（０～９）が一つずつ入ります。

３．分数形で解答する場合，それ以上約分できない形で答えなさい。

４．$\sqrt{\ }$ を含む形で解答する場合，$\sqrt{\ }$ の中に現れる自然数が最小となる形で答えなさい。

５．小数の形で解答する場合，必要に応じて，指定された桁まで０にマークしなさい。

1　次の $\boxed{\ }$ の中の「ア」から「ト」に当てはまる数字をそれぞれ答えなさい。

(1)　$(\sqrt{2}+\sqrt{27}-\sqrt{32})(\sqrt{75}+\sqrt{18}-\sqrt{12})=\boxed{\text{ア}}$ である。

(2)　$3a^3b^2\div 12ab\times(-4ab^2)^2=\boxed{\text{イ}}\,a^{\boxed{\text{ウ}}}\,b^{\boxed{\text{エ}}}$ である。

(3)　１次方程式 $\dfrac{4x-5}{4}+4=\dfrac{1}{12}-\dfrac{x-10}{3}$ を解くと $x=\dfrac{\boxed{\text{オ}}}{\boxed{\text{カ}}}$ である。

(4)　１～９の数字が１つずつ書かれたカードが９枚ある。この中から２枚のカードを並べて２けたの整数をつくるとき，その整数が６の倍数となるのは $\boxed{\text{キ}}\boxed{\text{ク}}$ 個ある。

(5)　$a>b$ とする。２次方程式 $x^2-6x+4=0$ の２つの解を a，b とするとき，$(a-3)(b+3)=\boxed{\text{ケ}}\sqrt{\boxed{\text{コ}}}-\boxed{\text{サ}}$ である。

(6)　y は x に反比例し，$x=2$ のとき，$y=a$ であり，$x=4$ のとき，$y=a-2$ である。このとき，$a=\boxed{\text{シ}}$ である。

(7)　大小２個のさいころを同時に投げ，出た目をそれぞれ a，b とするとき，$\dfrac{a}{2b-1}$ が整数になる確率は $\dfrac{\boxed{\text{ス}}}{\boxed{\text{セ}}}$ である。

(8)　表Aは１個のさいころを10回投げて，どの目が何回出たかをまとめたものである。出た目の数の平均値が３であるとき，$x-y=\boxed{\text{ソ}}$ である。

(9)　図１の円Oにおいて，$\angle x=\boxed{\text{タ}}\boxed{\text{チ}}{}^\circ$ である。

(10)　図２の正三角柱ABC－DEFにおいて，底面の正三角形の１辺は４cm，高さは５cmである。また，辺EF上にFG＝１cmとなる点G，辺DF上に∠FGH＝90°となる点Hをとる。このとき，三角錐C－FGHの体積は正三角柱ABC－DEFの体積の $\dfrac{\boxed{\text{ツ}}}{\boxed{\text{テ}}\boxed{\text{ト}}}$ 倍である。

表A

出た目	回数
1	1
2	3
3	x
4	y
5	0
6	1

図１

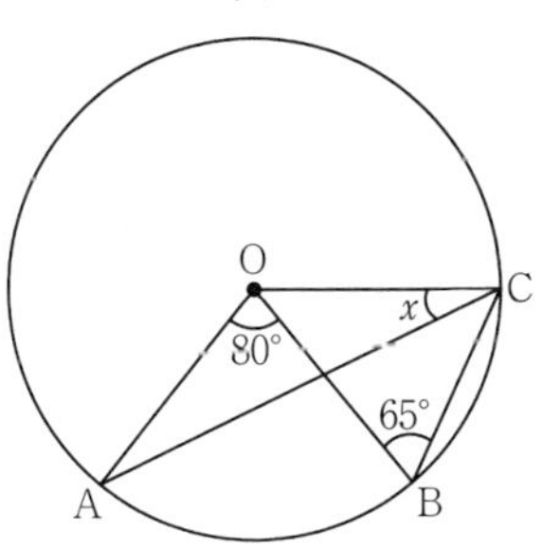

図２

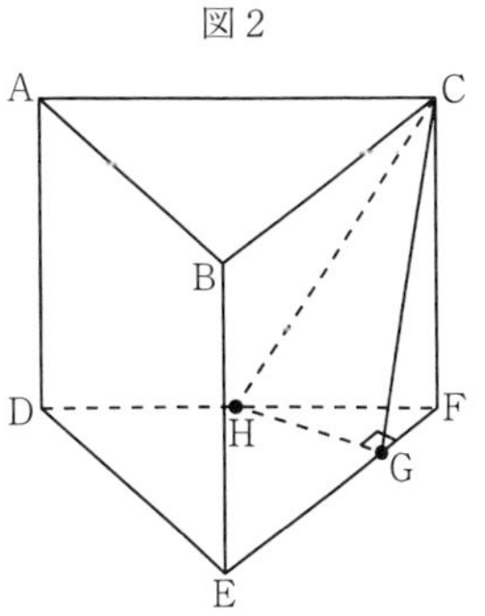

2 　ある中学校でKさんが作った問題をみんなで考えた。次の□の中の「ア」から「キ」に当てはまる数字をそれぞれ答えなさい。

［Kさんが作った問題］
　立方体の積み木を，１個，３個，６個，10個，……と，以下の図のような規則に従って並べていく。

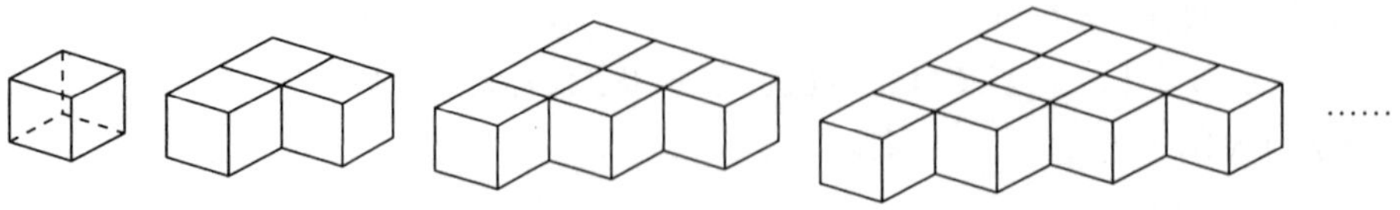

１番目　　２番目　　３番目　　４番目　……

　このとき，６番目の積み木の個数を求めなさい。

(1)　［Kさんが作った問題］で，６番目の積み木の個数と５番目の積み木の個数の差は [ア] 個であり，６番目の積み木の個数は [イウ] 個である。

先生は，［Kさんが作った問題］をもとにして，次の問題を作った。

［先生が作った問題］
　［Kさんが作った問題］において，１番目の積み木が一番上の段になるように，順番に積み重ねてできた立体を考える。
　例えば，１番目から３番目までの積み木を積み重ねてできた立体は右の図のようになる。
　積み木の１辺の長さを１cmとして，積み重ねてできた立体の体積が56cm^3のとき，その立体の表面積を求めなさい。

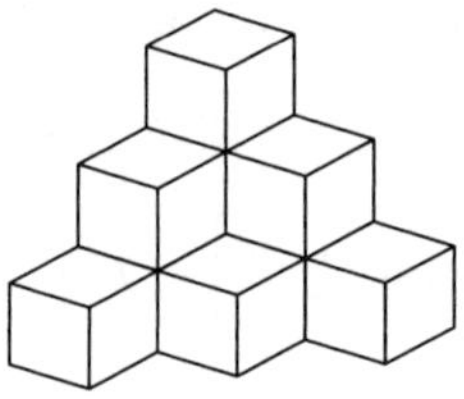

(2)　［先生が作った問題］で，積み重ねてできた立体の体積が56cm^3となるのは，［Kさんが作った問題］で，１番目から [エ] 番目までの積み木を積み重ねたときである。

(3)　［先生が作った問題］で，積み重ねてできた立体の体積が56cm^3のとき，その立体の表面積は [オカキ] cm^2である。

3 　右の図のように，２つの放物線 $y=\frac{1}{3}x^2$ …①，$y=ax^2$ …②がある。ただし，$a<0$ とする。放物線①上に点A，B，放物線②上に点C，Dがあり，四角形ABCDは正方形である。点A，Dの x 座標が４のとき，次の□の中の「ア」から「ウ」に当てはまる数字をそれぞれ答えなさい。

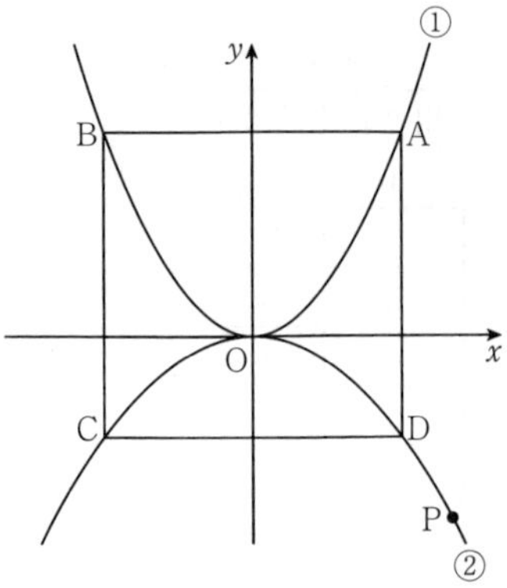

(1)　$a=-\frac{\boxed{ア}}{\boxed{イ}}$ である。

(2)　放物線②上に，△CDPの面積が四角形ABCDの面積の半分になるように，x 座標が正である点Pをとる。このとき，点Pの x 座標は [ウ] である。

4　右の図のように，AD∥BC，AD＝8 cm，BC＝12cmの四角形ABCDがある。対角線AC，BDの交点をE，線分AEの中点をF，線分EC上にあり，EG：GC＝1：3となる点をGとする。このとき，次の□の中の「ア」から「オ」に当てはまる数字をそれぞれ答えなさい。

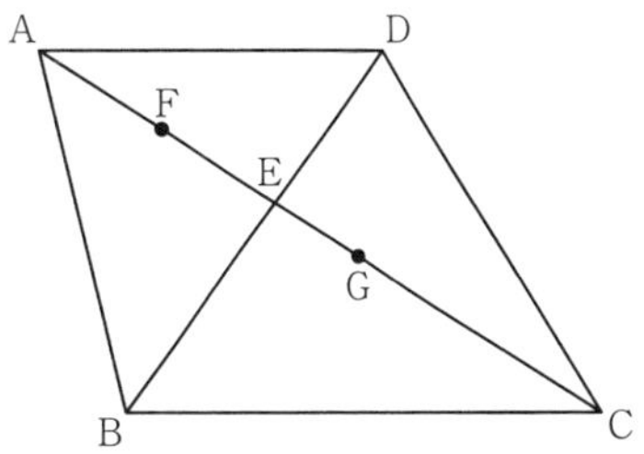

(1)　AC＝16cmのとき，FG＝$\dfrac{\boxed{\text{ア}}\boxed{\text{イ}}}{\boxed{\text{ウ}}}$ cmである。

(2)　△BEFの面積をS_1，△DEGの面積をS_2とするとき，$\dfrac{S_2}{S_1}=\dfrac{\boxed{\text{エ}}}{\boxed{\text{オ}}}$である。

5　右の図のように，底面の半径が6 cm，母線の長さが15cmの円錐がある。線分BCは底面の直径で，点Oは底面の中心とする。点P，Qはそれぞれ線分AB，AC上にあり，AP：PB＝AQ：QC＝1：2である。点Rが底面の円周上を動くとき，次の□の中の「ア」から「ケ」に当てはまる数字をそれぞれ答えなさい。

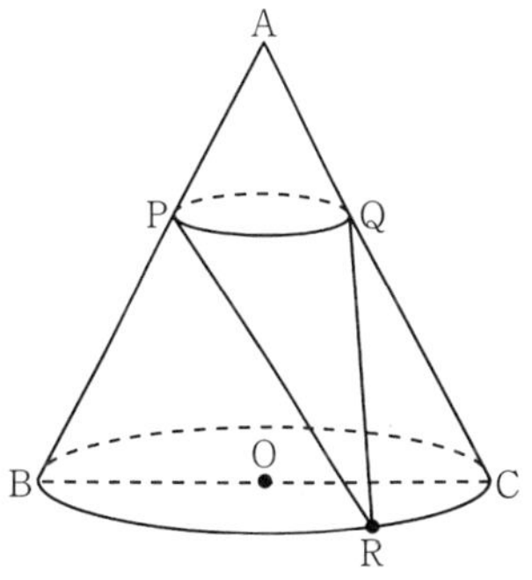

(1)　AO＝$\boxed{\text{ア}}\sqrt{\boxed{\text{イ}}\boxed{\text{ウ}}}$ cmである。

(2)　線分PRの長さの最大値は$\boxed{\text{エ}}\sqrt{\boxed{\text{オ}}\boxed{\text{カ}}}$ cmである。

(3)　△PQRの面積の最大値は$\boxed{\text{キ}}\sqrt{\boxed{\text{ク}}\boxed{\text{ケ}}}$ cm^2である。

(5) パンをコがしてしまった。

① 日本のショウシ高齢化が進む。
② 身元をショウカイする。
③ ショウソウ感に駆られる。
④ 文明ハッショウの地を訪ねる。
⑤ 不思議なゲンショウが起こる。

(6) オモムキのある庭園。

① 企画のシュシを説明する。
② 予防セッシュを受ける。
③ 大学をシュセキで卒業する。
④ 野球部のシュショウになる。
⑤ 犯人に事情チョウシュする。

(7) 都内クッシの強豪校だ。

① 電車がシガイ地を走る。
② 新事業にトウシする。
③ チームのシキが上がる。
④ 師匠が踊りをシナンする。
⑤ 正しいシセイで座る。

(8) 今年の夏は記録的なモウショだ。

① 占いの結果をモウシンする。
② 強敵にモウゼンと立ち向かう。
③ 災害に備えレンラクモウを作る。
④ ようやくホンモウを遂げた。
⑤ 根拠のないモウソウをする。

③ 公卿の家十六　④ 危ふき京中

問三　傍線部B「無論これは、やがて長明が作る方丈の庵への伏線にもなっています」とあるが、ここから読み取れる鴨長明《かものちょうめい》の考えとして最もふさわしいものを、次の選択肢の中から選び、番号をマークしなさい。

① 人間のやることはみんな愚かで、不注意による火事で家が焼失することもあるのだから、自分はそうならないようにしたい。
② 多くの家が並ぶ都の中に立派な家を建てるなど無駄なことなのだが、自分はそれを覚悟のうえで家を建てるようにする。
③ 大金を使って悩みながら立派な家を建てても焼失することはあるのだから、自分はこだわりを持たずに暮らすことを望む。
④ 立派な家を目の仇にするような人間がいるのだから、自分はそのような家を建てて目立つことなく、地味に暮らすことを選ぶ。

問四　傍線部C「長明の時代よりはるかに下って、江戸期になると」とあるが、この文から始まる段落はどのような役割を果たしているか。その説明として最もふさわしいものを、次の選択肢の中から選び、番号をマークしなさい。

① 江戸期の木材は高価なものであり、幕府はそれを守るために必死であったことを示唆する。
② 江戸期には家の焼失は当然となり、焼けることを前提に建て直す準備がなされていたことを示唆する。
③ 江戸期には立派な家が建てられることはなくなり、鴨長明の時代が理想的であったことを示唆する。
④ 江戸期の建築仕様は火事が広がりやすいということから、鴨長明の時代よりも防災意識が高まったことを示唆する。

問五　空欄 Y にあてはまる語句として最もふさわしいものを、次の選択肢の中から選び、番号をマークしなさい。

① できる　② ふえる
③ こえる　④ あがる

問六　傍線部D「四月」の異名は何か。最もふさわしいものを、次の選択肢の中から選び、番号をマークしなさい。

① 卯月　② 皐月　③ 文月　④ 葉月

四　次の傍線部と同じ漢字を含むものを、それぞれ後の選択肢の中から一つずつ選び、番号をマークしなさい。

(1) 渋谷をキョテンにして活動する。
① キョガクの投資をする。
② 史実にジュンキョした物語。
③ インキョ生活を送る。
④ 障害物をテッキョする。
⑤ 上司のキョカを得る。

(2) 事業の再建にフシンする。
① 判決にフフクを申し立てる。
② 家康が江戸バクフを開く。
③ 新年のホウフを語る。
④ トウフを使った人気料理。
⑤ 天然資源がホウフな国。

(3) 注意をカンキする。
① アッカンの演技だった。
② 被告人をショウカンする。
③ カンヨウの精神をもつ。
④ 船を方向テンカンする。
⑤ 貴重品をホカンする。

(4) ラジオを聴いて気をマギらす。
① 議論がフンキュウする。
② フンベツのつかない子供。
③ コフンを調査する。
④ 不満がフンシュツする。
⑤ フンキして頑張る。

く、末広になりぬ。遠き家は煙にむせび、近きあたりはひたすら焔《ほのほ》を、地に吹きつけたり。空には灰を吹き立てたれば、火の光に映じて、あまねく紅《くれなゐ》なる中に、風に堪へず、吹き切られたる焔飛ぶがごとくして、一二町を越えつつ移りゆく。その中の人現《うつ》し心あらむや。或《あるい》は煙にむせびて倒れ伏し、或は炎にまぐれてたちまちに死ぬ。或は身ひとつからうじてのがるるも、資財を取り出づるに及ばず。七珍万宝さながら灰燼《くわいじん》となりにき。その費《つひえ》いくそばくぞ。そのたび、公卿《くぎやう》の家十六焼けたり。ましてその外《ほか》数へ知るに及ばず。惣《すべ》て都のうち三分が一に及べりとぞ。男女《なんによ》死ぬるもの数十人、馬牛のたぐひ辺際を知らず。

人のいとなみ、皆愚《おろ》かなる中に、さしも危ふき京中《きやうちゆう》の家を作るとて、宝をつひやし、心を悩ます事は、すぐれてあぢきなくぞ侍《はべ》る。

（『新編日本古典文学全集』による）

私が少年となって物事がわかりはじめてから四十年あまりの月日がたつうちに、世の中というものは、こんな事も起きるものなのか、と思うような、予想もしない事にぶつかることが重なった。あれは安元三年の四月二十八日だった、ということにしておこう。風が強くて、すごい晩だった。八時ごろ、平安京の東南から火事になって、西北へ焼けていった。しまいには、朱雀門、大極殿、大学寮、民部省などにまで火がついて、一晩で灰になってしまった。火元は樋口富の小路だとか聞いた。舞を舞う人を泊めた仮屋から失火したのだという。

風の向きが変るものだから、燃え移るうちに、扇をひろげたように広がった。遠くの家では煙にむせ、近くは吹きつける風に炎が地を這《は》って、どうしようもなかった。その風が空に灰神楽を上げると、火の粉が赤く光って、夜空を染める中を、焼け落ちる家の板きれだろう、風に吹きちぎられて火がついたままのものが、一町も二町も空を飛んでは、また燃え移る。そういう中にいる人が、普通の気持で、気をたしかに持っていられようか。ある者は煙にむせて倒れてしまい、ある者は炎に目がくらんで、そのまま死んでしまう。命からがら逃げた者も、家財道具を持ち出す余裕はない。金銀珠玉の宝物も、そっくり灰にしてしまった。その被害はどんなに大きなものか、おそらくはかりしれまい。公卿の家だけでも、その時は十六軒も焼けた。まして、そのほかの小さな家は数えきれはしない。全体で、平安京の三分の一に達する焼失家屋だという。男女数十人の焼死者。馬や牛などにいたっては、どうしたかわからない。

人間のやることは、考えてみればみんな愚かなことだが、こんな危ない京の街なかに家を建てるといって、財産を使い、神経をすりへらすとは、愚かなうちでもとくに愚かなつまらない話だと申したい。

〔注〕(1) 白拍子…平安時代末期から鎌倉時代にかけて起こった歌舞の一種、及びそれを演ずる芸人。

(2) 方丈の庵…「方丈」は、およそ三平方メートル四方で五畳半ほどの空間。「庵」は、草ぶきの小さい簡単な住居。

(3) 類焼…よそで起こった火事が移って焼けること。

問一 空欄 X に補う文として最もふさわしいものを、次の選択肢の中から選び、番号をマークしなさい。

① 扇を広げたるがごとく、末広になりぬ
② 近きあたりはひたすら焔を、地に吹きつけたり
③ 吹き切られたる焔飛ぶがごとくして、一二町を越えつつ移りゆく
④ 七珍万宝さながら灰燼となりにき

問二 傍線部A「家のたてこんだ都の中」とあるが、文章2の中で、この意味合いを含んだ表現は何か。最もふさわしいものを、次の選択肢の中から選び、番号をマークしなさい。

① 世の不思議　② 樋口富の小路

《脱文》ベートーヴェンのような天才でも、たまには失敗作を書く。そんなことを考えてみたが、一流のピアニストは、どんな曲でも、自由に弾きこなす。

三 次の文章1は『方丈記』について述べたもので、文章2は『方丈記』の原文の一部である。また、後の□内の文章は、文章2の現代語訳である。これらを読んで、後の問いに答えなさい。

文章1

先に触れたように、長明は若い頃からさまざまな天災・人災に遭遇したせいで、強い無常観を持つようになりました。

「予、ものの心を知れりしより、四十《よそぢ》あまりの春秋をおくれるあひだに、世の不思議を見る事、ややたびたびになりぬ」

ものごころついてから四十年以上の間に、「世の不思議」つまり理解の及ばない天災にさんざん遭ってきたと振り返っているわけですが、とりわけ、彼が若い頃に経験した五つの天災が克明に描かれます。二十三歳の時の大火事から始まって、竜巻、遷都(これは人災と呼ぶべきでしょうが)、二年続きの飢饉《ききん》、そして三十一歳の時の大地震です。

まず、安元《あんげん》三(一一七七)年四月の大火事。

火は、「舞人《まひびと》を宿せる仮屋《かりや》より出《い》で来《き》たりけるとなん」。(1)白拍子みたいなものでしょうか、旅の踊り子の仮宿舎が火元だったらしい。これは真実かどうか、そんな踊り子のせいにしたらいいと、火元にされてしまったのかもしれません。本来なら良い事に使う比喩でしょうが、大火は皮肉にも、

「[X]」

この火事で都の三分の一が焼け落ちました。長明は再び呟《つぶや》きます。

「人のいとなみ、皆愚《おろ》かなる中に、さしも危ふき京中《きやうちゆう》の家を作るとて、宝をつひやし、心を悩ます事は、すぐれてあぢきなくぞ侍《はべ》る」

人間のやることはみんな愚かだが、とりわけこんなA家のたてこんだ都の中に、お金をつぎ込み、悩みながら立派な家を建てることほど、無駄で虚しいことはないなあ、と。ほとんど、立派な家を目の仇《かたき》にしているような口ぶりですが、B無論これは、やがて長明が作る(2)方丈の庵《いおり》への伏線にもなっています。

C長明の時代よりはるかに下って、江戸期になると、日本人は開き直って、「どうせ燃えるんだから」という考えを持つようになります。江戸の長屋なんて燃え始まったらもう一瞬で長屋全体が焼け落ちます。天井が繋《つな》がっていますから、あっという間に屋根裏から燃え移る。そして実際、火事の数も無闇と多かったこともあって、江戸の家は「燃えるものだ」とあらかじめ想定されるようになりました。新たに家を建てるための木材用の林が、伊豆《いず》半島に確保されていたほどです。ここはある意味で江戸の生命線でしたから、この林の木を勝手に切って死刑になった人もいるくらいです。

話は脱線しますが、江戸の人びとにすれば、火事が起きるのはやむをえないとしても、せめて(3)類焼を避けたかった。そこで出てきた知恵が、「うだつ」を作ることでした。いわば、防火壁ですね。あれは非常に高価なもので、金銭的な余裕がないと作れなかった。そういう余裕があるのが、うだつが[Y]人、なわけです。

(玄侑宗久《げんゆうそうきゅう》『無常という力～「方丈記」に学ぶ心の在り方』による)

文章2

予、ものの心を知れりしより、四十《よそぢ》あまりの春秋をおくれるあひだに、世の不思議を見る事、ややたびたびになりぬ。去安元《いにしあんげん》三年D四月廿《にじゅう》八日かとよ、風烈《はげ》しく吹きて、静かならざりし夜、戌《いぬ》の時ばかり、都の東南《たつみ》より火出《い》で来《き》て、西北《いぬゐ》に至る。はてには、朱雀《すざく》門《もん》、大極殿《だいごくでん》、大学寮《だいがくれう》、民部省《みんぶしやう》などまで移りて、一夜のうちに塵灰《ちりはひ》となりにき。火元《ほもと》は樋口富《ひぐちとみ》の小路《こうぢ》とかや。舞人《まひびと》を宿せる仮屋《かりや》より出で来たりけるとなん。

吹きまよふ風に、とかく移りゆくほどに、扇をひろげたるがごと

問三　傍線部Ｂ「答えるどころか、身動き一つできなかった」について、この状況に最もふさわしいことわざを選択肢［ことわざ］から選び、またその□に当てはまる語を選択肢［漢字］の中から選んで、それぞれ番号をマークしなさい。

［ことわざ］

① 飼い□に手を噛《か》まれる
② □心あれば水心あり
③ 蛇に見込まれた□
④ 飛ぶ□跡を濁さず

［漢字］　① 魚　② 鳥　③ 犬　④ 蛙《かえる》

問四　傍線部Ｃ「追いつめられた、みじめな気分だった」とあるが、良一がこのような気分になったのはなぜか。その理由として最もふさわしいものを、次の選択肢の中から選び、番号をマークしなさい。

① 内緒で塾を休んだことを知られた上に、友人のお見舞いに行っていてピアノの練習もしていないから。
② 自分の思うような演奏をすることができない上に、母の求める演奏もできないことが自分でもわかっているから。
③ 音楽高校の受験に難色を示し、進学と就職の厳しさを突き付けてきた母を、演奏で納得させることができないから。
④ 練習もしていないのに苦手な曲を弾くことになったが、ピアニストを目指す者として選り好みできないから。

問五　傍線部Ｄ「失礼かもしれないけど……」とあるが、ここでの良一の様子として最もふさわしいものを、次の選択肢の中から選び、番号をマークしなさい。

① 受験には不要である音楽の授業でクラスの生徒たちが騒いでいることについて、宮坂先生が笑顔の裏で悩んでいるとわかっていながら、先生の言葉をさえぎって自分の話をしようとしている。
② もしも母の言うように、プロの演奏家になれなかった人が学校の先生になっているのだとしたら、宮坂先生はどのような思いで働いているのかを質問しようとしている。
③ 宮坂先生が子供の頃からの夢であった学校の先生になれて生き生きと顔を輝かせているのがわかっていながら、悩みの相談を持ち掛けて宮坂先生を暗い気分にさせようとしている。
④ 音楽高校を受験することを母親に反対されているが、音楽に関わることを諦めきれず、演奏家になるための進路についての相談を宮坂先生に持ち掛けようとしている。

問六　空欄［Ｙ］に入る慣用句として最もふさわしいものを、次の選択肢の中から選び、番号をマークしなさい。

① 足元を見ている　② 胸を借りている
③ 顔色をうかがっている　④ 音頭をとっている

問七　傍線部Ｅ「胸の奥でわだかまっていたものが、ほんの少し、ゆるんだ気がした」とあるが、ここでの良一の様子として最もふさわしいものを、次の選択肢の中から選び、番号をマークしなさい。

① 素行の悪い生徒たちに手を焼きながらも笑っている宮坂先生を見て、学校の先生はやりがいのある仕事なのだと納得できた気がした。
② 宮坂先生は夢破れて学校の先生になったと思っていたが、宮坂先生の顔が輝いていることから、いつか自分も納得のいく演奏ができると自信を持った。
③ ピアノの才能の有無に悩み、母に音楽高校の受験も反対されたが、宮坂先生とのやり取りを通して、進路のことで思い詰めていた気持ちが楽になった気がした。
④ 宮坂先生が声を枯らしながらも夢であった音楽の先生を楽しんでいて、自分も音楽高校を出て学校の先生を目指す覚悟ができた。

問八　次の文章を補うのに最もふさわしい箇所を、本文中の【①】～【④】の中から選び、番号をマークしなさい。

中が暖かい空気で満たされ、友だちみたいに、何でも話せそうな気がした。
　ぼくは言った。
「学校の先生って、楽しいですか」
　先生の顔が、一瞬、こわばった気がした。でもすぐに、もとの笑顔が浮かんだ。
「楽しいわよ。クラスの雰囲気、知ってるでしょ」
　ぼくたちのクラスの雰囲気というのは、こんなふうだ。どこの公立中学でも同じだと思うけれど、まず最前列に座っていないと、先生の声が聞こえない。新任の先生などは、声をからして、静かに、と絶叫する。ヴェテランの先生は、落ち着きはらっていて、前列の生徒にだけ話しかける。それでも三年生になると、主要五教科の授業は静かになる。いちおうクラスのほぼ全員が、受験ということを念頭において、少しは勉強しようかという気分になるからだ。でも、音楽や美術の時間は悲惨だ。不良っぽい連中は騒ぎたいだけ騒いでいるし、一流私立を目指す優等生は、英語や数学の勉強を始める。都立のトップ校を狙っている数人だけが、内申書を気にして最前列に陣取り、先生の［Y］、というのが実情だ。
【　④　】
　先生は、くすっと笑い声をたてながら、ぼくの顔をのぞきこんだ。
「あなたが何を言いたいか、わかるわ。でもね……」
　急に真剣な顔になって、先生は言った。
「音楽の先生の中にはね、演奏家に憧れて、夢破れて学校の先生になった人もいるわ。でも、子供の頃から先生になるのが夢で、一生懸命がんばって、先生になった人もいるのよ」
　そう言ってから、先生はまた笑顔になって、うふっと笑った。
　E胸の奥でわだかまっていたものが、ほんの少し、ゆるんだ気がした。

（三田誠広《みたまさひろ》『いちご同盟』による）

〔注〕
(1) 孝輔…良一の弟。私立中学に通う中学二年生。
(2) マーラー…オーストリアの作曲家、指揮者。
(3) 聴音…音を聴いて楽譜へと書き起こすこと。
(4) ソナタ…独奏または重奏のための多楽章器楽形式の一種。
(5) ベートーヴェン…ドイツの作曲家。
(6) 十五番目のソナタ『田園』…ベートーヴェンが作曲したソナタ形式の楽曲。特に第一楽章と終楽章において牧歌的な感じがよく表現されている。
(7) 『アパショナータ』…ベートーヴェンが作曲したソナタ形式の楽曲。情熱や愛への渇望、抑えがたい愛の告白などが表現されている。
(8) 『ハンマークラヴィーア』…ベートーヴェンが作曲したソナタ形式の楽曲。後期の傑作であり、最も長大な規模で書かれている。
(9) ツェルニー…オーストリアの作曲家、演奏家、教師。
(10) 宮坂先生…良一が中学二年生の時の担任。音楽を担当している。

問一　空欄［X］に入る、良一の気分として最もふさわしいものを、次の選択肢の中から選び、番号をマークしなさい。
①　ほっとした　　②　はっとした
③　すっとした　　④　ぞっとした

問二　傍線部A「いやな予感がする」とあるが、良一は何を予感しているのか。最もふさわしいものを、次の選択肢の中から選び、番号をマークしなさい。
①　ピアノ教室にいる母親と顔を合わせることで、気持ちの乗らない曲を演奏させられること。
②　真面目にピアノを練習している弟と比較され、練習をせずにどこに行っていたのかと母に叱責されること。
③　ピアノの先生と聴音の先生に母が確認した結果、音楽高校を受験することが母の耳に入っていること。
④　友だちのお見舞いに行くのは、ピアノの練習を怠けるための言い訳であったと母に見抜かれていること。

のグランドピアノに歩み寄りながら言った。
「何を弾けばいい？」
「(4)ソナタよ。一つ仕上がったんでしょ」
「あんまり好きな曲じゃない」
「選り好みなんて言ってられないでしょ。とにかく弾いてごらんなさい」
　ぼくは(5)ベートーヴェンを弾き始めた。
(6)十五番目のソナタ『田園』。何の感動もない曲だ。
　いつかは(7)『アパショナータ』や(8)『ハンマークラヴィーア』を弾きたいと思う。胸の底にわだかまっているものを、思いきり鍵盤にぶつけたい。いまはまだ、初期のソナタしか弾かせてもらえない。初期のものでも、八番や十四番は感動的だが、十五番は、穏やかすぎる。初見の時から、気持ちが乗らなかった。もちろん、指の運動みたいな練習曲でも、勝手に強弱《ディナーミク》をつけて、盛り上げることはできる。でも、母が聴いたら、卒倒するだろう。母はテンポに厳格で、勝手な解釈を許さない。感情を抑制した、機械みたいな演奏を好む。母の生徒は皆、そんな弾き方をする。
　指が萎縮しているのが自分でもわかった。このままではダメだという気持ちと、テンポを崩してはいけないという気持ちが中途半端に混ざって、最後まで集中できなかった。
　エンディングの余韻を耳にするのがつらかった。早めにペダルから足を下ろして、ぼくは立ち上がった。
「ちょっと待ちなさいよ」
　部屋を出ようとしたぼくを、強い口調で母は呼び止めた。
「あんたのいまの演奏では、いくらがんばったって、プロのピアニストにはなれないわよ」
「わかってるよ」
「じゃあ、どうするつもりなのよ。音楽の大学出たって、就職口なんてどこにもないわよ。中学の先生にでもなるつもり？」
　ぼくの腕をつかもうとした母の腕を振りきって、部屋を出た。狭い階段を昇りながら、世界中で一番きらいな人間は、ママだ、とぼくは思った。
　二学期が始まった。
　始業式のあと、久し振りに音楽室のピアノに触ってみた。
　かなり古い楽器で、調律も少し狂っている。それでも部屋が広いから、いつもはもっといい音が出るのだが、今日は調子が出ない。スケールの指が何度も引っかかった。
　バッハを弾き、(9)ツェルニーを弾き、それからベートーヴェンを弾いた。
　母の前では、緊張していた。いまはできるだけ大胆に、自由に弾こうと試みた。けれども、指が動かないし、気持ちも盛り上がっていかない。
　この曲が、どうしても好きになれない。
【　③　】
　結局、ぼくには、才能がないのだ。
　ドアが開いて、(10)宮坂先生が入ってきた。
「どうしたの？　溜《た》め息なんてついちゃって」
　宮坂先生が言った。先生はいつも明るい。この笑顔を見るのも久し振りだ。
「先生」
　とぼくは言った。
「こんなこと訊《き》くとD失礼かもしれないけど……」
「失礼よ」
　ぼくの言葉をさえぎって、先生が言った。
「失礼だと思いながら訊くなんて、そのこと自体が失礼だわ」
「じゃあ、言うのはやめます」
「言いかけてやめるなんて、もっと失礼よ。とにかく言ってしまいなさいよ」
　先生の顔がますます輝いている。先生の笑顔を見ていると、胸のバスを降りて、家に向かう細い坂道を、ゆっくりした足どりで登った。家に帰るのは、気が進まなかった。といって、他に行くところもない。

角を曲がると、私道の奥に、白い車が見えた。地下のレッスン室に明りが点《とも》っている。いくらか［ X ］気分になった。夕食前のこの時間は、母がキッチンにいることが多いのだが、今日はレッスンが入ったのだろう。

誰とも口をききたくなかった。父が帰っているわけはないし、(1)孝輔《こうすけ》は例によって(2)マーラーの洪水の中にいるはずだ。

玄関の手前の階段を昇りかけた時、母の声が聞こえた。

「良一、良一」

ぼくの名を呼んでいる。地下の方をのぞくと、レッスン室のサッシが開いて、母がこちらを見上げていた。

「こっちへ来なさい」

Aいやな予感がする。母は地下の窓からぼくが帰ってくるのを見張っていたみたいだ。

昇りかけた階段を下りて、地下の入口に向かった。レッスンの生徒はこちらから出入りするようになっている。救いを求めるような気分で中をのぞいてみたが、どうやら母は一人きりのようだ。

【 ① 】

ドアがぴしゃりと閉まると、いままで聞こえていた戸外の騒音が不意に断たれて、プールで耳に水が入ったような、変な感じがした。息が苦しい。反対側にも明りとりの窓があり、いちおう風は通るようになっているのだが、防音ドアと二重サッシで遮断された地下の空気は、湿っぽくよどんでいる。

「あなた、今日は早退したそうね。塾から電話があったわ」

熱心な塾だ。こういう通報のサービスも、納入した費用に含まれているのだろう。

「用があったんだ」

「どんな用？」

「友だちの見舞い」

「ほんと？　誰が病気なの」

「母さんの知らない友だちだよ。ずっと前から入院している」

「そう……」

母は言いよどんだ。こちらの答えが意外だったのだろう。けれども母は、すぐに気をとりなおして言った。

「それはいいけど、心配だから、ピアノの先生と(3)聴音の先生に電話したのよ」

予感が的中した。

「あなた、音楽高校を受験するって、本気なの？」

母は自分を抑えようとして、低い声で話している。こういう時ほど、いったん爆発が始まると、すごい勢いになる。

ぼくは素直にうなずいた。

「大学はどうするのよ」

面と向かって詰問されると、答えが返せなかった。ぼく自身、考えがまとまっていない。何年も先のことなんて、いまのぼくには、縁のない世界だ。

「ピアニストになるつもりなの？」

ぼくの顔をにらみつけながら、いちだんと低い声で母は言った。鋭く強い眼差しだ。この強さが、どうしてぼくに遺伝しなかったのだろう。

【 ② 】

「ちょっと弾いてみる？」

B答えるどころか、身動き一つできなかった。

「しばらく、あんたの演奏、聴いてなかったわね。一度、じっくり聴いてみたいと思っていたのよ」

C追いつめられた、みじめな気分だった。母をびっくりさせるくらいの演奏ができたら、と思った。できない自分が、くやしかった。

「さあ、早く弾きなさいよ」

少しずつ声が高まっていく。逃げようがない。ぼくはレッスン用いたのであり、古いものと新しいものが堆積した生涯で、鷗外が最も自分であると感じていたのは、古い世界であったということ。

問三　傍線部B「そうした日本の逆説的な宿命」とはどのようなものか。その説明として最もふさわしいものを、次の選択肢の中から選び、番号をマークしなさい。

①　よりよき「石見人」であるためにあえて東京に出、よりよき「日本人」であるために西洋へ行かねばならず、そうすることで自分を「日本人」として確認すること。

②　「洋才」をうわべだけではなく身につけるために、「和魂」を捨てることで自分自身の魂を「洋魂」にするところまでいかねばならないということ。

③　自分自身の魂を「洋魂」にし、その上で「和魂」も捨てないということは、いわば自分自身がふたつに分裂することを意味するということ。

④　我慢強くなにものかであり続けながら、しかもそういう自分を内側から否定することは、ものを考える人間にとって、言うは易く行うは難いということ。

問四　傍線部C「荷風の歩んだ道」とはどのようなものか。その説明として最もふさわしいものを、次の選択肢の中から選び、番号をマークしなさい。

①　内面の矛盾に耐える力が衰え、精神的にも物質的にも場違いの場所に耐えられず、そのため家族を捨てた。

②　西洋に適応するために日本を恨み、古い日本に帰ってからは母国の近代化に軽侮の情を持つことになった。

③　文学者としての信念は時折揺らぎつつ、心にある真実の悲しみを純粋に守るため、過去のすべてを切り捨てた。

④　父親に叛逆するところから出発し、国家にさからい、絶え間なく古い思想からの脱却をくりかえした。

問五　傍線部D「きわめて苦しい緊張の生涯だった」とあるが、鷗外の生涯としてあてはまらないものを、次の選択肢の中から一つ選び、番号をマークしなさい。

①　二十二歳でドイツへ渡り、驚くべき適応能力を示したが、それは自身を「日本人」として確認する最大の機会であった。

②　陸軍軍人として表通りを歩み、官僚としてめざましい成功をおさめながら、場違いに生きることの実感を意識していた。

③　日本の西洋化は鷗外の目にも無残で恥ずかしい部分をさらし、それに顔をしかめながらも手をかすことをやめなかった。

④　文学の形式や思想においては新しいものを選ぶことはせず、古いものも捨て去る一方で、内部には異質なものが堆積していった。

問六　問題文中、筆者は鷗外の『普請中』に言及している。筆者の主張について、次の文章の空欄を補うのに最もふさわしい語を、それぞれ後の選択肢の中から選び、番号をマークしなさい。

鷗外は『普請中』の中で日本を「まだ普請中だ」と表現したが、「普請中」とは［X］の途上のことであり、そのため、当時の日本は、まだ無残で恥ずかしい部分をさらしている状態であった。日本の近代文学は、既存のものや近代化への［Y］のくりかえしであったが、鷗外はそうしなかった。それが鷗外の人格をより複雑なものにし、やがて鷗外をより険しい道に追い込むことになったと言える。

①　和魂洋才　②　叛逆　③　適応
④　文明批評　⑤　愛国心　⑥　西洋化
⑦　変転

二

次の文章は、三田誠広の小説『いちご同盟』の一節である。高校受験を控えた中学三年生の良一は、母親に内緒で塾を勝手に早退し、入院している友人のお見舞いに行った。本文は、その後に続く場面である。これを読んで、後の問いに答えなさい。

一転して古い日本へ帰るのであるが、そうなると、今度は日本の近代化などというものに全面的な(4)軽侮の唾をはかなければならない。もちろん、彼の変転は気まぐれなものではなく、ひとつの明確な文明批評に貫かれてはいたが、その批評はあまりにも明解でありすぎたといえる。彼の心は真実の悲しみに充ちてはいたが、その悲しみを純粋に守るために彼はあらゆるものを切捨て、あらゆるものから脱出しなければならなかった。

あきらかにその後の日本文学史は、C荷風の歩んだ道をさらに単純にするかたちで進行した。多くの自然主義者の文学は父親に叛《はん》逆《ぎゃく》することによって出発し、いうまでもなくプロレタリア文学は国家にさからうことによって成立した。絶えまなく古い思想から脱出をくりかえし、結局は「日本」へ帰る場合にも、それは西洋化にたいする逆の叛逆として行われた。

もちろん、日本の西洋化は鷗外の目にも無残で恥ずかしい部分をさらしていた。「日本はまだ普請中だ」(『普請中』)と顔をしかめながら、しかし彼はその「普請」にみずから手をかすことをやめなかった。日本にそういうものが根づくかどうかを疑いながら「研究(フォルシュンク)」という観念を最初に導入しようとしたのも鷗外であった。同じ我慢強さで官僚であることをやめず、一家の長であることをやめず、彼は脱出よりも、むしろ踏みとどまることによって自分を文学者に鍛えていった。文学の形式や思想においても、鷗外はけっして古いものを捨て去るかたちでは新しいものを選ばなかった。当然、彼の内部にはあらゆる異質のものが堆積し、そのことが、彼の人格を「(5)テエベス百門の大都」((6)木下杢太郎《きのしたもくたろう》)と嘆かせる複雑なものにつくりあげたといえる。くりかえしていうが、しかしそれは彼にとってもDきわめて苦しい緊張の生涯だったのである。

(山崎正和《やまざきまさかず》『劇的なる日本人』による)

〔注〕(1) 森鷗外…小説家、劇作家、評論家、翻訳家、軍医。本名は、森林太郎。

(2) 官僚…役人。特に、国政に影響力をもつ上層の公務員群についていう。

(3) 永井荷風…小説家、随筆家、劇作家。

(4) 軽侮…人をばかにして見下すこと。

(5) テエベス百門の大都…テエベスとは、古代エジプトの首都で百の城門があったというテーベのことで、知の巨人としての鷗外を、木下杢太郎がたとえてこう呼んだもの。

(6) 木下杢太郎…詩人、劇作家、翻訳家、医学者。

問一 二重傍線部「額面どおり」の本文中での意味として最もふさわしいものを、次の選択肢の中から選び、番号をマークしなさい。

① 言葉で表現された、そのままの意味のとおり
② 数字のように簡潔でシンプルな中身のとおり
③ 一見正しいようでいて、実は裏にある真実のとおり
④ その文章を素直に読んで感じられる内容のとおり

問二 傍線部A「余ハ石見人森林太郎トシテ死セント欲ス」とあるが、筆者はこれをどのように解釈しているか。その説明として最もふさわしいものを、次の選択肢の中から選び、番号をマークしなさい。

① 驚くべき適応能力で西欧社会や近代日本社会を生きてきた鷗外であるが、最終的にたどり着いた自分は、結局、故郷石見の出身者であることが、最も確かな自己証明であると感じていた、ということ。
② 東京にのぼり西洋に留学し、明治政府の軍医総監に任ぜられ「石見国」からは遠ざかって生きたようでいて、本来の自分は「石見人」であり、生涯はその自覚を強めさせるための遠回りであった、ということ。
③ 日本の近代化の中で、めざましい成功をおさめ、時に枠からはみ出しながらも、「和魂洋才」そのものであった鷗外も、最後に残ったものは、自分を生み育てた故郷に帰って行った魂であった、ということ。
④ 実は「石見人」としての鷗外が、内部の「文学者」を支えて

二〇二三年度 国学院高等学校（一般第三回）

【国　語】（五〇分）〈満点：一〇〇点〉

一　次の文章を読んで、後の問いに答えなさい。

一八七二年、十歳の(1)森鷗外《おうがい》は故郷の石見国《いわみのくに》津《つ》和《わ》野《の》の町から東京へのぼった。それ以来、生涯ふたたび故郷で生活することのなかった鷗外だが、死ぬときに「A余ハ石見人《いわみのひと》森林太郎トシテ死セント欲ス」と遺書を残した。

この遺書については真意をめぐっていろいろな臆測がなされているが私にはむしろ、その言葉が額面どおりに語っている事実が興味深い。鷗外は要するにひとりの「石見人」として死ぬために、東京にのぼり西洋に留学し、やがて明治政府の軍医総監に任ぜられたにすぎなかった。小藩「石見国」に生《うま》れた人間は、よりよく「石見人」として生きるために、逆に本来の自分ではないものになることが要求された。現実に彼を発奮させていたのが「石見人」たる自覚であったし、さらにその生涯の遠回りが、彼に「石見人」としての自覚を一層強めさせたということも事実であろう。

また、二十二歳の若年で鷗外はドイツへ渡り、四年の滞在のあいだに、今日のわれわれが見ても驚くべき適応能力を示している。ドイツ語で演説をし、ドイツ人をやりこめる論文を書き、ひとりのドイツ娘に日本まであとを追われるような恋愛もした。だが、彼にとってこの西洋留学こそ、自分を「日本人」として確認する最大の機会であったことは疑いがない。有名な「独逸日記」のいたるところに、われわれは理性的ながら、若々しい率直な愛国心が語られているのを読みとることができる。そうして皮肉なことにこの愛国心を発揮するために、鷗外はふたたび、自分の西洋適応能力を最大限に示すというかたちをとるほかはなかったのである。

よりよき「石見人」であるために東京に出ざるを得ず、よりよき「日本人」であるために西洋へ行かねばならなかった逆説は、いうまでもなく、明治の日本人すべてがわけもっていた宿命であった。彼らの国家そのものが、よりよき「日本」であるためにまずは西洋化を徹底しなければならなかった。だが「和魂洋才」などといえば聞《きこ》えはいいが、それを身をもって実現することはなまやさしい仕事ではない。「洋才」をうわべだけではなく身につけるためには、結局、自分自身の魂を「洋魂」にするところまでいかねばならない。そのうえで、なおも「和魂」を捨てないということは、いわば自分自身がふたつに分裂することを意味している。我慢強くなにものかであり続けながら、しかもそういう自分を内側から否定することほど、ものを考える人間にとって、いうは易く行うは難い事業はないのである。

森鷗外は、Bそうした日本の逆説的な宿命を徹底的に生きた典型であった。内面の矛盾に耐え、二重の存在であり続けることを、彼は自分の生涯のあらゆる局面におよぼしている。のちに陸軍軍人としての表通りを歩み、鷗外は(2)官僚としてもめざましい成功をおさめている。勤務の精励ぶりも抜群であったのだが、しかしその半面、彼はそうした生活がどこか自分本来のものではないことを感じ続けていた。いわば官僚生活を完璧に生きることによって、鷗外はそれをはみ出す自分を絶えず自覚しなおしていたといってもよい。たとえば『あそび』のような私小説的な作品を読んでみると、そうした場違いに生きる場所の実感が、まさに彼の内部の「文学者」を支えていたことがあきらかなのである。

鷗外に二十年遅れて西洋に渡った(3)永井荷風《かふう》も、同じように日本の宿命を身をもって味わった作家であった。しかし荷風の場合には、すでに内面の矛盾に耐える力がいちじるしく衰えている。精神的にも物質的にも、彼は場違いの場所には耐えられない。自由な人間であるためには「父親」を捨てねばならず、西洋に適応するためには日本を憎まねばならなかった。家庭を毀《こわ》し、勤めをなげうち、そのことによって自分を純粋な文学者として守ろうとした。やがて彼は

英語解答

1　A ②　B ④　C ③　D ②
E ④
2　A ④　B ③　C ②　D ①
3　②
4　問１ ②　問２ ①　問３ ①
問４ ③　問５ ②　問６ ④
問７　A…②　B…③
5　問１ ①
問２　(1)…②　(2)…③　(3)…④
問３　(1)…④　(2)…③　問４ ④

1 〔対話文完成―適文・適語(句)選択―表を見て答える問題〕

≪全訳≫夏の海外語学プログラム／国／オーストラリア／カナダ／イギリス／フィリピン／都市／メルボルン／バンクーバー／ロンドン／セブ／飛行時間／６／８／12／４／滞在日数／21日／14日／６日／10日／料金(円)／21万／35万／42万／15万／滞在形態／ホームステイ／ホテル／ホテル／ホームステイ／アクティビティ／博物館ツアー　スポーツデー／自然ツアー　海岸散策／歴史ツアー　オックスフォード訪問／ダイビング　ロッククライミング

❶母(Mo)：ねえ，見て。コクガク高校にはたくさんの語学研修プログラムがあるのね。❷ミキ(Mi)：わあ，ほんとだ。どこに行こうかな。見て，ロンドン行きのツアーがあるよ。ロンドンは私がずっと行きたかった都市だよ。❸Mo：でもあなたはこれまで一度も飛行機に乗ったことがないでしょ。フライト時間が長いから，疲れちゃうんじゃないかしら。それにA旅行の費用が一番高いし。❹Mi：それは大事なポイントだね。イギリスへの旅行は諦める必要があるかな。オーストラリアはどう？❺Mo：私は若い頃，オーストラリアに留学していたの。あなたが英語力を磨くのにいい場所だと思うわよ。❻Mi：でもBこの旅行はとても長いから，夏休み中に日本で友達と渋谷に行って買い物するとか部活動をするとか，そういう他の活動ができないね。私はコクガク高校に入学したら，山岳部に入りたいんだ。そうだなあ…カナダはどうかな？❼Mo：カナダはあなたにとっていい選択肢だと思うわ。バンクーバーはC自然が豊かだし，一年中いろいろな活動ができるのよ。例えば，サイクリングやピクニックをするならスタンリーパークがあるし，日没を眺めるなら美しい海岸があるし。世界中の若い人たちを引きつける人気の観光スポットがたくさんあるわよ。❽Mi：それは楽しそうだね。そこなら勉強も他の活動も存分に楽しめるだろうね，でも私はホームステイをするのに興味があるんだ。ホストファミリーと過ごすのと，ホテルに滞在するの，どっちがいいと思う？❾Mo：それは難しい問題ね。どちらにも長所があるわ。ホテルに滞在すれば，常に安心していられるでしょうね。残念なことだけど，ホームステイ中にホストファミリーとトラブルになる日本人学生が多いのよ。だけど，Dホームステイをすることは，あなたが大人になるのに役立つでしょうね。ホームステイは自分の親に助けてもらわずに何でも自分でするっていう貴重な経験をさせてくれるわ。❿Mi：おもしろそうだね。高校生になったら新しいことにたくさん挑戦しようと思ってるの，だからホームステイもしてみたいな。⓫Mo：だったら，Eセブへの旅があなたにとって一番いい選択肢ね。費用はそんなに高くないし，期間もそれほど長くないわ。旅行中にロッククライミングを楽しむこともできるみたいね。それに地元の人たちは親切なんですってよ。⓬Mi：それなら私にぴったりだね。

＜解説＞A．直前の Also「そのうえ，さらに」から，前の文に続いてロンドンへのプログラムのマイナス要素となるものを選ぶ。表より，費用が最も高いことがわかる。　B．夏休み中に日本で他の活動ができない理由は，オーストラリアでの滞在期間が長いからである。空所を含む文は‘so ～

that …'「とても～なので…」の構文である。　C．表の Activities やこの後に続く母親の発言から，バンクーバーは自然が豊富だとわかる。　D．直前の‘逆接’を表す But に注目。前文でホームステイの否定的な側面を挙げているのに対し，肯定的な内容がくる。直後の文の内容から，ホームステイの長所はそれを通じて自立した大人に成長できる点だといえる。　E．次の２文にある，費用が安く，滞在期間がそれほど長くなく，ロッククライミングができるという特徴に一致する都市を表から選ぶ。

2〔対話文完成―適文・適語選択―表を見て答える問題〕

≪全訳≫ 8時30分～10時／10時30分～12時／13時～14時／月曜日／英語の授業――グループになって英語のコミュニケーションを学ぼう／音楽――友達と一緒に歌を歌って楽しもう／レクリエーション☆――英語を使ってゲームを楽しもう／火曜日／英語の授業――グループになって英文法を学ぼう／料理――さまざまな国の料理をつくろう／レクリエーション――英語を使ってゲームを楽しもう／水曜日／授業なし(祝日)／木曜日／英語の授業――映画，または理科の実験で英語を学ぼう／スポーツ――屋外でさまざまなスポーツを楽しもう▲／レクリエーション――英語を使ってゲームを楽しもう／金曜日／英語の授業――グループになって英文法を学ぼう／スピーチコンテスト――自分の学んだことについてスピーチをしよう／レクリエーション――英語を使ってゲームを楽しもう／土曜日／送別会／空港へ日本に帰国／☆レクリエーションの授業は毎日午後に行われます。／▲雨の場合はバスケットボール大会が体育館で行われます。

❶リンダ(L)：学校での最初の１週間はどうだった？**❷**ミキ(M)：すばらしかったです！　授業が本当におもしろいんですよ。**❸**L：来週の予定について教えてちょうだい。**❹**M：朝の授業中は，英文法とコミュニケーションに役立つ表現を習います。いろいろな国から来た人たちと話すのをとても楽しんでいます。A金曜日にはスピーチコンテストがあるんです。その授業のために準備をする必要があります。**❺**L：あなたの英語は日に日に上達しているから，それは問題ないわよ。**❻**M：はい，クラスメイトの前で話すのを楽しめるだろうと思ってます。**❼**L：人づきあいについてはどう？**❽**M：レクリエーションの授業中に，もう新しい友達ができました。その授業では，B他の生徒たちといろんな種類のゲームをするんです。いつも私が勝つんですよ。見てください！　木曜日にスポーツの授業があるんです。この授業は新しい友達をつくるいいチャンスになると思います。**❾**L：でも今は雨の多い季節だから，その日は雨になるんじゃないかしら。**❿**M：C問題ありません。屋内でバスケットボールをすることになりますから。**⓫**L：だったら大丈夫ね。**⓬**M：あの，リンダさん。新しくできた友達のジャネットと一緒にロッククライミングに行ってもいいと思いますか？**⓭**L：わからないわ。とても危なそうね。どこに行くつもりなの？**⓮**M：マヌンガル山へ行く予定です。ここから１時間のところです。崖がたくさんあって，登るのにはすばらしい場所だそうです。**⓯**L：放課後そこへ行くのなら，すぐに暗くなるから危ないと思うわ。**⓰**M：確かにそうですね。だから今度のD水曜日にその山に登ろうと考えているんです。**⓱**L：それはいい考えね。丸一日使ってそれを楽しめるものね。あなたの旅行の最高の思い出になるといいわね。

＜解説＞A．この後に続く，準備が必要であり，クラスメイトの前で話すという内容から，金曜日のスピーチコンテストのことだとわかる。　B．空所前の the classes は前文の recreation classes を指す。表にあるレクリエーションの授業の説明に該当するものを選ぶ。　C．雨を心配するリンダへのミキの返答。空所後のリンダの反応から，雨でも問題ないことを述べたとわかる。表の下の▲に，雨の場合は体育館でバスケットボール大会が開催されるとある。　D．放課後行くのは危険だというリンダに同意したうえでの発言なので，授業がない日を選ぶ。

3〔長文読解―内容真偽―説明文〕

≪全訳≫❶もし車輪を使うことなく丸一日過ごさなければならないとしたら，どんな感じだろうか。❷およそ5000年前，車輪が発明される前は，人々は多くの物を輸送するのに動物に頼っていた。しかし，大変重い物を引っ張っていきたい場合には，動物では力の強さが十分でなかったため，輸送は大きな問題であった。たいていの物は丸太のような木製のローラーを使って移動させたが，それは大変な作業だった。❸シュメールのある賢い人物が，ローラーの両端に車輪を取りつければいいと思いついた。こうして車軸ができたのだ。それから車軸の上に，木の薄い板を乗せればよい。車軸が車輪を定位置に固定してくれるので，車輪はローラーと全く同じように回転する。それを動物に引かせることもできるが，それよりはるかに重要なのは，たくさんの物を，人間さえも運ぶことができるということである。そのことには気づかぬまま，シュメール人は世界初の乗り物を発明した。❹初期の車輪は平らな木の円盤でつくられており，それは重くて回転しづらいものだった。エジプト人は，円盤ではなく輪の形をした車輪をつくる方法を見出し，そのおかげで車輪はずっと軽量化された。彼らはその車輪の中心に支持棒を取りつけ，その後，鉄のフレームを加えた。全てのこういった改良のおかげで車輪はよりうまく物を引っ張れるようになり，より頑丈になった。❺車輪は人々が場所から場所へと移動する方法を変えただけではなかった。古代の人たちは水の流れる力を使って製粉場の大きな車輪を回す方法を身につけた。歯車と呼ばれる小さな車輪が製粉場の車輪と粉をひく機械とをつないだ。歯車が回転すると，動力が次々に伝わっていった。これはつまり，小麦をひいて粉にすることができるので，人々がパンをつくれるということであった。車輪と歯車と同様の考え方が，膨大な数の機械の発明に利用された。❻そして発明から5000年後の現在でさえ，車輪は新たなテクノロジーのためのアイデアを与え続けてくれている。人類が考え，発明し，変化するかぎり，車輪は常に生活の中心であり，車輪に対する需要は増え続けることだろう。

<解説>①「車輪を使って物を運ぶのは難しかったので，車輪に代わって木製のローラーが使われ始めた」…×　第２段落最終文および第３段落第１文参照。木製のローラーが先である。　②「誰かがローラーに車輪を取りつけ，その上に薄い板状の木材を乗せると，世界初の乗り物ができあがった」…○　第３段落の内容に一致する。　③「支持棒と鉄のフレームを取りつけると，輪の形をした車輪は重くなり動きにくくなった」…×　第４段落第２～最終文参照。車輪はより軽量化され，動きも改良された。　④「歯車が回転すると動力が弱まるため，歯車は小型の機械にしか使うことができない」…×　第５段落後半参照。「動力が弱まる」に該当する記述はなく，また，歯車はさまざまな機械に利用されている。

4〔長文読解総合―対話文〕

≪全訳≫❶ナナミは日本人学生である。彼女は英語を学ぶためにオーストラリアに滞在している。彼女は店である商品を探している。❷ナナミ(N)：すみません，ちょっとお伺いしたいんですが。❸店員(C)：はい，どういったご用件でしょうか？❹N：マカダミアナッツを探しているんですが，棚に見当たらないんです。❺C：ああ，そうなんです，ふだんは置いてあるんですが，最近売れ行きがものすごくよくて。今，在庫切れだと思います。❻N：えっ，どうしよう。それを買うためにわざわざここに来たのに。このガイドブックですすめられてるんですよ。❼C：そのガイドブックに載ってるんですか？ここに来る日本人の方たちがみんなマカダミアナッツを買っていく理由はそれに違いありませんね。そうですねえ，う<u>他に何か試してみたい商品はありませんか？</u>　当店にはいろんな種類のナッツがたくさんございます。8N：いえ，私はこのマカダミアナッツがどうしても欲しかったんです。こちらのマカダミアナッツは世界で一番おいしいナッツだっていうことで有名なんですよ。もう少し注文していただくことはできませんか？9C：追加注文はしたはずなんですが，到着するのは来週の初めになりますね。10N：でも，私は明後日にはここをたつ予定なんです。スケジュールは変更できません。どうするべきでしょうか？11C：もしご希望なら，商品が到着したらお客様にお届けいたします。あるいは，他の店にあちこち電話してみて，どこか他にマカダミアナッツを置いているところがないかどうか確認することもできます。12N：わかりました。そうですね，その2つしか選択肢がないのであれば，何点かマカダミアナッツを注文して，送っていただくことにします。日本までの送料はおいくらですか？13C：当店では海外への送料として20ドル頂戴しております。14N：えっ。かなり高いですね。他に方法はないのでしょうか？15C：実は当店ではインターネットでもナッツを販売しております。そちらで注文されてはいかがでしょう？　マカダミアナッツはとても人気なので，常に十分な在庫を確保しているはずです。それにご注文の金額が30ドルを超えると，送料が10ドルになります。16N：それはいい考えですね。アドバイスをありがとうございました。17C：どういたしまして。とても人気のナッツなので，きっとお気に召すと思いますよ。

問1＜英文解釈＞‘逆接’の but で結ばれる「(マカダミアナッツを)ふだんは置いている」(ここでの carry は「(商品として)～を置いている」という意味)という前半の内容に反するものを選ぶ。直後で今は在庫切れだと説明していることから，最近は売れ行きが良いことが推測できる。よって最も意味が近いのは②「そのナッツはとてもよく売れる」。fly off the shelves は直訳の「棚から飛んでいく」から転じて「(商品が)飛ぶように売れる」という意味。

問2＜指示語＞That is why ～は「それが～の理由だ，だから～だ」という意味(ここは That must be why ～なので「それが～の理由に違いない」という意味。この店のマカダミアナッツがガイドブックですすめられていたというナナミの発言を受けて，店員はこの店に来る日本人がみんなそのナッツを買うのはそういうわけかと納得しているのである。よって That が指すのは①「そのガイドブックがそのナッツを買うことを提案している」。

問3＜適文選択＞直後でこの店にはさまざまなナッツがあると言っているので，現在売り切れのマカダミアナッツの代わりに，別の種類のナッツをすすめたと推測できる。

問4＜文脈把握＞「ナナミは(　　)を知りたがっているから」―③「そのマカダミアナッツを買うにはどうすればいいか」　欲しかったマカダミアナッツが売り切れていたうえに，入荷が明後日の出発までに間に合わないとわかったときの発言。この後で店員がマカダミアナッツを購入するための具体的な方法を提案している。

問5＜英文解釈＞Why don't you ～? は「～したらどうですか」という‘提案’の表現。them はマカダミアナッツを，that way は，前文の内容を受け，インターネットでナッツを購入する方法を指す。よって最も近い意味の文は②「マカダミアナッツをオンラインで注文してはいかがですか」。How about ～ing?「～するのはどうですか」

問6＜内容真偽＞①「ナナミはマカダミアナッツの買い方がわからないので，その店を立ち去る」…×　そのような記述はない。　②「ナナミはそのマカダミアナッツがどうしても欲しいので，日本に帰る日を変更する」…×　第10段落参照。スケジュールは変えられない。　③「店員はナナミにその店にある最後のマカダミアナッツを渡す」…×　第5段落参照。マカダミアナッツは売り切れている。　④「そのマカダミアナッツは人気があるが，インターネットでならほとんどいつも買うことができる」…○　第15段落の内容に一致する。

問7＜内容一致＞≪全訳≫当店のオンラインストアでマカダミアナッツをお買い上げいただきありがとうございます，また先日はご来店いただきありがとうございました。それにもかかわらず，Aその場でお売りすることができず，申し訳ございませんでした。皆様の，特に日本人のお客様のおかげで，このナッツは大変人気です。しかしながら，それはつまりこのナッツは店頭でお買い求めいただくのが難しいということです。多くのお客様に店内でこのナッツをお買い上げいただけるよう，我々は努力していく所存です。／お客様は20ドルの商品を２点お求めになりました。お支払い総額は，送料込みでB50ドルとなります。当店のマカダミアナッツをお楽しみいただければ幸いです。

＜解説＞Ａ．店頭のマカダミアナッツが売り切れていたため，ナナミにそれを売ることができなかったことをわびている部分。on the spot は「その場で，ただちに」という意味。　Ｂ．本文第15段落最終文参照。購入金額が30ドルを超えると送料が10ドルに値引きされるので，ナナミが払う金額は，20×２＋10＝50(ドル)。

5〔**長文読解総合―物語**〕

≪全訳≫❶生涯を通じて，私の祖父はコイの谷で暮らしてきた。我々の土地は，イーグル山の端から始まっている。それは谷を二分する川の両岸で終わっている。この山と川が我々の牛と羊をオオカミから安全に守ってくれている。土壌はとても豊かなので，我々の作物はひとりでに育っているようで，貴重な火の花さえも，そのありかを知っている人なら見つけることができるのだ。❷この谷での生活はすばらしいものだが，私の祖父は自分の土地の人々のことを危惧していた。山と川は危険を遠ざけてくれたが，それはまた我々を外界から孤立した状態に閉じ込めてもいた。「よその村と交流する方法を見つけねばなるまい」と祖父は言った。「交易したり，話を交わしたり，友情を育んだりするためにだ。そうしなければ，コイはいずれ滅んでしまうだろう」❸「ですが，あの山を越えて旅をするなんて危険すぎます」と人々は言った。「それにあの川は流れが激しすぎて渡れません」　祖父は，それは確かにそうだとわかっていた。彼は何時間も考えながら，谷を歩き回っていた。ある日，彼はピンク色のミミズが土からはい出てくるのを見た。祖父がもっとよく見ようとかがむと，クモが２枚の草の葉っぱの間に巣をつくっているのが見えた。突然，祖父はコイの人々がしなくてはならないことに気づいた。❹多くの村人は懐疑的だった。「ミミズやクモには簡単なことでも，人間にとってはそんなに単純にはいきませんよ」と彼らは主張した。「我々は土の中や空中を移動できませんからね。それによそ者たちが，火の花が生えている場所を知ったらどうするんです？」❺「もし私が火の花なら，一人ぼっちで誰からも見てもらえずにいるよりも，地面からつみ取られてきれいだとほめてもらえる方がいいと思うがね」と祖父は言った。村人の中にはうなずき始める者もいた。まもなく，彼らは集まって，祖父の描いた設計図について研究した。❻その後，コイで最も力持ちの男女がイーグル山のふもとを掘り始めた。毎年彼らが掘るにつれて，トンネルの穴はより遠くまで進んでいった。谷の向こう側では，別の村人たちが川で作業していた。１本のロープを，川を横切って固定するだけで何か月もかかった。その１本のロープから，板とロープでアーチをつくる作業をしていた。ついに，興奮すべきニュースがもたらされた。橋が完成したのだ！　村人の中には怖がる者もいた。「敵がこの橋を渡ってきたらどうするんだ？」と彼らは尋ねた。❼私の祖父は気を落としたりはしなかった。「私が最初に渡るとしよう」と彼は言った。その橋を歩いて渡るとき，祖父の青い目は輝いていた。川のはるか向こう岸に，草むらの中に小さな人影が見えた。祖父がついに向こう岸にたどり着くと，その人影が彼の方にゆっくりと向かっていった。祖父は川の向こう岸に立った初めてのコイの村人であり，その見知らぬ人物は彼に挨拶しにきたのだった。❽祖父が戻ってくるとき，その見知らぬ人は彼についてきた。彼の髪は祖父のと同じように白かったが，彼の衣服や外見は我々には奇妙に見えた。彼は幅の広い帽子をかぶり，赤，黄，オレンジ色の旗を携えていた。彼が我々一人ひとりを見たとき，彼の顔は親切そうに輝いていた。❾「長い間，この川を渡って，自分の手でイーグル山に触れてみたいと願ってきたんです」とその見知らぬ人は言った。そのよそ者が火の花が生えている場所のことを口にすると，村人の中には疑わしい顔をした者もいた。❿「あのよそ者を追い払わなければ」と村人の1人が言った。⓫だが祖父は，そのよそ者は一緒に食事をするために我々の家に来たのだと言った。彼は感謝してやってきた。我々が食事をしようと座ったとき，そのよそ者はこう言った。「皆さんに差し上げたい贈り物を持ってきたんです」 テーブルの上に，彼は大変美しい白い花を置いたが，それは我々が誰も見たことがないようなものだった。「これは氷の花です」と彼は言った。「それはこの谷の私たちの側に生えている，最も貴重な花なんですよ」⓬私たちの村は依然小さくて静かだが，もう外界から閉ざされてはいない。冬までに，村人たちはトンネルを完成させているだろう。来年の春になったら，私はその山を通り抜けて，初めて自分の村から出てみるつもりだ。見知らぬ人と出会い，コイの火の花を分けてあげたいと思っている。

問1＜語句解釈＞下線部は「コイの人々がしなくてはならないこと」という意味。祖父はミミズとクモの様子を見てこれに気づいている。この後，村人はトンネルと橋を建設し始めるが，トンネルはミミズから，橋はクモから着想を得たと考えられる。よって下線部の内容を表すものとして最も適切なのは①「他の村に行くためにトンネルと橋をつくること」。

問2＜内容一致＞⑴「祖父の計画について，(　　)というのが正しい」―②「彼はミミズとクモを観察することでアイデアを思いついた」 第3段落後半参照。 ⑵「祖父が『もし私が火の花だったら，一人ぼっちで誰からも見てもらえずにいるよりも，地面からつみ取られてきれいだとほめてもらえる方がいいと思う』と言ったのは，(　　)たかったからである」―③「村人たちに，彼らが火の花のように孤立した暮らしをしているということを気づかせ」 第4，5段落参照。祖父は外界とつながることに懐疑的な村人たちを説得するためにこのたとえ話を持ち出している。If I were a fire flower ... は 'If＋主語＋動詞の過去形～，主語＋助動詞の過去形＋動詞の原形…' の形で「～なら…だろう」と '現在の事実に反する仮定' を表す仮定法過去の文。また，③の have the villagers notice ... は 'have＋人＋動詞の原形'「〈人〉に～させる」の形。 ⑶「村人の1人がよそ者を追い払おうとしたのは，(　　)からである」―④「そのよそ者が火の花を持ち去ることを心配した」 第9段落最終文および第10段落参照。

問3＜英問英答＞⑴「コイの村とそこの人々について祖父が心配していたことは何か」―④「彼らが谷の外部の人々と交流せず，彼らの生活が孤立していたこと」 第2段落参照。 ⑵「最後に筆者は将来についてどのように考えているか」―③「いつかコイの村の外に出て，自分の目で新しい世界を見たいと望んでいる」 第12段落最後の2文参照。

問4＜要旨把握＞(ウ)「祖父はコイの将来を心配し，他の村と交流したいと思った」(第2段落後半)／→(イ)「コイの人々は橋を見て，敵が村にやってくることを恐れた」(第6段落最後の3文)／→(エ)「村人たちはよそ者のことを疑わしく思い，彼らのうちの1人はそのよそ者に村に入ってきてほしくないと思った」(第9段落最終文および第10段落)／→(ア)「よそ者がコイの村に氷の花をくれた」(第11段落第3～5文)

2023年度／国学院高等学校(一般第３回)

数学解答

1 (1)　9　(2)　イ…4　ウ…4　エ…5
(3)　オ…1　カ…2
(4)　キ…1　ク…1
(5)　ケ…6　コ…5　サ…5　(6)　4
(7)　ス…1　セ…4　(8)　1
(9)　タ…2　チ…5
(10)　ツ…1　テ…2　ト…4

2 (1)　ア…6　イ…2　ウ…1　(2)　6
(3)　オ…1　カ…2　キ…6

3 (1)　ア…1　イ…6　(2)　8

4 (1)　ア…2　イ…8　ウ…5
(2)　エ…1　オ…2

5 (1)　ア…3　イ…2　ウ…1
(2)　エ…2　オ…3　カ…7
(3)　キ…4　ク…3　ケ…0

1〔独立小問集合題〕

(1)＜**数の計算**＞与式$=(\sqrt{2}+\sqrt{3^2\times3}-\sqrt{4^2\times2})(\sqrt{5^2\times3}+\sqrt{3^2\times2}-\sqrt{2^2\times3})=(\sqrt{2}+3\sqrt{3}-4\sqrt{2})(5\sqrt{3}+3\sqrt{2}-2\sqrt{3})=(3\sqrt{3}-3\sqrt{2})(3\sqrt{3}+3\sqrt{2})=3(\sqrt{3}-\sqrt{2})\times3(\sqrt{3}+\sqrt{2})=9(\sqrt{3}-\sqrt{2})(\sqrt{3}+\sqrt{2})=9\times\{(\sqrt{3})^2-(\sqrt{2})^2\}=9\times(3-2)=9\times1=9$

(2)＜**式の計算**＞与式$=3a^3b^2\div12ab\times16a^2b^4=\dfrac{3a^3b^2\times16a^2b^4}{12ab}=4a^4b^5$

(3)＜**一次方程式**＞両辺に12をかけて，$3(4x-5)+48=1-4(x-10)$，$12x-15+48=1-4x+40$，$12x+4x=1+40+15-48$，$16x=8$　$\therefore x=\dfrac{1}{2}$

(4)＜**場合の数―カード**＞1～9のカードが1枚ずつなので，並べてできる2けたの整数が6の倍数になるとき，その整数は，12，18，24，36，42，48，54，72，78，84，96の11個ある。

(5)＜**二次方程式―解の利用**＞二次方程式$x^2-6x+4=0$の解を，解の公式を用いて求めると，$x=\dfrac{-(-6)\pm\sqrt{(-6)^2-4\times1\times4}}{2\times1}=\dfrac{6\pm\sqrt{20}}{2}=\dfrac{6\pm2\sqrt{5}}{2}=3\pm\sqrt{5}$である。$a>b$であるから，$a=3+\sqrt{5}$，$b=3-\sqrt{5}$である。よって，$a-3=3+\sqrt{5}-3=\sqrt{5}$，$b+3=3-\sqrt{5}+3=6-\sqrt{5}$であるから，$(a-3)(b+3)=\sqrt{5}(6-\sqrt{5})=6\sqrt{5}-5$となる。

(6)＜**関数―aの値**＞yはxに反比例するので，比例定数をkとすると，$y=\dfrac{k}{x}$と表せる。$x=2$のとき$y=a$だから，$a=\dfrac{k}{2}$より，$k=2a$……①と表せる。また，$x=4$のとき$y=a-2$だから，$a-2=\dfrac{k}{4}$より，$k=4a-8$……②と表せる。①を②に代入して，$2a=4a-8$，$-2a=-8$より，$a=4$となる。

(7)＜**確率―さいころ**＞大小2個のさいころを同時に投げるとき，それぞれ6通りの目の出方があるから，目の出方は全部で$6\times6=36$(通り)あり，a，bの組も36通りある。このうち，$\dfrac{a}{2b-1}$が整数になるのは，$b=1$のとき，$\dfrac{a}{2b-1}=\dfrac{a}{2\times1-1}=\dfrac{a}{1}=a$より，$a=1$，2，3，4，5，6の6通りある。$b=2$のとき，$\dfrac{a}{2b-1}=\dfrac{a}{2\times2-1}=\dfrac{a}{3}$より，$a=3$，6の2通りある。$b=3$のとき，$\dfrac{a}{2b-1}=\dfrac{a}{2\times3-1}=\dfrac{a}{5}$より，$a=5$の1通りある。$b=4$のとき，$\dfrac{a}{2b-1}=\dfrac{a}{2\times4-1}=\dfrac{a}{7}$より，適する$a$はない。同様に，$b=5$，6のときも，適する$a$はない。よって，$\dfrac{a}{2b-1}$が整数になる$a$，$b$の組は$6+2+1=9$(通り)あるから，求める確率は$\dfrac{9}{36}=\dfrac{1}{4}$である。

⑻＜**連立方程式の応用**＞さいころを10回投げたので，投げた回数について，$1+3+x+y+0+1=10$ が成り立ち，$x+y=5$……①となる。また，出た目の数の平均値が3より，その合計について，$1\times1+2\times3+3\times x+4\times y+5\times0+6\times1=3\times10$ が成り立ち，$3x+4y+13=30$，$3x+4y=17$……②となる。②－①×3より，$4y-3y=17-15$　$\therefore y=2$　これを①に代入して，$x+2=5$　$\therefore x=3$　よって，$x-y=3-2=1$ である。

⑼＜**平面図形─角度**＞右図1で，線分OB，OCは円Oの半径だから，△OBCはOB＝OCの二等辺三角形である。よって，$\angle\mathrm{OCB}=\angle\mathrm{OBC}=65^\circ$ である。また，$\overset{\frown}{\mathrm{AB}}$ に対する円周角と中心角の関係より，$\angle\mathrm{ACB}=\frac{1}{2}\angle\mathrm{AOB}=\frac{1}{2}\times80^\circ=40^\circ$ である。したがって，$\angle x=\angle\mathrm{OCB}-\angle\mathrm{ACB}=65^\circ-40^\circ=25^\circ$ となる。

図1

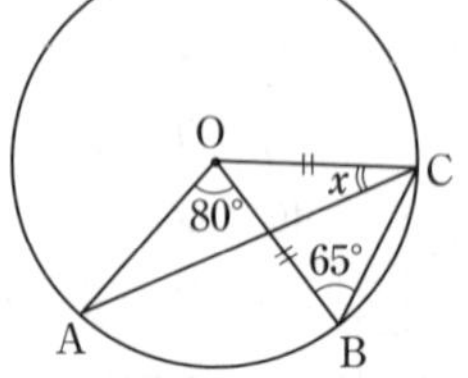

⑽＜**空間図形─体積比**＞右図2で，点Fから辺DEに垂線FIを引く。△DEFは正三角形だから，△FDIは3辺の比が $1:2:\sqrt{3}$ の直角三角形であり，$\mathrm{FI}=\frac{\sqrt{3}}{2}\mathrm{FD}=\frac{\sqrt{3}}{2}\times4=2\sqrt{3}$ となる。よって，$\triangle\mathrm{DEF}=\frac{1}{2}\times\mathrm{DE}\times\mathrm{FI}=\frac{1}{2}\times4\times2\sqrt{3}=4\sqrt{3}$ となるから，正三角柱ABC-DEFの体積は，$\triangle\mathrm{DEF}\times\mathrm{AD}=4\sqrt{3}\times5=20\sqrt{3}$ となる。また，$\angle\mathrm{HFG}=60^\circ$，$\angle\mathrm{FGH}=90^\circ$ より，△FGHは3辺の比が $1:2:\sqrt{3}$ の直角三角形だから，$\mathrm{HG}=\sqrt{3}\mathrm{FG}=\sqrt{3}\times1=\sqrt{3}$ である。これより，$\triangle\mathrm{FGH}=\frac{1}{2}\times\mathrm{FG}\times\mathrm{HG}=\frac{1}{2}\times1\times\sqrt{3}=\frac{\sqrt{3}}{2}$ となり，三角錐C-FGHの体積は，$\frac{1}{3}\times\triangle\mathrm{FGH}\times\mathrm{CF}=\frac{1}{3}\times\frac{\sqrt{3}}{2}\times5=\frac{5\sqrt{3}}{6}$ である。したがって，$\frac{5\sqrt{3}}{6}\div20\sqrt{3}=\frac{1}{24}$ より，三角錐C-FGHの体積は正三角柱ABC-DEFの体積の $\frac{1}{24}$ 倍である。

図2

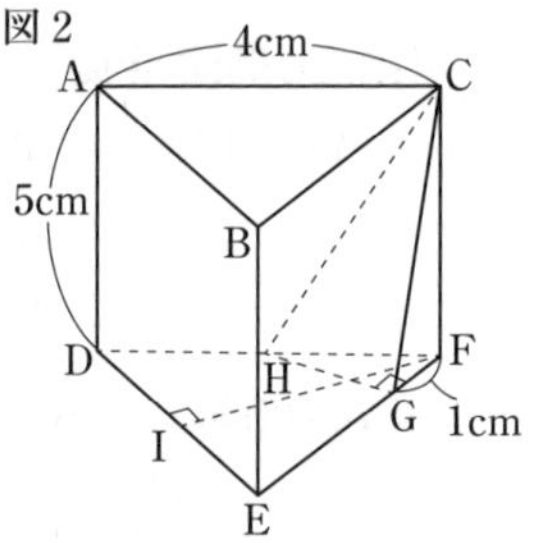

2〔**特殊・新傾向問題─規則性**〕

≪**基本方針の決定**≫⑶　6方向から見たときの面を考える。

⑴＜**積み木の個数**＞立方体の積み木の個数は，1番目が1個，2番目が3＝1＋2(個)，3番目が6＝1＋2＋3(個)，4番目が10＝1＋2＋3＋4(個)と表せるので，5番目の積み木の個数は1＋2＋3＋4＋5個，6番目の積み木の個数は1＋2＋3＋4＋5＋6個となる。よって，6番目の積み木の個数は5番目の積み木の個数より6個多いので，その差は6個となる。また，6番目の積み木の個数は1＋2＋3＋4＋5＋6＝21(個)である。

⑵＜**積み木の段数**＞積み木1個の体積は，$1\times1\times1=1(\mathrm{cm}^3)$ だから，積み重ねてできた立体の体積が $56\mathrm{cm}^3$ となるとき，積み木の個数は $56\div1=56$(個)である。積み木の個数は，1番目から5番目まで積み重ねると $1+3+6+10+(1+2+3+4+5)=35$(個)となり，6番目まで積み重ねると $35+21=56$(個)となるので，積み重ねたのは，1番目から6番目までである。

⑶＜**表面積**＞⑵より，積み重ねてできた立体の体積が $56\mathrm{cm}^3$ となるとき，1番目から6番目まで積み重ねているから，立体は右図のようになる。上から見ると，21個の積み木の面が見える。1つの面の面積は $1\times1=1(\mathrm{cm}^2)$ だから，上から見える面の面積の合計は $1\times21=21(\mathrm{cm}^2)$ である。側面の4つの方向から見ても，下から見ても，21個の積み木の面が見えるので，求める表面積は，$21\times6=126(\mathrm{cm}^2)$ である。

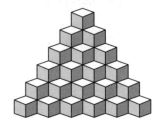

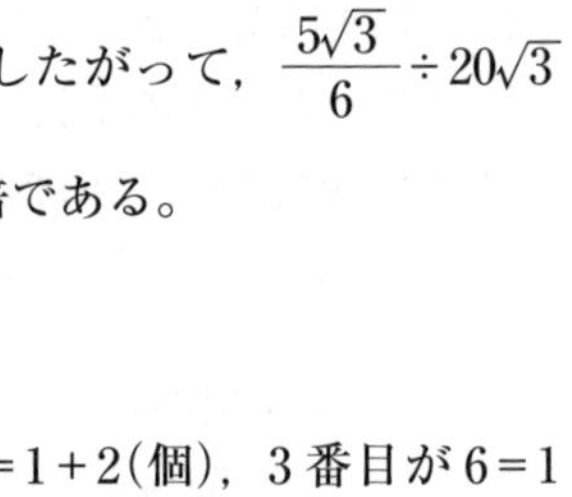

3 〔関数―関数 $y=ax^2$ と一次関数のグラフ〕

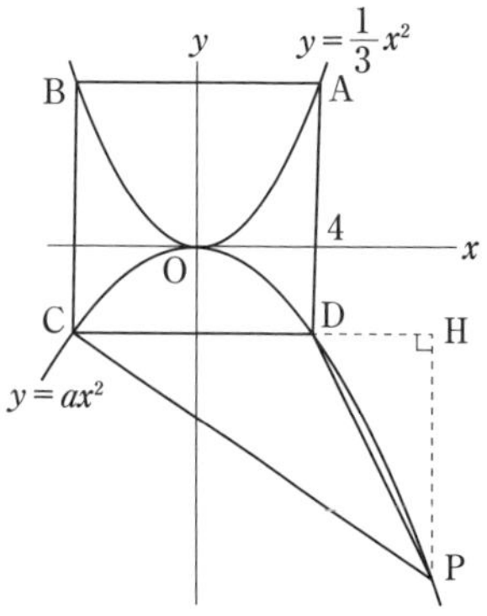

(1)＜比例定数＞右図で，点Aは放物線 $y=\frac{1}{3}x^2$ 上にあり，x 座標が4だから，$y=\frac{1}{3}\times4^2=\frac{16}{3}$ となり，$A\left(4,\ \frac{16}{3}\right)$ である。また，2点A，Dの x 座標はともに4だから，ADは y 軸に平行である。四角形ABCDは正方形だから，ABは x 軸に平行になる。2点A，Bは放物線 $y=\frac{1}{3}x^2$ 上にあるので，y 軸について対称な点となり，$B\left(-4,\ \frac{16}{3}\right)$ である。これより，$AB=4-(-4)=8$ となるので，$AD=AB=8$ である。よって，点Dの y 座標は $\frac{16}{3}-8=-\frac{8}{3}$ となり，$D\left(4,\ -\frac{8}{3}\right)$ である。放物線 $y=ax^2$ は点Dを通るから，$-\frac{8}{3}=a\times4^2$ より，$a=-\frac{1}{6}$ である。

(2)＜x 座標＞右上図で，(1)より，$AB=AD=8$ だから正方形ABCDの面積は $8\times8=64$ であり，△CDPの面積は正方形ABCDの面積の半分なので，△CDP $=\frac{1}{2}$〔正方形ABCD〕$=\frac{1}{2}\times64=32$ である。CDの延長に点Pから垂線PHを引くと，$CD=AB=8$ だから，△CDPの面積について，$\frac{1}{2}\times CD\times PH=32$ より，$\frac{1}{2}\times8\times PH=32$ が成り立ち，$PH=8$ となる。$D\left(4,\ -\frac{8}{3}\right)$ であり，CDが x 軸に平行よりPHは y 軸に平行だから，点Pの y 座標は $-\frac{8}{3}-8=-\frac{32}{3}$ となる。点Pは放物線 $y=-\frac{1}{6}x^2$ 上にあるから，$-\frac{32}{3}=-\frac{1}{6}x^2$ より，$x^2=64$，$x=\pm8$ となり，点Pの x 座標は正だから，8である。

4 〔平面図形―四角形〕

≪基本方針の決定≫(2)　△DEFを基準にして，S_1，S_2 を表す。

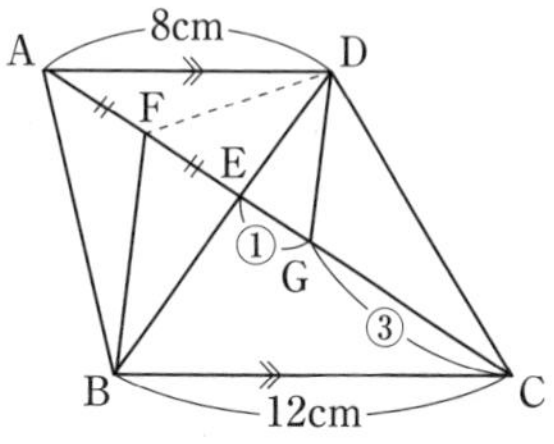

(1)＜長さ＞右図で，∠AED＝∠CEBであり，AD∥BCより，∠ADE＝∠CBEだから，△ADE∽△CBEである。よって，AE：CE＝AD：CB＝8：12＝2：3であるから，$AC=16$ より，$AE=\frac{2}{2+3}AC=\frac{2}{5}\times16=\frac{32}{5}$，$CE=AC-AE=16-\frac{32}{5}=\frac{48}{5}$ である。点Fは線分AEの中点だから，$FE=\frac{1}{2}AE=\frac{1}{2}\times\frac{32}{5}=\frac{16}{5}$ である。また，EG：GC＝1：3だから，$EG=\frac{1}{1+3}CE=\frac{1}{4}\times\frac{48}{5}=\frac{12}{5}$ である。したがって，$FG=FE+EG=\frac{16}{5}+\frac{12}{5}=\frac{28}{5}$(cm)である。

(2)＜面積比＞右上図で，2点D，Fを結ぶ。(1)より△ADE∽△CBEだから，DE：BE＝AD：CB＝2：3である。これより，△DEF：△BEF＝2：3だから，S_1＝△BEF＝$\frac{3}{2}$△DEFである。また，$AE=\frac{2}{5}AC$ だから，$FE=\frac{1}{2}AE=\frac{1}{2}\times\frac{2}{5}AC=\frac{1}{5}AC$ と表せ，$CE=AC-AE=AC-\frac{2}{5}AC=\frac{3}{5}AC$，$EG=\frac{1}{4}CE$ より，$EG=\frac{1}{4}\times\frac{3}{5}AC=\frac{3}{20}AC$ と表せる。よって，$FE:EG=\frac{1}{5}AC:\frac{3}{20}AC=4:3$ となるから，△DEF：△DEG＝4：3となり，S_2＝△DEG＝$\frac{3}{4}$△DEFとなる。したがって，$S_1:S_2$＝

$\frac{3}{2}$△DEF：$\frac{3}{4}$△DEF＝2：1だから，$\frac{S_2}{S_1}=\frac{1}{2}$である。

5〔空間図形―円錐〕

⑴＜**長さ―三平方の定理**＞右図１で，円錐の頂点Aと底面の円の中心Oを結んだ線分AOは，底面に垂直だから，AO⊥BCとなる。よって，△ABOで三平方の定理より，$AO=\sqrt{AB^2-BO^2}=\sqrt{15^2-6^2}=\sqrt{189}=3\sqrt{21}$(cm)である。

図１

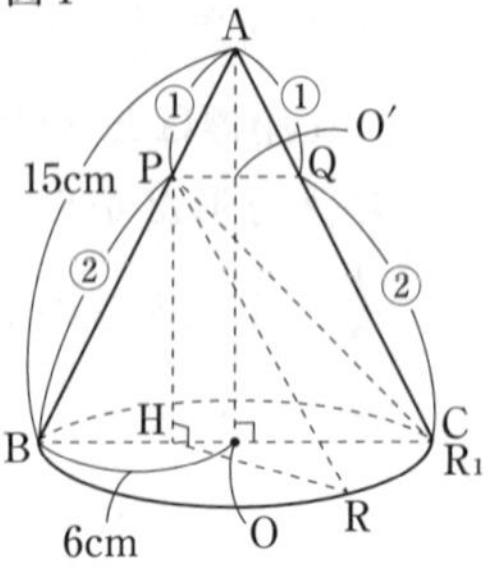

⑵＜**長さ**＞右図１で，点Pから底面に垂線PHを引くと，点Hは線分BC上の点となり，△PHRで三平方の定理より，$PR=\sqrt{PH^2+HR^2}$となる。また，△ABO∽△PBHとなるから，AO：PH＝AB：PB＝(1＋2)：2＝3：2となり，$PH=\frac{2}{3}AO=\frac{2}{3}\times3\sqrt{21}=2\sqrt{21}$となる。よって，線分PRの長さが最大となるのは，線分HRの長さが最大になるときであり，これは，点Rが点Cの位置にあるときである。このときの点RをR_1とする。AO∥PHより，OH：HB＝AP：PB＝1：2だから，$OH=\frac{1}{1+2}BO=\frac{1}{3}\times6=2$となり，$HR_1=HC=OH+OC=2+6=8$となる。したがって，線分PRの長さの最大値は，$PR_1=\sqrt{(2\sqrt{21})^2+8^2}=\sqrt{148}=2\sqrt{37}$(cm)である。

⑶＜**面積**＞右上図１で，AP：PB＝AQ：QC＝1：2だから，PQ∥BCである。右図２で，△PQRの面積が最大になるのは，底辺をPQと見たときの高さが最大になるとき，つまり，点Rと直線PQの距離が最大となるときである。PQ∥BCだから，点Rと直線BCの距離も最大となる。このとき，RO⊥BCであり，AOとPQの交点をO′として，２点R，O′を結ぶと，RO′⊥PQとなる。図１で，$O'O=PH=2\sqrt{21}$であり，図２で，OR＝6だから，△O′ROで三平方の定理より，$RO'=\sqrt{O'O^2+OR^2}=\sqrt{(2\sqrt{21})^2+6^2}=\sqrt{120}=2\sqrt{30}$である。また，図１で，△APQ∽△ABCより，PQ：BC＝AP：AB＝1：(1＋2)＝1：3だから，$PQ=\frac{1}{3}BC=\frac{1}{3}\times(6\times2)=4$である。よって，△PQRの面積の最大値は，$\triangle PQR=\frac{1}{2}\times PQ\times RO'=\frac{1}{2}\times4\times2\sqrt{30}=4\sqrt{30}$(cm²)となる。

図２

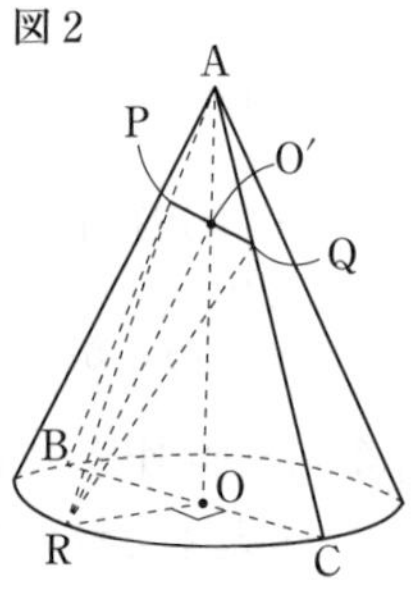

＝読者へのメッセージ＝

5は，円錐の問題でした。円錐は，底面に平行な平面で切断すると，その断面は円になりますが，斜めに切断すると，断面はどのようになると思いますか。切断する角度によって異なりますが，だ円，放物線，双曲線のいずれかになります。

国語解答

一　問一　①　問二　②　問三　③
問四　②　問五　④
問六　X…⑥　Y…②

二　問一　①　問二　③
問三　ことわざ　③　漢字　④
問四　②　問五　②　問六　③
問七　③　問八　③

三　問一　①　問二　④　問三　③
問四　②　問五　④　問六　①

四　(1)　②　(2)　④　(3)　②　(4)　①
(5)　③　(6)　①　(7)　④　(8)　②

一〔論説文の読解─芸術・文学・言語学的分野─文学〕出典；山崎正和『劇的なる日本人』。

≪本文の概要≫森鷗外は，十歳のときに，石見国から東京へ上り，その後，再び故郷で生活することはなかった。しかし，死ぬときには，石見人として死にたいと書き残した。鷗外は，一人の「石見人」として死ぬために，東京へ上り，西洋に留学し，軍医総監になったのである。小藩「石見国」に生まれた人間は，よりよく「石見人」として生きるために，逆に本来の自分ではないものになることが要求されたのである。同様に，「日本人」として生きるために，彼は，ドイツに留学し，西洋に適応しなければならなかった。この逆説は，明治の日本人全てが分け持っていた宿命だった。鷗外は，そうした宿命を徹底的に生きた典型であった。永井荷風も，その宿命を身をもって味わった。しかし，荷風の場合には，内面の矛盾に耐える力が著しく衰えていた。そのため，彼は，あらゆるものから脱出しなければならなかった。鷗外は，脱出よりも，踏みとどまることによって，自分を文学者に鍛えていった。それは，彼にとっても，きわめて苦しい緊張の生涯だったのである。

問一＜語句＞「額面どおり」は，証券・債券・貨幣などの表面に記された金額のとおり，という意味。転じて，言葉で表された内容そのまま，という意味。ここでは，後者の意味で用いられている。

問二＜文章内容＞「鷗外は要するにひとりの『石見人』として死ぬために，東京にのぼり西洋に留学し，やがて明治政府の軍医総監に任ぜられたにすぎなかった」と考えられるのである。その過程で，鷗外を発奮させていたのが「『石見人』たる自覚」であり，その生涯の「遠回り」が，彼に「『石見人』としての自覚を一層強めさせた」のである。

問三＜文章内容＞「よりよき『日本』であるためにまずは西洋化を徹底しなければならなかった」ので，明治の日本人は，「よりよき『日本人』」であるために，西洋人のようにならなければならなかった。そのためには，「自分自身の魂を『洋魂』にするところまでいかねば」ならず，「そのうえで，なおも『和魂』を捨てない」という姿勢を取る必要があった。これは，「自分自身がふたつに分裂することを意味して」おり，それが「日本の逆説的な宿命」だったのである。

問四＜文章内容＞鷗外と比べて，「荷風の場合には，すでに内面の矛盾に耐える力がいちじるしく衰えて」おり，「精神的にも物質的にも，彼は場違いの場所には耐えられ」なかった。そのため，荷風は，「西洋に適応するためには日本を憎まねば」ならず，やがて「一転して古い日本へ帰る」と，「日本の近代化などというものに全面的な軽侮の唾をはかなければ」ならなかった。「その後の日本文学史」は，「荷風の歩んだ道をさらに単純にするかたち」，つまり，「古い思想から脱出をくりかえし，結局は『日本』へ帰る場合にも，それは西洋化にたいする逆の叛逆」として行われるという道を進んだのである。

問五＜文章内容＞「二十二歳の若年で鷗外はドイツへ渡り，四年の滞在のあいだに，今日のわれわれが見ても驚くべき適応能力を示している」が，彼にとって「この西洋留学こそ，自分を『日本人』として確認する最大の機会であったことは疑いがない」のである（①…○）。鷗外は「官僚としてもめざましい成功」を収めたが，その反面，「そうした生活がどこか自分本来のものではないことを感じ続けて」いた(②…○)。「日本の西洋化は鷗外の目にも無残で恥ずかしい部分をさらして」おり，鷗外は，「日本はまだ普請《ふしん》中だ」と顔をしかめながらも，「その『普請』にみずから手をかすことをやめなかった」のである(③…○)。「文学の形式や思想においても，鷗外はけっして古いものを捨て去るかたちでは新しいものを選ばなかった」ので，彼の内部には「あらゆる異質のものが堆積」したのである(④…×)。

問六＜文章内容＞X．「普請」は，家を建築したり，修理したりすること。「普請中」は，工事中のこと。日本はまだ西洋化・近代化の途中だったので，「鷗外の目にも無残で恥ずかしい部分をさらしていた」のである。　Y．「多くの自然主義者の文学は父親に叛逆することによって出発」し，「プロレタリア文学は国家にさからうことによって成立」し，「『日本』へ帰る場合にも，それは西洋化にたいする逆の叛逆」として行われた。このように，近代の日本文学は，既存のものや西洋化・近代化への「叛逆」の繰り返しだったが，鷗外は脱出よりも踏みとどまることを選んだのである。

二〔小説の読解〕出典；三田誠広『いちご同盟』。

問一＜心情＞「母親に内緒で塾を勝手に早退」したので，「ぼく」は，気がとがめていた。「地下のレッスン室に明《あか》りが点っている」のを見て，「今日はレッスンが入ったのだろう」と思い，「ぼく」は，レッスンの間は母と顔を合わせなくてすむので，いくらか安心したのである。

問二＜文章内容＞母が「ピアノの先生と聴音の先生に電話した」と言うのを聞いて，「ぼく」は，「予感が的中した」と感じた。「ぼく」は，母に名前を呼ばれたとき，「ぼく」が音楽高校を受験するつもりであることを，母がピアノの先生と聴音の先生から聞き出したのではないかと感じたのである。

問三＜ことわざ＞「蛇に見込まれた蛙」は，恐ろしさのあまり，身がすくんでしまい，逃げることも立ち向かうこともできないさまを表す。「飼い犬に手を嚙まれる」は，信頼していた人や部下に裏切られる，という意味。「魚心あれば水心あり」は，相手が好意を示せば，こちらも相手に好意を持つものだ，という意味。もともとは，「魚，心あれば，水，心あり」という形で用いられていた。「飛ぶ鳥跡を濁さず」は，立ち去るときは，あとが見苦しくないようにするべきである，という意味。「飛ぶ鳥」は，「立つ鳥」ともいう。

問四＜文章内容＞「ぼく」は，いつかは『アパショナータ』や『ハンマークラヴィーア』を弾いて，「胸の底にわだかまっているものを，思いきり鍵盤にぶつけたい」と思っていたが，今はまだ，そんな演奏はできなかった。そのうえ，母は「テンポに厳格で，勝手な解釈を許さない」ので，「感情を抑制した，機械みたいな演奏を好む」が，「ぼく」は，「母をびっくりさせるくらいの演奏」はできないし，母の求める演奏はしたくなかった。そのため，ピアノを弾くようにと母に促されて，「ぼく」は，「追いつめられた，みじめな気分」になったのである。

問五＜文章内容＞母は，「ぼく」の「いまの演奏では，いくらがんばったって，プロのピアニストにはなれない」し，「音楽の大学出たって，就職口なんてどこにもない」のだから，「中学の先生にでもなる」しかないと言った。母は，「プロのピアニスト」になれなかった人が，しかたなく，中学の音楽の先生になっていると考えていた。「ぼく」は，母の意見は正しいのだろうかと思い，宮坂先生に，音楽の先生として働く気持ちを尋ねようとしたのである。

問六＜慣用句＞「顔色をうかがう」は，相手の表情から心の動きを知ろうとする，という意味。「音楽や美術の時間」になると，都立のトップ校を狙っている数人だけが「内申書を気にして最前列に」陣取り，先生の表情からその心の動きを知ろうとしているというのが実情なのである。「足元を見る」は，相手の弱みにつけこむ，という意味。「胸を借りる」は，自分より実力がある人に練習相手になってもらう，という意味。「音頭《おんど》をとる」は，人々の先頭に立って物事を行い，みんなをまとめていく，という意味。

問七＜心情＞「ぼく」は，自分にピアノの才能がないことに気づいており，母からはピアニストになれるわけでもないのに，音楽高校に行ってもしかたがないと言われていた。しかし，宮坂先生と話す中で，子どもの頃からの「夢」で「先生になった人もいる」と聞き，「ぼく」は，中学の音楽の先生を目指すのも立派なことだと知り，進学のことで思い悩んでいた気持ちが少し楽になったのである。

問八＜文脈＞母の前ではうまく弾けなかったベートーヴェンの『田園』を，「ぼく」は，「できるだけ大胆に，自由に弾こうと試みた」が，「指が動かないし，気持ちも盛り上がって」いかなかった。「この曲が，どうしても好きになれない」ので，「ぼく」は，「ベートーヴェンのような天才でも，たまには失敗作も書く」と考えてみたが，「一流のピアニストは，どんな曲でも，自由に弾きこなす」ことに気づき，「結局，ぼくには，才能がないのだ」という結論に至った。

三〔**説明文の読解―芸術・文学・言語学的分野―文学**〕出典；玄侑宗久『無常という力　「方丈記」に学ぶ心の在り方』／〔**古文の読解―随筆**〕出典；鴨長明『方丈記』。

問一＜文章内容＞「末広」は，しだいに末の方が広がっていくさま。転じて，しだいに栄えるさまを表す。「仮屋」から出た火は，扇を広げたように末の方に向かって，しだいに広がっていった。

問二＜古文の内容理解＞「都の中」は，家が建て込んでいるので，火災や震災が起これば，非常に危険である。それなのに，人々は，「危ふき京中」に家をつくるのである。

問三＜古文の内容理解＞大火事によって都の三分の一が焼失したことを受けて，長明は，「こんな危ない京の街なかに家を建てるといって，財産を使い，神経をすりへらすとは，愚かなうちでもとくに愚かなつまらない話だ」と思った。財産を使い悩みながら，都の中に立派な家を建てても，火事が起これば焼けてしまうかもしれないので，家などにこだわらずに生きていきたいと長明は考え，その考えが，やがてつくる「方丈の庵」へとつながっていくのである。

問四＜段落関係＞「長明の時代」は，人々は「家のたてこんだ都の中に，お金をつぎ込み，悩みながら立派な家を建てること」をしていたが，「江戸期になると，日本人は開き直って，『どうせ燃えるんだから』という考えを持つように」なったのである。「江戸の家は『燃えるものだ』とあらかじめ想定されるように」なり，「新たに家を建てるための木材用の林が，伊豆半島に確保されて」いたのである。

問五＜慣用句＞「うだつが上がる」は，裕福である，という意味。「うだつが上がらない」という表現を用いるのが一般的で，こちらは，逆に，金銭に恵まれない，出世しない，という意味。

問六＜古典の知識＞旧暦の月の異名は，一月から順に，睦月，如月，弥生，卯月，皐月，水無月，文月，葉月，長月，神無月，霜月，師走となる。

四〔**漢字**〕

(1)「拠点」と書く。①は「巨額」，②は「準拠」，③は「隠居」，④は「撤去」，⑤は「許可」。　(2)「腐心」と書く。①は「不服」，②は「幕府」，③は「抱負」，④は「豆腐」，⑤は「豊富」。　(3)「喚起」と書く。①は「圧巻」，②は「召喚」，③は「寛容」，④は「転換」，⑤は「保管」。　(4)「紛(らす)」と書く。①は「紛糾」，②は「分別」，③は「古墳」，④は「噴出」，⑤は「奮起」。　(5)「焦(がして)」と書く。①は「少子」，②は「照会」，③は「焦燥」，④は「発祥」，⑤は「現象」。　(6)「趣」と書く。①は「趣旨」，②は「接種」，③は「首席」，④は「主将」，⑤は「聴取」。　(7)「屈指」と書く。①は「市街」，②は「投資」，③は「士気」，④は「指南」，⑤は「姿勢」。　(8)「猛暑」と書く。①は「盲信」，②は「猛然」，③は「連絡網」，④は「本望」，⑤は「妄想」。

2023年度 国学院高等学校（推薦）

【英　語】（30分）〈満点（推定）：50点〉

1　次の英文を読み，後の問に答えなさい。

A long time ago in China there was a boy named Ping (　1　) loved flowers. Anything he planted *burst into bloom. Anything like flowers, *bushes, and even big fruit trees he planted burst into bloom, like magic.

Everyone in the *kingdom loved flowers too. They planted them everywhere, and the air smelled like *perfume.

The *Emperor loved birds and animals, but he loved flowers most. He took care of his own garden every day.

But the Emperor was very old. He needed to choose *a successor to the throne. Who would be his successor? And (　2　) would the Emperor choose the successor? Because the Emperor loved flowers so much, he decided to let the flowers choose.

The next day a *proclamation was shown: All the children in the land had to come to the palace. There they would be given special flower seeds by the Emperor. “Anyone who can show me their best in a year’s time,” he said, “will succeed me to the throne.”

(あ)This news created great excitement throughout the land! Children from all over the country rushed to the palace to get their flower seeds.

All the parents wanted their children to be chosen as Emperor, and all the children hoped they would be chosen too!

When Ping received his seed from the Emperor, he was the happiest child of all. (い)He was (①the most / ②sure / ③grow / ④he / ⑤beautiful / ⑥could) flower.

Ping filled a flowerpot (　3　) rich soil. He planted the seed in it very carefully. He watered it every day. He couldn’t wait to see it *sprout, grow, and *blossom into a beautiful flower!

Day after day passed, but nothing grew in his pot.

Ping was very worried. He put new soil into a bigger pot. Then he moved the seed into the (4) black soil.

He waited two more months. Still (5) happened. And finally the whole year passed.

Spring came, and all the children put on their best clothes to meet the Emperor. They rushed to the palace with their beautiful flowers, and *eagerly hoped that the Emperor would choose them.

Ping was ashamed of his empty pot. He thought the other children would laugh (6) him because for once he couldn't get a flower to grow.

His clever friend ran by, with a great big plant in his hands. "Ping!" he said. "You're not really going to the Emperor with an empty pot, are you? Couldn't you grow a great big flower like mine?"

"I've grown lots of flowers better than yours," Ping said. "Only this seed won't grow."

Ping's father heard this and said to Ping, "You did your best, and (う)<u>it (①enough / ②good / ③present / ④your / ⑤to / ⑥is) best to the Emperor.</u>"

Ping held the empty pot in his hands and he went to the palace.

The Emperor was looking at the flowers slowly, one by one. How beautiful all the flowers were! But the Emperor looked unhappy and did not say a word. Finally he came to Ping.

Ping *hung his head in *shame, and worried that the Emperor would *punish him. The Emperor asked him, "Why did you bring an empty pot?"

Ping started to cry and replied, "I planted the seed you (え)<u>(give)</u> me and I watered it every day, but it didn't sprout. I put it in a better soil, but still it didn't sprout! I took care of it all year long, but nothing grew. So today I had to bring an empty pot without a flower. It was the best I could do."

When the Emperor heard these words, a smile slowly spread over his face, and he put his arm around Ping. Then he *exclaimed to *one and all, “I have found him! I have found the one person *worthy of being Emperor!”

“I do not know where you got your seeds from. The seeds I gave you had all been *cooked. So it was (　7　) for any of them to grow.”

“I *admire Ping's great (お)(　　　　) to appear before me with the empty truth, and now I *reward him with my *entire kingdom and make him Emperor of all the land!”

（注）

*burst into bloom　一斉に咲き出す　　*bush　低木

*kingdom　王国　　*perfume　香水

*Emperor　王　　*a successor to the throne　王位継承者

*proclamation　声明，布告　　*sprout　芽がでる

*blossom into　育って〜になる　　*eagerly　熱心に

*hang his head　顔を伏せる　　*shame　恥ずかしさ

*punish　〜を罰する　　*exclaim　〜と宣言する

*one and all　全ての人　　*worthy of　〜の価値のある

*cooked　加熱された　　*admire　〜を称賛する

*reward　〜に褒美を与える　　*entire　全部の

問1　空所(　1　)～(　7　)に入れるのに最も適切なものをそれぞれ次の①～④から1つずつ選び，指定された解答欄に番号をマークしなさい。

(　1　)	① whose	② who	③ which	④ what
(　2　)	① what	② where	③ which	④ how
(　3　)	① with	② in	③ on	④ of
(　4　)	① long	② poor	③ rich	④ easy
(　5　)	① nothing	② something	③ anything	④ everything
(　6　)	① with	② on	③ at	④ of
(　7　)	① easy	② cold	③ possible	④ impossible

問2　下線部(あ)の内容として最も適切なものを次の①～⑤から1つ選び，指定された解答欄に番号をマークしなさい。

①　王は年老いてもう花を育てることができないということ。

②　国民が各自で好きな花を育てることで，国中が良い香りになるようにしなければならないということ。

③　王から与えられる特別な種の育成に最善をつくした子どもに，王位を継承するということ。

④　王位継承者となる子どもは，花を愛し，穏やかな性格の人物でなければならないということ。

⑤　王から与えられる特別な種を育てられない子どもは，この国にはいられないということ。

問3　下線部(い)，(う)がそれぞれ次の日本語の意味になるように(　　　)内の語(句)を並べ替えたとき，(　　　)内で3番目と5番目に来るものを選び，指定された解答欄に番号をマークしなさい。

(い)　彼は自分が最も美しい花を育てることができると確信していた。

(う)　お前のベストを王に示せば十分だよ。

問4　下線部(え)の(　　)内の動詞を文脈に合うように形を変えたとき，最も適切なものを次の①～④から１つ選び，指定された解答欄に番号をマークしなさい。

① to give　　② gave　　③ given　　④ giving

問5　空所(お)に入る最も適切なものを次の①～④から１つ選び，指定された解答欄に番号をマークしなさい。

① joy　　② happiness　　③ courage　　④ development

問6　次の質問に対する最も適切な答えをそれぞれ次の①～④から１つずつ選び，指定された解答欄に番号をマークしなさい。

(1) What did Ping's friend feel when he found Ping's empty pot?

① Ping was not honest because Ping would bring an empty pot.

② Ping would bring another flower to the Emperor because Ping was clever.

③ Ping had grown lots of flowers better than Ping's friend.

④ Ping was not the right person to see the Emperor.

(2) Why did the Emperor look unhappy and did not say a word when he looked at the beautiful flowers?

① Because the Emperor didn't like the beautiful flowers.

② Because the beautiful flowers didn't smell good.

③ Because the Emperor found that the children tried to hide the truth.

④ Because the Emperor found that the children tried to grow a bigger flower than Ping.

2 各英文の(　　)に入れるのに最も適切なものをそれぞれ次の①～④から１つずつ選び，指定された解答欄に番号をマークしなさい。

(1) The story may (　　　) strange, but it is true.

① listen　　② find　　③ sound　　④ hear

(2) This song is based (　　　) a French folk song.

① by　　② for　　③ on　　④ of

(3) You can borrow an umbrella if you need (　　　).

① some　　② any　　③ one　　④ this

(4) The girl (　　　) by the window is Masako.

① sleeping　　② slept　　③ to sleep　　④ sleep

(5) His mother (　　　) him happy.

① put　　② made　　③ looked　　④ did

3 各英文がそれぞれ日本語の意味になるように(　　)内の語（句）を並べ替えたとき，(　　)内で3番目と5番目に来るものを選び，指定された解答欄に番号をマークしなさい。

(1) 私はナオがなぜそのようなことを言うのか分からなかった。

I (①why / ②said / ③didn't / ④such / ⑤know / ⑥Nao) a thing.

(2) ここは私たちがこれまでに泊まったうちで最高のホテルだ。

This is (①ever stayed / ②we / ③the best / ④at / ⑤hotel / ⑥have).

(3) オーストラリアで買った時計をあなたに貸してあげよう。

I (①you / ②the watch / ③bought / ④lend / ⑤will / ⑥I) in Australia.

(4) 私たちがここに引っ越してきて3年になります。

It (①has / ②three years / ③moved / ④since / ⑤we / ⑥been) here.

(5) 若いうちにできるだけたくさんの本を読んでほしい。

I want you to (①can / ②books / ③as / ④you / ⑤as many / ⑥read) when you're young.

【数　学】（30分）〈満点(推定)：50点〉

（注意）定規，コンパス，分度器，電卓は使用しないこと。

次の $\boxed{}$ の中の「**ア**」から「**ヨ**」に当てはまる数字をそれぞれ答えなさい。

(1)　$(\sqrt{3}+1)^2=\boxed{\text{ア}}+\boxed{\text{イ}}\sqrt{\boxed{\text{ウ}}}$ であり，$(\sqrt{3}+1)^2\left(2-\dfrac{6}{\sqrt{12}}\right)=\boxed{\text{エ}}$ である。

(2)　2次方程式 $\dfrac{1}{2}x^2=x+12$ の解は $x=-\boxed{\text{オ}}$，$\boxed{\text{カ}}$ である。

(3)　連立方程式 $\begin{cases}2x-3y=5\\3x+2y=40\end{cases}$ の解は $x=\boxed{\text{キ}}\boxed{\text{ク}}$，$y=\boxed{\text{ケ}}$ である。

(4)　点(5，1)を通り，直線 $y=\dfrac{1}{2}x$ に平行な直線の式は $y=\dfrac{\boxed{\text{コ}}}{\boxed{\text{サ}}}x-\dfrac{\boxed{\text{シ}}}{\boxed{\text{ス}}}$ である。

(5)　関数 $y=\dfrac{1}{3}x^2$ は，x の値が -3 から2まで増加するときの変化の割合が $-\dfrac{\boxed{\text{セ}}}{\boxed{\text{ソ}}}$ であり，x の変域が $-3\leqq x\leqq 2$ のときの y の変域は $\boxed{\text{タ}}\leqq y\leqq\boxed{\text{チ}}$ である。

(6)　底面の半径が1，高さが $2\sqrt{2}$ の円錐の母線の長さは $\boxed{\text{ツ}}$ であり，この円錐の表面積は $\boxed{\text{テ}}\pi$ である。

(7)　12以下の素数は $\boxed{\text{ト}}$ 個あり，大小2つのさいころを1回投げて出た目の和が素数になる確率は $\dfrac{\boxed{\text{ナ}}}{\boxed{\text{ニ}}\boxed{\text{ヌ}}}$ である。

(8)　図1の円Oにおいて，$\angle x=\boxed{\text{ネ}}\boxed{\text{ノ}}\boxed{\text{ハ}}^\circ$，$\angle y=\boxed{\text{ヒ}}\boxed{\text{フ}}^\circ$ である。

(9)　図2の二等辺三角形ABCにおいて，AB＝AC＝$\boxed{\text{ヘ}}$ であり，三角形ABCの面積は $\boxed{\text{ホ}}\sqrt{\boxed{\text{マ}}}$ である。

(10)　図3において，BD：DC＝3：2，四角形BDEFが平行四辺形のとき，三角形EDCの面積は三角形ABCの面積の $\dfrac{\boxed{\text{ミ}}}{\boxed{\text{ム}}\boxed{\text{メ}}}$ 倍であり，四角形BDEFの面積は三角形ABCの面積の $\dfrac{\boxed{\text{モ}}\boxed{\text{ヤ}}}{\boxed{\text{ユ}}\boxed{\text{ヨ}}}$ 倍である。

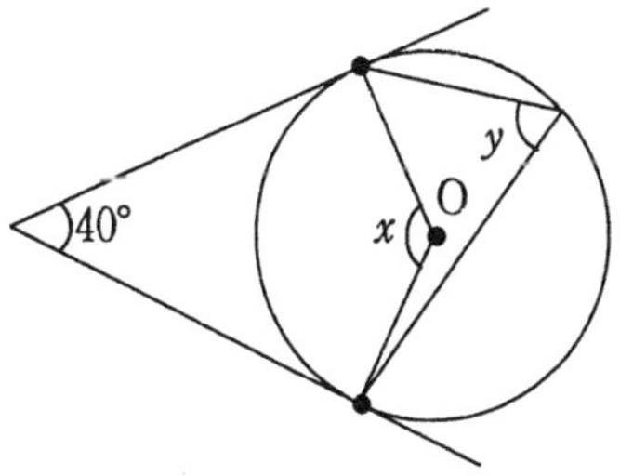

図1

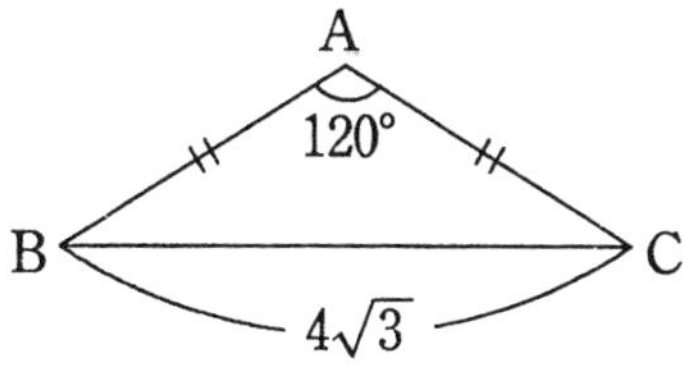

図2

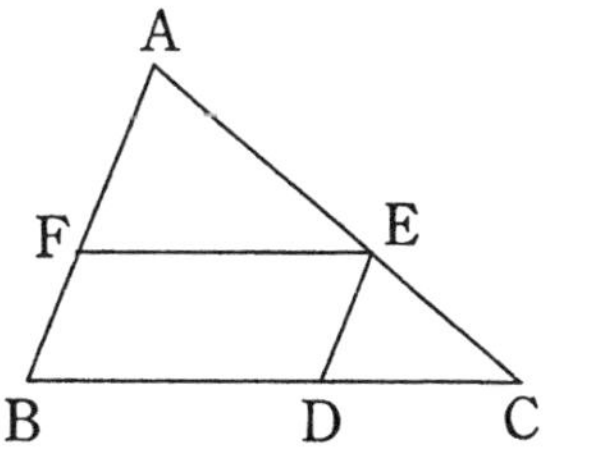

図3

解答上の注意

① 問題の文中の［ア｜イ｜ウ］などには，特に指示がない限り，**ア**，**イ**，**ウ**，…… の一つ一つに数字（0～9）が一つずつ入ります。

例 ［ア｜イ｜ウ］に 137 と答えたい場合，解答用マークシート用紙の問題記号の［ア］に ①，［イ］に ③，［ウ］に ⑦ をマークしなさい。

なお，同一の問題文中に［ア］，［イ｜ウ］などが 2 度以上現れる場合，原則として，2 度目以降は，［ア］，［イ｜ウ］のように細字で表記します。

② 分数形で解答する場合，それ以上約分できない形で答えなさい。

例 $\dfrac{\boxed{\text{エ}}\boxed{\text{オ}}}{\boxed{\text{カ}}}$ に $\dfrac{13}{4}$ と答えるところを，$\dfrac{26}{8}$ のように答えてはいけません。

③ $\sqrt{}$ を含む形で解答する場合，$\sqrt{}$ の中に現れる自然数が最小となる形で答えなさい。

例 $\dfrac{\boxed{\text{キ}}-\boxed{\text{ク}}\sqrt{\boxed{\text{ケ}}}}{\boxed{\text{コ}}}$ に $\dfrac{3-4\sqrt{2}}{2}$ と答えるところを，$\dfrac{3-2\sqrt{8}}{2}$ や $\dfrac{6-8\sqrt{2}}{4}$ のように答えてはいけません。

④ 小数の形で解答する場合，必要に応じて，指定された桁まで⓪にマークしなさい。

例 ［サ］.［シ｜ス］に 2.5 と解答したい場合，2.50 として答えなさい。

問五　傍線部C「古典（古文）は一種の『魂の避難所』としての役割を持っている」とは、どういうことか。最もふさわしいものを、次の選択肢の中から選び、番号をマークしなさい。

① 現在の危機的状況に行き詰まり居場所がない時、古典は自らを静かに見つめ、人生の危機を救う場所になるということ。
② 現在無理やりに友人を作ろうとあせる時、古典は自らがよって立つ位置の指針を与えてくれる場所になるということ。
③ 周囲の人間たちと同調を強制される時代には、古典は一人で生きることの強さを教えてくれる場所であるということ。
④ 周囲の人間たちに相談をすることが難しかった時代に、古典は共鳴を求める者に魂を解放する場所になるということ。
⑤ 戦時中の厳しい言論統制の時代に、古典はいつの時代も唯一自由に批評や批判ができる自由な場所であるということ。

問六　傍線部D「本当の顔を見ずじまい」とは、どういうことか。最もふさわしいものを、次の選択肢の中から選び、番号をマークしなさい。

① 兼好の意図が伝わらず、『枕草子』や『方丈記』と全く質の違ったものになったということ。
② 覚えやすく良いネーミングのために、誤解させようとした兼好の思い付きが外れたということ。
③ 伝わりにくいと思われたタイトルが、かえって人気を博し個性的な作品となったということ。
④ おしゃれなタイトルに隠れて、筆者の本来の真意がうまく伝わってこなかったということ。
⑤ 後世の人々が付けたおしゃれなタイトルは、兼好を著しく貶《おとし》める結果になったということ。

問七　空欄［Ⅰ］に入る最もふさわしい語句を、次の選択肢の中から選び、番号をマークしなさい。

①　古典力　②　共感的理解　③　固定観念　④　祝祭的経験　⑤　無常観

問八　次の一文を補うのに最もふさわしい箇所を、本文中の【①】～【⑤】の中から選び、番号をマークしなさい。

《脱文》　洞察力がありすぎて苦しくさえなる。

② 私たちは通常、心を通わせる相手は現代人だけと限定的に考えがちだが、歴史の中の古人は私達に豊富な知識を与えてくれる存在だと思っているから。

③ 私たちは通常、心を通わせる相手は現代人だけと限定的に考えがちだが、古典の中の登場人物は常に無常について語り掛けてくれると思っているから。

④ 私たちは通常、心を通わせる相手は現代人だけと限定的に考えがちだが、古人と深く共感する経験は生きる意味を深くしてくれると思っているから。

⑤ 私たちは通常、心を通わせる相手は現代人だけと限定的に考えがちだが、古典の中に現れる全ての人が現代人を理解している存在だと思っているから。

問四　傍線部Ｂ「感慨にふけられる特典」とは、どのようなものか。最もふさわしいものを、次の選択肢の中から選び、番号をマークしなさい。

① 長く時代を隔てると通常はブレるはずの不思議な思いが、慣れ親しむように古典のあらすじをおよその形でも体に残せれば、ふと心に浮かぶ、贅沢《ぜいたく》な瞬間を迎えられるというもの。

② 長く時代を隔てると通常は思い出すことが困難なものでも、一言一句間違いなく古典の文を明確に記憶できれば、心に突然の不思議な浮上の快感が得られ、はっきりと思いだせるというもの。

③ 長く時間を隔てると通常は食い違うと考えられる感覚も、意識しなくても浮かび上がるほどに古典が身体に残っていると、時代を隔てても思いを分かち合えたことを感じられるというもの。

④ 長く時間を隔てると通常は確信が持てなくなるはずの記憶も、古典になじみ引用して思い出すことを繰り返すことで、記憶が共感的理解にまで及び、自信をもって暗唱できるようになるというもの。

⑤ 長く時間を隔てると通常は出来ないはずだとされている経験も、忘れがちになってしまう古典という宝の箱を思い出せれば、どこにいても祝祭的経験を簡単に感じることができるというもの。

(3) なま女房…仕事になれていない女房。新参の女房。
(4) 掌…てのひら。
(5) 長明…鴨長明。鎌倉時代前期の歌人。『方丈記』の著者。
(6) フッサール…ドイツの哲学者。現象学の創始者。

問一　二重傍線部「ありあり」とあるが、ここではどのような様子をいうのか。最もふさわしいものを、次の選択肢の中から選び、番号をマークしなさい。

① 記憶があいまいであってもはっきりと言い表している様子。
② 現実のあるままを、はっきりと言い当てている様子。
③ 常日頃からよくある出来事を示している様子。
④ 想起した物事の状態や特色が、物質として現れている様子。
⑤ あたかも目の前にあるかのように、心に感じられる様子。

問二　空欄 X ～ Z に補う語として最もふさわしいものを、それぞれ次の選択肢の中から選び、番号をマークしなさい。ただし、同じ番号を繰り返し選んではならない。

① しかし　② あるいは　③ もし　④ むしろ　⑤ しかも

問三　傍線部A「現代人とだけつき合うと思わなくてもいい」とあるが、筆者はなぜそのように思っているのか。最もふさわしいものを、次の選択肢の中から選び、番号をマークしなさい。

① 私たちは通常、心を通わせる相手は現代人だけと限定的に考えがちだが、古人はぼんやりしていても突然心に浮かんでくる存在だと思っているから。

する。すると、好みの顔が自分でもわかってくるようになる。

小林秀雄は「徒然草」という四ページほどの文章で、徒然草、および兼好法師の「顔」は特別なものだよ、と言っている。たとえば有名な冒頭。「徒然《つれづれ》なるままに」という書き出しから、後世の人が「徒然草」という書名を付けた。感じ良い上に覚えやすい、一見上手なネーミングに見える。

しかし、落ちついて最後まで、この冒頭の一文を読めば、「怪しうこそ物狂ほしけれ」というのだから、「徒然草」という言葉から受けるイメージとは、ずいぶん違う。「物狂ほし草《ぐさ》」というタイトルでは人気は出なかったかもしれないが、筆を手にしたとたん、書きたいことであふれて苦しくさえなってしまう兼好の気持ちは、この方がよく伝わる。

【 ④ 】この感じが「徒然草」というおしゃれなタイトルでは、かえって伝わりにくい。小林は、このタイトル付けについて、「どうも思い付きはうま過ぎた様である。兼好の苦《に》がい心が、洒落《しゃれ》た名前の後に隠れた」と指摘し、「兼好にとって徒然とは「紛るゝ方無く、唯独り在る」幸福並びに不幸を言う」と書いている。

『徒然草』というタイトルからなんとなくイメージを作ってしまい、D本当の顔を見ずじまい、というのではもったいない。

小林に「兼好は誰にも似ていない。よく引合いに出される(5)長明なぞには一番似ていない」と言われて、『方丈記』と比較して読んでみると、たしかにまったく見ているものが違う。

古文の教科書では、同じグループのように並んでいるが、まったく質の違うものなのだ。「「枕草子」との類似なぞもほんの見掛けだけの事」だと言われて、比べてみると、たしかに違うものだ。

【 ⑤ 】イメージで決めつけない。「古典」や「随筆」という [I] で一くくりにしない。この「決めつけないでしっかり実際に目の前にあるものを注意深くみる」という姿勢は、(6)フッサールの現象学にも通じる。先入見を排することで、ずいぶんと現物の感触が味わいやすくなる。

（齋藤《さいとう》　孝《たかし》『古典力』による）

〔注〕(1) 女房…宮中や貴族の屋敷に仕えた女性。

(2) たのむ…あてにする。

壁にボールを投げ、そのはね返り方や衝突音から、自分の調子を知るようなものだ。Y、壁に触れて自らの⑷掌《たなごころ》の感触を知るようなものだ。

【②】時は多くのものを押し流してゆく。それぞれの時代に生きた膨大な人の思いは、ほとんどの場合、跡かたもなく消え去る。

しかし、古典として残った文章に込められた思いは、形あるものとして私たちの目の前に現れる。

時代を隔てれば隔てるほど、感覚のずれを感じるはずだ。しかし、そうはならないのが古典のいいところだ。しかもひとたび共感を感じれば、「こんなに時代を隔てても思いを分かちあえた」とB感慨にふけられる特典もある。

C古典（古文）は一種の「魂の避難所」としての役割を持っている。現在の状況で追い込まれ、行きづまりを感じたり、居場所や仲間がいないと感じるときほど、古典に浸るチャンスは生まれる。

小林秀雄が「平家物語」、「徒然草」、「実朝」などの古典の批評を書いていたのは、昭和十七、八年、まさに戦時中だった。「戦時中に古文の批評とは、変わっているな」と高校時代には思ったが、むしろ戦時中だからこそ、自らの拠って立つべきところを求める思いが高まっていたともいえる。

周囲の人間と同調し、同じ空気で時代に流されてゆくよりは、遠い古人との魂の共鳴を求める気持ちは理解できる。私たちも行きづまったときに、周囲の人間に相談を持ちかける志向だけでなくていい。古典の世界に浸ることで静かに自分を見つめる「時」が避難所となる。これは、古典力によって人生の危機を自ら救うということだ。

古典を楽しむコツの一つは、「古典」という一くくりでまとめてしまわないことだ。見慣れていない民族の顔は、似たように見えてしまいがちだが、見慣れてくるうちに一人ひとりの顔の個性の違いがわかるようになる。

【③】古典にも一つひとつ顔がある。「なんとなく古い文章だなあ」という印象で「古典（古文）」という一つの箱に詰めこんでしまうと、違いが見えてきにくい。Z、高校の古文の授業が終わり、受験も通り過ぎると、「古典」という箱自体を自分の心の押し入れの奥深くにしまいこんでしまい、再び開けることもない人も多い。

「古めのものはとりあえずこの箱に詰めこんで」という考えを変えて、一つひとつの古典の顔をゆっくり眺めてみることに有名な「無常という事」という短文からも、古典力を学んだ。この短文は、「一言芳談抄《いちごんほうだんしょう》」という鎌倉時代の文章の引用から始まっている。比叡《ひえ》の御社（山王権現）で若い(1)女房が夜中に鼓を打ちながら、うたっている。この世のことは無常なので後の世を(2)たのむ気持ちでそうしている、という趣旨の文だ。

面白いのは、小林が実際に比叡山の山王権現に行き、「ぼんやりと」うろついていると、「突然」この文章が当時の絵巻物を見るように心に浮かんだ、ということだ。

「ぼんやり」している時に「突然」、古典の文が心にありありと浮かんでくる。この突然の浮上の快感は、古典になじんでおいた恩恵だ。あらすじを読んだだけでは、この不思議な浮上は起こらない。原文が体の中に残っているから、意識しなくても浮上してくる。引用しようとして、思い出すのとは違う。ふと心に浮かぶ瞬間は、ぜいたくだ。自分でも「あれ、なぜこの古文の節がふと出てきたのだろう」と思う瞬間は、自分の内に埋めておいた宝の箱が、忘れた頃に地上に出てくるような、祝祭的な経験だ。

【 ① 】この場合は、比叡の御社という場所が、古文の浮上のきっかけとなった。そこで感じたのは、おそらく鎌倉時代の無名の若い女との魂の交信である。鼓を打ちながらうたう女の真情に直接触れた気のするような、深い共感的理解が起こった。現代人が「やっぱりこの世は無常だね」と軽々しく言うときの不確かな無常観（というより無常気分）に対して、小林がふだん持っていた疑念が、古文の一節によって噴出した。

もっとたしかな無常観がかつてあったのだ、という確信がふと得られた。この確信が、「無常という事」のラストの決めゼリフ、「現代人には、鎌倉時代の何処かの(3)なま女房ほどにも、無常という事がわかっていない。常なるものを見失ったからである」を生む。

遠く離れた時代の名も知らぬ人の心の奥底にある感慨に触れ、共感する経験は、私たちが現代のこの世に生きる意味を深くしてくれる。私たちは、A現代人とだけつき合うと思わなくてもいいのだ。古人との魂の交感の方もありうる。いや、 X 古人との関係の方が「魂」と言いたくなる領域における交感は成立しやすい。古人は歴史の中でたしかな者として存在しているので、日常にまぎれることなく、深いところで共感しやすいのかもしれない。

古人の思いがたしかなものとしてブレずにそこにあるとするならば、それは自分で自分の思いを知る相手として望ましい。

二　次の傍線部は慣用句である。空欄を補うのに最もふさわしい語を、それぞれ後の選択肢の中から選び、番号をマークしなさい。

(1) わが社の社長は、（　　）が低い。

(2) 彼の話は、（　　）に唾をつけて聞いたほうがよい。

(3) 親友の忠告を聞くのは、（　　）が痛い。

① 眉　② 耳　③ 腰　④ 足　⑤ 手

三　次の四字熟語の空欄を補うのに最もふさわしい漢字を、それぞれ後の選択肢の中から選び、番号をマークしなさい。

(1) □心不乱

(2) 朝□暮四

(3) 油□大敵

① 段　② 断　③ 小　④ 一　⑤ 三

四　次の文章を読んで、後の問いに答えなさい。

私は高校時代、文芸批評家の小林秀雄の文章を読むのが好きだった。「もう少しわかりやすくすっきり言いたいことを書けばいいのに」と思いながらも、決めゼリフ風の文体に格好よさも感じていたりした。読んでいるうちに、自然に小林から古典の読み方を教わった。

(3) 病気がカイホウに向かう。

① 川に稚魚をホウリュウする。

② 大学でホウリツを学ぶ。

③ ホウガンシにグラフを描く。

④ 品物をホウソウする。

⑤ 大雨のケイホウが出る。

(4) 父は大学のショクインだ。

① 新入生をインソツする。

② 演奏会のヨインに浸る。

③ ポスターをインサツする。

④ 仕事を譲ってインキョする。

⑤ 電車がマンインになる。

(5) やりがいのある仕事にツくことができた。

① 毎晩九時にシュウシンする。

② シュウイを警戒する。

③ 株主総会をショウシュウする。

④ 押入れに布団をシュウノウする。

⑤ 講演会に大勢のチョウシュウが集まる。

二〇二三年度
国学院高等学校（推薦）

【国　語】（三〇分）〈満点（推定）：五〇点〉

一　次の傍線部と同じ漢字を含むものを、それぞれ後の選択肢の中から一つずつ選び、番号をマークしなさい。

(1)　ショウスウ民族を支援する。
①　山小屋でショウキュウシする。
②　ショウライの夢を語る。
③　かぜのショウジョウが出る。
④　定期的な運動をショウレイする。
⑤　病気で体重がゲンショウする。

(2)　ソザツな計画を見直す。
①　ソシキのために働く。
②　シッソな暮らしをする。
③　ソダイごみを捨てる。
④　意思のソツウを図る。
⑤　人類のソセンを探る。

2023年度／国学院高等学校（推薦）

英語解答

1 問1　1…②　2…④　3…①　4…③
5…①　6…③　7…④
問2　③
問3　(い)　3番目…⑥　5番目…①
(う)　3番目…①　5番目…③
問4　②　　問5　③
問6　(1)…④　(2)…③

2 (1)　③　　(2)　③　　(3)　③　　(4)　①
(5)　②

3 (1)　3番目…①　5番目…②
(2)　3番目…②　5番目…①
(3)　3番目…①　5番目…⑥
(4)　3番目…②　5番目…⑤
(5)　3番目…②　5番目…④

数学解答

(1)　ア…4　イ…2　ウ…3　エ…2
(2)　オ…4　カ…6
(3)　キ…1　ク…0　ケ…5
(4)　コ…1　サ…2　シ…3　ス…2
(5)　セ…1　ソ…3　タ…0　チ…3
(6)　ツ…3　テ…4
(7)　ト…5　ナ…5　ニ…1　ヌ…2
(8)　ネ…1　ノ…4　ハ…0　ヒ…7
フ…0
(9)　ヘ…4　ホ…4　マ…3
(10)　ミ…4　ム…2　メ…5　モ…1
ヤ…2　ユ…2　ヨ…5

国語解答

一 (1)　⑤　　(2)　③　　(3)　③　　(4)　⑤
(5)　①

二 (1)　③　　(2)　①　　(3)　②

三 (1)　④　　(2)　⑤　　(3)　②

四 問一　⑤
問二　X…④　Y…②　Z…⑤
問三　④　　問四　③　　問五　①
問六　④　　問七　③　　問八　④

2022年度 国学院高等学校（一般第1回）

【英　語】（50分）〈満点：100点〉

1　次の英文の* Sir Jehoshaphat Dain (Sir Jee) と Lady Dain は夫婦である。また，Cressage はイギリスを代表する肖像画家である。本文を読み，後の問に答えなさい。

Sir Jehoshaphat was rich, because he sold his *pottery very cheaply, and paid his workers very little. But Sir Jee liked to be important, so he used some of his money to pay for schools and hospitals for the people of the Five Towns.

The people of the Five Towns often laughed (1) Sir Jee, but they also wanted to say thank you for the schools and hospitals. They decided to give him a *portrait for a present. So Cressage (a) a picture of Sir Jee and many people in London thought it was very good.

It was not a kind portrait and many of the people of the Five Towns laughed when they saw it. But Sir Jehoshaphat had to take his present, and to say thank you for it. Now it was on his wall in his home, Sneyd Castle, and after sixteen months Lady Dain was tired of looking at it.

"Don't be stupid, wife," said Sir Jee. "I'm not taking that portrait down, or selling it—not even for ten thousand *pounds. I want to (2) it."

But that wasn't true. Sir Jee *hated the portrait more than his wife did. And he was thinking of (1)a secret plan to *get rid of it.

"Are you going into town this morning?" asked his wife. "Yes," he answered. "I'm in *court today."

He was a *magistrate. While he travelled into town, he thought about his plan for the portrait. It was a crazy and dangerous plan, but he thought it was just possible.

That morning, the police were very angry with Sir Jee. A man was in court, and the police said he was a *burglar. They wanted him to go to *prison for five years or more. But Sir Jee did not agree. He said there was no *proof that William Smith was a burglar. The other magistrate was very surprised at this and the police were very angry, but William Smith left the court a free man. Before he left, Sir Jee asked to see him in his office.

"Smith," said Sir Jee, and looked at him carefully, "you were a lucky man this morning, you know."

Smith was a small, *thin man, with *untidy hair and dirty clothes.

"Yes, I was lucky," he answered. "[ア]"

"I hope I can help you," said Sir Jee.

"I don't know *if I want help, but I never say no to money."

"Sit down," said Sir Jee.

William Smith sat down at Sir Jee's desk. "Well?" he asked.

"I want you to steal something from my house. But it won't be a crime."

"What?" (2)Smith was very surprised.

"In my house, Sneyd Castle, there is a portrait of myself. I want someone to steal it."

"Steal it?"

"Yes."

"(A)How (① you ② doing ③ much ④ for ⑤ will ⑥ pay me) it?"

"Pay you?" said Sir Jee. "It's a Cressage! You'll get two thousand pounds for it in America."

And (B)Sir Jee (① wanted ② the story of the portrait ③ told Smith ④ and why ⑤ he ⑥ to) get rid of it. Smith thought for a minute and then said:

"All right, I'll do it, just to help you."

"[イ] Tonight?"

"No," said Smith. "I'm busy tonight."

"Well, tomorrow night."

"I'm busy tomorrow, too."

"You're a busy man," said Sir Jee.

"Well, business is business, you know," said Smith. "[ウ]"

"But that's Christmas Eve."

"Well, it's (3) that or Christmas Day. I'm busy again after that."

"Not in the Five Towns, I hope," said Sir Jee.

"No. There's nothing left in the Five Towns."

So they (b) on Christmas Eve.

"Now," said Sir Jee, "I'll *describe the rooms in Sneyd Castle to you. Then you'll know where—"

(3)William Smith looked at him and laughed loudly.

"Describe the rooms to me? Do you think I'm *stupid? I'm good at my job—I know Sneyd Castle better than you do."

On the afternoon of 24th December, when Sir Jehoshaphat (c) home to Sneyd Castle, his wife was packing suitcases. The Dains were going to their son's house for Christmas. Their son John had a new wife and a new baby, and he wanted to spend Christmas in his new home with all the family.

Sir Jee said nothing to his wife *immediately. He watched her for a while and then later, during tea, he said suddenly:

"I can't come to John's house this afternoon."

"Oh, Jee!" she cried. "You *are* difficult. Why didn't you tell me before?"

He didn't answer the question. "I'll come over tomorrow morning—perhaps in time for church."

"There's no food in the house. And the *servants are all going away on holiday. There's nobody to cook for you. I'll (4) with you if you like."

"No, I'll be all right."

Lady Dain went to her son's house, and left some cold food for Sir Jee.

Sir Jee had a cold, silent meal, in front of his painting. He was (5) in the castle and that was a good thing, he decided. There were no servants to wake up and hear William Smith at work. Sir Jee was a little afraid; perhaps (C)it (① bring ② into ③ to ④ a burglar ⑤ dangerous ⑥ was) the house. He looked again at the portrait in its big gold frame. "Will he take the frame?" he asked himself. "I hope he doesn't. It's very heavy.

[　エ　]” But perhaps Smith had someone to help him.

“Goodbye!” he said to his portrait. He (d) one of the windows for William Smith, and went to bed.

He did not sleep. He listened. At about two o’clock there were a few noises. They stopped, then started again. Smith was at work. Sir Jee got out of bed quietly, went to the window and looked out carefully. Two men were carrying something large and *square across the garden. So Smith had a friend, and he was taking the portrait *and* the frame.

Sir Jee went back to bed. He slept for a few hours and then went downstairs.

The portrait was on the floor with some writing across it in big white letters: “This is no (6) to me.” The big gold frame was missing!

And that wasn’t all. Plates, knives, forks, spoons, cups—everything made of silver was also missing. There was not a single silver spoon left in the castle.

（注） *Sir 卿。英国で爵位を持つ人の氏名に付ける敬称。 *pottery 陶器
*portrait 肖像画 *pound イギリスの通貨単位 *hate ～ ～を嫌う
*get rid of ～ ～を取り除く，～を処分する *court 法廷
*magistrate 行政官・治安判事 *burglar 強盗，泥棒 *prison 刑務所
*proof 証拠 *thin やせた *untidy だらしのない，きちんとしていない
*if ～ ～かどうか *describe ～ ～を図[絵]で描く *stupid 愚かな，馬鹿な
*immediately すぐに *servant 使用人 *square 四角い

問１　空所（１）～（６）に入れるのに最も適切なものをそれぞれ①～⑤から１つずつ選び，指定された解答欄に番号をマークしなさい。

（１）	① up	② in	③ at	④ down	⑤ of
（２）	① spend	② sell	③ keep	④ throw	⑤ drop
（３）	① another	② other	③ both	④ either	⑤ neither
（４）	① build	② lose	③ send	④ stay	⑤ fall
（５）	① panic	② alone	③ kind	④ noisy	⑤ rich
（６）	① way	② time	③ care	④ type	⑤ good

問２　空所（ａ）～（ｄ）に入れるのに最も適切なものをそれぞれ①～④から１つずつ選び，指定された解答欄に番号をマークしなさい。

① came　② opened　③ painted　④ agreed

問３　下線部(1)の内容として最も適切なものを次の①～⑤から１つ選び，指定された解答欄に番号をマークしなさい。

① Jee 卿が妻を喜ばせるために William Smith と一緒に肖像画を手に入れるという計画。
② Jee 卿が William Smith を利用して，自分の肖像画を盗ませるという計画。
③ Jee 卿が，肖像画を盗んだ罪で William Smith を有罪にするという計画。
④ Jee 卿が William Smith のために肖像画を手に入れるという計画。
⑤ Jee 卿が妻のために William Smith から肖像画を手に入れるという計画。

問４　空所［ア］～［エ］に入れるのに最も適切なものをそれぞれ次の①～④から１つずつ選び，指定された解答欄に番号をマークしなさい。

① I don’t think one man could carry that.
② When can you do it?
③ And what do you want from me?

④ I can do it the day after tomorrow.

問5 下線部(2)の理由として最も適切なものを次の①～⑤から1つ選び，指定された解答欄に番号をマークしなさい。

① なぜ盗みをするのかと，Jee卿に厳しくとがめられたから。
② 罪になることが怖いので盗みはできないと，Jee卿が断ったから。
③ Jee卿の家から物を盗むようにJee卿自身が言ったから。
④ Jee卿に盗みをしないように言ったが，聞き入れられなかったから。
⑤ Jee卿が息子に盗みをしてくるように指示していたから。

問6 下線部(A)～(C)がそれぞれ次の日本語の意味になるように(　)内の語(句)を並べ替えたとき，(　)内で3番目と5番目に来るものを選び，指定された解答欄に番号をマークしなさい。

(A) それをやったら，あなたは私にいくら払ってくれるのか。
(B) Jee卿は，Smithにその肖像画の話となぜ彼がそれを取り除きたいのかを話した。
(C) 強盗を家の中に入れることは危険だった。

問7 下線部(3)の理由として最も適切なものを次の①～⑤から1つ選び，指定された解答欄に番号をマークしなさい。

① Jee卿の妻に，新たな子供が生まれたことを知らなかったから。
② Jee卿の家について，すでに部屋を知り尽くしていたから。
③ Jee卿の肖像画を手に入れることができないと分かったから。
④ Jee卿の妻が荷造りをしている理由を知らなかったから。
⑤ Jee卿の妻から，突然クリスマスに予定があることを知らされたから。

問8 本文の内容に一致するものを次の①～⑦から2つ選び，指定された解答欄に番号をマークしなさい。解答は，1つの解答欄に2か所マークすること。

① Sir Jee wanted a lot of people of Five Towns to see the portrait in his house.
② Sir Jee spent his money on schools and hospitals because he wanted to be thought important by the people of Five Towns.
③ The police got angry at William Smith because he told a lie to the police.
④ Sir Jee had a cold and he couldn't eat a meal with his servants.
⑤ Sir Jee asked William Smith to steal the portrait and the frame from his house on Christmas.
⑥ When Sir Jee woke up, he found that the portrait and the frame were missing.
⑦ William Smith and his friend stole everything made of silver from Sir Jee's house.

2 次の英文を読み，後の問に答えなさい。

Most people know you should not *overdo things, like drinking too much or not sleeping enough. We try to be (1) not to do these things too much because they can be bad for us. However, other things are also bad for us if they are *overused. [A]

Most people use their phones every day. We use them to play games, talk to friends, learn new things, or listen to music. If you do these things only a little when you have free time, that's not a (2). However, some people can't stop. They use their phones all day, all the time—that is bad.

[B] Some people use their phones to (3) to play games or to do shopping. Before they know it, they have spent all their time and money. Just like drinking too much, using a phone too much can (4) us lose our friends, our jobs, and even our money.

This is serious, so we should all think about how much we use our phones. Do you sleep with your phone? Do you feel bad when you don't have it with you all the time? Do you check your phone often during the day? [C] It means you may be overusing your phone.

Do you want to cut down? Try leaving your phone at home sometimes. [D] If this does not work, try asking a doctor for help.

(注) *overdo ～ ～をやり過ぎる *overuse ～ ～を使い過ぎる

問1 空所(1)～(4)に入れるのに最も適切なものをそれぞれ①～⑤から1つずつ選び，指定された解答欄に番号をマークしなさい。

(1) ① careful ② empty ③ gentle ④ modern ⑤ necessary

(2) ① chance ② fact ③ luck ④ problem ⑤ sentence

(3) ① lie ② pay ③ say ④ throw ⑤ write

(4) ① allow ② enter ③ invite ④ make ⑤ teach

問2 空所[A]～[D]に入れるのに最も適切なものをそれぞれ次の①～④から1つずつ選び，指定された解答欄に番号をマークしなさい。

① It's not only about the time.

② Many of you may answer *yes* to these questions.

③ Or turn it off for a few hours a day.

④ Your phone is one of these things.

3 各英文の( )内に入れるのに最も適切なものをそれぞれ①～④から1つずつ選び，指定された解答欄に番号をマークしなさい。

(1) Last night Ken and I talked ( ) about our school lives.

① a lot ② a lot of ③ few ④ many

(2) This is my new hat. My father bought ( ) last Friday.

① it by me ② it for me

③ me for it ④ me to it

(3) It stopped ( ) when we got to the station.

① to rain ② rained ③ rainy ④ raining

(4) Many students ( ) studying in the library now.

① is ② was ③ are ④ were

(5) The driver was kind ( ) to give me some money.

① very ② much ③ too ④ enough

(6) The dog ( ) Taro is sleeping under the table.

① to call ② called ③ was called ④ was calling

4 各英文がそれぞれ日本語の意味になるように( )内の語を並べ替えたとき，指定された箇所に来るものを解答欄にマークしなさい。

(1) 彼は北海道でスキーをするのを楽しみにしています。

He (① skiing ② looking ③ is ④ in ⑤ forward ⑥ to) Hokkaido.

He [　　] [　　] [ア] [　　] [イ] [　　] Hokkaido.

(2)　何人の生徒がそのパーティーに招待されますか。

How (①　to　②　will　③　students　④　many　⑤　be　⑥　invited) the party?

How [　] [　] [ウ] [　] [エ] [　] the party?

(3)　私の母は昨夜から何も食べていません。

My (①　nothing　②　mother　③　last　④　has　⑤　eaten　⑥　since) night.

My [　] [オ] [　] [カ] [　] [　] night.

(4)　私の夢は医者になることです。

My (①　is　②　dream　③　doctor　④　be　⑤　a　⑥　to).

My [　] [キ] [　] [ク] [　] [　].

(5)　彼によって書かれた本はアジアで人気があります。

The book (①　popular　②　in　③　by　④　written　⑤　is　⑥　him) Asia.

The book [　] [ケ] [　] [コ] [　] [　] Asia.

(6)　その女の子は今朝早起きすることができた。

The girl (①　to　②　get　③　early　④　able　⑤　up　⑥　was) this morning.

The girl [　] [サ] [　] [　] [シ] [　] this morning.

【数　学】（50分）〈満点：100点〉

（注意）　1．定規，コンパス，分度器，電卓は使用しないこと。

2．問題の文中の $\boxed{ア}\boxed{イ}\boxed{ウ}$ などには，特に指示がない限り，ア，イ，ウ，……の一つ一つに数字（0～9）が一つずつ入ります。

3．分数形で解答する場合，それ以上約分できない形で答えなさい。

4．$\sqrt{}$ を含む形で解答する場合，$\sqrt{}$ の中に現れる自然数が最小となる形で答えなさい。

5．小数の形で解答する場合，必要に応じて，指定された桁まで0にマークしなさい。

1　次の $\boxed{}$ の中の「ア」から「テ」に当てはまる数字をそれぞれ答えなさい。

(1)　$\sqrt{8}(\sqrt{2}+\sqrt{9})-(2-\sqrt{2})(2+\sqrt{2})=\boxed{ア}+\boxed{イ}\sqrt{\boxed{ウ}}$ である。

(2)　$(8\sqrt{6}a^2b)^2\div\dfrac{1}{a^2b^4}\div\left(\dfrac{4a}{b}\right)^3=\boxed{エ}a^{\boxed{オ}}b^{\boxed{カ}}$ である。

(3)　方程式 $\dfrac{2x-1}{5}-2=\dfrac{-x+1}{2}$ を解くと，$x=\boxed{キ}$ である。

(4)　大小2つの自然数がある。その差は3で，小さい数は偶数である。小さい数を2乗した数は，大きい数の9倍から45を引いた数に等しい。このとき，小さい数は $\boxed{ク}$ である。

(5)　$a>0$，$b<0$ とする。2つの関数 $y=ax^2$ と $y=bx+10a+2$ は，x の変域が $-2\leqq x\leqq 4$ のとき，y の変域が一致する。このとき，$a=\boxed{ケ}$，$b=-\boxed{コ}$ である。

(6)　3つの直線 $y=\dfrac{2}{3}x+2$，$y=ax-2$，$y=-4x+16$ が1点で交わるとき，$a=\boxed{サ}$ である。

(7)　x，y，z を0以上の整数とするとき，方程式 $x+y+z=5$ を満たす x，y，z の組は $\boxed{シ}\boxed{ス}$ 組ある。

(8)　男子20人，女子22人のクラスでテストを実施したところ，クラス全体の得点の平均値は55点で，女子の得点の平均値は男子の得点の平均値より2.1点高かった。このとき，女子の得点の平均値は $\boxed{セ}\boxed{ソ}$ 点である。

(9)　図1において，$\angle x=\boxed{タ}\boxed{チ}^\circ$ である。

(10)　図2において，$CD=2\sqrt{2}$，$AC=AD$，$\angle ABC=\angle ABD=\angle CAD=90^\circ$，$\angle ACB=\angle ADB=30^\circ$ のとき，四面体ABCDの体積は $\dfrac{\sqrt{\boxed{ツ}}}{\boxed{テ}}$ である。

図1

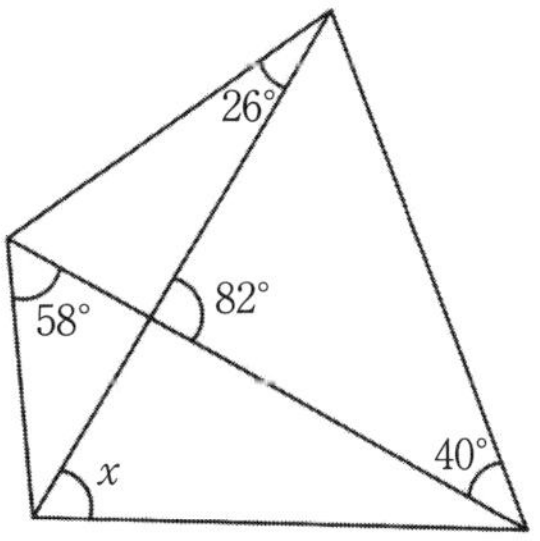

図2

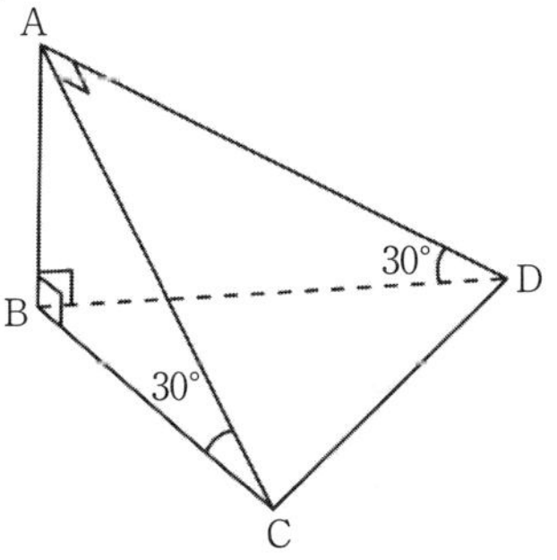

2　2次方程式 $x^2-4x+2=0$ の2つの解を a，b $(a>b)$ とするとき，次の $\boxed{}$ の中の「ア」から「カ」に当てはまる数字をそれぞれ答えなさい。

(1)　$a-b=\boxed{ア}\sqrt{\boxed{イ}}$，$ab=\boxed{ウ}$ である。

(2)　2次方程式 $x^2-\sqrt{2}(a^2-b^2)x+12a^2b^2=0$ を解くと，$x=\boxed{エ}$，$\boxed{オ}\boxed{カ}$ である。

3　右図のように，放物線 $y=mx^2\,(m>0)$…①と直線 $y=-x+4$…②が2点A，Bで交わっている。点Aの x 座標が -4 のとき，次の□の中の「ア」から「ク」に当てはまる数字をそれぞれ答えなさい。

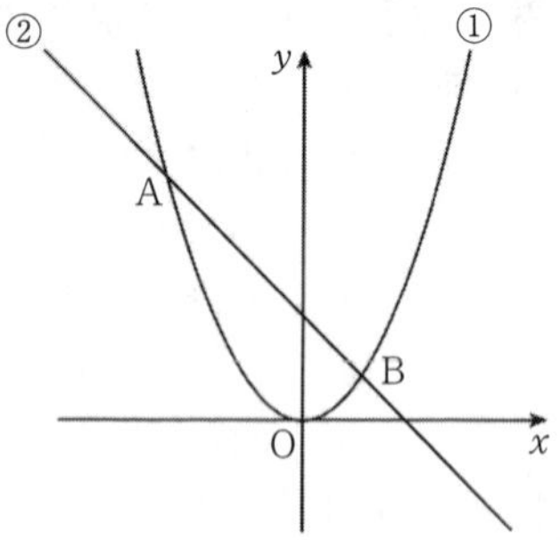

(1)　$m=\dfrac{\boxed{\text{ア}}}{\boxed{\text{イ}}}$ である。

(2)　△OABの辺AB，OB，OAの長さをそれぞれ a，b，c とおく。このとき，$b=\boxed{\text{ウ}}\sqrt{\boxed{\text{エ}}}$ である。
　また，$P=a^2+b^2-c^2$ とおくとき，P が満たす式として最も適切なものは $\boxed{\text{オ}}$ である。ただし，$\boxed{\text{オ}}$ は以下の⓪～②から選びなさい。
⓪　$P>0$　　①　$P=0$　　②　$P<0$

(3)　△OABを，直線②を軸として1回転させてできる立体の体積は $\boxed{\text{カ}}\boxed{\text{キ}}\sqrt{\boxed{\text{ク}}}\,\pi$ である。

4　右図のように，一辺の長さが2の正方形ABCDと辺CDを直径とする円Oがある。点Aから円Oに直線ADと異なる接線を引き，接点をPとし，直線APと辺BCが交わる点をQとする。また，線分AOと線分DPの交点をSとする。このとき，次の□の中の「ア」から「オ」に当てはまる数字をそれぞれ答えなさい。

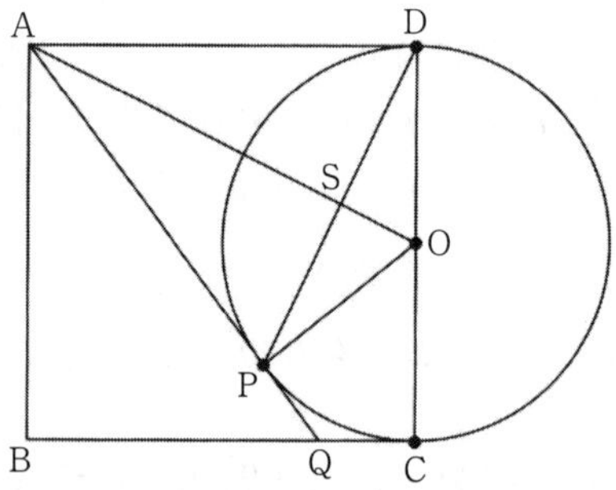

(1)　$\mathrm{DS}=\dfrac{\boxed{\text{ア}}\sqrt{\boxed{\text{イ}}}}{\boxed{\text{ウ}}}$ である。

(2)　$\mathrm{AQ}=\dfrac{\boxed{\text{エ}}}{\boxed{\text{オ}}}$ である。

5　2つの箱A，Bがあり，箱Aには1，2，3，4，5の数字が1つずつ書かれた5枚のカードが，箱Bには1，2，3，4，5，6の数字が1つずつ書かれた6枚のカードが入っている。A，Bそれぞれの箱から同時に1枚ずつカードを取り出すとき，次の□の中の「ア」から「キ」に当てはまる数字をそれぞれ答えなさい。ただし，A，Bそれぞれの箱において，どのカードが取り出されることも同様に確からしいものとする。

(1)　箱Aからは奇数が書かれたカードが，箱Bからは3の倍数が書かれたカードが取り出される確率は $\dfrac{\boxed{\text{ア}}}{\boxed{\text{イ}}}$ である。

(2)　取り出された2枚のカードが，どちらも奇数が書かれたカードである確率は $\dfrac{\boxed{\text{ウ}}}{\boxed{\text{エ}}\boxed{\text{オ}}}$ である。

(3)　取り出された2枚のカードが，偶数が書かれたカード1枚と5の倍数が書かれたカード1枚である確率は $\dfrac{\boxed{\text{カ}}}{\boxed{\text{キ}}}$ である。

③ 仲間と共にキョウテキに立ち向かう。
④ 生活するのにサイテキな土地。
⑤ 国からコウテキな支援を受ける。

(2) 彼女はジュンスイな心の持ち主だ。
① 改革をスイシンする。
② 論文から要点をバッスイする。
③ スイミン時間が足りない。
④ スイソウガク部に入部する。
⑤ 有名作家にシンスイする。

(3) イセイのいい声で名乗りをあげた。
① 大きな台風がモウイを振るう。
② イギョウを成し遂げた。
③ 周囲からキイの目で見られる。
④ 日本の人口のスイイを調査する。
⑤ 作家に原稿をイライする。

(4) 全国各地をホウロウする。
① 何度も試したがトロウに終わった。
② ゲームで時間をロウヒする。
③ イロウなく手続きを行う。
④ 素晴らしい演奏をヒロウする。
⑤ 国語の教科書をロウドクする。

(5) スクリーンに映像をトウエイする。
① 新しいルールがシントウする。
② 卒業式でトウジを読む。
③ チーム監督のゾクトウが決定した。
④ 代表選手のケントウを祈る。
⑤ トトウを組んで謀反を起こす。

(6) 地域産業のシンコウを図る。
① 経済成長をソクシンする。
② 床にシンドウが伝わる。
③ シンチョウに検討を重ねる。
④ 総理大臣がショシン表明をする。
⑤ 外国選手とシンゼン試合をする。

(7) 美しいピアノのセンリツを楽しむ。
① 巧みにフクセンが張られた物語。
② 運動会で選手センセイをする。
③ シンセンな野菜を収穫する。
④ 兄はセンサイな感性を持っている。
⑤ 上空で飛行機が急センカイする。

(8) 適度な運動をスイショウする。
① 彼の行動はショウサンに値する。
② 不思議なゲンショウを目撃する。
③ 有名な画家のショウゾウガを買う。
④ 地域の伝統文化をケイショウする。
⑤ ショウガク金を受け取る。

④ あはれ　⑤ くわし

問二　傍線部A「かかること」とはどのようなものか。その説明として最もふさわしいものを、次の選択肢の中から選び、番号をマークしなさい。

① 書籍　② 和歌　③ 手紙
④ 漢詩　⑤ 学問

問三　空欄 B に補う語として最もふさわしいものを、次の選択肢の中から選び、番号をマークしなさい。

① かたじけなく　② かなしく　③ おとなしく
④ むなしく　⑤ めでたく

問四　傍線部C『枕草子』の作者を、次の選択肢の中から選び、番号をマークしなさい。

① 紫式部　② 兼好《けんこう》法師　③ 清少納言
④ 松尾芭蕉《ばしょう》　⑤ 鴨長明《かものちょうめい》

問五　傍線部D「遥かなる世界」とはどのようなところか。その説明として最もふさわしいものを、次の選択肢の中から選び、番号をマークしなさい。

① 戻ることができないような過去
② 普段会うことができないくらい遠くの場所
③ 文字によって表現された空想上の世界
④ 言葉によってしめされるあらゆるところ
⑤ 手紙を読んだ際に想像される頭の中

問六　傍線部E「あひ向かひたるに劣りてやはある」とはどういうことか。その説明として最もふさわしいものを、次の選択肢の中から選び、番号をマークしなさい。

① 何年もあっていない人とも向かい合って直接話をしているように感じることができるということ。
② 遠くにいる人と直接会う手間をかけなくとも思っていることを伝えることができるということ。
③ 対面ではなかなか伝わらないような自分の心の内面を簡潔に表現してくれるということ。
④ 直接会って話をしている時以上に気分が高揚して喜びや楽しみがこみあげてくるということ。
⑤ 対面しているようでありながら、対面以上に詳細な胸の内を伝えてくれるということ。

問七　傍線部F「つれづれなる折」とはどういう時か。その説明として最もふさわしいものを、次の選択肢の中から選び、番号をマークしなさい。

① 悲しい時に　② 静かな時に
③ わびしい時に　④ 退屈な時に
⑤ つれない時に

問八　傍線部G「いみじくあはれに」とあるが、それはなぜか。その説明として最もふさわしいものを、次の選択肢の中から選び、番号をマークしなさい。

① 死別して長い時間が経ったとしても、手紙の中にこそ故人の伝えようとしていたことが濃縮されて書かれているから。
② 死別して時が経ってもたった今書いたような手紙を読むことで、故人と面と向かって対話しているような気持ちになるから。
③ 親しい人と死に別れたあとでも、手紙の中にはいつまでも色あせないメッセージが必ず残されているから。
④ 故人が生きている時の感情がありありと残されているばかりか、死に際の筆跡までみごとに残しているから。
⑤ 故人の筆跡を見ることによって、若い頃の姿や声が思い出され、哀愁の気持ちとともに懐かしさが感じられるから。

四　次の傍線部と同じ漢字を含むものを、それぞれ後の選択肢から一つずつ選び、番号をマークしなさい。

(1) 病院でテンテキを打つ。
① 傘からスイテキが落ちる。
② 港に船のケイテキが響き渡る。

なさい。
① 「私」の発言により、自分の感覚の中にしかない光景が現実となり喜んでいる。
② 級友から一目置かれている「私」と、同じ時間を共有できたことを喜んでいる。
③ 「夕方の海」を「私」も感じ取ったことを知り、共感を得られたことを喜んでいる。
④ 高飛車な「私」が、初めて自分に意見を合わせてくれたことを喜んでいる。
⑤ 「私」が良い人のふりをするのをやめて、心の素直な人になったことを喜んでいる。

問七 傍線部G「『誰もが私を好きになること』に向かって、努力することもないのです」とは、どのようなことか。その説明として最もふさわしいものを、次の選択肢の中から選び、番号をマークしなさい。
① 「私」を理解してくれる「哲夫」にだけ好かれればよいのだということ。
② 利口ぶる自分を今以上に好きになってしまえばよいのだということ。
③ 「私」自身が他者に合わせて先に低姿勢になればよいのだということ。
④ 分かり合えない他者とはかかわりを断って生きればよいのだということ。
⑤ 他者の評価を気にすることなく自然体で関わり合えばよいのだということ。

問八 傍線部H「有頂天」の意味として最もふさわしいものを、次の選択肢の中から選び、番号をマークしなさい。
① 心配事が解消した後の、誇らしげな様子。
② 新しい友達ができて、気分が高まる様子。
③ 一つの価値観に固執せず、柔軟に振る舞う様子。
④ 世界の果てしなさを知り、足がすくむ様子。
⑤ 大変得意になり、夢中になっている様子。

三 次の文章を読んで、後の問いに答えなさい。

また、「この世に、いかで《どうして》Aかかることありけむと《あったのだろうと、》、［B］お《思》ぼゆることは、《われることは、》文《ふみ》こそはべれな。《「文」ですよ。》C『枕草子』に返す返す申しては《に繰り返し述べてい》べるめれば、《るようですので、》こと新しく申すに及ばねど、なほ《やはり》いとめでたきものなり。D遥《はる》かなる世界にかき離れて、幾年《いくとせ》あひ見ぬ人なれど、文とい《「文」とい》ふものだに見つれば、《うものさえ見ると、》ただ今さし向かひたる心地して、なかなか、《かえって、》うち向かひては思ふほども続けやらぬ《面と向かっては思っているほどのことも言い続けられない》心の色もあらはし、言はまほしきことをも《言いたいことも》こまごまと書き尽くしたるを《こまごまと書き尽くしてあるのを》見る心地は、めづらしく、うれしく、Eあひ向かひたるに劣りてやはある。《決して劣ってはいません。》Fつれづれなる折、昔の人の文見出でたるは、ただその折の心地して、いみじくうれしくこそおぼゆれ。《思われます。》まして亡《な》き人などの書きたるものなど見るは、Gいみじくあはれに、年月《としつき》の多く積もりたるも、《多くの年月が過ぎているのに、》ただ今筆《ふで》うち濡《ぬ》らして書きたるやうなるこそ、《たった今筆を濡らして書いたようなのが、》返す返す《本当に》めでたけれ。

（『無名草子』による）

問一 二重傍線部「申し」は歴史的仮名遣いで「まうす」、現代仮名遣いで「もうす」と表記される。現代仮名遣いに改める際に「まうす」と同じような変化の仕方をするものを次の選択肢の中から一つ選び、番号をマークしなさい。
① よろづ　② ゐなか　③ あふぎ

た」とあるが、それまでに「私」が出会った「教室の嫌われ者」と「哲夫」はどのような点が違うと言えるか。ふさわしくないものを、次の選択肢の中から一つ選び、番号をマークしなさい。

①「私」の言葉をなかなか素直に聞かない点。
②「私」にだけ本心を打ち明けようとしない点。
③「私」の思いやりを受け入れようとしない点。
④「私」を小馬鹿にしてからかってくる点。
⑤「私」のことをむしろ試そうとしてくる点。

問二　傍線部B「私は慌てて、彼の後を付いて行きました」とあるが、ここでの「私」の様子はどのようなものか。その説明として最もふさわしいものを、次の選択肢の中から選び、番号をマークしなさい。

①　ねじ曲がった「哲夫」の性格を直せる折角の機会を逃さないようにと少し焦っている様子。
②　虫が苦手な「私」とは違ってとんぼを意のままにできる「哲夫」に憧れを抱き始めた様子。
③　決して学校では見せない「哲夫」の姿を知り、さらに見てみたいという興奮した様子。
④「哲夫」の思いもよらない行動に困惑し、いつの間にか主導権を握られている様子。
⑤「哲夫」と同じ「しょっぱいもん」が好きだと答えれば良かったと思い直している様子。

問三　傍線部C「蟻地獄を掘ったり、はまゆうの根っこを引っ張ったり、それとか、ぼうっとしてたり」する「哲夫」は、どのような子供として描かれているか。その説明として最もふさわしいものを、次の選択肢の中から選び、番号をマークしなさい。

①　誰からも自然と愛されるように、また誰をも自然に愛するように努力している子供。
②　周りを一切気にすることなく、自分の本当に好きなことだけに熱中できる子供。
③　学校であった嫌なことを忘れるために、動植物を友だちにすることができる子供。
④　誰にも素直になれない性格で、自分の世界に閉じこもって遊ぶことしかできない子供。
⑤　学校での人間関係にかかわらず、自然の中で一人の時間を過ごすことができる子供。

問四　傍線部D「おれ、そんなら嫌われてた方がいいや」とあるが、なぜか。その理由として最もふさわしいものを、次の選択肢の中から選び、番号をマークしなさい。

①　中途半端に誰かに信じられて近寄られるよりも、いっそ逆に嫌われた方が一人の時間を過ごせるから。
②　可哀想だと思われ涙を流されるよりも、いっそ逆に嫌われた方が誰にも気を遣わなくてよいから。
③　哀れに思われて面倒な思いをするよりも、いっそ逆に嫌われていた方がずっと気楽でいられるから。
④　面白いやつだと思われ興味を持たれるよりも、いっそ逆に嫌われた方が深入りされなくて済むから。
⑤　口も聞かれずに無視されるよりも、いっそ逆に嫌われた方が注目され自分の存在感は高まるから。

問五　傍線部E「おまえみたいなやつ」とは、ここではどのような人間のことを指しているのか。その説明として最もふさわしいものを、次の選択肢の中から選び、番号をマークしなさい。

①　幼いふりをしているが中身はとても大人びた人間。
②　他人に好かれようとして偽善的な態度をとる人間。
③　この世の悪事の全てを正そうとして身を削る人間。
④　一見善人のように振る舞っているが意地悪な人間。
⑤　心配するような態度を示しながらも面白がる人間。

問六　傍線部F「顔をくしゃくしゃにして笑いました」とあるが、この時の「哲夫」の心情はどのようなものか。その説明として最もふさわしいものを、次の選択肢の中から選び、番号をマークし

「なーんか、いい気持、眠くなりそう」
「眠ったら、死ぬぞ!!」
「え!?」
「嘘だよ」
　私は、がっくりと首を下に向けて、絶望のポーズを取りました。その時、哲夫くんの運動靴が目に入りました。靴ひもを通す所に、砂が溜まっているのが解りました。
「ねえ、海で、ぼうっとして何を考えるの?」
「教えない」
「けちね」
「おまえねえ、自分だけ、そういうことを教えてもらえると思ったら大間違いだよ。Eおまえみたいなやつこそ、ほんとは、誰からも、秘密を教えてもらえないんだ」
「どうして?」
「良い人のふりするのは、一番、悪人なんだよ」
「私が悪人だって言いたいの?」
「まあな」
　私は、なんだか、また悲しくなって来て、ひとしきり泣きました。哲夫くんは、少しも動じることなく、わらを引っこ抜いて、結んだり、齧《かじ》ったりしていました。私は、いつまでたっても、彼が、私を慰めようとはしないので、あきれて、顔を覆っていた指を広げて、彼の顔を盗み見ました。彼は、私のことなど気にも止めていないようでした。ぼうっと考えているんだ。私は、そう思い、納得しました。すると、西日で金色に染まっている田んぼが、なんだか夕方の海のような気がして来ました。涙のせいかもしれません。あたりは、静かに漂うさざ波で満ちて来たような、そんな気がして、私は、小さな声で叫びました。哲夫くんは我に帰ったように、私を見ました。
「どうした?」
「なんかねえ、私、海辺にいるような気になってたんだよ」
　哲夫くんは、F顔をくしゃくしゃにして笑いました。歯が、白いんだなあと私は感じていました。
「な。やっぱ、そう思うだろ。海、ちゃんと見えるだろ」
「うん」
「おれの目、片方しかないけど、ちゃんと、何でも見えるんだ」
「うん」
　私は、哲夫くんの横顔をこっそり見詰めて、綺麗《きれい》だなあと思いました。見えていない方の瞳は夕陽を浴びて、きらきらと輝いていました。耳の後ろから、砂がこぼれたような気がしました。海の方の子なんだなあ。私は、つくづく、そう思いました。
「私、なんか、哲夫くんと結婚するような気がするな」
「ええ!?」
　私は、自分でも、何故、そんなことを口に出したのか解りませんでした。ただ、こういう男の子が好きだなあと感じたのです。そうして、毎日、ふかふかのわらの山に寄りかかって、夕陽を浴びて、ぼうっとするのです。G「誰もが私を好きになること」に向かって、努力することもないのです。そんなことをしなくても、私のだんなさんは、気にしないのです。私は、この思いつきにH有頂天になりました。

（山田詠美《やまだえいみ》「海の方の子」による）

〔注〕
(1) しおからとんぼ…トンボ科の昆虫。成熟した雄は腹背に白粉を帯びている。
(2) 蟻地獄…この場面では、ウスバカゲロウの幼虫が掘ったすり鉢状の穴。
(3) はまゆう…ヒガンバナ科の常緑多年草。暖地の海岸に自生する。
(4) 芥川龍之介のトロッコ…芥川龍之介の作品『トロッコ』。少年がトロッコ押しを手伝って遠く離れた地に踏み迷い、心細さをこらえて帰路につくという内容の小説。
(5) 行きはよいよい帰りはこわい…わらべうた「通りゃんせ」の歌詞の一部。

問一　傍線部A「どんな教室の嫌われ者でも、私に気を許してい

「いろんなこと、話しても、おまえにはわかんねえ」
「あのねえ、哲夫くん。あなたって素直じゃないよ。私は、あなたのそういうとこを直してあげたいの。おとうさんとおかあさん、あなたが、そういう態度を取ったりしてもなんにも言わないわけ?」
「いねえもん」
「!?　どうして!?」
「死んじゃったもん。おれ、おばあちゃんと住んでるんだもん」
　私は、なんと言葉を返して良いのか解りませんでした。この世に、おとうさんとおかあさんのいない子供がいるとは想像もしなかったことでした。私は、ただ黙って、うなだれていました。
「可哀想だろ」
「………」
「可哀想な人間に手出しをしない方がいいぜ。困ったことになるんだから」
「ごめん……」
「謝んなくたっていいよ。おれ、自分では、可哀想なんて思ってねえもん。学校のやつらと口をきかないのは、あいつらが、おれを可哀想だと思い始めるのが面倒なのさ。人を可哀想だって思うのって気持いいだろ。冗談じゃねえや。Dおれ、そんなら嫌われてた方がいいや。あんな学校のやつらなんて、おれ、ターゲットにしてねえもん」
「ターゲットってなあに?」
「女には関係ねえよ。でも、おまえ、いいの?　あと二、三時間で日が暮れちゃうよ。そしたら、帰れなくなっちゃうよ。道、わかんないんだろ?」
　言われて、私は、はっとしてあたりを見渡しました。稲刈りの終わった枯れた田んぼが、見渡す限り広がり、そして、そこに立っているのは、いつのまにか、私と哲夫くんだけになっていました。西日が、痛いくらいに私の瞳を刺していました。
「な?　言ったろ?　可哀想な人間に首つっ込まねえ方がいいって」
「どうしよう……」
　私は、急に心細くて泣きそうになりました。
「なんだか(4)芥川龍之介のトロッコみたいな気持になって来た」
「なんだ、それ?」
「(5)行きはよいよい帰りはこわいっていうお話だよ」
「通りゃんせのことか」
　哲夫くんは、笑いながら、私を見ました。私は、とても笑い返すことが出来ません。来た道など、すっかり忘れていました。私は、いつのまにか、しゃくり上げて涙を流していました。
「ははは、おれんち、まだまだ着かないよ。さあ、歩こうぜ」
　私は絶望的な気持になり、その場にしゃがみ込んで、顔を覆《おお》って泣き始めました。哲夫くんは、そんな私を、しばらく見ていたようでしたが、突然、言いました。
「あ、おまえの足の下に蛇《へび》つぶれてら。」
　私は悲鳴を上げて飛びのきました。
「嘘だよ。今頃の季節に蛇がいるわけないじゃん。馬鹿だなあ、おまえ」
　私は、口惜しさに唇を噛《か》みしめ、涙をごしごしと拭いました。哲夫くんは、小さな川を飛び越えて、田んぼに、ぽんと降りました。
「こっち来いよ」
　私は、助走を付けて、必死に川を飛び越しました。そして、哲夫くんの後を付いて、田んぼの中を歩いて行きました。根許《ねもと》を残した稲は、さくさくと良い音を立てて、私たちの足に踏まれました。哲夫くんは、脱穀《だっこく》した稲を積み重ねた大きなわらの山のひとつに寄りかかって、地面に座わりました。私も真似をして、彼の隣りに座わりました。私は、もう哲夫くんなしでは、家に戻ることも出来ないのです。彼から離れることは出来ませんでした。
　わらは西日のせいで、ふかふかと暖かく私たちを迎えてくれました。おかげで、私の不安も、少し薄れました。

たに話しかけなきゃ、絶対に駄目だって思ったの。力になりたいのよ」
そう言いながら、私は心地良さに胸が詰まりました。自分の言葉に酔うということ。まさに、今が、そうなのだと実感していました。
「本当に、おれのこと心配してんのかよ」
「うん！」
「嘘《うそ》だね」
「嘘じゃない！」
「じゃあ、証明してみろよ」
「……どうやって」
「おれんちまで一緒に帰ろう」
「だって、哲夫くんち海の方でしょ。すごく遠いんでしょ」
「でも、おれの力になりたいんだろ。友達いなくて可哀想なおれの話し相手になろうとしてるんだろ。それとも、おれが片目だからって珍しがって付いて来るだけなのかい？」
「……いいわ。行こ。哲夫くんちまで歩こう！」
私はやけになって、どんどん歩き始めました。こんなに人の思いやりを受けることを知らない人っていないわ。私は、口惜《くや》しさに涙ぐみそうになりました。それまで、Aどんな教室の嫌われ者でも、私に気を許していたのに。そして、そのことにより、私は、すべての人の尊敬と信頼を得て来たというのに。
哲夫くんが、私の後ろを付いて来る気配がないので、振り返ると、彼は、ずっと後ろの方で、とんぼをつかまえようとしていました。私は溜息《ためいき》をついて、引き返しました。
「急ごうよ、哲夫くんち、遠いんだからさ」
「ほら、(1)しおからとんぼだ」
「知ってるわよ」
「どうしてしおからとんぼって言うか知ってるか？」
「ううん」
「尻《し》っぽが塩辛いからなんだ」
その瞬間、私は口もきけないくらいに驚きました。なんと、哲夫くんは、そのとんぼの尻っぽを、ぱくりと口に入れたのです。とんぼは、あきらめているのか、心地良いのか、少し羽を震わせただけで、じっとしていました。
「うめえ。おまえも味見してみる？」
私は驚いて首を横に振りました。食べてしまうのだろうか。私は恐れおののいて、彼が閉じた唇にとんぼの尻っぽをはさんでいるのを見詰めていました。彼は、そのまま、私をじっと見返しました。午後の陽ざしが逆光になり彼と、とんぼを照らしていました。私は、彼の片方の目が本物でないことを、今さらのように思いました。陽ざしを通した瞳は、確かにガラスのように美しかった。
私が呆然《ぼうぜん》としている内に、彼は、とんぼの尻っぽを唇から抜き取り、草むらに逃がしました。とんぼは、少し、よろよろとしていましたが、すぐに元気を取り戻して飛び立って行きました。
「おれ、しょっぱいもんが好きなんだ。おまえは？」
「甘いもの」
哲夫くんは、私の答えを無視して、どんどん歩き始めました。B私は慌てて、彼の後を付いて行きました。いくつもの温室を通り越し、私たちは田畑の間を歩き続けました。段々、夕方が近くなっているらしく、私たちの影は、長くなって行きました。この先に海なんてあるのだろうかと、私は不思議に思いました。
「ねえ、海の側に住んでいるの？」
「違うよ。海は、おれんちよりも、ずっとずっと遠いよ。おれは、海の方向に住んでるだけだよ」
「ふうん。でも、時々、服に砂を付けてるんでしょ」
「砂浜まで行って、遊んでることは、そりゃあるよ」
「遊ぶって？」
「C(2)蟻《あり》地獄を掘ったり、(3)はまゆうの根っこを引っ張ったり、それとか、ぼうっとしてたりさ」
「ぼうっと？　何を考えるの？」

番号をマークしなさい。

① 肉体的な安楽を提供してくれるものは世の中に多くあるが、どれも身体の機能が分割されるものばかりで、一つの身体性としての充実感を感じられない文明に対し、警鐘を鳴らしている。

② 本来、人間の機能は精神と身体で分かれており、それぞれの機能が充実するように文明が発達していったが、現在は身体全体に働きかけるものばかりで、精神性が軽視される文明に警鐘を鳴らしている。

③ お遍路をはじめ、古くからある宗教的な行事は日本が大切にしていた精神性を育んでいたが、近代化の流れに影響され、スポーツ等の身体性に重きを置く文明になってきていることに対し、警鐘を鳴らしている。

④ 伝統的芸能で大切にされてきた身体性と精神性は、お遍路や神社巡りなどの形で引き継がれてきたものの、本来の意味を忘れて形式だけを重んじる文明になってきたことに対し、警鐘を鳴らしている。

⑤ 書をはじめとする芸道は、全身的な行為を重んじていたが、時代と共に精神性だけが引き継がれる形となってしまい、本来の芸道の形が失われつつある文明に対し、警鐘を鳴らしている。

問七　傍線部E「そういうことをときに思い出し」とあるが、どういうことを思い出すことか。その説明として最もふさわしいものを、次の選択肢の中から選び、番号をマークしなさい。

① 「道」に没頭することで、自然との一体感を得ることができ、私たちの中で埋もれていた知識や技術を呼び起こすきっかけとなる、ということを思い出すこと。

② 「道」に没頭することで、祖先が歩んだ道を知ることができ、自分が歩んできた人生を反省して改善するきっかけとなる、ということを思い出すこと。

③ 「道」に没頭することで、造化の理法に触れることができ、私たちの中にある生命のルールに出会うきっかけとなる、ということを思い出すこと。

④ 「道」に没頭することで、肉体的な安楽を得ることができ、自然という巨いなるものと一体になる感覚を取り戻すきっかけとなる、ということを思い出すこと。

⑤ 「道」に没頭することで、共同体の枠を実践することができ、そのことが日本人の精神性を取り戻すきっかけとなる、ということを思い出すこと。

問八　この文章には、次の一文が抜けている。補うのに最もふさわしい箇所を、本文中の【①】～【⑤】の中から選び、番号をマークしなさい。

《脱文》　行為とは、もともと全身的なものを、世界に向かって投げ出すことに他ならないからである。

二

「私」は何度も転校を経験する中で、誰にでも愛され、また、誰をも愛するように常に努力している小さな大人として振るまい、すぐに皆から一目置かれるようになっていた。今回の転校先では仲間はずれになっている「哲夫」に近づき、話しかける。しかし、他の子たちと違い「哲夫」は「私」の好意を受け入れない。本文は「私」が「哲夫」の家まで一緒に帰ることになった場面である。

「なんで、おれの後、いつもついてくるんだよ」
「後ついてるわけじゃないもん。一緒に途中まで、帰ろうとしてるだけだもん」
「なんで？」
「なんでって……。哲夫くんのこと知りたかったからだわ」
「なんで、おれのこと知りたいの？」
「だって、あなた、お友達いないし、だから、私だけでも、あなたの気持解ってあげられたらいいなあって思ったの」
「ふん」
「本当よ。私、あなたのことをずっと気にかけてたの。私が、あなものを、次の選択肢の中から選び、番号をマークしなさい。

① いつかなる時代や場所でも、当てはまること。
② 他の証明がなくても、それ自身ですでに明らかなこと。
③ 各部分が密接につながり、調和が保たれていること。
④ 抽象的な事柄を、具体的で理解しやすい形で表すこと。
⑤ 一般的な理論から、個々の具体的な事例に説明を与えること。

問二 空欄 X に入る語として最もふさわしいものを、次の選択肢の中から選び、番号をマークしなさい。

① 身体性　② 精神性　③ 知性
④ 現実性　⑤ 創造性

問三 傍線部A「『武道』だからという逆説」とあるが、これはどういうことか。その説明として最もふさわしいものを、次の選択肢の中から選び、番号をマークしなさい。

① 剣道や柔道などの競技は、技術よりも道徳的な精神性を重んじたスポーツとして海外で好まれるようになったが、その要因が「武道」の実践的な格闘技術であった、という矛盾を抱えているということ。
② 剣道や柔道などの技術競技としてスポーツ化を図った競技は、海外でも好まれるようになったが、その理由が「武道」の道徳的な精神性などによるものであった、という矛盾を抱えているということ。
③ 剣道や柔道などの技を競い合う競技は、西欧などで好まれるようになったが、その原因が「武道」の持つ「日本らしさ」によるものであった、という皮肉を含んでいるということ。
④ 茶道や華道といった一つの技術を追求する芸道は、海外でも好まれるようになったが、その理由が明治以降の人々が嫌っていた「道」という道徳的な精神性であった、という皮肉を含んでいるということ。
⑤ 茶道や華道などの技術を追求する芸道は、西欧などでも好まれるようになったが、その要因が技術を超えた「和」を重んずる精神性によるものであった、という矛盾を抱えているということ。

問四 傍線部B「この場合の『道』」とあるが、筆者の考える「道」とはどういうものか。その説明としてふさわしくないものを、次の選択肢の中から一つ選び、番号をマークしなさい。

① はっきり規定することが難しく、言語化できない要素が多く含まれるもの。
② 終着点は確認できないが、確かにそこにある、先人たちが歩んでいったもの。
③ 険しい過程を歩んでゆき、目的地に着いた時に初めて得ることのできる精神性。
④ 自己を実現していく過程が、社会的には倫理的な規範となって動くこともあるもの。
⑤ 自分で作るものではなく、自我を超えた大きな共同体が歩んだ枠を実践する姿勢。

問五 傍線部C「厳密な過程」とはどういうことか。その説明として最もふさわしいものを、次の選択肢の中から選び、番号をマークしなさい。

① 社会的な倫理規範を追求することで、社会全体の幸福に貢献すること。
② 身体的な行動を通して、智・情・意といった人間の機能を洗練すること。
③ 終着点が見えずとも歩み進んでゆくことで、倫理的な規範を求め続けること。
④ 様々な規範に従い、型を洗練していくことで、自分の人生を浄化すること。
⑤ 現在の自己を否定すると同時に、自己を実現してゆくことを目指すこと。

問六 傍線部D「このような文明への告発」とはどういうことか。その説明として最もふさわしいものを、次の選択肢の中から選び、お遍路《へんろ》というものが、片時も途切れることなく続けられている。巡礼の道のプロセスのひとつひとつが、人生の浄化の実現である。日本の芸道や武道の究極に、どこか宗教的な(1)恍惚《こうこつ》感が秘められているのは、そのためであろう。【②】

ところで道は、自分で勝手に創り出すものではない。向こう側から呼び寄せてくるものである。それは自我を超えた、大きな共同体の歩んできた枠を実践することを、自らに課することになる。日本の芸道が、まずまねび習うことを強調するのは、その人間を超えた法則性にふれて慣れるためである。

そう、これがいちばん重要な点だが、道(みち)、あるいは道(どう)というとき、それは抽象的な方法とか経路を意味していないことである。【③】

歩くという行動・習練という動作、全体としての身体をもって道を行なうとき、はじめて道というものが現れることになる。そこでは、智《ち》・情・意といった、人間の機能の分化は許されない。【④】

話をもどすと、今日私たちが、たとえば書を書くことに精を出すとき、むつかしいことは考えないとしても、その楽しみの奥には、このような［X］の回復とでもいうべき、無念無想の充実感を味わう瞬間があるのではないだろうか。

じつは今日私たちの身のまわりには、さまざまな肉体的な安楽を提供してくれる道具に充ちているようにみえる。しかし、問題は、情報は情報として頭だけに分離し、感覚は、たとえば聴覚だけに限定され、行動は、ルールや衣装にしばられたスポーツ風の枠にはめられてしまう。【⑤】

智・情・意が全体として一個の身体性となって、無言のうちに己れが、さらに巨《おお》いなるものと一体化する充実感が失われてしまった。書をはじめ伝統的芸能のひそやかな流行は、Dこのような文明への告発ともいえるのである。

私たちは、やはり「自然」という巨きなめぐりの衲《ころも》に身をあずけ、心のなかに抱いているのではないか。書道に似た芸術は、西欧にはない。

じつは、「自然《しぜん》」とよむ言葉は、明治の初期に西周《にしあまね》という哲学者が、ネイチャーという言葉を翻訳して作った言葉である。

西洋で言うネイチャーとは、いうまでもなく物質であり、動かないもの、そしてまた観察できるもの、手に触れることができるものである。

ところが、それまで日本人は自然を「ジネン」と読み、むしろ「ありのまま」という意味でしか使っていなかった。では私たちがいう春夏秋冬の動くもの、ものをつくり出すエネルギー、生み出す力、生命をなんと言ったか。これが先ほど芭蕉の言葉として紹介した「(2)造化」である。

そうしてみると、私たちが日常生活のなかで、いま時々刻々を充実するという意味での道、それに没頭するものを支え、それを受け止めているのは何かというと、まさに造化である。

(3)みちのくの旅は、どちらかといえば、いろいろな雑念や日常性のなかで、またいらざる知識、技術で日ごろうずもれている自分が、あの鮮烈なもみじのなかを突き抜け、抜け去っていくことで、造化の理法に触れて、そこで私たちのなかにある本来の一つのルール、生命のルールにめぐりあう機縁になるのだと思う。

なかなか理屈のようにいかないのが「道」ということではあるが、ささやかなりともEそういうことをときに思い出し、再びめざめ、考え直すという機会を持っていきたいものだと思う。

(栗田《くりた》　勇《いさむ》『日本文化のキーワード――七つのやまと言葉』による)

〔注〕
(1) 恍惚…ぼんやりとしてはっきりしない様子。
(2) 造化…造物主によってつくられた天地、自然等のこと。
(3) みちのくの旅…筆者は問題文より前の箇所で、「みちのく」と呼ばれる奥羽地方で、うらぶれていない鮮烈な紅葉を見て、エネルギッシュで最後の生命を燃焼して謳歌《おうか》しているように思われた、と述べている。

問一　二重傍線部「自明」の本文中での意味として最もふさわしい

二〇二二年度 国学院高等学校（一般第一回）

【国　語】（五〇分）〈満点：一〇〇点〉

一　次の文章を読んで、後の問いに答えなさい。

ところで、書でも、書道といわれることが多い。「道《どう》」というのがつくのは、茶の湯が茶道、活け花は華道、芸事は芸道、といったたぐいで、例をあげればきりがない。武道、武士道といった言い方も、ごくふつうに使われていた。

思うに、こう何でもかんでも芸事に「道」をつけるようになったのは、そう古い昔ではあるまい。おそらく、明治以降のものが多いであろう。

それゆえ、この「道」に、わざとらしい封建的な、倫理道徳の宣伝臭を感じて嫌う向きがないわけではない。

とくに第二次大戦後は、剣道も柔道もスポーツとして、しだいに技術競技へと脱皮をはかった。それはそれなりに固定観念の狭い枠をひろげるのにも役立ったが、皮肉なことに、このスポーツが西欧でとくに好まれるのは、それがA「武道」だからという逆説を生み出した。

では、日本の芸事は、それまでは「道」ではなかったのか。私はむしろ逆だと思う。すべて芸事、武術が「道」であることはもともと自明のことであったから、わざわざ「道」とつける必要はなかった。

明治になって、近代西欧風の技術主義が主流となってきたために、古来からの芸事は「芸道」として、ことさら「道」をふまえてゆくことを自覚したというのが実情であろう。

では、Bこの場合の「道」とは何か。これは大問題である。というのも、日本人なら、誰しも、なんとなく、この武道、芸道、書道などというときの言葉のニュアンスの差が、たんなる技術や知識や表現とは異なっていることを、実感として体得できる。

しかし、では、これをはっきり規定してみよといわれても、それはきわめて困難であり、ときには不可能だとさえ思われる。なぜならそこでは、言葉にならない要素が、おそらく、もっとも中心的な重要性を持っているからである。

しかし、あえて私の感想を述べると、「道」とは、いうまでもなく、出発点から目的地までの過程・プロセスである。「道」は、出発点そのものでもなく、到達点そのものでもない。その両者を含んでかつ、つねにその途中にある。

いわば、きわめて微分積分《びぶんせきぶん》的な位置にあり、かつ、道はただ二つの点の間の距離ではなく、そこを歩み進んでゆくものがあればこそ道となる。道という言葉には、だからすでに、運動してゆく人間の姿が前提となっているのである。

そう考えると、道は、じつにひろがりを持った、ひとつのしくみ全体を指していることになる。つまり目的である終着点は見えないが、たしかにある。しかも先人たちがすでに歩んでいった道である。

だが、その価値は、そこに達したがゆえに得られるのではなく、つねに過程にあるという点、しかし時々刻々と、いまここにある自己を否定し、同時に刻々といまを生きる自己を実現してゆくという、その姿をよしとするのである。

その強い方向性が、社会的には、倫理的な規範となって動くこともある。また、その進んでゆく方向性は、型の洗練となって行動を規制する。しかし、もっとも重要なことは、その倫理や型にとどまることを許さない、厳しい自己否定の意識である。

では、いったい、はてしない道を私たちはどこへ行こうとするのであろうか。すでに述べたように、この発想には、C厳密な過程のうちに、すでに究極の世界が孕《はら》まれているという実感を前提にしている。唐突なようだが、私は、この道をもっとも具体的にしたものは、巡礼の旅のように思われる。【①】

西国三十三カ所の観音めぐりとか、四国八十八カ所、弘法大師の

英語解答

1 問１　１…③　２…③　３…④　４…④
　　５…②　６…⑤
問２　a…③　b…④　c…①　d…②
問３　②
問４　ア…③　イ…②　ウ…④　エ…①
問５　③
問６　(A)　３番目…①　５番目…④
　　(B)　３番目…④　５番目…①
　　(C)　３番目…③　５番目…④
問７　②　　問８　②，⑦

2 問１　１…①　２…④　３…②　４…④
問２　A…④　B…①　C…②　D…③

3 (1)　①　(2)　②　(3)　④　(4)　③
(5)　④　(6)　②

4 (1)　ア…⑤　イ…①
(2)　ウ…②　エ…⑥
(3)　オ…④　カ…①
(4)　キ…①　ク…④
(5)　ケ…③　コ…⑤
(6)　サ…④　シ…⑤

1〔長文読解総合―物語〕

≪全訳≫❶ヨシャファト卿（ジー卿）は裕福だった。陶器をとても安く売り，従業員にほとんど給料を払わなかったからだ。しかしジー卿は重要人物でいることを好んだので，お金の一部をファイブタウンズの人々の学校や病院のために使った。❷ファイブタウンズの人々はよくジー卿のことを笑ったが，学校や病院に対する感謝の気持ちを伝えたいとも思っていた。彼らは彼に，贈り物として肖像画を贈ることにした。そこでクレッセージがジー卿の絵を描き，ロンドンの多くの人々はそれをとてもいいと思った。❸それはすばらしい肖像画ではなく，ファイブタウンズの人々の多くはそれを見たとき笑った。しかしヨシャファト卿は贈り物を受け取り，その礼を言わざるをえなかった。今やそれは彼の自宅であるスニード城の壁に掛かっており，16か月後，デイン夫人はそれを見飽きた。❹「ばかなことを言ってはいけないよ，君」とジー卿は言った。「私はあの肖像画を外したり売ったりはしない，１万ポンドでもね。それを持っておきたいんだ」❺しかしそれは本当ではなかった。ジー卿は妻以上にその肖像画を嫌っていた。そしてそれを処分するひそかな計画を考えていた。❻「今朝はこれから町にいらっしゃるの？」と妻は尋ねた。「ああ」と彼は答えた。「今日は法廷にいるよ」❼彼は治安判事だった。町に向かっていく間，彼は肖像画の計画のことを考えた。途方もない，そして危険な計画だったが，本当にできると彼は思った。❽その朝，警察はジー卿にとても腹を立てていた。１人の男が法廷にいて，警察は彼が強盗だと言った。彼らは彼に５年以上刑務所に行ってほしいと思っていた。しかしジー卿が同意しなかった。彼は，ウィリアム・スミスが強盗だという証拠はないと言った。もう１人の判事はこれにとても驚き，警察はとても腹を立てたが，ウィリアム・スミスは自由の身で法廷を出ていった。彼が出ていく前，ジー卿は自分の執務室で会いたいと言った。❾「スミスよ」とジー卿は言って，彼を注意深く見た。「今朝は運がよかったな，本当に」❿スミスは背が低くやせた男で，髪はだらしがなく，服は汚れていた。⓫「はい，運がよかったです」と彼は答えた。「ア で，俺に何をしてほしいんです？」⓬「お前を助けてやりたいんだ」とジー卿は言った。⓭「自分が助けを求めているかどうかはわかりませんが，金がいらないとは絶対に言いませんよ」⓮「座りたまえ」とジー卿は言った。⓯ウィリアム・スミスはジー卿のデスクの前に腰を下ろした。「それで？」と彼は尋ねた。⓰「私の家からある物を盗み出してほしい。しかしそれが罪になることはない」17「何ですって？」　スミスはとても驚いた。18「私の家，スニード城に，私の肖像画がある。誰かに盗み出してほしいのだ」19「盗み出す？」20「そうだ」21「それをしたら俺にいくら払ってくれるんですか？」22「君に払う？」とジー卿は言った。「クレッセージだぞ。アメリカではそれで2000ポンド手に入るだろう」23そしてジー卿はスミスにその肖像画の話と，なぜそれを処分したいかを語った。スミスはちょっと考え，それからこう言った。24「わかりました，やりますよ，あなたを助けるためにね」25「イいつできるかね？　今夜か？」26「いや」とスミスは言った。「今夜は忙しいんです」27「では明日の夜だ」28「明日も忙しいんですよ」29「忙しい男だな」とジー卿は言った。30「まあ，仕事は仕事ですからね，おわかりでしょう」とスミスは言った。「ウ明後日ならできますよ」31「しかしクリスマスイブだぞ」32「じゃあ，その日かクリスマスの日か，どちらかですよ。その後はまた忙しいんでね」33「ファイブタウンズでやるんじゃないだろうな」とジー卿は言った。34「やりませんよ。ファイブタウンズにはもう何も残っていませんから」35そして彼らはクリスマスイブで合意した。36「では」とジー卿は言った。「君にスニード城の部屋の見取り図を描いて見せよう。そうすれば君はどこに――」37ウィリアム・スミスは彼を見て大声で笑った。38「俺のために部屋の見取り図を描いてくれるって？　俺をばかだと思っているんですか？　俺は仕事が得意でね，スニード城のことならあなたよりもよく知っていますよ」39 12月24日の午後，ヨシャファト卿がスニード城に帰宅すると，妻がスーツケースに荷物を詰めていた。デイン夫妻は，息子の家にクリスマスを過ごしに行くことになっていた。息子のジョンは新婚で赤ちゃんが生まれたばかりだったので，家族そろって彼の新居でクリスマスを過ごしたいと思っていた。40ジー卿はすぐには妻に何も言わなかった。しばらく妻を見ていたが，その後，お茶の時間に突然こう言った。41「今日の午後はジョンの家に行けない」42「まあ，ジー！」と彼女は叫んだ。「本当に困った人ね。どうしてもっと前に言ってくださらなかったの？」43彼は質問には答えなかった。「明日の朝行くよ，たぶん教会には間に合うだろう」44「家には食べる物がありませんよ。それに召使いたちは皆，休暇で出払っています。あなたのために料理をしてくれる人はいませんよ。もしお望みなら私が一緒にいますよ」45「いや，私なら大丈夫だ」46デイン夫人は息子の家に出かけていき，ジー卿のために冷たい食べ物を置いていった。47ジー卿は自分の絵の前で，冷たい食事を黙って食べた。城には彼１人しかおらず，それはいいことだと彼は思った。目を覚ましてウィリアム・スミスが仕事をしているのを聞きつける召使いは誰もいない。ジー卿は少し心配になった。おそらく，強盗を家に引き入れるのは危険だろう。彼は大きな金の額縁に入った肖像画をもう一度見た。「あいつは額縁も持っていくだろうか？」と彼は自問した。「そうでなければいいが。とても重いからな。エ１人であれを運べるとは思えない」　しかしもしかすると，スミスには誰か手伝ってくれる者がいるかもしれない。48「お別れだな！」と彼は自分の肖像画に言った。ウィリアム・スミスのために窓の１つを開け，ベッドに入った。49彼は眠らなかった。耳をすましていた。２時頃，何度か物音がした。その音はやみ，また始まった。スミスが仕事をしているのだ。ジー卿は静かにベッドを抜け出し，窓の所へ行って注意深く外を見た。２人の男が庭を横切って何か大きくて四角い物を運んでいた。ということはスミスには友達がいて，肖像画に加えて額縁も持っていっているのだ。50ジー卿はベッドに戻った。数時間眠って階段を下りていった。51肖像画は床にあり，その上に大きな白い文字で何か書かれていた。「これは，いらない」　大きな金の額縁はなくなっていた。52そしてそれだけではなかった。皿，ナイフ，フォーク，スプーン，カップ，銀製の物は全てなくなっていた。城には銀のスプーン１本たりとも残されていなかった。

問１＜適語選択＞１．laugh at ～「～を笑う」　２．ジー卿はこの直前で肖像画を売ったりはしないと言っている。つまり，keepしておきたいということである。　３．‘either ～ or …’「～か…のどちらか」　４．この前でデイン夫人は城には食べ物もなく，夫のために料理をする人もいないと言っていることから，夫のことを心配して自分が夫と一緒に残りましょうかと言ったのだとわかる。　５．城には誰もいないのだから残ったジー卿は１人きりである。　６．この後に続く内容から，スミスは金や銀の物だけを取っていったことがわかる。彼にとって肖像画はいらないものだったのである。no goodは「役に立たない，用をなさない」という意味。

問２＜適語選択＞ａ．a pictureを目的語とする動詞を選ぶ。　ｂ．agree on ～「～で合意する」　ｃ．スニード城はヨシャファト卿の自宅である。　ｄ．one of the windowsを目的語とする動詞を選ぶ。

問３＜語句解釈＞肖像画を処分するひそかな計画とは，第18段落に書かれているように，誰かに肖像画を盗み出してもらうこと。ジー卿はその「誰か」として，スミスを利用することにした。

問４＜適文選択＞ア．ジー卿に呼ばれたスミスの発言。どんな用件かを尋ねたのである。　イ．スミスが肖像画を盗みに入ることを了承した後のジー卿の発言。直後の「今夜か？」より，いつ決行できるのか尋ねたのだとわかる。　ウ．直後のthatが④のthe day after tomorrowを受けている。　エ．直前にIt’s very heavy.とある。重いから１人で運べないとジー卿は考えたのである。

問５＜文脈把握＞直前のジー卿の言葉参照。ジー卿から自分の家に盗みに入るように言われ，罪にもならないと言われたから，スミスは驚いたのである。

問６＜整序結合＞(A)「いくら」はHow much。この後は未来を表す助動詞willを使った疑問文でwill you pay meと続ける。「それをやったら」は「それをすることに対して」と考えfor doing itとする。‘pay＋人＋金額＋for …’「…に対して〈人〉に〈金額〉を払う」の‘金額’の部分が疑問詞how muchになって前に出た形。　How much will you pay me for doing it?　(B)「〈人〉に〈物事〉を話す」は‘tell＋人＋物事’で表せる。‘物事’の部分には「その肖像画の話」と「なぜ彼が～したいのか」が入る。「なぜ～したいのか」は‘疑問詞＋主語＋動詞...’の間接疑問になる。　And Sir Jee told Smith the story of the portrait and why he wanted to get rid of it.　(C)‘It is … to ～’「～することは…だ」の形式主語構文にすればよい。　‘bring ～ into …’「～を…の中に入れる」　... it was dangerous to bring a burglar into the house.

問７＜文脈把握＞直後で，スミスはジー卿の住むスニード城のことはジー卿以上に知っていると言っている。強盗のスミスは，すでに下調べを済ませて城の中をよく知っていたから，城の見取り図を描こうと言われて笑ったのである。

問８＜内容真偽＞①「ジー卿はファイブタウンズの多くの人々に，自宅にある肖像画を見てほしいと思った」…×　第５段落第２文参照。ジー卿はその絵を嫌っていた。　②「ジー卿はファイブタウンズの人々に重要な人物だと思われたかったので，学校や病院にお金を使った」…○　第１段落第２文に一致する。　③「ウィリアム・スミスが警察に嘘をついたので，警察は腹を立てた」…×　第８段落参照。警察が腹を立てたのは，せっかく逮捕した強盗犯をジー卿が無罪にしたから。　④「ジー卿は風邪をひき，召使いたちと一緒に食事がとれなかった」…×　そのような記述はない。

⑤「ジー卿はウィリアム・スミスに，クリスマスに自宅から肖像画と額縁を盗むように頼んだ」…×　第18，23段落参照。ジー卿が盗みを依頼したのは肖像画だけ。　⑥「目を覚ましたとき，ジー卿は肖像画と額縁がなくなっているのに気づいた」…×　第51段落参照。額縁はなくなっていたが，肖像画は残っていた。　⑦「ウィリアム・スミスと仲間は，ジー卿の家から銀製のものを全て盗み出した」…○　第52段落最後の２文に一致する。

2〔長文読解総合―説明文〕

≪全訳≫❶ほとんどの人は，飲みすぎたり，十分に眠らなかったり，というように，物事をやりすぎてはいけないと知っている。これらのことは体に悪い可能性があるので，私たちはやりすぎないように気をつけようとしている。しかし，もし使いすぎると私たちにとって有害なものが他にある。A電話はそういったものの１つだ。❷ほとんどの人は毎日電話を使う。私たちはそれを，ゲームをしたり友達と話したり新しいことを学んだり音楽を聴いたりするのに使う。自由な時間があるときにこういったことを少しだけするのなら，それは問題ではない。しかし，一部の人はやめることができない。そうした人たちは一日中，いつも電話を使う――それは有害だ。❸B時間だけの問題ではない。電話を使ってゲームをしたり買い物をしたりするためにお金を払っている人もいる。気づかないうちに，彼らはありったけの時間とお金を使ってしまっている。ちょうど飲みすぎるのと同じように，電話を使いすぎることは私たちに友達や仕事，お金さえも失わせる可能性がある。❹これは深刻なので，私たちは皆，自分がどれくらい電話を使っているか考えるべきだ。電話を持って寝ているか。常にそれを持っていないと気持ち悪く感じるか。日中，よく電話をチェックするか。Cあなたたちの多くはこれらの質問に「はい」と答えるだろう。それはあなたが電話を使いすぎているかもしれないということを意味する。❺減らしたいと思うだろうか。ときには電話を家に置いておくようにしてみるといい。Dまたは，１日数時間電源を切るといい。もしこれがうまくいかなければ，医師に助けを求めてみることだ。

問１＜適語選択＞１．be careful not to ～「～しないように気をつける」　２．使いすぎは良くないということを述べた文章。少し使うだけなら「問題」ではない。　３．次の文にある time and money から判断できる。電話でのゲームや買い物にお金を払って，気づかないうちにお金がなくなっているという文脈を読み取る。　４．‘make＋目的語＋動詞の原形’「～に…させる」の形。

問２＜適文選択＞Ａ．④の Your phone が前の文にある other things の一例となっている。　Ｂ．第２段落で述べられた使用時間の問題から，第３段落ではお金の問題に話題が変わっていることから判断できる。　Ｃ．直前にある３つの疑問文が，②にある these questions である。　Ｄ．③の「１日数時間電源を切る」という内容は直前の「家に電話を置いておく」と同様に，電話を使う時間を減らすための助言になっている。　cut down「減らす」

3〔適語(句)選択・語形変化〕

(1) a lot で「よく，たくさん」という副詞の意味になる。a lot of の後には名詞が必要で「たくさんの～」となる。　「昨夜，ケンと私は学校生活についてたくさん話した」

(2) ‘buy＋物＋for＋人’「〈人〉に〈物〉を買う」の形。　「これは私の新しい帽子だ。先週の金曜日，父がそれを私に買ってくれた」

(3) stop ～ing「～するのをやめる」　*cf.* stop to ～「～するために立ち止まる」　「私たちが駅に

着いたとき，雨がやんだ」

(4) ‘be動詞＋～ing’ の進行形の文。主語が複数で，最後に now「今」とあることから判断する。「今，多くの学生たちが図書館で勉強している」

(5) ‘形容詞＋enough to ～’「～する(のに十分な)ほど…」　「(そのドライバーは，私にいくらかお金をくれるほど親切だった→)そのドライバーは，親切にも私にいくらかお金をくれた」

(6)「タロウと呼ばれる犬」となればよい。「～される」の意味を表すのは過去分詞。　「タロウと呼ばれる犬がテーブルの下で眠っている」

4〔整序結合〕

(1) look forward to ～ing「～するのを楽しみにする」の進行形の文にすればよい。　He is looking forward to skiing in Hokkaido.

(2)「何人の生徒」は How many students でこれが主語。動詞となる「招待されますか」は，‘will be＋過去分詞’ の受け身の未来形にする。　How many students will be invited to the party?

(3) ‘継続’ を表す現在完了形の文をつくる。has eaten の後の目的語に nothing「何も～ない」を置く。「昨夜から」は since last night。　My mother has eaten nothing since last night.

(4) My dream is の後，「医者になること」を，名詞的用法の to不定詞で to be a doctor とする。My dream is to be a doctor.

(5) 主語の「彼によって書かれた本」は，‘名詞＋過去分詞＋その他の語句’ の形で The book written by him とする。　The book written by him is popular in Asia.

(6) be able to ～で「～できる」。「早起きする」は get up early。　The girl was able to get up early this morning.

数学解答

1 (1) ア…2　イ…6　ウ…2
(2) エ…6　オ…3　カ…9　(3) 3
(4) 6　(5) ケ…3　コ…8
(6) 2　(7) シ…2　ス…1
(8) セ…5　ソ…6
(9) タ…5　チ…6
(10) ツ…2　テ…3

2 (1) ア…2　イ…2　ウ…2
(2) エ…4　オ…1　カ…2

3 (1) ア…1　イ…2
(2) ウ…2　エ…2　オ…①
(3) カ…1　キ…6　ク…2

4 (1) ア…2　イ…5　ウ…5
(2) エ…5　オ…2

5 (1) ア…1　イ…5
(2) ウ…3　エ…1　オ…0
(3) カ…1　キ…6

1〔独立小問集合題〕

(1)＜数の計算＞与式 $=\sqrt{8\times2}+\sqrt{8\times9}-\{2^2-(\sqrt{2})^2\}=\sqrt{4^2}+\sqrt{6^2\times2}-(4-2)=4+6\sqrt{2}-2=2+6\sqrt{2}$

(2)＜式の計算＞与式 $=64\times6a^4b^2\div\frac{1}{a^2b^4}\div\frac{64a^3}{b^3}=384a^4b^2\times\frac{a^2b^4}{1}\times\frac{b^3}{64a^3}=\frac{384a^4b^2\times a^2b^4\times b^3}{1\times64a^3}=6a^3b^9$

(3)＜一次方程式＞両辺を10倍して，$2(2x-1)-20=5(-x+1)$，$4x-2-20=-5x+5$，$4x+5x=5+2+20$，$9x=27$　$\therefore x=3$

(4)＜二次方程式の応用＞小さい方の自然数を x とすると，大小２つの自然数の差は３だから，大きい方の自然数は $x+3$ と表せる。小さい数を２乗した数は，大きい数の９倍から45をひいた数に等しいので，$x^2=(x+3)\times9-45$ が成り立つ。これを解くと，$x^2=9x+27-45$，$x^2-9x+18=0$，$(x-3)(x-6)=0$ より，$x=3$，6 となる。小さい数は偶数だから，$x=6$ である。

(5)＜関数―$\boldsymbol{a}$，$\boldsymbol{b}$ の値＞関数 $y=ax^2$ は，$a>0$ より，x の絶対値が大きくなると y の値も大きくなる。x の変域が $-2\leqq x\leqq4$ だから，x の絶対値が最小の $x=0$ のとき y の値は最小で $y=0$ となり，x の絶対値が最大の $x=4$ のとき y の値は最大で $y=a\times4^2=16a$ となる。よって，y の変域は $0\leqq y\leqq16a$ と表せる。一方，関数 $y=bx+10a+2$ は，$b<0$ より，x の値が増加すると y の値は減少する。x の変域が $-2\leqq x\leqq4$ だから，$x=-2$ のとき y の値は最大で $y=b\times(-2)+10a+2=10a-2b+2$ となり，$x=4$ のとき y の値は最小で $y=b\times4+10a+2=10a+4b+2$ となる。よって，y の変域は $10a+4b+2\leqq y\leqq10a-2b+2$ と表せる。y の変域が一致するので，$10a+4b+2=0$……①，$10a-2b+2=16a$……②が成り立つ。①，②を連立方程式として解くと，①より，$10a+4b=-2$，$5a+2b=-1$……①′　②より，$-6a-2b=-2$……②′　①′＋②′より，$5a+(-6a)=-1+(-2)$，$-a=-3$，$a=3$ となり，これを①′に代入して，$5\times3+2b=-1$，$15+2b=-1$，$2b=-16$，$b=-8$ となる。

(6)＜関数―傾き＞3直線 $y=\frac{2}{3}x+2$，$y=ax-2$，$y=-4x+16$ が１点で交わるとき，直線 $y=ax-2$ は，２直線 $y=\frac{2}{3}x+2$，$y=-4x+16$ の交点を通る。$\frac{2}{3}x+2=-4x+16$ より，$\frac{14}{3}x=14$，$x=3$ となり，$y=\frac{2}{3}\times3+2$，$y=4$ となるから，交点は $(3,\ 4)$ である。直線 $y=ax-2$ が点 $(3,\ 4)$ を通るから，$4=a\times3-2$，$3a=6$ より，$a=2$ である。

(7)＜場合の数＞0以上の３つの整数の和が５になるとき，その３つの整数は，0と0と5，0と1と4，0と2と3，1と1と3，1と2と2である。$x+y+z=5$ だから，0と0と5のとき，$(x,\ y,\ z)=(0,\ 0,\ 5)$，$(0,\ 5,\ 0)$，$(5,\ 0,\ 0)$ の３組ある。1と1と3，1と2と2のときも同様に，それぞれ３組ある。0と1と4のとき，$(x,\ y,\ z)=(0,\ 1,\ 4)$，$(0,\ 4,\ 1)$，$(1,\ 0,\ 4)$，$(1,\ 4,\ 0)$，$(4,\ 0,\ 1)$，$(4,\ 1,\ 0)$の6組ある。0と2と3のときも同様に6組ある。以上より，求めるx，y，zの組は$3\times3+6\times2=21$(組)ある。

(8)＜一次方程式の応用＞男子の得点の平均値をx点とすると，女子の得点の平均値は男子の得点の平均値より2.1点高いので，$x+2.1$点と表せる。男子の人数は20人，女子の人数は22人だから，クラス全体の得点の合計は$x\times20+(x+2.1)\times22=42x+46.2$(点)と表せる。また，クラス全体の人数は$20+22=42$(人)であり，得点の平均値が55点だから，クラス全体の得点の合計は$55\times42=2310$(点)となる。よって，$42x+46.2=2310$が成り立つ。これを解くと，$42x=2263.8$，$x=53.9$となるので，女子の得点の平均値は$x+2.1=53.9+2.1=56$(点)である。

(9)＜平面図形—角度＞右図1のように，5点A～Eを定める。△AEDで内角の和は180°だから，$\angle CAD=180^\circ-\angle AED-\angle ADE=180^\circ-82^\circ-40^\circ=58^\circ$となる。$\angle CBD=58^\circ$より，$\angle CBD=\angle CAD$だから，4点A，B，C，Dは同じ円周上にある。△ABEで内角と外角の関係より，$\angle ABE=\angle AED-\angle BAE=82^\circ-26^\circ=56^\circ$となるので，$\overset{\frown}{AD}$に対する円周角より，$\angle x=\angle ACD=\angle ABE=56^\circ$である。

図1

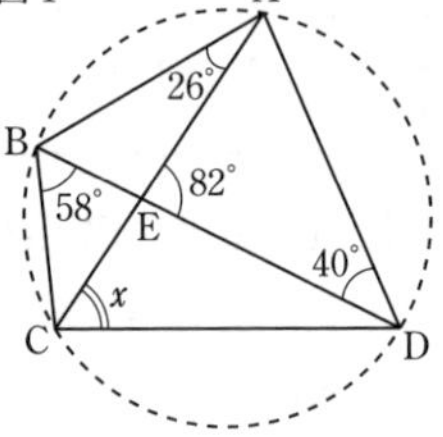

(10)＜空間図形—体積＞右図2で，$\angle ABC=\angle ABD=90^\circ$より，AB⊥〔面BCD〕だから，四面体ABCDは，底面を△BCDと見ると，高さがABの三角錐である。AC＝AD，$\angle CAD=90^\circ$より，△ACDは直角二等辺三角形だから，$AC=AD=\dfrac{1}{\sqrt{2}}CD=\dfrac{1}{\sqrt{2}}\times2\sqrt{2}=2$となる。また，$\angle ABC=90^\circ$，$\angle ACB=30^\circ$より，△ABCは3辺の比が$1:2:\sqrt{3}$の直角三角形だから，$AB=\dfrac{1}{2}AC=\dfrac{1}{2}\times2=1$，$BC=\sqrt{3}AB=\sqrt{3}\times1=\sqrt{3}$となる。同様に，$BD=\sqrt{3}$となる。△BCDはBC＝BDの二等辺三角形だから，点Bから辺CDに垂線BHを引くと，点Hは辺CDの中点となり，$CH=\dfrac{1}{2}CD=\dfrac{1}{2}\times2\sqrt{2}=\sqrt{2}$である。△BCHで三平方の定理より，$BH=\sqrt{BC^2-CH^2}=\sqrt{(\sqrt{3})^2-(\sqrt{2})^2}=\sqrt{1}=1$となるので，$\triangle BCD=\dfrac{1}{2}\times CD\times BH=\dfrac{1}{2}\times2\sqrt{2}\times1=\sqrt{2}$である。よって，〔四面体ABCD〕$=\dfrac{1}{3}\times\triangle BCD\times AB=\dfrac{1}{3}\times\sqrt{2}\times1=\dfrac{\sqrt{2}}{3}$である。

図2

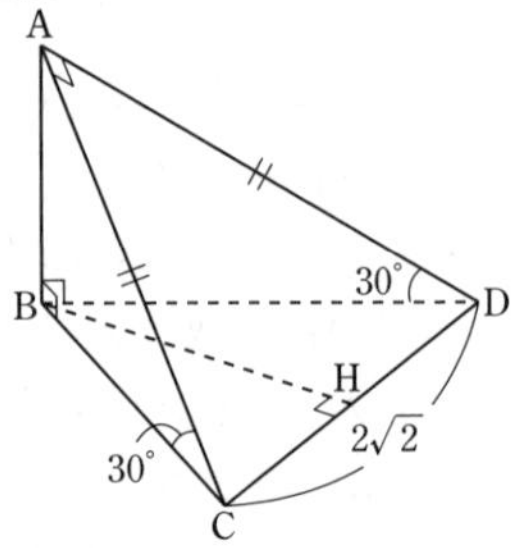

2〔数と式—二次方程式—解の利用〕

(1)＜数の計算＞二次方程式$x^2-4x+2=0$を解くと，解の公式より，$x=\dfrac{-(-4)\pm\sqrt{(-4)^2-4\times1\times2}}{2\times1}=\dfrac{4\pm\sqrt{8}}{2}=\dfrac{4\pm2\sqrt{2}}{2}=2\pm\sqrt{2}$となり，$a>b$より，$a=2+\sqrt{2}$，$b=2-\sqrt{2}$である。よって，$a-b=(2+\sqrt{2})-(2-\sqrt{2})=2+\sqrt{2}-2+\sqrt{2}=2\sqrt{2}$，$ab=(2+\sqrt{2})(2-\sqrt{2})=2^2-(\sqrt{2})^2=4-2=2$である。

(2)＜二次方程式＞二次方程式$x^2-\sqrt{2}(a^2-b^2)x+12a^2b^2=0$は，$x^2-\sqrt{2}(a+b)(a-b)x+12\times(ab)^2=0$と変形できる。(1)より，$a-b=2\sqrt{2}$，$ab=2$であり，$a+b=(2+\sqrt{2})+(2-\sqrt{2})=4$だから，二次方程式は，$x^2-\sqrt{2}\times4\times2\sqrt{2}\times x+12\times2^2=0$，$x^2-16x+48=0$となる。これを解くと，$(x-4)(x-12)=0$より，$x=4$，12である。

3〔関数—関数$y=ax^2$と一次関数のグラフ〕

≪基本方針の決定≫(3)　△OABが直角三角形であることに気づきたい。

(1)＜比例定数＞次ページの図で，点Aは直線$y=-x+4$上にあり，x座標が-4だから，$y=-(-4)+$

$4=8$ より，A$(-4,\ 8)$ である。点 A は放物線 $y=mx^2$ 上の点でもあるので，$8=m\times(-4)^2$ より，$m=\dfrac{1}{2}$ となる。

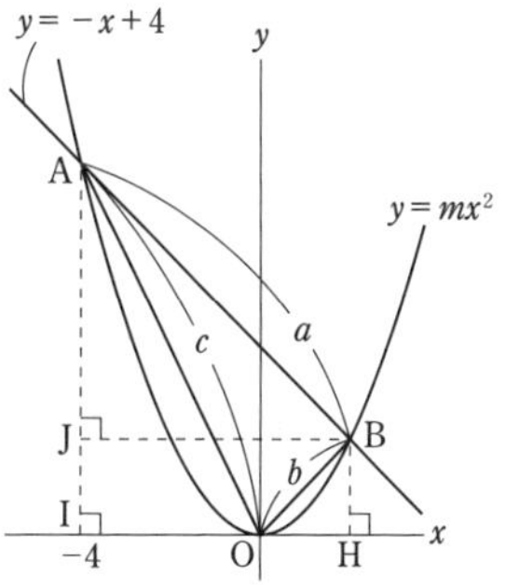

(2)＜長さ，***P*** の値＞右図で，(1)より，点 B は放物線 $y=\dfrac{1}{2}x^2$ と直線 $y=-x+4$ の交点となる。2 式から y を消去して，$\dfrac{1}{2}x^2=-x+4$，$x^2+2x-8=0$，$(x+4)(x-2)=0$ より，$x=-4$，2 となるので，点 B の x 座標は 2 である。$y=\dfrac{1}{2}\times2^2=2$ となるので，B$(2,\ 2)$ である。これより，点 B から x 軸に垂線 BH を引くと，OH＝BH＝2 となるので，△OHB は直角二等辺三角形であり，$b=\mathrm{OB}=\sqrt{2}\,\mathrm{OH}=\sqrt{2}\times2=2\sqrt{2}$ である。次に，点 A から x 軸に垂線 AI を引き，点 B を通り x 軸に平行な直線と AI の交点を J とする。A$(-4,\ 8)$，B$(2,\ 2)$ より，$\mathrm{BJ}=2-(-4)=6$，$\mathrm{AJ}=8-2=6$ となるので，△AJB は直角二等辺三角形であり，$a=\mathrm{AB}=\sqrt{2}\,\mathrm{BJ}=\sqrt{2}\times6=6\sqrt{2}$ である。また，OI＝4，AI＝8 だから，△OAI で三平方の定理より，$c^2=\mathrm{OA}^2=\mathrm{OI}^2+\mathrm{AI}^2=4^2+8^2=80$ である。よって，$a^2+b^2-c^2=(6\sqrt{2})^2+(2\sqrt{2})^2-80=72+8-80=0$ となるので，$P=0$ である。

(3)＜体積―回転体＞右上図で，(2)より，$a^2+b^2-c^2=0$ だから，$a^2+b^2=c^2$ である。つまり，$\mathrm{AB}^2+\mathrm{OB}^2=\mathrm{OA}^2$ なので，△OAB は，∠ABO＝90°の直角三角形である。これより，△OAB を直線 $y=-x+4$ を軸として 1 回転させてできる立体は，底面の円の半径が $\mathrm{OB}=2\sqrt{2}$，高さが $\mathrm{AB}=6\sqrt{2}$ の円錐となる。よって，求める立体の体積は，$\dfrac{1}{3}\times\pi\times\mathrm{OB}^2\times\mathrm{AB}=\dfrac{1}{3}\times\pi\times(2\sqrt{2})^2\times6\sqrt{2}=16\sqrt{2}\pi$ である。

4 〔平面図形―正方形と円〕

≪基本方針の決定≫(1)　OA⊥DP である。　(2)　三角形の相似を利用する。

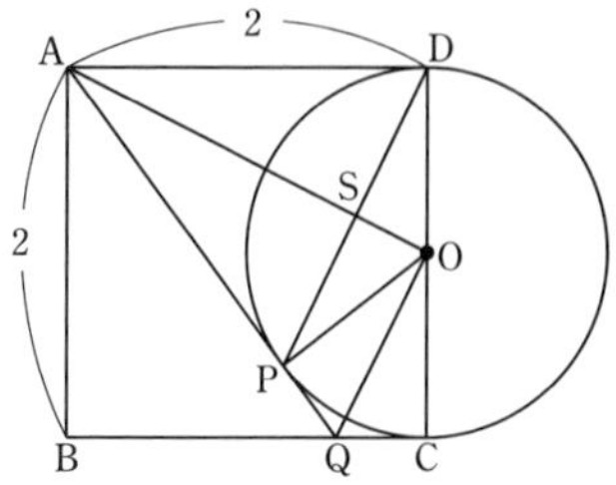

(1)＜長さ―合同，相似＞右図で，2 点 D，P が接点より，∠ADO＝∠APO＝90°であり，OD＝OP，OA＝OA だから，△AOD≡△AOP となる。これより，△AOD，△AOP は OA について対称な図形となるので，OA⊥DP である。次に，∠ODA＝∠OSD＝90°，∠AOD＝∠DOS だから，△AOD∽△DOS となる。よって，AD：DS＝OA：OD となる。$\mathrm{OD}=\dfrac{1}{2}\mathrm{CD}=\dfrac{1}{2}\times2=1$ であり，△AOD で三平方の定理より，$\mathrm{OA}=\sqrt{\mathrm{AD}^2+\mathrm{OD}^2}=\sqrt{2^2+1^2}=\sqrt{5}$ だから，$2:\mathrm{DS}=\sqrt{5}:1$ が成り立つ。これを解くと，$\mathrm{DS}\times\sqrt{5}=2\times1$ より，$\mathrm{DS}=\dfrac{2\sqrt{5}}{5}$ である。

(2)＜長さ―相似＞右上図で，(1)より，△AOD≡△AOP だから，$\angle\mathrm{AOD}=\angle\mathrm{AOP}=\dfrac{1}{2}\angle\mathrm{POD}$ となる。また，AP＝AD＝2 となる。2 点 O，Q を結ぶと，(1)と同様にして，△OQP≡△OQC となるから，$\angle\mathrm{POQ}=\angle\mathrm{COQ}=\dfrac{1}{2}\angle\mathrm{POC}$ となる。よって，$\angle\mathrm{AOQ}=\angle\mathrm{AOP}+\angle\mathrm{POQ}=\dfrac{1}{2}\angle\mathrm{POD}+\dfrac{1}{2}\angle\mathrm{POC}=\dfrac{1}{2}(\angle\mathrm{POD}+\angle\mathrm{POC})=\dfrac{1}{2}\times180^\circ=90^\circ$ となる。∠AOQ＝∠APO＝90°，∠OAQ＝∠PAO より，△AQO∽△AOP だから，AQ：AO＝AO：AP である。したがって，$\mathrm{AQ}:\sqrt{5}=\sqrt{5}:2$ が成り立ち，$\mathrm{AQ}\times2=\sqrt{5}\times\sqrt{5}$，$\mathrm{AQ}=\dfrac{5}{2}$ となる。

≪別解≫右上図で，AP＝AD＝2 であり，△OQP≡△OQC だから，PQ＝CQ である。$\mathrm{PQ}=\mathrm{CQ}=x$ とおくと，$\mathrm{AQ}=\mathrm{AP}+\mathrm{PQ}=2+x$，$\mathrm{BQ}=\mathrm{BC}-\mathrm{CQ}=2-x$ となる。△ABQ で三平方の定理より，$\mathrm{AB}^2+\mathrm{BQ}^2=\mathrm{AQ}^2$ だから，$2^2+(2-x)^2=(2+x)^2$ が成り立つ。これを解くと，$4+4-4x+x^2=4+4x+x^2$，$8x=4$，$x=\dfrac{1}{2}$ となるので，$\mathrm{AQ}=2+x=2+\dfrac{1}{2}=\dfrac{5}{2}$ である。

5 〔データの活用―確率―カード〕

(1)＜確率＞箱Aには5枚，箱Bには6枚のカードが入っているので，箱A，箱Bから1枚ずつカードを取り出すとき，カードの取り出し方は，箱Aが5通り，箱Bが6通りより，全部で$5\times6=30$(通り)ある。このうち，箱Aから取り出したカードが奇数であるのは，1，3，5の3通りあり，箱Bから取り出したカードが3の倍数であるのは，3，6の2通りある。よって，取り出したカードが，箱Aは奇数，箱Bは3の倍数となるのは$3\times2=6$(通り)あるから，求める確率は$\frac{6}{30}=\frac{1}{5}$である。

(2)＜確率＞(1)より，箱Aから取り出したカードが奇数となるのは3通りあり，箱Bから取り出したカードが奇数となるのは，1，3，5の3通りある。よって，30通りの取り出し方のうち，取り出した2枚のカードがどちらも奇数となるのは$3\times3=9$(通り)あるから，求める確率は$\frac{9}{30}=\frac{3}{10}$である。

(3)＜確率＞30通りの取り出し方のうち，偶数のカードが1枚と5の倍数のカードが1枚となるのは，(箱A，箱B)=(2，5)，(4，5)，(5，2)，(5，4)，(5，6)の5通りだから，求める確率は$\frac{5}{30}=\frac{1}{6}$である。

═読者へのメッセージ═

関数$y=ax^2$のグラフは放物線になります。放物線は英語でパラボラ(parabola)といいます。パラボラアンテナは放物線の形を利用してつくられています。

2022年度／国学院高等学校（一般第１回）

国語解答

一　問一　②　問二　①　問三　②
問四　③　問五　⑤　問六　①
問七　③　問八　④

二　問一　②　問二　④　問三　②
問四　③　問五　②　問六　③
問七　⑤　問八　⑤

三　問一　③　問二　③　問三　⑤
問四　③　問五　②　問六　⑤
問七　④　問八　②

四　(1)　①　(2)　②　(3)　①　(4)　②
(5)　③　(6)　②　(7)　⑤　(8)　⑤

一〔論説文の読解―文化人類学的分野―日本文化〕出典；栗田勇『日本文化のキーワード――七つのやまと言葉』。

≪本文の概要≫芸事に「道」をつけるようになったのは，おそらく明治以降のことだろう。それまでは，全ての芸事，武術が「道」であることが自明だったから，わざわざ「道」とつける必要はなかった。では，この場合の「道」とは何か。道とは，出発点から目的地までの過程・プロセスである。また，道は，そこを常に歩み進んでゆくものがあればこそ道となる。そう考えると，道は，広がりを持った，一つの仕組み全体を指していることになる。そして，一番重要な点は，道が抽象的な方法とか経路を意味していないということである。全体としての身体をもって道を行うとき，初めて道というものが現れる。そこでは，人間の機能の分化は許されない。現代においては，情報は情報，感覚は感覚，行動は行動というふうに分離されてしまっている。己が大いなるものと一体化する充実感が失われてしまった。かつての日本人は，自然のことを「造化」と呼んだ。現代に生きる我々は，ときには，造化の理法に触れて，生命のルールに巡り合い，日常を見直す機会を持つべきではないだろうか。

問一＜語句＞「自明」は，説明したり，証明したりする必要がないほど明らかであること。

問二＜表現＞「全体としての身体をもって道を行なうとき，はじめて道というものが現れること」になり，「そこでは，智・情・意といった，人間の機能の分化は許されない」のである。「今日私たちが，たとえば書を書くことに精を出す」とき，「その楽しみの奥」には，「全体としての身体」というあり方の「回復とでもいうべき，無念無想の充実感を味わう瞬間がある」のではないだろうか。

問三＜表現＞「道」という言葉に，「わざとらしい封建的な，倫理道徳の宣伝臭を感じて嫌う向きがないわけではない」し，「とくに第二次大戦後は，剣道も柔道もスポーツとして，しだいに技術競技へと脱皮をはかった」のである。日本では，「武道」は「道」からの脱却を目指したのに，西欧では，それが単なる技術競技ではなく，「『武道』だから」という理由でかえって受け入れられたという点が，「逆説」なのである。

問四＜文章内容＞「道」に関しては，「言葉にならない要素が，おそらく，もっとも中心的な重要性を持っている」ので，「道」を「はっきり規定してみよといわれても，それはきわめて困難であり，ときには不可能だとさえ」思われる（①…○）。「道」とは，「目的である終着点は見えないが，たしかにある」ものであり，「先人たちがすでに歩んでいった」ものである（②…○）。「道」の価値は，終着点に「達したがゆえに得られる」のではなく，「時々刻々と，いまここにある自己を否定し，同時に刻々といまを生きる自己を実現してゆくという，その姿をよしとする」のである（③…×）。「道」の「その強い方向性が，社会的には，倫理的な規範となって動くこと」もある（④…○）。「道は，自分で勝手に創り出すもの」ではなく，「道」を行くことは，「自我を超えた，大きな共同体の歩んできた枠を実践することを，自らに課することになる」のである（⑤…○）。

問五＜文章内容＞我々日本人は，「時々刻々と，いまここにある自己を否定し，同時に刻々といまを生きる自己を実現してゆく」という「厳密な過程」のうちに，「究極の世界が孕まれている」と感じている。この実感を前提として，「はてしない道を私たちはどこへ行こうとするのであろうか」という発想が生まれるのである。

問六＜文章内容＞「今日私たちの身のまわりには，さまざまな肉体的な安楽を提供してくれる道具に充ちているようにみえる」が，それらは，情報・感覚・行動を分離してしまい，「智・情・意が全体として一個の身体性となって，無言のうちに己れが，さらに巨いなるものと一体化する充実感が失われて」いる。だから，「私」は，「全体としての身体をもって」行うような「伝統的芸能のひそやかな流行」を，現代文明のあり方に対する警告と見ている。

問七＜指示語＞我々は，「いま時々刻々を充実する」という意味での「道」に没頭することで，「造化の理法に触れて，そこで私たちのなかにある本来の一つのルール，生命のルールにめぐりあう機縁になるのだ」ということを思い出すのである。

問八＜文脈＞「歩くという行動・習練という動作，全体としての身体をもって道を行なうとき，はじめて道というものが現れることになる」のだが，「そこでは，智・情・意といった，人間の機能の分化は許されない」のである。なぜなら，「行為とは，もともと全身的なものを，世界に向かって投げ出すことに他ならないから」である。

二〔小説の読解〕出典；山田詠美『海の方の子』。

問一＜文章内容＞哲夫は，本当に自分のことを心配しているのなら，家までついてきて，「私」の親切心が本物だと「証明」してみせろと言った(⑤…○)。哲夫は「人の思いやりを受けることを知らない人」だと，「私」は思った(③…○)。「私」は，哲夫の態度を「素直じゃない」と思った(①…○)。哲夫は，「私」だけではなく，「学校のやつら」とも「口をきかない」のであった(②…×)。哲夫は，「私」のことを「良い人のふり」をする悪人だと言って，まともに相手にしなかった(④…○)。

問二＜心情＞哲夫がシオカラトンボの尻尾を口にくわえたのを見て，「私」は驚き，「おまえも味見してみる？」と尋ねられて，さらに驚いて首を横に振った。全く予測できない哲夫の言動に戸惑っているうちに，「私」は，哲夫のペースに乗せられて，彼につき従うようになってしまったのである。

問三＜文章内容＞哲夫は，かわいそうだと思われるぐらいなら「嫌われてた方がいいや」と考えるような，自分が周りからどう思われているかを気にかけない性格をしており，自分のしたいことだけを熱心に行う少年であった。

問四＜心情＞哲夫は，両親を失っていたが，自分で自分のことをかわいそうだとは思っていなかった。哲夫が「学校のやつらと口をきかないのは，あいつらが，おれを可哀想だと思い始めるのが面倒」だからである。「人を可哀想だって思うのって気持いい」ことなので，自分をかわいそうだと思うことで「学校のやつら」をいい気持ちにさせるくらいなら，「嫌われてた方がいい」と哲夫は思っていたのである。

問五＜文章内容＞「私」は，「何度も転校を経験する中で，誰にでも愛され，また，誰をも愛するように常に努力して」いたが，哲夫は，そんな「私」の本性を見抜いていた。「おまえみたいなやつ」とは，他人から高く評価されることを求めて，「良い人のふりをする」悪人のことである。

問六＜心情＞「私」は，「西日で金色に染まっている田んぼ」を「夕方の海」のように感じ，「海辺にいるような気になってた」と言った。それを聞いて，哲夫は，「そう思うだろ。海，ちゃんと見えるだろ」と，「私」が自分と全く同じことを感じていたことを知って，うれしくなったのである。

問七＜文章内容＞これまで，「私」は，「誰にでも愛され，また，誰をも愛するように常に努力」することによって，「すべての人の尊敬と信頼」を得てきた。しかし，哲夫と話しているうちに，「私」

は，それまでの思い込みから解放され，周りからの評価など気にかける必要はなく，あるがままの自分でいてもかまわないのだと，考えるようになっていったのである。

問八＜語句＞「有頂天」は，喜び，夢中になっていること。

三〔古文の読解―評論〕出典；『無名草子』。

≪現代語訳≫また，「この世に，どうしてこのようなことがあったのだろうと，〈すばらしいと〉思われることは，手紙ですよ。『枕草子』に繰り返し述べているようですので，ことさらに申し上げるには及びませんが，やはりとてもすばらしいものです。遠くの場所へと離れてしまい，何年も会っていない人であっても，手紙というものさえ見ると，たった今差し向かいで会っている気がして，かえって，面と向かっては思っているほどのことも言い続けられない心の様子も伝え，言いたいこともこまごまと書き尽くしてあるのを読む心境は，すばらしく，うれしく，対面することに決して劣ってはいません。／退屈なときに，以前親しかった人の手紙を見つけ出すと，まさにそのときの気持ちになって，とてもうれしく思われます。まして亡くなった人の書いたものを読むのは，とても情趣深く，多くの年月が過ぎているのに，たった今筆を濡らして書いたようなのが，本当にすばらしい。

問一＜歴史的仮名遣い＞歴史的仮名遣いの「au」は，現代仮名遣いでは「ou」になるので，「まうす」，「あふぎ」は，「もうす」，「おうぎ」になる。また，歴史的仮名遣いの語頭以外のハ行は，現代仮名遣いでは原則として「わいうえお」に，歴史的仮名遣いの「づ」，「ゐ」，「くわ」は，「ず」，「い」，「か」になる。

問二＜古文の内容理解＞「かかること」は，このようなこと，という意味。どうしてこのようなことがあったのだろうと思われることは，「文」である。「文」は，ここでは手紙のこと。

問三＜古文の内容理解＞「めでたし」は，すばらしい，という意味。『枕草子』でも繰り返し述べられているが，「文」は，「なほいとめでたきもの」なのである。

問四＜文学史＞『枕草子』は，平安時代中期の随筆で，作者は，清少納言。

問五＜古文の内容理解＞「遥かなり」は，遠く隔たっているさま。「遥かなる世界」とは，そこに行ってしまった人とは何年も会えないほど，遠い場所のことである。

問六＜古文の内容理解＞何年も会えていない人であっても，その人からの手紙を読むと，対面しているような気持ちになり，対面しているとかえって言えないような心の様子や言いたいことも，詳しく書かれているので，手紙を読むことは，対面することに決して劣ってはいないのである。

問七＜古語＞「つれづれなり」は，何もすることがなくて，手持ち無沙汰である，という意味。

問八＜古文の内容理解＞亡くなってから長い年月がたってしまったような人からもらった手紙はなおさら，それを読むと，たった今，筆を濡らして書かれたもののように感じられ，まるでその人と対面しているような気持ちになるので，しみじみと情趣深いのである。

四〔漢字〕

(1)「点滴」と書く。①は「水滴」，②は「警笛」，③は「強敵」，④は「最適」，⑤は「公的」。　(2)「純粋」と書く。①は「推進」，②は「抜粋」，③は「睡眠」，④は「吹奏楽」，⑤は「心酔」。　(3)「威勢」と書く。①は「猛威」，②は「偉業」，③は「奇異」，④は「推移」，⑤は「依頼」。　(4)「放浪」と書く。①は「徒労」，②は「浪費」，③は「遺漏」，④は「披露」，⑤は「朗読」。　(5)「投影」と書く。①は「浸透」，②は「答辞」，③は「続投」，④は「健闘」，⑤は「徒党」。　(6)「振興」と書く。①は「促進」，②は「振動」，③は「慎重」，④は「所信」，⑤は「親善」。　(7)「旋律」と書く。①は「伏線」，②は「宣誓」，③は「新鮮」，④は「繊細」，⑤は「旋回」。　(8)「推奨」と書く。①は「賞賛〔讃〕」または「称賛〔讃〕」，②は「現象」，③は「肖像画」，④は「継承」，⑤は「奨学」。

Memo

2022年度 国学院高等学校(一般第3回)

【英　語】 (50分) 〈満点：100点〉

1 高校生のMariとShihoはKokugaku High Schoolの文化祭に参加するために学校の前で待ち合わせをしている。次の英文はそのときの会話の様子である。次のページの地図を参考にして，空所(A)～(C)に入る最も適切なものをそれぞれ後の①～④から1つずつ選び，指定された解答欄に番号をマークしなさい。

(At the gate of Kokugaku High School)

Mari : I'm sorry for being late.

Shiho : That's unusual for you. What happened?

Mari : It took me longer than I had thought. Is there *construction work or something? Some roads are blocked, so I had to go the other way.

Shiho : So you came from (A), right?

Mari : Yes.

Shiho : It's because of the *upcoming big baseball games. They're blocking the roads around the stadium to prepare for it.

Mari : Oh, it is? I got out of the station and found that I couldn't go that way when walking down Stadium Street. So I went back to the station again, (B), and went south to Uoyama Street. It was a long way!

Shiho : That is terrible. Maybe you should use Uoichi Station on the way home.

Mari : Well, to get home from there, I will have to change trains a lot of times. It's kind of *troublesome.

Shiho : True. Then, how about taking a bus? The bus stop is on the same street as the station. I'll tell you the way. Go straight and turn right at the end of this street. You will find it easily (C).

Mari : Oh, that's a good idea!

(注) *construction work 工事 *upcoming もうすぐ開催される *troublesome やっかいな

(A) ① Uoichi Station ② Senda Station
③ the stadium ④ the museum

(B) ① went north ② went back
③ turned right ④ turned left

(C) ① in front of the post office ② next to the museum
③ near the tennis court ④ on Seller Street

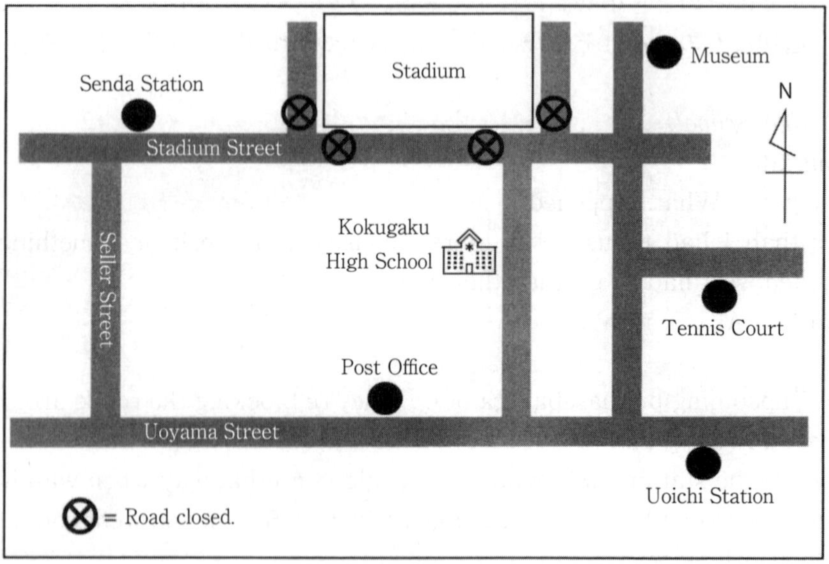

2 Mari と Shiho は文化祭のイベントについて話し合っている。下の表は文化祭のスケジュール表の一部である。表と英文を読み，空所（A）～（C）に入る最も適切なものをそれぞれ後の①～④から１つずつ選び，指定された解答欄に番号をマークしなさい。

Kokugaku High School Festival Event Schedule

	*Auditorium Stage	Gym Stage	*Schoolyard Stage
10:00	10:10-10:35 Class 1-3 *Play ***Little Prince***	10:00-10:50 Class 1-6 Musical ***Notre Dame de Paris***	10:00-10:50 Dance Club ☆***Dance Performance***
11:00	11:10-11:45 Class 2-1 Play ***The Old Man and the Sea***		11:00-11:50 Brass Band ★***Brass Band Concert***
12:00	12:15-12:45 *Chorus Club ***Chorus Concert***		12:00-12:30 *Student Committee ★***Bingo Game***
13:00	13:00-13:50 Guitar Club ***Guitar Concert***	13:10-13:45 Class 2-7 Musical ***Romeo & Juliet***	13:10-13:50 Dance Club ☆***K-POP Dance Medley***
14:00	14:00-14:30 Drama Club Play ***True Friend***	14:00-14:40 Folk Song Club ***Band Concert***	14:20-14:50 Student Committee ☆***Costume Contest***

☆= The performance or event will be held in the schoolyard *even if it rains.

★= If it rains, the performance or event will be held in the gym, not in the schoolyard.

Mari : Let's see the schedule of the school festival. We can't be late any more than we are now. Which event shall we see first ?

Shiho : How about starting with the dance club ? They are very famous for their performance and have won many prizes at *competitions. I want to check them out.

Mari : That sounds good . . . , but wait, (　A　) is going to be played at the same time, right ? One of my friends belongs to class 1-6. I don't want to miss it.

Shiho : OK, so let's see that first. The dance club has their second performance in the afternoon, and we can check it out then.

Mari : Thank you for your kindness. Let's go and see the dance performance in the afternoon. Do you want to watch anything after the musical ?

Shiho : (　B　). I'm interested in it, too.

Mari : I see. Where is it going to be held ?

Shiho : It's raining today, so I think they will play in the gym.

Mari : OK, we probably should stay there after the musical.

Shiho : Right. And after that ?

Mari : It's almost noon after that. How about having lunch at some restaurant booth ?

Shiho : Good. Do you want to check out anything other than the musical?

Mari : Uh . . . yes. I'd like to watch a play. Are there any plays that are good for our schedule?

Shiho : Yes, I found one. Let's go to (C) after the dance performance.

Mari : Perfect!

(注) ＊auditorium 講堂 ＊schoolyard 校庭 ＊play 劇 ＊chorus 合唱
＊student committee 生徒会 ＊even if ～ たとえ～でも ＊competition 大会

（A） ① *Little Prince* ② *Notre Dame de Paris*
③ *The Old Man and the Sea* ④ *Romeo & Juliet*

（B） ① The play ② The chorus concert
③ The brass band concert ④ The guitar concert

（C） ① the auditorium ② the gym
③ the schoolyard ④ the restaurant booth

3 次の英文を読み，内容に一致するものを後の①～④から１つ選び，指定された解答欄に番号をマークしなさい。

When you are thirsty, you drink water. When you want to take a shower, you turn on a *faucet. But did you ever think about where all the water comes from? One reason mountains are important is that they give fresh water to about half of all the people in the world. That's about 3,500,000,000 people! Can you imagine how much water is used by all those people?

When the sun *warms water in rivers and oceans, the water is changed into *water vapor that rises into the air. When enough water vapor *cools, it *condenses, and small drops of water are made. The drops of water change into clouds. In the clouds, small drops of water *join to make large drops. When those drops become too heavy, they are released as rain or snow. Some rain goes into the ground, and some of the rain runs over the ground into rivers, lakes, and the ocean. This is called the water cycle.

Mountains can *affect the water cycle. The size and shape of a mountain pushes the water vapor up toward the mountaintop. When water drops fall on mountains, most of the water is kept as snow and as ice. When the snow *melts in the spring, the water goes down the *slopes into rivers and lakes. Mountains are useful for keeping water and are sometimes called the "*water towers" of the world.

All of the big rivers on Earth start in the mountains. For example, in India, *the Ganges Rivers starts in *the Himalayan mountain range and goes for 2,500 kilometers into *the Bay of Bengal and *the Indian Ocean. Another example is *the Rio Grande. It begins in *the Rocky Mountains in the United States and goes all the way down to *the Gulf of Mexico.

(注) ＊faucet 蛇口 ＊warm 温める ＊water vapor 水蒸気 ＊cool 冷える
＊condense （気体・液体などが）濃くなる，凝結する ＊join 結びつく
＊affect 影響する ＊melt 溶ける ＊slope 斜面 ＊water tower 給水塔
＊the Ganges Rivers ガンジス川 ＊the Himalayan mountain range ヒマラヤ山脈
＊the Bay of Bengal ベンガル湾 ＊the Indian Ocean インド洋
＊the Rio Grande リオ・グランデ川 ＊the Rocky Mountains ロッキー山脈
＊the Gulf of Mexico メキシコ湾

① When water becomes cool, it changes into water vapor.
② Mountains keep water as snow and ice, and are important for the water cycle.
③ Water vapor runs down from the mountaintops because of the size and shape of mountains.
④ Water runs from oceans to mountains when snow melts in spring.

4 次の対話文を読み，後の問に答えなさい。

Susan and Mike are talking on the phone.

Susan : Hello.
Mike : Hey, Susan. This is Mike.
Susan : Hi, Mike. How's it going? Haven't seen you in a while.
Mike : Yeah, I've been busy with study because of an important test. But I finally finished it, so I have some time this weekend. Are you free tomorrow? Do you want to play tennis or something? (あ)I need to get out of the house.
Susan : I hope you will pass it. And tomorrow, I have nothing special to do, but the *weather forecast says it's going to rain all weekend.
Mike : Really? I can't imagine that from this clear sky.
Susan : Yeah, I also checked my smartphone, and it said (い)the same thing.
Mike : Oh my.... Okay, do you have any other ideas?
Susan : Why don't we go to the Gaien Museum? You like art, right?
Mike : Yes. I like art as much as sports. But Gaien Museum? I don't know it. Is it new?
Susan : Yes. It's just opened near the Central Park. They show a lot of cool and beautiful works. Some of my friends really love them.
Mike : Okay. That sounds good. What time does it open?
Susan : I don't know. I'll call them and ask. I'll mail you after checking (う)that.
Mike : Okay, later!

They finish the call, and Susan is calling the museum.

Museum Staff : Gaien Museum of Art. How may I help you?
Susan : Can you tell me what time you open?
Museum Staff : Our business hours are nine-thirty a.m. to nine o'clock p.m. We are open only on Saturdays and Sundays.
Susan : Okay. Thank you. We're going to visit you tomorrow, so it's all right. And how much is the *admission?
Museum Staff : It's (え)a suggested donation of twenty dollars.
Susan : What does that mean?
Museum Staff : Well, we suggest that visitors pay twenty dollars to support the museum, but it's *up to the visitor to decide. We don't want to *turn down people who love art but *can't afford the admission.
Susan : How *considerate! That's a great system!
Museum Staff : Thank you. Is there anything else I can help you with?
Susan : No. That's all. Thank you.

Museum Staff : Thank you for calling us. Have a nice day !

（注） ＊weather forecast 天気予報 ＊admission 入場料 ＊up to ～ ～次第だ
＊turn down ～ ～を拒む ＊can't afford ～ ～を払う余裕がない
＊considerate 思いやりがある

問 1 (あ)I need to get out of the house. とあるが，Mike がこのように言った理由は次のうちのどれか。最も適切なものを①～④から１つ選び，指定された解答欄に番号をマークしなさい。

① Because Mike knows that Susan likes sports.
② Because it's been raining for a long time.
③ Because Mike studied for a while.
④ Because Mike and Susan will be busy on the weekend.

問 2 (い)the same thing の内容を表すものは次のうちのどれか。最も適切なものを①～④から１つ選び，指定された解答欄に番号をマークしなさい。

① It's going to be sunny today.
② Visiting a museum is a good idea.
③ Susan doesn't have any plans with her friends.
④ The weather will be bad on the weekend.

問 3 (う)that の内容を表すものは次のうちのどれか。最も適切なものを①～④から１つ選び，指定された解答欄に番号をマークしなさい。

① The business hours of the Gaien Museum.
② The admission to the Gaien Museum.
③ How the weather will be on the weekend.
④ Susan's smartphone.

問 4 (え)a suggested donation of twenty dollars に関する説明として正しいものは次のうちのどれか。最も適切なものを①～④から１つ選び，指定された解答欄に番号をマークしなさい。

① Visitors must pay twenty dollars to enter the museum.
② Visitors are asked to pay twenty dollars but it's no problem if they can't pay that.
③ If visitors can't pay twenty dollars, they will be turned down.
④ To join the supporters' club of the museum, you need to pay twenty dollars.

問 5 次の英語の本を，本文の内容と合うように完成するには，（ ）の中に，下のどれを入れるのがよいか。最も適切なものを①～④から１つ選び，指定された解答欄に番号をマークしなさい。

Susan suggests visiting the Gaien Museum ( ).

① because Mike likes art better than sports
② because it has been famous for a long time
③ because it will probably be rainy and Mike likes art
④ because some of her friends show their works there

問 6 本文の内容と合うものを①～④から１つ選び，指定された解答欄に番号をマークしなさい。

① Susan and Mike meet each other every day.
② Susan is surprised to know Mike likes art.
③ The Gaien Museum is closed from Monday to Friday.
④ Susan is worried that the admission is too expensive for them.

問7　次の文章は，電話の後にSusanがMikeに送ったメールである。空所(A)と(B)に入る最も適切なものをそれぞれ①～④から1つずつ選び，指定された解答欄に番号をマークしなさい。

> Thank you for giving me a call today. I phoned the museum and checked their business hours. They say they are open (　　A　　). And my friends say it usually has too many visitors around noon, so how about getting there (　　B　　)? Let's get there as soon as they open. I'll meet you at your house at nine in the morning. Is that okay? I'm looking forward to seeing you again. See you tomorrow!

(A)　① every day　② twenty four hours a day
　　③ only in the afternoon　④ from morning till night

(B)　① at 9:30 a.m.　② at noon　③ at 1:00 p.m.　④ at 9:00 p.m.

5　次の文章は，20世紀初め，イギリスでメイドとして働く少女の日記からの抜粋である。13歳のアミーリア・スレイター(Amelia Slater)はボスデン卿夫妻(Lord and Lady Bosden)の邸宅で働いている。次の英文を読み，後の問に答えなさい。

January 20, 1908

Dear Diary,

I was scared today! That boy Micky Hill brought some wood for the fireplaces and made a *silly face. It was so funny that I laughed out loud, but just then *His Lordship saw me! He looked very angry, and I've been worrying about it ever since.

Diary, I'm so glad that I can tell you these things. When I write down my problems, I feel that my problems are less terrible. I'm sure that when I read this again, years from now, it's going to seem funny *instead of scary.

My day started at five-thirty this morning. I jumped out of bed and ran downstairs to see *if Emma had boiled water for tea. Our boss, Mrs. Maggs the *housekeeper, likes her tea and toast at six o'clock, so <u>that's the first thing I have to do</u>. Lucky her! But everyone else has to wait until eight o'clock for breakfast. Next, I gathered the cleaning tools, and began my cleaning tasks.

After a while, I heard the other maids—Emma, Betty, Lily, and Hatty—getting ready for breakfast. I wanted to join them but I still had some cleaning to do, and I couldn't hurry because I didn't want to break anything. A maid named June was given the task of cleaning *Her Ladyship's *vases and she broke one. She told Mrs. Maggs that the vase had been broken but didn't say that she'd done it. Mrs. Maggs found out, of course, and June was *dismissed *on the spot!

After breakfast, Mrs. Maggs told me to help Hatty and Lily with the *laundry. I love this task! The soap smells wonderful, and the boiling water keeps us warm. When the laundry was finished, we joined the other maids in the dining hall for lunch. It was beef stew again. The meat was hard, but at least the carrots were fresh.

In the afternoon, Betty, who helps Lord and Lady Bosden's daughters, asked me to help her put out the ladies' clothes. They were going to ride their horses to the lake. It was then, while Betty and I were watching them ride away, that Micky Hill made that face and I laughed.

"And what are you laughing at?" I heard someone say behind me. I turned around and there was His Lordship! He looked so angry that I didn't know what to say. Then he walked off without even waiting for an answer.

When the ladies came back from riding, they went upstairs for tea in the *drawing room. After they'd finished, the tea trays were brought down and some scones were left. Rosy, the cook, gave one each to Hatty, Lily, and me! Rosy told us to eat them quickly, before Mrs. Maggs saw us. Mrs. Maggs wouldn't allow us to eat the scones. She's very strict.

We had cabbage soup and bread for dinner. I usually love cabbage soup, but I didn't want to eat because I was worrying about His Lordship. I know it's wrong, but I kept hoping he'd blame Micky instead of me.

At seven o'clock, the ladies were going to dress for dinner. I waited outside their bedrooms. If one of the ladies needed something—a comb, a ribbon, or a pin—it was my job to find it!

Mrs. Maggs said I could take some time off while dinner was being served. The kitchen gets so busy during dinner, and it's a bad idea to get in the *butler's way. At nine-thirty, Hatty, Lily, and I washed the kitchen floors, and then we went to bed at last!

Just as I was going upstairs, His Lordship appeared. My heart almost stopped, I felt so scared, but he smiled kindly and said, "Good night, Amelia." I like His Lordship!

Dear Diary, now that I've written down everything that happened today, I know I'll never forget it. I hope that maybe one day I'll even read this to my own children. Won't they laugh at how silly I was!

（注）　＊silly　ばかな，愚かな

＊His Lordship　Lordという称号を持つ男性の呼称。ここではご主人様，旦那様という意味で，Lord Bosdenを指している。

＊instead of ～　～ではなく　　＊if ～　～かどうか　　＊housekeeper　女中頭，家政婦

＊Her Ladyship　Ladyという称号を持つ女性の呼称。ここでは奥方様という意味で，Lady Bosdenを指している。

＊vase　花瓶　　＊dismiss　解雇する　　＊on the spot　即座に，即刻

＊laundry　洗濯　　＊drawing room　客間，応接室　　＊butler　使用人頭，執事

問１　下線部 that's the first thing I have to do の内容を表すものとして，最も適切なものを次の①～④から１つ選び，指定された解答欄に番号をマークしなさい。

① Amelia checks if Emma boils water for tea.
② Amelia waits until eight o'clock for breakfast.
③ Emma makes tea and toast for Mrs. Maggs.
④ Amelia gathers cleaning tools and begins cleaning.

問２　次の(1)～(3)の文を，本文の内容と合うように完成させるには，□の中に，それぞれ以下のどれを入れるのがよいか。下の①～④から１つずつ選び，指定された解答欄に番号をマークしなさい。

(1) According to Amelia, it is good for her to write a diary because □.

① she can remember important things for her job
② she gives reports to Mrs. Maggs in the form of a diary
③ she feels that her troubles become less terrible
④ Mrs. Maggs can read her diary again and again in the future

(2) June lost her job because [　　　　].

① she couldn't get ready for breakfast by eight o'clock
② she forgot to clean Lady Bosden's room
③ she stole Lady Bosden's favorite vase
④ she didn't say that she had broken the vase

(3) Amelia thought her future children would laugh at her because [　　　　].

① she didn't like vegetables and couldn't eat a lot for dinner
② she worried all day that Lord Bosden looked angry with her but she didn't have to
③ she didn't have any friends to talk with
④ she was playing with Micky during her working time

問3　次の(1), (2)の質問の答えとして最も適切なものを，それぞれ下の①～④から1つずつ選び，指定された解答欄に番号をマークしなさい。

(1) Why was Amelia worrying about Lord Bosden?

① Because she couldn't tell him the reason she laughed and he shouted at her.
② Because she told him a lie about the reason she laughed.
③ Because she won't get money if she can't finish her work.
④ Because he looked angry when she was laughing out loud.

(2) Why did Amelia write, "I like His Lordship!" in her diary?

① Because he loves Amelia better than his own daughters.
② Because he allowed her to ride a horse with his daughters.
③ Because he was kind in the end and wished her good night.
④ Because he told Amelia that it's a good idea to write a diary.

問4　次の(ア)～(エ)の文を起こった順番に並べ替えたとき，最も適切なものを後の①～④から1つ選び，指定された解答欄に番号をマークしなさい。

(ア) Amelia laughed out loud when Micky made a silly face.
(イ) Amelia wrote the diary on January 20, 1908.
(ウ) Lord and Lady Bosden's daughters came back from riding and enjoyed tea.
(エ) Amelia met Lord Bosden and understood that he didn't care anymore about her laughing.

① (ア)⇒(ウ)⇒(イ)⇒(エ)　　② (ア)⇒(ウ)⇒(エ)⇒(イ)
③ (イ)⇒(ア)⇒(エ)⇒(ウ)　　④ (イ)⇒(ウ)⇒(ア)⇒(エ)

【数　学】（50分）〈満点：100点〉

（注意）　1．定規，コンパス，分度器，電卓は使用しないこと。

2．問題の文中の $\boxed{\text{ア}}\boxed{\text{イ}}\boxed{\text{ウ}}$ などには，特に指示がない限り，ア，イ，ウ，……の一つ一つに数字（0～9）が一つずつ入ります。

3．分数形で解答する場合，それ以上約分できない形で答えなさい。

4．$\sqrt{}$ を含む形で解答する場合，$\sqrt{}$ の中に現れる自然数が最小となる形で答えなさい。

5．小数の形で解答する場合，必要に応じて，指定された桁まで0にマークしなさい。

1　次の□の中の「ア」から「フ」に当てはまる数字をそれぞれ答えなさい。

(1)　$\sqrt{27}\div\dfrac{3}{2\sqrt{20}}\div\sqrt{16}=\sqrt{\boxed{\text{ア}}\boxed{\text{イ}}}$ である。

(2)　$(\sqrt{36}a-\sqrt{144}b)(a+2b)-(a+\sqrt{12}b)^2=\boxed{\text{ウ}}a^2-\boxed{\text{エ}}\sqrt{\boxed{\text{オ}}}ab-\boxed{\text{カ}}\boxed{\text{キ}}b^2$ である。

(3)　0，1，3，5の4個の数字から異なる3個の数字を用いて3けたの整数をつくるとき，5の倍数は $\boxed{\text{ク}}\boxed{\text{ケ}}$ 個できる。

(4)　$a>0$ とする。x の2次方程式 $x^2+ax-6a^2=0$ の解の1つが-6であるとき，もう1つの解は $\boxed{\text{コ}}$ である。

(5)　ある数 x に3を加えてから6倍するところを間違えて6を加えてから3倍したため，計算の結果が4小さくなった。このとき，$x=\dfrac{\boxed{\text{サ}}}{\boxed{\text{シ}}}$ である。

(6)　$a\neq0$ とし，2直線 $y=ax+1$，$y=ax+2$ が x 軸と交わる点をそれぞれP，Qとする。PQ＝2のとき，$a=\dfrac{\boxed{\text{ス}}}{\boxed{\text{セ}}}$，$-\dfrac{\boxed{\text{ソ}}}{\boxed{\text{タ}}}$ である。

(7)　大小2個のさいころを同時に投げ，出た目をそれぞれ a，b とする。点 $(a,\ b)$ が放物線 $C:y=\dfrac{1}{6}x^2$ 上または C の下側にある確率は $\dfrac{\boxed{\text{チ}}\boxed{\text{ツ}}}{\boxed{\text{テ}}\boxed{\text{ト}}}$ である。

(8)　表Aは生徒20人の50点満点のテストの結果をまとめたものである。この表を完成させたとき，x に当てはまる値は $x=0.\boxed{\text{ナ}}\boxed{\text{ニ}}$ である。

(9)　図1において，$\angle x=\boxed{\text{ヌ}}\boxed{\text{ネ}}\boxed{\text{ノ}}^\circ$ である。

(10)　図2の平行四辺形ABCDにおいて，対角線AC上にAE：EC＝2：1である点Eをとり，直線DEと辺BCの交点をFとする。平行四辺形ABCDと四角形ABFEの面積をそれぞれ S_1，S_2 とするとき，$\dfrac{S_1}{S_2}=\dfrac{\boxed{\text{ハ}}\boxed{\text{ヒ}}}{\boxed{\text{フ}}}$ である。

表A

点数（点）以上～未満	度数（人）	相対度数
0～10		0.05
10～20	4	
20～30		0.40
30～40		x
40～50	2	
合計	20	

図1

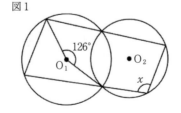

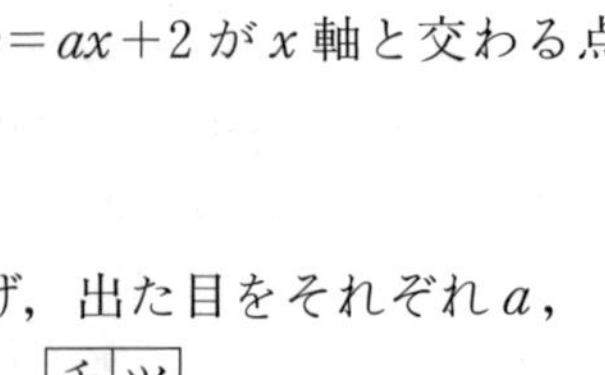

図2

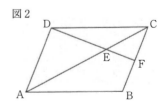

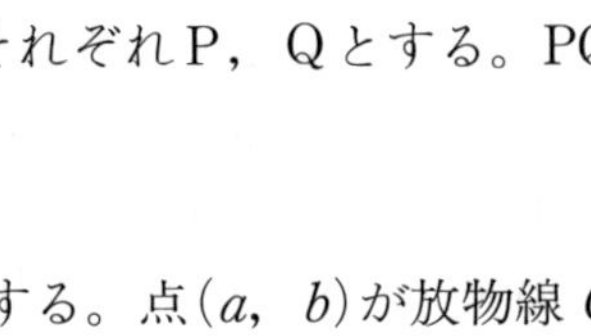

2　ある中学校でKさんが作った問題をみんなで考えた。次の□の中の「ア」から「キ」に当てはまる数字をそれぞれ答えなさい。

［Kさんが作った問題］

下の図1のように，p，q，r，sとA，B，C，D，Xの9つのマス目に分けられたカードがたくさんある。

下の図2のように，1枚目のカードには，p，q，r，sに1から順に連続する4つの自然数1，2，3，4をそれぞれ書く。また，下の＜法則＞にしたがって，A，B，C，D，Xにそれぞれ自然数を書いていく。

＜法則＞　$A=p+q$，$B=p+r$，$C=q+s$，$D=r+s$，$X=p+q+r+s$

つまり，1枚目のマス目について，A=3，B=4，C=6，D=7，X=10をそれぞれ書いていく。

2枚目のカードには，p，q，r，sに1枚目のカードのsに書いた4に続くように，連続する4つの自然数5，6，7，8をそれぞれ書く。また，A，B，C，D，Xには＜法則＞にしたがって，自然数を書いていく。

3枚目以降のカードも，同様に自然数を書いていく。

図1

p	A	q
B	X	C
r	D	s

図2

1枚目

1	3	2
4	10	6
3	7	4

2枚目

5	11	6
12	26	14
7	15	8

3枚目

9	19	10
20	42	22
11	23	12

…

このとき，6枚目のカードのXのマス目に書かれる自然数を求めなさい。

(1)　［Kさんが作った問題］で，6枚目のカードのXのマス目に書かれる自然数は アイ である。

先生は，［Kさんが作った問題］をもとにして，次の問題を作った。

［先生が作った問題］

［Kさんが作った問題］において，右の図3のようなn枚目と$(n+1)$枚目のカードについて考える。

n枚目のカードのBのマス目に書かれる自然数と，$(n+1)$枚目のカードのBのマス目に書かれる自然数の積が5168となるとき，n枚目のカードのXのマス目に書かれる自然数を求めなさい。

図3

n枚目

p	A	q
(B)	X	C
r	D	s

$(n+1)$枚目

p	A	q
(B)	X	C
r	D	s

(2)　［先生が作った問題］で，$(n+1)$枚目のカードのpのマス目に書かれる自然数を，nを用いた式で表すと ウn＋エ である。

(3)　［先生が作った問題］で，n枚目のカードのXのマス目に書かれる自然数は オカキ である。

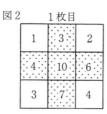

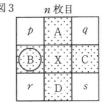

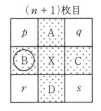

3 下の図1のように，放物線 l：$y=\frac{1}{2}x^2$ と直線 m：$y=8$ が2点A，Bで交わっている。l 上の2点C，Dの x 座標は，それぞれ-3，2である。また，l 上に x 座標が a の点Pをとる。このとき，座標軸の1目盛を1cmとして次の□の中の「ア」から「コ」に当てはまる数字をそれぞれ答えなさい。

(1) △ABPの面積を b cm²とする。a の変域が $-3\leqq a\leqq 2$ のとき，b の変域は [ア][イ]$\leqq b\leqq$[ウ][エ] である。

(2) 下の図2は，図1において，$-3<a<2$ のとき，点Pを通り，x 軸に垂直な直線と m の交点をQ，線分PQの中点をMとした場合を表している。

① △MBQの面積と△MCPの面積が等しいとき，点Pの座標は$\left(\frac{[オ]}{[カ]}, \frac{[キ]}{[ク]}\right)$である。

② △ABMの面積を S cm²，四角形PDMCの面積を T cm² とするとき，$\frac{S}{T}=\frac{[ケ]}{[コ]}$ である。

図1

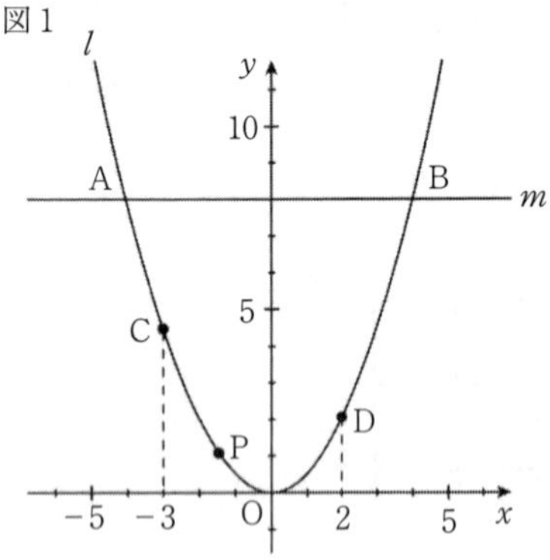

図2

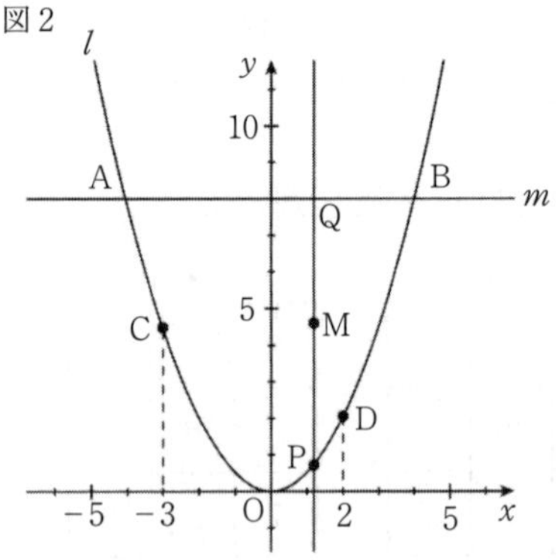

4 下の図のように，円Pの半径は3cm，円Qの半径は1cmであり，点Qは円Pの周上にある。2つの円P，Qは直線 l にそれぞれ点S，Tで接している。また，直線TQと円Pの交点で点Qと異なる点をAとし，直線APと直線 l の交点をBとする。このとき，次の□の中の「ア」から「オ」に当てはまる数字をそれぞれ答えなさい。

(1) 線分ATの長さは [ア] cmである。

(2) △ABTの面積は $\frac{[イ][ウ]\sqrt{[エ]}}{[オ]}$ cm² である。

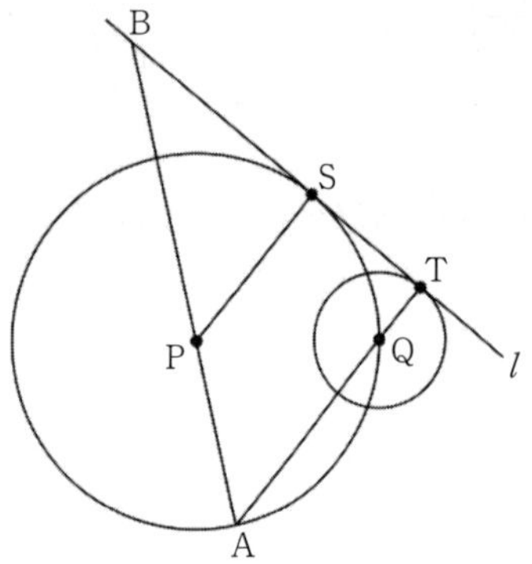

5　すべての辺の長さが２cmである正四角錐O-ABCDがあり，辺AB，CDの中点をそれぞれE，Fとする。このとき，次の□の中の「ア」から「カ」に当てはまる数字をそれぞれ答えなさい。

(1)　下の図１のように，点Eから線分OFに垂線EGを引くとき，線分EGの長さは $\dfrac{\boxed{\text{ア}}\sqrt{\boxed{\text{イ}}}}{\boxed{\text{ウ}}}$ cmである。

図１

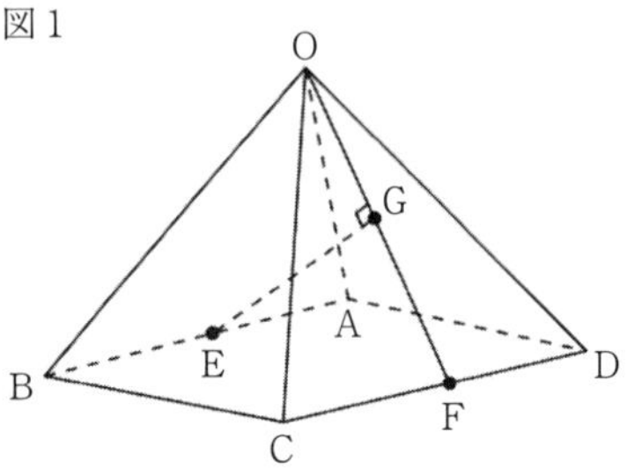

図２

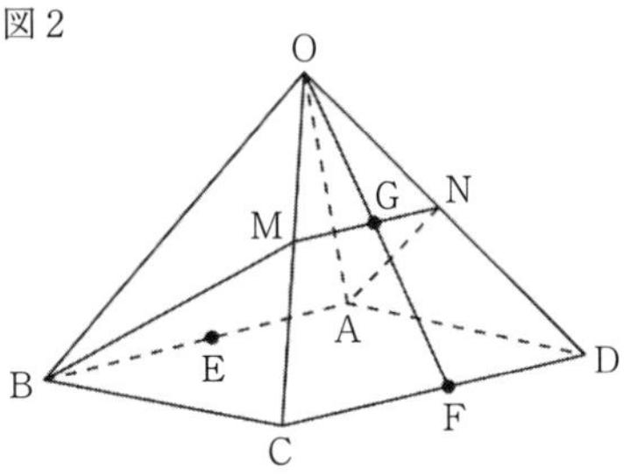

(2)　上の図２は，図１において，辺CDと平行で点Gを通る直線が辺OC，ODと交わる点をそれぞれM，Nとした場合を表している。このとき，四角形ABMNの面積は $\dfrac{\boxed{\text{エ}}\sqrt{\boxed{\text{オ}}}}{\boxed{\text{カ}}}$ cm^2 である。

④ 日本代表がユウセイな試合展開だ。
⑤ 新入生をクラブにカンユウする。

(6) 新しい方法をモサクする。
① 敵のサクリャクにはまってしまう。
② 祖父の考えは時代サクゴだ。
③ サクインを使って言葉を探す。
④ 二酸化炭素の排出量をサクゲンする。
⑤ サクヤ降った雪が庭に積もった。

(7) 式典をソウゴンに執り行う。
① 子どもの豊かなジョウソウを育てる。
② 夏休みを従兄のベッソウで過ごす。
③ クラスの意見をソウカツする。
④ コウソウ建築物が立ち並ぶニューヨーク。
⑤ ピアノのバンソウ者に選ばれる。

(8) その問題はカンカできない。
① 物事が移り変わるカト期だ。
② 冬休みのカダイを提出する。
③ 夫婦でカジを分担する。
④ 恐ろしいサイカに見舞われる。
⑤ 子どもの外出をキョカする。

選択肢の中から選び、番号をマークしなさい。

① 菖蒲　② 桃　③ 桜　④ 橘

問四　文章2の冒頭五行（「弥生も末の七日～離別の泪をそそぐ。」）について、このような芭蕉の文章表現について、文章1の筆者はどのように説明しているか。その答えとして最もふさわしいものを、次の選択肢の中から選び、番号をマークしなさい。

① これから果てしない旅に出るものに対する餞別の意味を込めた表現。

② 練りに練られた破格の構成で芭蕉以降は誰もまねしなかった表現。

③ 空想的な事柄を様々な文体を駆使して現実的描写に成功した表現。

④ 幻想的で抒情性に富んでおり、後続する句と対照的な表現。

問五　空欄 X に補う語として最もふさわしいものを、次の選択肢の中から選び、番号をマークしなさい。

① 悔　② 指　③ あかり　④ かげ

問六　文章2の表現について、文章1の筆者はどのように説明しているか。最もふさわしいものを、次の選択肢の中から選び、番号をマークしなさい。

① 文中の随所に「又いつかはと心ぼそし」「ひかりおさまれる物から」などのような漢文調の表現を用いている。

② バランスよく和語と漢語を用いつつ、古典を引用することによって情緒的かつ格調高い構成をとっている。

③ 文の途中に句を配置することによって、幻想的な雰囲気を醸し出し、同時に時間の経過を表現している。

④ 文中のいたる所に陶淵明の古い漢詩を意識した表現を用いることで、漢詩文的な印象を強く引き出している。

四

次の傍線部と同じ漢字を含むものを、それぞれ後の選択肢から一つずつ選び、番号をマークしなさい。

(1) 苦手な野菜をコクフクする。
① 事件をコクメイに記録する。
② シンコクな事態に発展する。
③ ザッコクを用いて調理をする。
④ 判決に納得がいかずジョウコクする。
⑤ カコクな訓練を乗り越える。

(2) コンテナを乗せたカモツ列車が走る。
① スンカを惜しんで練習に励む。
② 仕事仲間に責任をテンカする。
③ カザイ道具一式を持って引っ越す。
④ 表参道でザッカ店を営む。
⑤ 入団前からカダイな評価を受ける。

(3) 先輩からチュウコクを受ける。
① 土地の売買をチュウカイする。
② この車はチュウシャ違反だ。
③ 薬の成分をチュウシュツする。
④ 和洋セッチュウのコース料理。
⑤ 王様にチュウセイを誓う。

(4) 失敗をケイキに生き方を見直す。
① 民衆をケイモウする。
② 取引先とケイヤクを結ぶ。
③ わが家のカケイ図を調べる。
④ 後半戦でケイセイが逆転する。
⑤ 福引のケイヒンをもらう。

(5) 二つの国のユウワを図る。
① 彼女は日本ユウスウの音楽家だ。
② 勉強する時間のヨユウがない。
③ 兄はキンユウ機関に勤めている。

文章2

B弥生《やよひ》も末の七日《なぬか》、明《あけ》ぼのの空朧々《ろうろう》として、月は有《あり》あけにてひかりおさまれる物《もの》から、冨士《ふじ》の峯《みね》幽《かすか》に見えて、上野《うへの》・谷中《やなか》のC花の梢《こずゑ》、又《また》いつかはと心ぼそし。むつましきかぎりは宵《よひ》よりつどひて、舟《ふね》に乗りて送る。千じ《せん(ぢ)》ゆと云《いふ》所にて船《ふね》をあがれば、前途《せんど》三千里のおもひ胸にふさがりて、幻《まぼろし》のちまたに離別《りべつ》の泪《なみだ》をそそぐ。

行春《ゆくはる》や鳥啼魚《とりなきうを》の目《め》は泪《なみだ》

是《これ》を矢立《やたて》の初《はじめ》として、行道猶《ゆくみちなほ》すすまず。人々は途中《みちなか》に立《たち》ならびて、後［X］のみゆるまではと見送るなるべし。

（『新編日本古典文学全集』による）

現代語訳

> 三月も末の二十七日、あけぼのの空はおぼろに霞み、月は有明月で、光は薄らいでいるものの、富士の峰がかすかに見え、上野・谷中の花の梢を、またいつの日に見られようかと心細い。親しい人々はみな、前の晩から集って、今日の門出に一緒に隅田川を舟に乗って送ってくれる。千住という所で舟から上がると、三千里もの長旅にでるのだなあという感慨が胸いっぱいになって、幻のちまたに離別の涙を流すのであった。
>
> 行春や鳥啼魚の目は泪
>
> これを旅の句の書き初めとして、旅の第一歩を踏み出したが、後ろ髪引かれるようで歩みが進まない。人々は沿道に立ち並んで、後姿が見える限りはと見送っているらしい。

〔注〕

(1) 『細道』…松尾芭蕉の書いた紀行文『おくのほそ道』を指す。

(2) 陶淵明…古代中国の文人で、多くの詩文を残した。代表作に「帰田園居」がある。

(3) 杉風…杉山杉風。江戸時代の俳人。松尾芭蕉の弟子の一人。

(4) 素堂…山口素堂。江戸時代の俳人。松尾芭蕉と親交があった。

(5) 唐破風と千鳥破風…両者とも屋根の造形を指す建築用語。

(6) 三途の川…あの世とこの世の境目にあるとされる川のこと。ここでの「彼岸」は三途の川の向こう岸のこと。

(7) 浄土…仏の住む世界。

(8) 彷徨…あてもなく歩きまわること。

問一　傍線部A「行春や鳥啼魚の目は泪」について、後の問いに答えなさい。

Ⅰ　この句に用いられている修辞法として最もふさわしいものを、次の選択肢の中から選び、番号をマークしなさい。

①　対句　②　切れ字　③　係り結び　④　掛詞

Ⅱ　この句の季節として最もふさわしいものを、次の選択肢の中から選び、番号をマークしなさい。

①　初春　②　仲春　③　晩春　④　初夏

Ⅲ　この句について、文章1の筆者はどのような理解に至っているか。その答えとして最もふさわしいものを、次の選択肢の中から選び、番号をマークしなさい。

①　曙の空がおぼろに霞んで見えない様子を「魚の目は泪」と表現している。

②　川魚がたくさん並べられたその町特有の情景を写実的に表現している。

③　陶淵明の「帰田園居」の表現そのままを用い、より絵画的な描写に成功している。

④　「魚」は門人の杉風を示し、互いに別れを惜しんでいる情景を暗に示している。

問二　傍線部B「弥生」は三月を指す。では「皐月《さつき》」は何月を指すか。その答えとして最もふさわしいものを、次の選択肢の中から選び、番号をマークしなさい。

①　五月　②　六月　③　七月　④　八月

問三　傍線部C「花」とあるが、文章2の中では具体的にはどのような花を指すのか。その答えとして最もふさわしいものを、次の

三

次の文章1は松《まつ》尾《お》芭蕉《ばしょう》の『おくのほそ道』についての文章で、文章2はそれに関連する『おくのほそ道』の原文である。また、あとの□内の文章は文章2の現代語訳である。これらの文章を読んで、後の問いに答えなさい。

文章1

いささか驚いたのは魚屋がやたらと多いことであった。どじょうやうなぎといった川魚が並べられているのは千住ならではであった。チラリと頭に浮かんだのは、(1)『細道』の二句めの、

A 行春《ゆくはる》や鳥啼魚《とりなきうお》の目は泪《なみだ》

である。行く春のなかで、離別を悲しんで鳥は啼き、魚も目に涙を浮かべている、というほどの意味である。「鳥が啼く」のはいいとして「魚の目は泪」というのはいかなる意味であるのか。川を泳ぐ魚が泪を流す、というのはあまりに幼児的な描写である。

「魚の目は泪」は、魚屋に並べられている魚の目が泪を流したように濡れている、という写生句ではないか、と私は考えた。千住に六日間滞在した芭蕉だからこそ見た光景を詠《よ》みこんだのではないだろうか。(2)陶淵明《とうえんめい》の「帰田園居《でんえんのきょにかえる》に」「羈鳥《きちょう》ハ旧林ヲ恋シ、池魚《ちぎょ》ハ故淵《こえん》ヲ思フ」がある。「鳥籠《とりかご》の鳥は生まれた林を思い、池の魚は昔の淵《ふち》を恋する」という意味である。過ぎゆく春と親しい友人との別れを鳥と魚に託している。ここにある魚は川を泳いでいる漠然とした魚ではない。そう気がついて千住の町を歩くと、芭蕉探偵団の気分になり、なかなか立ち去りがたくなり、あちこちと廻《まわ》って、寿《ことぶき》町の銭湯大黒湯に入って、湯につかり、ふたたび「魚の目は泪」を考えた。と、突然、「魚とは(3)杉風《さんぷう》のことではないか」と気がついた。杉風は幕府御用達の魚問屋である。『細道』の旅をするのにあたって、杉風や(4)素堂《そどう》によって建ててもらった芭蕉庵《あん》を売り払った。多くの門人の寄進でようやく建てた草庵を売るのは心苦しいが、杉風に相談して諒解《りょうかい》を得て、平右衛門という人に譲り渡した。そのため、出発までのしばらくを、深川の杉風別宅(元木場平野町北角)採茶庵《さいとあん》で過ごした。芭蕉庵とは小名木川をへだてたすぐ近くにある。(二年前に杉風の子孫の方から、「この句の魚とは杉風のことと、代々伝えられています」と手紙をいただいた)

大黒湯は銭湯建築の極めつきで、(5)唐破風《からはふ》と千鳥破風《ちどりはふ》の構造が二重になり、脱衣場の天井の鏡板一〇四枚に花鳥風月の絵が描かれている。男湯につかると、ブルーに塗った広い天井があり、その下の壁に定番の富士山の絵が描かれていた。松林の上を白雲がたなびき、その上に富士山がそびえている。そういえば、芭蕉も「不二《ふじ》の峰《みね》幽《かす》かにみえて、上野・谷中の花の梢《こずえ》、又いつかはと心細し」と書いている。

出立の項は、紀行文のはじまりで、三月二十七日、曙《あけぼの》の空はおぼろに霞《かす》み、月は有明月で、光はもう薄れており、その奥に富士山がかすかに見え、上野谷中の花にはまたいつか見るときがあるだろうかと心細く、千住というところで舟をあがると、前途三千里の思いで胸がいっぱいになり、幻《まぼろし》の世に離別の泪をこぼした。この文のすぐあとに「行春や……」の句がくる。出立の風光には、(6)三途《さんず》の川の薄あかりのなかを、ゆらゆらと舟に乗って、彼岸に上陸する気配がある。『細道』が浄土への旅なのだから、隅田川は三途の川である。

『細道』の句文融合は、和文、漢文を配しつつ練りに練った破格の構成であり、芭蕉以前にはなく、芭蕉以降、真似《まね》しようとしても出来た人はいない。ここでは、出立で、(7)浄土(8)彷徨《ほうこう》序幕の甘美で抒《じょ》情《じょう》的なガイドをしつつ、句では、ぴしゃりと甘えをはねつけた。「行春や……」の句は、杉風と別れるにあたっての餞別《せんべつ》句でもあるのだ。

(嵐山光三郎《あらしやまこうざぶろう》『芭蕉紀行』による)

③　つぐみの突拍子もない行動に驚かされながらも、つぐみとの無邪気なやり取りがとても楽しかったから。

④　つぐみの無鉄砲な言動に憤りを感じながらも、過去につぐみの行動力に救われていたことを思い出したから。

問三　傍線部C「宝石のように光っているもの」とあるが、この表現についての説明として最もふさわしいものを、次の選択肢の中から選び、番号をマークしなさい。

①　空気の澄んだ静かな夜を「宝石」と表現することで、今後のつらい出来事すらも素敵な記憶へと昇華させることができることを描いている。

②　つぐみと陽子ちゃんの三人で散歩に出かけた夜を「宝石」にたとえることで、つぐみと陽子ちゃんとの絆《きずな》の強さを豊かな表現で描いている。

③　つぐみの幼少期について語り合った夜を「宝石」と表現することで、無邪気だった幼少期の私たちのやりとりを色彩豊かに描いている。

④　つぐみと自分が同じ過去を思い出した夜を「宝石」にたとえることで、その時に感じたひと夜限りの素敵な気分を鮮やかに描いている。

問四　傍線部D「息をひそめて」の本文中の意味として最もふさわしいものを、次の選択肢の中から選び、番号をマークしなさい。

①　息を止めて緊張していること。
②　事の途中で一休みをすること。
③　はっと驚いて息を止めていること。
④　目立たないように静かにしていること。

問五　空欄 X に入る語として最もふさわしいものを、次の選択肢の中から選び、番号をマークしなさい。

①　感受性　②　倫理性
③　環境　④　感傷

問六　本文から読み取れる「つぐみ」の人物像を、次のように説明した。説明文の空欄を補う語句の組み合わせとして最もふさわしいものを、後の選択肢の中から選び、番号をマークしなさい。

（説明文）
つぐみは、 I な態度をとる一方で、 II を持った人物と言える。

①　I　理不尽
　　II　夏の夜に裸足で出かけずにはいられない溢れるほどの熱い心

②　I　慎重
　　II　夏の雰囲気に触発されて三人で散歩した過去を懐かしむ感傷的な心

③　I　粗野
　　II　夜に外で飲む飲み物をおいしいと感じることのできる豊かな心

④　I　奔放
　　II　相手が言ったことの真意を読み取ろうとする人間らしい思いやりの心

問七　この文章の表現の特徴として最もふさわしいものを、次の選択肢の中から選び、番号をマークしなさい。

①　比喩表現を効果的に使って景色や状況を丁寧に描くことで、登場人物の心境を生き生きと描いている。

②　夜や闇といった死を暗示する表現を多用することで、つぐみが衰弱していく様子を重苦しく描いている。

③　短い会話を重ねてテンポの早いやりとりを描くことで、登場人物の緊張感ある関係性を描いている。

④　私とつぐみの見ている景色を、情感を込めて描くことで、私たちの楽観的な心境を繊細に描いている。

B　人々が相互に助け合い、有用な情報を共有し合えるような理想的な世界。
C　人々の連帯意識が完全に喪失し、互いに猜疑し攻撃し合う暗黒の世界。
D　一見すると理想的に思われるが、その場限りの善意ばかりが満ちた世界。
E　人々が自らの善意を満たすためだけに発信した情報が氾《はん》濫《らん》する世界。

①「刹那的な災害ユートピア」はB、「情報ディストピア」はEという意味。
②「刹那的な災害ユートピア」はD、「情報ディストピア」はAという意味。
③「刹那的な災害ユートピア」はA、「情報ディストピア」はCという意味。
④「刹那的な災害ユートピア」はE、「情報ディストピア」はDという意味。

二

この文は「私」が少女時代を過ごした海辺の町に最後の帰省をした時の夏の思い出を描いている。友人のつぐみは医者から短命宣告を受けるほど生まれつき病弱で、山本屋旅館で静養しながら日々を過ごしていた。本文は、つぐみと姉の陽子ちゃんと私の三人で散歩に出かけた時のことを回想している場面である。これを読んで、後の問いに答えなさい。

〈編集部注…課題文は著作権上の問題により掲載しておりません。作品の該当箇所につきましては次の書籍を参考にしてください〉
・吉本ばなな著『ＴＵＧＵＭＩ』〈中公文庫　一九九二年三月一〇日初版発行〉　八五頁後ろから五行目～九二頁後ろから五行目

〔注〕　(1)　ネガ…ネガフィルムのこと。ネガフィルムとは実物と明暗が逆になっているフィルムのことで、これを印画紙などに焼き付けてカラー写真を現像していた。

問一　傍線部Ａ「私達はくたくたになって山本屋にたどりつき」とあるが、山本屋に着くまでの私たちの様子の変化を説明したものとして最もふさわしいものを、次の選択肢の中から選び、番号をマークしなさい。

①　ＴＶ番組が終わった悲しさから散歩に出かけたが、木立のさえずりや波の音に恐怖を抱き始めた。そして、浜辺に着く頃には暗い海の様子に自分たちの死後の世界を重ねるようになっていった。
②　ＴＶ番組が終わった悲しさから散歩に出たものの、夜の景色に好奇心を抱き始めた。そして、浜辺に着く頃には夜の海から見る町の灯の神秘的な様子に死後の世界を重ねるようになっていった。
③　ＴＶ番組が終わった悲しさから散歩に出かけたが、それを忘れるほど山道の雰囲気に心を奪われ始めた。しかし、浜辺に着いて町の灯が届かない真っ暗な海を目の当たりにし、そこに自分たちの将来を重ねるようになっていった。
④　ＴＶ番組が終わった悲しさから散歩に出かけたが、予想していたよりも美しい海の景色に一同が魅了され始めた。そして神秘的な夜の浜辺に、自分たちの故郷の未来を重ね合わせるようになっていった。

問二　傍線部Ｂ「ため息をつきながら、私はけっこう気分が良かった」とあるが、それはなぜか。その理由として最もふさわしいものを、次の選択肢の中から選び、番号をマークしなさい。

①　つぐみの無邪気な態度に不満を抱きながらも、つぐみと過ごした青春を再び体験しているような気分になったから。
②　つぐみの自分勝手な態度に呆《あき》れながらも、つぐみが自分と同じ過去を思い出していたことを知ったから。

(6) マイノリティ…少ないこと。少数派。社会的に少数派と位置付けられる人々。
(7) 猜疑心…相手の言動や行動を疑う気持ちのこと。
(8) コミュニティ…共通の社会観念、生活様式などを持つ共同体。
(9) ディストピア…ユートピアの対義語。反理想郷。暗黒世界。

問一　空欄[X]・[Y]に補うべき語として最もふさわしいものを、それぞれ後の選択肢の中から選び、番号をマークしなさい。

[X]　①　悲劇　②　驚嘆　③　善意　④　美談

[Y]　①　道徳　②　仲間　③　選民　④　政治

問二　空欄[a]～[d]の中で「しかし」という接続語を補うべき箇所はどこか。最もふさわしいものを、次の選択肢の中から選び、番号をマークしなさい。

①　aとb　②　bとc
③　aとbとd　④　aとcとd

問三　次の一文を補うのに最もふさわしい箇所を、本文中の[①]～[④]の中から選び、番号をマークしなさい。

《脱文》　問題は、その精度をどのようにして上げるのか、という課題が残されたことです。

問四　傍線部A「情報ボランティア志願者」とあるが、このような人たちは震災直後にどのようなことを行ったのか。その説明として最もふさわしいものを、次の選択肢の中から選び、番号をマークしなさい。

①　ボランティアに参加した人々が現地で見聞きしたことを「真実」とし、それを隠すメディアや政府を追及した。
②　震災後の高揚感の中で、少しでも役に立ちたいという善意から、不確かなままの情報をネットで発信、拡散した。
③　現地の人々のために何か役に立ちたいという善意から、真偽の分からない情報を頼りに救援活動を行おうとした。
④　震災による危険やパニックを鎮めるために、善意から効果的で精度の高い情報を口伝えに熱心に提供して回った。

問五　傍線部B「もう一つ気になった現象」とあるが、この現象に対してどのように対処すべきだと筆者は述べているか。その説明として最もふさわしいものを、次の選択肢の中から選び、番号をマークしなさい。

①　ボランティアとして被災地を目の当たりにした人たちの発言の真偽を、彼らの活動の効果によって判断する。
②　現地の多くの当事者の声から情報の真偽を確かめて、実際に被災地で起こっていることの全体を把握する。
③　当事者の声をそのまま受け入れるのではなく、自分が実際に現地で見聞きしたことを元に被災地を代弁する。
④　不確かな情報が当事者性を帯びた真実として独り歩きする可能性を警戒し、その情報の真偽を冷静に見極める。

問六　傍線部C「ボランティアズ・ハイ」と、文中での意味が最も近い言葉を、次の選択肢の中から選び、番号をマークしなさい。

①　災害カーニバル　②　集団パニック
③　情報ボランティア　④　災害ユートピア

問七　筆者が災害時に必要だと述べているものは何か。最もふさわしいものを、次の選択肢の中から選び、番号をマークしなさい。

①　有用性が裏付けられた情報や視点のみを提供する冷静さ。
②　他者への排除性から切り離されたコミュニティの連帯意識。
③　震災以後にも伝えていくことができる具体的な経験と効果。
④　有意義な情報を提供し合える相互扶助的に助け合う姿勢。

問八　傍線部D「刹那的な災害ユートピアを生むのか、それとも情報ディストピアを生むのか」とあるが、「刹那的な災害ユートピア」「情報ディストピア」とはそれぞれどのような意味か。その意味の組み合わせとして、最もふさわしいものを、後の選択肢の中から選び、番号をマークしなさい。

A　自分の守りたい秩序をおびやかす人への猜疑心と攻撃心の蔓延《まんえん》する世界。

米サンフランシスコ在住のノンフィクション作家レベッカ・ソルニットに『災害(3)ユートピア』という書籍があります。大災害が生じた際、多くの人は、治安が悪化し、集団パニックが起きてしまうと想像しがちですが、実際には相互扶助的に助け合おうとする「災害ユートピア」が出現するのだと指摘する、興味深い本です。そのタイトルをもじれば、震災直後の日本には、「災害カーニバル」とでも呼ぶべきムードがあったように思います。

学園祭や地元の祭りといった「祝祭＝カーニバル」の際に、人びとの気持ちが高揚するのと同じように、台風や雪といった稀有《けう》な天候の際にも、どことなく気持ちが高ぶったまま、そうした「異常な状態」が長続きすることを心のどこかで願ったりすることがありませんか。[c]災害時でもそれは同じで、たとえば情報ボランティアとしての「ボランティアズ・ハイ」からなかなか戻れず、延々とツイッター上で情報拡散を続ける人がいました。その様子もまた、さながら「祭り」のような状況で、いかに有意義な情報を発信しあうか、誰よりも早く大事な視点を提供するか、という見えない競争が行われているような雰囲気さえ感じられました。［ ③ ］

また、有名人やタレントのところには、多くのユーザーが(4)リプライを飛ばし、「影響力のある〇〇さん、ぜひ、この情報をみんなに広めてください！」という要求が押しかけるという場面がしばしばありました。そして実際、幾人もの著名人が、そうした要求に応じ、飛んできたリプライを、数千人から数万人の(5)フォロワーに向けて、どんどん拡散していました。

地震直後のツイッター上は、ただでさえ地震関連のツイートばかりという状態になっていたのですが、そうした著名人などをフォローしていた人は、タイムラインがその人のツイートで溢《あふ》れるという状況になっていたかもしれません。

「情報のバケツリレーによって命を救えた！　ネットすごい！　ツイッターすごい！」というような[X]に飢えているような人も、中にはいたと思います。[d]災害時に必要なのは、一過性の[X]ではなく、次世代にも継承可能な具体的な経験と効果です。このように、安全な地域にいる支援者、ウェブ上で情報のバケツリレーを行う情報ボランティアたちが、いかにクールダウンするかというのもまた、大きな課題として今後に残されていくものとなります。

なお、『災害ユートピア』の中では、災害社会学者キャスリーン・ティアニーの用語を引き、「エリート・パニック」という概念が紹介されています。エリートたちが、「貧困者や(6)マイノリティが秩序を破壊するのではないか」と恐れ、冷静さを欠いた行動をとるというわけです。安全なところにいるはずの情報ボランティアたちが、冷静さを欠いた情報拡散を行っていた背景にも、現地のために何もできないというもどかしさに加えて、有用な情報を叫ばなくてはならないという、一種の[Y]意識のようなものがあったのかもしれません。そして「自分が守りたい秩序」へのモヤモヤとした感情が、「それを邪魔している人びと」への(7)猜疑心《さいぎしん》という形で表れ、他者を攻撃するような流言の一つの温床になっていたようにも思えるのです。(8)コミュニティの連帯意識は、それをおびやかす者への排除性と裏表の関係にあるのですから。［ ④ ］

「災害カーニバル」が果たして、D刹那的な災害ユートピアを生むのか、それとも情報(9)ディストピアを生むのか。それは、これからの私たちの選択によって変わってくるのでしょう。

（荻上《おぎうえ》チキ『検証　東日本大震災の流言・デマ』による）

〔注〕
(1) 流言・デマ…根拠のないうわさ。また、それを言いふらすこと。
(2) リツイート…他人の投稿（ツイート）を引用して再投稿すること。
(3) ユートピア…理想郷。
(4) リプライ…他人の投稿（ツイート）に対して個別に返信すること。
(5) フォロワー…SNSにおいて、特定のユーザーをフォロー（そのユーザーの投稿を自分のタイムラインに継続的に表示させる機能）するユーザー。タイムラインとは、自分や他者の投稿が並べて表示されている画面のこと。

二〇二二年度 国学院高等学校（一般第三回）

【国　語】（五〇分）〈満点：一〇〇点〉

一　次の文章を読んで、後の問いに答えなさい。

東日本大震災の際には、「注意喚起のための(1)流言・デマ」もさることながら、「救援を促すための流言・デマ」が、非常に多く出回りました。そうした流言やデマの拡散に加担してしまったのが、多数の「A情報ボランティア志願者」の存在。地震発生直後から、テンションがトップギアに入ったままの状態になり、「自分にもできる、何か役に立つことをしなくては！」とネットの前にかじりついて、懸命に情報発信をしようとする多数の人が現れたのです。

２００７年の新潟県中越沖地震などの際にも、ブログなどを通じた情報発信をする一般ユーザーが多くいましたが、今回はツイッターなど、誰でもより簡単に発信できるツールが共有されていたことから、発信者の数はより多くなっていました。

気になった情報が飛び込んできたら、すぐに(2)リツイートして拡散する。自分のところに届いたチェーンメールを、よかれと思って大人数に転送する。「拡散希望」という情報が手に入ったら、細かく吟味せずに拡散する。それは、少しでも重要な情報を周囲に発信しようという、善意に基づいた行動ではあるのですが、その行動は危険な面も含んでいました。

震災直後、私は雑誌やラジオで、その様子を「情報のバケツリレー」と表現しました。口伝えに、重要な情報を提供してまわることで、危ない火を消そう、パニックの火を消そう、と熱心に情報をリレーする人たち。［ a ］多くの人が、手にしたバケツの中身を吟味せず、次から次へとひたすらにリレーしていけば、そのバケツの中に、まったく効果のないニセ情報、あるいは不安を拡大させたりもする可燃物のような流言が混ざっていることに気づかず、火の勢いを拡大してしまうことになるのです。

情報のバケツリレーそのものは大事な役割ですから、否定されるべきではありません。

また、Bもう一つ気になった現象があります。［　①　］それは、ボランティアに参加した人などが、自分が見聞きした不確かな情報を元に、声高に「これこそが真実だ」「メディアは真実を報じない」「政府は何をやっているんだ」といった批判の声をあげるような場面です。

ボランティアに行った人が、現地で懸命に活動すること自体は素晴らしいことです。［ b ］、ボランティアもまた、その善意ではなく効果によって評価されるべきです。そして彼らの発言もまた、善意やボランティアをしたという事実とは別に、冷静に吟味される必要があります。

報道機関が何かを報道する場合、当事者の声を鵜呑《うの》みにはしません。当事者も人である以上、全体を鳥瞰《ちょうかん》することはできませんし、間違ったり誇張したり記憶違いをすることがあります。ですから、裏をとるという作業が必要です。現地を目《ま》の当たりにし、身を粉《こ》にして働いたからといって、そこで聞いたこと・感じたことが、被災地を代弁できるわけでは必ずしもありません。［　②　］

取材やボランティアを経験したことのある人はおわかりいただけると思いますが、実際に現地に入って活動をすると、「自分は渦中にいる」という高揚感のようなものが生まれ、ほかの人よりも情報を持っている、それを大声で誰かに伝えたい、という感情が芽生えることがあります。「Cボランティアズ・ハイ」とも呼ぶべきそうした状況から発せられる言葉が、「正しいもの」であるかはまた別です。そうした「声」が吟味されずに発信され、「現地ではこんなにひどいことがあった」「政府は何をやっているんだ」という言説が、当事者性を帯びることによって「真実味」が水増しされ、独り歩きをしていく場面もしばしば見受けられます。当事者や活動家も、情報発信のプロではないので、その点は十分に注意する必要があります。

2022年度／国学院高等学校（一般第３回）

英語解答

1 A ② B ④ C ①

2 A ② B ③ C ①

3 ②

4 問１ ③ 問２ ④ 問３ ①
問４ ② 問５ ③ 問６ ③
問７ A…④ B…①

5 問１ ①
問２ (1)…③ (2)…④ (3)…②
問３ (1)…④ (2)…③ 問４ ②

1〔長文読解─適語句選択─対話文〕

≪全訳≫❶（コクガク高校の門で）❷マリ（M）：遅れてごめん。❸シホ（S）：あなたにしては珍しいね。何があったの？❹M：思ってたよりも時間がかかっちゃって。工事か何かやってるの？　道が何本か封鎖されていて，別の道を通らなきゃいけなかったの。❺S：じゃあ，センダ駅から来たのね？❻M：うん。❼S：もうすぐ開催される大きな野球の試合のせいだよ。それに備えて，球場の周りの道を封鎖しているんだ。❽M：へえ，そうなの？　私は駅を出て，スタジアム通りを歩いているときにその道は通れないって気づいたの。だからもう一度駅まで戻って，左に曲がってウオヤマ通りまで南に進んだの。遠かった！❾S：それはひどいね。家に帰るには，ウオイチ駅を使った方がいいかもね。❿M：うーん，そこから家に帰るには何回も電車を乗りかえなくちゃならないんだ。ちょっとやっかいだな。⓫S：そうだね。じゃあ，バスに乗るのはどう？　バス停はその駅と同じ通りにあるよ。道を教えてあげる。まっすぐ行って，この通りの突き当たりで右に曲がって。郵便局の前で簡単に見つかるよ。⓬M：ああ，それはいい考えだね！

＜解説＞A．第８段落第２文より，マリは駅から出てきたとわかる。地図には駅が２つあるが，コクガク高校までの道が封鎖されている駅はSenda Station。　B．空所の前で，マリはスタジアム通りを駅まで戻っている。ウオヤマ通りへ行くには，左に曲がってセラー通りに入ることになる。
C．バス停は「その駅」，つまり直前に言及されたUoichi Stationと同じ通りにある。コクガク高校の前からシホの指示どおりに進むと，バス停はウオヤマ通りのPost Officeの辺りにあることになる。

2〔長文読解─適語句選択─表を見て答える問題〕

≪全訳≫コクガク高校文化祭イベントスケジュール／講堂ステージ／体育館ステージ／校庭ステージ／10:10～10:35　１年３組　劇　リトルプリンス／10:00～10:50　１年６組　ミュージカル　ノートルダム・ド・パリ／10:00～10:50　ダンス部　ダンスパフォーマンス／11:10～11:45　２年１組　劇　老人と海／11:00～11:50　吹奏楽部　吹奏楽コンサート／12:15～12:45　合唱部　合唱コンサート／12:00～12:30　生徒会　ビンゴ大会／13:00～13:50　ギター部　ギターコンサート／13:10～13:45　２年７組　ミュージカル　ロミオとジュリエット／13:10～13:50　ダンス部　Ｋポップダンスメドレー／14:00～14:30　演劇部　劇　真の友／14:00～14:40　フォークソング部　バンドコンサート／14:20～14:50　生徒会　仮装コンテスト／☆＝パフォーマンスやイベントは，たとえ雨が降っても校庭で実施されます。★＝もし雨が降れば，パフォーマンスやイベントは校庭ではなく体育館で実施されます。❶マリ（M）：文化祭のスケジュールを見てみようよ。これ以上遅れられない。まずどのイベントを見ようか？❷シホ（S）：ダンス部から始めるのはどう？　パフォーマンスでとても有名だし，大会でたくさんの賞を取ってるのよ。見てみたいな。❸M：いいね…，でも待って，『ノートルダム・ド・パリ』が同じ時間に上演されることになってるよね？　友達の1人が1年6組にいるんだ。見逃したくないな。❹S：わかった，じゃあ最初にそれを見よう。ダンス部は午後に2回目のパフォーマンスがあるから，そのときに見ればいいよ。❺M：ありがとう，優しいね。午後はダンスのパフォーマンスを見に行こう。ミュージカルの後は何か見たい？❻S：吹奏楽のコンサート。それにも興味があるんだ。❼M：わかった。どこでやるのかな？❽S：今日は雨が降っているから，体育館でやると思う。❾M：そうか，たぶんミュージカルの後もそのままそこにいた方がいいね。❿S：うん。その後は？⓫M：その後はお昼近くになってるよ。レストランブースでランチにしない？⓬S：いいね。ミュージカルの他に何か見たい？⓭M：えーっと…うん。劇が見たいな。私たちのスケジュールに合う劇はある？⓮S：うん，1つ見つけた。ダンスのパフォーマンスの後は講堂に行こう。⓯M：完璧だね！

＜解説＞A．空所を含む文に at the same time とあることから判断できる。これはこの前で話している午前のダンスパフォーマンスと「同じ時間に」ということ。　B．ミュージカルの後に見るものについて話している場面。この後「今日は雨が降っているから，体育館でやる」とあるので，★印のついた Brass Band Concert か Bingo Game になるが，この後「その後はお昼近くになっている」とあることから Brass Band Concert に決まる。　C．この前でマリは劇が見たいと言っている。Play は全て Auditorium Stage で行われる。

3〔長文読解―内容真偽―説明文〕

≪全訳≫❶喉が渇いているときには水を飲む。シャワーを浴びたいときには蛇口をひねる。しかし，その水全てがどこから来ているのか考えたことはあるだろうか。山が重要な理由の1つは，それらが世界の全人口の約半分に真水をもたらすことだ。約35億人だ。この人々全員によってどれほどの水が使われているか想像できるだろうか。❷太陽が川や海の水を温めると，水は空気中に立ち上る水蒸気になる。十分な水蒸気が冷えると，それらは凝結し，小さな水滴がつくられる。水滴は雲に変わる。雲の中では，小さな水滴が結びついて大きなしずくをつくる。これらのしずくがあまりにも重くなると，雨や雪として放出される。雨の一部は地面にしみ込み，また一部は地面を流れて川や湖や海に流れ込む。これは水の循環と呼ばれる。❸山は水の循環に影響しうる。山の大きさや形は，水蒸気を山頂へ向かって押し上げる。水滴が山に落ちると，水の大部分は雪や氷として保存される。春に雪が解けると，水は斜面を流れ落ちて川や湖に注ぐ。山は水を保持するのに役立ち，世界の「給水塔」と呼ばれることもある。❹地球上の大きな川は全て，山から始まっている。例えば，インドではガンジス川がヒマラヤ山脈で始まり，2500キロメートル流れてベンガル湾とインド洋に流れ込む。もう1つの例は，リオ・グランデ川だ。それはアメリカ合衆国のロッキー山脈で始まり，はるばるメキシコ湾まで流れていく。

＜解説＞①「水は冷えると水蒸気に変わる」…×　水が温まると水蒸気になる(第2段落第1文)。
②「山は水を雪や氷として保存し，水の循環にとって重要だ」…○　第3段落の内容に一致する。
③「水蒸気は山の大きさや形のおかげで山頂から流れ落ちる」…×　水蒸気は山の大きさや形によって山頂へ押し上げられる(第3段落第2文)。　④「春に雪が解けると，水は海から山へと流れる」…×　春に雪が解けると，水は山から川や湖に注ぐ(第3段落第4文)。

4〔長文読解総合―対話文〕

≪全訳≫❶スーザンとマイクが電話で話している。❷スーザン(S)：もしもし。❸マイク(M)：やあ，スーザン。マイクだけど。❹S：ああ，マイク。元気？　しばらく会ってないね。❺M：うん。大事な試験があって，勉強で忙しかったんだ。でもついに終わったから，今週末は時間があるんだよ。明日は空いてる？　テニスか何かしない？　家から出たいんだ。❻Ｓ：合格するといいね。で，明日は特に何もすることはないけど，天気予報によれば週末はずっと雨が降るみたいよ。❼Ｍ：本当？　この晴れた空からは想像できないな。❽Ｓ：うん，スマートフォンもチェックしてみたけど，同じだったわ。❾Ｍ：あーあ…。じゃあ，何か他の考えはある？❿Ｓ：ガイエン美術館へ行くのはどう？　アートは好きでしょ？⓫Ｍ：うん。アートはスポーツと同じくらい好きだよ。けど，ガイエン美術館？　知らないな。新しいの？⓬Ｓ：うん。セントラルパークの近くにオープンしたばかり。かっこよくて美しい作品をたくさん展示してるよ。私の友達の何人かは，その作品が本当に大好きなんだ。⓭Ｍ：わかった。よさそうだね。何時に開くの？⓮Ｓ：知らない。電話してきいてみる。調べたらメールするね。⓯Ｍ：うん，じゃあ後で！⓰彼らは通話を終え，スーザンは美術館に電話している。⓱美術館員(Mu)：ガイエン美術館です。どういったご用件でしょうか？⓲Ｓ：そちらが何時に開くか教えてくれますか？⓳Mu：営業時間は午前９時30分から午後９時までです。土曜日と日曜日のみ開館しております。⓴Ｓ：わかりました。ありがとうございます。明日行く予定なので，大丈夫です。入館料はいくらですか？㉑Mu：20ドルの寄付を提案させていただいております。㉒Ｓ：どういう意味ですか？㉓Mu：それはですね，美術館をご支援くださるよう，ご来館者様には20ドルお支払いいただくことを提案しておりますが，お決めになるのはご来館者様です。私たちは，アートを愛していても入館料を払う余裕のない方たちを拒みたくないのです。㉔Ｓ：なんて思いやりがあるんでしょう！　すばらしいシステムですね！㉕Mu：ありがとうございます。何か他にお力になれることがございますか？㉖Ｓ：いいえ。これで全部です。ありがとうございます。㉗Mu：お電話いただき，ありがとうございました。よい１日を！

問１＜文脈把握＞マイクはこの前で，試験のために勉強で忙しかったと言っている。そのためにずっと外に出られなかったから，試験が終わった今，外に出たいのだと考えられる。この内容に合うのは，③「マイクはしばらくの間，勉強していたから」。

問２＜語句解釈＞この前でスーザンは，週末の天気予報が雨だと言っていることから，スマートフォンで調べたのも天気のことだとわかる。その結果も同じ雨の予報だったということ。この内容を表すのは，④「週末は天気が悪いだろう」。本文中の it's going to rain が，選択肢では The weather will be bad と言い換えられている。

問３＜指示語＞この前でマイクが What time does it open？と尋ね，スーザンは知らないと言った後，電話をしてきくと言っているのだから，check するのは，①「ガイエン美術館の営業時間」だとわかる。　the business hours「営業時間」

問４＜語句解釈＞下線部の意味は，この直後でスーザンの「どういう意味ですか？」という質問を受けて美術館員が説明している。その説明内容に合うのは，②「20ドル払うように提案はされるが，払えなくても問題はない」。

問５＜内容一致＞「スーザンは(　　)，ガイエン美術館を訪れることを提案している」―③「おそらく雨だし，マイクはアートが好きなので」　第６～10段落参照。

問６＜内容真偽＞①「スーザンとマイクは毎日会っている」…×　２人はしばらく会っていない(第４段落第３文)。　②「スーザンはマイクがアートが好きだと知って驚いている」…×　スーザンはマイクがアートが好きだとすでに知っている(第10段落第２文)。　③「ガイエン美術館は月曜日から金曜日までは閉まっている」…○　開館は土曜日と日曜日のみ(第19段落第２文)。　④「スーザンは，自分たちには入館料が高すぎると心配している」…×　このような記述はない。

問７＜内容一致＞≪全訳≫今日は電話をくれてありがとう。美術館に電話して，営業時間を調べたわ。朝から夜まで開いているそうよ。それと，友達がたいてい昼前後は来館者がとても多いと言ってるから，午前９時30分に着くようにしない？　開いたらすぐに入るようにしようよ。朝９時にあなたの家に迎えに行く。それでいい？　また会えるのを楽しみにしているね。じゃあ明日ね！

＜解説＞Ａ．第19段落参照。営業時間は午前９時30分から午後９時まで。　　Ｂ．次の文で「開いたらすぐに入るようにしよう」と言っている。

5〔長文読解総合―物語〕

≪全訳≫1908年１月20日／日記さん❶今日は怖かった！　あのミッキー・ヒルという男の子が暖炉用にまきを持ってきて，変な顔をしたの。とてもおかしくて私は声を上げて笑ったけど，ちょうどそのときご主人様が私をごらんになったの！　とても怒っていらっしゃるようで，それからずっとそのことを気にしていたわ。❷日記さん，私はこういったことをあなたに話せるのがとてもうれしいわ。困っていることを書きとめると，その困りごとのひどさが減る気がするの。きっと何年もたってこれをもう一度読んだら，それは怖いことではなくておかしなことに思えるでしょうね。❸今朝，私の１日は５時30分に始まったわ。ベッドから飛び出して階段を駆け下り，エマが紅茶用にお湯を沸かしたかどうか確かめた。私たちのボス，メイド頭のマッグスさんは紅茶とトーストが６時に出てくるのがお好みなので，それは私が一番にしなくてはならないことなの。マッグスさんはいいよね！　でも他のみんなは朝食を８時まで待たなきゃいけないんだ。次に，私は掃除用具を集め，掃除の仕事を始めたわ。❹しばらくすると，他のメイドたち，エマ，ベティ，リリー，ハッティが朝食を食べる準備をしているのが聞こえた。彼女たちに加わりたかったけど，まだするべき掃除があったし，何も壊したくなかったので急ぐこともできなかったわ。(前に)ジューンという名前のメイドが奥様の花瓶をきれいにする仕事を与えられていたんだけど，１つ割ってしまったの。彼女はマッグスさんに花瓶が割れたことを伝えたけど，自分が割ったとは言わなかった。マッグスさんはもちろん見抜いて，ジューンは即刻解雇されたのよ！❺朝食後，マッグスさんは私に，ハッティとリリーを手伝って洗濯をするように言った。私はこの仕事が大好きなの！　石けんはとてもいい香りがするし，沸いているお湯は私たちを暖かく保ってくれる。洗濯が終わると，私たちは昼食のために食堂にいる他のメイドたちと合流した。またビーフシチューだった。肉は固かったけど，少なくともニンジンは新鮮だったわ。❻午後には，ボスデン卿ご夫妻のお嬢様たちのお世話をしているベティが私に，お嬢様たちの服を出すのを手伝ってと頼んできたの。彼女たちは湖まで乗馬をしていくことになっていた。ミッキー・ヒルがあの顔をして私が笑ったのは，ベティと私がお嬢様たちが馬で出かけていくのを見ていたそのときだったのよ。❼「で，お前は何を笑っているんだね？」と誰かが私の後ろで言うのが聞こえたわ。振り向くと，ご主人様がいらしたの！　とても怒っていらっしゃるようだったので，何と言っていいかわからなかった。それからご主人様は返事をお待ちにさえならずに立ち去られたの。❽お嬢様たちは乗馬からお戻りになると，階段を上がって客間へお茶を飲みに行かれたわ。終えられて，お茶のお盆が下げられてきたけど，スコーンがいくつか残っていた。コックのロージーが，ハッティ，リリー，そして私に１つずつくれたのよ！　ロージーは私たちに，マッグスさんに見つかる前に早くお食べと言ったわ。マッグスさんは私たちがスコーンを食べるのを絶対に許さなかった。彼女はとても厳しいから。❾夕食はキャベツのスープとパンだった。ふだんならキャベツのスープは大好きだけど，ご主人様のことを気にしていたので，食欲がなかった。間違っているとわかってはいるけど，私じゃなくてミッキーをとがめてくださればいいのにと思い続けていたわ。❿７時には，お嬢様たちが夕食のためにドレスをお召しになることになっていたの。私は彼女たちの寝室の外で控えていた。彼女たちのどなたかが何か，くしやリボンやピンを必要とされたときには，それを見つけるのが私の仕事だったの！⓫マッグスさんは，夕食が給仕されている間に少し休んでいいわよと言った。夕食中はキッチンがとても慌ただしくなるため，執事の行く手の邪魔になるのはまずい考えなの。9時30分に，ハッティ，リリー，私はキッチンの床を洗い，その後ようやくベッドに向かったの！⓬ちょうど私が階段を上がっているとき，ご主人様がいらっしゃったわ。心臓が止まりそうになり，とても怖かったけど，彼は優しくほほ笑んで「お休み，アミーリア」とおっしゃった。私はご主人様が好きよ！⓭日記さん，これで今日起きたことは全部書いたわ。きっと絶対に忘れない。いつかこれを私自身の子どもたちに読めればいいとさえ思う。私はなんてばかだったんだろうと，子どもたちは笑わないかしらね！

問1＜英文解釈＞下線部は「それは私が一番にしなくてはならないことだ」。この前の文にアミーリアが起きてすぐにすることが書かれている。この内容に合うのは，①「アミーリアはエマが紅茶用のお湯を沸かしているか確認する」。 see if ～「～かどうか確認する，調べる」

問2＜内容一致＞(1)「アミーリアによると，日記を書くのは(　　)ので彼女にとっていいことだ」―③「困りごとのひどさが減ると感じる」 第2段落第2文参照。 (2)「ジューンは(　　)ので職を失った」―④「自分が花瓶を割ったと言わなかった」 第4段落最後の3文参照。 be dismissed ≒ lose ～'s job (3)「アミーリアは，自分の未来の子どもたちは自分を笑うだろうと思った。(　　)からだ」―②「彼女はボスデン卿が怒っているように見えたことを一日中気にしていたのに，その必要はなかった」 本文は，ボスデン卿に「お前は何を笑っているんだ」と言われたことを一日中気にしていたアミーリアが，最後にボスデン卿に優しく声をかけられたことで，そんな必要はなかったということがわかったという内容である。

問3＜英問英答＞(1)「なぜアミーリアはボスデン卿のことを気にしていたのか」―④「彼女が声を上げて笑ったとき，彼が怒っているように見えたから」 第1段落および第6段落最終文～第7段落参照。①「彼女は自分が笑った理由を彼に言うことができず，彼は彼女を怒鳴りつけたから」は，後半が誤り。 (2)「なぜアミーリアは日記に『私はご主人様が好きだ』と書いたのか」―③「彼が結局は優しくて，お休みと言ってくれたから」 wished her good night は，「彼は彼女にお休みと言った」という意味。

問4＜要旨把握＞(ア)「ミッキーが変な顔をしたとき，アミーリアは笑い声を上げた」(第6段落最終文)／→(ウ)「ボスデン卿夫妻の娘たちは乗馬から戻り，お茶を楽しんだ」(第8段落第1文)／→(エ)「アミーリアはボスデン卿に会い，彼女が笑ったことを彼がもう気にしていないことを理解した」(第12段落第2文)／→(イ)「アミーリアは，1908年1月20日に日記をつけた」(第13段落第1文)

数学解答

1 (1)　ア…1　イ…5

(2)　ウ…5　エ…4　オ…3　カ…3
キ…6

(3)　ク…1　ケ…0　(4)　4

(5)　サ…4　シ…3

(6)　ス…1　セ…2　ソ…1　タ…2

(7)　チ…1　ツ…3　テ…3　ト…6

(8)　ナ…2　ニ…5

(9)　ヌ…1　ネ…1　ノ…7

(10)　ハ…1　ヒ…2　フ…5

2 (1)　ア…9　イ…0

(2)　ウ…4　エ…1

(3)　オ…1　カ…3　キ…8

3 (1)　ア…1　イ…4　ウ…3　エ…2

(2)　①　オ…1　カ…2　キ…1
ク…8

②　ケ…8　コ…5

4 (1)　5

(2)　イ…2　ウ…5　エ…5　オ…4

5 (1)　ア…2　イ…6　ウ…3

(2)　エ…8　オ…6　カ…9

1〔独立小問集合題〕

(1)＜数の計算＞$\sqrt{27}=\sqrt{3^2\times3}=3\sqrt{3}$，$\sqrt{20}=\sqrt{2^2\times5}=2\sqrt{5}$，$\sqrt{16}=\sqrt{4^2}=4$ だから，与式$=3\sqrt{3}\div\dfrac{3}{2\times2\sqrt{5}}\div4=3\sqrt{3}\times\dfrac{4\sqrt{5}}{3}\times\dfrac{1}{4}=\dfrac{3\sqrt{3}\times4\sqrt{5}\times1}{3\times4}=\sqrt{15}$ となる。

(2)＜式の計算＞与式$=(6a-12b)(a+2b)-(a+2\sqrt{3}b)^2=6(a-2b)(a+2b)-(a^2+4\sqrt{3}ab+12b^2)=6(a^2-4b^2)-a^2-4\sqrt{3}ab-12b^2=6a^2-24b^2-a^2-4\sqrt{3}ab-12b^2=5a^2-4\sqrt{3}ab-36b^2$ となる。

(3)＜場合の数＞0，1，3，5の4個の数字から異なる3個の数字を用いてつくる3けたの整数が5の倍数となるので，一の位の数字は0か5になる。一の位の数字が0の3けたの整数は，130，150，310，350，510，530の6個ある。一の位の数字が5の3けたの整数は，105，135，305，315の4個ある。よって，5の倍数である3けたの整数は6＋4＝10(個)できる。

(4)＜二次方程式―解の利用＞xの二次方程式$x^2+ax-6a^2=0$の解の1つが$x=-6$だから，解を方程式に代入して，$(-6)^2+a\times(-6)-6a^2=0$，$36-6a-6a^2=0$，$a^2+a-6=0$，$(a-2)(a+3)=0$となり，$a=2$，$-3$である。$a>0$より，$a=2$だから，二次方程式は，$x^2+2x-6\times2^2=0$，$x^2+2x-24=0$となる。これを解くと，$(x+6)(x-4)=0$より，$x=-6$，4となるので，もう1つの解は$x=4$である。

(5)＜一次方程式の応用＞正しい計算では，ある数xに3を加えてから6倍するので，$(x+3)\times6=6(x+3)$となる。間違った計算では，ある数xに6を加えてから3倍するので，$(x+6)\times3=3(x+6)$となる。間違った計算の結果が正しい計算の結果より4小さいことから，$3(x+6)=6(x+3)-4$が成り立つ。これを解くと，$3x+18=6x+18-4$，$-3x=-4$より，$x=\dfrac{4}{3}$となる。

(6)＜関数―直線の傾き＞2直線$y=ax+1$，$y=ax+2$は，$a>0$のとき右図1のようになり，$a<0$のとき右図2のようになる。図1，図2で，直線$y=ax+1$，直線$y=ax+2$とy軸の交点をそれぞれR，Sとする。切片がそれぞれ1，2なので，R(0，1)，S(0，2)であり，OR＝1，RS＝2－1＝1である。これより，OR＝RSである。また，傾きがともにaで等しいから，PR∥QSである。よって，OP＝PQ＝2となる。したがって，$a>0$のとき，図1で，$a=\dfrac{\mathrm{OR}}{\mathrm{OP}}=\dfrac{1}{2}$となり，$a<0$のとき，

図1

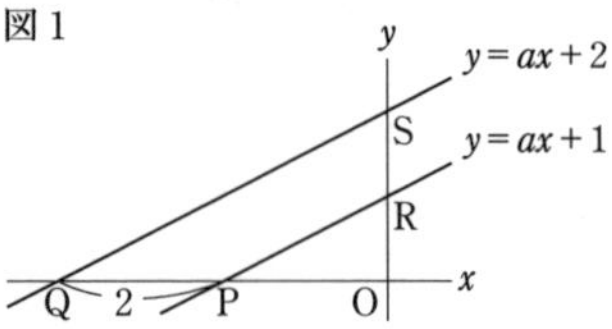

図2

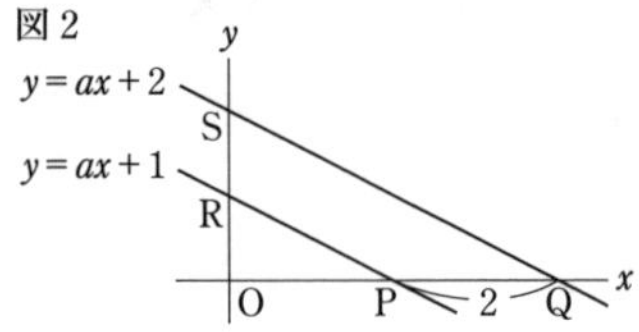

図2で，$a=-\frac{\mathrm{OR}}{\mathrm{OP}}=-\frac{1}{2}$となる。

(7)＜確率—さいころ＞大小2個のさいころを同時に投げるとき，それぞれ6通りの目の出方があるから，目の出方は，全部で$6\times6=36$(通り)あり，a，bの組も36通りある。このうち，右図3で，放物線$y=\frac{1}{6}x^2$上または放物線$y=\frac{1}{6}x^2$の下側に点$(a,\ b)$があるのは，$a=1$のとき，$y=\frac{1}{6}\times1^2=\frac{1}{6}$より，$0<b\leqq\frac{1}{6}$だから，適する$b$はない。$a=2$のとき，$y=\frac{1}{6}\times2^2=\frac{2}{3}$より，$0<b\leqq\frac{2}{3}$だから，適する$b$はない。$a=3$のとき，$y=\frac{1}{6}\times3^2=\frac{3}{2}$より，$0<b\leqq\frac{3}{2}$だから，$b=1$の1通りある。以下同様にして，$a=4$のとき，$y=\frac{1}{6}\times4^2=\frac{8}{3}$より，$b=1$，2の2通りある。$a=5$のとき，$y=\frac{1}{6}\times5^2=\frac{25}{6}$より，$b=1$，2，3，4の4通りある。$a=6$のとき，$y=\frac{1}{6}\times6^2=6$より，$b=1$，2，3，4，5，6の6通りある。以上より，点$(a,\ b)$が放物線$y=\frac{1}{6}x^2$上または放物線$y=\frac{1}{6}x^2$の下側となる$a$，$b$の組は$1+2+4+6=13$(通り)あるから，求める確率は$\frac{13}{36}$である。

図3

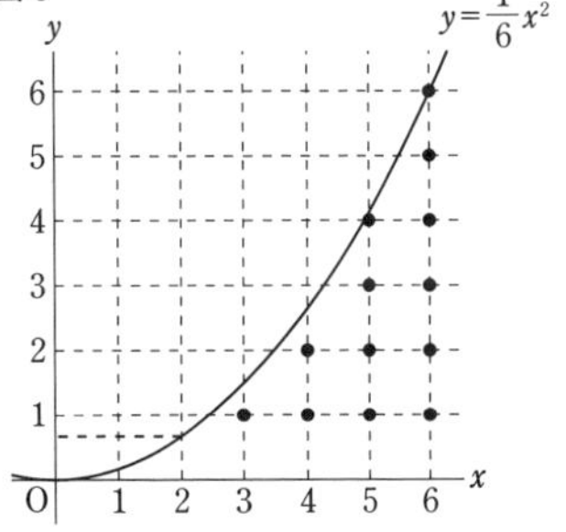

(8)＜データの活用—相対度数＞度数の合計が20人で，0点以上10点未満の階級の相対度数は0.05だから，この階級の度数は，$20\times0.05=1$(人)となる。同様にして，20点以上30点未満の階級の相対度数は0.40だから，度数は，$20\times0.4=8$(人)となる。よって，30点以上40点未満の階級の度数は，$20-(1+4+8+2)=20-15=5$(人)となるから，相対度数xは，$x=5\div20=0.25$である。

(9)＜平面図形—角度＞右図4のように，6点A～Fを定め，2点E，Fを結ぶ。点Bを含む$\overset{\frown}{\mathrm{AF}}$に対する中心角は$360^\circ-\angle\mathrm{AO_1F}=360^\circ-126^\circ=234^\circ$だから，この弧に対する円周角と中心角の関係より，$\angle\mathrm{AEF}=\frac{1}{2}\times234^\circ=117^\circ$となる。これより，$\angle\mathrm{CEF}=180^\circ-\angle\mathrm{AEF}=180^\circ-117^\circ=63^\circ$である。次に，点$\mathrm{O_2}$と2点C，Fを結ぶ。$\overset{\frown}{\mathrm{CF}}$に対する円周角と中心角の関係より，$\angle\mathrm{CO_2F}=2\angle\mathrm{CEF}=2\times63^\circ=126^\circ$となる。よって，点Eを含む$\overset{\frown}{\mathrm{CF}}$に対する中心角は$360^\circ-\angle\mathrm{CO_2F}=360^\circ-126^\circ=234^\circ$となるから，この弧に対する円周角と中心角の関係より，$\angle x=\frac{1}{2}\times234^\circ=117^\circ$となる。

図4

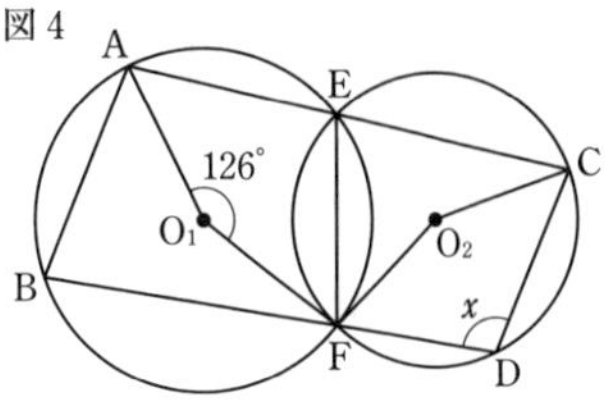

(10)＜平面図形—面積比＞右図5で，四角形ABCDは平行四辺形だから，$\triangle\mathrm{CDA}=\triangle\mathrm{ABC}=\frac{1}{2}\square\mathrm{ABCD}=\frac{1}{2}S_1$である。$\mathrm{AE}:\mathrm{EC}=2:1$より，$\triangle\mathrm{DAE}:\triangle\mathrm{DEC}=2:1$だから，$\triangle\mathrm{DEC}=\frac{1}{2+1}\triangle\mathrm{CDA}=\frac{1}{3}\times\frac{1}{2}S_1=\frac{1}{6}S_1$となる。また，$\mathrm{AD}/\!/\mathrm{BC}$より，$\mathrm{DE}:\mathrm{EF}=\mathrm{AE}:\mathrm{EC}=2:1$となるので，$\triangle\mathrm{DEC}:\triangle\mathrm{CEF}=2:1$である。これより，$\triangle\mathrm{CEF}=\frac{1}{2}\triangle\mathrm{DEC}=\frac{1}{2}\times\frac{1}{6}S_1=\frac{1}{12}S_1$となる。よって，$S_2=$〔四角形ABFE〕$-\triangle\mathrm{ABC}-\triangle\mathrm{CEF}=\frac{1}{2}S_1-\frac{1}{12}S_1=\frac{5}{12}S_1$となるので，$\frac{S_1}{S_2}=S_1\div S_2=S_1\div\frac{5}{12}S_1=\frac{12}{5}$である。

図5

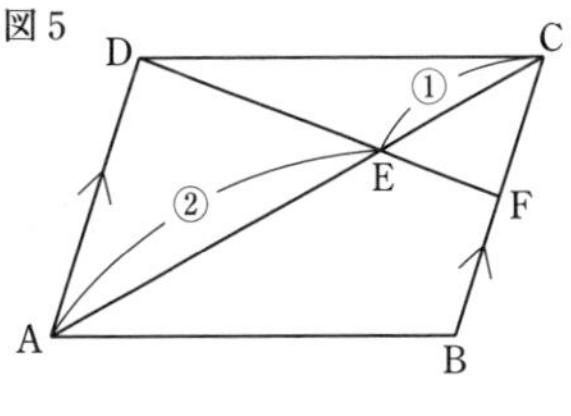

2〔特殊・新傾向問題—規則性〕

(1)＜書かれる自然数＞p のマス目に書かれる自然数は，1枚目が1，2枚目が5，3枚目が9だから，$5-1=4$，$9-5=4$ より，4ずつ増えている。よって，4枚目は $9+4=13$，5枚目は $13+4=17$ となり，6枚目は $17+4=21$ となる。これより，6枚目の p，q，r，s のマス目に書かれる自然数はそれぞれ，21，22，23，24となるので，Xのマス目に書かれる自然数は，$21+22+23+24=90$ である。

(2)＜文字式の利用＞(1)より，p のマス目に書かれる自然数は1枚目が1で，2枚目以降は4ずつ増えるので，$n+1$ 枚目の p のマス目に書かれる自然数は，$1+4\times(n+1-1)=4n+1$ と表せる。

(3)＜二次方程式の応用＞(2)より，$n+1$ 枚目の p のマス目に書かれる自然数は $4n+1$ なので，r のマス目に書かれる自然数は $(4n+1)+2=4n+3$ となり，Bのマス目に書かれる自然数は，$(4n+1)+(4n+3)=8n+4$ となる。また，n 枚目の p のマス目に書かれる自然数は $1+4(n-1)=4n-3$ なので，r のマス目に書かれる自然数は $(4n-3)+2=4n-1$ となり，Bのマス目に書かれる自然数は，$(4n-3)+(4n-1)=8n-4$ となる。n 枚目のBのマス目に書かれる自然数と $n+1$ 枚目のBのマス目に書かれる自然数の積が5168なので，$(8n-4)(8n+4)=5168$ が成り立つ。これを解くと，$4(2n-1)\times4(2n+1)=5168$，$(2n-1)(2n+1)=323$，$4n^2-1=323$，$4n^2=324$，$n^2=81$ より，$n=\pm9$ となる。$n>0$ なので，$n=9$ である。よって，n 枚目は，p のマス目に書かれる自然数が $4n-3=4\times9-3=33$ より，q，r，s のマス目に書かれる自然数はそれぞれ，34，35，36となり，Xのマス目に書かれる自然数は $33+34+35+36=138$ となる。

3 〔関数—関数 $y=ax^2$ と一次関数のグラフ〕

(1)＜面積の変域＞右図1で，2点A，Bは放物線 $y=\frac{1}{2}x^2$ と直線 $y=8$ の交点なので，$8=\frac{1}{2}x^2$，$x^2=16$ より，$x=\pm4$ となり，A$(-4,\ 8)$，B$(4,\ 8)$ である。これより，$AB=4-(-4)=8$ となる。また，点Pは放物線 $y=\frac{1}{2}x^2$ 上にあり，x 座標が a なので，$y=\frac{1}{2}a^2$ となり，P$\left(a,\ \frac{1}{2}a^2\right)$ と表せる。a の変域が $-3\leqq a\leqq2$ なので，点Pの y 座標は，絶対値が最大の $a=-3$ のとき最大で，$\frac{1}{2}a^2=\frac{1}{2}\times(-3)^2=\frac{9}{2}$ となり，絶対値が最小の $a=0$ のとき最小で，$\frac{1}{2}a^2=\frac{1}{2}\times0=0$ である。△ABPは，$AB=8$ を底辺と見ると，高さが最小になるのは，点Pの y 座標が最大のときで，その高さは $8-\frac{9}{2}=\frac{7}{2}$ である。高さが最大になるのは，点Pの y 座標が最小のときで，その高さは8である。よって，△ABPの面積 b の最小値は $b=\frac{1}{2}\times8\times\frac{7}{2}=14$，最大値は $b=\frac{1}{2}\times8\times8=32$ だから，b の変域は，$14\leqq b\leqq32$ となる。

図1

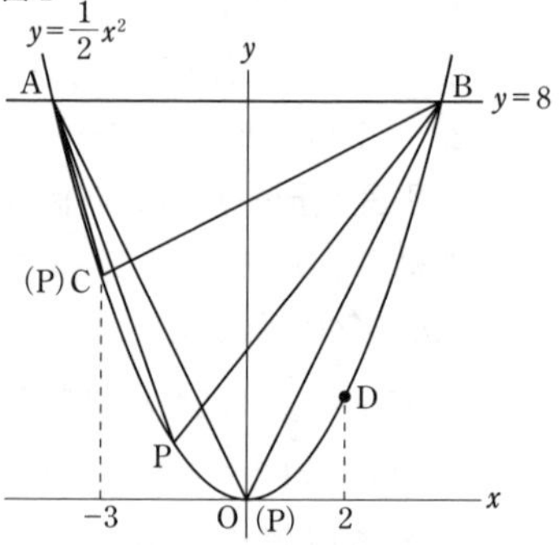

(2)＜座標，面積比＞①右図2で，△MBQ，△MCPの底辺をそれぞれQM，PMと見ると，QM＝PMだから，△MBQ＝△MCPのとき，高さが等しくなる。点Bの x 座標は4，点Cの x 座標は -3 だから，△MBQの高さは $4-a$，△MCPの高さは $a-(-3)=a+3$ と表せ，$4-a=a+3$ が成り立つ。これを解くと，$a=\frac{1}{2}$ となる。点Pの y 座標は $\frac{1}{2}a^2=\frac{1}{2}\times\left(\frac{1}{2}\right)^2=\frac{1}{8}$ となるので，P$\left(\frac{1}{2},\ \frac{1}{8}\right)$ である。　②図2で，$QM=PM=d$ とすると，$S=$△ABM$=\frac{1}{2}\times AB\times QM=\frac{1}{2}\times8\times d=4d$ と表せる。また，PMを底辺と見ると，点Dの x 座標が2だから，△PDMの高さは $2-a$

図2

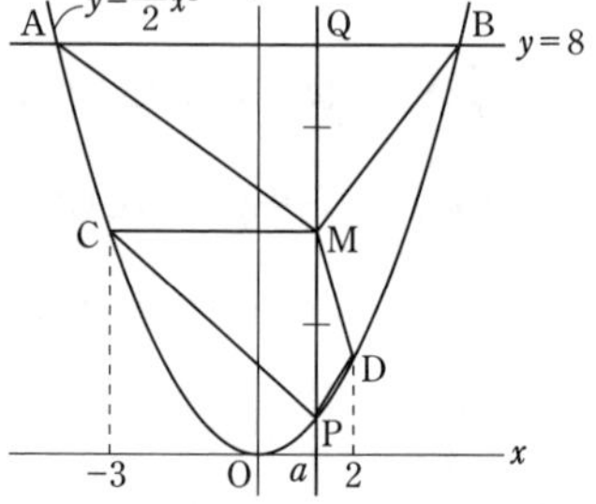

となり，①より，△MCPの高さは$a+3$である。これより，T=〔四角形PDMC〕=△PDM+△MCP$=\frac{1}{2}\times d\times(2-a)+\frac{1}{2}\times d\times(a+3)=\frac{5}{2}d$となる。よって，$\frac{S}{T}=S\div T=4d\div\frac{5}{2}d=\frac{8}{5}$となる。

4〔平面図形―円と直線〕

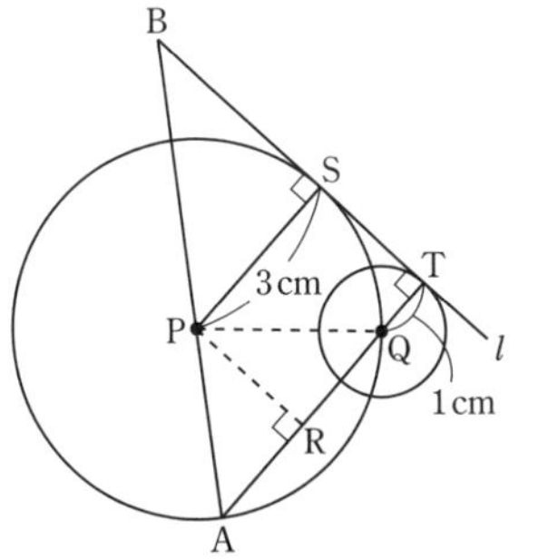

(1)<長さ>右図で，2点P，Qを結び，点Pから線分ATに垂線PRを引く。直線lが円P，円Qの接線より，∠PST=∠QTS=90°だから，四角形PRTSは長方形になり，RT=PS=3，QR=RT−QT=3−1=2となる。また，△PAQはPA=PQの二等辺三角形だから，PR⊥AQより，AR=QR=2となる。よって，AT=AR+RT=2+3=5(cm)である。

(2)<面積>右図で，△APRで三平方の定理より，PR$=\sqrt{\mathrm{PA}^2-\mathrm{AR}^2}=\sqrt{3^2-2^2}=\sqrt{5}$となるので，△APR$=\frac{1}{2}\times$AR×PR$=\frac{1}{2}\times 2\times\sqrt{5}=\sqrt{5}$である。また，∠PAR=∠BAT，∠PRA=∠BTA=90°より，△APR∽△ABTである。相似比はAR：AT=2：5だから，△APR：△ABT$=2^2:5^2=4:25$となる。よって，△ABT$=\frac{25}{4}$△APR$=\frac{25}{4}\times\sqrt{5}=\frac{25\sqrt{5}}{4}$(cm²)である。

5〔空間図形―正四角錐〕

図1

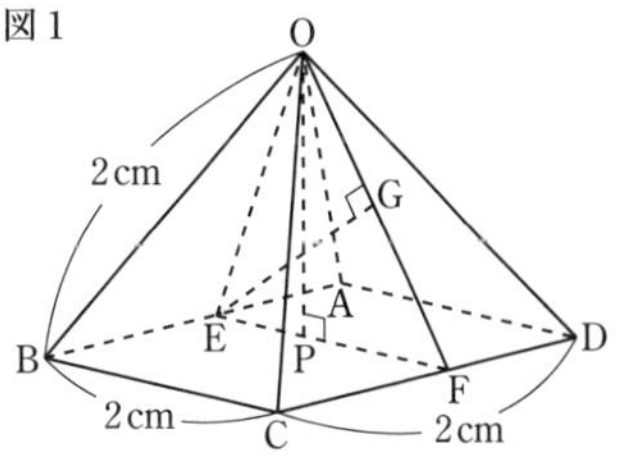

(1)<長さ>右図1で，点Oと点E，点Eと点Fをそれぞれ結ぶ。△OCDは1辺が2cmの正三角形で，点Fは辺CDの中点だから，OF⊥CDとなり，△OCFは3辺の比が$1:2:\sqrt{3}$の直角三角形である。よって，OF$=\frac{\sqrt{3}}{2}$OC$=\frac{\sqrt{3}}{2}\times 2=\sqrt{3}$となる。同様に，OE$=\sqrt{3}$となり，EF=BC=2となる。△OEFはOE=OFの二等辺三角形だから，点OからEFに垂線OPを引くと，点Pは線分EFの中点になり，EP$=\frac{1}{2}$EF$=\frac{1}{2}\times 2=1$となる。△OEPで三平方の定理より，OP$=\sqrt{\mathrm{OE}^2-\mathrm{EP}^2}=\sqrt{(\sqrt{3})^2-1^2}=\sqrt{2}$となるので，△OEF$=\frac{1}{2}\times$EF×OP$=\frac{1}{2}\times 2\times\sqrt{2}=\sqrt{2}$となる。また，△OEFは，底辺をOF$=\sqrt{3}$と見ると，高さは線分EGの長さとなる。したがって，△OEFの面積について，$\frac{1}{2}\times\sqrt{3}\times$EG$=\sqrt{2}$が成り立ち，EG$=\frac{2\sqrt{6}}{3}$(cm)である。

図2

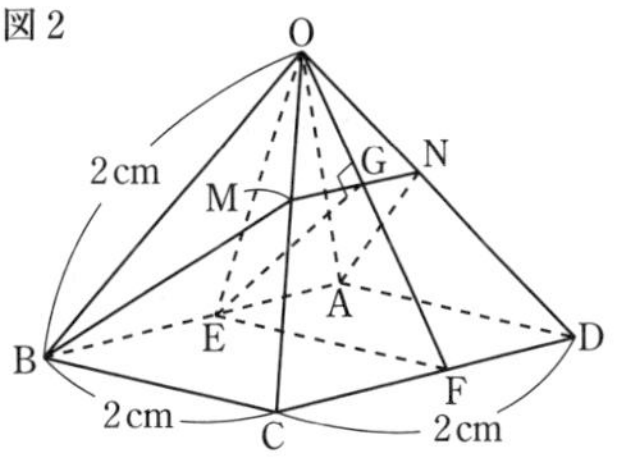

(2)<面積>右図2で，MN∥CD，CD∥BAより，MN∥BAとなるので，四角形ABMNは台形となる。また，OE⊥BA，EF⊥BAより，BA⊥〔面OEF〕となるから，EG⊥BAとなり，台形ABMNの高さは線分EGの長さとなる。△OEGで三平方の定理より，OG$=\sqrt{\mathrm{OE}^2-\mathrm{EG}^2}=\sqrt{(\sqrt{3})^2-\left(\frac{2\sqrt{6}}{3}\right)^2}=\sqrt{\frac{3}{9}}=\frac{\sqrt{3}}{3}$となるので，OG：OF$=\frac{\sqrt{3}}{3}:\sqrt{3}=1:3$である。△OMN∽△OCDであるから，MN：CD=OG：OF=1：3となり，MN$=\frac{1}{3}$CD$=\frac{1}{3}\times 2=\frac{2}{3}$となる。よって，〔台形ABMN〕$=\frac{1}{2}\times$(MN+BA)×EG$=\frac{1}{2}\times\left(\frac{2}{3}+2\right)\times\frac{2\sqrt{6}}{3}=\frac{8\sqrt{6}}{9}$(cm²)である。

2022年度／国学院高等学校（一般第３回）

国語解答

一　問一　X…④　Y…③　問二　③
問三　①　問四　②　問五　④
問六　①　問七　③　問八　②

二　問一　②　問二　②　問三　④
問四　④　問五　①　問六　④
問七　①

三　問一　Ⅰ…②　Ⅱ…③　Ⅲ…④
問二　①　問三　③　問四　④
問五　④　問六　②

四　(1)　①　(2)　④　(3)　⑤　(4)　②
(5)　③　(6)　③　(7)　②　(8)　①

一〔論説文の読解—社会学的分野—情報〕出典；荻上チキ『検証　東日本大震災の流言・デマ』。

≪本文の概要≫東日本大震災の際には，救援を促すための流言やデマが非常に多く出回った。そうした流言やデマの拡散に加担してしまったのが，多数の情報ボランティア志願者の存在である。彼らの善意に基づく行動が，ニセ情報や流言を広めてしまうこともあった。もう一つ気になった現象として，ボランティアに参加した人が，自分が見聞きした不確かな情報をもとに，これこそが真実だと思い込んで批判の声をあげたことがある。レベッカ・ソルニットは，大災害が生じた際，「災害ユートピア」が出現すると指摘している。それをもじれば，震災直後の日本には，「災害カーニバル」とでも呼ぶべきムードがあったのではないか。災害後に，エリートたちが，貧困者やマイノリティが秩序を破壊するのではないかと恐れて，冷静さを欠いた行動を取ることがある。安全なところにいるはずの情報ボランティアたちの中には，自分たちの守りたい秩序を「邪魔している人びと」への猜疑心を感じている人もおり，それが，他者を攻撃するような流言の一つの温床になっていたようにも思える。

問一＜文章内容＞X.「情報のバケツリレーによって命を救えた！　ネットすごい！　ツイッターすごい！」というような，感心すべき行いについての美しい話に「飢えているような人」もいただろう(…前)。しかし，「災害時に必要」なのは，一過性の美しい話ではなく(…後)，「具体的な経験と効果」である。　Y.「安全なところにいるはずの情報ボランティアたちが，冷静さを欠いた情報拡散を行っていた背景」には，エリートたちと同じように，「有用な情報を叫ばなくてはならない」という，社会を導く特権者としての意識のようなものがあったのかもしれない。

問二＜接続語＞a．震災直後，多くの人々が，「重要な情報を提供してまわることで，危ない火を消そう，パニックの火を消そう，と熱心に情報をリレー」していたが，「多くの人が，手にしたバケツの中身を吟味せず，次から次へとひたすらにリレーして」いけば，ときには，「火の勢いを拡大してしまうこと」にもなりかねない(…○)。　b．「ボランティアに行った人が，現地で懸命に活動すること自体は素晴らしいこと」だが，「ボランティアもまた，その善意ではなく効果によって評価されるべき」である(…○)。　c．「台風や雪といった稀有な天候の際にも，どことなく気持ちが高ぶったまま，そうした『異常な状態』が長続きすることを心のどこかで願ったりすること」があるように，「災害時でもそれは同じ」なのである(…×)。　d．「『情報のバケツリレーによって命を救えた！　ネットすごい！　ツイッターすごい！』というような美談に飢えているような人も，中にはいた」だろうが，「災害時に必要なのは，一過性の美談ではなく，次世代にも継承可能な具体的な経験と効果」である(…○)。

問三＜文脈＞多くの人々が，熱心に「情報のバケツリレー」を行っていると，「そのバケツの中に，まったく効果のないニセ情報，あるいは不安を拡大させたりもする可燃物のような流言が混ざっていること」がある。「情報のバケツリレーそのものは大事な役割」なので，「否定されるべきでは」ないが，「問題は，その精度をどのようにして上げるのか，という課題が残されたこと」である。

問四＜文章内容＞「情報ボランティア志願者」は，「気になった情報が飛び込んできたら，すぐにリツイートして拡散」し，「自分のところに届いたチェーンメールを，よかれと思って大人数に転送」し，「『拡散希望』という情報が手に入ったら，細かく吟味せずに拡散」した。それは，「少しでも重要な情報を周囲に発信しようという，善意に基づいた行動」だったが，ニセ情報や流言を拡散しかねないという「危険な面も含んで」いたのである。

問五＜文章内容＞「ボランティアに参加した人などが，自分が見聞きした不確かな情報を元」に，さまざまな「批判の声をあげるような場面」が数多くあった。そのような意見は，「当事者性を帯びることによって『真実味』が水増しされ，独り歩きをしていく」可能性がある。このような現象に対しては，当事者だからといって，その発言をそのまま信用せず，冷静に吟味し，「裏をとるという作業が必要」なのである。

問六＜表現＞「ボランティアズ・ハイ」とは，ボランティアが，「実際に現地に入って活動をすると，『自分は渦中にいる』という高揚感のようなものが生まれ，ほかの人よりも情報を持っている，それを大声で誰かに伝えたい，という感情が芽生えること」である。震災直後の日本には，「ボランティアズ・ハイ」とよく似た，「『祝祭＝カーニバル』の際に，人びとの気持ちが高揚するのと同じよう」な「災害カーニバル」とでも呼ぶべきムードが生まれ，「『異常な状態』が長続きすることを心のどこかで願ったりする」ような風潮が見られたのである。

問七＜主題＞東日本大震災の際には，懸命に情報発信しようとする人が多数現れたが，「災害時に必要なのは，一過性の美談ではなく，次世代にも継承可能な具体的な経験と効果」なのである。

問八＜文章内容＞「刹那的」は，一時的な享楽にふけるさま。「刹那的な災害ユートピア」とは，大災害が生じた際に現れる，「相互扶助的に助け合おう」とする善意にあふれた世界のことである。一見すばらしい世界に思われるが，一過性のものであり，その善意も，どれだけ効果があったのかわからないという問題がある（…Ｄ）。「情報ディストピア」とは，情報を発信する人々が，「自分が守りたい秩序」を「邪魔している人びと」への猜疑心を抱き，「他者を攻撃するような流言」を拡散する世界のことである（…Ａ）。

二〔小説の読解〕出典；吉本ばなな『TUGUMI』。

問一＜文章内容＞「私」たちは，「TVが終わったのが悲しくて散歩に出た」が，歩いているうちに，「すっかりそれを忘れて」しまい，「木立ががさがさ風にゆれる夜中の峠」の様子に夢中になり，「わくわくしながら歩いて」いった。浜に着くと，「暗い海が目の前にぼんやりゆれて」おり，「私たちの町の灯が，はるか遠くにかすかに，かげろうのように光って」いた。それを見て，つぐみは，「なんかここ，あの世みたい」と言い，「私」と陽子ちゃんもそれに同意した。「私」たちは，山道を歩くうちに，しだいに興奮していったが，浜に着くと，「町の灯」を見て，辺りの神秘的な雰囲気から，自分たちが見ている景色を「あの世」に重ね合わせていたのである。

問二＜心情＞「私」は，つぐみのわがままな態度にあきれてはいたが，つぐみが，「私」と同じく「隣町まで行っちゃった時」のことを思い出していたことを知ったため，いい気分になったのである。

問三＜表現＞「つぐみと私が同じことを思っていた」夜を「宝石」にたとえることで，その夜に感じた「ひと夜限りの気分」が，美しく，すばらしいものとして描かれている。

問四＜慣用句＞「息をひそめる」は，周りの人に存在を気づかれないように，呼吸の音を抑える，という意味。

問五＜表現＞つぐみが，「夜，外で飲む飲み物って，なんでこんなにうまいんだろう」とつぶやいたので，「私」は，「つぐみは，そういうことを大事にしているんだね」と言った。つぐみが直ちにそれを否定したのは，「私」がつぐみにはそういう感情があると言ったと思ったからである。しかし，

「私」は，「情緒の問題」ではなく，外からの刺激を受け取る感覚の問題として，それを指摘したのである。

問六＜文章内容＞つぐみは，世間の常識にとらわれずに，自分の思うがままに振る舞う性格の持ち主である(…Ⅰ)。その一方で，「つぐみは，そういうことを大事にしているんだね」という「私」の言葉について，よく考えてから，「私」が本当に言おうとしたことをくみ取ろうとするなど，人を思いやる気持ちも備えている(…Ⅱ)。

問七＜表現＞「幽霊のように」や「かげろうのように」などの表現によって，浜辺の寂しげでどこか不気味な様子や，「町の灯」が不安定にゆらめいている様子を，「私」たちが神秘的だと感じたことが描かれている。また，「泡のような」や「宝石のように」などの表現によって，「私」の寝つかれない夜の状態や，つぐみが同じことを思っていたことをすばらしいものと感じていることなどが，鮮やかに示されている。

三〔随筆の読解―芸術・文学・言語学的分野―文学〕出典；嵐山光三郎『芭蕉紀行』／〔古文の読解―紀行〕出典；松尾芭蕉『おくのほそ道』。

問一．Ⅰ＜俳句の技法＞「切れ字」は，俳句などで，句の切れ目に用いる助詞・助動詞のことで，や，かな，けりなどがある。「行春や」の「や」が，切れ字である。　Ⅱ＜俳句の技法＞「行春」は，春の季語で，まさに過ぎ去ろうとしている春のこと。　Ⅲ＜俳句の内容理解＞「行春や」の句の「魚」は，「杉風」のことであり，目に涙を浮かべて芭蕉を見送る杉風の姿を描くことで，芭蕉は別れの情景を描いたのだと，文章１では解釈されている。

問二＜古典の知識＞旧暦の月の異名は，一月から順に，睦月，如月，弥生，卯月，皐月，水無月，文月，葉月，長月，神無月，霜月，師走となる。

問三＜古典の知識＞古文で，「花」といえば，ほぼ桜の花のことである。ただし，『万葉集』や『古今和歌集』では，梅の花を指すことが多い。

問四＜古文の内容理解＞冒頭の「出立の風光には，三途の川の薄あかりのなかを，ゆらゆらと舟に乗って，彼岸に上陸する気配」がある。ここで，芭蕉は，「浄土彷徨序幕の甘美で抒情的なガイドをしつつ，句では，ぴしゃりと甘えをはねつけ」ている。

問五＜古語＞「後《うしろ》かげ」は，去っていく人の後ろ姿のこと。

問六＜文章内容＞文章１の筆者は，『おくのほそ道』の文章は，「和文，漢文を配しつつ練りに練った破格の構成」だとしている。「空朧々」「前途三千里」「離別の泪」のような漢語と「ひかりおさまれる」「心ぼそし」「むつましきかぎり」のような和語が，同じ文章の中に巧みに配分されている。また，「行春や」の句は，陶淵明の「帰田園居」がふまえられていると考えられ，出立の場面は，抒情的で，なおかつ品格のある文章になっている。

四〔漢字〕

(1)「克服」と書く。①は「克明」，②は「深刻」，③は「雑穀」，④は「上告」，⑤は「過酷」。　(2)「貨物」と書く。①は「寸暇」，②は「転嫁」，③は「家財」，④は「雑貨」，⑤は「過大」。　(3)「忠告」と書く。①は「仲介」，②は「駐車」，③は「抽出」，④は「折衷」，⑤は「忠誠」。　(4)「契機」と書く。①は「啓蒙」，②は「契約」，③は「家系」，④は「形勢」，⑤は「景品」。　(5)「融和」と書く。①は「有数」，②は「余裕」，③は「金融」，④は「優勢」，⑤は「勧誘」。　(6)「模索」と書く。①は「策略」，②は「錯誤」，③は「索引」，④は「削減」，⑤は「昨夜」。　(7)「荘厳」と書く。①は「情操」，②は「別荘」，③は「総括」，④は「高層」，⑤は「伴奏」。　(8)「看過」と書く。①は「過渡」，②は「課題」，③は「家事」，④は「災禍」，⑤は「許可」。

2022年度　国学院高等学校（推薦）

【英　語】（30分）〈満点（推定）：50点〉

1　次の英文は，車いすを使って生活している10歳の男の子Mikeが，新しい学校に転校してからの様子を描いている。本文を読み，後の問に答えなさい。

Now Mike is at a new school. Here Mike needs help with some things. The *cartons of milk in the cafeteria are too far away (1) Mike to reach. Mike also needs help with all the doors. At first he was afraid to ask anyone for help. Everyone seemed to *stare at him.

On the first day of school a boy (1)(name) Randy took Mike's orange baseball hat and ran away with it. Mike *hated his new school.

When Mike told his dad about it, his dad said, "It's not easy, is it, Mike? You have to live with all kinds of people. A good place to start (2) about them is in school." Mike said, "I will still go, but I won't like it."

Mike's teacher, Mrs. Kocher, probably noticed his (3) face, because one day she asked Mike to stay after school.

"Mike," she said, "you don't like this school very much, do you?"

"I sure don't, Mrs. Kocher," Mike said. "I'm the only kid in a *wheelchair. I feel so different."

"*I'll bet you do," Mrs. Kocher said. "We need (2)(show) the other kids the ways you're not so different. I have (あ)an idea. What can you do especially well?"

"Well, I'm really good at *checkers," said Mike. "I play with my father almost every day, and I'm good at *arm wrestling."

"Arm wrestling?" said Mrs. Kocher. "That *might be perfect. We could have a contest. There are some pretty strong kids in this class, especially Randy."

"I'm sure I could win if you'd just give me a chance," Mike said.

"Okay. Try arm-wrestling me first," said Mrs. Kocher.

(い)It (①didn't / ②for / ③Mike / ④push / ⑤take long / ⑥to) Mrs. Kocher's arm to the table. Mrs. Kocher looked a little surprised. Then she *winked at Mike. "Arm wrestling it is then," she said with a smile.

The next day when all the children were at their desks, Mrs. Kocher asked, "(4) would like to have an arm-wrestling contest today?" Everyone in the room raised their hands quickly.

"Good. Susan and Mary, would you like to start?" Susan and Mary sat at the table and looked at (5) other. They put their *elbows on the table and locked hands. "One, two, three, go!" Mrs. Kocher said.

Each person *took a turn and fought with the winner. Randy won his first match easily. He won every match after that, too. Finally everyone had taken a turn and Randy was still at the table.

"Now it's your turn, Mike. Would you like to try?" asked Mrs. Kocher.

"Arm wrestle him?" Randy said. "But I'll probably hurt him."

"Just try me," Mike said. He was *nervous, but he smiled at Randy.

At first Randy looked like he was afraid to touch Mike. Then they locked hands and put their elbows on the table. "One, two, three, go!" Mrs. Kocher said.

Then Mike pushed Randy's arm down to the table in a second. Randy looked surprised. "I just didn't want to hurt you," Randy said. "Let's do that again."

(う)The second time was a little harder, but Mike finally pushed Randy's arm over again. Mike had a warm feeling inside. He felt scared, too. *What if Randy was *mad at him for winning?

"My arms are really strong from pushing my wheelchair around," Mike told Randy.

"*No kidding," said Randy.

"It looks like the arm-wrestling (6) of this class is Mike Stevens," Mrs.

Kocher announced. "Tomorrow we'll have a checkers contest."

At the end of the day Randy walked over to Mike and said, "I think you're good at checkers, too?"

"I'm okay," said Mike. "At my old school we played checkers every day."

"Well, you won the arm-wrestling contest, but I play checkers with my sister. I always win." Randy went to meet his friends.

The next day in the cafeteria Susan sat down (7) Mike. "Want a push back to the room?" she asked.

"Thanks, but I can push myself," answered Mike. "I wouldn't mind some *company, though."

"(え)Are (①at / ②enough / ③good / ④to / ⑤win / ⑥you) checkers, too?" Susan asked.

"I'm sure going to try," said Mike.

The checkers contest started right after lunch. Mike thought about every move he made. Finally it was just Mike and Randy. Then it was over, and Mrs. Kocher announced the winner. "Mike Stevens is our checkers champion. You gave him a good battle though, Randy." She smiled at both of them. Randy was smiling, too.

"What else can you do?" Randy asked Mike.

(注)
*carton 箱
*stare at ～ ～をじろじろ見る
*hate ～ ～を嫌う
*wheelchair 車いす
*I'll bet ～ きっと～
*checkers チェッカー(チェス盤上でプレーヤー2人がそれぞれ12のこまを用いて競うゲーム)
*arm wrestling 腕ずもう
*might ～ ～かもしれない
*wink ウインクする
*elbow ひじ
*take a turn 交代する
*nervous 緊張して

*what if ～　～ならどうしよう　*mad　怒って
*no kidding　まさか　*company　同行

問1　空所(　1　)～(　7　)に入れるのに最も適切なものをそれぞれ次の①～④から1つずつ選び，指定された解答欄に番号をマークしなさい。

(　1　)	① at	② for	③ in	④ to
(　2　)	① learning	② telling	③ walking	④ living
(　3　)	① happy	② satisfied	③ sad	④ surprised
(　4　)	① Where	② Who	③ What	④ When
(　5　)	① each	② some	③ every	④ any
(　6　)	① loser	② actor	③ champion	④ guest
(　7　)	① beside	② during	③ into	④ among

問2　下線部(1)，(2)の(　　　)内の動詞をそれぞれ文脈に合うように形を変えたとき，適切なものをそれぞれ次の①～④から1つずつ選び，指定された解答欄に番号をマークしなさい。

(　1　)	① names	② named	③ naming	④ to name
(　2　)	① shows	② showed	③ shown	④ to show

問3　下線部(あ)の内容として最も適切なものを次の①～⑤から選び，指定された解答欄に番号をマークしなさい。

① Mikeの得意なことをクラス全員でやってみるということ。
② Mikeとクラスメートとの違いをはっきりさせるということ。
③ クラスメートの得意なことをMikeに見せるということ。
④ クラスメートに車いすの使い方を教えるということ。
⑤ Mikeと2人で放課後，話をするということ。

問 4　下線部(い), (え)がそれぞれ次の日本語の意味になるように(　　　)内の語 (句) を並べ替えたとき, (　　　)内で 3 番目と 5 番目に来るものを選び, 指定された解答欄に番号をマークしなさい。

(い) Mike が Mrs. Kocher の腕をテーブルに押し倒すのに, 長くかからなかった。

(え) あなたは優勝できるくらい, チェッカーも得意なの?

問 5　下線部(う)を具体的に説明する文として, 最も適切なものを次の①～⑤から選び, 指定された解答欄に番号をマークしなさい。

① Randy が Mike に怪我を負わせてしまったということ。

② Randy が Mike に勝利したということ。

③ 最初の試合と比べてなかなか決着がつかなかったということ。

④ 周りの生徒がより一生懸命応援したということ。

⑤ Randy を怒らせたことに, Mike が満足したということ。

問 6　次の(1), (2)の質問に対する最も適切な答えをそれぞれ後の①～④から 1 つずつ選び, 指定された解答欄に番号をマークしなさい。

(1)　Why did Mike feel so different in his new school?

① Because the other kids didn't use wheelchairs.

② Because a lot of students had their own wheelchairs.

③ Because every student laughed at him.

④ Because Mrs. Kocher told him that he was different.

(2) What happened between Mike and Randy after the arm-wrestling contest?

① Mike still didn't like Randy and never talked to him.

② Randy asked Mike about the skill at checkers.

③ Randy suggested that they have a checkers contest.

④ Mike was angry that Randy won in both of the contests.

2 各英文の(　　)に入れるのに最も適切なものをそれぞれ次の①～④から1つずつ選び，指定された解答欄に番号をマークしなさい。

(1) The question was very difficult, (　　) he could answer it.

① because　② but　③ if　④ or

(2) He didn't go because (　　) the rain.

① by　② for　③ in　④ of

(3) A: Whose smartphone is this?

B: It's (　　).

① he　② I　③ mine　④ our

(4) The boy (　　) by the window is Hiroki.

① sleep　② sleeping　③ slept　④ to sleep

(5) Yesterday I lost my pencil.　It (　　) by someone this morning.

① finds　② found　③ was found　④ will find

3 各英文がそれぞれ日本語の意味になるように(　　)内の語（句）を並べ替えたとき，(　　)内で３番目と５番目に来るものを選び，指定された解答欄に番号をマークしなさい。

(1) 母はその機械の使い方を知らない。

My mother (①doesn't / ②how / ③know / ④the machine / ⑤to / ⑥use).

(2) 母からの手紙で私は嬉しくなった。

The (①from / ②letter / ③made / ④me / ⑤mother / ⑥my) happy.

(3) これらは彼女がカナダで撮った写真だ。

These (①are / ②in / ③pictures / ④she / ⑤the / ⑥took) Canada.

(4) ジョンはクラスの誰よりも速く泳ぐことができる。

John (①any / ②can / ③faster / ④other / ⑤swim / ⑥than) student in his class.

(5) 私は以前にその有名な図書館に行ったことがある。

I (①been / ②famous / ③have / ④library / ⑤the / ⑥to) before.

【数　学】（30分）〈満点(推定)：50点〉

（注意）定規，コンパス，分度器，電卓は使用しないこと。

次の□の中の「**ア**」から「**ミ**」に当てはまる数字をそれぞれ答えなさい。

(1)　$x=\sqrt{5}$，$y=\sqrt{13}$ のとき，$\left(\dfrac{7x+2y}{3}-\dfrac{5x+y}{2}\right)(x+y)=\dfrac{\boxed{\text{ア}}}{\boxed{\text{イ}}}$ である。

(2)　$(12\sqrt{6})^4=2^a\times 3^b$ を満たす自然数 a，b は $a=\boxed{\text{ウ}}\boxed{\text{エ}}$，$b=\boxed{\text{オ}}$ である。

(3)　$x^2+x+1=\left(x+\dfrac{\boxed{\text{カ}}}{\boxed{\text{キ}}}\right)^2+\dfrac{\boxed{\text{ク}}}{\boxed{\text{ケ}}}$ である。

(4)　半径が3で，弧の長さが $\dfrac{5}{2}\pi$ のおうぎ形の中心角の大きさは $\boxed{\text{コ}}\boxed{\text{サ}}\boxed{\text{シ}}$°である。

(5)　x の2次方程式 $ax^2+bx+10=0$ の解が3と5のとき，$a=\dfrac{\boxed{\text{ス}}}{\boxed{\text{セ}}}$，

$b=-\dfrac{\boxed{\text{ソ}}\boxed{\text{タ}}}{\boxed{\text{チ}}}$ である。

(6)　1個のさいころを3回投げて，出た目を1回目から順に a，b，c とするとき，

$a<b<c$ となる確率は $\dfrac{\boxed{\text{ツ}}}{\boxed{\text{テ}}\boxed{\text{ト}}}$ である。

(7)　2点(0, 6)，(3, 4)を通る直線を ℓ とする。点(18, 0)を通り，ℓ に平行な直線の

式は $y=-\dfrac{\boxed{\text{ナ}}}{\boxed{\text{ニ}}}x+\boxed{\text{ヌ}}\boxed{\text{ネ}}$ である。

(8)　図1の正四角錐の体積は $\dfrac{\boxed{\text{ノ}}\sqrt{\boxed{\text{ハ}}\boxed{\text{ヒ}}}}{\boxed{\text{フ}}}$ である。

(9)　図2の円Oにおいて，$\angle x+\angle y=\boxed{\text{ヘ}}\boxed{\text{ホ}}$°である。

(10)　図3のように，関数 $y=2x^2$ のグラフ上で，x 座標が a，2である点をそれぞれ

A，Bとする。ただし，$0<a<2$ とする。また，O(0, 0)，C(a, 0)，D(2, 0)

とする。$\triangle$OAC ∽ $\triangle$BODのとき，$a=\dfrac{\boxed{\text{マ}}}{\boxed{\text{ミ}}}$ である。

図1

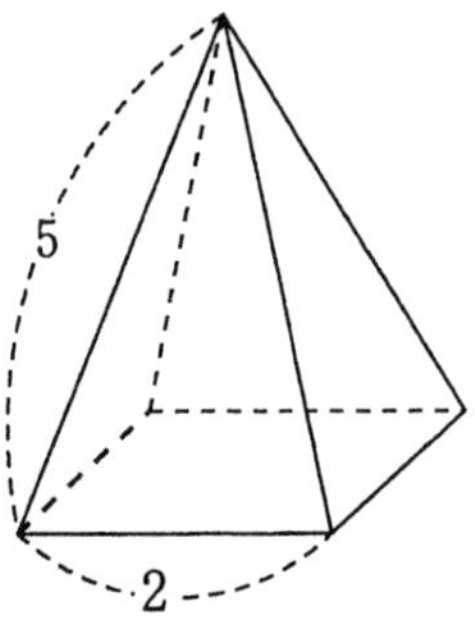

図2

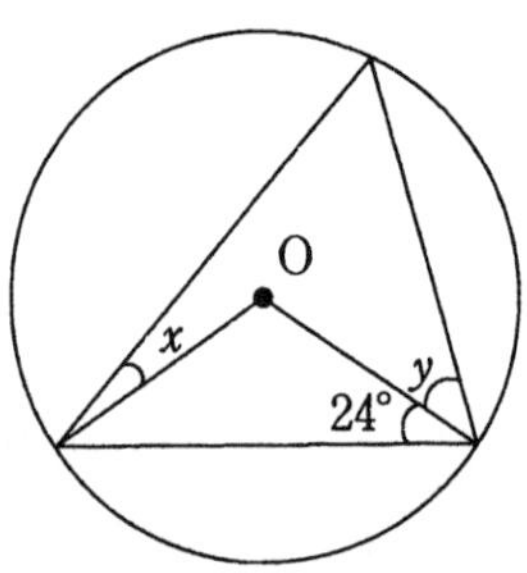

図3

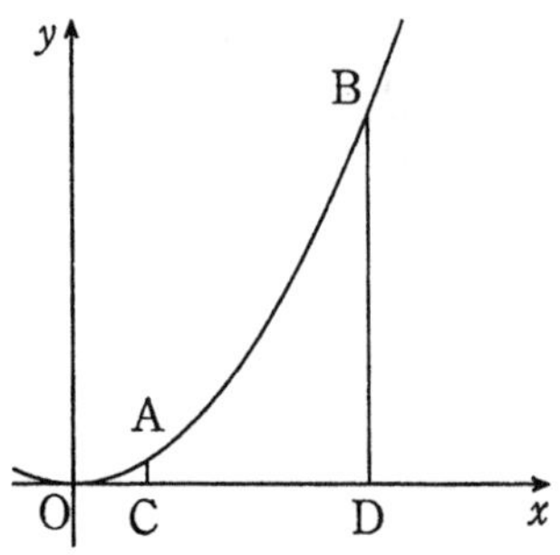

解答上の注意

① 問題の文中の [アイウ] などには，特に指示がない限り，**ア**，**イ**，**ウ**，…… の一つ一つに数字（0 ～ 9）が一つずつ入ります。

例 [アイウ] に 137 と答えたい場合，解答用マークシート用紙の問題記号の [ア] に ①，[イ] に ③，[ウ] に ⑦ をマークしなさい。

なお，同一の問題文中に [ア]，[イウ] などが 2 度以上現れる場合，原則として，2 度目以降は，[ア]，[イウ] のように細字で表記します。

② 分数形で解答する場合，それ以上約分できない形で答えなさい。

例 $\dfrac{\boxed{\text{エオ}}}{\boxed{\text{カ}}}$ に $\dfrac{13}{4}$ と答えるところを，$\dfrac{26}{8}$ のように答えてはいけません。

③ $\sqrt{}$ を含む形で解答する場合，$\sqrt{}$ の中に現れる自然数が最小となる形で答えなさい。

例 $\dfrac{\boxed{\text{キ}}-\boxed{\text{ク}}\sqrt{\boxed{\text{ケ}}}}{\boxed{\text{コ}}}$ に $\dfrac{3-4\sqrt{2}}{2}$ と答えるところを，$\dfrac{3-2\sqrt{8}}{2}$ や $\dfrac{6-8\sqrt{2}}{4}$ のように答えてはいけません。

④ 小数の形で解答する場合，必要に応じて，指定された桁まで ⓪ にマークしなさい。

例 [サ].[シス] に 2.5 と解答したい場合，2.50 として答えなさい。

問五　傍線部B「彼が『帰って来た』作家であったということ」とあるが、どのような場所から帰ってきたというのか。最もふさわしいものを、次の選択肢の中から選び、番号をマークしなさい。

① 孤独の中で自らと向き合うことで、何かがもたらされると信じられる場所から帰ってきた。
② 都会での生活に疲れきってしまった漱石は、体の疲れをいやすために東京から帰ってきた。
③ 他人から離れるのではなく交わることで、近代人の理想を実現できる場所から帰ってきた。
④ 英国の文化になじむことができなかった漱石は、日本の文化が恋しくなり英国から帰ってきた。
⑤ 故郷を離れた留学生活の孤独と淋しさに耐えかねた漱石は、留学中のロンドンから帰ってきた。

問六　本文の内容に合致するものを、次の選択肢の中から一つ選び、番号をマークしなさい。

① 筆者は漱石の作品の中に新しさを感じる理由は、漱石の作品には現代にも通じる理念があるからだと述べている。
② 筆者は漱石のことを、時代の変化に伴う問題を引受けながらも、その問題の重大さに耐えた作家であると述べている。
③ 筆者は漱石の作品の細部にある魅力に早々と気づいており、近年になり更に漱石の良さを理解できたと述べている。
④ 筆者は漱石の優しさは、おびただしい知力や学識、意志力によるものであり、道徳とは関係ないものだと述べている。
⑤ 筆者は漱石の頭脳を病ませていた要因は「文学」や「芸術」などの観念から流れ出るものであると述べている。

問二　空欄（Ⅰ）～（Ⅲ）に補うのに最もふさわしい語の組み合わせを、次の選択肢の中から選び、番号をマークしなさい。

①　Ⅰ　やはり　Ⅱ　だが　Ⅲ　つまり
②　Ⅰ　やはり　Ⅱ　あるいは　Ⅲ　たとえば
③　Ⅰ　たとえば　Ⅱ　つまり　Ⅲ　だが
④　Ⅰ　たとえば　Ⅱ　そして　Ⅲ　つまり
⑤　Ⅰ　そして　Ⅱ　たとえば　Ⅲ　だが

問三　傍線部Ａ「漱石の心の優しさ」とあるが、漱石の作品からどのような「優しさ」が感じられると筆者は述べているか。最もふさわしいものを、次の選択肢の中から選び、番号をマークしなさい。

①　「道」について書いているため、生き方に迷いがなくなるということ。
②　あて字による愉快な字面が多く、楽しんで読むことができるということ。
③　漱石が常に、われわれの隣にいると感じられるということ。
④　家族とか肉親とかいうきずなを感じ取ることができるということ。
⑤　知的な雰囲気を感じ取ることができ、安心感があるということ。

問四　空欄 X に補うのに最もふさわしいものを、次の選択肢の中から選び、番号をマークしなさい。

①　孤独な自己犠牲　②　理想の自己本位　③　明確な自己顕示　④　理想の自己主張　⑤　孤独な自己追求

『道草』が、漱石がロンドン留学を終えて帰国した直後、ちょうど『吾輩は猫である』を書きはじめる前後の生活を素材にした自伝的な小説であることは、よく知られている。そうであれば、『猫』以後『明暗』にいたる彼の作品は、すべて「遠い所から帰つて来た」人によって書かれたといってもいいすぎにはなるまい。「遠い所」とはかならずしも英国、または西洋だけを意味しない。それは他人から遠くはなれた場所、孤独な自己追求が何ものかをもたらすと信じられた場所である。

しかし漱石は、そこで孤独という状態がどんなものであるかを、自己追求の果てに待っているのが狂気と死でしかないことをかみしめることになった。その体験から彼が得た「自己本位」という信条には、つねに「一種の淋し味」がまつわりついている。それは「個人主義」が近代人の実現すべき理想だというような楽天的思想ではない。むしろ「個人」としてしか生きられない近代人の淋しさに耐えようとする決意を託した言葉だと考えられるのである。

そういう「遠い所」から「帰つて来た」漱石にとっては、小説を書くことは一方では人と人とのあいだに帰って他人に手をさしのばすことであり、他方では個体のワクを超えた生の根源に戻ろうとすることであった。

（江藤《えとう》　淳《じゅん》『戦後と私・神話の克服』による）

問一　傍線部(a)「途方にくれる」・(b)「不毛さ」の本文中の意味として最もふさわしいものを、後の選択肢の中から選び、それぞれ番号をマークしなさい。

(a)「途方にくれる」

①　時間があっという間に過ぎてしまう。
②　どうしてよいか分からず、すっかり困る。
③　関心がなくなり、興味がなくなってしまう。
④　大切に物事を考えなければならないと感じる。
⑤　不快に感じ、必要ではなくなる。

(b)「不毛さ」

①　極めて重要であること。
②　豊かでふんだんにあること。
③　何一つ実りのないこと。
④　実用性があるということ。
⑤　欠けているということ。

三十をすぎると、家族とか肉親とかいうもののきずなが、妙に生々しく具体的に感じられて(a)途方にくれることがある。そういうときに漱石を読むと、今まではさほど印象に残らなかった彼の小説の細部に、ほっと息がつけるような安息を感じられることに気がついた。これは、近ごろになってようやく味わえるようになった漱石のよさである。

（　Ⅰ　）『道草』で、神経を病んで放心状態で寝ている細君を見守る不安な主人公の前で、突然われにかえった細君が「貴夫《あなた》？」と微笑しかけるところ。あるいは『こゝろ』の「先生」と「私」が、大久保あたりの植木屋の庭の縁台に掛けて、「蒼《あお》い透き徹るやうな空」に映えるカエデの若葉をながめているところ。あるいは『門』の冒頭の、秋日和の日曜日、狭い縁側で日なたぼっこをしている宗助と、ガラス障子の中で針仕事をしているお米《よね》との会話。こういう個所はかならずしも小説の主題に直接結びついた劇的な個所ではないが、そこに微光のようににじみ出ているA漱石の心の優しさが、私の渇望を充《み》たすのである。

こういう優しさが、どうしてあのかんしゃく持ちで、不幸で暗い漱石のなかから流露して来るのであろうか。彼はいつもわれわれの隣にいる。彼はおびただしい知力と意志力と学識とを兼ね備えた巨人であるが、決してわれわれの上にではなく、「尋常なる士人」としてわれわれの傍《そば》にいる。（　Ⅱ　）漱石は、いつも人と人とのあいだにいるのである。これは、道徳というものを、他人から離れることにではなく他人と交わるところに求めた儒学の教養から来た態度であろうか。儒学はそれほど深く漱石の血肉に食い入っていたのであろうか。

いずれにせよ、この大作家の頭脳を病ませていたのは、「文学」とか「芸術」とかいう観念ではなかった。神経症と胃弱に終生悩みつづけた漱石ほど、ある意味で健康な作家を、私は近代日本の文学史上ほかに知らない。（　Ⅲ　）、どうしてあの孤独な漱石が、それにもかかわらず人と人とのあいだにあえて身を投じ、その心のもっとも柔かな部分を進んでひらくことができたのであろうか。

それは、おそらく漱石が、［　X　］というものの悲惨な(b)不毛さを身にしみて識っていたからであろう。私はこのごろ、漱石の文学のこういう特質を、B彼が「帰つて来た」作家であったということと結びつけて考えたいと思いはじめている。『道草』の冒頭に、次のような一節がある。

《健三が遠い所から帰つて来て駒込の奥に世帯を持つたのは東京を出てから何年目になるだらう。彼は故郷の土を踏む珍らしさのうちに一種の淋《さび》し味さへ感じた》

四 次の文章を読んで、後の問いに答えなさい。

漱石《そうせき》という人はおそろしく孤独な人間だったが、漱石の作品は不思議と読者を孤独にしない。これはどういうことだろうかと、私はこのごろ思うようになった。

私は人なみに中学生時代にはじめて漱石を読んだ。そのときは『坊っちゃん』や『吾輩《わがはい》は猫である』、それに『こゝろ』が面白かった。大学にはいって間もなく、子供のころから弱かった胸を悪化させ、丸一年の間ひとりで寝ていたが、そのあいだにも漱石はずい分読んだ。かならずしも漱石に『道』を求めるような読みかたをしたわけではない。『門』や『道草』を読んでいると気持ちがしんと沈んで来る。それでいて決して凍てつくということがなく、心の奥底はむしろ豊かになごみはじめる。これは身体の調子にも精神状態にも無関係におとずれる充足感で、その当時まくら元の古ラジオでよく聴いていたモーツァルトやバッハの音楽のあたえる慰めに似ていた。

鴎外《おうがい》とはちがって、漱石は平気で無造作なあて字を書く人である。魚のサンマを「三馬」と書いて済ましている。中学生のころにはこの愉快な字面が象徴するような漱石の軽味が好きだったが、このごろになるとその影にかくされた作者の痛ましい孤独な表情に心を惹《ひ》かれるようになった。それはわれわれの持ち得たほとんど唯一の近代小説家の顔——『明暗』の作者の顔である。私はそういう漱石の顔を思い浮べながら、『夏目漱石』という本を書いた。もう十年前のことになる。

米国に留学しているあいだにも、私はしばしば漱石とその文学について考えざるを得なかった。そして以前漱石の新しさと感じられたものが、実は漱石のなかにあった旧《ふる》い文化の教養に支えられていたのではないかと思うようにさえなった。つまり私は、漱石を彼が生きた明治という時代と結びつけて考えるようになった。もっと正確にいえば、明治というあわただしい新時代のなかで崩れて行った旧い価値に根ざしているのが、漱石の文学ではないかと考えはじめたのである。漢学から英学へ、さらに作家生活へという漱石の生涯は、明治という時代の深所でおこっていた文化的秩序の崩壊を全身に体験し、その間に「孤」なる「個」の悲惨さを見てしまった人の生涯と思われた。これほど正面から時代の問題を引受け、その重味に耐えた作家は類例が少いと思われた。

日本に帰って来ると、私はいつの間にか三十をいくつかこしていた。いくら変ったとはいえ日本の社会のなかに暮していて

(2) 豆腐にかすがい

① 理論や方法は知っていても、実際の役に立たないことのたとえ。
② 勝手な行動をしたり、気を緩めたりしないよう監督することのたとえ。
③ 細かいところまで十分に注意し、慎重に物事を行うことのたとえ。
④ 価値のわからない人に貴重なものを与えても、無駄なことのたとえ。
⑤ まったく手ごたえがなく、効果がないことのたとえ。

(3) 雨降って地固まる

① たとえ失敗しても、何か利益を得ようとすることのたとえ。
② 大騒ぎしたわりには、実際の結果が小さいことのたとえ。
③ もめごとのあった後は、かえって物事がうまくいくことのたとえ。
④ 優れた才能のある人は、年をとってから成功することのたとえ。
⑤ どんなに大きなことも、小さなことの積み重ねであることのたとえ。

三 次の傍線部は慣用句である。空欄に補うのに最もふさわしい語を、それぞれ後の選択肢の中から選び、番号をマークしなさい。

(1) 性格は正反対だが、彼とはよく（　　）が合う。
(2) 社長の（　　）の一声で、会社の方針が決定した。
(3) こんな嵐の日に出かけるなんて、（　　）の尾を踏むようなものだ。

① 犬　② 馬　③ 鶴　④ 猫　⑤ 虎

(4)　専門家にソボクな疑問をぶつける。

①　裁判所にソジョウを提出する。
②　人類のソセンはアフリカでうまれた。
③　地方の農村でカソ化が進む。
④　弟には絵のソヨウがある。
⑤　食べ物をソマツにしてはならない。

(5)　公園の鉄棒でケンスイをする。

①　雑誌のケンショウに応募する。
②　電話でヨウケンを伝える。
③　部下のエッケン行為をとがめる。
④　彼はオンケンな思想の持ち主だ。
⑤　失敗をケンキョに認める。

二

次のことわざの説明として最もふさわしいものを、それぞれ後の選択肢の中から選び、番号をマークしなさい。

(1)　医者の不養生

①　立派な理屈を言いながら、実行が伴っていないことのたとえ。
②　才能や実力のある人は、むやみにそれを表さないことのたとえ。
③　どんな名人でも、時にはまさかの失敗をしてしまうことのたとえ。
④　実力ある者の中に、能力などの劣る者が混じっていることのたとえ。
⑤　自分の事や身近なことは、かえって気が付きにくい事のたとえ。

二〇二二年度 国学院高等学校（推薦）

【国　語】（三〇分）〈満点（推定）：五〇点〉

一　次の傍線部と同じ漢字を含むものを、それぞれ後の選択肢の中から一つずつ選び、番号をマークしなさい。

(1)　上司のリョウショウを得る。

①　彼の胸中をスイリョウする。
②　アメリカがリョウユウする土地。
③　ケーキとアメをリョウホウ食べる。
④　リョウシがたくさんの魚を釣る。
⑤　俳優の演技にミリョウされる。

(2)　来週、群馬県にシュッチョウする。

①　時代をチョウエツした作品。
②　年明けに新しいテチョウを買う。
③　仲間の顔を見てキンチョウがほぐれる。
④　文豪のカクチョウ高い文章。
⑤　登校してすぐにチョウレイが始まる。

(3)　日照りと台風でキョウサクとなった。

①　失敗から学んだキョウクンを生かす。
②　イベントはセイキョウに終わった。
③　おみくじでキッキョウを占う。
④　地方から娘に会うためジョウキョウする。
⑤　ソッキョウでピアノを演奏する。

英語解答

1 問1　1…②　2…①　3…③　4…②
5…①　6…③　7…①
問2　(1)…②　(2)…④　問3　①
問4　(い)　3番目…②　5番目…⑥
(え)　3番目…②　5番目…⑤
問5　③　問6　(1)…①　(2)…②

2 (1)　②　(2)　④　(3)　③　(4)　②
(5)　③

3 (1)　3番目…②　5番目…⑥
(2)　3番目…⑥　5番目…③
(3)　3番目…③　5番目…⑥
(4)　3番目…③　5番目…①
(5)　3番目…⑥　5番目…②

数学解答

(1)　ア…4　イ…3
(2)　ウ…1　エ…0　オ…6
(3)　カ…1　キ…2　ク…3　ケ…4
(4)　コ…1　サ…5　シ…0
(5)　ス…2　セ…3　ソ…1　タ…6
チ…3
(6)　ツ…5　テ…5　ト…4
(7)　ナ…2　ニ…3　ヌ…1　ネ…2
(8)　ノ…4　ハ…2　ヒ…3　フ…3
(9)　ヘ…6　ホ…6　(10)　マ…1　ミ…8

国語解答

一 (1)　⑤　(2)　③　(3)　③　(4)　④
(5)　①

二 (1)　①　(2)　⑤　(3)　③

三 (1)　②　(2)　③　(3)　⑤

四 問一　(a)…②　(b)…③　問二　③
問三　③　問四　⑤　問五　①
問六　②

Memo

Memo

2021年度 國學院高等学校(一般第1回)

【英　語】(50分)〈満点：100点〉

1 次の英文を読み，後の問に答えなさい。

It was a beautiful African morning. In a small village, (A)the great *chief (① front ② the two men ③ of ④ in ⑤ listened ⑥ sitting ⑦ to) him.

'Great chief, the man next to me is a *thief,' said the older man.

'Then tell me: what did he steal from you?' replied the chief.

'One of my sheep,' answered the old man.

'And (1) is your answer to that?' the chief asked the younger man.

'Why would I do so?' replied the young man. 'I have a lot of them. If I need more, I buy them. I don't take them from others. *He's* the thief.'

The chief looked at both. [ア] He wasn't sure of that. The old man did *not have the look of a thief, either. This was a difficult problem.

'I have a question for both of you,' said the chief. 'To own the sheep, you need to find the answer. Go home and think about this question, and come back only when you know the answer. What's the fastest thing in the world? Don't come back (2) you have the answer.'

The two men left the chief's house. The old man was sad. [イ] When he got home, he told the question to his daughter, Zia. She was a beautiful woman and loved to help others. She was young, but also very wise.

'I know the answer,' she said. 'It's . . .'

The old man went back to the chief's house. The chief was surprised.

'You're back again! Not even one hour has passed and you already have an answer to my question?'

'Yes, great chief,' replied the man. 'The answer is "(3)." It always goes too fast. There's never enough (3) to do everything.'

The chief was surprised. The man's answer was better than his.

'Who helped you to find the answer?' asked the chief.

'They're my words,' said the man.

'If that's not true, I'll *punish you,' said the chief.

The old man was too afraid to go on with (1)his story. 'It was my daughter, Zia. She gave me the words,' he said.

'She must be very wise!' (a) the chief.

'Very well,' he said. 'You have found the answer, so you shall keep the (4). Now this is all finished, and I'd like to meet your daughter.'

The next day the old man brought Zia to the chief. They enjoyed a big lunch together. But time always passes too fast, and soon (B)it (① was ② leave ③ time ④ two ⑤ for ⑥ to ⑦ the) the house.

The chief saw Zia every day, and his love for her (b) with time.

'You're wise and beautiful. I'd really like to marry you,' he said.

'Me too,' Zia replied and laughed.

And so they married. The chief was very happy, but he was (5) about having a wise wife. He didn't want her to help him when people brought problems to him. He loved being the wise chief to his people.

'Everything in my house belongs to you,' he said to her. '[※] I'm saying this to you only once.'

They were happy and life (c) well for a time. But one day two little boys went to see the chief about a cow. Each boy said that it was his cow. The chief gave them a very difficult question. When one of the boys walked by Zia that afternoon, he was crying. Zia spoke to him.

'Tell me, boy. [ウ]'

'The great chief gave us a question, but I can never find the answer to it,' he said sadly. 'His question was: what's the biggest thing in the world?'

Zia knew that she mustn't help the boy. But the answer was easy for her and very difficult for him. And Zia also knew that he was telling the truth about the cow, because she often saw him in the fields with the family's cow.

'Go back to the great chief now,' said Zia. 'Tell him the answer in these words: "It's air. Air is all around us. When we walk, before us there's only air and more air. When we look up at the sky, there is air as far as we can see."'

The boy went to see the chief. He said the same words as Zia told him. (2)This time the chief wasn't surprised.

'Who helped you?' he shouted. 'These words are too wise for a young boy.'

The boy was afraid. 'It was your wife, Zia,' he said in the end.

(C)The chief (① his wife ② spoke ③ so angry ④ that ⑤ was ⑥ he ⑦ with) to her that evening.

'I told you that everything of mine belongs to you. Though I gave you only one rule, you (d) it. Now, take things of yours and go back to your father's home.'

(3)'Before I go, can I make you one last meal?' asked the woman.

'Yes,' answered the chief. 'Make anything if you like it. Take anything if you want it. Just be sure that you're not still here tomorrow!'

Zia cooked the chief's favorite meal: chicken with rice and vegetables. While he ate, she gave him many cups of a *strong drink made from *palm juice. Finally, the chief (e) down and slept.

With her father's help, Zia carried the chief to her father's home. They put him on a bed, and he stayed in a deep sleep all night.

In the morning a great voice woke everyone in the house.

'[エ]' shouted the chief.

Zia ran into the room, and laughed.

'You said I could take anything from your house if I wanted it, so I took you.'

'You are truly wise,' smiled the chief. 'Let's go back to our home together.'

（注） *chief 族長　*thief 泥棒
*not ~ either もまた~ない　*punish ~に罰を与える
*strong アルコール度数の高い　*palm ヤシ

問1　下線部(A)～(C)がそれぞれ次の意味になるように(　)内の語(句)を並べ替えたとき，(　)内で3番目と5番目に来るものを選び，指定された解答欄に番号をマークしなさい。

(A)　偉大な族長は彼の前に座っている2人の男たちに耳を傾けていた

(B)　2人は家を去らなければならない時間だった

(C)　族長は彼の妻にとても腹を立てたので，その夕方に彼女に話しかけた。

問2　空所(1)～(5)に入れるのに最も適切なものをそれぞれ①～⑤から1つずつ選び，指定された解答欄に番号をマークしなさい。ただし，(3)は2か所に同じ語が入る。

(1)	① who	② how	③ what	④ why	⑤ when
(2)	① after	② though	③ since	④ if	⑤ until
(3)	① water	② wind	③ sheep	④ time	⑤ news
(4)	① question	② animal	③ story	④ time	⑤ daughter
(5)	① proud	② angry	③ lazy	④ surprised	⑤ worried

問3　空所[ア]～[エ]に入れるのに最も適切なものをそれぞれ次の①～⑤から1つずつ選び，指定された解答欄に番号をマークしなさい。

① Where am I?　What am I doing here?

② What's the matter with you?

③ What's your answer to my question?

④ Was the young one telling a lie?

⑤ How could he find the answer to such a difficult question from the chief?

問4　下線部(1)が指すものとして最も適切なものを次の①～⑤から1つ選び，指定された解答欄に番号をマークしなさい。

① 若い男が，自分の羊を泥棒したということ。

② 質問の答えは，自分の娘に教わったものだということ。

③ 質問の答えは，自分で考えたものだということ。

④ 自分には，賢くて美しい娘がいるということ。

⑤ 族長から，罰を受けたくはないということ。

問5　空所(a)～(e)に入れるのに最も適切なものをそれぞれ①～⑤から1つずつ選び，指定された解答欄に番号をマークしなさい。

① increased　② lay　③ broke　④ thought　⑤ went

問6　空所[※]に次のA～Cの英文を文意が通るように正しく並べ替えて入れたとき，その順序を表すものを以下の①～⑤から1つ選び，指定された解答欄に番号をマークしなさい。

A. Never try to help with the problems when people bring them to me.

B. But I ask only one thing from you.

C. If you do so, you'll stop being my wife.

① A→B→C　② B→A→C　③ B→C→A　④ C→A→B　⑤ C→B→A

問7　下線部(2)の理由として最も適切なものを次の①～⑤から1つ選び，指定された解答欄に番号をマークしなさい。

① その男の子が族長に話した答えは，間違っていたから。

② その男の子が答えを考えるのには，十分な時間が経っていたから。

③ 族長は，その男の子が牛の本当の持ち主だと知っていたから。

④ 族長は，その男の子に初めから罰を与えると決めていたから。

⑤ 族長は，その男の子が答えを教わったと分かっていたから。

問８　下線部(3)の理由として最も適切なものを次の①～⑤から１つ選び，指定された解答欄に番号をマークしなさい。

①　Zia が最後の思い出に，得意な料理を振る舞いたかったから。

②　Zia が料理の中に毒を仕込んで，族長に食べさせようとしたから。

③　Zia が族長の好きな料理を作れば，許してもらえると思ったから。

④　Zia が族長のことを酔わせて，眠らせようとしたから。

⑤　Zia は族長が疲れて，お腹を空かせていると思ったから。

問９　本文の内容に一致するものを次の①～⑦から２つ選び，指定された解答欄に番号をマークしなさい。解答は，１つの解答欄に２か所マークすること。

①　The chief found the answers to problems between people by looking at the people carefully.

②　The old man went back to the chief's house very quickly, and then the chief was surprised.

③　The chief thought Zia was so wise because her father's answer was the same one as the chief's.

④　Zia was very wise and beautiful, so the chief fell in love when he was asked to marry her.

⑤　The two little boys went to see the chief because they wanted to sell their cows to him.

⑥　One day Zia forgot the promise with her husband and taught the little boy the answer to the question.

⑦　After Zia took the chief back to her father's house, he realized her love and stopped being angry.

2　次の英文を読み，後の問に答えなさい。

Why is the elephant important in Thailand? Elephants are strong and kind at the same time. [　A　] Elephants are also a very important part of Thailand's history. Many years ago, they did important work : They helped the Thai people get wood from their forests.

Today, the Thai people want to keep the trees in their forests. They cut down only a few trees. Some elephants still work in the forests because the forests are in the mountains. [　B　] Men cut down the trees, and the elephants pick up the trees. Then the elephants (　1　) the trees to the river. The trees go down the river to other men. The men cut the trees into pieces of wood.

In the past, the Thai people cut down a lot of trees. [　C　] Special people trained the elephants for many years to teach them to do this work. Each elephant had its own trainer, or *mahout*. A *mahout* spent his life with the same elephant. Fathers wanted their sons to be *mahouts*, too. *Mahouts* bought baby elephants for their sons. [　※　] They learned a lot about each other.

A *mahout* always (　2　) care of his elephant. This was a difficult job. An elephant eats 250 kilos of plants and drinks 300 liters of water every day! It remembered the *mahout's* voice and smell. It (　3　) its *mahout's* words and followed him. It did not follow other mahouts.

Today, some elephants and *mahouts* still do this type of work, but most of them do not. Now they work with tourists. [　D　] Many of these visitors want to see elephants. So, the elephants are still important in Thailand, and the Thai people are still very proud of their elephants.

問１　空所(１)～(３)に入れるのに最も適切なものをそれぞれ①～⑤から１つずつ選び，指定された解答欄に番号をマークしなさい。

(１)　① allow　② carry　③ hold　④ meet　⑤ taste

(２)　① became　② got　③ saw　④ took　⑤ went

(３)　① bought　② lent　③ sat　④ understood　⑤ wrote

問２　空所[Ａ]～[Ｄ]に入れるのに最も適切なものをそれぞれ次の①～④から１つずつ選び，指定された解答欄に番号をマークしなさい。

① In Thailand, they are symbols of power and peace.

② Millions of people visit Thailand every year.

③ They needed a lot of elephants to work in the forests to help them.

④ Trucks and machines cannot go up the mountains, but elephants can.

問３　空所[※]に次のａ～ｃの英文を文意が通るように正しく並べ替えて入れたとき，その順序を表すものを以下の①～⑥から１つ選び，指定された解答欄に番号をマークしなさい。

ａ．First, the baby elephant stayed with its mother.

ｂ．Then the boy and the elephant grew up together.

ｃ．When the elephant was three years old, it lived with the boy.

① a → b → c

② a → c → b

③ b → a → c

④ b → c → a

⑤ c → a → b

⑥ c → b → a

3　各英文の(　)内に入れるのに最も適切なものをそれぞれ①～④から１つずつ選び，指定された解答欄に番号をマークしなさい。

(1) When the telephone rang, she (　　) a shower.

① takes　② taken

③ is taking　④ was taking

(2) This library is very old, because it (　　) about one hundred years ago.

① was building　② built

③ has built　④ was built

(3) Don’t forget (　　) this letter tomorrow.

① send　② sent

③ to send　④ sending

(4) “How (　　) do they clean the room ?”

“Every morning.”

① many　② much

③ often　④ long

(5) Ken speaks English (　　) than I.

① good　② better

③ best　④ well

4　各英文がそれぞれ日本語の意味になるように(　)内の語(句)を並べ替えたとき，指定された箇所に来るものを解答欄にマークしなさい。ただし，文頭に来る語も小文字で表記されている。

(1)　博物館への道を教えていただけますか。

(① the way　② you　③ will　④ me　⑤ to　⑥ tell) the museum ?

[　　] [　　] [ア] [　　] [イ] [　　] the museum ?

(2)　パリには観光名所がたくさんある。

(① many　② are　③ to　④ places　⑤ there　⑥ visit) in Paris.

[　　] [　　] [ウ] [　　] [エ] [　　] in Paris.

(3)　土曜日に散歩しませんか。

(① a　② on　③ taking　④ walk　⑤ about　⑥ how) Saturday ?

[　　] [オ] [　　] [カ] [　　] [　　] Saturday ?

(4)　外国の人たちに自分たちの言語を教えることは難しい。

It (① language　② is　③ teach　④ to　⑤ our　⑥ difficult) to foreign people.

It [　　] [キ] [　　] [　　] [ク] [　　] to foreign people.

(5)　このフランス語の本をあなたに読んでほしい。

I (① to　② this book　③ you　④ written　⑤ read　⑥ want) in French.

I [　　] [ケ] [　　] [　　] [　　] [コ] in French.

(6)　あなたは何色が一番好きですか。

Which (① best　② color　③ do　④ the　⑤ like　⑥ you) ?

Which [　　] [サ] [　　] [　　] [シ] [　　] ?

【数　学】（50分）〈満点：100点〉

（注意）　1．定規，コンパス，分度器，電卓は使用しないこと。

2．問題の文中の$\boxed{\text{ア}}\boxed{\text{イ}}\boxed{\text{ウ}}$などには，特に指示がない限り，ア，イ，ウ，……の一つ一つに符号（±，－）または数字（０～９）が一つずつ入ります。

3．分数形で解答する場合，符号は分子につけ，それ以上約分できない形で答えなさい。

4．$\sqrt{\ }$を含む形で解答する場合，$\sqrt{\ }$の中に現れる自然数が最小となる形で答えなさい。

5．小数の形で解答する場合，必要に応じて，指定された桁まで⓪にマークしなさい。

1　次の$\boxed{}$の中の「ア」から「フ」に当てはまる符号または数字をそれぞれ答えなさい。

(1)　方程式$3:\left(2x-\dfrac{3}{4}\right)=2:\left(\dfrac{1}{2}x+1\right)$を解くと，$x=\dfrac{\boxed{\text{ア}}}{\boxed{\text{イ}}}$である。

(2)　$x=1$，$y=-\dfrac{2}{7}$のとき，$\dfrac{x-y}{2}-\dfrac{2(x+y)}{3}$の値は$\dfrac{\boxed{\text{ウ}}}{\boxed{\text{エ}}}$である。

(3)　$2a^2b\div4ab\times(-3ab)^2=\dfrac{\boxed{\text{オ}}}{\boxed{\text{カ}}}a^{\boxed{\text{キ}}}b^{\boxed{\text{ク}}}$である。

(4)　$(\sqrt{2}-\sqrt{5})(5+\sqrt{10})-(\sqrt{5}-1)^2=\boxed{\text{ケ}}\boxed{\text{コ}}-\sqrt{\boxed{\text{サ}}}$である。

(5)　$x(2x+1)^2-x(x+2)^2=\boxed{\text{シ}}x(x+\boxed{\text{ス}})(x-\boxed{\text{セ}})$である。

(6)　連立方程式$\begin{cases}0.25x+y=3\\ \dfrac{1}{5}x-0.4y-1.2\end{cases}$を解くと，$x=\boxed{\text{ソ}}$，$y=\boxed{\text{タ}}$である。

(7)　xについての２次方程式$x^2-ax+3a^2-15=0$の解の１つが４のとき，$a=\dfrac{\boxed{\text{チ}}}{\boxed{\text{ツ}}}$，$\boxed{\text{テ}}$である。

(8)　$\sqrt{2}=1.41421356\cdots$の小数第一位の数を４から６に変えた数を$a$，小数第一位の数を４から２に変えた数を$b$とすると，$a=\sqrt{2}+\dfrac{1}{\boxed{\text{ト}}}$，$ab=\dfrac{\boxed{\text{ナ}}\boxed{\text{ニ}}}{\boxed{\text{ヌ}}\boxed{\text{ネ}}}$である。

(9)　$\sqrt{885-a}$が最大の整数となるような自然数aの値は$a=\boxed{\text{ノ}}\boxed{\text{ハ}}$である。

(10)　３つの数a，b，cから異なる２つを選んで平均値を求めたところ，15，17，19となった。このとき，a，b，cのうち最も小さい数は$\boxed{\text{ヒ}}\boxed{\text{フ}}$である。

2　次の$\boxed{}$の中の「ア」から「コ」に当てはまる符号または数字をそれぞれ答えなさい。

(1)　下の図１のように，四角形ABCDの内部に点Eがある。∠ABE＝2∠CBE，∠ADE＝2∠CDE，∠DAB＝140°，∠BCD＝70°のとき，$\angle x=\boxed{\text{ア}}\boxed{\text{イ}}\boxed{\text{ウ}}^\circ$である。

(2)　下の図２のように，四角形ABCDの対角線の交点をEとする。∠ABE＝∠EBC，CD＝CE，AB＝15，BC＝39，CA＝36のとき，AE＝$\boxed{\text{エ}}\boxed{\text{オ}}$である。

(3)　下の図３において，四角形ABCDは正方形，△EBCは正三角形である。このとき，$\angle y=\boxed{\text{カ}}\boxed{\text{キ}}\boxed{\text{ク}}^\circ$である。

図１

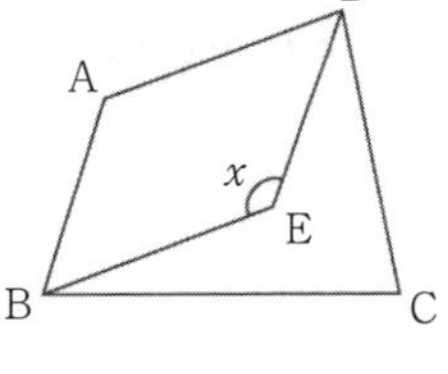

図２

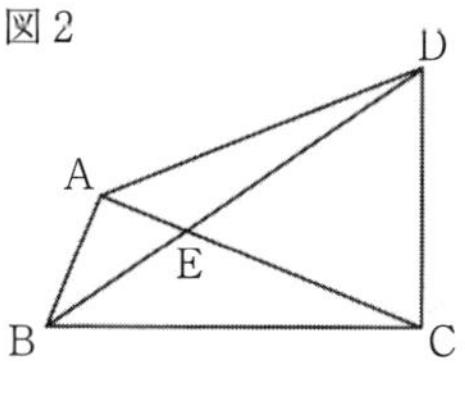

図３

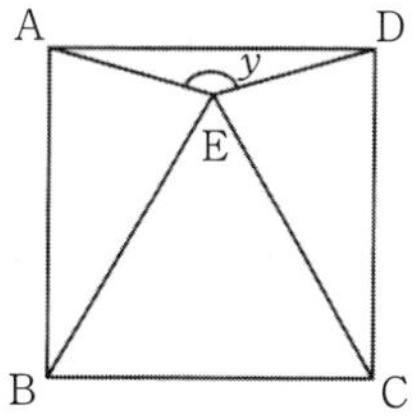

(4)　図4において，直線lを軸として四角形ABCDを1回転させてできる立体の体積は[ケ][コ]πである。

図4

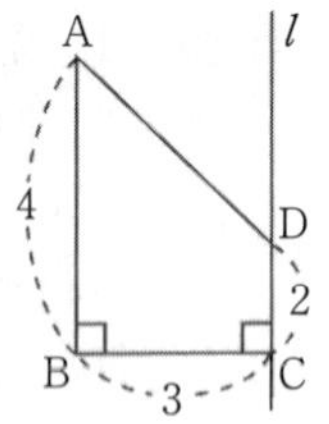

3　右図のように，放物線$y=\frac{1}{3}x^2$…①上に，x座標がそれぞれ-1，1，2となる点A，B，Cをとる。直線BCと直線ODが平行となるように，①上に点Dをとるとき，次の□の中の「ア」から「キ」に当てはまる符号または数字をそれぞれ答えなさい。

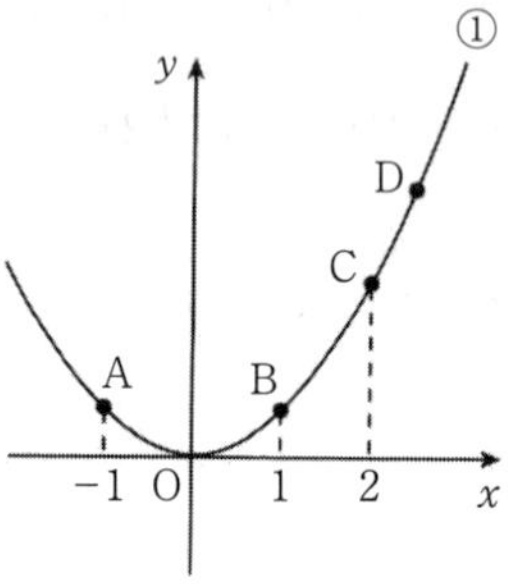

(1)　点Dのx座標は[ア]である。

(2)　△AOB，△OBC，△BCDの面積をそれぞれS_1，S_2，S_3とするとき，$S_1=\frac{\boxed{イ}}{\boxed{ウ}}$，$S_2=\frac{\boxed{エ}}{\boxed{オ}}$，$S_3=\frac{\boxed{カ}}{\boxed{キ}}$である。

4　右図において，△ABCと△PQRはともに1辺の長さが6の正三角形であり，辺ABと辺RQが重なっている。次の手順で，点Pがはじめて元の位置に戻るまで△PQRを移動させる。

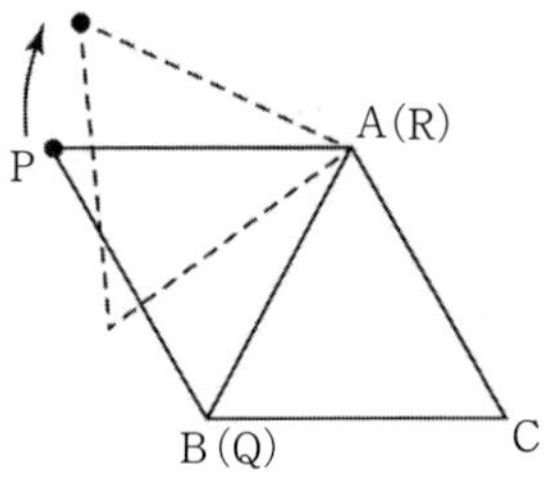

【手順1】　点Aを中心に，点Pがはじめて点Cに重なるまで時計回りに回転させる。

【手順2】　点Cを中心に，点Qがはじめて点Bに重なるまで時計回りに回転させる。

【手順3】　点Bを中心に，点Rがはじめて点Aに重なるまで時計回りに回転させ，移動を止める。

このとき，次の□の中の「ア」から「オ」に当てはまる符号または数字をそれぞれ答えなさい。

(1)　点Pが動いてできる線の長さは[ア][イ]πである。

(2)　1辺の長さが6の正三角形の面積をSとする。このとき，点Pが動いてできる線で囲まれた図形の面積は[ウ][エ]π＋[オ]Sである。

5　右図のように，点Pは最初Aの位置にある。大小2つのさいころを同時に1回投げ，その目の和だけ点Pは四角形ABCDの頂点を時計回りに移動する。例えば，目の和が7のときは点PはDの位置に移動する。このとき，次の□の中の「ア」から「オ」に当てはまる符号または数字をそれぞれ答えなさい。

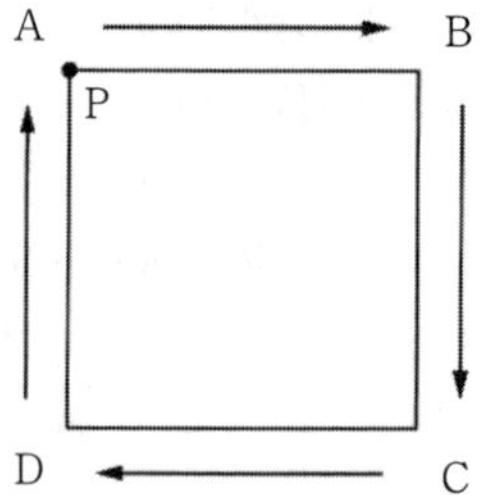

(1)　点PがCの位置に移動する確率は$\frac{\boxed{ア}}{\boxed{イ}}$である。

(2)　大きい方のさいころの1～6の目のうちの1つを「0」に変える。このとき，点PがCの位置に移動する確率をpとおく。

$p>\frac{\boxed{ア}}{\boxed{イ}}$となるのは，「0」に変える目が[ウ]と[エ]と[オ]のときである。ただし，[ウ]＜[エ]＜[オ]とする。

四 次の傍線部と同じ漢字を含むものを、それぞれ後の選択肢から一つずつ選び、番号をマークしなさい。

(1) 大学でケイザイ学を学ぶ。 24
① アルバイトのケイケンがある。
② 職場の人間カンケイに悩む。
③ 人口が増加ケイコウにある。
④ 防犯のためケイビ員を雇《やと》う。
⑤ 専門家の意見にケイハツされる。

(2) 古寺のたたずまいにユウキュウの歴史を感じる。 25
① ユウダイな景色を眺める。
② ユウシュウな人材を確保する。
③ 何が起きてもユウチョウに構える。
④ ユウリョウ道路を利用する。
⑤ 公園にユウグを設置する。

(3) 川底に土砂がタイセキする。 26
① タイレツを組んで行進する。
② 畑にタイヒをまく。
③ 掃除当番をコウタイする。
④ 俳優としてブタイに立つ。
⑤ 身分証をケイタイする。

(4) できるハンイで協力する。 27
① 犯人をホウイする。
② 家具の位置をイドウする。
③ 健康をイジする。
④ 先輩としてのイゲンを見せる。
⑤ 健康診断《しんだん》でイジョウが見つかる。

(5) 手紙をフウトウに入れる。 28
① 贈《おく》り物をホウソウしてもらう。
② 大学でホウリツの勉強をする。
③ ホウケン的な思想に反発する。
④ テニスボールがホウブツ線を描く。
⑤ 地震で家屋がホウカイする。

(6) 自分のシンネンを貫く。 29
① 職場のシンネン会に参加する。
② シンシュクする素材でできた衣服。
③ 相手のメールにヘンシンする。
④ 学術のシンコウを図る。
⑤ 準決勝にシンシュツする。

(7) キリツ正しい生活を送る。 30
① 提出のキジツに間に合わない。
② 交通キセイが行われる。
③ キケンな場所で遊ばない。
④ キカン車に乗って旅する。
⑤ 彼女はコウキ心が強い。

(8) 会社で高いチイにつく。 31
① 電車がチエンする。
② 珍しい切手のカチを調べる。
③ 都市のチアンを守る。
④ 座席のハイチを決める。
⑤ チイキ社会の活性化を目指す。

④ はかなく口惜し

⑤ 元のかたちになりぬ

問二　傍線部B「面」について、この場合の意味に相当する熟語を、次の選択肢の中から一つ選び、番号をマークしなさい。17

① 表面　② 図面　③ 工面　④ 路面　⑤ 顔面

問三　傍線部C「類なく」の意味として最もふさわしいものを、次の選択肢の中から選び、番号をマークしなさい。18

① 関係なく　② 不思議と　③ 抜群に

④ 所在なく　⑤ 思いのほか

問四　次の中から主語がかぐや姫であるものを一つ選び、番号をマークしなさい。19

① 面をふたぎてさぶらへど(二行目)

② 類なくめでたくおぼえさせたまひて(二行目)

③ 率ておはしまさむとするに(三行目)

④ 御輿を寄せたまふに(七行目)

⑤ 口惜しと思して(九行目)

問五　本文中で、現代語訳として「そうではございませんので」と補うことができる箇所はどこか。次の選択肢の中から一つ選び、番号をマークしなさい。20

① 「面をふたぎてさぶらへど」(二行目)の後

② 「率ておはしまさむとするに」(三行目)の後

③ 「この国に生れてはべらばこそ、使ひたまはめ」(四行目)の後

④ 「御輿を寄せたまふに」(七行目)の後

⑤ 「げにただ人にはあらざりけりと思して」(九行目)の後

問六　傍線部D「いと率ておはしましがたくやはべらむ」とあるが、かぐや姫がそのように言うのはなぜか。その理由として最もふさわしいものを、次の選択肢の中から選び、番号をマークしなさい。21

① かぐや姫はこの国に生まれたが、帝に仕えることは容易ではないから。

② かぐや姫はこの国に生まれたのに、帝に仕えたいとは思わないから。

③ 強引《ごういん》に自分に接近してきた帝に、かぐや姫はついて行きたいと思えないから。

④ かぐや姫はこの国に生まれた者ではなく、帝に仕えることができないから。

⑤ 強引に自分と結婚しようとする帝に、かぐや姫は抵抗《ていこう》を感じているから。

問七　傍線部E「げにただ人にはあらざりけり」とあるが、誰がどうしたことに対してこのように思ったのか。その説明として最もふさわしいものを、次の選択肢の中から選び、番号をマークしなさい。22

① かぐや姫が、違う世界から来たことを隠そうとしていたこと。

② かぐや姫が、急に姿を消してしまったこと。

③ 帝が、かぐや姫の屋敷に大胆に入り込んだこと。

④ かぐや姫が、突然訪問してきた帝を丁重にもてなしたこと。

⑤ 帝が、狩りを装ってまでかぐや姫を見ようとしたこと。

問八　本文の内容と合致するものを、次の選択肢の中から一つ選び、番号をマークしなさい。23

① 帝はかぐや姫との対面を果たせたことに興奮するあまり、姫に声をかけることができなかった。

② 帝はかぐや姫の姿に夢中になり、姫の気持ちを確かめることもなく、自分のもとに置いておこうと考えた。

③ 帝が予告もなく自分の前に現れたことでかぐや姫はひどく困惑し、無礼な態度をとって帝を怒らせてしまった。

④ かぐや姫は帝の誘《さそ》いに乗ることはなく、屋敷にあった御輿で逃げてしまったので、帝はあきらめるしかなかった。

⑤ かぐや姫は、望みがかなわない悔しさのあまり影と化してしまった帝をあわれに思い、本当の姿を見せることにした。

ものを、次の選択肢の中から選び、番号をマークしなさい。 15

① 本文中葡萄は、「僕」の心の象徴として、「僕」の悲しみや涙、笑顔とともにあり、時間とともに「僕」の成長を表現する中で、のちに心のとげのような小道具として印象的な存在となっている。

② 本文中葡萄は、揺れ動く「僕」のそばにあり、時に「僕」を癒《いや》し、時になぐさめ、のちに大好きな先生のイメージと重なり、「僕」の心に懐《なつ》かしく思い出される存在になっている。

③ 本文中葡萄は、「僕」の心の葛藤《かっとう》とともにあり、友人との切ない出来事の中で「僕」の動揺を受け止め励まし、のちに少年時代の幼さを振り返る時も、「僕」に警鐘を鳴らし続ける存在になっている。

④ 本文中葡萄は、幼い「僕」の過ちを鮮やかで美しい紫色のイメージで染め上げて美化し、それを振り返る今も「僕」に甘酸っぱい過去を思い出させる存在となっている。

⑤ 本文中葡萄は、先生に代わって「僕」のそばにあって悲しみを和《やわ》らげ、「僕」が改心するために大きな役割を果たし、大人になってからも優しく見守る存在となっている。

三

次の文章は『竹取物語』の一節である。かぐや姫の姿を一目見たい帝《みかど》（天皇）は、狩りにでかけるふりをしてかぐや姫に会うことを計画する。かぐや姫の住まいの敷地に入ることに成功し、満ちあふれる光の中に座る美しい姫を見つける。次の文章を読んで、後の問いに答えなさい。

これならむと思《おぼ》して《これがあのかぐや姫であろうとお思いになって、》、逃げて入《い》る袖《そで》をとらへ《奥へ入る（かぐや姫の）袖をとらえなさると、》 A たまへば、B 面《おもて》をふたぎてさぶらへど《袖でかくしておそばに控えているけれども、》、初めよく御覧じつれば《ご覧になっていたので、》、C 類《たぐひ》なくめでたくおぼえさせたまひて《すばらしいとお思いになって、》、「ゆるさじとす」《「逃がさないぞ」とおっしゃって、》とて、率《ゐ》ておはしまさむとするに《連れていらっしゃろうとすると、》、かぐや姫答へて奏《そう》す《(2)奏上する。》。「おのが身は、この《「私の身は、》国に生《うま》れてはべらばこそ、使ひたまはめ《(2)宮仕えさせることもおできになるでしょうが、》、D いと率ておはしましがたくやはべらむ」と奏す《連れていらっしゃるのはとても難しくございましょう」と奏上する。》。帝、「などかさあらむ。なほ率ておはしまさむ」とて《「どうしてそのようなことがあろう。やはり連れておいでになろう」とおっしゃって、》、御輿《おほんこし》を寄せたまふに《(3)御輿を（屋敷に）お寄せになると、》、このかぐや姫、きと《急に》影になりぬ。

はかなく口惜《くちを》しと思して、E げにただ人《びと》にはあらざりけり《お思いになって、ほんとうにふつうの人ではなかったよ》と思して、「さらば《「それならば、》、御供《とも》には率て行かじ。元の御かたちとなりたまひね《お姿になってください。》。それを見てだに帰りなむ」と仰《おほ》せらるれば《せめてそれを見てから帰ろう」とおっしゃると、》、かぐや姫、元のかたちになりぬ。

（『竹取物語』による）

〔注〕(1) 奏上する…天皇に申し上げる。
(2) 宮仕え…宮中（天皇の居所）に仕えること。
(3) 御輿…天皇や貴人の乗る輿。輿とは乗り物の名で、人を乗せて数人が担いで運ぶ。

問一 傍線部A「たまへ」は現代仮名遣《づか》いでは「たまえ」となる。同様に、傍線部が現代仮名遣いでは表記が変わるものを、次の選択肢の中から一つ選び、番号をマークしなさい。 16

① 初めよく御覧じつれば
② なほ率ておはしまさむ
③ めでたくおぼえさせたまひて

それにしても僕の大好きなあのいい先生はどこに行かれたでしょう。もう二度とは遇《あ》えないと知りながら、僕は今でもあの先生がいたらなあと思います。秋になるといつでもD葡萄の房は紫色に色づいて美しく粉をふきますけれども、それを受けた大理石のような白い美しい手はどこにも見つかりません。

（有島武郎《ありしまたけお》『一房《ひとふさ》の葡萄《ぶどう》』による）

〔注〕(1) 教場…教室。
(2) リンネル…リネン。亜麻《あま》の繊維《せんい》を原料とした糸や織物の総称。

問一 空欄 Ⅰ ～ Ⅴ に補うのに最もふさわしいものを、それぞれ次の選択肢の中から選び、番号をマークしなさい。ただし、同じ記号を二度使用してはならない。 Ⅰ ―7、Ⅱ ―8、Ⅲ ―9、Ⅳ ―10、Ⅴ ―11

① がやがや　② ぶらぶら　③ しくしく
④ どぎまぎ　⑤ どやどや

問二 傍線部A「ぶるぶると震えてしかたがない唇を、噛みしめても噛みしめても」とあるが、唇を噛むことの本文中での意味として最もふさわしいものを、次の選択肢の中から選び、番号をマークしなさい。 12

① 怒りをこらえる。　② 言葉が出そうになるのを止める。
③ 悔しさを意識する。　④ 気持ちの高ぶりを抑える。
⑤ 恐怖をまぎらす。

問三 傍線部B「死んでしまいたいような心持ち」とあるが、それはどのようなものか。その説明として最もふさわしいものを、次の選択肢の中から選び、番号をマークしなさい。 13

① 自分のしたことは人の道に反することであり、尊敬する先生にだけは知られたくないと思っていたのに、先生に知られ厳しく叱られたことに、激しい恥辱を感じている。
② 自分のしたことがどんなに友人を傷つけたかはわかっていても、自分なりの理由があり、「僕」を理解しているはずの先生がそれも聞かず、頭ごなしに説教を始めたことに強い絶望を抱いている。
③ 自分のしたことはもう友人に知られてしまっていて仕方ないとあきらめているが、先生に知られることで話がより大きくなってしまうことに、この上ない恐怖を感じている。
④ 自分のしたことを改めて恥じるとともに、知られたくないと思っていたことが先生の知るところとなり、大好きな先生に対していたたまれない気持ちになっている。
⑤ 自分のしたことを深く後悔しているだけでなく、尊敬する先生に自分のしたことを知られ、罪を強くとがめられてしまい、先生から軽蔑《けいべつ》されることになるのではないかと恐れている。

問四 傍線部C「唯恥しく笑う外ありませんでした」とあるが、このときの「僕」の気持ちとして最もふさわしいものを、次の選択肢の中から選び、番号をマークしなさい。 14

① 絵の具の事件で、登校すればジムや他の友達に悪口を言われると思っていたが、ジムも友人たちも自然に機嫌を直してくれたので、もう「僕」をいじめたりしないと確信している。
② 絵の具の事件で、ジムや他の友達と顔を合わせることに不安を感じていたが、急に解決し、そのことに驚きとまどいながらも安堵《あんど》している。
③ 絵の具の事件で、先生から自分の罪としっかり向き合うように諭《さと》され気が重かったが、ジムがあっさり許してくれたことで、気弱な自分を情けなく思っている。
④ 絵の具の事件で失った先生からの信頼をいかにして回復すべきか悩《なや》んでいたが、ジムが許してくれたことで先生も「僕」を理解してくれたと感じている。
⑤ 絵の具の事件で先生から嫌われたと思い込み、もう登校したくないと考えていたが、先生はすでに「僕」を許してくれており、安心している。

問五 傍線部D「葡萄の房」とあるが、本文の中で葡萄はどのような意味を持って描かれているか。その説明として最もふさわしいて、急にしんとするほどあたりが静かになりました。僕は淋《さび》しくって淋しくってしようがないほど悲しくなりました。あの位好きな先生を苦しめたかと思うと、僕は本当に悪いことをしてしまったと思いました。葡萄などはとても喰《た》べる気になれないで、いつまでも泣いていました。

ふと僕は肩を軽くゆすぶられて眼をさましました。僕は先生の部屋でいつの間にか泣寝入りをしていたと見えます。少し痩《や》せて身長《せい》の高い先生は、笑顔を見せて僕を見おろしていられました。僕は眠ったために気分がよくなって今まであったことは忘れてしまって、少し恥《はずか》しそうに笑いかえしながら、慌《あわ》てて膝の上から辷《すべ》り落ちそうになっていた葡萄の房をつまみ上げましたが、すぐ悲しいことを思い出して、笑いも何も引込んでしまいました。

「そんなに悲しい顔をしないでもよろしい。もうみんなは帰ってしまいましたから、あなたもお帰りなさい。そして明日はどんなことがあっても学校に来なければいけませんよ。あなたの顔を見ないと私は悲しく思いますよ。きっとですよ」

そういって先生は僕のカバンの中にそっと葡萄の房を入れて下さいました。僕はいつものように海岸通りを、海を眺めたり船を眺めたりしながら、つまらなく家に帰りました。そして葡萄をおいしく喰べてしまいました。

けれども次の日が来ると僕はなかなか学校に行く気にはなれませんでした。お腹が痛くなればいいと思ったり、頭痛がすればいいと思ったりしたけれども、その日に限って虫歯一本痛みもしないのです。仕方なしにいやいやながら家は出ましたが、［Ⅳ］と考えながら歩きました。どうしても学校の門をはいることは出来ないように思われたのです。けれども先生の別れの時の言葉を思い出すと、僕は先生の顔だけはなんといっても見たくてしかたがありませんでした。僕が行かなかったら先生はきっと悲しく思われるに違いない。もう一度先生のやさしい眼で見られたい。ただその一事《ひとこと》があるばかりで僕は学校の門をくぐりました。

そうしたらどうでしょう、先《ま》ず第一に待ち切っていたようにジムが飛んで来て、僕の手を握ってくれました。そして昨日のことなんか忘れてしまったように、親切に僕の手をひいて［Ⅴ］している僕を先生の部屋に連れて行くのです。僕はなんだか訳がわかりませんでした。学校に行ったらみんなが遠くの方から僕を見て「見ろ泥棒《どろぼう》の嘘《うそ》つきの日本人が来た」とでも悪口をいうだろうと思っていたのに、こんな風にされると気味が悪いほどでした。

二人の足音を聞きつけてか、先生はジムがノックしない前に戸を開けて下さいました。二人は部屋の中にはいりました。

「ジム、あなたはいい子、よく私の言ったことがわかってくれましたね。ジムはもうあなたからあやまってもらわなくってもいいと言っています。二人は今からいいお友達になればそれでいいんです。二人とも上手に握手をなさい」と先生はにこにこしながら僕たちを向い合せました。僕はでもあんまり勝手過ぎるようでもじもじしていますと、ジムはぶら下げている僕の手をいそいそと引張《ひっぱ》り出して堅く握ってくれました。僕はもうなんといってこの嬉しさを表せばいいのか分らないで、C唯《ただ》恥しく笑う外《ほか》ありませんでした。ジムも気持よさそうに、笑顔をしていました。先生はにこにこしながら僕に、

「昨日の葡萄はおいしかったの」と問われました。僕は顔を真赤《まっか》にして「ええ」と白状するより仕方がありませんでした。

「そんならまたあげましょうね」

そういって、先生は真白な(2)リンネルの着物につつまれた体を窓からのび出させて、葡萄の一房をもぎ取って、真白い左の手の上に粉のふいた紫色の房を乗せて、細長い銀色の鋏《はさみ》で真中からぷつりと二つに切って、ジムと僕とに下さいました。真白い手の平に紫色の葡萄の粒が重《かさな》って乗っていたその美しさを僕は今でもはっきりと思い出すことが出来ます。

僕はその時から前より少しいい子になり、少しはにかみ屋でなくなったようです。

つつあるから。

③　医療《いりょう》の進歩や介護の充実により老いることの難しい時代が到来し、自分が年齢を重ねているのかどうかわからないほど老人たちを迷わせているから。

④　古い共同体の掟のために、自然と各時代の理想の老人像が生まれてきたが、現在に至り、その掟からの解放によってその理想像があいまいになったから。

⑤　節目を無視して生き続けようとする現代の老人に対し、その周囲にいる人々は、長寿であることを心からではなく形式的にしか祝うことができないから。

二　「僕」は横浜山の手の、先生も生徒も西洋人ばかりという学校に通っている。まだ日本に絵の具の少ない時代、「僕」は友人ジムの絵の具の美しさに見とれ、こっそりそれを盗んでしまう。やがてそのことが他の生徒たちに知られてしまうところとなり、「僕」は友人たちによって、「僕の好きな受け持ちの先生」の部屋に連れていかれることになった。本文はそれに続く場面である。これを読んで、後の問いに答えなさい。

やがてその部屋の戸をジムがノックしました。ノックするとははいってもいいかと戸をたたくことなのです。中からはやさしく「おはいり」という先生の声が聞えました。僕はその部屋にはいる時ほどいやだと思ったことはまたとありません。

何か書きものをしていた先生は、［Ⅰ］とはいって来た僕たちを見ると、少し驚いたようでした。が、女のくせに男のように頸《くび》の所でぶつりと切った髪の毛を右の手で撫《な》でてあげながら、いつものとおりのやさしい顔をこちらに向けて、ちょっと首をかしげただけで何の御用という風をしなさいました。そうするとよく出来る大きな子が前に出て、僕がジムの絵具《えのぐ》を取ったことを委《くわ》しく先生に言いつけました。先生は少し曇った顔付きをして真面目にみんなの顔や、半分泣きかかっている僕の顔を見くらべていなさいましたが、僕に「それは本当ですか」と聞かれました。本当なんだけれども、僕がそんないやな奴だということを、どうしても僕の好きな先生に知られるのがつらかったのです。だから僕は答える代《かわ》りに本当に泣き出してしまいました。

先生は暫《しばら》く僕を見つめていましたが、やがて生徒たちに向って静かに「もういってもようございます」といって、みんなをかえしてしまわれました。生徒たちは少し物足らなそうにどやどやと下に降りていってしまいました。

先生は少しの間なんとも言わずに、僕の方も向かずに、自分の手の爪《つめ》を見つめていましたが、やがて静かに立って来て、僕の肩の所を抱きすくめるようにして「絵具はもう返しましたか」と小さな声で仰《おっしゃ》いました。僕は返したことをしっかり先生に知ってもらいたいので深々と頷《うなず》いて見せました。

「あなたは自分のしたことをいやなことだったと思っていますか」

もう一度そう先生が静かに仰った時には、僕はもうたまりませんでした。Aぶるぶると震えてしかたがない唇を、噛《か》みしめても噛みしめても泣声が出て、眼からは涙《なみだ》がむやみに流れて来るのです。もう先生に抱かれたままB死んでしまいたいような心持ちになってしまいました。

「あなたはもう泣くんじゃない。よく解《わか》ったらそれでいいから泣くのをやめましょう、ね。次《つ》ぎの時間には(1)教場に出ないでもよろしいから、私のこのお部屋にいらっしゃい。静かにしてここにいらっしゃい。私が教場から帰るまでここにいらっしゃいよ。いい」と仰りながら僕を長椅子《ながいす》に坐《すわ》らせて、その時また勉強の鐘がなったので、机の上の書物を取り上げて、僕の方を見ていられましたが、二階の窓まで高く這《は》い上った葡萄蔓《ぶどうづる》から、一房《ひとふさ》の西洋葡萄をもぎって、［Ⅱ］と泣きつづけていた僕の膝の上にそれをおいて、静かに部屋を出て行きなさいました。

一時［Ⅲ］とやかましかった生徒たちはみんな教場にはいっ

① (a) しかし (b) つまり (c) むしろ
② (a) しかし (b) そして (c) むしろ
③ (a) つまり (b) そして (c) たとえば
④ (a) つまり (b) しかし (c) むしろ
⑤ (a) そして (b) つまり (c) たとえば

問二 傍線《ぼうせん》部A「自分でそれを欠く仕事」をするのはなぜだと考えられるか。その理由として最もふさわしいものを、次の選択肢の中から選び、番号をマークしなさい。[2]

① 共同体の中において食欲の旺盛さを表してしまう健康な歯は、家族にも知られないように処理するしかなかったから。
② 共同体で生活するだけでも周囲への配慮《はいりょ》が必要なのに、健康な歯を持つ老人を抱える苦労までさせたくなかったから。
③ 共同体の掟に逆らってでも、自らの身体を傷つけて、自分の理想とする老人のイメージに近づこうとしたから。
④ 共同体の中で死んでいくものが「きれいな年寄り」のままでは、恥ずべきものとして笑われてしまうから。
⑤ 共同体の掟の中で理想とされている「年寄り」になることができなかったので、形だけでも近づけようとしたから。

問三 空欄 [I] には次の(あ)～(え)を並べ替えた文章が入る。並べ方として最もふさわしいものを、後の選択肢の中から選び、番号をマークしなさい。[3]

(あ) それを打破してよりよい生活を呼び寄せようとするのは当然の歩みです。
(い) 厳しい暮しの条件が作り出し、共同体の掟として強制されたものであったろうと思われます。
(う) 近代化とはその道程でもあったのでしょう。
(え) そして長い歳月をかけて暮しは次第に豊かなものとなって来た。

① (い)→(あ)→(え)→(う)　② (あ)→(い)→(え)→(う)
③ (あ)→(う)→(え)→(い)　④ (い)→(う)→(え)→(あ)
⑤ (い)→(え)→(う)→(あ)

問四 傍線部B「『隠居』という言葉が死語と化した」とあるが、その背景にはどのような事情があると筆者は考えているか。その説明として最もふさわしいものを、次の選択肢の中から選び、番号をマークしなさい。[4]

① 昔は「老人はかくあるべし」といった制度が運用されていたが、現在は形骸《けいがい》化してしまっているから。
② 昔は各時代時代の明確な老人の形が生み出されたが、現在はその輪郭がぼやけたものとなっているから。
③ 昔は老人も張りのある精神を持っていたが、現在は若くありたいという願望しか持たなくなっているから。
④ 昔の老人は時代の課した条件に惑わされていたが、現在では誰でも「きれいな年寄り」になっているから。
⑤ 昔の老人は長寿であることに敬意が払われたが、現在は煙たがられていて心から祝われることは稀だから。

問五 空欄（w）～（z）に補うのに最もふさわしい語の組み合わせを、次の選択肢の中から選び、番号をマークしなさい。[5]

① （w）終り （x）失敗 （y）完了 （z）堕落《だらく》
② （w）疑問 （x）否定 （y）停止 （z）肯定《こうてい》
③ （w）悲観 （x）停滞《ていたい》 （y）完了 （z）延命
④ （w）悲観 （x）失敗 （y）完結 （z）堕落
⑤ （w）終り （x）否定 （y）完結 （z）肯定

問六 傍線部C「現代の老人は自己の姿を捉え難くなっている」とあるが、それはなぜか。その理由として最もふさわしいものを、次の選択肢の中から選び、番号をマークしなさい。[6]

① ニュースで「お年寄り」などと呼ばれるように老人は大切に扱われているようでいて、実際には冷遇《れいぐう》されていることに老人が戸惑っているから。
② 政治における制度面の改革により老人の扱い方に成功を収めた結果、平均寿命が延び続けてお年寄りという概念がなくなり

につれ次第《しだい》にぼやけて来ているのではないでしょうか。とりわけ二十世紀半ばの敗戦以降、つまり戦後にはいると我々の老人像は急速に曖昧なものとなって来る。敗戦前まではまだそれなりのリアリティーのあったB「(2)隠居」という言葉が死語と化したのもその端的な表れの一つでしょう。

そういう時代を生きる我々であるからこそ、「楢山節考」のおりんの姿に一層衝撃を受けるのではないか。おりんがそうありたいと願う「きれいな年寄り」のイメージ自体が確固とした老人像を提起しているのは事実ですが、それに自分を近づけ、重ね合わせて行こうとする彼女の意気込みそのものに打たれずにいられない。（ c ）「きれいな年寄り」になろうとする意志そのものが鮮烈な老人像を描き出しているのです。そこには、ひたすら何かになろうとする人の姿が浮かび上る。そして何かになろうとする結果は死なのです。

しかしその死は自殺とは全く別の方向を指している。自殺は個人的な生の（ w ）であり生の（ x ）ですが、おりんの「楢山まいり」は家族をはじめとする村人達の暮しを背景にした生の（ y ）であり、生の限りない（ z ）に他ならない。それを表現する人物像がおりんという七十歳になろうとする老婆の姿として読む者に迫って来ます。息子を励ますようにしてその背で山に向うおりんは、その時自分が願っていた「きれいな年寄り」へと昇華しているのではないでしょうか。

おりんにそれが可能であったのは、彼女の人柄《ひとがら》による部分もあったかもしれませんが、それ以上に年寄りの生きる規範というものが村の暮しの中に確立し、あるべき老人の姿を思い描くことが出来たからです。七十歳という年齢の区切りがあることも、自分の生の形を見定める上での手がかりになる。

それに比べれば、C現代の老人は自己の姿を捉《とら》え難くなっている、とも言えます。建前としては老人は大切にされ、「お年寄り」などと「お」をつけてニュースなどで呼ばれてはいるものの、実態は老人の扱い方は次第に冷やかなものへと進みつつあるようです。少なくとも政治における制度面の改革を見る限り、老人が大切にされているとは思われない。その上、寿命《じゅみょう》は延び続けているのですから老後は長くなり、どこかで終りという終点が見えない。つまり表面上は大事にされているかのような状態のまま、「お年寄り」は長寿に向けて押し流されて行く。

しかも、老人はかくあるべしといった規範の形さえ見当たらない。絶対的貧困の中でおりんが自分のものとしたような張りのある精神は持とうとしても持ちようがない。そういう困難の前に今の「お年寄り」は立たされているのではないか。老いることの難しい時代が到来したのです。それは個人の努力によって解決し得る類の問題ではありません。いわば時代の課した条件なのですから、まずそれを正面から受け止めた上で、ではどうすれば前向きに老いて行くことが出来るかを模索《もさく》し続けねばならないでしょう。

還暦《かんれき》（数え六十一歳）、古稀《こき》（数え七十歳）、喜寿《きじゅ》（数え七十七歳）、傘寿《さんじゅ》（数え八十歳）、米寿《べいじゅ》（数え八十八歳）、卒寿《そつじゅ》（数え九十歳）、白寿《はくじゅ》（数え九十九歳）、といった年齢の節目があり、そこまで生きた命を祝う習慣のあった頃は老いに明確な形がありました。言葉として残ってはいても、今はそれを心から祝うことは稀《まれ》でしょう。むしろ、その種の節目を無視して生き続けることの方が好ましく感じられる時代になっているからです。命はのっぺりとした棒の如《ごと》きものと化し、ただ先へ先へと延びて行くことだけが重視されているような気がします。

（黒井《くろい》千次《せんじ》『老いるということ』による）

〔注〕(1)「楢山節考」…深沢七郎《ふかざわしちろう》の短編小説。民間伝承の棄老伝説を題材とした作品。棄老伝説とは、役に立たなくなった老人を山に棄《す》てたという伝説。

(2) 隠居…勤めを辞めたり家督《かとく》を譲《ゆず》ったりして気ままに暮らすこと。

問一　空欄《くうらん》（a）～（c）に補うのに最もふさわしい語の組み合わせを、次の選択肢の中から選び、番号をマークしなさい。[1]

二〇二一年度　國學院高等学校（一般第一回）

【国語】（五〇分）〈満点：一〇〇点〉

注意　各設問の後に示した解答番号 1 ～ 31 に対応した解答欄にマークしなさい。

一　次の文章を読んで、後の問いに答えなさい。

小説(1)「楢山節考《ならやまぶしこう》」が発表された時、衝撃をもって受け止められたのは、ただ棄老《きろう》伝説を甦《よみがえ》らせ、忘れていた黒く重い影を読む者に突きつけたからだけではありません。それのみであったなら、昔は酷《むご》いことが行われていたものだと驚き、今はそのようなことのない世の中になっているのに安堵《あんど》して終ったかもしれない。

「楢山節考」には、しかしもう一つの切実なドラマが含《ふく》まれている。前に触れたおりんの自らすすんで山に行こうとする意志と、それを実行せねばならない家族、とりわけ息子・辰平との間に生ずるドラマです。楢山は四つも山を越えた先にある道もない山なのだから老人が歩いて行ける筈《はず》はない。辰平の背負《しょ》う背板に乗って行くのです。（ a ）息子は自分で母親を捨てに山道を辿《たど》らねばならない。なんとも辛い道程です。そこは胸締め付けられる場面ではありますが、それを実行させるおりん自身の姿に一層深い感動を覚えます。おりんはいやいやながら山に捨てられるのではなく、自ら進んでそこに行こうとするのです。

おりんは山へ行くかなり前から準備にとりかかっています。出かける際の振舞酒や、山で坐《すわ》る莚《むしろ》などは三年も前に作っています。気にかかっていた息子の後妻も来てほとんど心残りがなくなりますが、もう一つだけ済ませねばならないことがある。

年を取っても一本も抜けることのなかった歯を恥じて、A自分でそれを欠く仕事です。楢山まいりに向う時には「歯も抜けたきれいな年寄り」（新潮文庫『楢山節考』、以下同）になって出発したいとの願いをおりんは抱いています。そこで上下の前歯を火打石で叩いてこわそうとするけれど丈夫な歯は容易に欠けてくれない。遂には石臼《いしうす》の角にぶつけて上の前歯をようやく二本欠くことに成功する。予約を取っては歯科医のもとに通い、虫歯の治療《ちりょう》をしたり入れ歯を作ったりに励む我々には考えも及ばぬような行為《こうい》です。どうしておりんはそんなことをするのか。食べる物の乏《とぼ》しい村では、年を取っても揃《そろ》ったままの歯は食欲の旺盛《おうせい》さ、食い意地の強さを窺《うかが》わせ恥ずべき姿と感じられるからです。

同時にその裏には、「歯も抜けたきれいな年寄り」という言葉からも察せられるような「年寄り」の姿とか形なるものが存在していたことを想像させます。年寄りらしい年寄り、老人らしい老人の存在です。そこを目指して老いて行くことの出来る理想のモデル、と言ってもいいかもしれない。そして今日では、そのようなモデルを容易に見出し得ないことに気づきます。年寄りらしくない年寄りにはいくらでも出会えるのに、いかにも年寄りの名にふさわしい、といった年寄りを見つけるのは難しい。

おりんが目指す「きれいな年寄り」は、　Ⅰ　

けれど人間を古い共同体の掟《おきて》から解放し、酷い風習から自由にした動きそのものが、一方ではおりんの思い描く「きれいな年寄り」を追放したことも見逃されてはなりますまい。つまり、おりんの描く理想の老婆《ろうば》像は「楢山まいり」の時代のものであって、世の中が変れば最早《もはや》通用しなくなったとしても不思議ではありません。

どの時代とどの時代との間にも、似たような関係はあると思われます。安土桃山時代と江戸期との間にも、江戸期と明治との間にも、明治と大正・昭和の間にも、昭和も敗戦前と戦後との間にも、夫々《それぞれ》大きな暮しの変化があったろうし、人々はそれを乗り越えて生きて来た。そしておそらく、各時代時代の老人像というものが生み出されて来たに違いありません。（ b ）その像の輪郭は、現代に近づく

英語解答

1
問１　(A)　３番目…②　５番目…④
　　　(B)　３番目…⑤　５番目…④
　　　(C)　３番目…⑦　５番目…④
問２　１…③　２…⑤　３…④　４…②
　　　５…⑤
問３　ア…④　イ…⑤　ウ…②　エ…①
問４　③
問５　a…④　b…①　c…⑤　d…③
　　　e…②
問６　②　問７　⑤　問８　④
問９　②，⑦

2
問１　１…②　２…④　３…④
問２　A…①　B…④　C…③　D…②
問３　②

3
(1)　④　(2)　④　(3)　③　(4)　③
(5)　②

4
(1)　ア…⑥　イ…①
(2)　ウ…①　エ…③
(3)　オ…⑤　カ…①
(4)　キ…⑥　ク…⑤
(5)　ケ…③　コ…④
(6)　サ…③　シ…④

1〔長文読解総合―物語〕

≪全訳≫❶アフリカの美しい朝だった。小さな村で，偉大な族長が彼の前に座っている２人の男たちに耳を傾けていた。❷「族長様，私の横にいる男は泥棒です」と年長の男が言った。❸「では教えてくれ。彼はお前から何を盗んだのだ？」と族長は応じた。❹「私の羊のうちの１頭です」と年長の男は答えた。❺「そして，それに対するお前の答えは何だ？」と族長は若い方の男に尋ねた。❻「どうして私がそんなことをするでしょうか？」と若者は答えた。「私はそれらをたくさん飼っています。もっと必要なら買います。他人からは取りません。彼こそが泥棒です」❼族長は２人を見た。ア若い方がうそをついているのだろうか。彼にはその確信がなかった。年長の男もまた，泥棒のような見た目ではなかった。これは難問だった。❽「お前たち２人に問題を出そう」と族長は言った。「羊を自分のものにするためには，答えを見つける必要がある。家に帰ってこの問題について考えなさい，そして答えがわかったときだけ戻ってきなさい。世界で最も速いものは何か？　答えがわかるまで戻ってきてはいけない」❾２人の男は族長の家を出た。年長の男は悲しかった。イどうしたら族長からのこんな難しい問題への答えを見つけられるだろう。帰宅すると，彼は娘のジアに問題を話した。彼女は美しい女性で，周りの人を助けるのが大好きだった。若かったが，とても賢くもあった。❿「答えがわかったわ」と彼女は言った。「それはね…」⓫年長の男は族長の家に戻った。族長は驚いた。⓬「また戻ってきたのか。１時間もたっていないのに，もう私の問題への答えがわかっているのかね？」⓭「はい，族長様」と男は答えた。「答えは『時間』です。それはいつもあまりにも速く過ぎていきます。全てのことをするのに十分な時間があることは決してありません」⓮族長は驚いた。男の答えは彼のよりも良かった。⓯「答えを見つけるのに，誰がお前を助けたのだ？」と族長は尋ねた。⓰「私の言葉です」と男は言った。⓱「もしそれが本当でなかったら，お前を罰する」と族長は言った。⓲年長の男は怖すぎて話を続けられなかった。「娘のジアです。彼女が答えをくれました」と彼は言った。⓳「彼女はとても賢いに違いない！」と族長は思った。⓴「よろしい」と彼は言った。「答えを見つけたのだから，お前が例の動物を持っていなさい。さて，この件はこれで落着だが，私はお前の娘に会ってみたい」㉑翌日，年長の男はジアを族長のところへ連れてきた。彼らは一緒にたっぷりの昼食を楽しんだ。しかし時間はいつでもあまりにも速く過ぎ，やがて２人が家を去らなければならない時間になった。22族長は毎日ジアに会い，彼の彼女への愛は時とともに増した。23「君は賢くて美しい。私は本当に君と結婚したい」と彼は言った。24「私もあなたと結婚したいです」とジアは答えて笑った。25そして彼らは結婚した。族長はとても幸せだったが，賢い妻を持つことを気にしていた。彼のもとに人々が問題を持ち込んだときに，彼女に助けてほしくはなかったのだ。人々にとって賢い族長でいることがとても気に入っていたのだ。26「家の中にあるものは全て君のものだ」と彼は彼女に言った。「／→B．しかし１つだけ頼んでおく。／→A．人々が私に問題を持ち込んだとき，絶対に手伝おうとしてはならない。／→C．もしそうしたら，君は私の妻でいるのをやめることになる。／このことは一度しか言わないよ」27彼らは幸せで，しばらくの間暮らしはうまくいっていた。しかしある日，２人の小さな少年が牛について族長に会いにやってきた。どちらの少年も，それは自分の牛だと言った。族長は彼らにとても難しい問題を出した。その午後，少年のうちの１人が歩いてジアのそばを通ったとき，彼は泣いていた。ジアは彼に話しかけた。28「話してごらん，坊や。ウどうしたの？」29「族長様が僕たちに問題を出したんだけど，答えが見つけられないんだ」と彼は悲しそうに言った。「問題は，世界で最も大きなものは何か，だったよ」30少年を助けてはいけない，とジアにはわかっていた。しかし答えは彼女には簡単で，彼にはとても難しかった。そして，ジアには少年が牛について本当のことを話していることもわかっていた。というのは，彼が家族の牛と一緒に野原にいるのをよく見かけていたからだ。31「すぐに族長様のところに戻りなさい」とジアは言った。「彼にこう言って答えなさい。『それは空気です。空気は私たちの周り中にあります。私たちが歩けば，私たちの前には空気，さらに空気しかありません。空を見上げれば，見えるかぎり遠くまで空気があるのです』」32少年は族長に会いに行った。彼は，ジアが彼に教えたとおりの言葉を言った。今回は，族長は驚かなかった。33「誰がお前を助けたのだ？」と彼は叫んだ。「その答えは幼い少年にしては賢すぎる」34少年は怖くなった。「奥様のジア様です」と彼はとうとう言った。35族長は彼の妻にとても腹を立てたので，その夕方に彼女に話しかけた。36「私は，私のものは全て君のものだと言った。私は君に１つしかルールを与えなかったのに，君はそれを破った。さあ，自分の荷物をまとめて父親の家に帰りなさい」37「出ていく前に，あなたに最後の食事をつくってもいいでしょうか？」と妻は尋ねた。38「いいとも」と族長は答えた。「そうしたければ何でもつくりなさい。欲しければ何でも持っていきなさい。ただ明日にはもう決してここにいてはならない！」39ジアは族長の一番好きな料理である，米と野菜を添えた鶏肉の料理をつくった。彼が食べている間，彼女は彼にヤシの果汁からつくったアルコール度数の高い飲み物を何杯も飲ませた。最後には，族長は横になって寝てしまった。40父親に手伝ってもらって，ジアは族長を父親の家に運んだ。彼らは彼をベッドに寝かせ，彼は一晩中ぐっすり眠り続けた。41朝，大声が家にいた全員を起こした。42「エここはどこだ？　私はここで何をしているんだ？」と族長は叫んだ。43ジアは部屋に駆け込んで笑った。44「欲しければ家から何を持っていってもいいとおっしゃったじゃありませんか，だからあなたを持って出たのです」45「君は本当に賢い」と族長はほほ笑んだ。「一緒に家に帰ろう」

問１＜整序結合＞(A)「２人の男たちに耳を傾けていた」は，listened to the two men とまとまる。「彼の前に座っている」は sitting in front of him とまとめて the two men を後ろから修飾する（現在分詞の形容詞的用法）。　..., the great chief listened to the two men sitting in front of him.　(B)まず「時間だった」をit was timeとする。「～が…しなければならない時間」は‘time for ～ to …’「～が…する(ための)時間」の形で表せる。これはto不定詞の形容詞的用法で‘for ～’はto不定詞の意味上の主語。　... it was time for the two to leave the house　(C)‘so ～ that …’「とても～ので…」の構文にする。「～に腹を立てる」は，be angry with ～。　The chief was so angry with his wife that he spoke to her that evening.

問２＜適語選択＞１．文脈から「答えは何か」と尋ねたのだとわかる。　２．「答えがわかったときにだけ戻ってきなさい」(２文前)＝「答えがわかるまで戻ってきてはいけない」　３．続く２文の「あまりにも速く過ぎ」，「全てのことをするのに十分ということは決してない」という説明から判断する。　４．年長の男は羊の所有権をめぐって若者と争っていた(第１～８段落)。族長が出した問題に年長の男が答えたので，羊は年長の男のものと認める，という流れ。sheepを言い換えたanimalが適切。　５．続く２文から，族長は妻の賢さで自分がかすむことを気にしているとわかる。　be worried about ～「～を気にする，心配する」

問３＜適文選択＞ア．族長が，互いに相手が泥棒だと訴える年長の男と若者を前にしている場面。この後「年長の男も泥棒のようには見えなかった」(eitherに着目)とあるので，空所には若者が泥棒なのかと自問するような内容が入ると考えられる。　イ．族長から難問を出された後の年長の男の様子を描いた場面。直前で悲しんでいるのは，問題が難しくて答えがわからないからだと考えられる。　ウ．泣いている少年にジアが声をかけている場面。ジアは少年を心配して声をかけたのである。What's the matter with you？は「どうしたの？」と相手を気遣うときの定型表現。　エ．ジアは族長を酔わせて眠らせ，自分の父親の家に運んでベッドに寝かせておいた。翌朝自分の知らない場所で目覚めた族長の言葉である。

問４＜語句解釈＞族長の難問の答えを見つけたのは自分だとうそをついたが，この後正直に「娘です」と話していることから，「本当でなかったら罰する」と言われてうその話を続けられなくなったのだとわかる。　go on with ～「～を続ける」

問５＜適語選択＞ａ．引用符(‘ ’)の後なので，saidやthoughtなどが入る。選択肢より，thoughtを選ぶ。　ｂ．直後のwith timeは「時とともに」という意味。ジアに会えば会うほど彼女への愛が「増した」のである。　ｃ．go well「うまくいく」　go－went－gone　ｄ．直後のitは，前にあるone ruleを受ける。ジアは少年を助けてしまったのだから，ルールを「破った」のである。　break－broke－broken　ｅ．lie down「横たわる」　lie－lay－lain

問６＜文整序＞Aの「手伝おうとしてはいけない」という内容は，Bで言っている頼みごとの具体的な内容と考えられるのでB→Aとする。CのIf you do so「もしそうしたら」のsoは，Aの「手伝おうとする」ことだと考えられるので最後にCを置く。

問７＜文脈把握＞「今回は驚かなかった」というのは，前回は驚いたということ。第14段落で族長が驚いたのは，年長の男に答えを教えた賢いジアの存在を知らなかったから。今回はすでにジアの存在を知っており，少年の言葉から少年がジアに答えを教わったことがわかったので驚かなかったのである。

問８＜文脈把握＞下線部のように言った後のジアの行動に着目。族長にアルコール度数の高い飲み物を何杯も飲ませ，眠らせている。

問９＜内容真偽＞①「族長は，人々を注意深く見ることによって彼らの間の問題の答えを見つけていた」…×　第８段落および第27段落第２～４文参照。問題を出し，答えられた方の言い分を認めていた。　②「年長の男は族長の家にとても早く戻り，族長は驚いた」…○　第11段落に一致する。③「族長がジアをとても賢いと思ったのは，彼女の父親の答えが族長の答えと同じだったからだ」…×　第14段落第２文参照。The man's answer was better than his(＝the chief's answer). とある。　④「ジアはとても賢くて美しかったので，族長は彼女と結婚するように頼まれたとき恋に落ちた」…×　第22，23段落参照。族長がジアを愛するようになり，求婚した。　⑤「２人の小さな少年は，自分たちの牛を売りたかったので族長に会いに行った」…×　第27段落第２，３文参照。２人とも，その牛が自分のものだと主張し，族長に認めてもらうために会いに行った。
⑥「ある日，ジアは夫との約束を忘れ，問題の答えを小さな少年に教えた」…×　第30段落第１文参照。少年を助けてはいけないとわかっていたのは，教えれば夫との約束を破ることになるからである。　⑦「ジアが父親の家に族長を連れて戻った後，彼は彼女の愛に気づき，腹を立てるのをやめた」…○　第44，45段落に一致する。ジアの言葉を聞いた族長はほほ笑んで「一緒に家に帰ろう」と言っている。

2〔長文読解総合―説明文〕

≪全訳≫❶なぜタイでは象が重要なのか。象は強く，同時に優しい。A タイでは，象は力と平和の象徴だ。象はまた，タイの歴史の非常に重要な一部でもある。何年も前，象は重要な仕事をしていた。タイの人々が森から木材を得るのを助けていたのだ。❷今日，タイの人々は森の木々を保っておきたいと思っている。彼らはほんの少ししか木を伐採しない。森は山にあるので，一部の象は今も森で働いている。B トラックや機械は山を登れないが，象は登れる。人が木を切り倒し，象が木を持ち上げる。それから象は木を川まで運ぶ。木は川を流れ下り，他の人たちのところに行く。その人たちは，木を木材に切り分ける。❸過去には，タイの人々は多くの木を伐採していた。C 彼らを助けるために森で働く多くの象が必要だった。この仕事をするように教えるため，特別な人たちが何年も象を訓練した。１頭１頭の象にはそれぞれの調教師，つまり象使いがいた。象使いは，生涯を同じ象とともに過ごした。父親たちは，息子にも象使いになってほしいと思った。象使いたちは，息子のために赤ちゃん象を買った。／→ａ．まず，赤ちゃん象は母親と一緒に過ごした。／→ｃ．象が３歳になると，少年と生活した。／→ｂ．それから，少年と象は一緒に成長した。／彼らは互いについて多くのことを学んだ。❹象使いは常に象の世話をしていた。これは難しい仕事だった。象は毎日250キロの植物を食べ，300リットルの水を飲む。象は象使いの声とにおいを覚えた。象使いの言葉を理解し，彼に従った。他の象使いには従わなかった。❺今日，一部の象と象使いはまだこのような仕事をしているが，大部分はしていない。今では，彼らは観光客相手に働いている。D 毎年何百万人もの人々がタイを訪れる。これらの観光客の多くは象を見たがる。だから，象は今でもタイでは重要で，タイの人々は今でも象をとても誇りに思っている。

問１＜適語選択＞１．人が切り倒した木を象が拾い，川まで「運ぶ」という流れ。　carry「～を運ぶ」　２．take care of ～「～の世話をする」　take－took－taken　３．主語のItはAn elephantを指す。象は自分の象使いの声やにおいを覚えるだけでなく，その言葉も理解して従うのである。

問２＜適文選択＞Ａ．①にある power and peace が，前文の strong and kind に対応した表現になっている。　Ｂ．山で働く象を説明する段落。その理由を示す④が適切。　Ｃ．In the past から始まるこの段落は，過去の話。過去時制になっているのは③だけ。　Ｄ．前後にある tourists, visitors という言葉から判断できる。

問３＜文整序＞象使いの息子と象の赤ちゃんの関わりを示す箇所。象の成長段階に沿って，「赤ちゃんのうちは母親と過ごす」→「３歳になると少年と暮らす」→「少年と象は一緒に成長する」という順に並べればよい。a の First「まず」，b の Then「それから」も手がかりになる。

3〔適語(句)選択・語形変化〕

(1)「電話が鳴ったとき」という過去の一時点で彼女がしていたことを表す文なので，過去進行形が適切。　「電話が鳴ったとき，彼女はシャワーを浴びていた」

(2)空所の前の it は This library を指す。「この図書館は約100年前に(　　)」の空所に適するのは，‘be動詞＋過去分詞’を使った受け身の表現「建てられた」。　「この図書館は約100年前に建てられたので，とても古い」

(3)forget to ～「～することを忘れる」　*cf.* forget ～ing「～したことを忘れる」　「この手紙を明日送るのを忘れないで」

(4)「毎朝です」と答えているので，‘頻度’を尋ねる疑問文(How often ～?)にする。　「彼らはどのくらい頻繁にその部屋を掃除するのですか？」―「毎朝です」

(5)直後に than I「私より」があるので，比較級を入れる。　well/good－better－best　「ケンは私よりも上手に英語を話す」

4〔整序結合〕

(1)「～を(私に)教えていただけますか」は，Will you tell me ～？で表せる。「～への道」は，the way to ～。　Will you tell me the way to the museum?

(2)「～がある」は，There is/are ～で表せる。「観光名所」は「訪れるべき場所」と考え，形容詞的用法の to不定詞を使って places to visit とする。　There are many places to visit in Paris.

(3)「～しませんか」は，How about ～ing？で表せる。「散歩する」は take a walk。　How about taking a walk on Saturday?

(4)‘It is ～ to …’「…することは～だ」の形式主語構文にする。　It is difficult to teach our language to foreign people.

(5)「(私は)あなたに読んでほしい」は，‘want＋人＋to ～’「〈人〉に～してほしい」の形で，I want you to read とする。「このフランス語の本」は「フランス語で書かれたこの本」と考え，this book の後に written in French を続ける(過去分詞の形容詞的用法)。　I want you to read this book written in French.

(6)「何色が」Which color で始め，「あなたは好きですか」は疑問文の語順で do you like と続ける。「一番」は最後に置く。　Which color do you like the best?

2021年度／國學院高等学校（一般第１回）

数学解答

1
(1)　ア…9　イ…5
(2)　ウ…1　エ…6
(3)　オ…9　カ…2　キ…3　ク…2
(4)　ケ…−　コ…6　サ…5
(5)　シ…3　ス…1　セ…1
(6)　ソ…8　タ…1
(7)　チ…1　ツ…3　テ…1
(8)　ト…5　ナ…4　ニ…9　ヌ…2
　　ネ…5
(9)　ノ…4　ハ…4
(10)　ヒ…1　フ…3

2
(1)　ア…1　イ…2　ウ…0
(2)　エ…1　オ…0
(3)　カ…1　キ…5　ク…0
(4)　ケ…3　コ…0

3
(1)　3
(2)　イ…1　ウ…3　エ…1　オ…3
　　カ…1　キ…3

4
(1)　ア…1　イ…6
(2)　ウ…4　エ…8　オ…2

5
(1)　ア…1　イ…4
(2)　ウ…2　エ…3　オ…6

1〔独立小問集合題〕

(1)<一次方程式—比例式>$3\times\left(\frac{1}{2}x+1\right)=\left(2x-\frac{3}{4}\right)\times2$ より，$\frac{3}{2}x+3=4x-\frac{3}{2}$，$3x+6=8x-3$，$3x-8x=-3-6$，$-5x=-9$　$\therefore x=\frac{9}{5}$

(2)<式の値>与式$=\frac{3(x-y)-2\times2(x+y)}{6}=\frac{3x-3y-4x-4y}{6}=\frac{-x-7y}{6}=-\frac{1}{6}x-\frac{7}{6}y$として，$x=1$，$y=-\frac{2}{7}$を代入すると，与式$=-\frac{1}{6}\times1-\frac{7}{6}\times\left(-\frac{2}{7}\right)=-\frac{1}{6}+\frac{2}{6}=\frac{1}{6}$となる。

(3)<式の計算>与式$=2a^2b\div4ab\times9a^2b^2=\frac{2a^2b\times9a^2b^2}{4ab}=\frac{9}{2}a^3b^2$

(4)<平方根の計算>与式$=(\sqrt{2}-\sqrt{5})\times\sqrt{5}(\sqrt{5}+\sqrt{2})-(\sqrt{5}-1)^2=\sqrt{5}(\sqrt{2}-\sqrt{5})(\sqrt{2}+\sqrt{5})-(5-2\sqrt{5}+1)=\sqrt{5}\times(2-5)-(6-2\sqrt{5})=\sqrt{5}\times(-3)-6+2\sqrt{5}=-3\sqrt{5}-6+2\sqrt{5}=-6-\sqrt{5}$

(5)<因数分解>$2x+1=A$，$x+2=B$とおくと，与式$=xA^2-xB^2=x(A^2-B^2)=x(A+B)(A-B)$となる。$A$，$B$をもとに戻すと，与式$=x\{(2x+1)+(x+2)\}\{(2x+1)-(x+2)\}=x(3x+3)(x-1)=x\times3(x+1)\times(x-1)=3x(x+1)(x-1)$となる。

(6)<連立方程式>$0.25x+y=3$……①，$\frac{1}{5}x-0.4y=1.2$……②とする。①×4 より，$x+4y=12$……①′　②×5 より，$x-2y=6$……②′　①′−②′より，$4y-(-2y)=12-6$，$6y=6$　$\therefore y=1$　これを②′に代入して，$x-2=6$　$\therefore x=8$

(7)<二次方程式の応用>xについての二次方程式$x^2-ax+3a^2-15=0$の解の１つが$x=4$だから，解を方程式に代入して，$4^2-a\times4+3a^2-15=0$，$16-4a+3a^2-15=0$，$3a^2-4a+1=0$となる。これを解くと，解の公式より，$a=\frac{-(-4)\pm\sqrt{(-4)^2-4\times3\times1}}{2\times3}=\frac{4\pm\sqrt{4}}{6}=\frac{4\pm2}{6}=\frac{2\pm1}{3}$となるので，$a=\frac{2-1}{3}=\frac{1}{3}$，$a=\frac{2+1}{3}=1$である。

(8)<数の性質>$\sqrt{2}=1.41421356\cdots$の小数第１位の数を４から６に変えると，その数は0.2大きくなるので，$a=\sqrt{2}+0.2=\sqrt{2}+\frac{1}{5}$である。また，小数第１位の数を４から２に変えると，0.2小さくなるので，$b=\sqrt{2}-0.2=\sqrt{2}-\frac{1}{5}$である。よって，$ab=\left(\sqrt{2}+\frac{1}{5}\right)\left(\sqrt{2}-\frac{1}{5}\right)=2-\frac{1}{25}=\frac{50}{25}-\frac{1}{25}=\frac{49}{25}$

となる。

(9)＜数の性質＞$\sqrt{885-a}$ が整数になるとき，$885-a$ は整数を2乗した数である。また，a は自然数なので，$885-a$ は884以下の整数となる。$29^2=841$，$30^2=900$ より，整数を2乗した数で，884以下の最大の数は841だから，$\sqrt{885-a}$ が最大の整数となるとき，$885-a=841$ である。よって，$a=44$ となる。

(10)＜連立方程式の応用＞$a<b<c$ とする。a，b，c から異なる2つを選んで求めた平均値は，$\frac{a+b}{2}$，$\frac{a+c}{2}$，$\frac{b+c}{2}$ である。また，$a<b<c$ より，$a+b<a+c<b+c$ だから，$\frac{a+b}{2}<\frac{a+c}{2}<\frac{b+c}{2}$ である。平均値が15，17，19になったことから，$\frac{a+b}{2}=15$……①，$\frac{a+c}{2}=17$……②，$\frac{b+c}{2}=19$……③が成り立つ。①＋②＋③より，$\frac{a+b}{2}+\frac{a+c}{2}+\frac{b+c}{2}=51$，$a+b+c=51$……④となり，③×2より，$b+c=38$……③′となる。④－③′より，$a=51-38$，$a=13$ となるから，最も小さい数は13である。

2〔独立小問集合題〕

(1)＜図形―角度＞右図1で四角形ABCDの内角の和は360°だから，∠ABC＋∠ADC＝360°－(∠DAB＋∠BCD)＝360°－(140°＋70°)＝150°となる。∠CBE＝a，∠CDE＝b とおくと，∠ABE＝2∠CBE＝$2a$，∠ADE＝2∠CDE＝$2b$ となり，∠ABC＋∠ADC＝$(2a+a)+(2b+b)=3a+3b$ と表せる。よって，$3a+3b=150°$ が成り立ち，$a+b=50°$ となるから，∠ABE＋∠ADE＝$2a+2b=2(a+b)=2\times50°=100°$ となる。これより，四角形ABEDで，∠x＝360°－(∠DAB＋∠ABE＋∠ADE)＝360°－(140°＋100°)＝120°となる。

図1

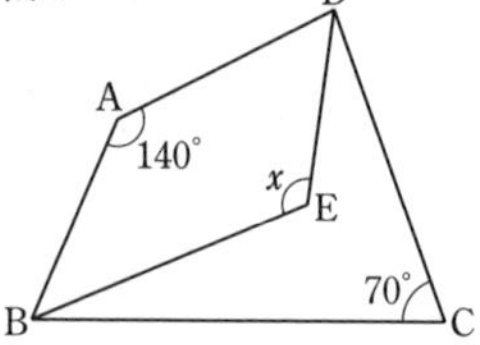

(2)＜図形―長さ＞右図2の△ABEと△CBDにおいて，∠ABE＝∠CBDである。また，対頂角より∠AEB＝∠CEDであり，CD＝CEより∠CDB＝∠CEDだから，∠AEB＝∠CDBとなる。よって，2組の角がそれぞれ等しいから，△ABE∽△CBDとなり，AE：CD＝AB：CB＝15：39＝5：13である。CD＝CEだから，AE：CE＝5：13となり，AE＝$\frac{5}{5+13}$CA＝$\frac{5}{18}\times36=10$ となる。

図2

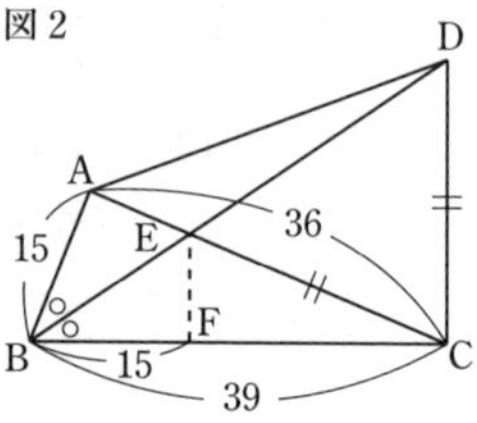

≪別解≫図2で，辺BC上にBF＝BA＝15となる点Fをとると，BE＝BE，∠FBE＝∠ABEより，△FBE≡△ABEとなる。よって，△ABE：△EBC＝△FBE：△EBC＝BF：BC＝15：39＝5：13となる。これより，AE：CE＝5：13だから，AE＝$\frac{5}{5+13}$CA＝$\frac{5}{18}\times36=10$ である。

(3)＜図形―角度＞右図3で，△EBCは正三角形だから，∠BEC＝∠EBC＝∠ECB＝60°である。また，四角形ABCDが正方形より，∠ABC＝90°だから，∠ABE＝∠ABC－∠EBC＝90°－60°＝30°となる。さらに，BE＝BC，AB＝BCより，AB＝BEだから，△ABEは二等辺三角形であり，∠AEB＝(180°－∠ABE)÷2＝(180°－30°)÷2＝75°となる。同様にして，∠DEC＝75°となる。よって，∠y＝360°－∠BEC－∠AEB－∠DEC＝360°－60°－75°－75°＝150°である。

図3

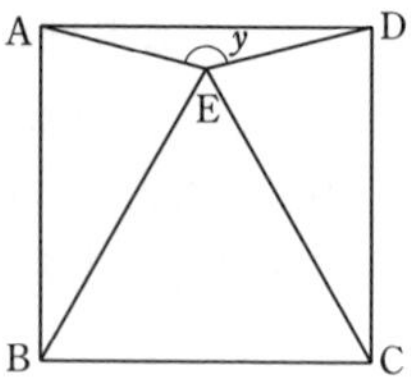

(4)＜図形―体積＞右図4で，点Aから直線lに垂線AEを引くと，DE＝AB－CD＝4－2＝2となる。直線lを軸として四角形ABCDを1回転させてできる立体は，底面の円の半径がBC＝3，高さがAB＝4の円柱から，底面の円の半径がAE＝3，高さがDE＝2の円錐を除いた立体となる。よっ

図4

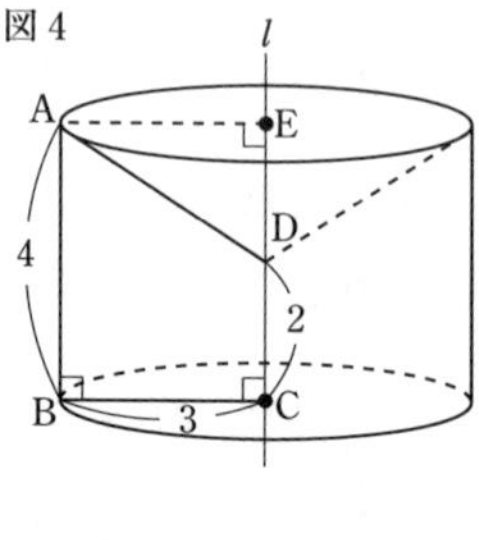

て，求める立体の体積は，$\pi\times3^2\times4-\frac{1}{3}\times\pi\times3^2\times2=36\pi-6\pi=30\pi$となる。

3 〔関数—関数 $\boldsymbol{y=ax^2}$ と直線〕

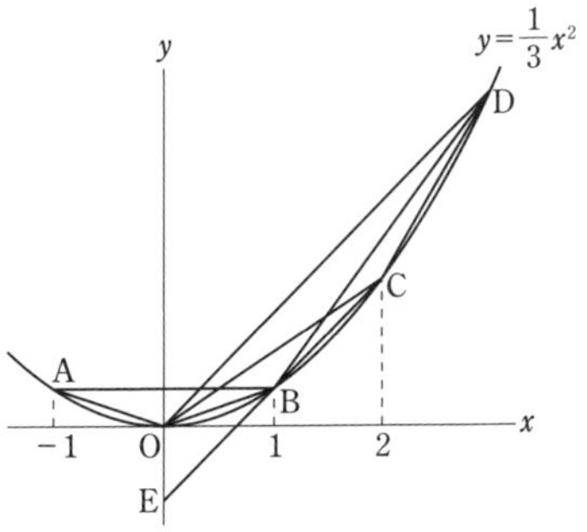

(1)＜x座標＞右図で，2点B，Cは放物線$y=\frac{1}{3}x^2$上にあり，x座標はそれぞれ1，2だから，$y=\frac{1}{3}\times1^2=\frac{1}{3}$，$y=\frac{1}{3}\times2^2=\frac{4}{3}$より，B$\left(1,\ \frac{1}{3}\right)$，C$\left(2,\ \frac{4}{3}\right)$である。これより，直線BCの傾きは$\left(\frac{4}{3}-\frac{1}{3}\right)\div(2-1)=1$となる。BC∥ODだから，直線ODの傾きも1となり，直線ODの式は$y=x$である。点Dは放物線$y=\frac{1}{3}x^2$と直線$y=x$との交点となるから，この2式よりyを消去すると，$\frac{1}{3}x^2=x$，$x^2-3x=0$，$x(x-3)=0$より，$x=0$，3となり，点Dのx座標は3である。

(2)＜面積＞右上図で，点Aは放物線$y=\frac{1}{3}x^2$上にあり，x座標が−1だから，$y=\frac{1}{3}\times(-1)^2=\frac{1}{3}$より，A$\left(-1,\ \frac{1}{3}\right)$である。(1)より，B$\left(1,\ \frac{1}{3}\right)$だから，ABは$x$軸に平行であり，AB$=1-(-1)=2$である。△AOBの底辺をABと見ると，点Aの$y$座標より，高さは$\frac{1}{3}$なので，$S_1=$△AOB$=\frac{1}{2}\times2\times\frac{1}{3}=\frac{1}{3}$となる。次に，直線BCの傾きは1なので，その式を$y=x+b$とおくと，点Bを通ることから，$\frac{1}{3}=1+b$，$b=-\frac{2}{3}$となる。切片が$-\frac{2}{3}$なので，直線BCと$y$軸との交点をEとすると，E$\left(0,\ -\frac{2}{3}\right)$となり，OE$=\frac{2}{3}$である。△OBC＝△OEC−△OEBであり，△OEC，△OEBの底辺をOEと見ると，2点C，Bのx座標より，高さはそれぞれ2，1となる。よって，△OEC$=\frac{1}{2}\times\frac{2}{3}\times2=\frac{2}{3}$，△OEB$=\frac{1}{2}\times\frac{2}{3}\times1=\frac{1}{3}$より，$S_2=$△OBC$=\frac{2}{3}-\frac{1}{3}=\frac{1}{3}$となる。また，BC∥ODより，△BCDと△OBCは，底辺をBCと見たときの高さが等しいから，△BCD＝△OBCである。これより，$S_3=S_2=\frac{1}{3}$となる。

4 〔平面図形—正三角形〕

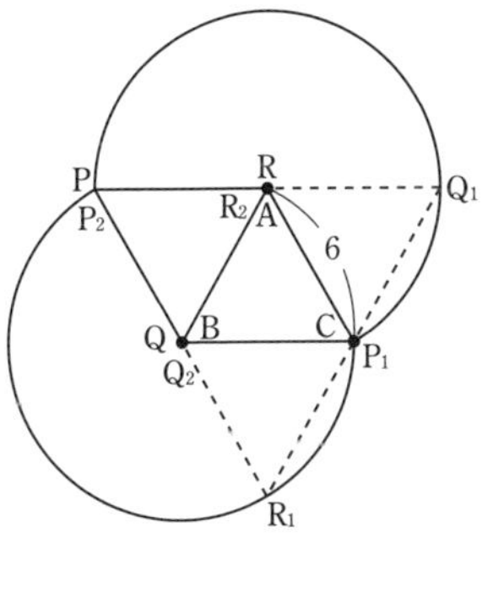

(1)＜長さ＞右図で，△PQRは，【手順1】によって，点A(R)を中心に時計回りに回転して△P_1Q_1Rの位置まで移動し，【手順2】によって，点C(P_1)を中心に時計回りに回転して△$P_1Q_2R_1$の位置まで移動し，【手順3】によって，点B(Q_2)を中心に時計回りに回転して△$P_2Q_2R_2$の位置まで移動し，止まる。よって，点Pが動いてできる線は，おうぎ形RPP_1の$\overset{\frown}{PP_1}$とおうぎ形$Q_2P_1P_2$の$\overset{\frown}{P_1P_2}$となる。おうぎ形RPP_1，おうぎ形$Q_2P_1P_2$の半径はともに6で，正三角形の1つの内角が60°より，∠PRQ＝∠PQR＝∠BAC＝∠ABC＝60°だから，2つのおうぎ形の中心角はどちらも360°−60°×2＝240°となる。よって，求める線の長さは，$\overset{\frown}{PP_1}+\overset{\frown}{P_1P_2}=2\pi\times6\times\frac{240^\circ}{360^\circ}\times2=16\pi$である。

(2)＜面積＞右上図で，〔おうぎ形RPP_1〕＝〔おうぎ形$Q_2P_1P_2$〕$=\pi\times6^2\times\frac{240^\circ}{360^\circ}=24\pi$，△ABC＝△PQR＝$S$だから，点Pが動いてできる線で囲まれた図形の面積は，〔おうぎ形RPP_1〕＋〔おうぎ形

$Q_2P_1P_2$〕＋△ABC＋△PQR＝$24\pi+24\pi+S+S=48\pi+2S$ となる。

5〔確率―さいころ〕

(1)＜確率＞大小2つのさいころを同時に1回投げるとき，それぞれ6通りの目の出方があるから，目の出方は全部で6×6＝36(通り)ある。このうち，点PがCの位置に移動するのは，出た目の和が2，6，10になるときである。目の和が2のときは(大，小)＝(1，1)の1通り，和が6のときは(大，小)＝(1，5)，(2，4)，(3，3)，(4，2)，(5，1)の5通り，和が10のときは(大，小)＝(4，6)，(5，5)，(6，4)の3通りだから，点PがCの位置に移動する場合は1＋5＋3＝9(通り)あり，求める確率は $\frac{9}{36}=\frac{1}{4}$ となる。

(2)＜さいころの目＞大きいさいころの目が0のとき，点PがCの位置に移動するのは(大，小)＝(0，2)，(0，6)の2通りある。大きいさいころの1の目を0に変えると，(1)の9通りのうちの(大，小)＝(1，1)，(1，5)の2通りが(0，2)，(0，6)の2通りになり，場合の数は変わらないので，$p=\frac{1}{4}$ である。大きいさいころの2の目を0に変えると，(1)の9通りのうちの(大，小)＝(2，4)の1通りが(0，2)，(0，6)の2通りになり，場合の数が増えるので，$p>\frac{1}{4}$ となる。大きいさいころの3の目を0に変えると，(1)の9通りのうちの(大，小)＝(3，3)の1通りが(0，2)，(0，6)の2通りになり，場合の数が増えるので，$p>\frac{1}{4}$ となる。以下同様にして，4の目を0に変えると，(4，2)，(4，6)が(0，2)，(0，6)になるので，$p=\frac{1}{4}$ である。5の目を0に変えると，(5，1)，(5，5)が(0，2)，(0，6)になるので，$p=\frac{1}{4}$ である。6の目を0に変えると，(6，4)が(0，2)，(0，6)になるので，$p>\frac{1}{4}$ となる。以上より，$p>\frac{1}{4}$ となるのは，大きいさいころの2，3，6の目を0に変えたときである。

2021年度／國學院高等学校（一般第１回）

国語解答

一　問一　④　問二　⑤　問三　①
　　問四　②　問五　⑤　問六　④

二　問一　Ⅰ…⑤　Ⅱ…③　Ⅲ…①　Ⅳ…②
　　　　　Ⅴ…④
　　問二　④　問三　④　問四　②
　　問五　②

三　問一　②　問二　⑤　問三　③
　　問四　①　問五　③　問六　④
　　問七　②　問八　②

四　(1)　①　(2)　③　(3)　②　(4)　①
　　(5)　③　(6)　③　(7)　②　(8)　⑤

一〔論説文の読解―社会学的分野―現代社会〕出典；黒井千次『老いるということ』「老いの伝承――深沢七郎『楢山節考』の伝えるもの」。

≪本文の概要≫小説『楢山節考』において，おりんは「きれいな年寄り」になろうとして自分で自分の歯を欠く。おりんが目指したのは，共同体の掟として強制された老人像だっただろう。近代は，人間をそのような共同体の掟から解放して，同時に理想の老人像を見えなくした。とりわけ戦後では，老人像は急速に曖昧なものになってきた。「きれいな年寄り」になろうとすることができたのは，年寄りの規範が村の暮らしの中に確立し，あるべき老人の姿を人々が思い描けたからである。それに比べ，現代の老人は自己の姿をとらえがたくなっている。老人は大切にされているようで，実際には老人の扱い方は冷ややかになりつつあり，一方で寿命は延びて終点が見えない。大事にされているかのような状態で，老人は長寿に向けて押し流されていく。しかも，老人の規範は見えない。現代の老人は，そういう困難の前に立たされているのではないか。年齢の節目を祝うことももはやまれで，命はのっぺりとしたものになり，ただ先へ先へと延びていくことだけが重視されている気がする。

問一＜接続語＞ａ．おりんは，山へ，息子の辰平の背負う板に乗っていく。それは要するに，「息子は自分で母親を捨てに山道を辿らねばならない」ということである。　ｂ．「各時代時代の老人像というものが生み出されて来た」に違いないのに，「その像の輪郭は，現代に近づくにつれ次第にぼやけて来ている」ようである。　ｃ．「おりんがそうありたいと願う『きれいな年寄り』のイメージ自体が確固とした老人像を提起している」というよりは，どちらかといえば，「『きれいな年寄り』になろうとする意志そのものが鮮烈な老人像を描き出して」いる。

問二＜文章内容＞おりんは，「楢山まいり」に向かうときには「歯も抜けたきれいな年寄り」になって出発したいと願っている。当時の村では，「年を取っても揃ったままの歯」は「恥ずべき姿」と感じられるからである。当時の共同体の理想の老人像として，「歯も抜けたきれいな年寄り」という姿があるため，おりんは，歯を欠くことでその老人像に近づこうとしたのである。

問三＜文脈＞「おりんが目指す『きれいな年寄り』」は，「厳しい暮しの条件が作り出し，共同体の掟として強制されたもの」だっただろうと思われ（…(い)），そのような「掟」を「打破」して「よりよい生活を呼び寄せようとするのは当然」である（…(あ)）。そうして「長い歳月をかけて暮しは次第に豊かなものとなって」きた（…(え)）。「近代化」とは，その道のりだった（…(う)）。

問四＜文章内容＞「『隠居』という言葉が死語と化した」のは，「各時代時代」に生み出されてきた「老人像」の「輪郭」が，「現代に近づくにつれ次第にぼやけて来て」いて，とりわけ「戦後」になると「我々の老人像は急速に曖昧なものとなって」きたということの，「端的な表れの一つ」だと考えられる。

問五＜文章内容＞ｗ・ｘ．「自殺」をすれば，その人の生はそこで終わる（…ｗ）。自分の生を自ら断ち切って終わらせようとするのは，自分の生を否定する行為だといえる（…ｘ）。　ｙ・ｚ．「おりんの『楢山まいり』」は，「そこを目指して老いて行くことの出来る理想のモデル」として共同体が共有しているものに近づこうとする行為であり，生は「楢山まいり」をすることで完成する(…y)。それは，生を肯定的にとらえ，望ましい形で老いて死んでいこうとする行為である(…z)。

問六＜文章内容＞おりんが「楢山まいり」をすることができたのは，「年寄りの生きる規範というものが村の暮しの中に確立し，あるべき老人の姿を思い描くことが出来たから」である。しかし，「現代の老人」は，「建前としては」大切にされていても，実際には「大切にされているとは思われない」状態で，「終点」も見えないまま過ごしている。しかも，現代においては「老人はかくあるべしといった規範の形さえ見当たらない」のである。現代の人間は，「古い共同体の掟から解放」されたのと引きかえに，望ましい老いの姿がわからなくなったのである。

二〔小説の読解〕出典；有島武郎『一房の葡萄』。

問一＜表現＞Ⅰ．「どやどや」は，大勢が騒がしく出入りするさま。　Ⅱ．「しくしく」は，弱々しく，すすり上げながら泣き続けるさま。　Ⅲ．「がやがや」は，大勢が勝手に話してやかましいさま。　Ⅳ．「ぶらぶら」は，急がずに，気の緩んだ様子で歩くさま。　Ⅴ．「どぎまぎ」は，意外なことに驚いたり，その場の雰囲気にのまれたりして，うろたえるさま。

問二＜心情＞先生の前で，「僕」は，「僕がそんないやな奴だということを，どうしても僕の好きな先生に知られるのがつらかった」ので，「答える代りに本当に泣き出して」しまった。その後もう一度先生に「あなたは自分のしたことをいやなことだったと思っていますか」と言われると，「僕」は，感情がさらに高ぶり，その感情を抑えようとしても抑えることができなくなった。

問三＜心情＞先生は，泣き出した「僕」をしばらく見つめていた後，ほかの子どもたちを帰して，「少しの間なんとも言わずに，僕の方も向かずに，自分の手の爪を見つめて」いた。そして，「静かに立って来て，僕の肩の所を抱きすくめるように」し，「あなたは自分のしたことをいやなことだったと思っていますか」と言った。「僕がそんないやな奴だということを，どうしても僕の好きな先生に知られるのがつらかった」ために泣き出してしまっていた「僕」は，「自分のしたこと」を恥じ，先生にそれが知られたことを本当につらく思い，それでも厳しくしかることはしない先生に対して，どう振る舞えばよいのかわからなくなって，消えてしまいたいような気持ちになった。

問四＜心情＞「僕」は，「学校に行ったらみんなが遠くの方から僕を見て『見ろ泥棒の譃つきの日本人が来た』とでも悪口をいうだろうと思って」いた。ところが，「僕」が学校の門をくぐると，ジムが「飛んで来て，僕の手を握って」くれ，「昨日のことなんか忘れてしまったように，親切に僕の手をひいて」先生の部屋に連れていった。そして，先生に「握手」をするよう促されると，ジムは，「ぶら下げている僕の手をいそいそと引張り出して堅く握って」くれた。「僕」は，問題があっけなく解決したことに驚きながらも安心して，「もうなんといってこの嬉しさを表せばいいのか分らない」ほどだった。

問五＜表現＞泣き続ける「僕」に，先生は「よく解ったらそれでいいから泣くのをやめましょう」と言い，葡萄を「僕」のひざの上に置いて出ていった。翌日，先生は再び葡萄を一房もぎ取って二つに切り，それを仲直りしたジムと「僕」に与えた。そして今，「僕」は，先生と葡萄の記憶を重ね合わせ，なつかしく思い出している。葡萄は，当時の「僕」の心をいやし，なぐさめ，また大好きな先生との思い出と結びつくものとして描かれている。

三〔古文の読解―物語〕出典；『竹取物語』。

≪現代語訳≫(帝が)これがあのかぐや姫であろうとお思いになって，逃げて奥へ入る(かぐや姫の)袖をとらえなさると，(かぐや姫は)顔を袖で隠しておそばに控えているけれども，(帝は)初めによくご覧になっていたので，抜群にすばらしいとお思いになって，「逃がさないぞ」とおっしゃって，連れていらっしゃろうとすると，かぐや姫は答えて奏上する。「私の身は，この国に生まれた者でございましたら，宮仕えさせることもおできになるでしょうが，（そうではございませんので，）連れていらっしゃるのはとても難しくございましょう」と奏上する。帝は，「どうしてそのようなことがあろう。やはり連れておいでになろう」とおっしゃって，御輿を（屋敷に）お寄せになると，このかぐや姫は，急に影のようになっ（て消えてしまっ）た。

（帝は，かぐや姫が）はかなく（消えてしまって）残念だとお思いになって，本当に普通の人ではなかったよとお思いになって，「それならば，お供には連れていくまい。もとのお姿になってください。せめてそれを見てから帰ろう」とおっしゃると，かぐや姫は，もとの姿になった。

問一＜歴史的仮名遣い＞歴史的仮名遣いの語頭以外のハ行は，現代仮名遣いでは原則として「わいうえお」となるので，「なほ」は「なお」となる。

問二＜古語＞「面」は，ここでは顔のこと。

問三＜古語＞「類なく」は，並ぶものがない，という意味の形容詞「類なし」の連用形である。

問四＜古文の内容理解＞帝が逃げて奥へ入るかぐや姫の袖をとらえると，かぐや姫は，顔を袖で隠して帝のそばにいた（…①）。帝は，かぐや姫を抜群にすばらしいと思って，連れていこうとした（…②・③）。帝が，かぐや姫を連れていこうとして御輿を屋敷に寄せると（…④），かぐや姫は急に影のようになって消えてしまったので，帝は，残念だと思った（…⑤）。

問五＜現代語訳＞かぐや姫を連れていこうとする帝に，かぐや姫は，この国に生まれた者なら宮仕えさせることもおできになるでしょうが，そうではないので，連れていくのは難しいでしょうと言った。「未然形＋ば＋こそ＋已然形」の形で，否定接続を表す。

問六＜古文の内容理解＞帝はかぐや姫を連れていきたがった。しかし，かぐや姫は，自分はこの国に生まれた者だったら宮仕えさせることもできるだろうが，この国に生まれた者ではないので，連れていくのはとても難しいと言った。

問七＜古文の内容理解＞帝がかぐや姫を連れていこうとして御輿を屋敷に寄せると，かぐや姫は，急に消えてしまった。それを見て，帝は，「げにただ人にはあらざりけり」と思った。

問八＜古文の内容理解＞帝は，かぐや姫と対面すると，逃げて奥へ入ろうとするかぐや姫の袖をとらえ，かぐや姫をとてもすばらしいと思い，「ゆるさじとす」と言って，連れていこうとした（①…×，②…○）。かぐや姫は，自分はこの国に生まれた者ではないので，宮仕えさせることは帝にもできないと言ったが，帝が，それでも連れていこうとして屋敷に御輿を寄せたため，かぐや姫は，姿を消してしまった（③・④…×）。そこで帝が諦めて，連れていくのはやめるので，もとの姿になってほしいと言うと，かぐや姫は，もとの姿になった（⑤…×）。

四〔漢字〕

(1)「経済」と書く。①は「経験」，②は「関係」，③は「傾向」，④は「警備」，⑤は「啓発」。

(2)「悠久」と書く。①は「雄大」，②は「優秀」，③は「悠長」，④は「有料」，⑤は「遊具」。

(3)「堆積」と書く。①は「隊列」，②は「堆肥」，③は「交代」または「交替」，④は「舞台」，⑤は「携帯」。　(4)「範囲」と書く。①は「包囲」，②は「移動」，③は「維持」，④は「威厳」，⑤は「異常」。　(5)「封筒」と書く。①は「包装」，②は「法律」，③は「封建」，④は「放物線」，⑤は「崩壊」。　(6)「信念」と書く。①は「新年」，②は「伸縮」，③は「返信」，④は「振興」，⑤は「進出」。

(7)「規律」と書く。①は「期日」，②は「規制」，③は「危険」，④は「機関」，⑤は「好奇」。

(8)「地位」と書く。①は「遅延」，②は「価値」，③は「治安」，④は「配置」，⑤は「地域」。

Memo

2021年度 國學院高等学校(一般第２回)

【英　語】(50分)〈満点：100点〉

1　次の英文は，ある物語の一部を抜粋したものである。ある日突然仕事を失った Louisa Clark は新しい仕事を得るために，名家である Traynor 家に面接を受けにきた。本文を読み，後の問に答えなさい。

I sat down and waited while she looked through her papers, and then I heard it — the sound of a hole in my skirt opening. I felt my face turn red.

"So, Miss Clark. Do you have any experience of working with *quadriplegics?" Mrs Traynor asked.

"No," I replied, and I tried to pull my suit jacket down over the hole.

"I see. Then what is a quadriplegic?"

"Erm . . ." I said, but I didn't (a) sure. "Is it someone using a *wheelchair?"

"Well, yes, you can say that," Mrs Traynor replied without smiling. "[ア] It's enough to move his wheelchair around the *annexe, but not much more. Is that a problem for you?"

"It's not as much a problem for me as it is a problem for him," I joked and smiled, but she did not smile back.

The hole was getting bigger. (1)I was afraid of standing up because I knew that she would see it.

"I have a letter from your last job," she said. "[イ]"

"I paid him to write that," I joked.

Still she did not smile. "And what do you want to do with your life?" she asked.

"I . . . I . . . don't know," I replied, *stupidly. "I just want to work again."

Mrs Traynor put down her pen. "Miss Clark, this job is only for six months," she said. "So the money is . . . well, good. We want (2)the right person. My son, Will, was in a car accident two years ago. He has to be taken care of day and night. He has a nurse, and the new person will need to be here from 8 a.m. to 5 p.m. to help Will with food and drink — and to talk to him. We want somebody happy and friendly." Mrs Traynor stood up, and I guessed that was the end of the interview.

"I see," I said, and I began to stand up, too. I tried to (b) my bag over the hole, but I knew that she could see it.

"So would you like the job?" she asked, while she was walking *towards the door. "(A)We (① you ② as soon ③ possible ④ start ⑤ to ⑥ want ⑦ as)."

For a moment I couldn't speak.

"You will learn that Will is not an easy person to be with," she continued. "(X)"

"(Y)" I asked.

"(Z) It's better if you start tomorrow," she replied. She was already (1) the door, and waiting for me.

"Yes," I said. "Thank you. [ウ]"

"This is the annexe," Mrs Traynor said the next morning. "It's good for Will because there are (2) stairs. That's Will's room, and there is another bedroom for Nathan, his nurse, when he needs to stay here. He stayed here a lot *immediately after the accident."

She walked quickly through the *hall, and opened door after door. "The keys to his car are there," she said. "You can drive it. It has a special *ramp, and (B)Nathan (① how ② it ③ use ④ show ⑤ will ⑥ to ⑦ you). This is the kitchen. You can make yourself tea and coffee here," she said, and walked into a large, clean kitchen with a white floor. Then she turned. "(C)(① for ② is never ③ it's ④ alone ⑤ that ⑥ Will ⑦ very important) more than fifteen minutes. If you have to go (3), please call me or my husband. If you're ill or can't work for a day, please let us know soon."

"I won't go anywhere," I replied.

"When Will is doing something, please do some cleaning if the annexe needs it," she said, while she was coming to a door. "(c) the bed sheets, clean the floors. He may want to be alone sometimes, but please stay near him. I hope you will be friends. [エ]" And without waiting for my answer, she knocked on the door. "Miss Clark is here, Will. Can we (d) in?" she called.

There was no answer. She pushed open the door to the living room. It was very large and had a fire burning in one corner. One wall was (4), and you could see trees and hills through it.

In the middle of the room, a man was sitting in a black wheelchair. Another man was *kneeling on the floor in front of him, and was putting (5) the shoes of the man in the wheelchair.

The man in the wheelchair had long, *untidy hair. When I entered the room, he suddenly *screamed loudly again and again, and he started moving his head up and down.

"Will! Please!" shouted his mother. "Please don't!"

"Oh God, I can't do this," I thought. Then the man stopped screaming and looked at me.

"I . . . I'm Lou," I said. "It's short for Louisa."

He smiled. "Good morning, Miss Clark," he said.

The other man stood up. He was short, but his body looked strong.

"(3)You're a bad man, Will," he said and smiled.

"Very bad." Then he held out his hand. "I'm Nathan, Will's nurse. Will likes to act like he's crazy. It *frightens his *care assistants. But he's not really bad."

（注） ＊quadriplegic　四肢麻痺の人　＊wheelchair　車いす
＊annexe　別館　＊stupidly　愚かにも　＊towards ～　～へ向かって
＊immediately after ～　～の直後に　＊hall　廊下
＊ramp　移動式階段，タラップ　＊kneel　ひざまずく
＊untidy　だらしのない　＊scream　叫び声をあげる
＊frighten　を怖がらせる　＊care assistant　介助者

問１　空所（a）～（d）に入れるのに最も適切なものをそれぞれ①～④から１つずつ選び，指定された解答欄に番号をマークしなさい。ただし，文頭に来る語も小文字で表記されている。

① come　② feel　③ pull　④ wash

問２　空所［ア］～［エ］に入れるのに最も適切なものをそれぞれ次の①～④から１つずつ選び，指定された解答欄に番号をマークしなさい。

① Are you ready to meet him?

② I'll see you at eight o'clock tomorrow morning.

③ My son cannot use his legs, and he can only move his hand a little.

④ It says you are a 'warm, kind and funny person'.

問３　下線部(1)の理由として最も適切なものを次の①～⑤から１つ選び，指定された解答欄に番号をマークしなさい。

① Mrs Traynor の質問にうまく答えられなかったから。

② Mrs Traynor の冗談が分からなかったから。

③ Mrs Traynor にスカートが破けているのがばれてしまうから。

④ Mrs Traynor が Louisa の書類を見ているから。

⑤ Mrs Traynor から息子の状態について聞いて，不安になったから。

問４　下線部(2)の内容として本文で述べられていないものを次の①～⑤から２つ選び，指定された解答欄に番号をマークしなさい。解答は，１つの解答欄に２か所マークすること。

① 親しみやすい人

② Will の食事の世話ができる人

③ １晩中 Will のそばにいられる人

④ Will の話し相手になれる人

⑤ 看護師として働いた経験がある人

問５　下線部(A)～(C)がそれぞれ次の意味になるように（　）内の語（句）を並べ替えたとき，（　）内で３番目と５番目に来るものを選び，指定された解答欄に番号をマークしなさい。ただし，文頭に来る語も小文字で表記されている。

(A) わたしたちはあなたにできる限り早く始めてほしいと思っています。

(B) Nathan があなたに，その使い方を教えてくれます

(C) Will を15分以上決して１人にしないということが重要です。

問６　空所（X）～（Z）に次のＡ～Ｃの英文をそれぞれ文意が通るように入れたとき，その組み合わせとして最も適切なものを以下の①～⑥から１つ選び，指定された解答欄に番号をマークしなさい。

A．He is not having a good day today.

B．So will we see you tomorrow?

C．Sure, but why not today?

① （X） A （Y） B （Z） C　　② （X） A （Y） C （Z） B

③ （X） B （Y） A （Z） C　　④ （X） B （Y） C （Z） A

⑤ （X） C （Y） A （Z） B　　⑥ （X） C （Y） B （Z） A

問７　空所（１）～（５）に入れるのに最も適切なものをそれぞれ①～⑤から１つずつ選び，指定された解答欄に番号をマークしなさい。

（１）	① above	② by	③ of	④ with	⑤ from
（２）	① no	② a lot of	③ much	④ a little	⑤ most
（３）	① through	② in	③ out	④ up	⑤ to
（４）	① white	② glass	③ big	④ wood	⑤ new
（５）	① of	② at	③ on	④ with	⑤ to

問８　Nathan が下線部(3)のように言った理由として最も適切なものを次の①～⑤から１つ選び，指定された解答欄に番号をマークしなさい。

①　Will が Louisa に挨拶をしなかったから。

②　Will が身だしなみを整えようとしないから。

③　Will が母親の言うことしか聞かないから。

④　Will がわざと叫び声をあげ，Louisa を怖がらせようとしたから。

⑤　Will の状態が，叫び声をあげなければならないほど，悪化していたから。

問９　本文の内容に一致するものを次の①～⑦から２つ選び，指定された解答欄に番号をマークしなさい。解答は，１つの解答欄に２か所マークすること。

①　Will could go far from the annexe by himself.

②　Louisa wanted to reach her goal as a nurse.

③　Will had a road accident a few years ago.

④　Louisa guessed she passed the interview because Mrs Traynor told her to stand up.

⑤　Nathan always stayed in Will's room to take care of him.

⑥　When Louisa saw Will's action, she thought she couldn't work with him.

⑦　When Will wanted to be alone, Louisa would go away from him.

2　次の英文を読み，後の問に答えなさい。

Why are rain forests important? They are important for many reasons. The rain forests cover less than 6 percent of the Earth. They are in the (1) and hot parts of the world. It rains a lot there. The largest rain forests are in South America around the Amazon River. [A] These rain forests (2) more than 50 percent of all life on the planet. The rain forests could have 50 million different plants and animals. We do not know most of them yet.

Rain forests have many more kinds of plants than normal forests. We use many of these plants for food and medicine. Today, 80 percent of the fruits, vegetables, and spices come from the rain forest. [B] There are a lot more things for food or to use for diseases like cancer. But scientists have only studied 1 percent of these plants.

[※] Also, many other kinds of animals only live in rain forests. If we cut down the rain forests, they will die and we cannot see them forever.

The rain forests help to balance our climate. The trees in the rain forests remove *carbon dioxide from the *atmosphere. They produce *oxygen for us. [C] They balance our temperature so it is not too hot or too cold. They will help protect us from global warming, too.

We are (3) rain forests very quickly. Humans are destroying 300 thousand km^2 of rain forest. That's about the size of Poland. What can we do? [D] We have to start protecting the rain forests and our environment.

（注）　＊carbon dioxide　二酸化炭素　　＊atmosphere　大気

＊oxygen　酸素

問１　空所（１）～（３）に入れるのに最も適切なものをそれぞれ①～⑤から１つずつ選び，指定された解答欄に番号をマークしなさい。

（１）	① cold	② dry	③ fat	④ modern	⑤ wet
（２）	① shake	② spend	③ stay	④ stop	⑤ support
（３）	① choosing	② getting	③ losing	④ growing	⑤ winning

問2　空所[A]～[D]に入れるのに最も適切なものをそれぞれ次の①～④から1つずつ選び，指定された解答欄に番号をマークしなさい。

① Also, 25 percent of the drugs in our life are made from rain forest plants.

② Well, we need to stop destroying something so important for our future on Earth.

③ There are other rain forests in central America, southeastern Asia, and on some Pacific islands.

④ They put water in the atmosphere and help us to get rain.

問3　空所[※]に次のa～cの英文を文意が通るように正しく並べ替えて入れたとき，その順序を表すものを以下の①～⑥から1つ選び，指定された解答欄に番号をマークしなさい。

a. But in Madagascar, there are 300 kinds of frogs.

b. For example, in the United States there are 81 kinds of frogs.

c. Rain forests have many kinds of animals, too.

① a → b → c

② a → c → b

③ b → a → c

④ b → c → a

⑤ c → a → b

⑥ c → b → a

3　各英文の(　)内に入れるのに最も適切なものをそれぞれ①～④から1つずつ選び，指定された解答欄に番号をマークしなさい。

(1) I am very glad to hear (　　) your success.

① from　② with

③ of　④ in

(2) You can't see my aunt because she has (　　) to Paris.

① arrived　② gone

③ visited　④ left

(3) The top of the mountain is covered (　　) snow.

① to　② of

③ on　④ with

(4) Mr. Jones was very angry to see the (　　) window.

① break　② to break

③ broke　④ broken

(5) This shirt is too small for me. Please show me (　　).

① other　② another

③ it　④ one

(6) I hope she'll be able to experience a lot of Japanese culture (　　) she is here in Japan.

① but　② while

③ during　④ though

4 各英文がそれぞれ日本語の意味になるように(　)内の語(句)を並べ替えたとき，指定された箇所に来るものを解答欄にマークしなさい。ただし，文頭に来る語も小文字で表記されている。

(1) この花は英語で何と呼びますか。

(① this flower　② call　③ in　④ you　⑤ do　⑥ what) English?

[　　] [　　] [ア] [　　] [イ] [　　] English?

(2) 京都は日本で最も古い都市の１つです。

Kyoto (① is　② the　③ of　④ oldest　⑤ one　⑥ cities) in Japan.

Kyoto [　　] [　　] [ウ] [　　] [エ] [　　] in Japan.

(3) 私の母は，いつも眼鏡を２つ持っています。

My (① two　② glasses　③ mother　④ always carries　⑤ of　⑥ pairs).

My [　　] [オ] [　　] [カ] [　　] [　　].

(4) 友達が来る前に部屋の掃除をやり終えなければいけないよ。

You have to (① before　② comes　③ cleaning　④ finish　⑤ your friend　⑥ your room).

You have to [　　] [キ] [　　] [　　] [ク] [　　].

(5) 郵便局までどれくらいかかりますか。

(① does　② how　③ long　④ to　⑤ take　⑥ it) get to the post office?

[　　] [ケ] [　　] [　　] [　　] [コ] get to the post office?

【数　学】（50分）〈満点：100点〉

（注意）　1．定規，コンパス，分度器，電卓は使用しないこと。

2．問題の文中の $\boxed{ア}\boxed{イ}\boxed{ウ}$ などには，特に指示がない限り，ア，イ，ウ，……の一つ一つに符号（±，－）または数字（０～９）が一つずつ入ります。

3．分数形で解答する場合，符号は分子につけ，それ以上約分できない形で答えなさい。

4．$\sqrt{}$ を含む形で解答する場合，$\sqrt{}$ の中に現れる自然数が最小となる形で答えなさい。

5．小数の形で解答する場合，必要に応じて，指定された桁まで⓪にマークしなさい。

1　次の□の中の「ア」から「ヌ」に当てはまる符号または数字をそれぞれ答えなさい。

(1)　$\frac{8}{3}x^2y^3\times(-2x)^2\div 12xy=\frac{\boxed{ア}}{\boxed{イ}}x^{\boxed{ウ}}y^{\boxed{エ}}$ である。

(2)　$\sqrt{(-2)^2}+\sqrt{0.16}-\frac{\sqrt{2}}{3}\times\sqrt{\frac{18}{25}}=\boxed{オ}$ である。

(3)　$(\sqrt{5}-1)(\sqrt{5}+1)-\sqrt{2}(2-\sqrt{2})^2=\boxed{カ}\boxed{キ}-\boxed{ク}\sqrt{\boxed{ケ}}$ である。

(4)　2次方程式 $x^2+4x+1=0$ の異なる2つの解を a，b とするとき，$(a+2)(b+2)$ の値は $\boxed{コ}\boxed{サ}$ である。

(5)　底面の半径が3の円すいの体積が，半径が3の球の体積と等しいとき，円すいの高さは $\boxed{シ}\boxed{ス}$ である。

(6)　100人の生徒に通学手段の調査を行った。電車を使う生徒は80人で，電車は使わずバスのみを使う生徒は電車とバスのどちらも使う生徒より8人多いという。このとき，電車とバスのどちらも使う生徒は $\boxed{セ}\boxed{ソ}$ 人である。ただし，電車とバスのどちらも使わない生徒がいないものとする。

(7)　$a>0$ とする。関数 $y=\frac{a}{x}$ の x の変域が $2\leqq x\leqq 6$ のとき，y の変域が $1\leqq y\leqq b$ となるような b の値は $\boxed{タ}$ である。

(8)　5％の食塩水120ｇに3％の食塩水80ｇを加え，よくかき混ぜると，$\boxed{チ}.\boxed{ツ}$ ％の食塩水ができる。

(9)　下の図1において，△ABCは1辺の長さが10の正三角形である。辺BC上にBP＝4となるように点Pを，辺AC上に∠APQ＝60°となるように点Qをとると，$CQ=\frac{\boxed{テ}\boxed{ト}}{\boxed{ナ}}$ である。

(10)　下の図2において，$\angle x=\boxed{ニ}\boxed{ヌ}$°である。

図1

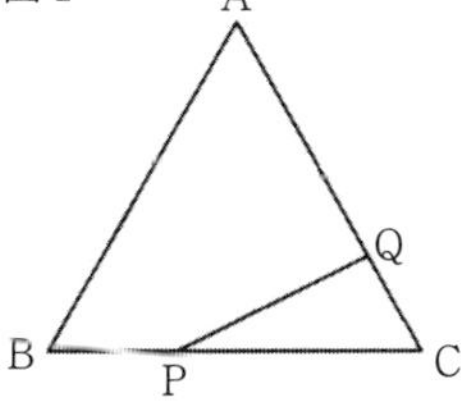

図2

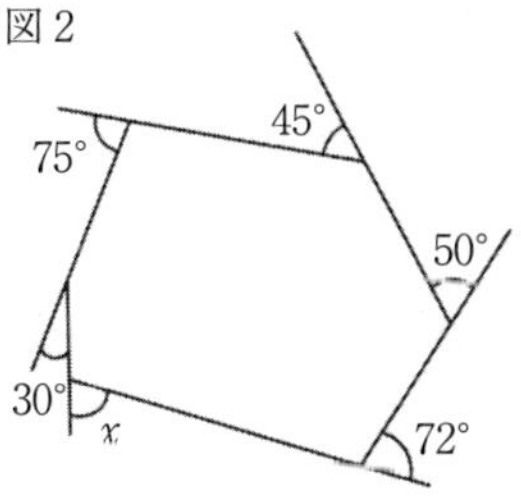

2　A，B，C，D，Eの５人がテストを受けた。次の表は，それぞれの得点からAの得点を引いたものである。このとき，下の□の中の「ア」から「エ」に当てはまる符号または数字をそれぞれ答えなさい。

受験者	A	B	C	D	E
Aの得点を引いた値(点)	0	−10	8	15	12

(1)　CとEの得点の平均値からBの得点を引いた値は$\boxed{アイ}$点である。

(2)　５人の得点の平均値がちょうど60点であった。このとき，Dの得点は$\boxed{ウエ}$点である。

3　右図のように，放物線 $y=ax^2\,(a>0)$…①上に点A(4，8)がある。点Aを通り x 軸に平行な直線と y 軸との交点をB，①との交点をCとする。ただし，点Cは点Aとは異なる点である。このとき，次の□の中の「ア」から「ケ」に当てはまる符号または数字をそれぞれ答えなさい。

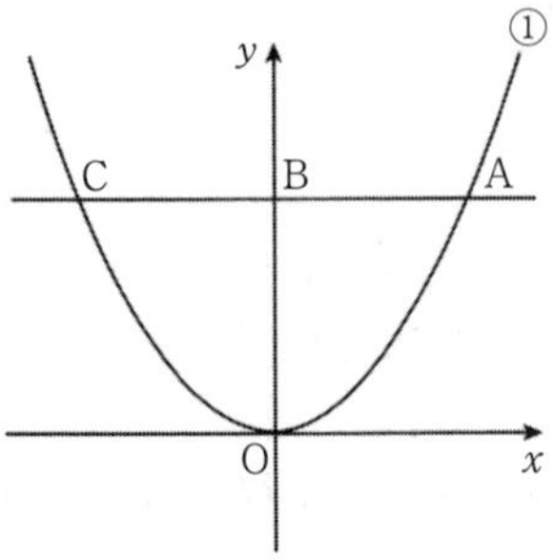

(1)　$a=\dfrac{\boxed{ア}}{\boxed{イ}}$ である。

(2)　①上に AD＝BD となる点Dをとると，点Dの座標は($\boxed{ウ}$，$\boxed{エ}$)，△ABDの面積は$\boxed{オカ}$である。

(3)　①上に△ACPの面積が$\boxed{オカ}$となるような点Pをとる。このような点Pのとり方は全部で$\boxed{キ}$通りあり，その中で原点Oと点Aの間にある点Pの x 座標は $\sqrt{\boxed{クケ}}$ である。

4　右図のように，△ABCにおいて，辺BC上にBD：DC＝2：3となる点Dを，線分AD上にAP：PD＝5：6となる点Pをとる。このとき，次の□の中の「ア」から「キ」に当てはまる符号または数字をそれぞれ答えなさい。

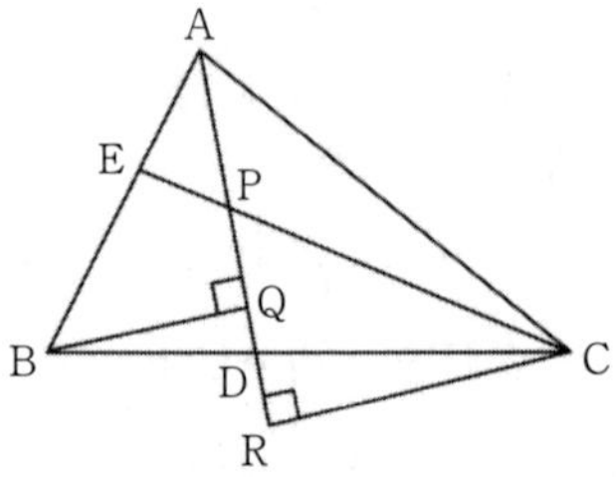

(1)　直線AD上に∠AQB＝90°，∠ARC＝90°となる２点Q，Rをとると，BQ：CR＝$\boxed{ア}$：$\boxed{イ}$である。

(2)　面積比△PAB：△PBC：△PCA＝$\boxed{ウ}$：$\boxed{エ}$：$\boxed{オ}$である。

(3)　直線CPと辺ABの交点をEとする。△ABCの面積が22のとき，△PAEの面積は $\dfrac{\boxed{カ}}{\boxed{キ}}$ である。

5　大小２つのさいころを同時に投げたとき，出た目をそれぞれ a，b とする。このとき，次の□の中の「ア」から「オ」に当てはまる符号または数字をそれぞれ答えなさい。

(1)　直線 $y=\dfrac{b}{a}x+1$ が点(2，2)を通る確率は $\dfrac{\boxed{ア}}{\boxed{イウ}}$ である。

(2)　２直線 $y=\dfrac{b}{a}x+1$，$y=\dfrac{a}{b}x+2$ が交わる確率は $\dfrac{\boxed{エ}}{\boxed{オ}}$ である。

① ソボクな疑問を抱く。
② 人類のソセンを探る研究。
③ 建物のキソ工事を行う。
④ 地方の村でカソ化が進む。
⑤ 彼女には芸術家のソシツがある。

(6) 大学のコウギに出席する。 25

① 彼女はギリ堅い人だ。
② 自分のトクギを紹介する。
③ 国会ギインに立候補する。
④ 国の位置をチキュウギで調べる。
⑤ 相手の意見にイギを唱える。

(7) タイネツ性にすぐれた素材。 26

① タイダな生活を改める。
② 相手のショウタイを見極《みきわ》める。
③ 今年はタイリョウのサンマがとれた。
④ 彼はニンタイづよい性格だ。
⑤ 客のセッタイに当たる。

(8) 先生にザユウの銘を伺《うかが》う。 27

① 海にユウヒが沈む。
② 時間のユウコウ活用をする。
③ ユウショウ者に賞状を授与する。
④ サユウを見て横断歩道を渡る。
⑤ 新天地にジユウを求める。

問四　傍線部C「二つのわざ」が指す内容として最もふさわしいものを、次の選択肢の中から選び、番号をマークしなさい。16

① 学問をすることと説経をすること
② 説経をすることと馬に乗ること
③ 酒を飲むことと早歌をうたうこと
④ 馬に乗ることと早歌をうたうこと
⑤ 早歌をうたうことと説経をすること

問五　傍線部D「やうやう」を現代仮名遣《づか》いにした場合に正しいものを、次の選択肢の中から一つ選び、番号をマークしなさい。17

① やいやい　② やすやす　③ やくやく
④ よくよく　⑤ ようよう

問六　傍線部E「境」のここでの意味として最もふさわしいものを、次の選択肢の中から選び、番号をマークしなさい。18

① 熟達の境地
② 上手か下手かの境界
③ 裕福《ゆうふく》な境遇
④ 取り組みづらい環境
⑤ 温かい心境

問七　傍線部F「説経習ふべき隙なくて、年寄りにけり」とあるが、なぜこうなったのか。その理由として最もふさわしいものを、次の選択肢の中から選び、番号をマークしなさい。19

① 仕事において無様な姿を見せるまいと、自身の体を厳しくきたえることに時間を要したから。
② 付き合いのために必要であるからと酒をたしなむようになり、当初の目標を忘れたから。
③ 説経師を目指すにあたり身に付けておきたい技芸を習うことばかりに熱心だったから。
④ 説経師になることを目指したのは親の教えに従っただけで、本人の意思ではなかったから。
⑤ 説経を習う前に必要となる生活上や付き合い上の技術を習得することを強《し》いられたから。

四

次の傍線部と同じ漢字を含むものを、それぞれ後の選択肢から一つずつ選び、番号をマークしなさい。

(1) 人気のハイユウと握手する。20

① 荷物をハイソウする。
② ハイスイロの掃除をする。
③ 古い資料をハイキする。
④ 国語の授業でハイクを作る。
⑤ 神社でハイレイの作法を学ぶ。

(2) 彼の実家はケンギョウ農家だ。21

① ケンシュウ旅行に出かける。
② 強敵を相手にケントウする。
③ 首相が外相をケンムする。
④ ケンチク資材を運ぶ。
⑤ ケンチョウ所在地を調べる。

(3) ジュウナン体操をして体をほぐす。22

① ナンカイな問題に挑む。
② 暖かなナンゴクを旅する。
③ 考え方をナンカさせる。
④ 剣術をシナンする。
⑤ チョウナンに後を継がせる。

(4) カクサ社会を考える。23

① 分度器でカクドを調べる。
② リンゴをシュウカクする。
③ 顔のリンカクを描く。
④ カクベツにおいしい料理だ。
⑤ 会社の不正がハッカクする。

(5) 意思のソツウをはかる。24

① 「私」が奏でる音が、キリコさんを通して授《さず》けられた目に見えない天の力によって必然的に生み出されたものであり、家具になるはずのものから奏でられた奇妙な音であったということ。

② 「私」の奏でる音が、百人の五年生の中から一人だけ選ばれる技術の高さから生み出されたものであり、さらに困難を乗り越え成長できた喜びがあいまって奏でられた美しい音であったということ。

③ 「私」の奏でる音が、リコーダーの紛失《ふんしつ》や母親の冷たい仕打ちなどの試練を、自分一人で乗り越えた自信から生み出されたものであり、そのことを人前で披露できる喜びから奏でられた音であったということ。

④ 「私」が奏でる音が、一般的なリコーダーとは違うものを観客に見せつけた優越《ゆうえつ》感から出されたものであり、「私」がソロとして選ばれるのにふさわしい力量から奏でられる巧みな音であったということ。

⑤ 「私」が奏でる音が、偶然のことではあったが様々なめぐり合わせから生まれた特別なものであり、信頼する人物から約束通り届けられた特別なリコーダーから奏でられる素晴らしい音であったということ。

三

次の文章を読んで、後の問いに答えなさい。

或者《あるもの》、子を法師になして《自分の子を法師にして、》、「学問して A因果《いんぐわ》の理《ことわり》《道理》をも知り、(1)説《せっ》経《きやう》などして世わたるたづきともせよ《生活する手段にもしなさい》」と言ひければ、教へのままに、説経師にならんために《なるために、》、先《ま》づ馬に乗り習ひけり。(2)輿《こし》・(3)車は持たぬ身の《持たない身で、》、(4)導師《だうし》に請《しやう》ぜられん時《法事の導師として招かれるような時、》、 X など迎へにおこせたらん《よこすようなら、》に、桃尻《ももじり》にて落ちなんは《すわりの悪い尻で落ちてしまうようでは、》、心憂《こころう》かるべしと思ひけり《つらかろうと思った（ためであった）。》。次に、仏事の《法事の》のち、酒などすすむる事あらんに《すすめることがあるような時、》、法師の無下《むげ》に《法師でまったく》 B能なきは、(5)檀《だん》那《な》すさまじく思ふべしとて《施主が興ざめに思うだろうと思って、》、(6)早歌《さうか》といふことを習ひけり。C二つのわざ、Dやうやう《やっとのことで》 E境《さかひ》に入《い》りければ《入ってきたので、》、いよいよよくしたく覚えて嗜《たしな》みけるほどに《ますます立派にやりたいと思って心を入れて稽古している間に、》、F説経習ふべき隙《ひま》なくて、年寄りにけり《年をとってしまった。》。

（『徒然草』による）

〔注〕
(1) 説経…経文を説き聴かせて、一般民衆を教化すること。
(2) 輿…乗り物の名。人を乗せて数人が担いで運ぶ。
(3) 車…牛車。
(4) 導師…葬儀《そうぎ》や法事のときに中心となる僧《そう》。
(5) 檀那…僧に財物を施し与える信者。仏事の施主。
(6) 早歌…鎌倉《かまくら》末期に鎌倉地方を中心に大成された歌謡《かよう》。

問一 傍線部A「因果」とあるが、この下に二字を加えることで四字熟語ができる。その二字を次の選択肢の中から一つ選び、番号をマークしなさい。 13

① 相応　② 反応　③ 応用　④ 応報　⑤ 応答

問二 空欄 X に補う語として最もふさわしいものを、次の選択肢の中から選び、番号をマークしなさい。 14

① 法師　② 説経師　③ 馬　④ 輿　⑤ 車

問三 傍線部B「能」のここでの意味として最もふさわしいものを、次の選択肢の中から選び、番号をマークしなさい。 15

① 育児の能力　② 弁舌《べんぜつ》の能力　③ 乗馬の能力
④ 飲酒の能力　⑤ 芸の能力

んの言葉を覚えているだけだ。

クマネズミとヒキガエルの物語は、今頃《いまごろ》どこでどうしているのだろう。生まれて初めて人を喜ばせた、私の物語。作者の記憶から消え去ってもまだ、世界のどこかで息をひそめているのだろうか。

（小川洋子《おがわようこ》『偶然の祝福』による）

〔注〕(1) メヌエット…舞曲の一つ。

問一 空欄[a]・[b]に補うのに最もふさわしいものを、それぞれ次の選択肢の中から選び、番号をマークしなさい。[a]―[6]、[b]―[7]

① 腹 ② 息 ③ 首 ④ 手 ⑤ 身

問二 空欄[I]～[III]に補うのに最もふさわしい語の組み合わせを、次の選択肢の中から選び、番号をマークしなさい。[8]

① I べたべた II ぞりぞり III ザラザラ
② I さらさら II ひりひり III ガタガタ
③ I べたべた II ひりひり III ザラザラ
④ I べたべた II ぞりぞり III ガタガタ

問三 傍線部A「大変。ママに知れたらとんでもないことになる」とあるが、「私」の母親に対する思いとはどのようなものだと考えられるか。その説明として最もふさわしいものを、次の選択肢の中から選び、番号をマークしなさい。[9]

① 子供が寄り道をして外食したり、大人のまねごとをしたりすることを許してくれない母親を、常に恐れている。
② 子供が家の外で食べ物を口にするのは、衛生上好ましくないと考えている時代遅れの母親を、常に批判している。
③ 子供が本当のことや実際にあったことを言えない状況を作り、子供扱いする母親を、常に無視しようとしている。
④ 子供が困っていることを打ち明けなければいけない時に、何も解決してくれない母親を、常に煙たがっている。
⑤ 子供がわざと問題を起こして注意を引こうとしている時に、それに冷静に対処する母親を、常に尊敬している。

問四 傍線部B「学芸会の前の日に起きた、ちょっとした事件」とは、どのような「事件」か。その説明として最もふさわしいものを、次の選択肢の中から選び、番号をマークしなさい。[10]

① 「私」が百人の生徒の中からたった一人選ばれて、メヌエットのソロを吹くことになった。
② 最後の練習の時にリコーダーが見当たらず、それを母に打ち明けたところ冷たくあしらわれた。
③ キリコさんが約束通り、自らの手で木を削って、新しいリコーダーを作ってきてくれた。
④ 天によって選ばれ、特別にあつらえられた音を奏でることが人生においてはじめてできた。
⑤ プレゼントを渡したことで、キリコさんが私の〝書き物〟の時間を大事にしてくれるようになった。

問五 傍線部C「言われたとおりにした」のはなぜか。その理由として最もふさわしいものを、次の選択肢の中から選び、番号をマークしなさい。[11]

① 今までも二人だけの秘密を共有してきたキリコさんなら、きっと奇跡的な展開で何とかしてくれると確信が持てたから。
② キリコさんの言葉には人に有無を言わせない強さがあり、余計なことを言わない方がきっと良い結果をもたらすと信じたから。
③ 自分がメヌエットの演奏をできるかどうかはさておき、秘密を共有できるキリコさんの言葉だけは信じたいと思ったから。
④ 彼女の言葉を信じ希望が持てたわけではないが、母と対決するにはキリコさんを味方につけておいた方がよいと考えたから。
⑤ 自分でもなんとかできると思ったが、キリコさんの声には人を安心させる何かがあるので、全てを任せようと覚悟したから。

問六 傍線部D「天によって選ばれ、特別にあつらえられた音だった」とはどういうことか。その説明として最もふさわしいものを、次の選択肢の中から選び、番号をマークしなさい。[12]

途方に暮れた時、どうしていつも母親に頼らなくてはいけないのだろう。一体彼女が何の役に立つというのだろう。

　自分が泣いているのは、リコーダーが見つからないからでも、ソロを降ろされるのが嫌だからでもないと、よく分かっていた。彼女しか打ち明けるべき人がいないことが、辛いだけなのだ。

　読みかけの聖書を閉じ、ほつれた綴《と》じ糸をいじりながら彼女は言った。

「新しいのは買いませんからね」

　キリコさんが声を掛けてくれたのは、私がセーターも靴下《くつした》も脱ぎ捨てて、庭の花壇の縁に座り込んでいる時だった。

「一体、どうしちゃったの？」

「この間読んだ本のヒロインは、夜の風に当たって肺炎を起こしたわ」

「滅多なことで、肺炎になんかなれるもんじゃないわ。それより、笛を手に入れるのが先よ」

「もう駄目。私のリコーダーはどこにもないの」

「ゆっくり、深呼吸して考えてみましょう」

　キリコさんは花壇の中からセーターを拾い上げ、枯葉《かれは》を払い除けて私に着せた。

「ないんだったら、作ればいいのよ」

「作る？　どうやって？」

「木をくり貫《ぬ》いて、穴を開けて、吹き口のところをこんなふうに削って……」

　キリコさんは手真似で木を削る格好をして見せた。まるで昔から、何本ものリコーダーを作ってきた人のような手つきだった。

「無理よ、そんなの。無理に決まってる」

「とにかく、まかせておいて。明日の朝、学校へ行くまでに間に合えばいいんでしょ？　さあ、肺炎にならないうちに、早く靴下をはいて、ゆっくり眠りなさい」

　私はうなずいて、C言われたとおりにした。明日無事にメヌエットの演奏ができると、希望を持ったからではない。彼女を疑いたくなかったからだ。

「じゃあね」

　そう言って手を振りながら、キリコさんはどこかへ走って行った。

　キリコさんは約束を破らなかった。次の朝、[b]を弾ませて食堂へ駆《か》け込んできた。右手にしっかりとリコーダーを握り締めて。

　削りたての木の香りがまだ残っていた。口は少し太めで、穴は[Ⅲ]し、吹くとどこからか木屑《きくず》の粉が飛び散ったが、それは間違いなくリコーダーだった。どこから眺めても、正真正銘の本物だった。

　本番で私の吹くメヌエットは、講堂の冷たい空気を震わせ、観客たちの頰《ほお》を包み、窓ガラスをすり抜けて空の高いところへ吸い込まれていった。D天によって選ばれ、特別にあつらえられた音だった。

　私はノートに書きためた物語から一番のお気に入りを色画用紙に清書し、リボンで綴じてキリコさんにプレゼントした。

　後で知ったことだが、彼女は以前勤めていた家具工場の職人さんに頼んで、リコーダーを作ってもらったらしい。正しい音階が出るまで、十本以上やり直しが必要だった。本当は食卓の脚になるはずの木だった。

「ありがとう。とっても素晴らしい物語ね。お城の図書室に住むクマネズミが、ヒキガエルを誘って地下牢《ちかろう》を探検する場面がいいわ。ほら、泉が湧《わ》き出しているのを発見して、二人が一緒に泳ぐの。ヒキガエルがクマネズミの前脚をしっかり握って、水かきでおしりを持ち上げてやる、あそこが一番好きよ」

　キリコさんは喜んでくれた。そしてますます、私の〝書き物〟の時間を、大事に扱ってくれるようになった。

　お礼にプレゼントしたのがどんなお話だったのか、今ではすっかり忘れてしまった。ただ泉を泳ぐ場面がよかったと言う、キリコさ私は首を横に振った。

「よく歯医者になんか行く勇気があるわね。まだほんの子供なのに」

「歯は大切なのよ。だって永久歯が抜けたら、二度と生えてこないんだもの。誰だって指を切断されたら悲しむでしょ？　もう元に戻らないからよ。歯だって一緒。一度抜けたらおしまい。なのにみんな、指ほどには大事にしないの」

　ふうん、とうなずきながら、キリコさんはスプーンの背でバナナをつぶした。

「でもやっぱりごめんだわ。口の中に手を突っ込まれて、べろの裏から喉の奥までのぞかれたうえに、ドリルで穴を開けられるのよ。考えただけでぞっとする」

　口元からチョコレートが垂れそうになり、あわててキリコさんはナプキンで拭った。せっかくの口紅がとれてしまうのではないかと、私は心配した。しかしそれはまだ艶やかさを失っていなかった。チョコレートよりもずっと［Ⅰ］して、甘そうだった。

「ねえ……」

　私は前から気になっていた話題を、思い切って持ち出してみた。

「口紅を塗《ぬ》るって、どんな感じ？」

　ああ、そんな簡単なこと、というふうに彼女はナプキンを丸めて転がし、バッグから口紅を取り出した。

「塗ってみれば分かるわ」

　私はそれをくるくる回し、先を出したり引っ込めたりした。もうずいぶんすり減っていた。

「さあ、こうするの」

　キリコさんは［ａ］を乗り出し、あっという間に私の唇を真っ赤にした。

「うん、なかなかよ」

　私は喫茶《きっさ》店の窓ガラスに映った自分の顔を眺めた。キリコさんほど素敵ではなかった。歯の治療《ちりょう》に失敗して、たちの悪いバイキンに感染したみたいに、口だけが腫《は》れ上がって見えた。そのうえ、なめてみてもチョコレートのように甘くはなかった。さっき歯茎《はぐき》に打たれた、麻酔薬の味に似ていた。

「Ａ大変。ママに知れたらとんでもないことになる」

　あわてて私はナプキンでこすった。なのにこすればこするほどはみ出して、余計目立ってしまった。

「もう取っちゃうの。せっかく塗ったのに」

　フフッと微笑《ほほえ》んでキリコさんはナプキンにコップの水を垂らし、一緒にこすってくれた。セーターの襟《えり》ぐりから、温かそうな乳房がのぞいていた。

　夜、治療したばかりの歯がうずいてなかなか眠れなかった。パフェのせいかもしれないと、私は不安でしかたなかった。そのうえ唇までが［Ⅱ］と痛みだした。

　私はベッドからはい出し、キリコさんとの秘密を全部、ノートに書いた。

　私たちがもっと重要な秘密を共有するようになったのは、Ｂ学芸会の前の日に起きた、ちょっとした事件がきっかけだった。私は⑴メヌエットのソロを、リコーダーで吹くことになっていた。百人の五年生の中から、たった一人選ばれたのだ。

　幕が上がり、拍手がおさまると、私は舞台の中央に歩み出てお辞《じ》儀《ぎ》をする。スポットライトが当たり、伴奏の子がピアノの鍵盤《けんばん》に指をのせ、みんながリコーダーを見つめる。講堂が静まり返って観客たちの期待が頂点に達したのを確かめてから、私は指を最初の音ソに合わせる。――リハーサルではそうなる予定だった。

　家へ帰って、最後にもう一度だけ練習しておこうと思い、ランドセルを開けたらリコーダーがなかった。学校へ引き返し、教室から廊下、運動場まで歩き回り、通学路を三往復したが無駄《むだ》だった。

　やがて日が沈み、あたりは真っ暗になった。リコーダーは何の予告もなく、私の前から消え去り、闇《やみ》に溶けていったのだ。

去るといった否定性にもとづいているということ。

⑤ 徹底的に人らしい表情を抜き去った面だが、そこには豊富きわまりない表情が描かれているということ。

問四　筆者は人の顔面の性質をどのように考えているか。その説明として最もふさわしいものを、次の選択肢の中から選び、番号をマークしなさい。4

① 顔面は人体の他の部分を抜き去ることで、核心的意義を持つようになる。

② 顔面は我々の身辺に無数に存在するが、何であるかを誰も知らない。

③ 顔面は人体の他の部分を獲得すると同時に、またそれらに支配されてしまう。

④ 顔面は後ろ姿や歩きぶりに比べ、人の記憶と結びつきにくい。

⑤ 顔面は単に肉体の一部分であるのではなく、人格の座であるといえる。

問五　本文の内容に合致《がっち》しないものを、次の選択肢の中から一つ選び、番号をマークしなさい。5

① 肖像彫刻や肖像画のように、芸術家は「人」を表現するのに「顔」だけに切り詰めることができる。

② 「面」を最初に芸術的に仕上げたのはギリシア人であるが、それに優れた発展を与えたのは日本人である。

③ 笑っている能面は泣くことができないが、死相を示す尉や姥は泣くことも笑うこともできる。

④ 同じ様式の女の面でも、能の動作と神楽の動作の相違によって、非常に異なったものになる。

⑤ 人を表現するにはただ顔面だけに切り詰めることができ、その顔面は自由に肢体を回復する力を持つ。

二

「私」は、父からもらった大事な万年筆のインクが切れたのを、壊れてしまったと勘違《かんちが》いし、母にそれを打ち明けたが、「新しいのは買いませんからね」という得意の台詞《せりふ》を言われ、打ちのめされて泣いていた。そのとき、泣いている「私」にお手伝いの「キリコさん」はインクが切れただけだから元通りにできると約束し、その言葉通り新しいインクを買ってきて助けてくれた。「私」はそのことをきっかけに「キリコさん」に好印象を持つ。本文はそれに続く場面である。これを読んで、後の問いに答えなさい。

「絶対ママに内緒にしておいてね」
誘《さそ》ったのはキリコさんの方なのに、何度となく私は念を押した。
「平気よ」
本当にキリコさんは平気な顔をしていた。私たちは歯医者の帰り、寄り道して一緒にチョコレートパフェを食べていた。高級なフランス料理店であれ、屋台の焼きそばであれ、母は子供が家の外で食べ物を口にするのは、衛生上好ましくないと信じていた。
「ここのはね、フルーツが新鮮で美味《おい》しいの」
彼女は大きな桃を飲み込んだ。
口の中にはまだ石膏《せっこう》と消毒液の匂いが残っていて、それがチョコレートと混じり合い奇妙な味がした。詰め物をしたばかりの奥歯は、ものを噛《か》むたびカクカク音がした。
立派なパフェだった。フリル型に広がったガラス容器からあふれるほどに、ウエハースやバナナや生クリームが盛り付けてあった。キリコさんは長いスプーンを真ん中に突き刺し、せっかくのデコレーションが崩れるのも構わず、底のチョコレートをすくい上げて食べた。
「痛かった？」
彼女は尋《たず》ねた。
「そうでもない」

従ってまた逆に面はその獲得した肢体に支配される。というのは、その肢体は面の肢体となっているのであるから、肢体の動きはすべてその面の動きとして理解され、肢体による表現が面の表情となるからである。この関係を示すものとして、たとえば(9)神代神楽《じんだいかぐら》を能と比較しつつ考察してみるがよい。同じ様式の女の面が能の動作と神楽の動作との相違によっていかにはなはだしく異なったものになるか。能の動作の中に全然見られないような、柔らかな、女らしい体のうねりが現われてくれば、同じ女の面でも能の舞台で決して見ることのできない艶《なま》めかしいものになってしまう。その変化は実際人を驚かせるに足るほどである。同じ面がもし(10)長唄で踊る肢体を獲得したならば、さらにまた全然別の面になってしまうであろう。

以上の考察から我々は次のように言うことができる。面は元来人体から肢体や頭を抜き去ってただ顔面だけを残したものである。しかるにその面は再び肢体を獲得する。人を表現するためにはただ顔面だけに切り詰めることができるが、その切り詰められた顔面は自由に肢体を回復する力を持っている。そうしてみると、顔面は人の存在にとって核心《かくしん》的な意義を持つものである。それは単に肉体の一部分であるのではなく、肉体を己れに従える主体的なるものの座、すなわち人格の座にほかならない。

（和辻哲郎《わつじてつろう》「面とペルソナ」による）

〔注〕
(1) 目明き…目の見える人。
(2) 四肢…手足。
(3) トルソー…首および四肢を欠く胴体だけの彫像。
(4) 表慶館…東京都上野公園内東京国立博物館の一部。
(5) 伎楽面…古代日本の仮面音楽劇である伎楽で用いられた仮面。
(6) 展観…展覧と同じ。
(7) 尉…能で、老翁《ろうおう》をいう。
(8) 謡…能楽の詞章に節をつけてうたったもの。
(9) 神代神楽…神話の時代の事柄を演じる仮面劇。
(10) 長唄…江戸初期の上方に行われた長編の三味線歌曲。

問一　空欄《くうらん》 I ～ III に補うのに最もふさわしい語の組み合わせを、次の選択肢の中から選び、番号をマークしなさい。 1

① I さて　II ゆえに　III たとえば
② I さて　II もっとも　III すなわち
③ I すなわち　II ゆえに　III もっとも
④ I さて　II もっとも　III たとえば
⑤ I すなわち　II もっとも　III すなわち

問二　傍線《ぼうせん》部A「一定の表情の思い切った類型化」とはどういうことか。その説明として最もふさわしいものを、次の選択肢の中から選び、番号をマークしなさい。 2

① 人間の自己表現の中で、最も一般的だと思われるものを選択し、それを「役」の代表例とすること。
② 人間の心理の推移を見つめることで、最も人間らしい感情を抽出《ちゅうしゅつ》し、それらを場合分けして整理すること。
③ 人間が日常的に表す感情を観察し、そのうち舞台上で表現するのに適しているものをいくつか選択すること。
④ 人間の内面を客観的にきわどく分析し、最も感情を揺さぶられるものを、人間性の象徴として定型化すること。
⑤ 人間の顔面において不必要なものを抜き去り、「人」を積極的に強調し純粋化して、一定の型を作り上げること。

問三　傍線部B「消極的に徹底せしめた」とはどういうことか。その説明として最もふさわしいものを、次の選択肢の中から選び、番号をマークしなさい。 3

① 実際の人間に比べ、芸術の力で顔面の不思議さを高め、強め、純粋化したということ。
② 神話的空想的な顔面で現わされている伎楽面に比べ、そこに人間らしい表情を強く感じさせるということ。
③ 喜びとか怒りとかいった人らしい表情を消し去りながら、鬼の顔面の凄さを具象化しているということ。
④ 表情を全く現わさず死相を思わせるもので、人らしさを消し

ことは日本の彫刻家の眼が肉体の美しさよりもむしろ肉体における「人」に、従って「顔面の不思議」に集中していたことを示すのではなかろうか。

が、これらの面の真の優秀さは、それを棚に並べて、彫刻を見ると同じようにただながめたのではわからない。面が面として胴体から、さらに首から、引き離されたのは、ちょうどそれが彫刻と同じに取り扱われるのではないがためである。［Ⅲ］生きて動く人がそれを顔につけて一定の動作をするがためなのである。しからば彫刻が本来静止するものであるに対して、面は本来動くものである。面がその優秀さを真に発揮するのは動く地位に置かれた時でなくてはならない。

伎楽面が喜び怒り等の表情をいかに鋭く類型化しているか、あるいは一定の性格、人物の型などをいかにきわどく形づけているか、それは人がこの面をつけて一定の所作をする時にほんとうに露出して来るのである。その時にこそ、この顔面において、不必要なものがすべて抜き去られていること、ただ強調せらるべきもののみが生かし残されていることが、はっきり見えて来る。またそのゆえにこの顔面は実際に生きている人の顔面よりも幾倍か強く生きてくるのである。舞台で動く伎楽面の側に自然のままの人の顔を見いだすならば、その自然の顔がいかに貧弱な、みすぼらしい、生気のないものであるかを痛切に感ぜざるを得ないであろう。芸術の力は面において顔面の不思議さを高め、強め、純粋《じゅんすい》化しているのである。

伎楽面が顔面における「人」を積極的に強調し純粋化しているとすれば、能面はそれをB消極的に徹底《てってい》せしめたと言えるであろう。伎楽面がいかに神話的空想的な顔面を作っても、そこに現わされているものはいつも「人」である。たとい口が嘴《くちばし》になっていても、我々はそこに人らしい表情を強く感ずる。しかるに能面の鬼《おに》は顔面から一切の人らしさを消し去ったものである。これもまた凄さを具象化したものとは言えるであろうが、しかし人の凄《すご》さの表情を類型化したものとは言えない。総じてそれは人の顔の類型ではない。能面のこの特徴は男女を現わす通例の面においても見られる。それは男であるか女であるか、あるいは老年であるか若年《じゃくねん》であるか、とにかく人の顔面を現わしてはいる。しかし喜びとか怒りとかいうごとき表情はそこには全然現わされていない。人の顔面において通例に見られる筋肉の生動がここでは注意深く洗い去られているのである。だからその肉づけの感じは急死した人の顔面にきわめてよく似ている。特に(7)尉《じょう》や姥《うば》の面は強く死相を思わせるものである。このように徹底的に人らしい表情を抜き去った面は、おそらく能面以外にどこにも存しないであろう。能面の与える不思議な感じはこの否定性にもとづいているのである。

ところでこの能面が舞台に現われて動く肢体を得たとなると、そこに驚くべきことが起こってくる。というのは、表情を抜き去ってあるはずの能面が実に豊富きわまりのない表情を示し始めるのである。面をつけた役者が手足の動作によって何事かを表現すれば、そこに表現せられたことはすでに面の表情となっている。たとえば手が涙を拭うように動けば、面はすでに泣いているのである。さらにその上に「(8)謡《うたい》」の旋律《せんりつ》による表現が加わり、それがことごとく面の表情になる。これほど自由自在に、また微妙に、心の陰影を現わし得る顔面は、自然の顔面には存しない。そうしてこの表情の自由さは、能面が何らの人らしい表情をも固定的に現わしていないということに基づくのである。笑っている伎楽面は泣くことはできない。しかし死相を示す尉や姥は泣くことも笑うこともできる。

このような面の働きにおいて特に我々の注意を引くのは、面がそれを被って動く役者の肢体や動作を己《おの》れの内に吸収してしまうという点である。実際には役者が面をつけて動いているのではあるが、しかしその効果から言えば面が肢体を獲得《かくとく》したのである。もしある能役者が、女の面をつけて舞台に立っているにかかわらず、その姿を女として感じさせないとすれば、それはもう役者の名には価しないのである。否、どんな拙い役者でも、あるいは素人でも、女の面をつければ女になると言ってよい。それほど面の力は強いのである。

二〇二一年度 國學院高等学校（一般第二回）

【国 語】（五〇分）〈満点：一〇〇点〉

注意 各設問の後に示した解答番号 [1] ～ [27] に対応した解答欄にマークしなさい。

一 次の文章を読んで、後の問いに答えなさい。

問題にしない時にはわかり切ったことと思われているものが、[Ⅰ] 問題にしてみると実にわからなくなる。そういうものが我々の身辺には無数に存している。「顔面」もその一つである。顔面が何であるかを知らない人は(1)目明きには一人もないはずであるが、しかも顔面ほど不思議なものはないのである。

我々は顔を知らずに他の人とつき合うことができる。手紙、伝言等の言語的表現がその媒介《ばいかい》をしてくれる。しかしその場合にはただ相手の顔を知らないだけであって、相手に顔がないと思っているのではない。多くの場合には言語に表現せられた相手の態度から、あるいは文字における表情から、無意識的に相手の顔が想像せられている。それは通例きわめて漠然《ばくぜん》としたものであるが、それでも直接逢《あ》った時に予期との合不合をはっきり感じさせるほどの力強いものである。いわんや顔を知り合っている相手の場合には、顔なしにその人を思い浮かべることは決してできるものでない。絵をながめながらふとその作者のことを思うと、その瞬間に浮かび出るのは顔である。友人のことが意識に上る場合にも、その名とともに顔が出てくる。もちろん顔のほかにも肩つきであるとか後ろ姿であるとかあるいは歩きぶりとかというようなものが人の記憶《きおく》と結びついてはいる。しかし我々はこれらの一切を排除してもなお人を思い浮かべ得るが、ただ顔だけは取りのけることができない。後ろ姿で人を思う時にも、顔は向こうを向いているのである。

このことを端的に示しているのは肖像《しょうぞう》彫刻、肖像画の類である。芸術家は「人」を表現するのに「顔」だけに切り詰《つ》めることができる。我々は(2)四肢胴体が欠けているなどということを全然感じないで、そこにその人全体を見るのである。しかるに顔を切り離した(3)トルソーになると、我々はそこに美しい自然の表現を見いだすのであって、決して「人」の表現を見はしない。[Ⅱ] 芸術家が初めからこのようなトルソーとして肉体を取り扱うということは、肉体において自然を見る近代の立場であって、もともと「人」の表現をねらっているのではない。それでは、「人」を表現して、しかも破損によってトルソーとなったものはどうであろうか。そこには明白に首や手足が欠けているのである。すなわちそれは「断片」となっているのである。そうしてみると、胴体から引き離した首はそれ自身「人」の表現として立ち得るにかかわらず、首から離した胴体は断片に化するということになる。顔が人の存在にとっていかに中心的地位を持つかはここに露骨に示されている。

この点をさらに一層突き詰めたのが「面」である。それは首から頭や耳を取り去ってただ顔面だけを残している。どうしてそういうものが作り出されたか。舞台の上で一定の人物を表現するためにである。最初は宗教的な儀式《ぎしき》としての所作事にとって必要であった。その所作事が劇に転化するに従って登場する人物は複雑となり面もまた分化する。かかる面を最初に芸術的に仕上げたのはギリシア人であるが、しかしその面の伝統を持続し、それに優れた発展を与えたものは、ほかならぬ日本人なのである。

昨秋(4)表慶館《ひょうけいかん》における(5)伎楽《ぎがく》面、舞楽面、能面等の(6)展観を見られた方は、日本の面にいかに多くの傑作があるかを知っていられるであろう。自分の乏《とぼ》しい所見によれば、ギリシアの仮面はこれほど優れたものではない。それは単に王とか王妃《おうひ》とかの「役」を示すのみであって、伎楽面に見られるような A 一定の表情の思い切った類型化などは企《くわだ》てられていない。かと言って、能面のある者のように積極的な表情を注意深く拭《ぬぐ》い去ったものでもない。面におけるこのような芸術的苦心はおそらく他に比類のないものであろう。この

英語解答

1
問１　a…②　b…③　c…④　d…①
問２　ア…③　イ…④　ウ…②　エ…①
問３　③　　問４　③，⑤
問５　(A)　３番目…⑤　５番目…②
　　　(B)　３番目…⑦　５番目…⑥
　　　(C)　３番目…⑤　５番目…②
問６　④
問７　１…②　２…①　３…③　４…②
　　　５…③
問８　④　　問９　③，⑥

2
問１　１…⑤　２…⑤　３…③
問２　A…③　B…①　C…④　D…②
問３　⑥

3
(1)　③　(2)　②　(3)　④　(4)　④
(5)　②　(6)　②

4
(1)　ア…④　イ…①
(2)　ウ…③　エ…④
(3)　オ…④　カ…⑥
(4)　キ…③　ク…⑤
(5)　ケ…③　コ…④

1〔長文読解総合―物語〕

≪全訳≫❶私は腰を下ろし，彼女が書類に目を通す間待っていたが，そのときそれが聞こえた。私のスカートの破れ目が開く音が。私は顔が赤くなるのを感じた。❷「ではクラークさん。四肢麻痺の人を相手に働いた経験はありますか？」とトレイナー夫人は尋ねた。❸「いいえ」と私は答え，スーツのジャケットを下へ引っ張って穴を隠そうとした。❹「そうですか。では，四肢麻痺とは何でしょう？」❺「ええと…」と私は言ったが，確信はなかった。「車椅子を使う方のことでしょうか？」❻「まあそうですね，そう言えます」とトレイナー夫人はにこりともせずに答えた。「ア息子は脚が使えず，片手を少し動かせるだけです。それは別館のあちこちで車椅子を動かすには十分ですが，それ以上のことはできません。それはあなたにとって問題ですか？」❼「息子さんにとって問題であるほどには，私にとって問題ではありません」と私は冗談を言ってにっこりしたが，彼女は笑みを返さなかった。❽穴は大きくなっていった。彼女の目に入るだろうとわかっていたので，立ち上がるのが怖かった。❾「あなたの前のお勤め先から手紙をいただいています」と彼女は言った。「イあなたが『温かい人柄で親切で愉快な人物』だと書かれています」❿「お金を払ってそう書いてもらったんです」と私は冗談を言った。⓫それでも彼女はにこりともしなかった。「それで，あなたは人生で何をしたいのですか？」と彼女は尋ねた。⓬「私は…私は…わかりません」と私は愚かにも答えた。「ただもう一度働きたいんです」⓭トレイナー夫人はペンを置いた。「クラークさん，この仕事は６か月間だけです」と彼女は言った。「ですからお金は…まあ，いいでしょう。私たちは適任者を求めています。息子のウィルは２年前に自動車事故に遭いました。昼も夜も世話を受けなくてはなりません。看護師はついていますので，新しい人はここに午前８時から午後５時までいて，ウィルが食べたり飲んだりするのを補助し，それから話し相手になる必要があります。私たちは明るくて親しみやすい人を求めています」　トレイナー夫人は立ち上がり，私はそれが面接試験の終わりだろうと思った。⓮「わかりました」と言って，私も立ち上がりかけた。バッグを穴にかぶせようとしたが，彼女には見えるだろうということはわかっていた。⓯「それで，このお仕事をしたいですか？」と彼女はドアに向かって歩きながら尋ねた。「私たちはあなたにできる限り早く始めてほしいと思っています」⓰一瞬，言葉が出てこなかった。⓱「ウィルは一緒にいるのが簡単な人ではない，と知ることになるでしょう」と彼女は続けた。「Xでは，明日あなたに会えますか？」18「Yもちろん大丈夫ですが，なぜ今日ではないのですか？」と私は尋ねた。19「Z今日は彼の調子がよくないのです。明日始めた方がいいでしょう」と彼女は答えた。彼女はすでにドアのそばにいて，私を待っていた。20「はい」と私は言った。「ありがとうございます。ウ明日の朝８時に参ります」21「こちらが別館です」と，翌朝トレイナー夫人は言った。「階段がないので，ウィルにとってはいいのです。あちらがウィルの部屋で，看護師のネイサンがここに泊まる必要があるときのためにベッドルームがもう１つあります。事故の直後にはここに何度も泊まっていました」22彼女は廊下を速足で歩き，次々にドアを開けた。「彼の車の鍵はあそこにあります」と彼女は言った。「運転していいですよ。特別なタラップがついていて，ネイサンがあなたにその使い方を教えてくれます。こちらがキッチンです。ここでコーヒーや紅茶をいれていいですよ」と彼女は言い，白い床の広くて清潔なキッチンに入っていった。それから彼女は振り返った。「ウィルを15分以上決して１人にしないということがとても重要です。外出しなくてはならないなら，私か夫を呼んでください。病気になったり１日働けなかったりということがあれば，すぐに私たちに知らせてください」23「どこにも行きません」と私は答えた。24「ウィルが何かをしているときは，必要なら別館の掃除でもしてください」とドアの１つに近づきながら彼女は言った。「ベッドのシーツを洗って，床を掃除してください。彼は１人になりたがるときがあるでしょうが，どうか近くにいてください。あなたたちが友達になってくれればいいのですが。エ彼に会う準備はできましたか？」　そして私の返事を待つことなく，彼女はドアをノックした。「クラークさんが来たわよ，ウィル。入っていい？」と彼女は呼びかけた。25返事はなかった。彼女はリビングへのドアを押し開けた。とても広く，一角には火が燃えていた。一方の壁はガラスで，それを通して木々や丘が見えた。26部屋の中央で，１人の男が黒い車椅子に座っていた。もう１人の男が彼の前で床にひざまずき，車椅子の男に靴を履かせていた。27車椅子の男は，長くてだらしない髪をしていた。私が部屋に入ると，彼は突然何度も大きな叫び声をあげ，頭を上下に振り始めた。28「ウィル！　お願い！」と母親が叫んだ。「お願いだからやめて！」29「ああ，神様これはできない」と私は思った。すると男は叫ぶのをやめて私を見た。30「私…私はルーです」と私は言った。「ルイーザの愛称です」31彼は笑みを浮かべた。「おはよう，クラークさん」と彼は言った。32もう一方の男が立ち上がった。背は低かったが身体は丈夫そうだった。33「悪い男だね，ウィル」と彼は言ってほほ笑んだ。34「すごく悪い」　それから彼は手を差し出した。「私はネイサン。ウィルの看護師です。ウィルはクレイジーなふりをするのが好きなんです。そうすると介助者は怖がるんですよ。でもそんなに悪い奴ではありません」

問１＜適語選択＞a．feel sureで「確信がある」。トレイナー夫人の質問に対する答えに自信がなかったのである。　b．スカートの穴を隠すためにバッグを穴の上まで「引いた」のである。第３段落に同じ表現がある。　c．この後のclean the floors「床を掃除する」と並列の関係になるのはwash the bed sheets「ベッドのシーツを洗う」。　d．come in「(部屋などに)入る」

問２＜適文選択＞ア．次の文のhisが誰かを考える。③のMy sonを受けていると考えられる。
イ．直後にI paid him to write that「お金を払ってそう書いてもらった」とあるので，空所には手紙に書かれていた内容が入る。④のIt says ～は「それ(＝手紙)には～と書かれている」という意味。　ウ．面接日の別れ際の発言。採用が決まり，明日から働くことになったルイーザは，お礼を言った後，翌日の勤務開始時間である８時に来ると伝えたのである。　エ．この後，ウィルに会いに行っている。会いに行く前にその準備ができているかきいたのだと考えられる。

問3＜文脈把握＞直後のbecause以下が理由になっている。she(＝Mrs Traynor) would see it(＝the hole)とあるので，スカートの破れた穴がばれることを気にしていたとわかる。

問4＜語句解釈＞①，②，④は第13段落後半にそれぞれfriendly，help Will with food，talk to himとある。残りの2つについては記述がない。

問5＜整序結合＞(A)「私たちはあなたに始めてほしいと思っている」は，‘want＋人＋to ～’「〈人〉に～してほしい」の形でWe want you to startとする。「できる限り早く」は，as soon as possible。 We want you to start as soon as possible.　(B)‘show＋人＋物事’「〈人〉に〈物事〉を(見せて)教える」の形でNathan will show youとし，‘物事’の部分にあたる「その使い方」をhow to ～「～の仕方」の形でhow to use itとまとめる。 Nathan will show you how to use it.　(C)「…することは～だ」は，‘It's ～ that＋主語＋動詞’の形で表せる。このItはthat以下を受ける形式主語。 It's very important that Will is never alone for more than fifteen minutes.

問6＜文整序＞Yの直後にI askedがあるので，Yには疑問文，Zにはその答えが入る。Zに選択肢の中で唯一疑問文でないAを入れると，Yにはその返答を引き出す質問となるCが入り，「なぜ今日ではないのですか？」→「今日は彼の調子がよくないのです」となる。残ったBをXに入れれば，今日でない理由を尋ねたCとつながり一連の会話が成立する。

問7＜適語選択＞1．ドアに向かって歩いていたトレイナー夫人(第15段落第1文)が，ここではドアの「そばに」来ていたと考えられる。　2．stairsは「階段」。車椅子を使っているウィルにとっては「階段がない」ことがよいことである。　3．go out「外出する」　4．直後にyou could see trees and hills through it「それ(＝ガラス)を通して木々や丘が見えた」とあることから判断できる。　5．put on ～「～を身につける」

問8＜文脈把握＞下線部のように言った理由は，続く段落の第4，5文に書かれている。ウィルはcrazyなふりをして介助者を怖がらせるのが好きなのである。

問9＜内容真偽＞①「ウィルは自分で別館から遠くへ行けた」…×　第6段落第3文参照。車椅子を使っていて，別館を動き回る以上のことはできなかった。　②「ルイーザは看護師としての夢をかなえたかった」…×　そのような記述はない。　③「ウィルは数年前に交通事故に遭った」…○　第13段落第5文に一致する。　car accident ≒ road accident　④「トレイナー夫人が立ち上がるように言ったので，ルイーザは面接試験に合格しただろうと思った」…×　第13段落最終文参照。また第15，16段落の記述から，ルイーザが突然採用を告げられ驚いている様子が読み取れる。　⑤「ネイサンはウィルの世話をするためにずっと彼の部屋にいた」…×　第21段落後半参照。　⑥「ウィルの行動を見たとき，ルイーザは彼を相手に働けないと思った」…○　第29段落第1文に一致する。　⑦「ウィルが1人になりたいとき，ルイーザは彼から離れるだろう」…×　第22段落終わりから3文目参照。「15分以上決して1人にしない」とある。

2〔長文読解総合―説明文〕

≪全訳≫**1**熱帯雨林はなぜ重要なのだろうか。それらは多くの理由で重要だ。熱帯雨林は地球の6パーセント未満を覆っている。それらは世界の雨の多い暑い地域にある。そこでは多くの雨が降る。最大の熱帯雨林は，アマゾン川周辺の南米にある。A中央アメリカ，東南アジア，そして一部の太平洋の島々にも他の雨林がある。熱帯雨林は地球の全ての生命の50パーセント以上を支えている。熱帯雨林には5000万種類の動植物がいる可能性がある。私たちはまだそれらの大部分を知らない。❷熱帯雨林には，普通の森よりもずっと多くの種類の植物がある。私たちはこれらの植物の多くを食品や医薬品に利用する。今日，果物や野菜，香辛料の80パーセントは熱帯雨林に由来する。Bまた，私たちの暮らしの中にある薬の25パーセントは熱帯雨林の植物からつくられている。食品用やガンのような病気向けに利用するためのものは，もっとたくさんある。しかし，科学者たちが研究しているのはこれらの植物の１パーセントにすぎない。❸／→ｃ．熱帯雨林には多くの種類の動物もいる。／→ｂ．例えば，アメリカ合衆国には81種類のカエルがいる。／→ａ．しかし，マダガスカルには300種類のカエルがいるのだ。／また，その他にも多くの種類の動物が熱帯雨林にしか生息していない。もし私たちが熱帯雨林を伐採したら，それらは死に絶え，私たちは永遠にそれらを見ることはできなくなる。❹熱帯雨林は気候のバランスを取るのを助けている。熱帯雨林にある木々は，大気から二酸化炭素を取り除く。それらは私たちのために酸素をつくり出す。C大気中に水を出し，私たちが雨を得るのを助ける。暑すぎたり寒すぎたりしないように気温のバランスを取る。私たちを地球温暖化から守りもするだろう。❺私たちは熱帯雨林を急速に失いつつある。人間は30万平方キロメートルの熱帯雨林を破壊している。ほぼポーランドと同じ大きさだ。私たちには何ができるだろうか。Dそう，私たちは地球上の私たちの未来にとってとても重要なものを破壊することをやめる必要がある。私たちは熱帯雨林と環境を保護し始めなくてはならない。

問１＜適語選択＞１．主語 They は，前文にある The rain forests を指す。熱帯雨林があるのは雨の多い暑い地域である。　wet「雨の多い，湿った」　２．多くの動植物が熱帯雨林に生息している（次の２文）ということは，熱帯雨林がそれらの生物を「支えている」ということ。　３．人間がポーランドの面積ほどの熱帯雨林を破壊している（次の２文）ということは，「熱帯雨林を失っている」ということ。

問２＜適文選択＞Ａ．直後の These rain forests「これらの熱帯雨林」という言葉から，前文で紹介した「南米」の熱帯雨林に続けて，その他の熱帯雨林を列挙していると判断できる。　Ｂ．この段落の第２文に，熱帯雨林の植物が food and medicine に利用されているとある。第３文では fruits, vegetables, and spices（＝food）について述べられているので，第４文となる空所には drugs（＝medicine）について述べた①が入る。　Ｃ．第４段落では，熱帯雨林が気候に及ぼす好影響が列挙されている。そうした内容となっているのは大気に水を加える役割を述べた④。　Ｄ．②は前文の What can we do？への答えとなる。

問３＜文整序＞ａとｂはｃで述べている many kinds of animals の具体例になっている。まずｃで話題を提示し，For example「例えば」以下で，その具体例を挙げていると考えられる。

３〔適語（句）選択・語形変化〕

(1) hear of ～「～のことを聞く〔耳にする〕」　*cf.* hear from ～「～から連絡をもらう」　「私は君の成功のことを聞いてとてもうれしい」

(2) has gone to ～「～へ行ってしまった（今ここにはいない）」　「あなたは私のおばに会うことはできません。パリへ行ってしまったからです」

(3) be covered with ～「～で覆われている」　「その山の頂上は雪で覆われている」

(4) the broken window で「壊された窓」→「割れた窓」となる(過去分詞の形容詞的用法)。　「ジョーンズ氏は割れた窓を見てとても腹を立てた」

(5)「別のもの」を意味する another が適切。　「このシャツは私には小さすぎます。別のを見せてください」

(6)文の意味から「～している間に」を意味する語が入ると考える。空所の後ろが she is ... と'主語＋動詞'を含む文になっているので，接続詞の while が適切。during も「～の間に」という意味だが，これは前置詞なので，後ろには during her stay in Japan のように，名詞(句)がこなくてはならない。　「ここ日本にいる間に，彼女が多くの日本文化を経験できればいいと私は思う」

4〔整序結合〕

(1)「(あなたは)何と呼びますか」What do you call で始め，call の目的語の this flower を続ける。「英語で」は in English。'call + A + B'「A を B と呼ぶ」の'B'が疑問詞 What となって前に出た形。　What do you call this flower in English?

(2)'one of the + 最上級 + 複数名詞'「最も～のうちの1つ」の形にする。　Kyoto is one of the oldest cities in Japan.

(3)眼鏡や靴など，2つで一組のものを数える場合は a pair of ～「一組の～」を用いて a pair of glasses〔shoes〕「眼鏡1つ〔靴1足〕」などと表す。2つ〔足〕であれば two pairs of glasses〔shoes〕となる。　My mother always carries two pairs of glasses.

(4)「掃除をやり終える」は finish ～ing「～するのを終える」の形で finish cleaning とする。「友達が来る前に」は，before を「～する前に」の意味の接続詞として用いて before your friend comes とまとめる。　You have to finish cleaning your room before your friend comes.

(5)「郵便局まで」は空所の後ろに get to ～「～に到着する」があるので，「郵便局へ到着するのに」と読み換える。「～するのにどれくらいかかるか」は，How long does it take to ～? で表せる。この it は to 以下を指す形式主語。　How long does it take to get to the post office?

数学解答

1 (1) ア…8　イ…9　ウ…3　エ…2
(2) 2
(3) カ…1　キ…2　ク…6　ケ…2
(4) コ…－　サ…3
(5) シ…1　ス…2
(6) セ…1　ソ…2　(7) 3
(8) チ…4　ツ…2
(9) テ…1　ト…2　ナ…5
(10) ニ…8　ヌ…8

2 (1) ア…2　イ…0
(2) ウ…7　エ…0

3 (1) ア…1　イ…2
(2) ウ…2　エ…2　オ…1　カ…2
(3) キ…4　ク…1　ケ…0

4 (1) ア…2　イ…3
(2) ウ…2　エ…6　オ…3
(3) カ…4　キ…3

5 (1) ア…1　イ…1　ウ…2
(2) エ…5　オ…6

1〔独立小問集合題〕

(1)＜式の計算＞与式$=\frac{8}{3}x^2y^3\times4x^2\times\frac{1}{12xy}=\frac{8x^2y^3\times4x^2\times1}{3\times12xy}=\frac{8}{9}x^3y^2$

(2)＜平方根の計算＞与式$=\sqrt{4}+\sqrt{0.4^2}-\frac{\sqrt{2}}{3}\times\frac{\sqrt{18}}{\sqrt{25}}=2+0.4-\frac{\sqrt{2}}{3}\times\frac{\sqrt{3^2\times2}}{5}=2+0.4-\frac{\sqrt{2}}{3}\times\frac{3\sqrt{2}}{5}=2+\frac{2}{5}-\frac{2}{5}=2$

(3)＜平方根の計算＞与式$=(5-1)-\sqrt{2}(4-4\sqrt{2}+2)=4-\sqrt{2}(6-4\sqrt{2})=4-6\sqrt{2}+8=12-6\sqrt{2}$

(4)＜式の値＞二次方程式$x^2+4x+1=0$を解くと，解の公式より，$x=\frac{-4\pm\sqrt{4^2-4\times1\times1}}{2\times1}=\frac{-4\pm\sqrt{12}}{2}=\frac{-4\pm2\sqrt{3}}{2}=-2\pm\sqrt{3}$となる。2つの解が$a$，$b$なので，$a=-2+\sqrt{3}$，$b=-2-\sqrt{3}$とすると，$(a+2)(b+2)=(-2+\sqrt{3}+2)(-2-\sqrt{3}+2)=\sqrt{3}\times(-\sqrt{3})=-3$である。
≪別解≫$x=a$，bを解とする二次方程式は，$(x-a)(x-b)=0$より，$x^2-(a+b)x+ab=0$である。二次方程式$x^2+4x+1=0$の2つの解は$x=a$，bだから，$x^2-(a+b)x+ab=0$と$x^2+4x+1=0$は同じ二次方程式となる。よって，$-(a+b)=4$より，$a+b=-4$であり，$ab=1$である。したがって，$(a+2)(b+2)=ab+2a+2b+4=ab+2(a+b)+4=1+2\times(-4)+4=1-8+4=-3$となる。

(5)＜図形―高さ＞半径が3の球の体積は，$\frac{4}{3}\pi\times3^3=36\pi$である。底面の半径が3の円錐の高さを$h$とすると，円錐の体積と球の体積が等しいことより，$\frac{1}{3}\times\pi\times3^2\times h=36\pi$が成り立つ。これを解くと，$h=12$となる。

(6)＜一次方程式の応用＞電車とバスのどちらも使う生徒をx人とすると，電車は使わずバスのみを使う生徒は，どちらも使う生徒より8人多いから，$x+8$人と表せる。電車を使う生徒は80人で，どちらも使わない生徒はいないので，生徒の人数が100人であることより，$80+(x+8)=100$が成り立つ。これを解くと，$x=12$(人)である。

(7)＜関数―$\boldsymbol{b}$の値＞$a>0$だから，xの変域が$2\leqq x\leqq6$における関数$y=\frac{a}{x}$のグラフは，右図1のようになる。yの変域が$1\leqq y\leqq b$だから，$x=2$のときyは最大で$y=b$，$x=6$のときyは最小で$y=1$となる。$x=6$のとき$y=1$だから，$1=\frac{a}{6}$より，$a=6$となり，関数の式は$y=\frac{6}{x}$となる。$x=2$のとき$y=b$だから，$b=\frac{6}{2}$より，$b=3$である。

図1
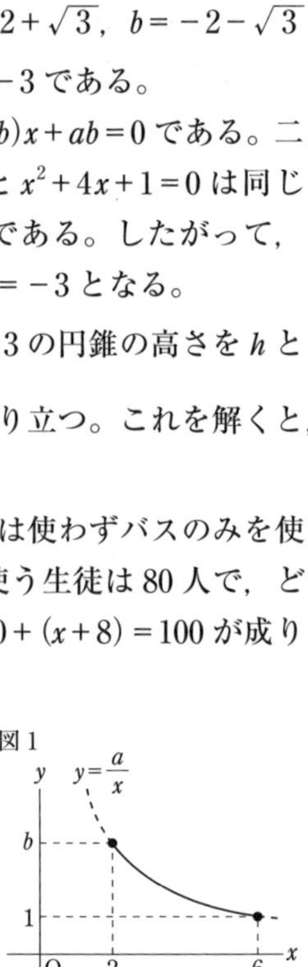

(8)＜数量の計算―濃度＞5%の食塩水120gに含まれる食塩の量は$120\times\frac{5}{100}=6$(g)，3%の食塩水80gに含まれる食塩の量は$80\times\frac{3}{100}=\frac{12}{5}$(g)だから，この2つの食塩水を混ぜると，食塩水の量は$120+80=200$(g)となり，含まれる食塩の量は$6+\frac{12}{5}=\frac{42}{5}$(g)となる。よって，求める食塩水の濃度は，$\frac{42}{5}\div200\times100=4.2$(%)である。

(9)＜図形―長さ＞右図2の△ABPと△PCQで，△ABCが正三角形より，∠ABP＝∠PCQ＝60°である。また，△ABPで内角と外角の関係より，∠ABP＋∠BAP＝∠APCだから，∠ABP＋∠BAP＝∠APQ＋∠CPQとなり，60°＋∠BAP＝60°＋∠CPQ，∠BAP＝∠CPQである。よって，△ABP∽△PCQだから，AB：PC＝BP：CQとなる。PC＝BC−BP＝10−4＝6だから，10：6＝4：CQが成り立ち，10CQ＝6×4より，CQ＝$\frac{12}{5}$となる。

図2

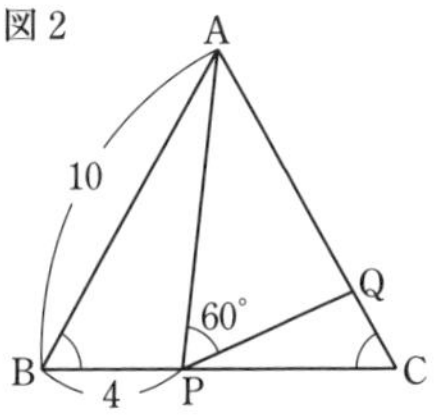

(10)＜図形―角度＞多角形の外角の和は360°だから，$\angle x+72°+50°+45°+75°+30°=360°$が成り立つ。これより，$\angle x=88°$である。

2 〔数と式〕

(1)＜平均値との差＞Aの得点をx点とすると，Bの得点は$x-10$点，Cの得点は$x+8$点，Eの得点は$x+12$点と表せるので，CとEの得点の平均値からBの得点をひいた値は，$\{(x+8)+(x+12)\}\div2-(x-10)=(2x+20)\div2-(x-10)=x+10-x+10=20$(点)である。

(2)＜得点＞5人の，Aの得点をひいた値の平均値は，$\{0+(-10)+8+15+12\}\div5=5$(点)である。これは，5人の得点の平均値からAの得点をひいた値なので，5人の得点の平均値が60点より，Aの得点は$60-5=55$(点)である。よって，Dの得点は，$55+15=70$(点)となる。

3 〔関数―関数$\boldsymbol{y=ax^2}$と直線〕

(1)＜比例定数＞右図で，A(4，8)は放物線$y=ax^2$上の点だから，$x=4$，$y=8$を代入して，$8=a\times4^2$より，$a=\frac{1}{2}$である。

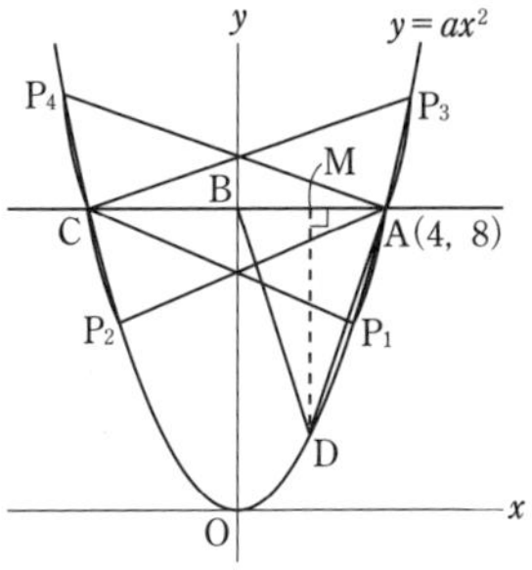

(2)＜座標，面積＞右図で，△ABDはAD＝BDの二等辺三角形だから，点Dから直線ABに垂線DMを引くと，点Mは線分ABの中点となる。AB∥〔x軸〕より，B(0，8)となるので，点Mのx座標は$\frac{0+4}{2}=2$となり，M(2，8)となる。DM⊥ABだから，DMはy軸に平行であり，点Dのx座標は2となる。点Dは放物線$y=\frac{1}{2}x^2$上の点だから，$y=\frac{1}{2}\times2^2=2$より，D(2，2)となる。また，△ABDの底辺を辺ABと見ると，AB＝4であり，2点M，Dのy座標より，高さは$8-2=6$となるので，△ABD＝$\frac{1}{2}\times4\times6=12$である。

(3)＜点の数，$\boldsymbol{x}$座標＞右上図で，放物線$y-\frac{1}{2}x^2$はy軸について対称だから，AC∥〔x軸〕より，2点A，Cはy軸について対称である。A(4，8)より，C(−4，8)となるので，AC＝$4-(-4)=8$となる。△ACPで，辺ACを底辺と見たときの高さをhとすると，△ACPの面積が12より，$\frac{1}{2}\times8\times h=12$が成り立ち，$h=3$となる。辺ACを底辺と見たときの高さが3となる放物線$y=\frac{1}{2}x^2$上の点Pは，図のP_1，P_2，P_3，P_4の4通りあるので，△ACP＝12となる点Pは4通りである。このうち，原点Oと点Aの間にある点Pは点P_1である。点P_1のy座標は$8-3=5$となる。点P_1は放物線$y=\frac{1}{2}x^2$

上の点なので，$5=\frac{1}{2}x^2$，$x^2=10$，$x=\pm\sqrt{10}$ となり，$0<x<4$ だから，x 座標は $\sqrt{10}$ である。

4〔平面図形—三角形〕

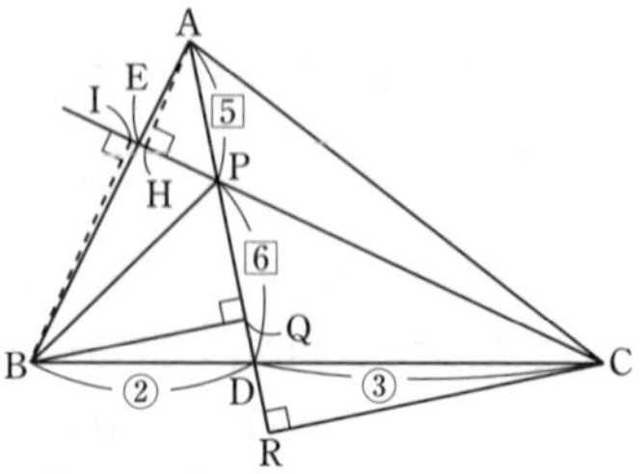

(1)＜長さの比—相似＞右図の△BDQと△CDRで，∠BQD＝∠CRD＝90°，∠BDQ＝∠CDRだから，△BDQ∽△CDRである。よって，BQ：CR＝BD：DC＝2：3である。

(2)＜面積比＞右図で，△PAB，△PCAの底辺をAPと見ると，(1)より，高さの比はBQ：CR＝2：3だから，△PAB：△PCA＝BQ：CR＝2：3となり，△PCA＝$\frac{3}{2}$△PABである。また，△PAB，△PBDの底辺をそれぞれAP，PDと見ると，この2つの三角形は高さが等しいから，△PAB：△PBD＝AP：PD＝5：6となる。これより，△PBD＝$\frac{6}{5}$△PABである。同様にして，△PCA：△PDC＝AP：PD＝5：6となり，△PDC＝$\frac{6}{5}$△PCA＝$\frac{6}{5}\times\frac{3}{2}$△PAB＝$\frac{9}{5}$△PABとなる。よって，△PBC＝△PBD＋△PDC＝$\frac{6}{5}$△PAB＋$\frac{9}{5}$△PAB＝3△PABとなるので，△PAB：△PBC：△PCA＝△PAB：3△PAB：$\frac{3}{2}$△PAB＝2：6：3である。

(3)＜面積＞右上図で，点A，点Bから直線CEに垂線AH，BIを引くと，(1)と同様にして，△AEH∽△BEIとなるので，AE：BE＝AH：BIである。△PCA，△PBCの底辺をPCと見ると，(2)より，△PCA：△PBC＝3：6＝1：2だから，高さの比が1：2となる。よって，AH：BI＝1：2だから，AE：BE＝1：2である。これより，△PAE：△PBE＝1：2となるから，△PAE＝$\frac{1}{1+2}$△PAB＝$\frac{1}{3}$△PABとなる。△PAB＝$\frac{2}{2+6+3}$△ABC＝$\frac{2}{11}\times22=4$ だから，△PAE＝$\frac{1}{3}\times4=\frac{4}{3}$となる。

5〔確率—さいころ〕

(1)＜確率＞大小2つのさいころを同時に投げたとき，目の出方はそれぞれ6通りより，全部で6×6＝36(通り)あるから，a，b の組も36通りある。直線 $y=\frac{b}{a}x+1$ が点(2，2)を通るとき，$2=\frac{b}{a}\times2+1$，$1=\frac{2b}{a}$，$a=2b$ となる。これを満たす a，b の組は，$(a,\ b)=(2,\ 1)$，$(4,\ 2)$，$(6,\ 3)$ の3通りだから，求める確率は$\frac{3}{36}=\frac{1}{12}$である。

(2)＜確率＞2直線 $y=\frac{b}{a}x+1$，$y=\frac{a}{b}x+2$ が交わるのは，平行にならないときである。平行になるときを考えると，傾きは等しいので，$\frac{b}{a}=\frac{a}{b}$であり，$a^2=b^2$ となる。36通りの a，b の組のうち，$a^2=b^2$ となるのは，$(a,\ b)=(1,\ 1)$，$(2,\ 2)$，$(3,\ 3)$，$(4,\ 4)$，$(5,\ 5)$，$(6,\ 6)$ の6通りある。よって，平行になる場合が6通りだから，交わる場合は36－6＝30(通り)となり，求める確率は$\frac{30}{36}=\frac{5}{6}$である。

2021年度／國學院高等学校（一般第２回）

国語解答

一　問一　②　　問二　⑤　　問三　④
　　問四　⑤　　問五　③

二　問一　a…⑤　b…②　　問二　③
　　問三　①　　問四　②　　問五　③
　　問六　⑤

三　問一　④　　問二　③　　問三　⑤
　　問四　④　　問五　⑤　　問六　①
　　問七　③

四　(1)　④　　(2)　③　　(3)　③　　(4)　④
　　(5)　④　　(6)　①　　(7)　④　　(8)　④

一〔論説文の読解―文化人類学的分野―日本文化〕出典；和辻哲郎『面とペルソナ』。

≪本文の概要≫顔面は，人の存在にとって中心的地位を持つ。この点をさらに突き詰めたのが「面」である。日本の伎楽面や能面は，動く地位におかれたときにその優秀さを真に発揮する。伎楽面は，喜びや怒りなどの表情を鋭く類型化し，または一定の性格，人物の型などをきわどく形づけているが，そのことは，人がこの面をつけて一定の所作をするときに本当に露出する。一方，能面は，徹底的に人らしい表情を抜き去ったものであるが，そうであるからこそ，舞台に現れて動く肢体を得ると，実に豊富な表情を示す。このような面のはたらきは，それを被って動く役者の肢体や動作を己の内に吸収してしまう。逆にいえば，面は，その獲得した肢体に支配され，肢体の動きによる表現が面の表情として理解される。面は，人体のうちの顔面だけを残したものであるが，自由に肢体を回復する力を持っている。したがって，顔面は，人の存在にとって核心的な意義を持つものであり，人格の座にほかならないといえる。

問一＜接続語＞Ⅰ.「問題にしない時にはわかり切ったことと思われているもの」なのに，そうして「問題にしてみると実にわからなく」なる。　Ⅱ.我々は「トルソー」に「美しい自然の表現を見いだす」とはいえ，「芸術家が初めからこのようなトルソーとして肉体を取り扱うということは，肉体において自然を見る近代の立場」である。　Ⅲ.「面が面として胴体から，さらに首から，引き離されたのは，ちょうどそれが彫刻と同じに取り扱われるのではないがため」とは，要するに，「生きて動く人がそれを顔につけて一定の動作をするがため」ということである。

問二＜文章内容＞伎楽面は，「喜び怒り等の表情」を「鋭く類型化」し，あるいは，「一定の性格，人物の型など」を「きわどく形づけて」いる。その面においては，「不必要なものがすべて抜き去られて」おり，「ただ強調せらるべきもののみが生かし残されている」のである。「類型」は，同じような特徴を持つ一群の事物について，その共通した特徴を抽出してつくった型のこと。

問三＜文章内容＞伎楽面は，「喜び怒り等の表情」を「鋭く類型化」し，あるいは，「一定の性格，人物の型など」を「きわどく形づけて」いるという意味で，「顔面における『人』を積極的に強調し純粋化している」といえる。それに対して，能面は，鬼の面なら「顔面から一切の人らしさを消し去ったもの」であるように，「徹底的に人らしい表情を抜き去った面」であり，中でも「尉や姥の面」は「死相を思わせる」ほど「人らしい表情」がない面になっている。

問四＜文章内容＞「顔面」は，「人の存在にとって核心的な意義を持つもの」であり，「単に肉体の一部分であるのではなく，肉体を己れに従える主体的なるものの座，すなわち人格の座にほかならない」のである。

問五＜要旨＞「肖像彫刻，肖像画の類」でわかるように，「芸術家は『人』を表現するのに『顔』だけに切り詰めることができる」のである(①…○)。「面」を「最初に芸術的に仕上げたのはギリシア人」であるが,「その面の伝統を持続し,それに優れた発展を与えたものは,ほかならぬ日本人」である(②…○)。「笑っている伎楽面は泣くことはできない」が,能面は,「表情を抜き去ってある」ため,逆に「自由自在に,また微妙に,心の陰影を現わし得る顔面」になっており,「死相を示す尉や姥は泣くことも笑うこともできる」のである(③…×)。「神代神楽を能と比較」してみると,「同じ様式の女の面が能の動作と神楽の動作との相違」によって「はなはだしく異なったものになる」ことがわかる(④…○)。「人を表現するためにはただ顔面だけに切り詰めることができる」が,「その切り詰められた顔面」は,「自由に肢体を回復する力を持って」いる(⑤…○)。

二 〔小説の読解〕出典;小川洋子『キリコさんの失敗』(『偶然の祝福』所収)。

問一<慣用句>a.身体を前に進めて出すことを,「身を乗り出す」という。　b.体を動かしたり興奮したりしたことによって激しい息づかいをすることを,「息を弾ませる」という。

問二<表現>Ⅰ.チョコレートや「艶やかさを失って」いない口紅の,物に粘りつくさま。　Ⅱ.唇を何度も強くこすったために起きた,焼けつくような痛みの感じ。　Ⅲ.削りたての木の表面の,「木屑の粉」がまだついていて滑らかではないさま。

問三<心情>「私」がキリコさんと一緒に外でチョコレートパフェを食べたことを「絶対ママに内緒にしておいてね」と念を押したのは,母が「子供が家の外で食べ物を口にするのは,衛生上好ましくないと信じて」いるため,「私」が外でチョコレートパフェを食べたなどと母が知ったら,母は「私」を厳しくしかるに違いないと思ったからである。また,母は,「私」が万年筆が壊れたと勘違いして困って母に打ち明けたときも,親身になって考えてくれることはなく,「新しいのは買いませんからね」と冷たく言っただけで,「私」に対しては厳しい態度をとった。そんな「私」は,厳しい母を恐れており,口紅を塗るというような大人のまねをしたことが母に知られたら,ひどくしかられるに違いないと思ったのである。

問四<文章内容>「私」は,学芸会で「メヌエットのソロを,リコーダーで吹くことになって」いた。しかし,「学芸会の前の日」に「最後にもう一度だけ練習しておこうと思い,ランドセルを開けたら」リコーダーがなく,どんなに探しても見つからなかった。途方に暮れた「私」は,母にそのことを打ち明けたが,母は例によって「新しいのは買いませんからね」と冷たく言っただけだった。そこでキリコさんが「私」のために動き出し,「私」とキリコさんは,「もっと重要な秘密を共有する」ことになったのである。

問五<心情>「私」がキリコさんに「言われたとおりにした」のは,「明日無事にメヌエットの演奏ができると,希望を持ったから」ではなく,「彼女を疑いたくなかったから」である。キリコさんは,母には内緒で歯医者の帰りに寄り道してチョコレートパフェを食べさせてくれたり,「私」に口紅を塗ってくれたりした。「私」は,そんなキリコさんを「秘密を共有する」ことのできる人だと信じており,リコーダーの件でも「とにかく,まかせておいて」というキリコさんの言葉を疑いたくなかったのである。

問六<文章内容>「私」は,「百人の五年生の中から,たった一人選ばれ」て,学芸会で「メヌエットのソロを,リコーダーで吹くことになって」いたが,学芸会の前日にリコーダーをなくしてしまい,途方に暮れた。すると,それをキリコさんが「以前勤めていた家具工場の職人さんに頼んで,リコーダーを作って」もらうことで救ってくれた。そのような全く思いがけない劇的ないきさつを経て,学芸会当日,「私」は,「私」のために特別にあつらえられたリコーダーを使って見事に演奏することができたのである。

三〔古文の読解―随筆〕出典；兼好法師『徒然草』第百八十八段。

≪現代語訳≫ある者が，自分の子を法師にして,「学問をして因果の道理をも知り，説経などして生活する手段にもしなさい」と言ったので,（子は,）教えのとおり，説経師になるために，まず馬に乗ることを習った。輿や牛車は持たない身で，法事の導師として招かれるようなとき,〈馬〉などを迎えによこすようなら，座りの悪い尻で落ちてしまうようでは，つらかろうと思った(ためであった)。次に，法事の後，酒などを勧めることがあるようなとき，法師(の身)で全く芸の能力がないのでは，施主が興ざめに思うだろうと思って，早歌ということを習った。二つの技が，やっとのことで熟達の境地に入ってきたので，ますます立派にやりたいと思って心を入れて稽古している間に，説経は習う時間がなくて，年を取ってしまった。

問一＜四字熟語＞「因果」は，原因と結果のこと。過去の行為のよしあしに従って現在の幸・不幸の結果が生じ，今の行為のよしあしに応じた結果が未来において生じる，ということを,「因果応報」という。

問二＜古文の内容理解＞説教師になろうとした子は，まず，馬の乗り方を習った。輿や牛車は持たない身で，法事の導師に招かれたときに，施主が馬などを迎えによこすようなら，うまく乗れないとつらいだろうと思ったからである。

問三＜古文の内容理解＞説教師になろうとした子は,「早歌」という歌謡を習った。法事の後で酒などを勧められたときに，法師の身で何の芸もないというのでは，施主がつまらないと思うだろうと考えたからである。

問四＜古文の内容理解＞説教師になろうとした子は，まず馬に乗ることを習い，次に，早歌を習った。

問五＜歴史的仮名遣い＞歴史的仮名遣いにおいて，母音が「au」になるところは，現代仮名遣いでは「ou」になるので,「やうやう」は「ようよう」という表記になる。

問六＜古文の内容理解＞説教師になろうとした子は，馬の乗り方と早歌を習い，そのどちらも上達して熟達の境地に入ってきたので，さらに上達しようと心を入れて稽古した。

問七＜古文の内容理解＞説教師になろうとした子は，将来説教師になったときに必要だろうと思われることとして，馬に乗ることと早歌の芸を習った。しかし，この二つのことにばかり力を入れていたために，二つのことは上達したが，肝心の説経を習う暇がなく，時間はどんどんたって，説教師になろうとした子は，年を取ってしまったのである。

四〔漢字〕

⑴「俳優」と書く。①は「配送」,②は「排水」,③は「廃棄」,④は「俳句」,⑤は「拝礼」。

⑵「兼業」と書く。①は「研修」,②は「健闘」,③は「兼務」,④は「建築」,⑤は「県庁」。

⑶「柔軟」と書く。①は「難解」,②は「南国」,③は「軟化」,④は「指南」,⑤は「長男」。

⑷「格差」と書く。①は「角度」,②は「収穫」,③は「輪郭」,④は「格別」,⑤は「発覚」。

⑸「疎通」と書く。①は「素朴」,②は「祖先」,③は「基礎」,④は「過疎」,⑤は「素質」。

⑹「講義」と書く。①は「義理」,②は「特技」,③は「議員」,④は「地球儀」,⑤は「異議」。

⑺「耐熱」と書く。①は「怠惰」,②は「正体」,③は「大量」,④は「忍耐」,⑤は「接待」。

⑻「座右」と書く。①は「夕日」,②は「有効」,③は「優勝」,④は「左右」,⑤は「自由」。

2021年度 國學院高等学校(推薦)

【英　語】 (30分) 〈満点(推定)：50点〉

1 次の英文を読み，後の問に答えなさい。

There once lived a wolf. The wolf's (1) thing was to eat. As soon as he finished (2), he began to think of what to eat next.

One day the wolf wanted to eat chicken stew.

All day long he walked across the forest to look (3) a delicious chicken. Finally he saw one.

"Ah, she is just (4) for my stew," he thought.

The wolf walked softly to the chicken. But just when he was about to catch her... he had (あ)another idea.

"I need to make this chicken fatter," he thought, "then there would be more stew for me." So... the wolf (1)(run) home to his kitchen, and he began to cook.

First he made a hundred delicious pancakes. Then, late at night, (い)he left them on the chicken's balcony.

"Eat well, my pretty chicken," he cried. "Get nice and fat for my stew!"

The next night he brought a hundred delicious doughnuts.

"Eat well, my pretty chicken," he cried. "Get nice and fat for my stew!"

And on the next night he brought a delicious cake, over a hundred pounds.

"Eat well, my pretty chicken," he cried. "Get nice and fat for my stew!"

(5) last, all was ready. It was finally the night. He was waiting for the night. He put a large stew pot on the fire and left his house happily to find his dinner.

"(う)That (①fat as / ②chicken / ③as / ④by / ⑤a balloon / ⑥is) now," he thought. "Let's see."

But when he looked into the chicken's house... the door opened suddenly and the chicken cried out, “Oh, so it (2)(be) you, Mr. Wolf!”

“Children, children! Look, the pancakes and the doughnuts and that delicious cake—they weren’t from Santa Claus! All those presents were from Uncle Wolf!”

The baby chickens jumped all (6) the wolf and gave a hundred kisses to him.

“Oh, thank you, Uncle Wolf!” You’re the best (7) in the world!”

Uncle Wolf didn’t have chicken stew that night but Mrs. Chicken gave a nice dinner to him.

“*Aw, shucks,” he thought, when he walked down, “maybe tomorrow (え)I (①make / ②cookies / ③delicious / ④a hundred / ⑤the baby chickens / ⑥will)!”

(注) *aw, shucks うーん，やれやれ(困惑・落胆・後悔などを表す)

問1 空所(1)～(7)に入れるのに最も適切なものをそれぞれ次の①～④から1つずつ選び，指定された解答欄に番号をマークしなさい。

(1) ① favorite ② funny ③ famous ④ foreign

(2) ① eat ② to eat ③ eaten ④ eating

(3) ① for ② like ③ in ④ along

(4) ① hungry ② popular ③ perfect ④ sick

(5) ① For ② At ③ On ④ In

(6) ① over ② down ③ up ④ under

(7) ① food ② cook ③ dinner ④ breakfast

問2　下線部(あ)の内容として最も適切なものを次の①～⑤から1つ選び，指定された解答欄に番号をマークしなさい。

①　ニワトリと仲良くなること

②　ニワトリがオオカミを嫌っていること

③　ニワトリを太らせること

④　ニワトリが捕まらないこと

⑤　ニワトリがシチューを好きなこと

問3　下線部(1)，(2)の(　　)内の動詞をそれぞれ文脈に合うように形を変えたとき，適切なものをそれぞれ次の①～④から1つずつ選び，指定された解答欄に番号をマークしなさい。

（ 1 ）	① run	② runs	③ ran	④ running
（ 2 ）	① was	② were	③ been	④ being

問4　下線部(い)の理由として最も適切なものを次の①～⑤から1つ選び，指定された解答欄に番号をマークしなさい。

①　ニワトリに寝てもらうため。

②　ニワトリを逃がすため。

③　ニワトリにダンスをさせるため。

④　ニワトリが飛べるようにするため。

⑤　ニワトリに食べさせるため。

問5　下線部(う)，(え)がそれぞれ次の日本語の意味になるように(　　)内の語（句）を並べ替えたとき，(　　)内で3番目と5番目に来るものを選び，指定された解答欄に番号をマークしなさい。

(う) あのニワトリは，今ごろ風船と同じくらい太っている

(え) オレは，あのかわいいひよこたちにおいしいクッキーをたくさん作ろう

問6　次の(1), (2)の質問に対する最も適切な答えをそれぞれ次の①～⑤から1つずつ選び，指定された解答欄に番号をマークしなさい。

(1) What did the wolf try to get a fat chicken?

① The wolf took the chicken to the restaurant.

② The wolf ate many chickens for dinner.

③ The wolf taught how to cook to the chicken.

④ The wolf gave the chicken stew for dinner.

⑤ The wolf gave many foods to the chicken.

(2) Why did the wolf finally give up eating chicken stew?

① Because the chicken cooked the wolf on the fire.

② Because the baby chickens were taken by Santa Claus.

③ Because the chicken was too fat to carry.

④ Because the wolf became a good uncle to the chickens.

⑤ Because the wolf wanted to eat a lot of chicken stew.

2　各英文の(　　)に入れるのに最も適切なものをそれぞれ次の①～④から1つずつ選び，指定された解答欄に番号をマークしなさい。

(1) (　　) Mary finished her homework yet?

① Have　② Has　③ Will　④ Does

(2) Start at once, (　　) you will be in time.

① if　② but　③ or　④ and

(3) “Did he ask you (　　) there tomorrow?”　“No, he didn’t.”

① to go　② went　③ going　④ to going

(4) This pencil is mine, and that is (　　).

① my　　② yours　　③ her　　④ their

(5) He can speak both English (　　) Japanese.

① or　　② for　　③ and　　④ but

3 各英文がそれぞれ日本語の意味になるように(　　)内の語（句）を並べ替えたとき，(　　)内で３番目と５番目に来るものを選び，指定された解答欄に番号をマークしなさい。ただし，文頭に来るべき語も小文字で示してある。

(1) 私の父にとってその本を読むことは簡単だ。

It (①my father / ②is / ③to / ④for / ⑤read / ⑥easy) the book.

(2) 彼女はこれらのリンゴを売っている男性と話した。

She (①these / ②selling / ③with / ④talked / ⑤apples / ⑥the man).

(3) 彼の妻は早く家に戻るように言われましたか。

(①to / ②go / ③was / ④back / ⑤told / ⑥his wife) home soon?

(4) あの人形はこの店で最も美しい。

That doll (①most / ②the / ③in / ④beautiful / ⑤this / ⑥is) store.

(5) あなたは今日の夕方何時にロンドンへ向けて出発する予定ですか。

What time (①you / ②going / ③for / ④to / ⑤are / ⑥leave) London this evening?

【数　学】（30分）〈満点(推定)：50点〉

（注意）定規，コンパス，分度器，電卓は使用しないこと。

次の$\boxed{}$の中の「ア」から「ハ」に当てはまる符号または数字をそれぞれ答えなさい。

(1)　$x=5$，$y=15$ のとき，$16x^2\times\dfrac{xy^4}{2}\div\dfrac{(-2xy^2)^2}{y}=\boxed{\text{ア}}\boxed{\text{イ}}\boxed{\text{ウ}}$ である。

(2)　$x=2-\sqrt{3}$ のとき，$\dfrac{3x^2+3x-18}{x^2-4x+4}=\boxed{\text{エ}}-\boxed{\text{オ}}\sqrt{3}$ である。

(3)　1辺の長さが1の正三角形の面積を S とするとき，半径が3の円に内接する正六角形の面積は $\boxed{\text{カ}}\boxed{\text{キ}}S$ である。

(4)　2乗すると108900になる自然数は $\boxed{\text{ク}}\boxed{\text{ケ}}\boxed{\text{コ}}$ である。

(5)　連立方程式

$$\begin{cases}x+y=1000\\1.08x+1.1y=1093\end{cases}$$

の解を $x=a$，$y=b$ とするとき，$b-a$ の値は $\boxed{\text{サ}}\boxed{\text{シ}}\boxed{\text{ス}}$ である。

(6)　2次方程式 $2x^2-bx-48=0$ の2つの解の和が5であるとき，$b=\boxed{\text{セ}}\boxed{\text{ソ}}$ である。

(7)　関数 $y=2x^2$ のグラフ上の点で，x 座標が -2，1であるものをそれぞれA，Bとする。直線ABの傾きを a とするとき，点Aを通り，傾きが $-\dfrac{1}{a}$ である直線の式は

$y=\dfrac{\boxed{\text{タ}}}{\boxed{\text{チ}}}x+\boxed{\text{ツ}}$ である。

(8)　4枚の硬貨を同時に投げるとき，少なくとも2枚が表となる確率は $\dfrac{\boxed{\text{テ}}\boxed{\text{ト}}}{\boxed{\text{ナ}}\boxed{\text{ニ}}}$ である。

(9)　底面の半径が1，母線の長さが3の円すいの表面積は $\boxed{\text{ヌ}}\pi$ である。

(10)　下の図の△ABCにおいて，辺BCの中点をD，辺ACの中点をEとする。△ABCの面積が840のとき，着色部の面積は $\boxed{\text{ネ}}\boxed{\text{ノ}}\boxed{\text{ハ}}$ である。

図

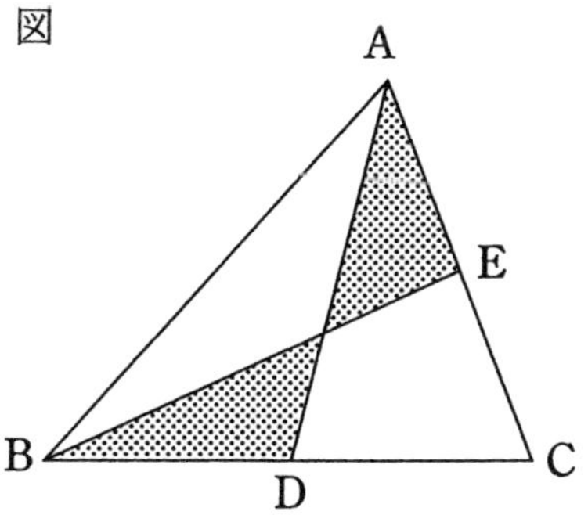

解答上の注意

① 問題の文中の [ア][イ][ウ] などには，特に指示がない限り，**ア**，**イ**，**ウ**，…… の一つ一つに符号の（±，－）または数字（0 ～ 9）が入ります。

例 [ア][イ][ウ] に －37 と答えたい場合，解答用マークシート用紙の問題記号の [ア] に [－]，[イ] に ③，[ウ] に ⑦ をマークしなさい。

なお，同一の問題文中に [ア]，[イ][ウ] などが 2 度以上現れる場合，原則として，2 度目以降は，[ア]，[イ][ウ] のように細字で表記します。

② 分数形で解答する場合，符号は分子につけ，それ以上約分できない形で答えなさい。

例 $\dfrac{\boxed{エ}\boxed{オ}}{\boxed{カ}}$ に $-\dfrac{3}{4}$ と解答したい場合，$\dfrac{-3}{4}$ として答えなさい。また，$\dfrac{-6}{8}$ のように答えてはいけません。

③ $\sqrt{}$ を含む形で解答する場合，$\sqrt{}$ の中に現れる自然数が最小となる形で答えなさい。

例 $\dfrac{\boxed{キ}+\boxed{ク}\sqrt{\boxed{ケ}}}{\boxed{コ}}$ に $\dfrac{3+4\sqrt{2}}{2}$ と答えるところを，$\dfrac{6+8\sqrt{2}}{4}$，$\dfrac{3+2\sqrt{8}}{2}$ のように答えてはいけません。

④ 小数の形で解答する場合，必要に応じて，指定された桁まで⓪にマークしなさい。

例 [サ].[シ][ス] に 2.5 と解答したい場合，2.50 として答えなさい。

問五　傍線部「そこで、株屋さんが逆張りの妙を教えているところがおもしろい」とあるが、「逆張りの妙」とはどういうことか。その説明として最もふさわしいものを、次の選択肢の中から選び、番号をマークしなさい。　16

①　株を行う上で、一般的に人気の銘柄で得をするのは当たり前だが、自分の目で判断して人気の低い銘柄に着目することで時には読み通りの結果にめぐりあい、利益を得ることのおもしろ味。

②　株を行う上で、一般的に人気の銘柄で得をするのは当たり前だが、時には失敗する危険を恐れず人気の低い銘柄に着目することで株を行う難しさを経験し、成長できることのおもしろ味。

③　株を行う上で、一般的に人気の低い銘柄で失敗するのは当たり前だが、人気の銘柄ばかり選び続けていても時にどんでん返しが起こり大きな損をして、人生の難しさを知ることになるおもしろ味。

④　株を行う上で、一般的に人気の低い銘柄で失敗するのは当たり前だが、自分の運を信じて人気の低い銘柄だけを好んで選んでいると想像より良い結果につながり、利益を社会に還元《かんげん》できるおもしろ味。

⑤　株を行う上で、一般的に人気の銘柄で得をするのは当たり前だが、周囲の意見を批判して人気の低い銘柄に着目することで思わぬ幸運に恵まれ、人気に逆らうことの大切さを感じられるおもしろ味。

問六　本文の内容に合致《がっち》するものを、次の選択肢の中から一つ選び、番号をマークしなさい。　17

①　「人の行く裏に道あり花の山」の「花」というのは、桃や李の花のことを示している。

②　人間は流行に流されやすいため、珍しく自分の判断で行動しようとすると焦りをおぼえる。

③　タイミングよく決断し行動することの難しさに気がつくためには、たいてい長い時間がかかる。

④　株を行う人たちのことわざからは、現実を変えようとする意気込みを感じられる。

⑤　株を行う際、時を見て勝負に出ようとしている人にとって、時間は短く感じられる。

問一　空欄（　A　）～（　C　）に補うのに最もふさわしい語の組み合わせを、次の選択肢の中から選び、番号をマークしなさい。［12］

①　Aしかし　Bつまり　Cそして
②　Aつまり　Bしかし　Cやはり
③　Aしかし　Bやはり　Cつまり
④　Aつまり　Bやはり　Cそして

問二　空欄［X］に補う文として最もふさわしいものを、次の選択肢の中から選び、番号をマークしなさい。［13］

①　桃李のようなものがある所には自ずと道が出来るに違いない
②　道が出来ていない所をあえて人は通るに違いない
③　桃李のようなものがある所には道が出来ないに違いない
④　道が出来ている所はあえて人が避《さ》けて通るに違いない
⑤　道が出来ている所には桃李のようないいものがあるに違いない

問三　空欄（　Ⅰ　）には四字熟語が入る。最もふさわしいものを、次の選択肢の中から選び、番号をマークしなさい。［14］

①　付和雷同　②　臨機応変　③　無我夢中　④　首尾一貫《いっかん》　⑤　我田引水

問四　空欄（　Ⅱ　）に補うのに最もふさわしいものを、次の選択肢の中から選び、番号をマークしなさい。［15］

①　乗りかかった船　②　鬼《おに》に金棒　③　河童《かっぱ》の川流れ
④　両手に花　⑤　あとの祭り

これも人間の心理をうまく衝《つ》いている。時期を待っている人にとって、時はゆっくり流れるように思われる。待ちくたびれる。〝もう〟そろそろ、いいのではないかと落着かない。ところが、まだまだ時期尚早《しょうそう》なのである。もうすこし待たなくてはいけない。それを〝もうはまだなり〟とやった。

もう売る（買う）時期だと思って、売（買）ったとする。ところが、まだ、早すぎてもうすこし待てばよかったということが実に多い。そういう経験が重なって、このことわざの信用は増す。

反対に、もうがまだだったから、それにこりて、こんどは慎重《しんちょう》に行こうとしたご仁《じん》があるとする。まだ、まだ、と満を持して、放たず、じっとがまんしている。ところが、その間にチャンスは逃げて行ってしまって、（　Ⅱ　）となる。〝まだ〟は〝もう〟だったのである。〝過ぎたるは猶《なお》、及ばざるがごとし〟で、待ちすぎてもいけないのである。

その次には、もうすこし早く出動しようと思って飛び出すと、ふたたび〝もうはまだなり〟にひっかかるというわけになる。このふたつの間をうろうろしているうちに普通の人間は年をとって行く。そして、タイミングよく決断し行動することがいかに難しいかをしみじみと悟るようになる。

株屋さんだけのことわざにしておくのは惜しい。人間万事、〝もうはまだなり、まだはもうなり〟の連続のように思われる。

（外山滋比古《とやましげひこ》『ことわざの論理』による）

〔注〕(1) 配給券…戦時中などに不足している物資を国家が人々に配る際、用いられた引換券。
(2) 相場師…相場の変動によって生ずる利益を収得することを仕事とする人。相場とは、一般市場で取り引きされる商品・株式などの値段。
(3) 株屋…株式会社の資本となる株式を売買する職業。

然だが、中でも、株をやる人たちのことわざは、現実を辛く見ている点で特色がある。
相場をはる人が、〝桃李もの言わず……〟を信じて、長い列の尻尾につくようなことをしていてはしょうがない。逆のことわざが用意されている。

人の行く裏に道あり花の山

花というのは桜の花のことである。花見となればどこもたいへんなにぎわい。〝花の命は短い〟から、ぐずぐずしていれば散ってしまう。人がどっと押し寄せる。花の山は人の山となってしまう。花を見るのか、人を見るのかわからない。それでもみんなが行く道だから、ここでなくては花見をしたことにならないような気になり、われもわれもとひしめく。結局、ただただ疲れて帰ってくる。
ところが、その雑踏をあえてさけて、人の通らない道へまぎれこむと、どうだ、すばらしい眺めが、ひとり占《じ》めできる。うるさい酔客などはいないから、心ゆくまで花をめでることができる。
人の歩かない道を行くには勇気がいる。ひょっとして、花などまったく影も形もないかもしれない。咲いていれば人の行かないわけがない。（　B　）みんなについていった方が無難ではあるまいか、という迷いがおこるのは当たり前だ。そこをひと思いに思い切って、ひとりの道を行くとすばらしい眺めが待っている。それが、〝人の行く裏に道あり花の山〟の心である。
人の行く道というのは、人気のある銘柄《めいがら》のことである。人が買うからわれも買うというのでいっそう人気が高まる。しかし、そういうものはあまりおもしろ味がない。むしろ、そういう人気もののカゲに放っておかれている宝の山をさがし出すべきだというのだ。そういうのを証券界の人は逆張りと言うらしい。
もっとも、また、〝人の行く……〟がいいからと言って、何でも人の通らぬところばかりほっつきまわっていれば、宝の山にはめぐりあわずに、ガラクタの山にぶつかるくらいが関の山であろう。
（　C　）、しっかり自分の目でよく見てから判断せよということだ。人気につくのも危《あやう》い。かといって、やみくもに、人気にさからえばいいというものではない。そこで、株屋さんが逆張りの妙を教えているところがおもしろい。
株屋のことわざでもうひとつ感心するのがある。

もうはまだなり、まだはもうなり

も知りたいと思ってたんですけど、ご存知ありません？」
やっと番になって買ってみたら、何でもない道具で、うちにもうあった。何だ、だまされちゃったと、その奥さんは思ったが、家族に言うと、バカにされるから、そっと戸棚の奥にしまい込んだそうだ。これは本当にあった話。これからいくらでも似たことがおこるであろう話である。

　桃李もの言わず下おのずから蹊を成す

これは昔からの真理である。もし、そうなら逆も真となっていいと考える人がいてもおかしくない。［　X　］、という論法である。
さきの奥さんもこの論法で列の尻尾にくっついた。年末の列車の指定券を買うのに例年、長い長い列ができる。いまは昔、ものの不自由な時代、(1)配給券なしで、うどんが買えるとなると、さきがかすむほど長い列ができた。列のできる所は、手に入りにくいものを売る所と相場がきまっている。
たまたま、長い列がある。何のために列ができているのかはわからないが、列があるのは、いいものを売るのに違いない。それが何かは、並んでから、ゆっくりきいてもいい。早くしないと、売り切れということになっては大変だ。そして、さきのような次第《しだい》になる。
これを群集心理というのである。（　Ⅰ　）とも言う。〝桃李もの言わず下おのずから蹊を成す〟これはよろしい。（　Ａ　）、逆はかならずしも真ではない。大きな道だと思って歩いていたら、行きどまりということもないとはかぎらない。
のんきな家庭の主婦なら、列について並んでいて、いりもしないものを買わされてしまったというのも愛嬌《あいきょう》である。
こういう群集心理はしかし、ノンキな人だけのことではない。すべての人間に大なり小なり見られる本能みたいなものだ。しかし、失敗がちょっとした無駄《むだ》なら笑ってすませるが、とりかえしのつかない損失になる危険もないとは言えない。
(2)相場師などはさしずめ、もっと大きな賭《かけ》をしていることになる。いいかげんな群集心理に動かされていては、損ばかりすることになってしまう。古来、(3)株屋さんの間に、特有のことわざがあるのは、そういう危険をすこしでもすくなくしようとする必死の願いの結果であろう。
ことわざというのは、使えば使うほど味が出てくる。多くの人たちの人生の知恵のエッセンスであるから、当然と言えば当

三　次の傍線部は慣用句である。空欄《くうらん》に補うのに最もふさわしい語を、それぞれ後の選択肢の中から選び、番号をマークしなさい。

(1)　明日の遠足のことを考えると、胸が（　　）。　9

(2)　彼のだらしのない生活は、目に（　　）。　10

(3)　良いアイデアが思い浮かばず、頭を（　　）。　11

①　抱える　②　冷える　③　見せる　④　躍る　⑤　余る

四　次の文章を読んで、後の問いに答えなさい。

〝桃李もの言わず下おのずから蹊《みち》を成す〟ここから〝成蹊《せいけい》〟という語が生《うま》れて、大学にもこれを名乗るところがある。桃や李《すもも》は何も言わなくても、つまり自己宣伝めいたことをしなくとも、その花や実にひかれて人が集まってくる。それで木の下に自然に道ができる。徳のある者は自分で求めなくても、徳を慕《した》って人が集まってくるものだということの寓意《ぐうい》である。人間は正直なもの。ほかからすすめられなくても、いいものはよく知っていて、放っておいても人気が出る。人が集まってくる。

そして、人間は流行に弱い。人がぞろぞろ行くのを見ると、とにかくついて行きたくなる。ある奥さんが歩いていると、店先に長い列ができている。何を売っているのか知らないが、早く並ばないと人に遅れてしまいそうな胸騒ぎがする。とにかく並んでおこう。何を売るのかな、と思うと、胸がはずんでくる。それでその奥さんは列の尻尾《しっぽ》についた。

すぐ前に並んでいる奥さんに、「これ何売るんでしょうか」ときいた。するとその奥さん、いわく、「わたしも知らないんですけどね、なーに、こんなに列ができるくらいなら、悪いものであるはずがないって思いましてね、並んだんですよ。わたし

二　次の四字熟語の意味として最もふさわしいものを、それぞれ後の選択肢の中から選び、番号をマークしなさい。

(1)　針小棒大　［6］

①　実際よりも物事を大げさに言うこと
②　小さな嘘が大きな事件になること
③　少しの失敗に厳しく注意をすること
④　始めと終わりで考えが大きく変わること

(2)　空前絶後　［7］

①　これまでにない失敗をして、強く絶望を感じること
②　言うことと実際に行うことが、全く違うこと
③　今までにも例がなく、今後も例がないと思えるほど珍しいこと
④　ものごとの様子が急速に変化し、悪い方向へ進むこと

(3)　馬耳東風　［8］

①　聞いたことをすぐに忘れてしまうこと
②　人の意見を気にせず聞き流すこと
③　疾走感《しっそうかん》があり爽《さわ》やかであること
④　成り行きに任せて生きていくこと

(3) 授業が始まる前にはヨレイが鳴る。 3

① リンカイの工業地帯へ社会科見学に行く。

② ピエロがイチリン車に乗る。

③ 道徳の授業でリンリ観を養う。

④ フウリンの音を聞きながらすいかを食べる。

⑤ キンリンの国々と友好な関係を結ぶ。

(4) トウメイな袋にお菓子を詰《っ》める。 4

① 夕飯にお吸い物を飲む。

② 私の妹はスナオな性格だ。

③ 砂浜をスアシで歩く。

④ 鳥が木の上にスを作る。

⑤ スき通った美しい歌声。

(5) オリンピックの出場ケンを得る。 5

① ケンコウ的な食事を心がける。

② 世界一高い塔をケンセツする。

③ 新しい薬のケンキュウをする。

④ 労働者のケンリを守る。

⑤ 化学のジッケンを成功させる。

二〇二一年度

國學院高等学校（推薦）

【国　語】〈三〇分〉〈満点（推定）：五〇点〉

一　次の傍線《ぼうせん》部と同じ漢字を含むものを、それぞれ後の選択肢から一つずつ選び、番号をマークしなさい。

(1)　敵の部隊をイッソウする。　1

①　失敗をして自信をソウシツする。
②　学校を体調不良でソウタイする。
③　冬場は空気がカンソウしている。
④　内閣ソウリ大臣に就任する。
⑤　週末に部屋のソウジをする。

(2)　レストランで料理をチュウモンする。　2

①　人々のチュウモクを集める。
②　思い出の味をチュウジツに再現する。
③　大きな地震でデンチュウが傾く。
④　観光地の近くでチュウシャ場を探す。
⑤　ロケットをウチュウに向けて発射する。

英語解答

1 問1　1…①　2…④　3…①　4…③
5…②　6…①　7…②
問2　③　問3　(1)…③　(2)…①
問4　⑤
問5　(う)　3番目…③　5番目…⑤
(え)　3番目…⑤　5番目…③
問6　(1)…⑤　(2)…④

2 (1)　②　(2)　④　(3)　①　(4)　②
(5)　③

3 (1)　3番目…④　5番目…③
(2)　3番目…⑥　5番目…①
(3)　3番目…⑤　5番目…②
(4)　3番目…①　5番目…③
(5)　3番目…②　5番目…⑥

数学解答

(1)　ア…1　イ…5　ウ…0
(2)　エ…3　オ…5　(3)　カ…5　キ…4
(4)　ク…3　ケ…3　コ…0
(5)　サ…3　シ…0　ス…0
(6)　セ…1　ソ…0
(7)　タ…1　チ…2　ツ…9
(8)　テ…1　ト…1　ナ…1　ニ…6
(9)　4　(10)　ネ…2　ノ…8　ハ…0

国語解答

一 (1)　⑤　(2)　①　(3)　④　(4)　⑤
(5)　④

二 (1)　①　(2)　③　(3)　②

三 (1)　④　(2)　⑤　(3)　①

四 問一　③　問二　⑤　問三　①
問四　⑤　問五　①　問六　③

Memo

Memo

2025年度用

高校スーパー過去問

■編集人　声の教育社・編集部
■発行所　株式会社　声の教育社
〒162-0814 東京都新宿区新小川町8-15
☎03-5261-5061㈹ FAX03-5261-5062
https://www.koenokyoikusha.co.jp

※本書の内容についての一切の責任は当社にあります。内容・解説・解答その他の質問等は文書にて当社に御郵送くださるようお願いいたします。

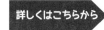

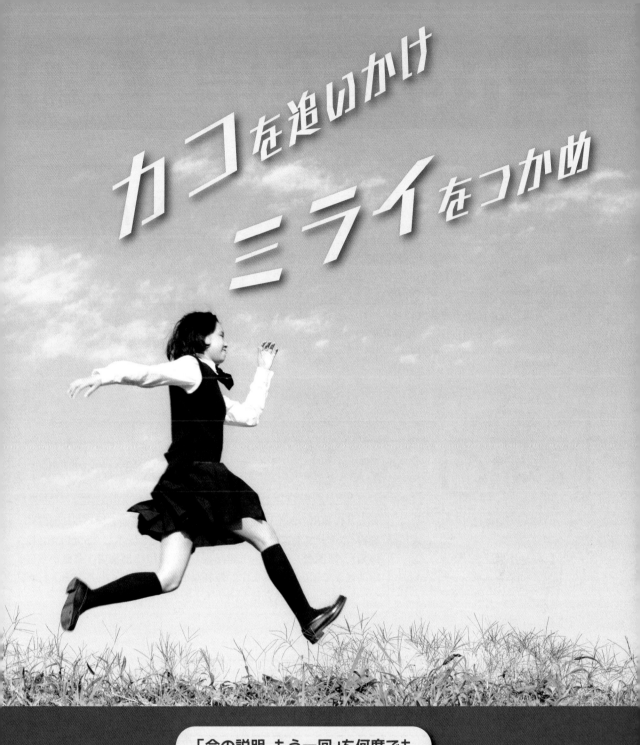

国学院高等学校

別冊 解答用紙

丁寧に抜きとって、別冊としてご使用ください。

★合格者最低点

	2024年度	2023年度	2022年度	2021年度*
第１回	男 190 女 190	男 199 女 199	男 218 女 224	男 207 女 213
第３回	男③206　⑤373 女③206　⑤373	男 224 女 224	男 225 女 225	男 227 女 227

※③＝３教科型　⑤＝５教科型
＊2021年度については，第１回入試（上段）と第２回入試（下段）の合格者最低点を記載しています。

注意

○ 解答用紙は、収録の都合により縮小したものや、小社独自に作成したものもあります。
○ 学校配点は学校発表のもの、推定配点は小社で作成したものです。
○ 無断転載を禁じます。
○ 解答用紙を拡大コピーする場合、表示した拡大率に対応する用紙サイズは以下のとおりです。
101%～102%＝B5　103%～118%＝A4　119%～144%＝B4　145%～167%＝A3
（タイトルと配点表は含みません）

2024年度 国学院高等学校・一般第1回

英語解答用紙

評点
/100

（注）この解答用紙は実物を縮小してあります。A３用紙に147%拡大コピーすると、ほぼ実物大で使用できます。（タイトルと配点表は含みません）

問題番号			解答記入欄
4	(1)	ア	① ② ③ ④ ⑤ ⑥
		イ	① ② ③ ④ ⑤ ⑥
	(2)	ウ	① ② ③ ④ ⑤ ⑥
		エ	① ② ③ ④ ⑤ ⑥
	(3)	オ	① ② ③ ④ ⑤ ⑥
		カ	① ② ③ ④ ⑤ ⑥
	(4)	キ	① ② ③ ④ ⑤ ⑥
		ク	① ② ③ ④ ⑤ ⑥
	(5)	ケ	① ② ③ ④ ⑤ ⑥ ⑦
		コ	① ② ③ ④ ⑤ ⑥ ⑦
	(6)	サ	① ② ③ ④ ⑤ ⑥ ⑦
		シ	① ② ③ ④ ⑤ ⑥ ⑦

3	(1)	① ② ③ ④
	(2)	① ② ③ ④
	(3)	① ② ③ ④
	(4)	① ② ③ ④
	(5)	① ② ③ ④
	(6)	① ② ③ ④

問題番号			解答記入欄
2	問1	(1)	① ② ③ ④
		(2)	① ② ③ ④
		(3)	① ② ③ ④
		(4)	① ② ③ ④
	問2	[A]	① ② ③ ④
		[B]	① ② ③ ④
		[C]	① ② ③ ④
		[D]	① ② ③ ④

問題番号				解答記入欄
1	問1			① ② ③ ④ ⑤
	問2	(A)	3番目	① ② ③ ④ ⑤ ⑥ ⑦
			5番目	① ② ③ ④ ⑤ ⑥ ⑦
		(B)	3番目	① ② ③ ④ ⑤ ⑥ ⑦
			5番目	① ② ③ ④ ⑤ ⑥ ⑦
		(C)	3番目	① ② ③ ④ ⑤ ⑥ ⑦
			5番目	① ② ③ ④ ⑤ ⑥ ⑦
	問3	[ア]		① ② ③
		[イ]		① ② ③
		[ウ]		① ② ③
	問4			① ② ③ ④ ⑤
	問5	(1)		① ② ③ ④ ⑤
		(2)		① ② ③ ④ ⑤
		(3)		① ② ③ ④ ⑤
		(4)		① ② ③ ④ ⑤
		(5)		① ② ③ ④ ⑤
		(6)		① ② ③ ④ ⑤
	問6	(a)		① ② ③ ④
		(b)		① ② ③ ④
		(c)		① ② ③ ④
		(d)		① ② ③ ④
	問7			① ② ③ ④ ⑤
	問8			① ② ③ ④ ⑤ ⑥ ⑦

フリガナ	
氏　名	

受験番号を記入し、その下のマーク欄にマークしてください。→

受験番号			
⓪	⓪	⓪	⓪
①	①	①	①
②	②	②	②
③	③	③	③
④	④	④	④
⑤	⑤	⑤	⑤
⑥	⑥	⑥	⑥
⑦	⑦	⑦	⑦
⑧	⑧	⑧	⑧
⑨	⑨	⑨	⑨

記入方法

1. 記入は必ずＨＢの黒鉛筆で、（ ）の中を正確にぬりつぶしてください。
2. 訂正する場合は、消しゴムできれいに消してください。
3. 解答用紙を汚したり、折り曲げたりしないでください。
4. マーク記入例

良い例 ● 悪い例 ∅ ⊙ ◐

推定配点

1 問1 3点 問2 各2点×3 問3〜問5 各3点×10 問6 各2点×4 問7、問8 各3点×3

2 問1 各2点×4 問2 各3点×4

3、4 各2点×12

計
100点

２０２４年度　国学院高等学校・一般第１回

数学解答用紙

評点	/100

問題番号		解答記入欄
4	ア	⓪①②③④⑤⑥⑦⑧⑨
	イ	⓪①②③④⑤⑥⑦⑧⑨
	ウ	⓪①②③④⑤⑥⑦⑧⑨
	エ	⓪①②③④⑤⑥⑦⑧⑨
	オ	⓪①②③④⑤⑥⑦⑧⑨
	カ	⓪①②③④⑤⑥⑦⑧⑨
	キ	⓪①②③④⑤⑥⑦⑧⑨
	ク	⓪①②③④⑤⑥⑦⑧⑨
	ケ	⓪①②③④⑤⑥⑦⑧⑨
	コ	⓪①②③④⑤⑥⑦⑧⑨
5	ア	⓪①②③④⑤⑥⑦⑧⑨
	イ	⓪①②③④⑤⑥⑦⑧⑨
	ウ	⓪①②③④⑤⑥⑦⑧⑨

問題番号		解答記入欄
2	ア	⓪①②③④⑤⑥⑦⑧⑨
	イ	⓪①②③④⑤⑥⑦⑧⑨
3	ア	⓪①②③④⑤⑥⑦⑧⑨
	イ	⓪①②③④⑤⑥⑦⑧⑨
	ウ	⓪①②③④⑤⑥⑦⑧⑨
	エ	⓪①②③④⑤⑥⑦⑧⑨
	オ	⓪①②③④⑤⑥⑦⑧⑨
	カ	⓪①②③④⑤⑥⑦⑧⑨

問題番号		解答記入欄
1	ア	⓪①②③④⑤⑥⑦⑧⑨
	イ	⓪①②③④⑤⑥⑦⑧⑨
	ウ	⓪①②③④⑤⑥⑦⑧⑨
	エ	⓪①②③④⑤⑥⑦⑧⑨
	オ	⓪①②③④⑤⑥⑦⑧⑨
	カ	⓪①②③④⑤⑥⑦⑧⑨
	キ	⓪①②③④⑤⑥⑦⑧⑨
	ク	⓪①②③④⑤⑥⑦⑧⑨
	ケ	⓪①②③④⑤⑥⑦⑧⑨
	コ	⓪①②③④⑤⑥⑦⑧⑨
	サ	⓪①②③④⑤⑥⑦⑧⑨
	シ	⓪①②③④⑤⑥⑦⑧⑨
	ス	⓪①②③④⑤⑥⑦⑧⑨
	セ	⓪①②③④⑤⑥⑦⑧⑨
	ソ	⓪①②③④⑤⑥⑦⑧⑨
	タ	⓪①②③④⑤⑥⑦⑧⑨
	チ	⓪①②③④⑤⑥⑦⑧⑨
	ツ	⓪①②③④⑤⑥⑦⑧⑨
	テ	⓪①②③④⑤⑥⑦⑧⑨
	ト	⓪①②③④⑤⑥⑦⑧⑨
	ナ	⓪①②③④⑤⑥⑦⑧⑨
	ニ	⓪①②③④⑤⑥⑦⑧⑨

（注）この解答用紙は実物を縮小してあります。Ａ３用紙に147％拡大コピーすると、ほぼ実物大で使用できます。（タイトルと配点表は含みません）

フリガナ	
氏　名	

受験番号を記入し、その下のマーク欄にマークしてください。→

受験番号			
⓪①②③④⑤⑥⑦⑧⑨	⓪①②③④⑤⑥⑦⑧⑨	⓪①②③④⑤⑥⑦⑧⑨	⓪①②③④⑤⑥⑦⑧⑨

記入方法
1. 記入は必ずＨＢの黒鉛筆で、()の中を正確にぬりつぶしてください。
2. 訂正する場合は、消しゴムできれいに消してください。
3. 解答用紙を汚したり、折り曲げたりしないでください。
4. マーク記入例

良い例　●　　悪い例　⊘ ⊙ ◐

推定配点	
1～5　各5点×20	
100点	計

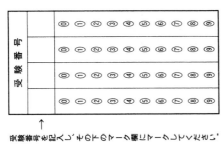

二〇二四年度　国学院高等学校・一般第一回

国語解答用紙

評点
/100

（注）この解答用紙は実物を縮小してあります。Ｂ４用紙に139%拡大コピーすると、ほぼ実物大で使用できます。（タイトルと配点表は含みません）

問題番号			解答記入欄							
一	問一	二番目	①	②	③	④				
		四番目	①	②	③	④				
	問二		①	②	③	④	⑤			
	問三		①	②	③	④	⑤			
	問四		①	②	③	④	⑤			
	問五		①	②	③	④	⑤			
	問六		①	②	③	④	⑤			
	問七		①	②	③	④	⑤			
	問八		①	②	③	④	⑤			
二	問一		①	②	③	④	⑤			
	問二		①	②	③	④	⑤	⑥	⑦	⑧
	問三		①	②	③	④	⑤			
	問四		①	②	③	④	⑤			
	問五		①	②	③	④	⑤			
	問六		①	②	③	④	⑤			
	問七		①	②	③	④	⑤			
	問八		①	②	③	④	⑤			

問題番号		解答記入欄				
三	問一	①	②	③	④	⑤
	問二	①	②	③	④	⑤
	問三	①	②	③	④	⑤
	問四	①	②	③	④	⑤
	問五	①	②	③	④	⑤
	問六	①	②	③	④	⑤
	問七	①	②	③	④	⑤
	問八	①	②	③	④	⑤
	問九	①	②	③	④	⑤
四	（1）	①	②	③	④	⑤
	（2）	①	②	③	④	⑤
	（3）	①	②	③	④	⑤
	（4）	①	②	③	④	⑤
	（5）	①	②	③	④	⑤
	（6）	①	②	③	④	⑤
	（7）	①	②	③	④	⑤
	（8）	①	②	③	④	⑤

フリガナ	
氏　名	

受験番号を記入し、その下のマーク欄にマークしてください。→

受験番号			
⓪	⓪	⓪	⓪
①	①	①	①
②	②	②	②
③	③	③	③
④	④	④	④
⑤	⑤	⑤	⑤
⑥	⑥	⑥	⑥
⑦	⑦	⑦	⑦
⑧	⑧	⑧	⑧
⑨	⑨	⑨	⑨

記入方法

1. 記入は必ずＨＢの黒鉛筆で、〇の中を正確にぬりつぶしてください。
2. 訂正する場合は、消しゴムできれいに消してください。
3. 解答用紙を汚したり、折り曲げたりしないでください。
4. マーク記入例

良い例 ●　悪い例 ⊘ ⊙ ◐

推定配点

一 問一～問三　各3点×3　問四　2点　問五～問八　各4点×4

二 問一～問三　各3点×3　問四～問七　各4点×4　問八　3点

三 問一、問二　各2点×2　問三、問四　各3点×2　問五～問七　各4点×3　問八　3点　問九　4点

四 各2点×8

計	100点

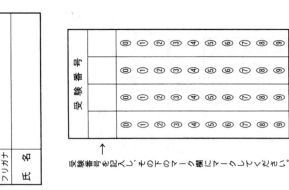

２０２４年度　国学院高等学校・一般第３回

英語解答用紙

評点　/100

（注）この解答用紙は実物を縮小してあります。Ａ３用紙に147%拡大コピーすると、ほぼ実物大で使用できます。（タイトルと配点表は含みません）

問題番号			解答記入欄
4	(1)	ア	① ② ③ ④ ⑤ ⑥
		イ	① ② ③ ④ ⑤ ⑥
	(2)	ウ	① ② ③ ④ ⑤ ⑥
		エ	① ② ③ ④ ⑤ ⑥
	(3)	オ	① ② ③ ④ ⑤ ⑥
		カ	① ② ③ ④ ⑤ ⑥
	(4)	キ	① ② ③ ④ ⑤ ⑥
		ク	① ② ③ ④ ⑤ ⑥
	(5)	ケ	① ② ③ ④ ⑤ ⑥ ⑦
		コ	① ② ③ ④ ⑤ ⑥ ⑦
	(6)	サ	① ② ③ ④ ⑤ ⑥ ⑦
		シ	① ② ③ ④ ⑤ ⑥ ⑦

問題番号			解答記入欄
2	問1	(1)	① ② ③ ④
		(2)	① ② ③ ④
		(3)	① ② ③ ④
		(4)	① ② ③ ④
	問2	[A]	① ② ③ ④
		[B]	① ② ③ ④
		[C]	① ② ③ ④
		[D]	① ② ③ ④

問題番号		解答記入欄
3	(1)	① ② ③ ④
	(2)	① ② ③ ④
	(3)	① ② ③ ④
	(4)	① ② ③ ④
	(5)	① ② ③ ④
	(6)	① ② ③ ④

問題番号				解答記入欄
1	問1			① ② ③ ④ ⑤
	問2	(1)		① ② ③ ④ ⑤
		(2)		① ② ③ ④ ⑤
		(3)		① ② ③ ④ ⑤
		(4)		① ② ③ ④ ⑤
		(5)		① ② ③ ④ ⑤
		(6)		① ② ③ ④ ⑤
		(7)		① ② ③ ④ ⑤
	問3	[ア]		① ② ③
		[イ]		① ② ③
		[ウ]		① ② ③
	問4	(a)		① ② ③ ④
		(b)		① ② ③ ④
		(c)		① ② ③ ④
		(d)		① ② ③ ④
	問5	(A)	3番目	① ② ③ ④ ⑤ ⑥ ⑦
			5番目	① ② ③ ④ ⑤ ⑥ ⑦
		(B)	3番目	① ② ③ ④ ⑤ ⑥ ⑦
			5番目	① ② ③ ④ ⑤ ⑥ ⑦
		(C)	3番目	① ② ③ ④ ⑤ ⑥ ⑦
			5番目	① ② ③ ④ ⑤ ⑥ ⑦
	問6			① ② ③ ④ ⑤
	問7			① ② ③ ④ ⑤
	問8			① ② ③ ④ ⑤ ⑥ ⑦

フリガナ	
氏　名	

受験番号を記入し、その下のマーク欄にマークしてください。→

受験番号			
⓪	⓪	⓪	⓪
①	①	①	①
②	②	②	②
③	③	③	③
④	④	④	④
⑤	⑤	⑤	⑤
⑥	⑥	⑥	⑥
⑦	⑦	⑦	⑦
⑧	⑧	⑧	⑧
⑨	⑨	⑨	⑨

記入方法

1. 記入は必ずＨＢの黒鉛筆で、⬯の中を正確にぬりつぶしてください。
2. 訂正する場合は、消しゴムできれいに消してください。
3. 解答用紙を汚したり、折り曲げたりしないでください。
4. マーク記入例

良い例　⬬　悪い例　Ø ⨀ ◨

推定配点

1 問１　３点　問２　各２点×７　問３、問４　各３点×７　問５　各２点×３　問６～問８　各３点×４
2 問１　各２点×４　問２　各３点×４
3、4 各２点×12

計　100点

2024年度　国学院高等学校・一般第3回

数学解答用紙

評点
/100

問題番号		解答記入欄									
4	ア	0	1	2	3	4	5	6	7	8	9
	イ	0	1	2	3	4	5	6	7	8	9
	ウ	0	1	2	3	4	5	6	7	8	9
	エ	0	1	2	3	4	5	6	7	8	9
	オ	0	1	2	3	4	5	6	7	8	9
	カ	0	1	2	3	4	5	6	7	8	9

5	ア	0	1	2	3	4	5	6	7	8	9
	イ	0	1	2	3	4	5	6	7	8	9
	ウ	0	1	2	3	4	5	6	7	8	9
	エ	0	1	2	3	4	5	6	7	8	9
	オ	0	1	2	3	4	5	6	7	8	9
	カ	0	1	2	3	4	5	6	7	8	9

問題番号		解答記入欄									
2	ア	0	1	2	3	4	5	6	7	8	9
	イ	0	1	2	3	4	5	6	7	8	9
	ウ	0	1	2	3	4	5	6	7	8	9
	エ	0	1	2	3	4	5	6	7	8	9
	オ	0	1	2	3	4	5	6	7	8	9
	カ	0	1	2	3	4	5	6	7	8	9
	キ	0	1	2	3	4	5	6	7	8	9

3	ア	0	1	2	3	4	5	6	7	8	9
	イ	0	1	2	3	4	5	6	7	8	9
	ウ	0	1	2	3	4	5	6	7	8	9
	エ	0	1	2	3	4	5	6	7	8	9
	オ	0	1	2	3	4	5	6	7	8	9
	カ	0	1	2	3	4	5	6	7	8	9

問題番号		解答記入欄									
1	ア	0	1	2	3	4	5	6	7	8	9
	イ	0	1	2	3	4	5	6	7	8	9
	ウ	0	1	2	3	4	5	6	7	8	9
	エ	0	1	2	3	4	5	6	7	8	9
	オ	0	1	2	3	4	5	6	7	8	9
	カ	0	1	2	3	4	5	6	7	8	9
	キ	0	1	2	3	4	5	6	7	8	9
	ク	0	1	2	3	4	5	6	7	8	9
	ケ	0	1	2	3	4	5	6	7	8	9
	コ	0	1	2	3	4	5	6	7	8	9
	サ	0	1	2	3	4	5	6	7	8	9
	シ	0	1	2	3	4	5	6	7	8	9
	ス	0	1	2	3	4	5	6	7	8	9
	セ	0	1	2	3	4	5	6	7	8	9
	ソ	0	1	2	3	4	5	6	7	8	9
	タ	0	1	2	3	4	5	6	7	8	9
	チ	0	1	2	3	4	5	6	7	8	9
	ツ	0	1	2	3	4	5	6	7	8	9
	テ	0	1	2	3	4	5	6	7	8	9
	ト	0	1	2	3	4	5	6	7	8	9
	ナ	0	1	2	3	4	5	6	7	8	9
	ニ	0	1	2	3	4	5	6	7	8	9
	ヌ	0	1	2	3	4	5	6	7	8	9
	ネ	0	1	2	3	4	5	6	7	8	9

フリガナ	
氏　名	

受験番号を記入し、その下のマーク欄にマークしてください。→

受験番号			
0	0	0	0
1	1	1	1
2	2	2	2
3	3	3	3
4	4	4	4
5	5	5	5
6	6	6	6
7	7	7	7
8	8	8	8
9	9	9	9

記入方法

1．記入は必ずＨＢの黒鉛筆で、◯の中を正確にぬりつぶしてください。
2．訂正する場合は、消しゴムできれいに消してください。
3．解答用紙を汚したり、折り曲げたりしないでください。
4．マーク記入例

良い例 ⬮　悪い例 ⦰ ⊙ ◧

(注) この解答用紙は実物を縮小してあります。Ａ３用紙に147%拡大コピーすると、ほぼ実物大で使用できます。(タイトルと配点表は含みません)

推定配点	
1～5　各5点×20	
100点	計

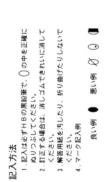

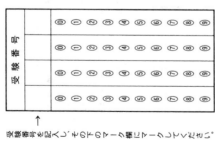

２０２４年度　国学院高等学校・一般第３回

社会解答用紙

評点	/100

問題番号			解答記入欄			
1	問1		①	②	③	④
	問2		①	②	③	④
	問3		①	②	③	④

問題番号			解答記入欄			
2	問1	都市	Ⓐ	Ⓑ	Ⓒ	Ⓓ
		グラフ	㋐	㋑	㋒	㋓
	問2	W	①	②	③	④
		X	①	②	③	④
		Y	①	②	③	④
		Z	①	②	③	④
	問3		①	②	③	④

問題番号			解答記入欄			
3	問1	A	①	②	③	④
		B	①	②	③	④
		C	①	②	③	④
		D	①	②	③	④
	問2	表Ⅰ	㋐	㋑	㋒	㋓
		場所	Ⓦ	Ⓧ	Ⓨ	Ⓩ
	問3		①	②	③	④

問題番号			解答記入欄					
4	問1		①	②	③	④	⑤	⑥
	問2		①	②	③	④		
	問3	年表	㋐	㋑	㋒	㋓		
		地図	Ⓐ	Ⓑ	Ⓒ	Ⓓ		
	問4		①	②	③	④		

問題番号		解答記入欄			
5	問1	①	②	③	④
	問2	①	②	③	④
	問3	①	②	③	④
	問4	①	②	③	④

問題番号		解答記入欄			
6	問1	①	②	③	④
	問2	①	②	③	④
	問3	①	②	③	④
	問4	①	②	③	④

（注）この解答用紙は実物を縮小してあります。Ｂ４用紙に135％拡大コピーすると、ほぼ実物大で使用できます。（タイトルと配点表は含みません）

フリガナ	
氏　名	

受験番号を記入し、その下のマーク欄にマークしてください。→

受験番号			
⓪	⓪	⓪	⓪
①	①	①	①
②	②	②	②
③	③	③	③
④	④	④	④
⑤	⑤	⑤	⑤
⑥	⑥	⑥	⑥
⑦	⑦	⑦	⑦
⑧	⑧	⑧	⑧
⑨	⑨	⑨	⑨

記入方法

1．記入は必ずＨＢの黒鉛筆で、◯の中を正確にぬりつぶしてください。
2．訂正する場合は、消しゴムできれいに消してください。
3．解答用紙を汚したり、折り曲げたりしないでください。
4．マーク記入例

良い例 ●　悪い例

推定配点

1 各4点×3
2 問1 各3点×2　問2 各4点×4　問3 3点
3 各3点×7
4 問1、問2 各4点×2　問3 各3点×2　問4 4点
5、6 各3点×8

計	100点

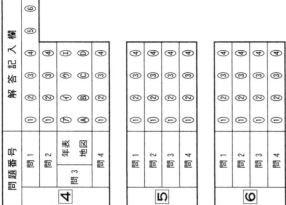

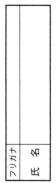

２０２４年度　国学院高等学校・一般第３回

理科解答用紙

評点	/100

フリガナ	
氏　名	

受験番号を記入し、その下のマーク欄にマークしてください。→

受験番号			
⓪①②③④⑤⑥⑦⑧⑨	⓪①②③④⑤⑥⑦⑧⑨	⓪①②③④⑤⑥⑦⑧⑨	⓪①②③④⑤⑥⑦⑧⑨

記入方法

1．記入は必ずＨＢの黒鉛筆で、◯の中を正確にぬりつぶしてください。
2．訂正する場合は、消しゴムできれいに消してください。
3．解答用紙を汚したり、折り曲げたりしないでください。
4．マーク記入例

良い例 ●　悪い例 ⦸ ⊙ ◐

問題番号			解答記入欄
1	問１		①②③④
	問２		①②③④
	問３		①②③④
	問４	（１）	①②③④
		（２）	①②③④
	問５	（１）	①②③④
		（２）	①②③④
		（３）	①②③④

問題番号			解答記入欄
2	問１	（１）	①②③④⑤⑥
		（２）	①②③④⑤⑥
	問２	（１）	①②③④⑤⑥⑦⑧
		（２）	①②③④
	問３		①②③④⑤⑥⑦⑧⑨
	問４	（１）	①②③④⑤⑥
		（２）	①②③④⑤
		（３）	①②③④⑤⑥⑦⑧

問題番号			解答記入欄
3	問１		①②③④⑤⑥⑦⑧⑨
	問２	（１）	①②③④⑤⑥⑦
		（２）	①②③④⑤⑥⑦
		（３）	①②③④⑤⑥⑦
	問３	（１）	①②③④⑤⑥⑦⑧
		（２）	①②③④⑤⑥⑦⑧
		（３）	①②③④⑤⑥⑦⑧
		（４）	①②③④⑤⑥⑦⑧

問題番号			解答記入欄
4	問１		①②③④
	問２		①②③④
	問３		①②③④
	問４	（１）	①②③④
		（２）	①②③④
	問５	（１）	①②③④
		（２）	①②③④
		（３）	①②③④

（注）この解答用紙は実物を縮小してあります。Ｂ４用紙に133％拡大コピーすると、ほぼ実物大で使用できます。（タイトルと配点表は含みません）

推定配点	
1	各３点×８
2	問１～問３　各３点×５　問４　(1)　３点　(2)、(3)　各４点×２
3	問１　３点　問２　(1)　３点　(2)、(3)　各４点×２　問３　各３点×４
4	各３点×８
計	100点

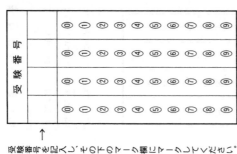

二〇二四年度　国学院高等学校・一般第三回

国語解答用紙

評点
/100

一

問題番号		解答記入欄				
問一		①	②	③	④	⑤
問二	a	①	②	③	④	⑤
	b	①	②	③	④	⑤
問三		①	②	③	④	⑤
問四		①	②	③	④	⑤
問五		①	②	③	④	
問六		①	②	③	④	⑤
問七		①	②	③	④	⑤

二

問題番号		解答記入欄				
問一	a	①	②	③	④	⑤
	b	①	②	③	④	⑤
問二		①	②	③	④	⑤
問三		①	②	③	④	⑤
問四		①	②	③	④	⑤
問五		①	②	③	④	⑤
問六		①	②	③	④	⑤
問七		①	②	③	④	⑤

三

問題番号		解答記入欄						
問一		①	②	③	④	⑤		
問二		①	②	③	④	⑤	⑥	⑦
問三		①	②	③	④	⑤	⑥	
問四		①	②	③	④	⑤		
問五		①	②	③	④	⑤		
問六		①	②	③	④	⑤		
問七	F	①	②	③	④	⑤		
	G	①	②	③	④	⑤		
問八		①	②	③	④	⑤	⑥	

四

(1)	①	②	③	④	⑤
(2)	①	②	③	④	⑤
(3)	①	②	③	④	⑤
(4)	①	②	③	④	⑤
(5)	①	②	③	④	⑤
(6)	①	②	③	④	⑤
(7)	①	②	③	④	⑤
(8)	①	②	③	④	⑤

(注)　この解答用紙は実物を縮小してあります。Ｂ４用紙に139%拡大コピーすると、ほぼ実物大で使用できます。（タイトルと配点表は含みません）

フリガナ	
氏　名	

受験番号を記入し、その下のマーク欄にマークしてください。→

受験番号			
⓪	⓪	⓪	⓪
①	①	①	①
②	②	②	②
③	③	③	③
④	④	④	④
⑤	⑤	⑤	⑤
⑥	⑥	⑥	⑥
⑦	⑦	⑦	⑦
⑧	⑧	⑧	⑧
⑨	⑨	⑨	⑨

記入方法

1. 記入は必ずＨＢの黒鉛筆で、◯の中を正確にぬりつぶしてください。
2. 訂正する場合は、消しゴムできれいに消してください。
3. 解答用紙を汚したり、折り曲げたりしないでください。
4. マーク記入例

良い例 ●　悪い例 ⊘ ⊙ ◐

推定配点

一　問一　4点　問二　各2点×2　問三、問四　各4点×2　問五　3点　問六　各2点×2　問七　4点
二　問一、問二　各2点×3　問三～問七　各4点×5
三　問一、問二　各2点×3　問三～問六　各4点×4　問七、問八　各3点×3
四　各2点×8

計	100点

2024年度　国学院高等学校・推薦

英語解答用紙

評点
/50

問題番号		解答記入欄
2	(1)	① ② ③ ④
	(2)	① ② ③ ④
	(3)	① ② ③ ④
	(4)	① ② ③ ④
	(5)	① ② ③ ④

問題番号			解答記入欄
3	(1)	3番目	① ② ③ ④ ⑤ ⑥
		5番目	① ② ③ ④ ⑤ ⑥
	(2)	3番目	① ② ③ ④ ⑤ ⑥
		5番目	① ② ③ ④ ⑤ ⑥
	(3)	3番目	① ② ③ ④ ⑤ ⑥
		5番目	① ② ③ ④ ⑤ ⑥
	(4)	3番目	① ② ③ ④ ⑤ ⑥
		5番目	① ② ③ ④ ⑤ ⑥
	(5)	3番目	① ② ③ ④ ⑤ ⑥
		5番目	① ② ③ ④ ⑤ ⑥

（注）この解答用紙は実物を縮小してあります。Ｂ４用紙に125%拡大コピーすると、ほぼ実物大で使用できます。（タイトルと配点表は含みません）

問題番号				解答記入欄
1	問 1	(1)		① ② ③ ④
		(2)		① ② ③ ④
		(3)		① ② ③ ④
		(4)		① ② ③ ④
		(5)		① ② ③ ④
		(6)		① ② ③ ④
	問 2	A		① ② ③ ④
		B		① ② ③ ④
		C		① ② ③ ④
		D		① ② ③ ④
	問 3	(あ)	3番目	① ② ③ ④ ⑤ ⑥
			5番目	① ② ③ ④ ⑤ ⑥
		(え)	3番目	① ② ③ ④ ⑤ ⑥
			5番目	① ② ③ ④ ⑤ ⑥
	問 4			① ② ③ ④ ⑤
	問 5			① ② ③ ④ ⑤
	問 6			① ② ③ ④ ⑤ ⑥ ⑦

フリガナ	
氏　名	

受験番号を記入し、その下のマーク欄にマークしてください。→

受験番号			
⓪	⓪	⓪	⓪
①	①	①	①
②	②	②	②
③	③	③	③
④	④	④	④
⑤	⑤	⑤	⑤
⑥	⑥	⑥	⑥
⑦	⑦	⑦	⑦
⑧	⑧	⑧	⑧
⑨	⑨	⑨	⑨

記入方法

1．記入は必ずＨＢの黒鉛筆で、◯の中を正確にぬりつぶしてください。
2．訂正する場合は、消しゴムできれいに消してください。
3．解答用紙を汚したり、折り曲げたりしないでください。
4．マーク記入例

良い例 ●　悪い例 ∅ ◌ ◐

推定配点	
1～3　各2点×25〔1問6は完答〕	
50点	計

２０２４年度　国学院高等学校・推薦

数学解答用紙

評点
／50

（注）この解答用紙は実物を縮小してあります。Ｂ４用紙に130％拡大コピーすると、ほぼ実物大で使用できます。（タイトルと配点表は含みません）

問題記号	解答記入欄									
ハ	0	1	2	3	4	5	6	7	8	9
ヒ	0	1	2	3	4	5	6	7	8	9
フ	0	1	2	3	4	5	6	7	8	9
ヘ	0	1	2	3	4	5	6	7	8	9
ホ	0	1	2	3	4	5	6	7	8	9
マ	0	1	2	3	4	5	6	7	8	9
ミ	0	1	2	3	4	5	6	7	8	9
ム	0	1	2	3	4	5	6	7	8	9
メ	0	1	2	3	4	5	6	7	8	9
モ	0	1	2	3	4	5	6	7	8	9
ヤ	0	1	2	3	4	5	6	7	8	9
ユ	0	1	2	3	4	5	6	7	8	9
ヨ	0	1	2	3	4	5	6	7	8	9
ラ	0	1	2	3	4	5	6	7	8	9
リ	0	1	2	3	4	5	6	7	8	9
ル	0	1	2	3	4	5	6	7	8	9
レ	0	1	2	3	4	5	6	7	8	9
ロ	0	1	2	3	4	5	6	7	8	9
ワ	0	1	2	3	4	5	6	7	8	9
ヲ	0	1	2	3	4	5	6	7	8	9

問題記号	解答記入欄									
ア	0	1	2	3	4	5	6	7	8	9
イ	0	1	2	3	4	5	6	7	8	9
ウ	0	1	2	3	4	5	6	7	8	9
エ	0	1	2	3	4	5	6	7	8	9
オ	0	1	2	3	4	5	6	7	8	9
カ	0	1	2	3	4	5	6	7	8	9
キ	0	1	2	3	4	5	6	7	8	9
ク	0	1	2	3	4	5	6	7	8	9
ケ	0	1	2	3	4	5	6	7	8	9
コ	0	1	2	3	4	5	6	7	8	9
サ	0	1	2	3	4	5	6	7	8	9
シ	0	1	2	3	4	5	6	7	8	9
ス	0	1	2	3	4	5	6	7	8	9
セ	0	1	2	3	4	5	6	7	8	9
ソ	0	1	2	3	4	5	6	7	8	9
タ	0	1	2	3	4	5	6	7	8	9
チ	0	1	2	3	4	5	6	7	8	9
ツ	0	1	2	3	4	5	6	7	8	9
テ	0	1	2	3	4	5	6	7	8	9
ト	0	1	2	3	4	5	6	7	8	9
ナ	0	1	2	3	4	5	6	7	8	9
ニ	0	1	2	3	4	5	6	7	8	9
ヌ	0	1	2	3	4	5	6	7	8	9
ネ	0	1	2	3	4	5	6	7	8	9
ノ	0	1	2	3	4	5	6	7	8	9

フリガナ	
氏　名	

受験番号を記入し、その下のマーク欄にマークしてください。→

受験番号			
0	0	0	0
1	1	1	1
2	2	2	2
3	3	3	3
4	4	4	4
5	5	5	5
6	6	6	6
7	7	7	7
8	8	8	8
9	9	9	9

記入方法

1．記入は必ずＨＢの黒鉛筆で、◯の中を正確にぬりつぶしてください。
2．訂正する場合は、消しゴムできれいに消してください。
3．解答用紙を汚したり、折り曲げたりしないでください。
4．マーク記入例

良い例 ●　悪い例 ∅ ⊙ ◐

推定配点	
(1)～(10)　各5点×10	
50点	計

二〇二四年度　国学院高等学校・推薦

国語解答用紙

評点　／50

問題番号		解答記入欄				
一	（1）	①	②	③	④	⑤
	（2）	①	②	③	④	⑤
	（3）	①	②	③	④	⑤
	（4）	①	②	③	④	⑤
	（5）	①	②	③	④	⑤

二	（1）	①	②	③	④	⑤
	（2）	①	②	③	④	⑤
	（3）	①	②	③	④	⑤

問題番号		解答記入欄				
三	（1）	①	②	③	④	⑤
	（2）	①	②	③	④	⑤
	（3）	①	②	③	④	⑤

四	問一 a	①	②	③	④	⑤
	問一 b	①	②	③	④	⑤
	問二	①	②	③	④	⑤
	問三	①	②	③	④	⑤
	問四	①	②	③	④	⑤
	問五	①	②	③	④	⑤
	問六	①	②	③	④	⑤
	問七	①	②	③	④	⑤

フリガナ	
氏　名	

受験番号を記入し、その下のマーク欄にマークしてください。→

受験番号			
⓪	⓪	⓪	⓪
①	①	①	①
②	②	②	②
③	③	③	③
④	④	④	④
⑤	⑤	⑤	⑤
⑥	⑥	⑥	⑥
⑦	⑦	⑦	⑦
⑧	⑧	⑧	⑧
⑨	⑨	⑨	⑨

記入方法

1．記入は必ずＨＢの黒鉛筆で、◯の中を正確にぬりつぶしてください。
2．訂正する場合は、消しゴムできれいに消してください。
3．解答用紙を汚したり、折り曲げたりしないでください。
4．マーク記入例

良い例 ●　悪い例 ∅ ◌ ◐

（注）この解答用紙は実物を縮小してあります。Ｂ４用紙に130％拡大コピーすると、ほぼ実物大で使用できます。（タイトルと配点表は含みません）

推定配点

一～三　各２点×11
四　問一　各２点×２　問二～問七　各４点×６

50点	計

２０２３年度　国学院高等学校・一般第１回

英語解答用紙

評点
/100

（注）この解答用紙は実物を縮小してあります。Ａ３用紙に149%拡大コピーすると、ほぼ実物大で使用できます。（タイトルと配点表は含みません）

問題番号			解答記入欄
4	(1)	ア	①②③④⑤⑥
		イ	①②③④⑤⑥
	(2)	ウ	①②③④⑤⑥
		エ	①②③④⑤⑥
	(3)	オ	①②③④⑤⑥
		カ	①②③④⑤⑥
	(4)	キ	①②③④⑤⑥
		ク	①②③④⑤⑥
	(5)	ケ	①②③④⑤⑥
		コ	①②③④⑤⑥
	(6)	サ	①②③④⑤⑥
		シ	①②③④⑤⑥

問題番号			解答記入欄
2	問1	(1)	①②③④
		(2)	①②③④
		(3)	①②③④
		(4)	①②③④
	問2	[A]	①②③④
		[B]	①②③④
		[C]	①②③④
		[D]	①②③④

3	(1)	①②③④
	(2)	①②③④
	(3)	①②③④
	(4)	①②③④
	(5)	①②③④
	(6)	①②③④

問題番号				解答記入欄
1	問1	[ア]		①②③④
		[イ]		①②③④
		[ウ]		①②③④
		[エ]		①②③④
	問2	(a)		①②③④
		(b)		①②③④
		(c)		①②③④
		(d)		①②③④
	問3	(1)		①②③④⑤
		(2)		①②③④⑤
		(3)		①②③④⑤
		(4)		①②③④⑤
		(5)		①②③④⑤
		(6)		①②③④⑤
	問4	(A)	3番目	①②③④⑤⑥⑦
			5番目	①②③④⑤⑥⑦
		(B)	3番目	①②③④⑤⑥⑦
			5番目	①②③④⑤⑥⑦
		(C)	3番目	①②③④⑤⑥⑦
			5番目	①②③④⑤⑥⑦
	問5			①②③④⑤
	問6			①②③④⑤
	問7			①②③④⑤
	問8			①②③④⑤⑥⑦

フリガナ	
氏　名	

受験番号を記入し、その下のマーク欄にマークしてください。→

受験番号			
⓪	⓪	⓪	⓪
①	①	①	①
②	②	②	②
③	③	③	③
④	④	④	④
⑤	⑤	⑤	⑤
⑥	⑥	⑥	⑥
⑦	⑦	⑦	⑦
⑧	⑧	⑧	⑧
⑨	⑨	⑨	⑨

記入方法

1. 記入は必ずＨＢの黒鉛筆で、◯の中を正確にぬりつぶしてください。
2. 訂正する場合は、消しゴムできれいに消してください。
3. 解答用紙を汚したり、折り曲げたりしないでください。
4. マーク記入例

良い例 ●　悪い例 ⊘ ◌ ◐

推定配点	
1 問1 各3点×4　問2、問3 各2点×10　問4～問8 各3点×8 2 問1 各2点×4　問2 各3点×4 3、4 各2点×12	
100点	計

2023年度　国学院高等学校・一般第1回

数学解答用紙

評点
/100

（注）この解答用紙は実物を縮小してあります。A３用紙に149％拡大コピーすると、ほぼ実物大で使用できます。（タイトルと配点表は含みません）

問題番号		解答記入欄									
1	ア	0	1	2	3	4	5	6	7	8	9
	イ	0	1	2	3	4	5	6	7	8	9
	ウ	0	1	2	3	4	5	6	7	8	9
	エ	0	1	2	3	4	5	6	7	8	9
	オ	0	1	2	3	4	5	6	7	8	9
	カ	0	1	2	3	4	5	6	7	8	9
	キ	0	1	2	3	4	5	6	7	8	9
	ク	0	1	2	3	4	5	6	7	8	9
	ケ	0	1	2	3	4	5	6	7	8	9
	コ	0	1	2	3	4	5	6	7	8	9
	サ	0	1	2	3	4	5	6	7	8	9
	シ	0	1	2	3	4	5	6	7	8	9
	ス	0	1	2	3	4	5	6	7	8	9
	セ	0	1	2	3	4	5	6	7	8	9
	ソ	0	1	2	3	4	5	6	7	8	9
	タ	0	1	2	3	4	5	6	7	8	9
	チ	0	1	2	3	4	5	6	7	8	9
	ツ	0	1	2	3	4	5	6	7	8	9
	テ	0	1	2	3	4	5	6	7	8	9
	ト	0	1	2	3	4	5	6	7	8	9
	ナ	0	1	2	3	4	5	6	7	8	9
	ニ	0	1	2	3	4	5	6	7	8	9
	ヌ	0	1	2	3	4	5	6	7	8	9
	ネ	0	1	2	3	4	5	6	7	8	9

問題番号		解答記入欄									
2	ア	0	1	2	3	4	5	6	7	8	9
	イ	0	1	2	3	4	5	6	7	8	9
	ウ	0	1	2	3	4	5	6	7	8	9
	エ	0	1	2	3	4	5	6	7	8	9
3	ア	0	1	2	3	4	5	6	7	8	9
	イ	0	1	2	3	4	5	6	7	8	9
	ウ	0	1	2	3	4	5	6	7	8	9
	エ	0	1	2	3	4	5	6	7	8	9
	オ	0	1	2	3	4	5	6	7	8	9
	カ	0	1	2	3	4	5	6	7	8	9
	キ	0	1	2	3	4	5	6	7	8	9
	ク	0	1	2	3	4	5	6	7	8	9
	ケ	0	1	2	3	4	5	6	7	8	9
	コ	0	1	2	3	4	5	6	7	8	9
	サ	0	1	2	3	4	5	6	7	8	9
	シ	0	1	2	3	4	5	6	7	8	9

問題番号		解答記入欄									
4	ア	0	1	2	3	4	5	6	7	8	9
	イ	0	1	2	3	4	5	6	7	8	9
	ウ	0	1	2	3	4	5	6	7	8	9
	エ	0	1	2	3	4	5	6	7	8	9
	オ	0	1	2	3	4	5	6	7	8	9
	カ	0	1	2	3	4	5	6	7	8	9
	キ	0	1	2	3	4	5	6	7	8	9
	ク	0	1	2	3	4	5	6	7	8	9
	ケ	0	1	2	3	4	5	6	7	8	9
	コ	0	1	2	3	4	5	6	7	8	9
5	ア	0	1	2	3	4	5	6	7	8	9
	イ	0	1	2	3	4	5	6	7	8	9
	ウ	0	1	2	3	4	5	6	7	8	9
	エ	0	1	2	3	4	5	6	7	8	9

フリガナ	
氏　名	

受験番号を記入し、その下のマーク欄にマークしてください。→

受験番号			
0	0	0	0
1	1	1	1
2	2	2	2
3	3	3	3
4	4	4	4
5	5	5	5
6	6	6	6
7	7	7	7
8	8	8	8
9	9	9	9

記入方法

1. 記入は必ずＨＢの黒鉛筆で、◯の中を正確にぬりつぶしてください。
2. 訂正する場合は、消しゴムできれいに消してください。
3. 解答用紙を汚したり、折り曲げたりしないでください。
4. マーク記入例

良い例 ⬬　悪い例 ∅ ◌ ◐

推定配点	
1〜5　各5点×20〔1(9)は完答〕	
100点	計

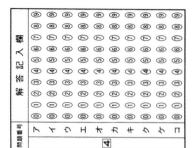

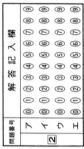

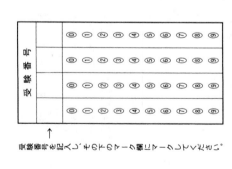

二〇二三年度　国学院高等学校・一般第一回

国語解答用紙

評点
/100

問題番号		解答記入欄							
一	問一	①	②	③	④	⑤			
	問二	①	②	③	④	⑤			
	問三	①	②	③	④				
	問四	①	②	③	④	⑤			
	問五	①	②	③	④	⑤			
	問六	①	②	③	④	⑤			
	問七	①	②	③	④	⑤			
	問八	①	②	③	④	⑤			
	問九	①	②	③	④	⑤			
二	問一	①	②	③	④	⑤			
	問二	①	②	③	④	⑤			
	問三	①	②	③	④	⑤			
	問四	①	②	③	④	⑤			
	問五	①	②	③	④	⑤			
	問六	①	②	③	④	⑤			
	問七	①	②	③	④	⑤			
	問八	①	②	③	④	⑤			
三	問一	①	②	③	④	⑤	⑥	⑦	⑧
	問二	①	②	③	④	⑤			
	問三	①	②	③	④	⑤			
	問四	①	②	③	④	⑤			
	問五	①	②	③	④	⑤			
	問六（1）	①	②	③	④	⑤			
	問六（2）	①	②	③	④	⑤			
	問七	①	②	③	④	⑤			
四	（1）	①	②	③	④	⑤			
	（2）	①	②	③	④	⑤			
	（3）	①	②	③	④	⑤			
	（4）	①	②	③	④	⑤			
	（5）	①	②	③	④	⑤			
	（6）	①	②	③	④	⑤			
	（7）	①	②	③	④	⑤			
	（8）	①	②	③	④	⑤			

（注）この解答用紙は実物を縮小してあります。Ｂ４用紙に143％拡大コピーすると、ほぼ実物大で使用できます。（タイトルと配点表は含みません）

フリガナ	
氏　名	

受験番号を記入し、その下のマーク欄にマークしてください。→

受験番号			
⓪	⓪	⓪	⓪
①	①	①	①
②	②	②	②
③	③	③	③
④	④	④	④
⑤	⑤	⑤	⑤
⑥	⑥	⑥	⑥
⑦	⑦	⑦	⑦
⑧	⑧	⑧	⑧
⑨	⑨	⑨	⑨

記入方法

1. 記入は必ずＨＢの黒鉛筆で、（）の中を正確にぬりつぶしてください。
2. 訂正する場合は、消しゴムできれいに消してください。
3. 解答用紙を汚したり、折り曲げたりしないでください。
4. マーク記入例

良い例 ●　悪い例 Ø ⊙ ◐

推定配点

一 問一、問二 各3点×2 問三 2点 問四 3点 問五～問八 各4点×4 問九 3点
二 問一～問四 各3点×4 問五～問七 各4点×3 問八 3点
三 問一 各2点×3 問二、問三 各3点×2 問四 4点 問五 3点 問六 (1) 3点 (2) 2点 問七 3点
四 各2点×8

計	100点

2023年度 国学院高等学校・一般第3回

英語解答用紙

評点
/100

問題番号		解答記入欄					
5	問1	①	②	③	④		
	問2 (1)	①	②	③	④		
	問2 (2)	①	②	③	④		
	問2 (3)	①	②	③	④		
	問3 (1)	①	②	③	④		
	問3 (2)	①	②	③	④		
	問4	①	②	③	④	⑤	⑥

問題番号		解答記入欄			
1	(A)	①	②	③	④
	(B)	①	②	③	④
	(C)	①	②	③	④
	(D)	①	②	③	④
	(E)	①	②	③	④
2	(A)	①	②	③	④
	(B)	①	②	③	④
	(C)	①	②	③	④
	(D)	①	②	③	④
3		①	②	③	④
4	問1	①	②	③	④
	問2	①	②	③	④
	問3	①	②	③	④
	問4	①	②	③	④
	問5	①	②	③	④
	問6	①	②	③	④
	問7 (A)	①	②	③	④
	問7 (B)	①	②	③	④

（注）この解答用紙は実物を縮小してあります。Ｂ４用紙に132%拡大コピーすると、ほぼ実物大で使用できます。（タイトルと配点表は含みません）

フリガナ	
氏　名	

受験番号を記入し、その下のマーク欄にマークしてください。→

受験番号			
⓪	⓪	⓪	⓪
①	①	①	①
②	②	②	②
③	③	③	③
④	④	④	④
⑤	⑤	⑤	⑤
⑥	⑥	⑥	⑥
⑦	⑦	⑦	⑦
⑧	⑧	⑧	⑧
⑨	⑨	⑨	⑨

記入方法

1. 記入は必ずＨＢの黒鉛筆で、◯の中を正確にぬりつぶしてください。
2. 訂正する場合は、消しゴムできれいに消してください。
3. 解答用紙を汚したり、折り曲げたりしないでください。
4. マーク記入例

良い例 ⬮　悪い例 ∅ ◌ ◧

推定配点	
1〜5 各4点×25	
100点	計

2023年度 国学院高等学校・一般第3回

数学解答用紙

評点
/100

（注）この解答用紙は実物を縮小してあります。A３用紙に149%拡大コピーすると、ほぼ実物大で使用できます。（タイトルと配点表は含みません）

問題番号		解答記入欄									
4	ア	⓪	①	②	③	④	⑤	⑥	⑦	⑧	⑨
	イ	⓪	①	②	③	④	⑤	⑥	⑦	⑧	⑨
	ウ	⓪	①	②	③	④	⑤	⑥	⑦	⑧	⑨
	エ	⓪	①	②	③	④	⑤	⑥	⑦	⑧	⑨
	オ	⓪	①	②	③	④	⑤	⑥	⑦	⑧	⑨
5	ア	⓪	①	②	③	④	⑤	⑥	⑦	⑧	⑨
	イ	⓪	①	②	③	④	⑤	⑥	⑦	⑧	⑨
	ウ	⓪	①	②	③	④	⑤	⑥	⑦	⑧	⑨
	エ	⓪	①	②	③	④	⑤	⑥	⑦	⑧	⑨
	オ	⓪	①	②	③	④	⑤	⑥	⑦	⑧	⑨
	カ	⓪	①	②	③	④	⑤	⑥	⑦	⑧	⑨
	キ	⓪	①	②	③	④	⑤	⑥	⑦	⑧	⑨
	ク	⓪	①	②	③	④	⑤	⑥	⑦	⑧	⑨
	ケ	⓪	①	②	③	④	⑤	⑥	⑦	⑧	⑨

問題番号		解答記入欄									
2	ア	⓪	①	②	③	④	⑤	⑥	⑦	⑧	⑨
	イ	⓪	①	②	③	④	⑤	⑥	⑦	⑧	⑨
	ウ	⓪	①	②	③	④	⑤	⑥	⑦	⑧	⑨
	エ	⓪	①	②	③	④	⑤	⑥	⑦	⑧	⑨
	オ	⓪	①	②	③	④	⑤	⑥	⑦	⑧	⑨
	カ	⓪	①	②	③	④	⑤	⑥	⑦	⑧	⑨
	キ	⓪	①	②	③	④	⑤	⑥	⑦	⑧	⑨
3	ア	⓪	①	②	③	④	⑤	⑥	⑦	⑧	⑨
	イ	⓪	①	②	③	④	⑤	⑥	⑦	⑧	⑨
	ウ	⓪	①	②	③	④	⑤	⑥	⑦	⑧	⑨

問題番号		解答記入欄									
1	ア	⓪	①	②	③	④	⑤	⑥	⑦	⑧	⑨
	イ	⓪	①	②	③	④	⑤	⑥	⑦	⑧	⑨
	ウ	⓪	①	②	③	④	⑤	⑥	⑦	⑧	⑨
	エ	⓪	①	②	③	④	⑤	⑥	⑦	⑧	⑨
	オ	⓪	①	②	③	④	⑤	⑥	⑦	⑧	⑨
	カ	⓪	①	②	③	④	⑤	⑥	⑦	⑧	⑨
	キ	⓪	①	②	③	④	⑤	⑥	⑦	⑧	⑨
	ク	⓪	①	②	③	④	⑤	⑥	⑦	⑧	⑨
	ケ	⓪	①	②	③	④	⑤	⑥	⑦	⑧	⑨
	コ	⓪	①	②	③	④	⑤	⑥	⑦	⑧	⑨
	サ	⓪	①	②	③	④	⑤	⑥	⑦	⑧	⑨
	シ	⓪	①	②	③	④	⑤	⑥	⑦	⑧	⑨
	ス	⓪	①	②	③	④	⑤	⑥	⑦	⑧	⑨
	セ	⓪	①	②	③	④	⑤	⑥	⑦	⑧	⑨
	ソ	⓪	①	②	③	④	⑤	⑥	⑦	⑧	⑨
	タ	⓪	①	②	③	④	⑤	⑥	⑦	⑧	⑨
	チ	⓪	①	②	③	④	⑤	⑥	⑦	⑧	⑨
	ツ	⓪	①	②	③	④	⑤	⑥	⑦	⑧	⑨
	テ	⓪	①	②	③	④	⑤	⑥	⑦	⑧	⑨
	ト	⓪	①	②	③	④	⑤	⑥	⑦	⑧	⑨

フリガナ	
氏　名	

受験番号を記入し、その下のマーク欄にマークしてください。→

受験番号			
⓪	⓪	⓪	⓪
①	①	①	①
②	②	②	②
③	③	③	③
④	④	④	④
⑤	⑤	⑤	⑤
⑥	⑥	⑥	⑥
⑦	⑦	⑦	⑦
⑧	⑧	⑧	⑧
⑨	⑨	⑨	⑨

記入方法

1. 記入は必ずＨＢの黒鉛筆で、◯の中を正確にぬりつぶしてください。
2. 訂正する場合は、消しゴムできれいに消してください。
3. 解答用紙を汚したり、折り曲げたりしないでください。
4. マーク記入例

良い例 ●　悪い例 ⌀ ◌ ◧

推定配点	
1〜5 各5点×20〔2(1)は完答〕	
100点	計

二〇二三年度　国学院高等学校・一般第三回

国語解答用紙

評点
/100

（注）この解答用紙は実物を縮小してあります。Ｂ４用紙に132%拡大コピーすると、ほぼ実物大で使用できます。（タイトルと配点表は含みません）

問題番号		解答記入欄						
一	問一	①	②	③	④			
	問二	①	②	③	④			
	問三	①	②	③	④			
	問四	①	②	③	④			
	問五	①	②	③	④			
	問六 X	①	②	③	④	⑤	⑥	⑦
	問六 Y	①	②	③	④	⑤	⑥	⑦

問題番号		解答記入欄			
二	問一	①	②	③	④
	問二	①	②	③	④
	問三 ことわざ	①	②	③	④
	問三 漢字	①	②	③	④
	問四	①	②	③	④
	問五	①	②	③	④
	問六	①	②	③	④
	問七	①	②	③	④
	問八	①	②	③	④

問題番号		解答記入欄			
三	問一	①	②	③	④
	問二	①	②	③	④
	問三	①	②	③	④
	問四	①	②	③	④
	問五	①	②	③	④
	問六	①	②	③	④

四	（1）	①	②	③	④	⑤
	（2）	①	②	③	④	⑤
	（3）	①	②	③	④	⑤
	（4）	①	②	③	④	⑤
	（5）	①	②	③	④	⑤
	（6）	①	②	③	④	⑤
	（7）	①	②	③	④	⑤
	（8）	①	②	③	④	⑤

フリガナ	
氏　名	

受験番号を記入し、その下のマーク欄にマークしてください。→

受験番号			
⓪	⓪	⓪	⓪
①	①	①	①
②	②	②	②
③	③	③	③
④	④	④	④
⑤	⑤	⑤	⑤
⑥	⑥	⑥	⑥
⑦	⑦	⑦	⑦
⑧	⑧	⑧	⑧
⑨	⑨	⑨	⑨

記入方法

1．記入は必ずＨＢの黒鉛筆で、◯の中を正確にぬりつぶしてください。
2．訂正する場合は、消しゴムできれいに消してください。
3．解答用紙を汚したり、折り曲げたりしないでください。
4．マーク記入例

良い例　悪い例

推定配点

一　問一　3点　問二～問五　各5点×4　問六　各3点×2
二　問一　3点　問二　4点　問三　各2点×2　問四、問五　各5点×2
問六　3点　問七　5点　問八　3点
三　問一、問二　各4点×2　問三、問四　各5点×2　問五　3点　問六　2点
四　各2点×8

計	100点

2023年度 国学院高等学校・推薦

英語解答用紙

評点	/50

問題番号		解答記入欄
2	(1)	① ② ③ ④
	(2)	① ② ③ ④
	(3)	① ② ③ ④
	(4)	① ② ③ ④
	(5)	① ② ③ ④

問題番号			解答記入欄
3	(1)	3番目	① ② ③ ④ ⑤ ⑥
		5番目	① ② ③ ④ ⑤ ⑥
	(2)	3番目	① ② ③ ④ ⑤ ⑥
		5番目	① ② ③ ④ ⑤ ⑥
	(3)	3番目	① ② ③ ④ ⑤ ⑥
		5番目	① ② ③ ④ ⑤ ⑥
	(4)	3番目	① ② ③ ④ ⑤ ⑥
		5番目	① ② ③ ④ ⑤ ⑥
	(5)	3番目	① ② ③ ④ ⑤ ⑥
		5番目	① ② ③ ④ ⑤ ⑥

問題番号				解答記入欄
1	問1	(1)		① ② ③ ④
		(2)		① ② ③ ④
		(3)		① ② ③ ④
		(4)		① ② ③ ④
		(5)		① ② ③ ④
		(6)		① ② ③ ④
		(7)		① ② ③ ④
	問2			① ② ③ ④ ⑤
	問3	(い)	3番目	① ② ③ ④ ⑤ ⑥
			5番目	① ② ③ ④ ⑤ ⑥
		(う)	3番目	① ② ③ ④ ⑤ ⑥
			5番目	① ② ③ ④ ⑤ ⑥
	問4			① ② ③ ④
	問5			① ② ③ ④
	問6	(1)		① ② ③ ④
		(2)		① ② ③ ④

（注）この解答用紙は実物を縮小してあります。Ｂ４用紙に127%拡大コピーすると、ほぼ実物大で使用できます。（タイトルと配点表は含みません）

フリガナ	
氏　名	

受験番号を記入し、その下のマーク欄にマークしてください。→

受験番号			
⓪	⓪	⓪	⓪
①	①	①	①
②	②	②	②
③	③	③	③
④	④	④	④
⑤	⑤	⑤	⑤
⑥	⑥	⑥	⑥
⑦	⑦	⑦	⑦
⑧	⑧	⑧	⑧
⑨	⑨	⑨	⑨

記入方法

1. 記入は必ずＨＢの黒鉛筆で、◯の中を正確にぬりつぶしてください。
2. 訂正する場合は、消しゴムできれいに消してください。
3. 解答用紙を汚したり、折り曲げたりしないでください。
4. マーク記入例

良い例 ● 悪い例 ⊘ ◯ ◐

推定配点

1 問1～問5 各2点×12 問6 各3点×2

2、3 各2点×10

計	50点

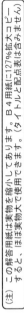

2023年度　国学院高等学校・推薦

数学解答用紙

評点
/50

問題記号	解答記入欄									
ナ	0	1	2	3	4	5	6	7	8	9
ニ	0	1	2	3	4	5	6	7	8	9
ヌ	0	1	2	3	4	5	6	7	8	9
ネ	0	1	2	3	4	5	6	7	8	9
ノ	0	1	2	3	4	5	6	7	8	9
ハ	0	1	2	3	4	5	6	7	8	9
ヒ	0	1	2	3	4	5	6	7	8	9
フ	0	1	2	3	4	5	6	7	8	9
ヘ	0	1	2	3	4	5	6	7	8	9
ホ	0	1	2	3	4	5	6	7	8	9
マ	0	1	2	3	4	5	6	7	8	9
ミ	0	1	2	3	4	5	6	7	8	9
ム	0	1	2	3	4	5	6	7	8	9
メ	0	1	2	3	4	5	6	7	8	9
モ	0	1	2	3	4	5	6	7	8	9
ヤ	0	1	2	3	4	5	6	7	8	9
ユ	0	1	2	3	4	5	6	7	8	9
ヨ	0	1	2	3	4	5	6	7	8	9

問題記号	解答記入欄									
ア	0	1	2	3	4	5	6	7	8	9
イ	0	1	2	3	4	5	6	7	8	9
ウ	0	1	2	3	4	5	6	7	8	9
エ	0	1	2	3	4	5	6	7	8	9
オ	0	1	2	3	4	5	6	7	8	9
カ	0	1	2	3	4	5	6	7	8	9
キ	0	1	2	3	4	5	6	7	8	9
ク	0	1	2	3	4	5	6	7	8	9
ケ	0	1	2	3	4	5	6	7	8	9
コ	0	1	2	3	4	5	6	7	8	9
サ	0	1	2	3	4	5	6	7	8	9
シ	0	1	2	3	4	5	6	7	8	9
ス	0	1	2	3	4	5	6	7	8	9
セ	0	1	2	3	4	5	6	7	8	9
ソ	0	1	2	3	4	5	6	7	8	9
タ	0	1	2	3	4	5	6	7	8	9
チ	0	1	2	3	4	5	6	7	8	9
ツ	0	1	2	3	4	5	6	7	8	9
テ	0	1	2	3	4	5	6	7	8	9
ト	0	1	2	3	4	5	6	7	8	9

(注) この解答用紙は実物を縮小してあります。Ｂ４用紙に130%拡大コピーすると、ほぼ実物大で使用できます。(タイトルと配点表は含みません)

フリガナ	
氏　名	

受験番号を記入し、その下のマーク欄にマークしてください。→

受験番号			
0	0	0	0
1	1	1	1
2	2	2	2
3	3	3	3
4	4	4	4
5	5	5	5
6	6	6	6
7	7	7	7
8	8	8	8
9	9	9	9

記入方法

1. 記入は必ずＨＢの黒鉛筆で、( )の中を正確にぬりつぶしてください。
2. 訂正する場合は、消しゴムできれいに消してください。
3. 解答用紙を汚したり、折り曲げたりしないでください。
4. マーク記入例

良い例 ●　悪い例

推定配点	
(1)～(10)　各5点×10	
計	50点

二〇二三年度　国学院高等学校・推薦

国語解答用紙

評点　／50

一	問題番号	解答記入欄
	(1)	① ② ③ ④ ⑤
	(2)	① ② ③ ④ ⑤
	(3)	① ② ③ ④ ⑤
	(4)	① ② ③ ④ ⑤
	(5)	① ② ③ ④ ⑤

二	問題番号	解答記入欄
	(1)	① ② ③ ④ ⑤
	(2)	① ② ③ ④ ⑤
	(3)	① ② ③ ④ ⑤

三	問題番号	解答記入欄
	(1)	① ② ③ ④ ⑤
	(2)	① ② ③ ④ ⑤
	(3)	① ② ③ ④ ⑤

四	問題番号		解答記入欄
	問一		① ② ③ ④ ⑤
	問二	X	① ② ③ ④ ⑤
		Y	① ② ③ ④ ⑤
		Z	① ② ③ ④ ⑤
	問三		① ② ③ ④ ⑤
	問四		① ② ③ ④ ⑤
	問五		① ② ③ ④ ⑤
	問六		① ② ③ ④ ⑤
	問七		① ② ③ ④ ⑤
	問八		① ② ③ ④ ⑤

フリガナ	
氏　名	

受験番号を記入し、その下のマーク欄にマークしてください。→

受験番号			
⓪	⓪	⓪	⓪
①	①	①	①
②	②	②	②
③	③	③	③
④	④	④	④
⑤	⑤	⑤	⑤
⑥	⑥	⑥	⑥
⑦	⑦	⑦	⑦
⑧	⑧	⑧	⑧
⑨	⑨	⑨	⑨

記入方法

1. 記入は必ずＨＢの黒鉛筆で、◯の中を正確にぬりつぶしてください。
2. 訂正する場合は、消しゴムできれいに消してください。
3. 解答用紙を汚したり、折り曲げたりしないでください。
4. マーク記入例

良い例 ●　悪い例 ⊘ ⊙ ▮

（注）この解答用紙は実物を縮小してあります。Ｂ４用紙に132％拡大コピーすると、ほぼ実物大で使用できます。（タイトルと配点表は含みません）

推定配点		計
	一～三　各２点×11 四　問一　３点　問二　各２点×３　問三、問四　各３点×２ 問五　４点　問六～問八　各３点×３	50点

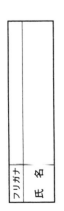

２０２２年度　国学院高等学校・一般第１回

英語解答用紙

評点
/100

問題番号			解答記入欄
1	問1	(1)	①②③④⑤
		(2)	①②③④⑤
		(3)	①②③④⑤
		(4)	①②③④⑤
		(5)	①②③④⑤
		(6)	①②③④⑤
	問2	(a)	①②③④
		(b)	①②③④
		(c)	①②③④
		(d)	①②③④
	問3		①②③④⑤
	問4	[ア]	①②③④
		[イ]	①②③④
		[ウ]	①②③④
		[エ]	①②③④
	問5		①②③④⑤
	問6	(A) 3番目	①②③④⑤⑥
		(A) 5番目	①②③④⑤⑥
		(B) 3番目	①②③④⑤⑥
		(B) 5番目	①②③④⑤⑥
		(C) 3番目	①②③④⑤⑥
		(C) 5番目	①②③④⑤⑥
	問7		①②③④⑤
	問8		①②③④⑤⑥⑦

問題番号			解答記入欄
2	問1	(1)	①②③④⑤
		(2)	①②③④⑤
		(3)	①②③④⑤
		(4)	①②③④⑤
	問2	[A]	①②③④
		[B]	①②③④
		[C]	①②③④
		[D]	①②③④

3	(1)	①②③④
	(2)	①②③④
	(3)	①②③④
	(4)	①②③④
	(5)	①②③④
	(6)	①②③④

問題番号			解答記入欄
4	(1)	ア	①②③④⑤⑥
		イ	①②③④⑤⑥
	(2)	ウ	①②③④⑤⑥
		エ	①②③④⑤⑥
	(3)	オ	①②③④⑤⑥
		カ	①②③④⑤⑥
	(4)	キ	①②③④⑤⑥
		ク	①②③④⑤⑥
	(5)	ケ	①②③④⑤⑥
		コ	①②③④⑤⑥
	(6)	サ	①②③④⑤⑥
		シ	①②③④⑤⑥

フリガナ	
氏　名	

受験番号を記入し、その下のマーク欄にマークしてください。→

受験番号			
⓪①②③④⑤⑥⑦⑧⑨	⓪①②③④⑤⑥⑦⑧⑨	⓪①②③④⑤⑥⑦⑧⑨	⓪①②③④⑤⑥⑦⑧⑨

記入方法

1. 記入は必ずＨＢの黒鉛筆で、⃝の中を正確にぬりつぶしてください。
2. 訂正する場合は、消しゴムできれいに消してください。
3. 解答用紙を汚したり、折り曲げたりしないでください。
4. マーク記入例

良い例 ●　悪い例 ⌀ ◌ ◐

（注）この解答用紙は実物を縮小してあります。Ａ３用紙に147%拡大コピーすると、ほぼ実物大で使用できます。（タイトルと配点表は含みません）

推定配点

1 問1、問2 各2点×10　問3～問8 各3点×12

2 問1 各2点×4　問2 各3点×4

3、4 各2点×12

計	100点

２０２２年度　国学院高等学校・一般第１回

数学解答用紙

評点
/100

問題番号		解答記入欄									
4	ア	0	1	2	3	4	5	6	7	8	9
	イ	0	1	2	3	4	5	6	7	8	9
	ウ	0	1	2	3	4	5	6	7	8	9
	エ	0	1	2	3	4	5	6	7	8	9
	オ	0	1	2	3	4	5	6	7	8	9

5	ア	0	1	2	3	4	5	6	7	8	9
	イ	0	1	2	3	4	5	6	7	8	9
	ウ	0	1	2	3	4	5	6	7	8	9
	エ	0	1	2	3	4	5	6	7	8	9
	オ	0	1	2	3	4	5	6	7	8	9
	カ	0	1	2	3	4	5	6	7	8	9
	キ	0	1	2	3	4	5	6	7	8	9

問題番号		解答記入欄									
2	ア	0	1	2	3	4	5	6	7	8	9
	イ	0	1	2	3	4	5	6	7	8	9
	ウ	0	1	2	3	4	5	6	7	8	9
	エ	0	1	2	3	4	5	6	7	8	9
	オ	0	1	2	3	4	5	6	7	8	9
	カ	0	1	2	3	4	5	6	7	8	9

3	ア	0	1	2	3	4	5	6	7	8	9
	イ	0	1	2	3	4	5	6	7	8	9
	ウ	0	1	2	3	4	5	6	7	8	9
	エ	0	1	2	3	4	5	6	7	8	9
	オ	0	1	2							
	カ	0	1	2	3	4	5	6	7	8	9
	キ	0	1	2	3	4	5	6	7	8	9
	ク	0	1	2	3	4	5	6	7	8	9

問題番号		解答記入欄									
1	ア	0	1	2	3	4	5	6	7	8	9
	イ	0	1	2	3	4	5	6	7	8	9
	ウ	0	1	2	3	4	5	6	7	8	9
	エ	0	1	2	3	4	5	6	7	8	9
	オ	0	1	2	3	4	5	6	7	8	9
	カ	0	1	2	3	4	5	6	7	8	9
	キ	0	1	2	3	4	5	6	7	8	9
	ク	0	1	2	3	4	5	6	7	8	9
	ケ	0	1	2	3	4	5	6	7	8	9
	コ	0	1	2	3	4	5	6	7	8	9
	サ	0	1	2	3	4	5	6	7	8	9
	シ	0	1	2	3	4	5	6	7	8	9
	ス	0	1	2	3	4	5	6	7	8	9
	セ	0	1	2	3	4	5	6	7	8	9
	ソ	0	1	2	3	4	5	6	7	8	9
	タ	0	1	2	3	4	5	6	7	8	9
	チ	0	1	2	3	4	5	6	7	8	9
	ツ	0	1	2	3	4	5	6	7	8	9
	テ	0	1	2	3	4	5	6	7	8	9

フリガナ	
氏　名	

受験番号を記入し、その下のマーク欄にマークしてください。→

受験番号			
0	0	0	0
1	1	1	1
2	2	2	2
3	3	3	3
4	4	4	4
5	5	5	5
6	6	6	6
7	7	7	7
8	8	8	8
9	9	9	9

記入方法

1. 記入は必ずＨＢの黒鉛筆で、⃝の中を正確にぬりつぶしてください。
2. 訂正する場合は、消しゴムできれいに消してください。
3. 解答用紙を汚したり　折り曲げたりしないでください。
4. マーク記入例

良い例　●　悪い例　∅　⊙　◐

（注）この解答用紙は実物を縮小してあります。Ａ３用紙に147％拡大コピーすると、ほぼ実物大で使用できます。（タイトルと配点表は含みません）

推定配点	
1 各４点×10 2 (1) 各３点×２　(2) ６点 3、4 各６点×６ 5 各４点×３	
100点	計

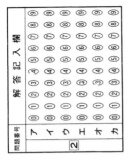

二〇二二年度　国学院高等学校・一般第一回

国語解答用紙

評点
／100

（注）この解答用紙は実物を縮小してあります。Ｂ４用紙に130%拡大コピーすると、ほぼ実物大で使用できます。（タイトルと配点表は含みません）

	問題番号	解答記入欄				
一	問一	①	②	③	④	⑤
	問二	①	②	③	④	⑤
	問三	①	②	③	④	⑤
	問四	①	②	③	④	⑤
	問五	①	②	③	④	⑤
	問六	①	②	③	④	⑤
	問七	①	②	③	④	⑤
	問八	①	②	③	④	⑤
二	問一	①	②	③	④	⑤
	問二	①	②	③	④	⑤
	問三	①	②	③	④	⑤
	問四	①	②	③	④	⑤
	問五	①	②	③	④	⑤
	問六	①	②	③	④	⑤
	問七	①	②	③	④	⑤
	問八	①	②	③	④	⑤

	問題番号	解答記入欄				
三	問一	①	②	③	④	⑤
	問二	①	②	③	④	⑤
	問三	①	②	③	④	⑤
	問四	①	②	③	④	⑤
	問五	①	②	③	④	⑤
	問六	①	②	③	④	⑤
	問七	①	②	③	④	⑤
	問八	①	②	③	④	⑤
四	（1）	①	②	③	④	⑤
	（2）	①	②	③	④	⑤
	（3）	①	②	③	④	⑤
	（4）	①	②	③	④	⑤
	（5）	①	②	③	④	⑤
	（6）	①	②	③	④	⑤
	（7）	①	②	③	④	⑤
	（8）	①	②	③	④	⑤

フリガナ	
氏　名	

受験番号を記入し、その下のマーク欄にマークしてください。→

受験番号			
⓪	⓪	⓪	⓪
①	①	①	①
②	②	②	②
③	③	③	③
④	④	④	④
⑤	⑤	⑤	⑤
⑥	⑥	⑥	⑥
⑦	⑦	⑦	⑦
⑧	⑧	⑧	⑧
⑨	⑨	⑨	⑨

記入方法

1．記入は必ずＨＢの黒鉛筆で、◯の中を正確にぬりつぶしてください。
2．訂正する場合は、消しゴムできれいに消してください。
3．解答用紙を汚したり、折り曲げたりしないでください。
4．マーク記入例

良い例 ●　悪い例 ⌀ ⊙ ◐

推定配点

一　問一　4点　問二　3点　問三～問七　各4点×5　問八　3点
二　各4点×8
三　問一　2点　問二、問三　各3点×2　問四　2点　問五～問八　各3点×4
四　各2点×8

100点	計

２０２２年度　国学院高等学校・一般第３回

英語解答用紙

評点
/100

問題番号			解答記入欄			
5	問１		①	②	③	④
	問２	(１)	①	②	③	④
		(２)	①	②	③	④
		(３)	①	②	③	④
	問３	(１)	①	②	③	④
		(２)	①	②	③	④
	問４		①	②	③	④

(注) この解答用紙は実物を縮小してあります。Ｂ４用紙に122%拡大コピーすると、ほぼ実物大で使用できます。(タイトルと配点表は含みません)

問題番号			解答記入欄			
1	(Ａ)		①	②	③	④
	(Ｂ)		①	②	③	④
	(Ｃ)		①	②	③	④
2	(Ａ)		①	②	③	④
	(Ｂ)		①	②	③	④
	(Ｃ)		①	②	③	④
3			①	②	③	④
4	問１		①	②	③	④
	問２		①	②	③	④
	問３		①	②	③	④
	問４		①	②	③	④
	問５		①	②	③	④
	問６		①	②	③	④
	問７	(Ａ)	①	②	③	④
		(Ｂ)	①	②	③	④

受験番号を記入し、その下のマーク欄にマークしてください。→

受験番号			
⓪	⓪	⓪	⓪
①	①	①	①
②	②	②	②
③	③	③	③
④	④	④	④
⑤	⑤	⑤	⑤
⑥	⑥	⑥	⑥
⑦	⑦	⑦	⑦
⑧	⑧	⑧	⑧
⑨	⑨	⑨	⑨

記入方法

1．記入は必ずＨＢの黒鉛筆で、()の中を正確にぬりつぶしてください。
2．訂正する場合は、消しゴムできれいに消してください。
3．解答用紙を汚したり、折り曲げたりしないでください。
4．マーク記入例

良い例 ●　悪い例 ⊘ ⊙ ◐

フリガナ	
氏　名	

推定配点	
1、2 各４点×６ 3 ５点 4 問１〜問６ 各５点×６ 問７ 各４点×２ 5 問１、問２ 各５点×４ 問３ 各４点×２ 問４ ５点	
100点	計

２０２２年度　国学院高等学校・一般第３回

数学解答用紙

評点
/100

問題番号		解答記入欄
1	ア	0 1 2 3 4 5 6 7 8 9
	イ	0 1 2 3 4 5 6 7 8 9
	ウ	0 1 2 3 4 5 6 7 8 9
	エ	0 1 2 3 4 5 6 7 8 9
	オ	0 1 2 3 4 5 6 7 8 9
	カ	0 1 2 3 4 5 6 7 8 9
	キ	0 1 2 3 4 5 6 7 8 9
	ク	0 1 2 3 4 5 6 7 8 9
	ケ	0 1 2 3 4 5 6 7 8 9
	コ	0 1 2 3 4 5 6 7 8 9
	サ	0 1 2 3 4 5 6 7 8 9
	シ	0 1 2 3 4 5 6 7 8 9
	ス	0 1 2 3 4 5 6 7 8 9
	セ	0 1 2 3 4 5 6 7 8 9
	ソ	0 1 2 3 4 5 6 7 8 9
	タ	0 1 2 3 4 5 6 7 8 9
	チ	0 1 2 3 4 5 6 7 8 9
	ツ	0 1 2 3 4 5 6 7 8 9
	テ	0 1 2 3 4 5 6 7 8 9
	ト	0 1 2 3 4 5 6 7 8 9
	ナ	0 1 2 3 4 5 6 7 8 9
	ニ	0 1 2 3 4 5 6 7 8 9
	ヌ	0 1 2 3 4 5 6 7 8 9
	ネ	0 1 2 3 4 5 6 7 8 9
	ノ	0 1 2 3 4 5 6 7 8 9

問題番号		解答記入欄
1	ハ	0 1 2 3 4 5 6 7 8 9
	ヒ	0 1 2 3 4 5 6 7 8 9
	フ	0 1 2 3 4 5 6 7 8 9
2	ア	0 1 2 3 4 5 6 7 8 9
	イ	0 1 2 3 4 5 6 7 8 9
	ウ	0 1 2 3 4 5 6 7 8 9
	エ	0 1 2 3 4 5 6 7 8 9
	オ	0 1 2 3 4 5 6 7 8 9
	カ	0 1 2 3 4 5 6 7 8 9
	キ	0 1 2 3 4 5 6 7 8 9
3	ア	0 1 2 3 4 5 6 7 8 9
	イ	0 1 2 3 4 5 6 7 8 9
	ウ	0 1 2 3 4 5 6 7 8 9
	エ	0 1 2 3 4 5 6 7 8 9
	オ	0 1 2 3 4 5 6 7 8 9
	カ	0 1 2 3 4 5 6 7 8 9
	キ	0 1 2 3 4 5 6 7 8 9
	ク	0 1 2 3 4 5 6 7 8 9
	ケ	0 1 2 3 4 5 6 7 8 9
	コ	0 1 2 3 4 5 6 7 8 9

問題番号		解答記入欄
4	ア	0 1 2 3 4 5 6 7 8 9
	イ	0 1 2 3 4 5 6 7 8 9
	ウ	0 1 2 3 4 5 6 7 8 9
	エ	0 1 2 3 4 5 6 7 8 9
	オ	0 1 2 3 4 5 6 7 8 9
5	ア	0 1 2 3 4 5 6 7 8 9
	イ	0 1 2 3 4 5 6 7 8 9
	ウ	0 1 2 3 4 5 6 7 8 9
	エ	0 1 2 3 4 5 6 7 8 9
	オ	0 1 2 3 4 5 6 7 8 9
	カ	0 1 2 3 4 5 6 7 8 9

フリガナ	
氏　名	

受験番号を記入し、その下のマーク欄にマークしてください。→

受験番号			
0	0	0	0
1	1	1	1
2	2	2	2
3	3	3	3
4	4	4	4
5	5	5	5
6	6	6	6
7	7	7	7
8	8	8	8
9	9	9	9

記入方法

1．記入は必ずＨＢの黒鉛筆で、◯の中を正確にぬりつぶしてください。
2．訂正する場合は、消しゴムできれいに消してください。
3．解答用紙を汚したり、折り曲げたりしないでください。
4．マーク記入例

良い例 ●　悪い例 ⌀ ◌ ◐

（注）この解答用紙は実物を縮小してあります。Ａ３用紙に147％拡大コピーすると、ほぼ実物大で使用できます。（タイトルと配点表は含みません）

推定配点	
1～5	各５点×20
計	100点

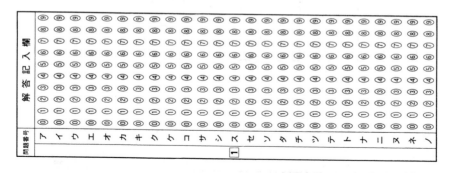

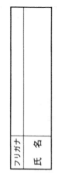

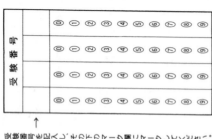

二〇二二年度　国学院高等学校・一般第三回

国語解答用紙

評点 /100

(注) この解答用紙は実物を縮小してあります。Ｂ４用紙に127%拡大コピーすると、ほぼ実物大で使用できます。(タイトルと配点表は含みません)

問題番号			解答記入欄			
三	問一	Ⅰ	①	②	③	④
		Ⅱ	①	②	③	④
		Ⅲ	①	②	③	④
	問二		①	②	③	④
	問三		①	②	③	④
	問四		①	②	③	④
	問五		①	②	③	④
	問六		①	②	③	④

四	(１)	①	②	③	④	⑤
	(２)	①	②	③	④	⑤
	(３)	①	②	③	④	⑤
	(４)	①	②	③	④	⑤
	(５)	①	②	③	④	⑤
	(６)	①	②	③	④	⑤
	(７)	①	②	③	④	⑤
	(８)	①	②	③	④	⑤

問題番号			解答記入欄			
一	問一	Ｘ	①	②	③	④
		Ｙ	①	②	③	④
	問二		①	②	③	④
	問三		①	②	③	④
	問四		①	②	③	④
	問五		①	②	③	④
	問六		①	②	③	④
	問七		①	②	③	④
	問八		①	②	③	④

二	問一	①	②	③	④
	問二	①	②	③	④
	問三	①	②	③	④
	問四	①	②	③	④
	問五	①	②	③	④
	問六	①	②	③	④
	問七	①	②	③	④

フリガナ	
氏　名	

受験番号を記入し、その下のマーク欄にマークしてください。→

受験番号			
⓪	⓪	⓪	⓪
①	①	①	①
②	②	②	②
③	③	③	③
④	④	④	④
⑤	⑤	⑤	⑤
⑥	⑥	⑥	⑥
⑦	⑦	⑦	⑦
⑧	⑧	⑧	⑧
⑨	⑨	⑨	⑨

記入方法

1．記入は必ずＨＢの黒鉛筆で、⬯の中を正確にぬりつぶしてください。
2．訂正する場合は、消しゴムできれいに消してください。
3．解答用紙を汚したり、折り曲げたりしないでください。
4．マーク記入例

良い例 ●　悪い例 ∅ ◌ ◐

推定配点

一 問一～問三　各３点×４　問四～問八　各４点×５
二 各４点×７
三 問一　Ⅰ、Ⅱ　各２点×２　Ⅲ　４点　問二、問三　各２点×２
問四～問六　各４点×３
四 各２点×８

計 100点

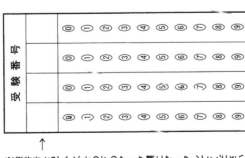

２０２２年度　国学院高等学校・推薦

英語解答用紙

評点
／50

問題番号			解答記入欄
1	問1	(1)	① ② ③ ④
		(2)	① ② ③ ④
		(3)	① ② ③ ④
		(4)	① ② ③ ④
		(5)	① ② ③ ④
		(6)	① ② ③ ④
		(7)	① ② ③ ④
	問2	(1)	① ② ③ ④
		(2)	① ② ③ ④
	問3		① ② ③ ④ ⑤
	問4	(い) 3番目	① ② ③ ④ ⑤ ⑥
		(い) 5番目	① ② ③ ④ ⑤ ⑥
		(え) 3番目	① ② ③ ④ ⑤ ⑥
		(え) 5番目	① ② ③ ④ ⑤ ⑥
	問5		① ② ③ ④ ⑤
	問6	(1)	① ② ③ ④
		(2)	① ② ③ ④

問題番号		解答記入欄
2	(1)	① ② ③ ④
	(2)	① ② ③ ④
	(3)	① ② ③ ④
	(4)	① ② ③ ④
	(5)	① ② ③ ④

3	(1)	3番目	① ② ③ ④ ⑤ ⑥
		5番目	① ② ③ ④ ⑤ ⑥
	(2)	3番目	① ② ③ ④ ⑤ ⑥
		5番目	① ② ③ ④ ⑤ ⑥
	(3)	3番目	① ② ③ ④ ⑤ ⑥
		5番目	① ② ③ ④ ⑤ ⑥
	(4)	3番目	① ② ③ ④ ⑤ ⑥
		5番目	① ② ③ ④ ⑤ ⑥
	(5)	3番目	① ② ③ ④ ⑤ ⑥
		5番目	① ② ③ ④ ⑤ ⑥

(注)　この解答用紙は実物を縮小してあります。Ｂ４用紙に127%拡大コピーすると、ほぼ実物大で使用できます。(タイトルと配点表は含みません)

フリガナ	
氏　名	

受験番号を記入し、その下のマーク欄にマークしてください。→

受験番号			
⓪	⓪	⓪	⓪
①	①	①	①
②	②	②	②
③	③	③	③
④	④	④	④
⑤	⑤	⑤	⑤
⑥	⑥	⑥	⑥
⑦	⑦	⑦	⑦
⑧	⑧	⑧	⑧
⑨	⑨	⑨	⑨

記入方法

1. 記入は必ずＨＢの黒鉛筆で、()の中を正確にぬりつぶしてください。
2. 訂正する場合は、消しゴムできれいに消してください。
3. 解答用紙を汚したり、折り曲げたりしないでください。
4. マーク記入例

良い例 ●　悪い例 ⦰ ⊙ ◐

推定配点	
1～3　各2点×25	
50点	計

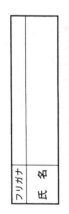

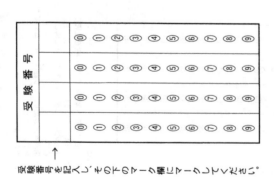

２０２２年度　国学院高等学校・推薦

数学解答用紙

評点
／50

問題記号	解答記入欄									
ア	⓪	①	②	③	④	⑤	⑥	⑦	⑧	⑨
イ	⓪	①	②	③	④	⑤	⑥	⑦	⑧	⑨
ウ	⓪	①	②	③	④	⑤	⑥	⑦	⑧	⑨
エ	⓪	①	②	③	④	⑤	⑥	⑦	⑧	⑨
オ	⓪	①	②	③	④	⑤	⑥	⑦	⑧	⑨
カ	⓪	①	②	③	④	⑤	⑥	⑦	⑧	⑨
キ	⓪	①	②	③	④	⑤	⑥	⑦	⑧	⑨
ク	⓪	①	②	③	④	⑤	⑥	⑦	⑧	⑨
ケ	⓪	①	②	③	④	⑤	⑥	⑦	⑧	⑨
コ	⓪	①	②	③	④	⑤	⑥	⑦	⑧	⑨
サ	⓪	①	②	③	④	⑤	⑥	⑦	⑧	⑨
シ	⓪	①	②	③	④	⑤	⑥	⑦	⑧	⑨
ス	⓪	①	②	③	④	⑤	⑥	⑦	⑧	⑨
セ	⓪	①	②	③	④	⑤	⑥	⑦	⑧	⑨
ソ	⓪	①	②	③	④	⑤	⑥	⑦	⑧	⑨
タ	⓪	①	②	③	④	⑤	⑥	⑦	⑧	⑨
チ	⓪	①	②	③	④	⑤	⑥	⑦	⑧	⑨
ツ	⓪	①	②	③	④	⑤	⑥	⑦	⑧	⑨
テ	⓪	①	②	③	④	⑤	⑥	⑦	⑧	⑨
ト	⓪	①	②	③	④	⑤	⑥	⑦	⑧	⑨

問題記号	解答記入欄									
ナ	⓪	①	②	③	④	⑤	⑥	⑦	⑧	⑨
ニ	⓪	①	②	③	④	⑤	⑥	⑦	⑧	⑨
ヌ	⓪	①	②	③	④	⑤	⑥	⑦	⑧	⑨
ネ	⓪	①	②	③	④	⑤	⑥	⑦	⑧	⑨
ノ	⓪	①	②	③	④	⑤	⑥	⑦	⑧	⑨
ハ	⓪	①	②	③	④	⑤	⑥	⑦	⑧	⑨
ヒ	⓪	①	②	③	④	⑤	⑥	⑦	⑧	⑨
フ	⓪	①	②	③	④	⑤	⑥	⑦	⑧	⑨
ヘ	⓪	①	②	③	④	⑤	⑥	⑦	⑧	⑨
ホ	⓪	①	②	③	④	⑤	⑥	⑦	⑧	⑨
マ	⓪	①	②	③	④	⑤	⑥	⑦	⑧	⑨
ミ	⓪	①	②	③	④	⑤	⑥	⑦	⑧	⑨

(注) この解答用紙は実物を縮小してあります。Ｂ４用紙に130%拡大コピーすると、ほぼ実物大で使用できます。(タイトルと配点表は含みません)

フリガナ	
氏　名	

受験番号を記入し、その下のマーク欄にマークしてください。→

受験番号			
⓪	⓪	⓪	⓪
①	①	①	①
②	②	②	②
③	③	③	③
④	④	④	④
⑤	⑤	⑤	⑤
⑥	⑥	⑥	⑥
⑦	⑦	⑦	⑦
⑧	⑧	⑧	⑧
⑨	⑨	⑨	⑨

記入方法

1. 記入は必ずＨＢの黒鉛筆で、()の中を正確にぬりつぶしてください。
2. 訂正する場合は、消しゴムできれいに消してください。
3. 解答用紙を汚したり、折り曲げたりしないでください。
4. マーク記入例

良い例 ●　悪い例 ∅ ⊙ ◐

推定配点	
(1)～(10)　各5点×10	
50点	計

二〇二二年度　国学院高等学校・推薦

国語解答用紙

評点　/50

問題番号		解答記入欄				
三	(1)	①	②	③	④	⑤
	(2)	①	②	③	④	⑤
	(3)	①	②	③	④	⑤

四	問一	(a)	①	②	③	④	⑤
		(b)	①	②	③	④	⑤
	問二		①	②	③	④	⑤
	問三		①	②	③	④	⑤
	問四		①	②	③	④	⑤
	問五		①	②	③	④	⑤
	問六		①	②	③	④	⑤

（注）この解答用紙は実物を縮小してあります。Ｂ４用紙に130%拡大コピーすると、ほぼ実物大で使用できます。（タイトルと配点表は含みません）

問題番号		解答記入欄				
一	(1)	①	②	③	④	⑤
	(2)	①	②	③	④	⑤
	(3)	①	②	③	④	⑤
	(4)	①	②	③	④	⑤
	(5)	①	②	③	④	⑤

二	(1)	①	②	③	④	⑤
	(2)	①	②	③	④	⑤
	(3)	①	②	③	④	⑤

フリガナ	
氏　名	

受験番号を記入し、その下のマーク欄にマークしてください。→

受験番号			
⓪	⓪	⓪	⓪
①	①	①	①
②	②	②	②
③	③	③	③
④	④	④	④
⑤	⑤	⑤	⑤
⑥	⑥	⑥	⑥
⑦	⑦	⑦	⑦
⑧	⑧	⑧	⑧
⑨	⑨	⑨	⑨

記入方法

1. 記入は必ずＨＢの黒鉛筆で、◯の中を正確にぬりつぶしてください。
2. 訂正する場合は、消しゴムできれいに消してください。
3. 解答用紙を汚したり、折り曲げたりしないでください。
4. マーク記入例

良い例 ●　悪い例 ⌀ ◯ ◐

推定配点

一～三　各２点×11

四　問一　各２点×２　問二　４点　問三～問六　各５点×４

50点	計

2021年度　國學院高等学校・一般第1回

英語解答用紙

評点
/100

問題番号			解答記入欄
4	(1)	ア	① ② ③ ④ ⑤ ⑥
		イ	① ② ③ ④ ⑤ ⑥
	(2)	ウ	① ② ③ ④ ⑤ ⑥
		エ	① ② ③ ④ ⑤ ⑥
	(3)	オ	① ② ③ ④ ⑤ ⑥
		カ	① ② ③ ④ ⑤ ⑥
	(4)	キ	① ② ③ ④ ⑤ ⑥
		ク	① ② ③ ④ ⑤ ⑥
	(5)	ケ	① ② ③ ④ ⑤ ⑥
		コ	① ② ③ ④ ⑤ ⑥
	(6)	サ	① ② ③ ④ ⑤ ⑥
		シ	① ② ③ ④ ⑤ ⑥

問題番号		解答記入欄
1	問6	① ② ③ ④ ⑤
	問7	① ② ③ ④ ⑤
	問8	① ② ③ ④ ⑤
	問9	① ② ③ ④ ⑤ ⑥ ⑦

2	問1	(1)	① ② ③ ④ ⑤
		(2)	① ② ③ ④ ⑤
		(3)	① ② ③ ④ ⑤
	問2	[A]	① ② ③ ④
		[B]	① ② ③ ④
		[C]	① ② ③ ④
		[D]	① ② ③ ④
	問3		① ② ③ ④ ⑤ ⑥

3	(1)	① ② ③ ④
	(2)	① ② ③ ④
	(3)	① ② ③ ④
	(4)	① ② ③ ④
	(5)	① ② ③ ④

問題番号				解答記入欄
1	問1	(A)	3番目	① ② ③ ④ ⑤ ⑥ ⑦
			5番目	① ② ③ ④ ⑤ ⑥ ⑦
		(B)	3番目	① ② ③ ④ ⑤ ⑥ ⑦
			5番目	① ② ③ ④ ⑤ ⑥ ⑦
		(C)	3番目	① ② ③ ④ ⑤ ⑥ ⑦
			5番目	① ② ③ ④ ⑤ ⑥ ⑦
	問2	(1)		① ② ③ ④ ⑤
		(2)		① ② ③ ④ ⑤
		(3)		① ② ③ ④ ⑤
		(4)		① ② ③ ④ ⑤
		(5)		① ② ③ ④ ⑤
	問3	[ア]		① ② ③ ④ ⑤
		[イ]		① ② ③ ④ ⑤
		[ウ]		① ② ③ ④ ⑤
		[エ]		① ② ③ ④ ⑤
	問4			① ② ③ ④ ⑤
	問5	(a)		① ② ③ ④ ⑤
		(b)		① ② ③ ④ ⑤
		(c)		① ② ③ ④ ⑤
		(d)		① ② ③ ④ ⑤
		(e)		① ② ③ ④ ⑤

フリガナ	
氏　名	

受験番号を記入し、その下のマーク欄にマークしてください。→

受験番号			
⓪	⓪	⓪	⓪
①	①	①	①
②	②	②	②
③	③	③	③
④	④	④	④
⑤	⑤	⑤	⑤
⑥	⑥	⑥	⑥
⑦	⑦	⑦	⑦
⑧	⑧	⑧	⑧
⑨	⑨	⑨	⑨

記入方法

1. 記入は必ずＨＢの黒鉛筆で、◯の中を正確にぬりつぶしてください。
2. 訂正する場合は、消しゴムできれいに消してください。
3. 解答用紙を汚したり、折り曲げたりしないでください。
4. マーク記入例

良い例 ●　悪い例 ⊘ ◌ ◐

（注）この解答用紙は実物を縮小してあります。Ａ３用紙に147％拡大コピーすると、ほぼ実物大で使用できます。（タイトルと配点表は含みません）

推定配点
1 問1、問2 各2点×8　問3～問9 各3点×15
2 問1、問2 各2点×7　問3 3点
3、4 各2点×11
計　100点

2021年度　國學院高等学校・一般第1回

数学解答用紙

評点
／100

問題番号		解答記入欄											
3	ア	±	−	0	1	2	3	4	5	6	7	8	9
	イ	±	−	0	1	2	3	4	5	6	7	8	9
	ウ	±	−	0	1	2	3	4	5	6	7	8	9
	エ	±	−	0	1	2	3	4	5	6	7	8	9
	オ	±	−	0	1	2	3	4	5	6	7	8	9
	カ	±	−	0	1	2	3	4	5	6	7	8	9
	キ	±	−	0	1	2	3	4	5	6	7	8	9

4	ア	±	−	0	1	2	3	4	5	6	7	8	9
	イ	±	−	0	1	2	3	4	5	6	7	8	9
	ウ	±	−	0	1	2	3	4	5	6	7	8	9
	エ	±	−	0	1	2	3	4	5	6	7	8	9
	オ	±	−	0	1	2	3	4	5	6	7	8	9

5	ア	±	−	0	1	2	3	4	5	6	7	8	9
	イ	±	−	0	1	2	3	4	5	6	7	8	9
	ウ	±	−	0	1	2	3	4	5	6	7	8	9
	エ	±	−	0	1	2	3	4	5	6	7	8	9
	オ	±	−	0	1	2	3	4	5	6	7	8	9

問題番号		解答記入欄											
1	ナ	±	−	0	1	2	3	4	5	6	7	8	9
	ニ	±	−	0	1	2	3	4	5	6	7	8	9
	ヌ	±	−	0	1	2	3	4	5	6	7	8	9
	ネ	±	−	0	1	2	3	4	5	6	7	8	9
	ノ	±	−	0	1	2	3	4	5	6	7	8	9
	ハ	±	−	0	1	2	3	4	5	6	7	8	9
	ヒ	±	−	0	1	2	3	4	5	6	7	8	9
	フ	±	−	0	1	2	3	4	5	6	7	8	9

2	ア	±	−	0	1	2	3	4	5	6	7	8	9
	イ	±	−	0	1	2	3	4	5	6	7	8	9
	ウ	±	−	0	1	2	3	4	5	6	7	8	9
	エ	±	−	0	1	2	3	4	5	6	7	8	9
	オ	±	−	0	1	2	3	4	5	6	7	8	9
	カ	±	−	0	1	2	3	4	5	6	7	8	9
	キ	±	−	0	1	2	3	4	5	6	7	8	9
	ク	±	−	0	1	2	3	4	5	6	7	8	9
	ケ	±	−	0	1	2	3	4	5	6	7	8	9
	コ	±	−	0	1	2	3	4	5	6	7	8	9

問題番号		解答記入欄											
1	ア	±	−	0	1	2	3	4	5	6	7	8	9
	イ	±	−	0	1	2	3	4	5	6	7	8	9
	ウ	±	−	0	1	2	3	4	5	6	7	8	9
	エ	±	−	0	1	2	3	4	5	6	7	8	9
	オ	±	−	0	1	2	3	4	5	6	7	8	9
	カ	±	−	0	1	2	3	4	5	6	7	8	9
	キ	±	−	0	1	2	3	4	5	6	7	8	9
	ク	±	−	0	1	2	3	4	5	6	7	8	9
	ケ	±	−	0	1	2	3	4	5	6	7	8	9
	コ	±	−	0	1	2	3	4	5	6	7	8	9
	サ	±	−	0	1	2	3	4	5	6	7	8	9
	シ	±	−	0	1	2	3	4	5	6	7	8	9
	ス	±	−	0	1	2	3	4	5	6	7	8	9
	セ	±	−	0	1	2	3	4	5	6	7	8	9
	ソ	±	−	0	1	2	3	4	5	6	7	8	9
	タ	±	−	0	1	2	3	4	5	6	7	8	9
	チ	±	−	0	1	2	3	4	5	6	7	8	9
	ツ	±	−	0	1	2	3	4	5	6	7	8	9
	テ	±	−	0	1	2	3	4	5	6	7	8	9
	ト	±	−	0	1	2	3	4	5	6	7	8	9

フリガナ	
氏　名	

受験番号を記入し、その下のマーク欄にマークしてください。→

受験番号			
0	0	0	0
1	1	1	1
2	2	2	2
3	3	3	3
4	4	4	4
5	5	5	5
6	6	6	6
7	7	7	7
8	8	8	8
9	9	9	9

記入方法

1. 記入は必ずＨＢの黒鉛筆で、〇の中を正確にぬりつぶしてください。
2. 訂正する場合は、消しゴムできれいに消してください。
3. 解答用紙を汚したり、折り曲げたりしないでください。
4. マーク記入例

良い例 ●　悪い例 ⊘ ⊙ ◐

（注）この解答用紙は実物を縮小してあります。Ａ３用紙に147%拡大コピーすると、ほぼ実物大で使用できます。（タイトルと配点表は含みません）

推定配点	
1～5 各4点×25〔1(8)は各4点×2、3(2)、5(2)はそれぞれ各4点×3〕	
100点	計

二〇二一年度　國學院高等学校・一般第一回

国語解答用紙

評点 /100

問題番号		解答記入欄				
一	1	①	②	③	④	⑤
	2	①	②	③	④	⑤
	3	①	②	③	④	⑤
	4	①	②	③	④	⑤
	5	①	②	③	④	⑤
	6	①	②	③	④	⑤
二	7	①	②	③	④	⑤
	8	①	②	③	④	⑤
	9	①	②	③	④	⑤
	10	①	②	③	④	⑤
	11	①	②	③	④	⑤
	12	①	②	③	④	⑤
	13	①	②	③	④	⑤
	14	①	②	③	④	⑤
	15	①	②	③	④	⑤

問題番号		解答記入欄				
三	16	①	②	③	④	⑤
	17	①	②	③	④	⑤
	18	①	②	③	④	⑤
	19	①	②	③	④	⑤
	20	①	②	③	④	⑤
	21	①	②	③	④	⑤
	22	①	②	③	④	⑤
	23	①	②	③	④	⑤
四	24	①	②	③	④	⑤
	25	①	②	③	④	⑤
	26	①	②	③	④	⑤
	27	①	②	③	④	⑤
	28	①	②	③	④	⑤
	29	①	②	③	④	⑤
	30	①	②	③	④	⑤
	31	①	②	③	④	⑤

（注）この解答用紙は実物を縮小してあります。Ｂ４用紙に127%拡大コピーすると、ほぼ実物大で使用できます。（タイトルと配点表は含みません）

フリガナ	
氏　名	

受験番号を記入し、その下のマーク欄にマークしてください。→

受験番号			
⓪	⓪	⓪	⓪
①	①	①	①
②	②	②	②
③	③	③	③
④	④	④	④
⑤	⑤	⑤	⑤
⑥	⑥	⑥	⑥
⑦	⑦	⑦	⑦
⑧	⑧	⑧	⑧
⑨	⑨	⑨	⑨

記入方法

1．記入は必ずＨＢの黒鉛筆で、〇の中を正確にぬりつぶしてください。
2．訂正する場合は、消しゴムできれいに消してください。
3．解答用紙を汚したり、折り曲げたりしないでください。
4．マーク記入例

良い例 ●　悪い例 ⌀ ⊙ ◐

推定配点	
一、二 各4点×15　三 各3点×8　四 各2点×8	
100点	計

２０２１年度　國學院高等学校・一般第２回

英語解答用紙

評点　/100

（注）この解答用紙は実物を縮小してあります。Ａ３用紙に147％拡大コピーすると、ほぼ実物大で使用できます。（タイトルと配点表は含みません）

問題番号			解答記入欄
4	(1)	ア	1 2 3 4 5 6
		イ	1 2 3 4 5 6
	(2)	ウ	1 2 3 4 5 6
		エ	1 2 3 4 5 6
	(3)	オ	1 2 3 4 5 6
		カ	1 2 3 4 5 6
	(4)	キ	1 2 3 4 5 6
		ク	1 2 3 4 5 6
	(5)	ケ	1 2 3 4 5 6
		コ	1 2 3 4 5 6

問題番号		解答記入欄
1	問8	1 2 3 4 5
	問9	1 2 3 4 5 6 7

問題番号			解答記入欄
2	問1	(1)	1 2 3 4 5
		(2)	1 2 3 4 5
		(3)	1 2 3 4 5
	問2	[A]	1 2 3 4
		[B]	1 2 3 4
		[C]	1 2 3 4
		[D]	1 2 3 4
	問3		1 2 3 4 5 6

3	(1)	1 2 3 4
	(2)	1 2 3 4
	(3)	1 2 3 4
	(4)	1 2 3 4
	(5)	1 2 3 4
	(6)	1 2 3 4

問題番号				解答記入欄
1	問1	(a)		1 2 3 4
		(b)		1 2 3 4
		(c)		1 2 3 4
		(d)		1 2 3 4
	問2	[ア]		1 2 3 4
		[イ]		1 2 3 4
		[ウ]		1 2 3 4
		[エ]		1 2 3 4
	問3			1 2 3 4 5
	問4			1 2 3 4 5
	問5	(A)	3番目	1 2 3 4 5 6 7
			5番目	1 2 3 4 5 6 7
		(B)	3番目	1 2 3 4 5 6 7
			5番目	1 2 3 4 5 6 7
		(C)	3番目	1 2 3 4 5 6 7
			5番目	1 2 3 4 5 6 7
	問6			1 2 3 4 5 6
	問7	(1)		1 2 3 4 5
		(2)		1 2 3 4 5
		(3)		1 2 3 4 5
		(4)		1 2 3 4 5
		(5)		1 2 3 4 5

フリガナ	
氏　名	

受験番号を記入し、その下のマーク欄にマークしてください。→

受験番号			
0 1 2 3 4 5 6 7 8 9	0 1 2 3 4 5 6 7 8 9	0 1 2 3 4 5 6 7 8 9	0 1 2 3 4 5 6 7 8 9

記入方法

1．記入は必ずＨＢの黒鉛筆で、○の中を正確にぬりつぶしてください。
2．訂正する場合は、消しゴムできれいに消してください。
3．解答用紙を汚したり、折り曲げたりしないでください。
4．マーク記入例

良い例 ●　悪い例 ⊘ ⊙ ◐

推定配点

1 問1、問2 各2点×8　問3～問9 各3点×15
〔問4、問9はそれぞれ各3点×2〕
2 問1、問2 各2点×7　問3 3点
3、4 各2点×11

100点	計

２０２１年度　國學院高等学校・一般第２回

数学解答用紙

評点
/100

（注）この解答用紙は実物を縮小してあります。Ａ３用紙に147％拡大コピーすると、ほぼ実物大で使用できます。（タイトルと配点表は含みません）

問題番号		解答記入欄											
4	ア	±	−	0	1	2	3	4	5	6	7	8	9
	イ	±	−	0	1	2	3	4	5	6	7	8	9
	ウ	±	−	0	1	2	3	4	5	6	7	8	9
	エ	±	−	0	1	2	3	4	5	6	7	8	9
	オ	±	−	0	1	2	3	4	5	6	7	8	9
	カ	±	−	0	1	2	3	4	5	6	7	8	9
	キ	±	−	0	1	2	3	4	5	6	7	8	9
5	ア	±	−	0	1	2	3	4	5	6	7	8	9
	イ	±	−	0	1	2	3	4	5	6	7	8	9
	ウ	±	−	0	1	2	3	4	5	6	7	8	9
	エ	±	−	0	1	2	3	4	5	6	7	8	9
	オ	±	−	0	1	2	3	4	5	6	7	8	9

問題番号		解答記入欄											
2	ア	±	−	0	1	2	3	4	5	6	7	8	9
	イ	±	−	0	1	2	3	4	5	6	7	8	9
	ウ	±	−	0	1	2	3	4	5	6	7	8	9
	エ	±	−	0	1	2	3	4	5	6	7	8	9
3	ア	±	−	0	1	2	3	4	5	6	7	8	9
	イ	±	−	0	1	2	3	4	5	6	7	8	9
	ウ	±	−	0	1	2	3	4	5	6	7	8	9
	エ	±	−	0	1	2	3	4	5	6	7	8	9
	オ	±	−	0	1	2	3	4	5	6	7	8	9
	カ	±	−	0	1	2	3	4	5	6	7	8	9
	キ	±	−	0	1	2	3	4	5	6	7	8	9
	ク	±	−	0	1	2	3	4	5	6	7	8	9
	ケ	±	−	0	1	2	3	4	5	6	7	8	9

問題番号		解答記入欄											
1	ア	±	−	0	1	2	3	4	5	6	7	8	9
	イ	±	−	0	1	2	3	4	5	6	7	8	9
	ウ	±	−	0	1	2	3	4	5	6	7	8	9
	エ	±	−	0	1	2	3	4	5	6	7	8	9
	オ	±	−	0	1	2	3	4	5	6	7	8	9
	カ	±	−	0	1	2	3	4	5	6	7	8	9
	キ	±	−	0	1	2	3	4	5	6	7	8	9
	ク	±	−	0	1	2	3	4	5	6	7	8	9
	ケ	±	−	0	1	2	3	4	5	6	7	8	9
	コ	±	−	0	1	2	3	4	5	6	7	8	9
	サ	±	−	0	1	2	3	4	5	6	7	8	9
	シ	±	−	0	1	2	3	4	5	6	7	8	9
	ス	±	−	0	1	2	3	4	5	6	7	8	9
	セ	±	−	0	1	2	3	4	5	6	7	8	9
	ソ	±	−	0	1	2	3	4	5	6	7	8	9
	タ	±	−	0	1	2	3	4	5	6	7	8	9
	チ	±	−	0	1	2	3	4	5	6	7	8	9
	ツ	±	−	0	1	2	3	4	5	6	7	8	9
	テ	±	−	0	1	2	3	4	5	6	7	8	9
	ト	±	−	0	1	2	3	4	5	6	7	8	9
	ナ	±	−	0	1	2	3	4	5	6	7	8	9
	ニ	±	−	0	1	2	3	4	5	6	7	8	9
	ヌ	±	−	0	1	2	3	4	5	6	7	8	9

フリガナ	
氏　名	

受験番号を記入し、その下のマーク欄にマークしてください。→

受験番号			
0	0	0	0
1	1	1	1
2	2	2	2
3	3	3	3
4	4	4	4
5	5	5	5
6	6	6	6
7	7	7	7
8	8	8	8
9	9	9	9

記入方法

1. 記入は必ずＨＢの黒鉛筆で、〇の中を正確にぬりつぶしてください。
2. 訂正する場合は、消しゴムできれいに消してください。
3. 解答用紙を汚したり、折り曲げたりしないでください。
4. マーク記入例

良い例 ●　悪い例 ⊘ ◌ ◐

推定配点	
1 各４点×10　2～5 各５点×12	
100点	計

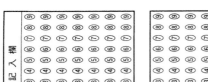

二〇二二年度　國學院高等学校・一般第二回

国語解答用紙

評点	/100

問題番号		解答記入欄				
一	1	①	②	③	④	⑤
	2	①	②	③	④	⑤
	3	①	②	③	④	⑤
	4	①	②	③	④	⑤
	5	①	②	③	④	⑤
二	6	①	②	③	④	⑤
	7	①	②	③	④	⑤
	8	①	②	③	④	⑤
	9	①	②	③	④	⑤
	10	①	②	③	④	⑤
	11	①	②	③	④	⑤
	12	①	②	③	④	⑤

問題番号		解答記入欄				
三	13	①	②	③	④	⑤
	14	①	②	③	④	⑤
	15	①	②	③	④	⑤
	16	①	②	③	④	⑤
	17	①	②	③	④	⑤
	18	①	②	③	④	⑤
	19	①	②	③	④	⑤
四	20	①	②	③	④	⑤
	21	①	②	③	④	⑤
	22	①	②	③	④	⑤
	23	①	②	③	④	⑤
	24	①	②	③	④	⑤
	25	①	②	③	④	⑤
	26	①	②	③	④	⑤
	27	①	②	③	④	⑤

（注）この解答用紙は実物を縮小してあります。Ｂ４用紙に127%拡大コピーすると、ほぼ実物大で使用できます。（タイトルと配点表は含みません）

フリガナ	
氏　名	

受験番号を記入し、その下のマーク欄にマークしてください。→

受験番号			
⓪	⓪	⓪	⓪
①	①	①	①
②	②	②	②
③	③	③	③
④	④	④	④
⑤	⑤	⑤	⑤
⑥	⑥	⑥	⑥
⑦	⑦	⑦	⑦
⑧	⑧	⑧	⑧
⑨	⑨	⑨	⑨

記入方法

1. 記入は必ずＨＢの黒鉛筆で、⬯の中を正確にぬりつぶしてください。
2. 訂正する場合は、消しゴムできれいに消してください。
3. 解答用紙を汚したり、折り曲げたりしないでください。
4. マーク記入例

良い例 ⬮　悪い例 ⌀ ◌ ◐

推定配点

一、二　各５点×12

三　問一、問二　各３点×２　問三、問四　各４点×２

問五、問六　各３点×２　問七　４点

四　各２点×８

100点	計

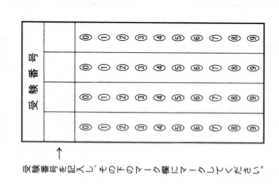

2021年度　國學院高等学校・推薦

英語解答用紙

評点	/50

（注）この解答用紙は実物を縮小してあります。Ｂ４用紙に127%拡大コピーすると、ほぼ実物大で使用できます。（タイトルと配点表は含みません）

	問題番号	解答記入欄
2	（1）	① ② ③ ④
	（2）	① ② ③ ④
	（3）	① ② ③ ④
	（4）	① ② ③ ④
	（5）	① ② ③ ④

			解答記入欄
3	（1）	3番目	① ② ③ ④ ⑤ ⑥
		5番目	① ② ③ ④ ⑤ ⑥
	（2）	3番目	① ② ③ ④ ⑤ ⑥
		5番目	① ② ③ ④ ⑤ ⑥
	（3）	3番目	① ② ③ ④ ⑤ ⑥
		5番目	① ② ③ ④ ⑤ ⑥
	（4）	3番目	① ② ③ ④ ⑤ ⑥
		5番目	① ② ③ ④ ⑤ ⑥
	（5）	3番目	① ② ③ ④ ⑤ ⑥
		5番目	① ② ③ ④ ⑤ ⑥

	問題番号			解答記入欄
1	問1	（1）		① ② ③ ④
		（2）		① ② ③ ④
		（3）		① ② ③ ④
		（4）		① ② ③ ④
		（5）		① ② ③ ④
		（6）		① ② ③ ④
		（7）		① ② ③ ④
	問2			① ② ③ ④ ⑤
	問3	（1）		① ② ③ ④
		（2）		① ② ③ ④
	問4			① ② ③ ④ ⑤
	問5	（う）	3番目	① ② ③ ④ ⑤ ⑥
			5番目	① ② ③ ④ ⑤ ⑥
		（え）	3番目	① ② ③ ④ ⑤ ⑥
			5番目	① ② ③ ④ ⑤ ⑥
	問6	（1）		① ② ③ ④ ⑤
		（2）		① ② ③ ④ ⑤

フリガナ	
氏　名	

受験番号を記入し、その下のマーク欄にマークしてください。→

受験番号			
⓪	⓪	⓪	⓪
①	①	①	①
②	②	②	②
③	③	③	③
④	④	④	④
⑤	⑤	⑤	⑤
⑥	⑥	⑥	⑥
⑦	⑦	⑦	⑦
⑧	⑧	⑧	⑧
⑨	⑨	⑨	⑨

記入方法

1．記入は必ずＨＢの黒鉛筆で、⓪の中を正確にぬりつぶしてください。
2．訂正する場合は、消しゴムできれいに消してください。
3．解答用紙を汚したり、折り曲げたりしないでください。
4．マーク記入例

良い例 ●　悪い例 ∅ ⊙ ◧

推定配点	
1～3 各2点×25	
50点	計

2021年度　國學院高等学校・推薦

数学解答用紙

評点
/50

（注）この解答用紙は実物を縮小してあります。Ｂ４用紙に130%拡大コピーすると、ほぼ実物大で使用できます。（タイトルと配点表は含みません）

問題記号	解答記入欄											
タ	±	−	⓪	①	②	③	④	⑤	⑥	⑦	⑧	⑨
チ	±	−	⓪	①	②	③	④	⑤	⑥	⑦	⑧	⑨
ツ	±	−	⓪	①	②	③	④	⑤	⑥	⑦	⑧	⑨
テ	±	−	⓪	①	②	③	④	⑤	⑥	⑦	⑧	⑨
ト	±	−	⓪	①	②	③	④	⑤	⑥	⑦	⑧	⑨
ナ	±	−	⓪	①	②	③	④	⑤	⑥	⑦	⑧	⑨
ニ	±	−	⓪	①	②	③	④	⑤	⑥	⑦	⑧	⑨
ヌ	±	−	⓪	①	②	③	④	⑤	⑥	⑦	⑧	⑨
ネ	±	−	⓪	①	②	③	④	⑤	⑥	⑦	⑧	⑨
ノ	±	−	⓪	①	②	③	④	⑤	⑥	⑦	⑧	⑨
ハ	±	−	⓪	①	②	③	④	⑤	⑥	⑦	⑧	⑨

問題記号	解答記入欄											
ア	±	−	⓪	①	②	③	④	⑤	⑥	⑦	⑧	⑨
イ	±	−	⓪	①	②	③	④	⑤	⑥	⑦	⑧	⑨
ウ	±	−	⓪	①	②	③	④	⑤	⑥	⑦	⑧	⑨
エ	±	−	⓪	①	②	③	④	⑤	⑥	⑦	⑧	⑨
オ	±	−	⓪	①	②	③	④	⑤	⑥	⑦	⑧	⑨
カ	±	−	⓪	①	②	③	④	⑤	⑥	⑦	⑧	⑨
キ	±	−	⓪	①	②	③	④	⑤	⑥	⑦	⑧	⑨
ク	±	−	⓪	①	②	③	④	⑤	⑥	⑦	⑧	⑨
ケ	±	−	⓪	①	②	③	④	⑤	⑥	⑦	⑧	⑨
コ	±	−	⓪	①	②	③	④	⑤	⑥	⑦	⑧	⑨
サ	±	−	⓪	①	②	③	④	⑤	⑥	⑦	⑧	⑨
シ	±	−	⓪	①	②	③	④	⑤	⑥	⑦	⑧	⑨
ス	±	−	⓪	①	②	③	④	⑤	⑥	⑦	⑧	⑨
セ	±	−	⓪	①	②	③	④	⑤	⑥	⑦	⑧	⑨
ソ	±	−	⓪	①	②	③	④	⑤	⑥	⑦	⑧	⑨

フリガナ	
氏　名	

受験番号を記入し、その下のマーク欄にマークしてください。→

受験番号			
⓪	⓪	⓪	⓪
①	①	①	①
②	②	②	②
③	③	③	③
④	④	④	④
⑤	⑤	⑤	⑤
⑥	⑥	⑥	⑥
⑦	⑦	⑦	⑦
⑧	⑧	⑧	⑧
⑨	⑨	⑨	⑨

記入方法

1. 記入は必ずＨＢの黒鉛筆で、⃝の中を正確にぬりつぶしてください。
2. 訂正する場合は、消しゴムできれいに消してください。
3. 解答用紙を汚したり、折り曲げたりしないでください。
4. マーク記入例

良い例 ●　悪い例 ⌀ ⊙ ◐

推定配点	
(1)～(10)　各5点×10	
計	50点

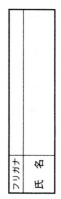

二〇二二年度　國學院高等学校・推薦

国語解答用紙

評点
／50

問題番号		解答記入欄				
一	1	①	②	③	④	⑤
	2	①	②	③	④	⑤
	3	①	②	③	④	⑤
	4	①	②	③	④	⑤
	5	①	②	③	④	⑤
二	6	①	②	③	④	
	7	①	②	③	④	
	8	①	②	③	④	

問題番号		解答記入欄				
三	9	①	②	③	④	⑤
	10	①	②	③	④	⑤
	11	①	②	③	④	⑤
四	12	①	②	③	④	
	13	①	②	③	④	⑤
	14	①	②	③	④	⑤
	15	①	②	③	④	⑤
	16	①	②	③	④	⑤
	17	①	②	③	④	⑤

（注）この解答用紙は実物を縮小してあります。Ｂ４用紙に127%拡大コピーすると、ほぼ実物大で使用できます。（タイトルと配点表は含みません）

フリガナ	
氏　名	

受験番号を記入し、その下のマーク欄にマークしてください。→

受験番号			
⓪	⓪	⓪	⓪
①	①	①	①
②	②	②	②
③	③	③	③
④	④	④	④
⑤	⑤	⑤	⑤
⑥	⑥	⑥	⑥
⑦	⑦	⑦	⑦
⑧	⑧	⑧	⑧
⑨	⑨	⑨	⑨

記入方法

1．記入は必ずＨＢの黒鉛筆で、（ ）の中を正確にぬりつぶしてください。
2．訂正する場合は、消しゴムできれいに消してください。
3．解答用紙を汚したり、折り曲げたりしないでください。
4．マーク記入例

良い例 ●　悪い例

推定配点	
一～三　各２点×11 四　問一、問二　各５点×２　問三、問四　各４点×２ 問五、問六　各５点×２	
計	50点

Memo

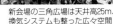

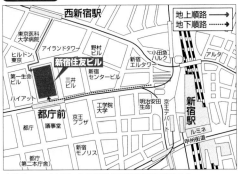

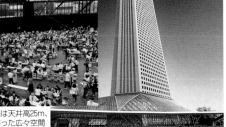